高等学校法学系列教材

华东政法大学
教材建设和管理委员会

主　　任	郭为禄	叶　青	
副 主 任	张明军	陈晶莹	
部门委员	虞潇浩	赵庆寺	王月明
	洪冬英	屈文生	
专家委员	王　迁	孙万怀	杜素娟
	佘素青	任　勇	钱玉林

Private International Law

新编国际私法学

林燕萍 / 主编

北京大学出版社
PEKING UNIVERSITY PRESS

图书在版编目(CIP)数据

新编国际私法学/林燕萍主编. —北京:北京大学出版社,2021.4
高等学校法学系列教材
ISBN 978-7-301-32131-7

Ⅰ.①新… Ⅱ.①林… Ⅲ.①国际私法—高等学校—教材 Ⅳ.①D997

中国版本图书馆 CIP 数据核字(2021)第 065401 号

书　　　名	新编国际私法学 XINBIAN GUOJI SIFAXUE
著作责任者	林燕萍　主编
责 任 编 辑	姚文海　李小舟
标 准 书 号	ISBN 978-7-301-32131-7
出 版 发 行	北京大学出版社
地　　　址	北京市海淀区成府路 205 号　100871
网　　　址	http://www.pup.cn　新浪微博:@北京大学出版社
电 子 信 箱	sdyy_2005@126.com
电　　　话	邮购部 010-62752015　发行部 010-62750672　编辑部 021-62071998
印 刷 者	河北滦县鑫华书刊印刷厂
经 销 者	新华书店
	730 毫米×980 毫米　16 开本　28 印张　533 千字 2021 年 4 月第 1 版　2022 年 2 月第 3 次印刷
定　　　价	72.00 元

未经许可,不得以任何方式复制或抄袭本书之部分或全部内容。
版权所有,侵权必究
举报电话:010-62752024　电子信箱:fd@pup.pku.edu.cn
图书如有印装质量问题,请与出版部联系,电话:010-62756370

前　　言

在当代中国法律体系中,实体法、程序法与冲突法三位一体,构成了我国社会主义特色的法律体系。党的十八大之后,国家制定了全面推进依法治国的战略方针,并提出加强涉外法治建设,加快推进我国法域外适用的法律体系建设,加强涉外法治专业人才培养,积极发展涉外法律服务,保障和服务高水平对外开放。国际私法作为涉外法律体系重要组成部分的一个部门法,在我国法律体系中具有十分重要的地位和作用。我们知道,国际私法是以解决国际民商事法律冲突为主要任务,以冲突规范为基本规范,同时包含外国人民事法律地位规范、统一实体法规范、国际民事诉讼规范、国际商事仲裁规范在内的独立的法律部门。学习和掌握涉外法律,善于运用国际法,对培养涉外法治人才具有重要意义。本教材正是在这样的背景下进行了全面的修订。

丁伟教授主编的《国际私法学》一直是我们本科生使用的教材:初版于2004年,再版于2010年,2013年已经是第三版了。我们很多老师参加了第一、二、三版教材的编写工作,在此对他们表示衷心感谢! 2013年之后,我国国际私法立法和司法都有很大的发展,出现了大量的新型涉外民商事案例。新的立法和司法实践推动了我国国际私法理论和实践的发展。鉴于《中华人民共和国民法典》的施行、《中华人民共和国民事诉讼法》的修订以及新的司法解释的出台,我们对原有的教材进行了大幅度的修订,增加了很多新内容。所以,这本教材我们加了"新编"二字。这本教材有以下几个特点:

第一,在体例上,本教材一改传统国际私法教材体例,围绕国际私法三大核心问题展开,删繁就简。全书三编十六章,约53万字,从国际私法一般原理——管辖权——法律适用——国际司法合作等核心问题安排章节,限缩了一些内容,改变了大而全的体例。

第二,在内容上,以《中华人民共和国涉外民事关系法律适用法》为主线,把相关法律法规、司法解释和案例分析有机结合起来。每章从国际私法基本理论和知识点出发,以我国涉外民商事审判实践为素材,增加"案例讨论与分析"模块,聚焦问题,分析难点,融案例教学于一体,培养学生独立分析案例和思考问题的能力。

第三,在结构上,立足于我国国际私法的基本内容,从一般原理、法律适用规则到涉外案件的管辖权,并包括涉港澳台区际私法问题。以改革开放 40 年来我国国际私法的发展为主线,阐述具有中国特色社会主义的国际私法基本概念、基本原理和基本理论。

在编写过程中我们力求比较全面、系统、简明地介绍国际私法的基本理论,让读者知晓运用国际私法处理国际民商事法律冲突的整个过程及其一般规律,正确掌握运用国际私法的基本原理解决法律冲突的方法和技巧,在理论和实践相结合的基础上,达到理论性、实践性和应用性三者的统一。

本教材由林燕萍主编,华东政法大学国际法学院国际私法教研室的部分教师参加了编写。感谢各章撰稿人,他们几易其稿,更新了最新立法和相关数据。各章撰稿人如下:(按章节先后排列)

丁伟:第一、二章;

李晶:第三、七、十六章(部分);

杜涛:第四章;

袁发强:第五、十四、十六章(部分);

陈国军:第六、十一章;

林燕萍:第八、十二、十三、十六章(部分);

张泽平:第九章;

许凯:第十、十五章。

法律、法规及司法解释缩略语

《宪法》——《中华人民共和国宪法》
《民法典》——《中华人民共和国民法典》
《合同法》——《中华人民共和国合同法》(已失效)
《物权法》——《中华人民共和国物权法》(已失效)
《担保法》——《中华人民共和国担保法》(已失效)
《婚姻法》——《中华人民共和国婚姻法》(已失效)
《继承法》——《中华人民共和国继承法》(已失效)
《收养法》——《中华人民共和国收养法》(已失效)
《公司法》——《中华人民共和国公司法》
《保险法》——《中华人民共和国保险法》
《信托法》——《中华人民共和国信托法》
《专利法》——《中华人民共和国专利法》
《商标法》——《中华人民共和国商标法》
《海商法》——《中华人民共和国海商法》
《票据法》——《中华人民共和国票据法》
《仲裁法》——《中华人民共和国仲裁法》
《国籍法》——《中华人民共和国国籍法》
《劳动法》——《中华人民共和国劳动法》
《著作权法》——《中华人民共和国著作权法》
《民法总则》——《中华人民共和国民法总则》(已失效)
《民法通则》——《中华人民共和国民法通则》(已失效)
《侵权责任法》——《中华人民共和国侵权责任法》(已失效)
《招标投标法》——《中华人民共和国招标投标法》
《民事诉讼法》——《中华人民共和国民事诉讼法》
《民用航空法》——《中华人民共和国民用航空法》
《外资企业法》——《中华人民共和国外资企业法》(已失效)
《外商投资法》——《中华人民共和国外商投资法》
《外汇管理条例》——《中华人民共和国外汇管理条例》

《海事诉讼法》——《中华人民共和国海事诉讼特别程序法》

《著作权法实施条例》——《中华人民共和国著作权法实施条例》

《法律适用法》——《中华人民共和国涉外民事关系法律适用法》

《涉外经济合同法》——《中华人民共和国涉外经济合同法》(已失效)

《中外合资经营企业法》——《中华人民共和国中外合资经营企业法》(已失效)

《中外合作经营企业法》——《中华人民共和国中外合作经营企业法》(已失效)

《管辖规定》——《最高人民法院关于涉外民商事案件诉讼管辖若干问题的规定》

《民诉法解释》——《最高人民法院关于适用〈中华人民共和国民事诉讼法〉的解释》

《中外合资经营企业法实施条例》——《中华人民共和国中外合资经营企业法实施条例》(已失效)

《民通意见》——《最高人民法院关于贯彻执行〈中华人民共和国民法通则〉若干问题的意见(试行)》(已失效)

《法律适用法司法解释(一)》——《最高人民法院关于适用〈中华人民共和国涉外民事关系法律适用法〉若干问题的意见解释(一)》

《纽约公约》——《关于承认和执行外国仲裁裁决的公约》

《华沙公约》——《关于统一国际航空运输某些规则的公约》

《国家豁免公约》——《联合国国家及其财产管辖豁免公约》

《罗马公约》——《欧洲共同体关于合同债务的法律适用公约》(1980年)

《新加坡公约》——《联合国关于调解所产生的国际和解协议公约》

《罗马条例Ⅰ》——《欧洲议会和欧盟理事会关于合同之债法律适用的第593/2008号条例》

目 录

第一编 国际私法的一般理论

第一章 国际私法的基本问题 …………………………………………… (3)
第一节 国际私法的性质和特征 ………………………………………… (4)
第二节 国际私法的调整对象 …………………………………………… (10)
第三节 国际民商事法律冲突 …………………………………………… (13)
第四节 中国与国际私法 ………………………………………………… (16)
第五节 中国区际法律冲突 ……………………………………………… (19)

第二章 国际私法的渊源 ………………………………………………… (38)
第一节 国际私法的国内渊源：国内立法 ……………………………… (39)
第二节 国际私法的国内渊源：国内判例 ……………………………… (42)
第三节 中国国际私法领域的司法解释 ………………………………… (44)
第四节 国际私法的国际渊源：国际条约 ……………………………… (47)
第五节 作为国际私法国际渊源的国际惯例 …………………………… (49)
第六节 一般法律原则与法律学说 ……………………………………… (51)

第三章 国际私法的主体 ………………………………………………… (59)
第一节 自然人 …………………………………………………………… (60)
第二节 法人 ……………………………………………………………… (67)
第三节 国家 ……………………………………………………………… (71)
第四节 国际组织 ………………………………………………………… (76)
第五节 外国人的民商事法律地位 ……………………………………… (78)

第四章 冲突规范与准据法 ……………………………………………… (90)
第一节 冲突规范 ………………………………………………………… (90)

第二节　地域适用范围规范 …………………………………………（93）
　　第三节　冲突规范的连结点 …………………………………………（97）
　　第四节　准据法 ………………………………………………………（99）
　　第五节　几种重要的连结点 …………………………………………（100）
　　第六节　连结点的灵活性与冲突规范的软化 ………………………（104）
　　第七节　冲突规范的强制性和任意性 ………………………………（106）

第五章　冲突法的一般问题 ………………………………………………（111）
　　第一节　识别 …………………………………………………………（112）
　　第二节　先决问题 ……………………………………………………（116）
　　第三节　反致 …………………………………………………………（118）
　　第四节　公共秩序保留 ………………………………………………（123）
　　第五节　法律规避 ……………………………………………………（127）
　　第六节　外国法查明 …………………………………………………（130）

第二编　涉外民事关系的法律适用

第六章　民事能力的法律适用 ……………………………………………（143）
　　第一节　自然人权利能力的法律适用 ………………………………（144）
　　第二节　自然人行为能力的法律适用 ………………………………（147）
　　第三节　法人权利能力和行为能力的法律适用 ……………………（151）

第七章　涉外物权的法律适用 ……………………………………………（156）
　　第一节　物之所在地法原则 …………………………………………（157）
　　第二节　涉外物权的法律适用 ………………………………………（161）
　　第三节　国有化问题 …………………………………………………（167）
　　第四节　信托的法律适用 ……………………………………………（170）

第八章　涉外合同的法律适用 ……………………………………………（181）
　　第一节　涉外合同法律适用的一般理论 ……………………………（181）
　　第二节　当事人意思自治原则 ………………………………………（187）
　　第三节　最密切联系原则 ……………………………………………（189）
　　第四节　直接适用的法 ………………………………………………（193）
　　第五节　中国的立法与司法实践 ……………………………………（194）

第九章　涉外侵权的法律适用 (218)
第一节　一般涉外侵权行为的法律适用 (219)
第二节　特殊涉外侵权行为的法律适用 (225)
第三节　我国涉外侵权行为法律适用的立法与实践 (236)

第十章　涉外婚姻家庭的法律适用 (244)
第一节　涉外结婚的法律适用 (245)
第二节　涉外离婚的管辖权与法律适用 (252)
第三节　涉外夫妻关系的法律适用 (258)
第四节　涉外亲子关系的法律适用 (264)
第五节　涉外收养的管辖权与法律适用 (267)
第六节　涉外扶养的法律适用 (274)
第七节　涉外监护的法律适用 (278)

第十一章　涉外继承关系的法律适用 (290)
第一节　涉外法定继承的法律适用 (291)
第二节　涉外遗嘱继承的法律适用 (295)
第三节　遗产管理和无人继承财产的法律适用 (299)

第十二章　涉外知识产权的法律适用 (304)
第一节　知识产权法律冲突概述 (304)
第二节　专利权的法律适用 (306)
第三节　商标权的法律适用 (309)
第四节　著作权的法律适用 (311)
第五节　我国涉外知识产权法律制度 (314)

第三编　国际民商事争议的解决

第十三章　国际民事诉讼 (329)
第一节　国际民事诉讼法概述 (329)
第二节　国际民事管辖权制度 (332)
第三节　外国人及外国国家的民事诉讼地位 (336)
第四节　我国涉外民事诉讼法律制度 (340)

第十四章　国际商事仲裁 ………………………………………………（365）
　　第一节　国际商事仲裁的特点与类型 ……………………………（365）
　　第二节　国际商事仲裁协议 ………………………………………（368）
　　第三节　国际商事仲裁程序 ………………………………………（371）
　　第四节　国际商事仲裁的法律适用 ………………………………（377）

第十五章　国际商事调解 ………………………………………………（384）
　　第一节　国际商事调解概述 ………………………………………（385）
　　第二节　国际商事调解的运行规则 ………………………………（392）
　　第三节　国际商事调解中的协议 …………………………………（396）
　　第四节　中国国际商事调解制度 …………………………………（406）

第十六章　国际司法合作 ………………………………………………（416）
　　第一节　国际司法协助 ……………………………………………（417）
　　第二节　外国法院判决的承认与执行 ……………………………（420）
　　第三节　国际商事仲裁裁决的承认与执行 ………………………（424）

第一编 国际私法的一般理论

第一章　国际私法的基本问题

本章提要

国际私法是以具有涉外因素的民事法律关系为调整对象的特殊法律部门，是一种解决不同国家之间法律冲突的方法论。当一个国际/涉外民商事争议发生了，需要依次解决三个问题：其一，如何确定争议解决的方式。明确争议解决的方式是诉讼还是仲裁，如果确定是诉讼，那就要确定是哪一个国家的法院行使管辖权；如果确定是仲裁，需要确定由哪一个仲裁机构行使管辖权。其二，在确定管辖权后，如何运用法院地或者仲裁地的法律适用规则（冲突规范）来确定解决这个争议所应依据的某一个特定国家的实体法规定，或哪一个应适用的国际条约，或哪一项应适用的国际惯例。其三，当法院或者仲裁机构适用法律作出判决/裁决后，如果判决/裁决需要得到国外/境外法院执行的，该判决/裁决如何得到国外/境外法院的承认与执行。管辖权、法律适用、判决/裁决的承认与执行这三个至关重要的问题是国际私法的基本问题。

主要教学内容

1. 国际私法规范的种类和性质。
2. 国际民商事法律关系的调整方法。
3. 法律冲突的产生原因及其解决方法。

教学目标

1. 领会国际私法的基本功能。
2. 知晓解决法律冲突的整个过程及其一般规律。

在国际公法、国际私法、国际经济法三足鼎立的国际法学科体系中，国际私法是一门应用性很强的理论学科。作为一门传统学科，国际私法的历史源远流长，在将近七百年漫长的历史长河里，国际私法的理论学说和法律制度交相辉映，各有千秋，且相互渗透，相得益彰，反映了国际私法发展的规律。作为一门应用性学科，国际私法是以目标为导向的方法论，其以调整国际/涉外民商事法律关系，解决国际/涉外民商事争议为己任，其主要功能在于解决管辖权、法律适用、判决/裁决的承认与执行这三个至关重要的问题。进入新时期、新时代后，在经济全球化的背景下,各国经济联系日益密切,相互依赖、相互渗透的程度不断加深,不同国家自然人、法人之间的往来更加频繁,参与国际民商事法律关系的形式日趋复杂,范围日益扩大,数量与日俱增,国际私法作为国际民商事法律关系的调节器和润滑剂的作用正在不断加强,国际私法在整个法律体系中的地位日趋重要。作为新时代的法学青年,需要在学好法学基础理论和国内法的基础上全面、系统地掌握国际私法的基本理论,知晓运用国际私法处理国际民商事法律冲突的整个过程及其一般规律,正确掌握运用国际私法的基本原理解决法律冲突的方法和技巧。

第一节　国际私法的性质和特征

一、国际私法的定义

有关国际私法的定义,中外国际私法专家的表述不尽相同,他们往往从不同角度对国际私法作出定义,归纳起来主要有下列几种:

第一,从国际私法调整对象的角度出发,将国际私法定义为调整涉外民事法律关系的法律部门。这是传统的、使用最广泛的国际私法的定义。如韩德培教授主编的我国第一部高等院校国际私法统编教材《国际私法》所下的定义是:"国际私法是调整涉外民事关系的法律部门。"[①]

第二,从解决涉外民事关系中法律冲突的角度出发,将国际私法定义为解决或避免法律冲突的规范。如美国国际私法学者斯托里认为,国际私法是"关于产生于不同国家的法律在实际运用于现代商业交往中所发生的冲突的法学";法国国际私法学者魏斯认为,"国际私法是确定发生于两个主权者之间涉及其私法或公民私人利益之间的冲突的规则之总称"。

第三,从法律适用的角度出发,将国际私法定义为解决法律适用问题的法律。如李浩培教授所下的定义是:国际私法是"指在世界各国民法和商法互相歧义的情况下,对含有涉外因素的民法关系,解决应当适用哪国法律的法律"。[②]

第四,从列举国际私法内容、范围的角度,对国际私法作出定义。如戚希尔和诺思在其所著的《国际私法》一书中指出,英国法所理解的国际私法是在处理含有涉外因素的案件时判定三个问题的法律:一是法院在什么条件下对案件有管辖权;二是不同种类的案件应适用哪一国法律来确定当事人的权利与义务关系;三是在什么条件下可以承认外国的判决,以及在什么条件下外国判决赋予的

---

① 韩德培主编:《国际私法》,武汉大学出版社1989年版,第43—44页。
② 参见《中国大百科全书·法学》,中国大百科全书出版社1984年版,第228页。

权利可以在英国执行。①

第五,从揭示国际私法的本质属性角度,对国际私法作出定义。如黄进教授认为:"国际私法是以直接规范和间接规范相结合来调整平等主体之间的涉外民商事法律关系并解决涉外民商事法律冲突的法律部门。"②

综合以上各种定义,可将国际私法定义为:国际私法是以平等主体间的国际民商事法律关系为调整对象,以解决国际民商事法律冲突为中心任务,以冲突规范为基本规范,同时包含规定外国人民事法律地位的规范、统一实体法规范以及国际民事诉讼程序规范、国际商事仲裁程序规范在内的独立的法律部门。这一定义比较完整地反映了国际私法的调整对象、中心任务、调整方法、范围和性质。

二、国际私法的规范种类

国际私法是各国法律体系中特殊的法律部门,其包括哪些规范取决于学术界对国际私法的范围持何种主张。从解决国际民商事法律冲突的现实状况和实际需要来看,国际私法规范应包含以下四类:

1. 规定外国人民事法律地位的规范

一国在法律上赋予外国人民事法律地位,确定外国人在该国民商事领域的权利与义务,是国际民商事法律关系产生的前提,缺乏外国人民事法律地位的规范,国际私法就无从产生。为便于国际交往的顺利进行,各国都在一定的范围内依法承认外国人在内国享有民事权利,并承担相应的民事义务。规定外国人民事法律地位的规范既可规定在国内法中,也可以规定在国际条约中。在国内法中,既可以规定在宪法中,也可以规定在民法、商法等法律中。如我国《宪法》第18条第1款规定:"中华人民共和国允许外国的企业和其他经济组织或者个人依照中华人民共和国法律的规定在中国投资,同中国的企业或者其他经济组织进行各种形式的经济合作。"2019年3月通过的《外商投资法》第4条第1款规定:"国家对外商投资实行准入前国民待遇加负面清单管理制度。"第5条规定:"国家依法保护外国投资者在中国境内的投资、收益和其他合法权益。"在国际条约中,既可以规定在双边条约中,也可以规定在国际公约中。如《关税与贸易总协定》第1条和第3条分别规定了"普遍的最惠国待遇"和"国内税收与管理的国民待遇"。

2. 冲突规范

冲突规范(Conflict Rules)是指明某一涉外民商事法律关系应适用何国实体法的规则,这是一种特殊类型的法律规范。简言之,冲突规范就是法律适用规范

---

① See Cheshire and North, *Private International Law*, 12th edition, Butterworths, 1992, p.3.
② 黄进:《中国国际私法》,三联书店(香港)有限公司1997年版,第7页。

或法律选择规范。如"物权依物之所在地法"就是一条冲突规范,它指明了有关物权的法律关系应该适用其所在地的实体法,假如该所在地在中国,就依中国的有关实体法。由冲突规范援引出的某一特定国家的实体法称为"准据法"。由于冲突规范是站在发生法律冲突的两个或两个以上的国家之上来选择究竟应适用哪一国实体法的规范,因此有的学者把它叫作"超国家规范"(Supernational Law)。在国际私法规范中,冲突规范是最古老、最基本、最常用、最核心的规范,在 19 世纪前,冲突规范曾是国际私法唯一的规范,冲突规范与"国际私法"为同义词。即使在现代国际社会,一些重要的国际法律文件中出现的"国际私法规则"(rules of private international law)指的就是冲突规范。如 1980 年《联合国国际货物销售合同公约》第 7 条第 2 款规定:"凡本公约未明确解决的属于本公约范围的问题,应按照本公约所依据的一般原则来解决,在没有一般原则的情况下,则应按照国际私法规定适用的法律来解决。"

3. 调整国际民商事法律关系的统一实体规范

调整国际民商事法律关系的实体规范出现于 19 世纪末 20 世纪初,这种规范又称统一私法规范、国际统一实体私法规范。① 在有关国际私法范围问题上,最具争议的热点是调整国际民商事法律关系的统一实体规范是否应纳入国际私法规范之中。尽管争论不断,但随着国际民商事法律关系的日趋发展,冲突规范固有的弊端日渐显现,统一实体规范作为直接调整法律冲突的方法,其避免和消除国际民商事法律冲突的作用已得到普遍的认同。

4. 国际民商事争议解决规范

国际民商事争议解决规范主要指国际民事诉讼程序规范和国际商事仲裁程序规范。从法律性质上讲,这种规范是一种程序规范或间接规范,既不同于选择准据法的冲突规范,又不同于直接调整国际民商事法律关系中当事人实体权利和义务的实体规范,严格说来,不属于解决法律冲突的国际私法的规范。但是,这些程序规范与传统的国际私法规范联系密切,是运用国际私法规范解决国际民商事法律冲突不可或缺的规范,如离开了管辖权的规定,法律适用便丧失了前提,失去了司法协助、外国判决、裁决的承认与执行等程序性保障,法律适用就毫无意义。与此同时,解决国际民商事争议的程序性规范在国内法和国际法中尚未形成一个独立的法律部门,也需要将这类规范放在国际私法体系中加以研究。

三、国际私法的性质

由于国际私法调整的对象是具有国际因素的民商法律关系,其法律渊源中既有国内立法、国内判例,又有国际条约、国际惯例,其范围中既有冲突法和实体

---

① 参见黄进:《中国国际私法》,三联书店(香港)有限公司 1997 年版,第 12 页。

法,又有程序法,因此有关国际私法的性质始终是国际私法学界长期以来争论不休的理论问题,争论的焦点主要涉及三个问题,即:国际私法是国内法还是国际法,或者是介于两者之间的特殊法律部门？国际私法是实体法还是程序法？国际私法是公法还是私法？

(一) 有关国际私法是国内法抑或国际法的问题

无论是传统国际私法学还是现代国际私法学,对于国际私法究竟是国内法还是国际法始终存在争论,归纳起来主要有以下三种代表性观点：

1. 国际法说

持"国际法说"的学者被称为"国际法学派"或"世界主义学派",其主要代表人物为德国的萨维尼(K. von Savigny)、巴尔(L. von Bar)、弗兰根斯坦(Frankenstein),法国的维斯(Weiss)、毕叶(Pillet)、意大利的孟西尼(P. S. Mancini),苏联的隆茨、克雷洛夫,日本的迹部定次郎等。他们主张国际私法具有国际法性质的主要理由是：国际私法产生于国际社会;国际私法调整的社会关系与国际公法调整的关系在本质上没有区别;国际私法的作用在于划分国际之间主权扩及的范围;国际私法的目的在于建立一套世界性的通用规则。为此,各国通过国际公约制定了不少统一冲突法规范、统一实体法规范和统一程序法规范,并将国际条约、国际惯例作为国际私法的重要渊源,使国际私法与国际公法所采用的原则、制度大致相同,如国家主权原则、平等互利原则、互惠原则、约定必须信守原则、国家及其财产豁免原则同时适用于国际私法与国际公法。基于这些理由,持"国际法说"的学者认为国际私法具有国际法的性质,在国际法体系中,国际私法与国际公法是两个平行的法律部门。

2. 国内法说

持"国内法说"的学者被称为"国内法学派""民族主义学派",其主要代表人物为德国的康恩(Kahn)、努斯鲍姆(Nussbaum)、沃尔夫(Wolff),法国的巴丹(Bartin)、巴迪福(Bartiffol)、尼波埃(Niboyet),英国的戴西(Dicey)、戚希尔(Cheshire)、诺斯(North)、莫里斯(Morris),美国的比尔(Beale)、库克(Cook)、里斯(Reese)、艾伦茨威格(Ehrenzweig)等。他们主张国际私法具有国内法性质的理由主要是：国际私法的调整对象是非主权者之间的民商事法律关系,尽管主权国家也可以民事法律关系主体的身份参与国际民商事法律关系,但其所承担的责任为民商事法律责任,而非国际公法上的国家责任;国际私法的主要渊源是国内法规范,其效力及于一国之内。虽然在国际私法的渊源中也有一些统一冲突法规则甚至统一实体法规则,但为数甚少,只在少数国家间生效,且大多属于任意性规范,适用时还受到公共秩序保留等制度的限制,因而不足以改变国际私法是国内法的基本性质;①国际私法的制定和适用取决于一国的意志,国际私法只是一国国内法的一个分支,所体现的是一国的意志。尽管一国的冲突规范可能为许多国家共同采用,但这些规范都是通过国内法规定的,其内容与适用范围存在差异;国际民商事争议通常由一国司法机关或仲裁机构解决,而一国法院处理国际民商事争议通常都适用法院地的冲突法和程序法,并根据法院地的冲突法选择实体法。基于上述理由,持"国内法说"的学者认为不存在统一的或公认的"国际私法",只存在"国别"意义上的某一特定国家的"国际私法",这种"国际私法"显然属于该国的国内法。

3. 特殊法律部门说

"特殊法律部门说"又称"二元论""综合论",其主要代表人物有德国的齐特尔曼(E. Zitelmann)、捷克的贝斯里斯基(R. Bystricky)等。他们主要的观点是:国际私法所调整的关系既涉及国内又涉及国际;国际私法的渊源既有国内立法又有国际条约、国际惯例;国际私法既涉及一国的国内利益又涉及一国在国际关系中的利益。因此,国际私法既有国际法性质又有国内法性质,既有"国际"的国际私法又有"国内"的国际私法,国际私法既是国际法的特殊法律部门,又是国内法的特殊法律部门。国际私法中的"国际"不仅仅是"国家之间"的意思,还包含了超越"国界"的意思。

较之于前两种观点,第三种观点综合了前两种观点的合理成分,避免了非此即彼、失之偏颇的僵化观念。从现代国际法的发展来看,国际私法与国际公法相互交叉、相互渗透的现象越来越明显,国际私法的渊源也不断趋于多元化。因此,"特殊法律部门说"较为符合国际私法的实际状况。

(二) 有关国际私法是实体法抑或程序法的问题

有关国际私法是实体法还是程序法的问题,是将国际私法仅限于冲突法的学者提出的,这些学者对于将统一实体法作为国际私法规范提出质疑,引发了国际私法的性质属于实体法还是程序法的争论。

1. 实体法说

主张国际私法是实体法的观点认为,国际私法中的冲突规范虽然没有直接规定当事人的权利与义务,但间接调整当事人之间的权利与义务关系,与此同时,国际私法中的冲突规范是确定国际民商事法律适用范围的法律。因此,国际私法是实体法。②

2. 程序法说

主张国际私法是程序法的学者从国际私法只是冲突规范的观点出发,认为

---

① 参见韩德培主编:《国际私法》,高等教育出版社、北京大学出版社 2000 年版,第 10—11 页。
② 参见黄进:《中国国际私法》,三联书店(香港)有限公司 1997 年版,第 33—34 页。

冲突规范仅指示法院或法官在处理涉外民事争议时应以何国法律作为准据法，是一种指导法院进行诉讼活动的规范，因而不具有直接确定当事人权利、义务的实体法的性质，而是一种程序性法律。也有人甚至认为冲突法是一种"法官法"。

然而，晚近国际私法规范的发展已使这一争论失去了实际意义，国际私法规范中同时包含统一实体法和国际民事诉讼程序法已是不争的事实，运用国际私法解决国际民商事争议，冲突法、实体法、程序法三者缺一不可。

（三）有关国际私法是公法抑或私法的问题

公法与私法是罗马日耳曼法系国家有关法律规范的基本分类，但划分方法不完全相同。有的认为凡以保护公共利益为目的的法律为公法，以保护私人利益为目的的法律为私法；有的认为法律关系主体双方均为私人或私人团体者为私法，法律关系主体的一方或双方为国家或公共团体者为公法。虽然划分方法不同，但通常都将宪法、刑法、行政法、程序法等归为公法，将民法、商法等归为私法。由于一部分学者将国际私法视为程序法，因此他们通常将国际私法归入公法范畴，而视国际私法为实体法的学者，相应地将国际私法纳入私法范畴。

鉴于国际私法既是国际法的特殊组成部分，又是国内法的特殊组成部分，既包含了实体法，又包含了程序法，因此应该说国际私法既不是单纯的公法，也不是绝对的私法，它既含有公法性质，又含有私法性质。

四、国际私法学的特征

国际私法学是以国际私法及其调整的国际民商事法律关系作为研究对象的法律学科，是社会科学的一个重要部门，作为一门特殊的法律学科，具有以下几个特点：

1. 国际私法学是一门政策性很强的法律学科

国际私法学是以国家的对外政策为核心的，各国都是基于本国的对外政策来制定国际私法规范、运用国际私法规范。如各国在处理国家作为国际私法主体时所涉及的法律问题、国籍冲突问题、不动产涉及的法律问题、管辖权冲突问题以及涉外婚姻、继承等比较敏感的问题时，都十分重视具有指导意义的国家现行的对外政策。

2. 国际私法学是一门体系庞大的综合性学科

国际私法学本身是一门独立的法律学科，它所研究的对象是国际私法及其调整的广义的国际民商事法律关系，且这种法律关系的范围极其广泛，涉及国际民商事法律关系的各个层次、各个领域。这就决定了国际私法学的学科体系相当庞大，既涉及国际立法，又涉及国内立法，既涉及冲突规范、国际民事诉讼程序规范与国际商事仲裁程序规范，又涉及众多的国内民商事实体法规范。学习国际私法学,既是学习一门新的法律学科,同时又是在更高的层次对以往所学的各种国内法知识的一种系统回顾。

3. 国际私法学是一门涉及不同国家法律制度的比较法学科

国际私法学所研究的国际民商事法律关系往往涉及两个或两个以上不同国家的法律,因不同国家的法律对同一问题的规定存在差异,从而引发法律冲突。在运用国际私法学选择和适用解决法律冲突的某一特定国家的实体法时,必须对各有关国家的国内法律制度及相关的国际立法进行比较研究,而不能局限于某一国家的国内法。正是从这个意义上说,比较法是国际私法之母,比较法学也是国际私法学研究的基本方法之一。

4. 国际私法学是一门实践性很强的应用性学科

国际私法学具有很强的理论性,但不是一门纯理论性的学科。在国际私法学发展的各个历史时期,都出现了一些不同的学派,提出了各种不同的学说、理论,这些学说、理论归根到底都是用来指导国际私法的立法与实践的。纵观国际私法学所研究的基本法律问题,从识别、转致、反致、公共秩序保留、限制法律规避、外国法内容的查明,到管辖权的确定、准据法的适用、判决和裁定的承认与执行,无一不是实践性、应用性的法律问题。

第二节 国际私法的调整对象

一、国际民商事法律关系的概念

任何一个法的部门都调整着一种特定的法律关系,这种法律关系就是法律的调整对象,它是划分法的部门的出发点。国际私法的调整对象是国际社会中不同国家的自然人、法人(在某些特殊情况下也包括国家)之间在国际交往中所产生的超越国界的民商事法律关系,即具有涉外因素的民商事法律关系(civil and commercial legal relations with foreign elements),简称跨国民商事法律关系或国际民商事法律关系(international civil and commercial legal relations),就一国而言,又可称为涉外民商事法律关系。[①] 这种涉外因素是国际私法所调整的国际民商事法律关系与各国民商法所调整的民商事法律关系的根本区别点。涉外因素可以体现在民商事法律关系下列三个要素中:

第一,法律关系的主体具有涉外因素,即作为法律关系主体的当事人是具有

---

① 有关国际私法调整对象的名称有一个逐渐演变的过程,由于长期以来国际私法的调整范围只限于传统的民事领域,因此我国学界以往通常以"涉外民事法律关系"来表述。随着国际私法的调整范围不断从民事领域向商事领域延伸,法律关系诸要素的"国际"性不断凸现,国内一些有影响的专著、教材逐渐采用"国际民商事法律关系"这一名称。

不同国籍的自然人、法人,在个别情况下可以是外国国家。主体具有涉外因素可以有多种情形:其一,主体一方是本国人,另一方是外国人,如外国投资者来华投资,与中国合资者订立中外合资经营企业合同;其二,主体双方是同一国籍的外国人,如一对美国男女留学生在华留学期间在中国结婚,从而产生婚姻关系;其三,主体双方是不同国籍的外国人,如两艘不同国籍的货轮在第三国的领海内碰撞引起损害赔偿。

第二,法律关系的客体具有涉外因素,即法律关系主体之间的权利义务共同指向的对象或者标的物位于外国,如居住在国内的继承人要求继承被继承人位于国外的遗产。

第三,法律关系的内容具有涉外因素,即法律关系据以产生、变更、消灭的法律事实发生在国外,如合同订立地和履行地在国外、侵权行为发生在国外、婚姻举行地在国外、被继承人死于国外等。

对于某一个具体的国际民商事法律关系来说,可能三个要素都具有涉外因素,也可能只有一个要素具有涉外因素。凡一个民商事法律关系三要素中至少有一个具有涉外因素,就可以视为国际私法所调整的国际民商事法律关系。

2012年12月10日,最高人民法院审判委员会第1563次会议通过了《法律适用法司法解释(一)》,其第1条规定:"民事关系具有下列情形之一的,人民法院可以认定为涉外民事关系:(一)当事人一方或双方是外国公民、外国法人或者其他组织、无国籍人;(二)当事人一方或双方的经常居所地在中华人民共和国领域外;(三)标的物在中华人民共和国领域外;(四)产生、变更或者消灭民事关系的法律事实发生在中华人民共和国领域外;(五)可以认定为涉外民事关系的其他情形。"

二、国际民商事法律关系的范围

国际私法所调整的国际民商事法律关系是一种广义的民商事法律关系。所谓广义的民商事法律关系,主要是相对于各国国内立法调整的民商事法律关系的范围而言。通常说来,大多数国家国内民法所调整的一定范围的财产关系和人身非财产关系的范围较之于国际私法所调整的国际民商事法律关系的范围要窄一些,如有些国家在立法上采用"民商分立"的编纂方式,把海商法、票据法、公司法等关系视为商法关系,归商法调整;也有些国家在立法上采用"民商合一"的编纂方式,其民商事法律调整的法律关系的范围相对要宽一些。[①]

各国的国内民商法自可千差万别,无须强求统一,但作为调整超越一国界限的国际民商事法律关系的国际私法,其调整范围不能囿于各自独立的各国民商

---

① 参见黄进主编:《国际私法》,法律出版社1999年版,第3—5页。

法调整范围的不同特点,而应把视野放在各国国内立法的不同特征之上。这就决定了国际私法所调整的国际民商事法律关系必须兼收并蓄各国民商事法律关系的不同特点,这种集各国民商事法律关系的不同特点于一体的国际民商事法律关系的范围十分广泛,既包括涉外物权关系、涉外债权关系、涉外知识产权关系、涉外婚姻家庭关系和涉外继承关系,也包括涉外公司法关系、涉外票据法关系、涉外海商法关系、涉外保险法关系和涉外破产法关系等。①

三、国际民商事法律关系的调整方法

鉴于国际私法所调整的国际民商事法律关系涉及不同国家的法律效力,调整这种法律关系的方法具有独特之处。从各国国内立法、司法实践以及相关国际条约、国际惯例来看,有关国际民商事法律关系的调整方法可概括为两类:

（一）间接调整方法

所谓间接调整方法,是指通过"间接规范"调整国际民商事法律关系的方法,即在有关的国内立法和国际立法中仅规定某一国际民商事法律关系应受何种法律调整或支配,而不直接规定应如何确定某一国际民商事法律关系中当事人具体的权利义务。这类"间接规范"主要是指"冲突规范"（conflict rules）。冲突规范作为国际私法专有的特殊规范,又称法律适用规范、法律选择规范,是指明某一国际民商事法律关系应适用何国实体法的规范。如我国《法律适用法》第44条中规定:"侵权责任,适用侵权行为地法律。"这条冲突规范并未规定某一行为是否构成侵权行为以及如何承担赔偿责任,而只是指明了有关侵权行为的损害赔偿应适用侵权行为地法。可见,冲突规范作为一种间接性的规范不能直接确定当事人的权利义务,它必须与它援引出的某一特定国家的实体法结合起来,才能发挥法律规范调整当事人权利义务的作用。

（二）直接调整方法

所谓直接调整方法,是指通过"直接规范"调整国际民商事法律关系的方法,即采用直接规范当事人实体权利义务的"实体规范"（substantive rules）来调整国际民商事法律关系。采用直接调整方法时,法院无须通过冲突规范的援引,而是直接适用有关实体法确定当事人权利义务。这类实体规范存在于国内法、国际条约、国际惯例之中。如1980年《联合国国际货物销售合同公约》就是一个直接规定国际货物销售合同当事人权利、义务的实体法公约,在遇到适用该公约的场合,可径直适用该公约确定当事人的权利、义务,无须冲突规范的指引。

从国际私法的历史发展以及现状来看,间接调整方法在调整国际民商事法律关系方面始终发挥着主导作用,承担着调整绝大多数国际民商事法律关系的

---

① 参见韩德培主编:《国际私法》,高等教育出版社、北京大学出版社2000年版,第4页。

重任。但是,作为一种间接性的规范,冲突规范存在固有的缺陷:其一,由于冲突规范不同于实体法,不能直接构成当事人作为或不作为的准则,当事人据之难以预见法律关系的后果,因此缺乏预见性和明确性;其二,由于冲突规范只是作出立法管辖权上的选择,即通过连结点对有关涉外民商事法律关系指定一个特定国家具有立法管辖权,而不问该国是否具有调整该涉外民商事法律关系的法律以及这一法律的内容究竟如何,因此有时会缺乏针对性和合理性;①其三,在运用冲突规范调整涉外民商事法律关系时,为避免或减少适用冲突规范所指向的外国法可能带来的不利,各国往往采用识别、反致、转致、公共秩序保留、外国法内容的证明等一系列限制外国法适用的制度,而使得冲突规范的适用缺乏稳定性。鉴于冲突规范存在的这些弊端,当代国际私法领域出现了以富有弹性的、开放性的冲突规范取代传统的、封闭性的冲突规范的变革,对冲突规范进行"软化处理"。②然而,消除冲突规范固有的弊端最有效的方法无过于适用实体法规范的直接调整方法,国际社会多年来一直致力于国际私法的统一化,以统一实体法规范解决国际民商事法律冲突。因此,间接调整方法与直接调整方法两者相辅相成,互为补充,且将长期并存,共同发挥调整国际民商事法律关系的作用。

第三节 国际民商事法律冲突

一、法律冲突的含义

法律冲突(Conflict of Laws)又称法律抵触,是国际私法中的一个专门术语,指内容相互歧异的不同国家的法律竞相要求对同一国际/涉外民事法律关系实施管辖而形成的法律适用上的矛盾冲突状态。在国际私法所调整涉外民事法律关系领域,法律冲突是一种普遍现象。任何一种国际/涉外民事法律关系都涉及两个或两个以上国家的法律,而不同国家由于其政治、经济制度及法律传统各不相同,道德观念、宗教信仰以及传统的生活方式存在差异,其实体法的规定往往迥然不同,对同一国际/涉外民事法律关系、同一当事人适用不同国家的法律,常常导致截然不同的结果。国际私法的中心任务是解决国际民事案件所涉及的法律冲突,这种法律冲突无疑是国际私法赖以生存的重要前提条件。

鉴于法律冲突通常是循司法诉讼或国际商事仲裁的途径解决的,通过司法诉讼或国际商事仲裁解决争议可以产生相互联系的三个法律问题:其一,这一争议应由何国法院或哪一国际商事仲裁机构行使管辖权?管辖权是法院/仲裁机

---

① 参见丁伟主编:《冲突法论》(第二版),法律出版社2005年版,第44—45页。
② 参见李双元:《走向21世纪的国际私法:国际私法与法律趋同化》,法律出版社1999年版,第205—215页。

构审理案件的权限范围,同时又是适用法律的前提条件,如果两国法院或两个仲裁机构竞相要求受理这一案件,势必发生管辖权的冲突。其二,具有管辖权的法院/仲裁机构在审理这一案件时应适用何国的实体法?由于适用不同的法律会得出截然不同的结果,直接影响到当事人的权益,因此法律适用是解决争议的中心环节。其三,一国法院或某一国际商事仲裁机构作出的判决/裁决需要在另一国执行,另一国法院是否应当予以承认与执行?上述三个问题都涉及有关国家的法律冲突,三者环环相扣,贯穿了争议解决的始终,构成了传统国际私法的三大基本点,即管辖权、法律适用以及外国法院/仲裁机构所作判决/裁决的承认和执行。这三大问题的解决就是运用国际私法解决法律冲突的过程。

二、国际民商事法律冲突产生的原因

国际民商事法律冲突不是凭空产生的,而是下列条件相互作用的结果:

1. 内国赋予外国人民事权利

这是法律冲突产生的重要前提。如果一国国内法不允许外国人享有民事权利,外国人就无法参与这项民事活动,就不会产生这一领域中外国人作为主体的国际民事法律关系,因而也就不会发生法律冲突。随着各国经贸交流和人员往来不断增多,内国客观上需要赋予外国人在内国平等的民事权利地位,这就为国际民商事法律冲突的产生提供了客观基础。

2. 各国的立法互有歧异

这是国际民商事法律冲突产生的根本原因。由于各国的政治、经济制度不同,其立法千差万别。即使是实行同一政治制度、经济制度的国家,其历史传统、民族风俗习惯的不同也势必导致立法各异。

3. 内国在一定条件下承认外国法的域外效力

这是发生国际民商事法律冲突的直接原因。任何一种国际民商事法律冲突最终都表现为一国法律的域外效力与另一国法律的域内效力之间的冲突。所谓法律的域外效力(extraterritorial effect of laws),是指一国的法律对该国的一切人有效,不管该当事人在国内还是在国外,这就是法律的属人效力。一国法律的域外效力主要表现为该国的属人优越权(personal supremacy);法律的域内效力(territorial effect of laws)则是指一国法律对该国境内的一切人、物、行为都有效,不管这个人是本国人还是外国人或者无国籍人,这又叫法律的属地效力。一国法律的域内效力通常表现为该国的属地优越权(territorial supremacy)。根据国家主权原则,每个国家的法律通常都同时具有域外效力和域内效力,这样势必发生法律冲突,这种冲突表现为外国法律的域外效力与内国法律的域内效力的冲突,或内国法律的域外效力与外国法律的域内效力的冲突。按照传统的国际私法理论,有关专利、商标、著作权的立法具有严格的属地效力,这类立法通常都不具有域外效力。因此,根据外国法取得的专利权、商标使用权和著作权,虽然涉及外国法的效力,但如果国家之间没有条约义务,内国是不承认这些权利的,因为这三种权利具有严格的地域性限制。随着国际交往的日益发展,各国出于维护自己利益的需要,彼此之间都希望依内国法设立的权利义务关系能够得到外国的承认和保护,因而都在一定程度上承认彼此民法规范的域外效力,特别是一些有关调整人身、财产关系的法律,如果不承认外国法的域外效力就有碍于国家之间的正常交往,譬如不承认一对在美国结婚的夫妇在中国仍然是夫妻,那显然是非常荒唐的。随着国际民商事法律关系的形式日趋复杂,范围日益扩大,数量与日俱增,各国承认外国法域外效力的领域呈现出不断扩大的趋势。

三、国际民商事法律冲突的解决

从各国国际私法立法与实践来看,解决国际民商事法律冲突主要采用以下几种方法:

1. 只适用本国法

当法院地国冲突规范指定某一法律关系应适用本国法时,不考虑外国法的适用问题。这种方法具有明显的属地主义倾向,其作用是非常有限的,只有那些经济不发达、与外界联系较少的国家才暂时使用,因为从长远来看,这一做法与市场经济体制不相适应,将阻碍该国对外经济的发展。但是,有些特殊的法律关系,一些国家倾向于只适用本国法,如投资合同只适用东道国的法律。《民法典》第 467 条第 2 款规定:"在中华人民共和国境内履行的中外合资经营企业合同、中外合作经营企业合同、中外合作勘探开发自然资源合同,适用中华人民共和国法律。"也就是说,这类投资合同发生法律冲突时,我国只能适用本国法,不考虑外国法的效力。《法律适用法》第 4 条规定:"中华人民共和国法律对涉外民事关系有强制性规定的,直接适用该强制性规定。"

2. 在一定范围内适用外国法

当冲突规范指定某一法律关系应适用外国法时,法院地国在不损害本国利益、不违反本国法律基本原则及公共利益的条件下,可以考虑适用外国法。根据各国国际私法的立法及有关国际惯例,相当数量的涉外民事法律关系往往非适用外国法不可。如各国冲突法在解决契约之债中当事人权利能力和行为能力的法律冲突时,都采用属人法原则,即适用当事人的本国法或住所地法;关于不动产的法律冲突,采用物之所在地法原则。如果上述本国法、住所地法或物之所在地法为外国法,则只能适用该外国法解决法律冲突。

3. 适用统一实体法规范(Uniform Substantive Rules)

统一实体法规范是指国际条约和国际惯例中调整涉外民事法律关系的实体规范。采用这种规范可以有效地把有关国家国内立法的歧异统一起来,从而避免和消除有关国家国内法的冲突。如1980年《联合国国际货物销售合同公约》就是一个直接规定国际货物销售合同当事人权利、义务的统一实体法规范。然而,由于各国的经济利益不同,很难达成一致意见并通过国际条约制定各国都适用的统一实体法规范,因此目前这类规范为数甚少,作用有限。

第四节 中国与国际私法

一、中华人民共和国成立前的国际私法立法

在中国法律发展的历史长河中,国际私法的立法有着灿烂辉煌的昨天。渊远流长的中国国际私法最早可以追溯到公元7世纪的大唐盛世。公元651年,唐王朝颁布的《永徽律》"名例章"中就有"化外人相犯条"的规定,即"诸化外人,同类自相犯者,各依本俗法;异类相犯者,以法律论"。这是一条典型的冲突规范,该规定的前一部分体现了属人主义的倾向,后一部分反映了属地主义的倾向。这样明确的成文法规定在其他国家同一历史时期的法律中未曾见到,这说明中国是国际私法立法最早的国家之一。《唐律》是中国封建法律成熟的标志,在中国封建法律的发展过程中起着承上启下的作用。① 《唐律》的规定延续到宋代以后,但《大明律》和《大清律例》一反唐宋时期属人主义与属地主义相结合的原则,规定"凡化外人犯罪者,并依律拟断"。这种具有浓烈属地主义倾向的法律规定,体现了历代封建王朝长期实行的闭关自守的政策。

然而,唐朝形成的中国古代的国际私法萌芽未能得到进一步的发展。直至1918年中华民国北京政府颁布《法律适用条例》,才结束了中国国际私法立法长期停滞不前的局面。该条例承袭了1896年《德国民法施行法》和1898年《日本法例》,具有明显的大陆法系的特征,共计27条,对人的能力、婚姻、家庭、继承、财产、法律行为的方式等方面的法律适用问题作了规定。由于当时帝国主义列强通过不平等条约在中国取得了包括领事裁判权在内的种种特权,各领事法院或外国人特设法院都适用其本国法律,因此在失去主权与法律统一性的半殖民地的旧中国,这一条例在很大程度上只能是形同虚设。该条例经国民党政府修正后改名为《涉外民事法律适用法》,目前仍在我国台湾地区适用。

二、中华人民共和国成立后的国际私法立法

在当代中国整个法律体系中,实体法、程序法与冲突法三位一体,构成了中

---

① 《唐律》中的上述国际私法规定同现代中国国际私法的精神也颇为相似,一千多年后中国《民法通则》第146条有关侵权行为的冲突法规定与《唐律》的上述规定不谋而合。

国法律体系的整体,但是,三者的发展极不平衡。其中,作为国际私法核心部分的冲突法的立法长期以来一直严重滞后于我国司法实践与改革开放的实践。中华人民共和国成立后,《法律适用条例》被废除,但由于历史的原因以及经济条件的限制,我国国际私法的立法步履维艰。20世纪50年代,我国与有关国家签订的双边条约中出现了个别的冲突法条款,如1959年《中苏领事条约》第20条规定:"缔约任何一方公民死亡之后遗留在另一方领土上的财产,包括动产和不动产,均按财产所在地国家的法律处理。"中央人民政府当时颁布的一些行政性文件中也有一些零星的冲突法规定,如1951年10月内务部规定:外侨相互间及外侨与中国人之间在中国结婚,适用中国法。然而,有关国际私法的成文的国内立法则长期阙如。1978年党的十一届三中全会以后,主观上清除了极"左"的法律虚无主义,客观上涉外民事法律关系迅速发展,时代呼唤着中国的国际私法尽早出台。1985年3月和4月,我国相继制定了《涉外经济合同法》和《继承法》。这两个法律对我国涉外经济合同和涉外继承的法律适用原则分别作了明确的规定,其制定标志着具有中国特色的国际私法正式登上了我国的立法舞台。1986年4月,第六届全国人民代表大会第四次会议上通过的《民法通则》特辟专章,对人的民事行为能力、不动产、涉外合同、侵权行为、结婚和离婚、扶养、遗产继承等涉外民事法律关系的法律适用规则作了比较系统的规定,有效地缓和了涉外民事案件无法可依的矛盾。为了弥补《民法通则》的规定过于原则、简单,在司法实践中难以适用的缺陷,最高人民法院对其适用专门作了司法解释。1991年4月,第七届全国人民代表大会第四次会议通过了《民事诉讼法》,该法第四编对涉外民事诉讼程序作了特别规定,最高人民法院对之作了详尽的解释。1994年8月,第八届全国人大常委会第九次会议通过了《仲裁法》,该法第七章对涉外仲裁的有关问题作了专门的规定。在《合同法》《公司法》《票据法》《收养法》《海商法》《民用航空法》以及《海事诉讼法》等单行法律中也列入了国际私法的有关规定。这些法律的颁布和施行,表明我国调整国际民商事法律关系的法律制度有了长足的发展。

2010年10月28日,第十一届全国人大会常委会第十七次会议通过了《法律适用法》,该法共52条,在法律编纂上未囊括散落在一系列单行法律、行政法规和司法解释中的法律适用规范,未涉及海商、民用航空、票据领域法律适用的规定。该法在条文的表述上一改照搬照抄现行法律、行政法规、司法解释的传统方法,无论是法律适用的一般规定,还是一些具体的民事关系的法律适用制度,都有别于《民法通则》第八章、相关单行法中的法律适用规范,不少条款具有鲜明的时代特征,反映了当代国际私法立法与理论研究的最新成果,对现行法律中法律适用条款作了解释性、补充性或扩充性规定,并在众多领域填补了《民法通则》

及其他单行法中法律适用的空白。①《法律适用法》是当代中国第一部专门规范国际私法的单行法,已自 2011 年 4 月 1 日起施行。这一具有里程碑意义的法律的出台,标志着中国国际私法的立法进入了一个新的历史阶段。2012 年 12 月 10 日,最高人民法院审判委员会第 1563 次会议又通过了《法律适用法司法解释(一)》,对于贯彻执行《法律适用法》作了进一步规定。

七十年岁月流转,七十度春华秋实,中国国际私法立法风雨兼程、砥砺前行,立改废释并重,形成了由《法律适用法》以及《民法通则》《合同法》《收养法》《继承法》《票据法》《海商法》《民用航空法》等相关法律中有关涉外民事关系法律适用条款所组成的法律群。尽管中国国际私法立法起步晚,但起点很高,一些规定借鉴了现代国际私法立法的先进经验及理论研究的最新成果,相当部分的法律规定与其他国家的国际私法相比,各有千秋,有些条文甚至不乏创新之举,与国际私法立法水平先进的国家相比,毫不逊色。与此同时,中国国际私法学界同仁长期以来努力追随国际私法法典化的世界潮流,矢志不移地致力于推动中国国际私法法典化的立法进程,并于 2000 年正式出版了《中华人民共和国国际私法示范法》。

进入新时代,中国国际私法的法典化发展立法面临新的机遇。党的十八届四中全会审议并通过的《中共中央关于全面推进依法治国若干重大问题的决定》将编纂民法典列为需要加强的重点领域的立法之一。2016 年 6 月 27 日,十二届全国人大常委会正式启动了《民法典》的立法工作。民法典的编纂工作是一项规模恢弘的系统工程,需要对我国民事领域全部现行规范性法律文件进行整理、审查、补充、修改,在此基础上编制一部新的系统化的新法典,这一创制性的立法活动将不可避免地触及同属民事法律范畴的我国现行国际私法规范。有鉴于此,一些国际私法学者在民法典编纂工作起步伊始即关注这一重大立法活动对国际私法立法的影响,从立法技术层面对中国国际私法面临重新构建的历史性课题进行了理论辨析,并就中国国际私法法典化发展的现实需求、中国国际私法法典化的现实路径进行了实证分析。② 2017 年 3 月 15 日,第十二届全国人民代表大会第五次会议审议并表决通过了《民法总则》。2020 年 5 月 28 日,第十三届全国人民代表大会第三次会议审议并表决通过了《民法典》。《民法典》共七编,分别为总则、物权、合同、人格权、婚姻家庭、继承、侵权责任。值得关注的是,《民法典》未列入"涉外民事关系法律适用编",且各分编剔除了涉外民事关系法律适用的相关条款。与此同时,《民法典》第 1260 条规定:本法自 2021 年 1 月 1

---

① 参见丁伟:《涉外民事关系法律适用法与"其他法律"相互关系辨析》,载《政法论坛》2011 年第 3 期。

② 参见丁伟:《论民法典编纂对我国国际私法立法的影响》,载《暨南学报(哲学社会科学版)》2015 年第 9 期;丁伟:《民法典的编纂与中国国际私法的法典化发展》,载《政法论坛(中国政法大学学报)》2018 年第 1 期。

日起施行。《婚姻法》《继承法》《民法通则》《收养法》《担保法》《合同法》《物权法》《侵权责任法》《民法总则》同时废止。《民法典》施行后,《法律适用法》成为我国调整涉外民事法律冲突唯一的法律(该法未涉及《票据法》《海商法》《民用航空法》所规范的商事领域的法律适用规范)。然而,现行《法律适用法》只是在不触及涉外民事关系法律适用领域现有立法存量的前提下作增量规定,既未取代《民法通则》第八章(涉外民事法律关系的法律适用)及嵌入于相关民事实体法中的涉外民事关系法律适用规定,也未囊括所有涉外民事关系法律适用规范[①],因而并非中国涉外民事关系法律适用的唯一法律。事实上,有关适用国际条约、国际惯例的规则为《民法通则》第142条第2款、第3款的规定。随着《民法典》的体系结构渐趋定型,其剔除的涉外民事关系法律适用规范将归入何处?与民事实体法渐行渐远的现行《法律适用法》又将如何转型升级,实现与《民法典》同频共振?这是随着《民法典》编纂工作的延伸,立法部门需要面对的现实问题,也是中国国际私法学界理论研究的新任务。[②] 总之,《民法典》的编纂为我国涉外民事关系法律适用规范的升级换代提供了难得的历史性机遇,现行《法律适用法》为后《民法典》时代涉外民事关系法律适用的完善奠定了扎实的立法基础,我们期待着一部反映时代特征、顺应国际潮流、与《民法典》相得益彰的2.0版《法律适用法》早日问世。[③]

第五节　中国区际法律冲突

以解决区际法律冲突为中心任务的区际私法作为邻近国际私法的一个法律部门,对于国际私法的形成和发展始终起着重要的作用。研究国际私法不能不研究区际私法。然而,由于历史的原因以及实践经验的限制,这一重要的法律部门和传统的法律学科长期以来在我国一直没有得到很好的研究。《中华人民共和国政府和大不列颠及北爱尔兰联合王国政府关于香港问题的联合声明》《中华人民共和国政府和葡萄牙共和国政府关于澳门问题的联合声明》的签订以及《中华人民共和国香港特别行政区基本法》《中华人民共和国澳门特别行政区基本法》的相继颁布,为"一国两制"在中国的形成奠定了法律基础。随着1997年7月1日、1999年12月20日中国政府相继恢复对香港、澳门行使主权,"一国两制"已由构想变为现实。中国已经成为不同法律制度、不同法律体系并存的复数

[①] 《法律适用法》第2条第1款规定:"涉外民事关系适用的法律,依照本法确定。其他法律对涉外民事法律适用另有特别规定的,依照其规定。"

[②] 参见丁伟:《〈民法典〉编纂催生2.0版〈涉外民事关系法律适用法〉》,载《东方法学》2019年第1期。

[③] 参见丁伟:《后〈民法典〉时代中国国际私法的优化》,载《政治论坛》2020年第5期。

法域国家,随之而来的不同法域的法律冲突——区际法律冲突在中国日益常态化。为此,制定具有中国特色的、能充分体现"一国两制"方针的区际私法,已成为实践的发展向立法、司法部门以及学术界提出的新问题。

一、中国区际法律冲突概述

（一）中国区际法律冲突的含义辨析

区际私法是调整同一国家内、不同地区民事法律冲突（即区际法律冲突）的法律。对于中国区际法律冲突的含义,理论界存在不同的看法。有的学者将这种法律冲突划分为两种:一种是"一国一制"下的区际法律冲突,另一种是"一国两制"下的区际法律冲突。按照其解释,所谓"一国一制"下的区际法律冲突,是指中国各地根据民族特点和经济发展的需要所制定的地方性法规的冲突,这些法规包括一般的地方经济、民事立法、民族自治地方的自治立法和变通性立法以及经济特区立法,而区际冲突法就是要解决这种不同区域的法律冲突。根据各国有关区际冲突法的理论和实践,区际法律冲突是以一国同时存在不同法域作为产生条件的,而所谓不同的"法域"在法律上具有两个严格的限制性条件:其一,各法域之间在立法原则、形式、内容等诸方面有质的区别,具有鲜明的独特性;[①]其二,各法域享有高度独立的立法权和司法权。中国各省、自治区、直辖市的立法机关根据其不同情况可制定地方性法规或自治条例,但宪法赋予的这种立法权不能超越地方立法的权限,在这些法规、条例之上存在全国统一的法律。为了维护国家法制的统一,这些地方性法规均不得同宪法、法律和行政法规相抵触。因此,从总体上看,所谓"一国一制"下不同区域的法律,实际上是依附于中国统一立法的,是为了保证宪法和其他统一的法律、法规在本行政区域内得以执行,其本身不具有任何域外效力。与此同时,无论是民族自治地方还是经济特区,均不享有独立的司法权和终审权。显而易见,这种不同区域法律的冲突,不属于具有特定含义的、由区际私法调整的区际法律冲突的范畴。

中国的区际法律冲突特指根据"一国两制"方针,属于不同法域的中国内地与恢复行使主权后的香港特别行政区、澳门特别行政区以及台湾地区这些不同法域的法律冲突,以及属于不同法域的各个特别行政区之间的法律冲突。按照宪法规定以及中英、中葡两个联合声明的基本精神,全国人民代表大会依照宪法规定制定香港、澳门特别行政区基本法,并授权特别行政区按照其基本法的规定实行高度自治,赋予其行政权、立法权、独立的司法权和终审权。特别行政区成立后,香港特别行政区、澳门特别行政区（以及今后的台湾地区）的原有法律除与基本法相抵触或经特别行政区立法机关作出修改外,均予以保留。如此,这些实

[①] 参见丁伟主编:《国际私法学》（第三版）,上海人民出版社、北京大学出版社2013年版,第570页。

行不同于内地社会制度、法律制度的地区将形成独立的法律区域,从而产生区际私法所调整的同一国家内、不同法域的法律冲突。这种法律冲突无疑符合区际法律冲突的要件。制定具有中国特色的区际私法就是为了用法律形式,将解决这种法律冲突的原则、制度确定下来。

(二) 中国区际法律冲突的特征

中国的区际法律冲突具有各国区际法律冲突的共同点。然而,由于"一国两制"是一种前所未有的全新政治概念,建立在这一原则之上的中国区际冲突法及其调整的区际法律冲突必然也具有鲜明的中国特色。

1. 中国的区际法律冲突是不同本质的法律之间的冲突

区际法律冲突是一种普遍的法律现象,无论是单一制国家还是联邦制国家,无论是社会主义国家还是资本主义国家,只要是实行"一国一制"的复数法域国家,其区际法律冲突无不具有同一特性——相同本质的法律之间的冲突。而具有中国特色的区际法律冲突不仅仅表现为不同法律形式和内容的冲突,更表现为不同本质的法律制度之间的冲突,即实行社会主义制度的内地社会主义法律与保留资本主义制度的香港、澳门特别行政区的资本主义法律的冲突。这种法律整体和部分在本质上不一致的情况在各国区际私法发展史上是绝无先例的。

2. 中国的区际法律冲突是多元法系之间的法律冲突

综观各国区际私法的立法和司法实践,区际法律冲突最常见的形式为同一社会制度、同一法系、不同法域之间的法律冲突。当然,也存在同一社会制度、不同法系之间的区际法律冲突,如由于历史原因,美国的路易斯安那州、英国的苏格兰和加拿大的魁北克等地所依附的法律体系与其本国大部分地区所属的法律体系不同。然而,在这一点上,中国区际法律冲突更是绝无仅有。众所周知,内地的法律属于社会主义的中华法系;香港由于长期处在英国管辖之下,其允许保留的普通法、衡平法、条例、附属立法和习惯法,属于英美普通法系;澳门的法律受葡萄牙的影响,与葡萄牙法律如出一辙,属于大陆法系;台湾地区基本上以罗马法作为立法模式,也可归入大陆法系。有鉴于此,中国的区际法律冲突是一种异常复杂的多元法系之间的法律冲突。其中既有属于不同法系的各个法域间的法律冲突(如香港、澳门特别行政区之间的法律冲突),又有同一法系内部不同法域之间的法律冲突(如澳门特别行政区与台湾地区之间的法律冲突)。[①]

3. 中国的区际法律冲突将导致适用国际条约方面的矛盾冲突

根据条约法的基本原则,缔约权通常由中央政府统一行使,"条约对每一当事国之拘束力及于其全部领土"。因此,在通常情况下不会出现有关条约适用上

---

① 这种多元法系之间的法律冲突决定了中国未来如采用统一的区际私法的立法模式,将面临很多立法技术上的难题。

的法律冲突。然而,香港、澳门特别行政区作为区域性的非主权实体,具有国际社会普遍承认的某种国际法律人格。根据中英、中葡两个联合声明的规定,特别行政区可以自己的名义与外国订立条约、协议。以香港为例,《香港特别行政区基本法》第151条规定:"香港特别行政区可在经济、贸易、金融、航空、通讯、旅游、文化、体育等领域以'中国香港'的名义,单独地同世界各国、各地区及有关国际组织保持和发展关系,签订和履行有关协议。"据统计,香港通过英国或单独以自己的名义缔结的多边条约达200多个,香港还以正式会员或附属会员的资格参加了各种全球性、地区性和专门性的国际组织。如果这些条约的内容未超出《香港特别行政区基本法》规定的范围,其效力将延及1997年以后。而根据《香港特别行政区基本法》第153条规定:"中华人民共和国缔结的国际协议,中央人民政府可根据香港特别行政区的情况和需要,在征询香港特别行政区政府的意见后,决定是否适用于香港特别行政区。中华人民共和国尚未参加但已适用于香港的国际协议仍可继续适用。中央人民政府根据需要授权或协助香港特别行政区政府作出适当安排,使其他有关国际协议适用于香港特别行政区。"这样势必产生矛盾冲突状态,即同一国际协定仅适用于内地而不适用于特别行政区,或者仅适用于特别行政区而不适用于内地。为此,在处理涉港澳案件时首先就应确定到底是适用条约、协定,还是适用内地法律或者特别行政区的法律。在其他多法域国家一般不发生这一问题。①

4. 中国的区际法律冲突将使中国带有某些复合制国家结构形式的特征

实行高度自治的特别行政区所享有的立法权、司法权、财政权、货币发行权不但远远超过内地各省、市、自治区的权力,而且在很大程度上超出了许多联邦制国家成员国的权力,特别是在司法权方面,各法域都有自己的终审法院,在其之上无最高司法机关对有关的法律冲突加以协调。这无疑将在国家结构形式上突破我国单一制国家地方政府传统权力的范围,使得中国的区际法律冲突包含了一些国际法律冲突的特征。但是,中国单一制的国家结构形式没有改变,我国普通地方行政单位、民族区域自治单位和特别行政区单位构成了中国单一制社会主义国家三种并存的地方行政单位。

二、中国区际私法的立法体例

有关中国区际私法的立法体例是理论界争论的热点。各国的具体情况不

---

① 值得一提的是,在20世纪80年代学术界讨论中国区际法律冲突解决的途径时,一些学者认为在内地与香港、澳门地区均参加同一个国际公约的情况下,可以直接适用公约。但是,香港主权回归后,尽管两地都参加了1958年《承认及执行外国仲裁裁决公约》,但囿于公约的适用主体是国家,无法在一国内的不同法域适用,导致两地大量生效的仲裁裁决无法得到承认与执行,直至《最高人民法院关于内地与香港特别行政区相互执行仲裁裁决的安排》出台。

同,其区际私法的立法体例也各异。南斯拉夫采用单行法规的形式,专门制定用以解决联邦与各共和国以及各共和国之间的法律冲突。苏联在民法、家庭法中专章规定处理区际法律冲突的制度。美国则不分国际法律冲突与区际法律冲突,而用同样的原则、规则处理这两种法律冲突。在确定中国区际私法的立法体例时,应充分考虑中国的具体情况,特别是中国区际法律冲突的上述特征。有关中国区际私法的立法体例,学术界主要有以下几种意见:

(一) 直接援引内地国际私法中的冲突规范

这一方法是指不制定专门的区际私法,而是直接援引内地国际私法中的冲突规范处理区际法律冲突。这一方法固然简便,但缺乏针对性,忽略了不同法系之间的差异,在运用这种冲突规范解决区际法律冲突时往往存在许多困难。如对于属人法的认定,香港采取住所地主义,澳门、台湾地区则采取国籍主义。[①] 这种事例比比皆是。鉴此,这种做法充其量只能作为一种权宜之计。

(二) 内地和特别行政区各自援用自己的冲突规范或者分别制定各自的区际私法

这一方法弊端甚多,而且过于烦琐。同时适用两套不同的冲突规范必然使案件人为地复杂化,并且还会产生识别、反致、转致、法律规避等复杂的各区域冲突法之间的冲突。

(三) 制定我国统一的区际冲突法

这一方法既能促进内地和特别行政区法律制度之间的协调一致,又能避免因同时采用不同的冲突规范可能产生的各法域冲突规范之间的冲突,并且有利于增强处理涉港澳案件的统一性、针对性和可预见性。为此,有关部门应依照维护国家统一原则、"一国两制"原则和平等互利原则,在充分协商的基础上,着手制定我国统一的区际私法。

值得一提的是,我国理论界对于是否应制定统一的区际冲突法尚有分歧。有的学者对制定统一的区际冲突法持一种悲观的态度,认为解决区际法律冲突不能强求统一,只能任其自然发展,原因是我国内地的冲突法规和民商事实体法不如香港、澳门的同类法律完备、齐全,因而目前不存在制定全国统一的区际冲突法的前提条件。也有的学者将制定统一的区际冲突法与"一国两制"原则绝然对立起来,认为制定全国统一的区际冲突法必然损害"一国两制"原则,违背"一国两制"构想的初衷。应该说制定我国统一的区际冲突法是一个浩大的系统工程,有一个循序渐进的过程,不可一蹴而就,但是不能因此而无所作为,一味地消

---

① 澳门法律本地化之前,原《澳门民法典》第 31 条第 1 项规定:"属人法即个人之国籍国法。"这一规定源自《葡萄牙民法典》的规定。但是,在澳门法律本地化的过程中,为适应主权回归后澳门居民身份的变化,现行《澳门民法典》已将国籍主义改为住所地主义。

极等待,正确的做法应是积极地创造条件,加快统一的区际冲突法的立法步伐,一俟条件成熟后予以公布。关于制定统一区际冲突法与"一国两制"原则的关系,其实两者并不矛盾,"一国两制"原则本身就是制定区际私法、解决区际法律冲突必须遵循的基本准则之一,而制定统一的区际私法正是促使"一国两制"构想变为现实的重要措施。至于部分学者对制定统一的区际冲突法势必危及"一国两制"原则的担忧,其实毫无必要。因为统一区际冲突法仅仅是使各法域的冲突法协调一致,不涉及各法域之间民、商实体法领域,不消除各不同法域的法律差别,不影响特别行政区依法享有的立法权、司法权和终审权。①

三、中国解决区际法律冲突的实践探索

在区际法律冲突与区际私法领域,中国理论研究与立法、立法与司法解释不相协调的现象非常突出。早在邓小平同志提出"一国两制"构想的 20 世纪 80 年代中期,学术界即以敏锐的目光捕捉到中国法律制度即将发生的新变化,中国国际私法学界率先开始了这一领域的研究②,区际法律冲突与区际私法问题成为国际私法理论研究的热点问题,并且形成了较为系统的研究成果。③ 三十年来,中国国际私法学界持续关注该领域国家立法的进程,而反观该领域国家的立法状况,几乎毫无作为。相比之下,司法解释比较活跃,在法律适用领域,1987 年发布的《最高人民法院关于适用〈涉外经济合同法〉若干问题的解答》明确规定:"涉外经济合同法也可以适用于港澳地区的企业、其他经济组织或者个人同内地的企业或者其他经济组织之间订立的上述经济合同,以及外国企业、其他经济组织或者个人之间,港澳地区的企业、其他经济组织或者个人之间,外国企业、其他经济组织或者个人与港澳地区的企业、其他经济组织或者个人之间在中国境内订立或者履行的上述经济合同。"2007 年 8 月 8 日起施行的《最高人民法院关于审理涉外民事或商事合同纠纷案件法律适用若干问题的规定》第 11 条更为明确地规定:"涉及香港特别行政区、澳门特别行政区的民事或商事合同的法律适用,参照本规定。"在区际司法协助方面,最高人民法院于 1998 年发布了《关于人民

---

① 在 20 世纪 80 年代学术界研究中国区际法律冲突的早期,有学者主张我国在统一各法域实体法规则方面应该有所作为,通过共同接受国际统一实体法规范的道路,消除各法域在特定领域内的法律冲突。参见顾倚龙:《坚持"一国两制",解决区际法律冲突》,载《国际司法协助与区际冲突法论文集》,武汉大学出版社 1989 年版,第 183—184 页。

② 1988 年在西安举行的中国国际私法学会将区际私法问题列为当年年会的主要议题,这是中国国际私法学界首次对区际法律冲突与区际私法进行较为集中、系统的研究。研究成果参见《国际司法协助与区际冲突法论文集》,武汉大学出版社 1989 年版。

③ 1991 年 6 月由学林出版社出版的黄进教授所著的《区际冲突法研究》,是这一时期该领域理论研究的代表作,也是该领域国内第一部学术专著。与此同时,在 1991 年中国国际私法学会年会上,韩德培、黄进教授推出了《大陆地区与香港、澳门、台湾地区民事法律适用示范条例(征求意见稿)》。详细规定参见顾倚龙、吕国华主编:《海峡两岸法律冲突及海事法律问题研究》,山东大学出版社 1991 年版,第 1—8 页。

法院认可台湾地区有关法院民事判决的规定》,并且在与香港、澳门方面充分协商和信任的基础上,就区际司法协助做出专门安排,形成了《关于内地与香港特别行政区法院相互委托送达民商事司法文书的安排》《关于内地与香港特别行政区法院相互认可和执行当事人协议管辖的民商事案件判决的安排》《关于内地与香港特别行政区相互执行仲裁裁决的安排》《关于内地与澳门特别行政区法院就民商事案件相互委托送达司法文书和调取证据的安排》《内地与澳门特别行政区关于相互认可和执行民商事判决的安排》以及《关于内地与澳门特别行政区相互认可和执行仲裁裁决的安排》。2012年12月10日,最高人民法院审判委员会第1563次会议又通过了《法律适用法司法解释(一)》,其中第19条规定:"涉及香港特别行政区、澳门特别行政区的民事关系的法律适用问题,参照适用本规定。"

区际私法对于国际私法的形成和发展具有重大影响,作为国际私法理论和实践基础的14世纪意大利的"法则区别说"即是以调整和研究区际法律冲突作为中心任务的。由于国际私法在很大程度上是在区际私法的基础上发展而来的,两者的许多原则、制度都存在相似之处,因此可将传统的国际私法的三大内容作为中国区际私法规范的基本内容,即管辖权问题、法律适用问题以及判决的承认和执行问题。

(一) 关于管辖权问题

根据中英、中葡联合声明的规定,特别行政区享有独立的司法权和终审权。但是,特别行政区法院的管辖权不是无限的,对于属中央人民政府管辖的国防、外交事务和中央人民政府的行政行为的案件,不能行使管辖权。然而,对于一般的民事及经济案件,只要当事人双方或一方的住所、诉讼标的物位于不同法域,或法律行为、法律事实发生在不同领域,管辖权的冲突不可避免。如香港地区采用有效控制原则,台湾地区采用属地管辖原则,即被告住所地原则。解决这一问题,可以地域管辖作为一般管辖原则,辅之以专属管辖、选择管辖和指定管辖等原则。如有两个或两个以上被告分别位于不同法域,可由原告选择其中一个来确定管辖权;如两个或两个以上法域均有管辖权,可由最先收到诉状的法院行使管辖权;如被告在各法域均无住所,可由双方协议选择法院;如有关法域的政府都参加了有关国际协定,应按协议的规定确定管辖权。一旦内地法院和特别行政区法院发生管辖权冲突时,应由有关的省、自治区、直辖市高级人民法院与特别行政区最高法院经过协商后指定管辖。

(二) 关于法律适用问题

各法域有关民、商事关系的实体法的规定存在差异,各个法域在一定条件下又必须承认其他法域法律的域外效力,这样势必产生法律冲突,而同一案件适用不同法域的法律直接影响当事人的权益。因此在"一国两制四个法域"的格局下,法律适用是一个十分棘手的问题。各个法域应抛弃狭隘的属地主义,在充分协商、平等互利的基础上,就解决当事人民事法律地位、物权、债权、婚姻与亲权、财产继承关系方面区际法律冲突的原则逐一作出规定。由于区际冲突法是解决同一国家内、不同法域之间的法律冲突,因此"地域原则"应作为法律适用的基本原则,而国籍这一连结点则将为当事人的住所地所取代。

(三) 关于司法协助问题

实行"一国两制"以后,各法域之间诉讼文书的送达、委托调查取证以及判决的承认和执行等区际司法协助问题已大量出现。《香港特别行政区基本法》第95条规定:"香港特别行政区可与全国其他地区的司法机关通过协商依法进行司法方面的联系和相互提供协助。"香港、澳门主权回归后,最高人民法院在区际司法协助方面相继出台了一系列制度安排。这些制度安排在现阶段对于有效解决区际司法协助中存在的问题具有积极的意义,但这只是一种权宜之计,在条件成熟的情况下,应着手制定统一的区际司法协助规则。由于我国区际法律冲突是不同社会制度、不同法律制度和不同法系之间的冲突,各法域在相互承认和执行对方法院判决时将会较多地援用公共秩序保留条款,因此为了确保审判工作的严肃性和稳定性,法律对于拒绝承认和执行对方法院判决的条件应作出明确的规定。

鉴于区际私法目前尚属我国立法的空白,在学术理论上也是一个亟待研究的新课题,我们应大胆研究,勇于实践,尽快制定出具有中国特色的区际冲突法规范,在此基础上建立起中国的区际私法学。

[案例讨论与分析]

案例1 "3·24"列车相撞事件

【案情简介】

1988年3月24日,南京开往杭州的311次旅客列车,运行到沪杭外环线匡巷车站,由于列车冒进信号,与正要进站的长沙开往上海的208次旅客列车发生正面冲突,造成旅客及路内职工死亡28人,重伤20人,轻伤79人,中断行车23小时。该事故是我国首次发生的因列车相撞导致国外旅客伤亡的重大行车事故。这起事故造成311次列车上日本高知市修学旅行团的师生死27人,伤35人,其中重伤9人,轻伤28人。在死亡的27名日本旅客中,除一名教师外,其余都是16岁以下的中学生。经查明,"3·24"行车重大事故是由于311次列车司机违反行车规定,导致列车闯过显示红色灯光的出站信号机,挤坏道岔,进入区间,与迎面开来的208次列车正面相撞而造成。作为事故直接责任者的正司机周小牛经检察机关批准,被公安机关依法逮捕。①

另据查明,此次遇难的日本高知市修学旅行团在华旅行活动是由上海青年旅行社(以下简称青旅社)安排的,日方与青旅社达成协议,由青旅社负责日方在上海的活动,并为日方购买火车票。事故发生后,日方与中方有关部门进行了多轮磋商谈判,日方律师向中方有关部门提出了要求赔偿的金额及其计算标准:每一死亡者的赔偿金由四部分组成,即逸失利益、慰问金、丧葬费、交通费及其他费用。根据日方的计算标准,每一死亡男学生的赔偿金约3590万日元,女学生的赔偿金约3130万日元(均不包括交通费及其他费用)。受伤者的损害赔偿更为复杂,每一受伤者的赔偿金额由十部分组成,即:(1)治愈前实际使用的医疗费;(2)实际使用的住院费;(3)实际使用的门诊交通费;(4)经医生认可的器具费;(5)护理费(包括住院护理费、门诊陪护费、将来陪护费);(6)住院杂费;(7)将来的手术费、医疗费;(8)停工损失(学生无);(9)慰问金;(10)后遗症的逸失利益。②

【法律问题】

本案的焦点问题是:(1)一旦日方启动诉讼程序,应该由哪国法院行使管辖权?(2)确定损害赔偿的标准应该是哪国的法律规定,即本案的准据法如何确定?

在这起赔偿案中,青旅社负责日方人员在华的旅行活动,双方之间存在合同关系,青旅社负有确保日方人员在华旅行活动安全的合同义务;日方人员搭乘上海铁路局承运的列车,与铁路部门之间建立了一种广义上的运输合同关系。铁路部门作为合同一方有责任将旅客安全运送到目的地,铁路部门管理不善、规章制度执行不严、劳动纪律松懈、工作人员过失所造成的人身伤害,无疑可视为违反合同规定。此外,日方人员与保险机构还存在保险合同关系。按照大多数国家的法律规定,海上运输、铁路运输和航空运输都实行强制保险制度。1951年6月24日开始实施的我国《铁路旅客意外伤害强制保险条例》(2013年1月1日废止)第1条明确规定:凡持票搭乘国营或专用铁路火车之旅客,均应依照本条例之规定,向中国人民保险公司投保铁路旅客意外伤害保险,其手续由铁路管理局办理,不另签发保险凭证。按照这一规定,车票就是保险合同凭证,一旦出险造成人身伤亡时,受害人有权要求得到补偿。就侵权责任而言,311次列车司机玩忽职守,违反行车规定,导致日本旅客生命财产遭受重大损失,其行为显然构成了侵权行为。

【处理结果】

鉴于在"3·24"列车相撞事件的后续谈判过程中,中方始终占据法律上的制

---

① 肇事司机于1988年9月22日被依法判处有期徒刑6年半,副司机被依法判处有期徒刑3年。
② 参见丁伟:《"3·24"撞车事故损害赔偿的法律思考》,载《法学》1988年第10期。

高点,日方律师团知难而退,放弃了通过诉讼索偿的途径。经过历时一年的艰苦谈判,中日双方有关部门的代表于 1989 年 3 月 11 日在日本高知市签署了协议,给予日方每位死者 450 万日元(约 3 万 3 千美元)的赔偿;对 34 名日本受伤者,根据受伤的程度,分别按死者赔偿金的 80%、60%、40%、20%,给予一次性赔偿。据了解,每位日本遇难者实际获得的补偿金为 4850 万日元(约合 36 万美元),其中包括中方给予的 450 万日元,日本政府给予的 1500 万日元,日本保险公司赔付的 1400 万日元,日本校方给予的 800 万日元,日本社会各界捐助的 700 万日元。

【分析评论】

国际私法是以目标为导向的方法论,其主要功能在于解决管辖权、法律适用、判决/裁决的承认与执行这三个至关重要的问题。本案的核心问题是争议的定性问题,即究竟是违约行为还是侵权行为,这一定性在国际私法中称为"识别"。识别的结果直接决定了哪个法院具有管辖权、由谁来充当赔偿主体、如何确定赔偿的金额等问题。争议发生后,本章撰稿人参加了相关专家论证会,在第一时间力主本案应定性为侵权行为引起的赔偿纠纷,这一观点得到了国际私法学界的认同。[①] 将本案的赔偿争议定性为侵权行为对中方有以下积极意义:

1. 关于管辖权的确定

管辖权是有关国家主权、法律尊严的重大原则问题。无论是谈判、协商还是依照司法程序解决赔偿问题,首先需要明确本案的管辖权问题。如识别为侵权行为,按照我国当时有效的 1982 年《民事诉讼法(试行)》第 22 条规定:"因侵权行为提起的诉讼,由侵权行为地人民法院管辖。"同样,《日本民事诉讼法典》第 15 条也规定:"因侵权行为发生的诉讼,由侵权行为地法院管辖。"本案所涉事故发生在中国,作为侵权行为地的中国法院行使管辖权具有充分的法律依据。鉴于侵权行为是一种非合意之债,在一般情况下当事人应当服从法律的安排,而合同之债是一种合意之债,如将本案的赔偿争议定性为违约性质,按照法律规定,当事人可以选择管辖法院,在当事人没有选择的情况下,按照我国 1982 年《民事诉讼法(试行)》第 23 条规定:"因合同纠纷提起的诉讼,由合同履行地或者合同签订地人民法院管辖。"[②] 而合同的签订涉及要约、承诺两个环节,隔地签订的合同如何确定签订地,是承诺发出地还是承诺接受地?在是否选择管辖、如何确定合同签订地等问题上,作为合意之债的合同,法律的强制性规定很少,而任意性

[①] 事故发生后不久,在西安举行的中国国际私法学 1988 年年会上,会议专门安排本章撰稿人介绍"3.24"列车相撞事件的案情,相关的分析意见得到了国际私法学界的共鸣。

[②] 但 1982 年《民事诉讼法(试行)》第 24 条规定:"铁路、公路、水上运输和联合运输中发生的诉讼,由负责查处该项纠纷的管理机构所在地人民法院管辖。"本案如作为合同纠纷来处理,可能出现适用《民事诉讼法(试行)》第 23 条还是第 24 条的问题。

规定很多，当事人有很多讨价还价的空间，这将增加本案管辖的不确定性。

2. 关于赔偿主体的确定

一旦诉诸司法程序，将面临如何确定赔偿主体即被告的问题。在这起赔偿案中，与日方具有合同关系的青旅社、承运人均可能被作为被告，如追究违约责任，青旅社被列为被告的可能性最大，其责任不受限制，既要承担违约导致的直接损失，又要承担间接损失（即日方所称逸失利益）。至于承运人的责任可能会受到保险金额的限制，日方可以不予理会，是青旅社与承运人之间的关系。如识别为侵权行为，则 311 次列车肇事司机是侵权行为的直接责任人，其赔偿能力是有限的。按照我国《民法通则》第 43 条的规定，企业法人对其法定代表人和其他工作人员的经营活动承担民事责任。在肇事司机无力承担赔偿责任的情况下，将由作为法人的承运人承担责任，但从本案日方的赔偿构成来看，精神赔偿占很大比重，而中国法律没有规定侵权行为的精神赔偿问题，当时也未出台关于侵权行为精神赔偿的相关司法解释。此外，承运人承担责任还存在援引《铁路旅客意外伤害强制保险条例》的规定减免责任的可能。因此，将本案确定为侵权行为、将肇事司机作为直接的赔偿主体对我国有利。

3. 关于准据法的确定

本案发生后，日方提出的赔偿金额其数额之大，令人咋舌。如何确定赔偿金额取决于以何国法律作为准据法。据了解，无论是中国、日本，还是相关国际条约，都没有铁路事故造成人身伤亡赔偿的规定，也不存在国际通行的做法。如果将本案识别为合同之债，则意思自治为首要原则，极易在适用法律上扯皮。而识别为侵权行为，中方在法律适用上完全占主动地位。按照我国《民法通则》第 146 条的规定，侵权行为的损害赔偿，适用侵权行为地法。《日本法例》第 1 条第 1 款规定："因无因管理、不当得利或不法行为而产生的债权，其成立及效力依其原因事实发生地法。"此外，1971 年签订的《交通事故法律适用公约》第 3 条也规定：交通事故采用事故发生地国内法。几乎所有国家的国际私法规范都规定以侵权行为地法作为准据法。

有关损害赔偿的具体数额各国通常不作明确规定，对于赔偿额的计算标准各国规定各异，不存在公认的、各国普遍接受的计算标准。大陆法系通常将损害分为财产损害和精神损害。法国司法实践长期认为，子女因火车事故而死亡时，应赔偿其父母因精神上痛苦和不安而造成的"精神损害"。英美法系则将损害赔偿划分为补偿性赔偿和惩罚赔偿，前者指对受害人所受的物质损害的赔偿，后者则是一种慰藉金，指对受害人所受的精神痛苦的赔偿，具有惩罚侵权行为人的性质，它与大陆法系中的精神赔偿大体相似。当然，也有一些国家的法律规定，赔偿只限于侵权行为造成的直接的、即时的损害，从时间上看，损害要紧接着侵权行为而发生，因此，"精神损害"不予赔偿。

在损害赔偿问题上,中日两国的法律规定和司法实践有很大的差异。我国《民法通则》第119条规定:"侵害公民身体造成伤害的,应当赔偿医疗费、因误工减少的收入、残废者生活补助费等费用;造成死亡的,并应当支付丧葬费、死者生前扶养的人必要的生活费等费用。"在实践中,对因交通事故造成的死亡者给予丧葬费、直接财产损失费用以及相当于被害人三年工资的家庭扶养费。

《日本民法》第710条则规定:不问是侵害他人身体、自由或名誉情形,还是侵害他人财产权情形,赔偿责任者对财产以外的损害也应赔偿。第711条规定:侵害他人生命者,对于受害人的父母、配偶及子女,虽未害及其财产权,亦应赔偿损害。但对于具体的计算标准,日本法律无明确规定。在实践中,日本有关交通事故导致人身伤亡的财产损害,主要有积极损害和消极损害两种。积极损害主要指侵权行为直接造成的财产利益的减少,如为恢复健康所需的医疗费等,这种费用只有在致伤症状大体稳定以后才能要求赔偿;消极损害主要指死者、受伤者的逸失利益的损失,即由于侵权行为而使被害人失去将来应得到的利益,通常由原告(被害人)就损害额的计算提出具体的证明,法官以此为基础认定赔偿额。

从法律上分析,日方提出的上述赔偿数额及其计算标准是缺乏法律根据的。既然按照国际法的基本原则、公认的国际惯例以及包括中日在内的绝大多数国家的规定,解决因列车相撞所产生的赔偿问题应适用中国法律,那么有关损害赔偿的金额及计算标准理应依照中国法律来确定。根据我国铁道部《铁路旅客运输管理规则》的规定,旅客意外伤害的处理按保险条例支付保险金,由事故委员会根据我国《铁路旅客意外伤害强制保险条例》规定及旅客的伤害程度,提出给予保险金的金额。该条例对保险范围、保险金额及保险金的数额和支付方式等都作了明确规定。根据保险法的基本原理,旅客的保险金不得超过作为保险人赔偿责任最高限额的保险金额的全数。因此,日方提出的赔偿要求中超出保险金额全数的部分,原则上不能给予补偿。当然,这一损害赔偿具有涉外因素,在确定赔偿金额时应充分考虑两国不同的价格制度、不同的生活标准,适当地参考一些国际惯例,在支付保险金后,再给予一定数额合理的救济金,这样处理更显得合情、合理。

案例2 L女士诉M实业集团有限公司、Y先生《还款确认函》争议仲裁案[①]

【案情简介】

本案申请人L女士系中华人民共和国香港特别行政区居民[②],第一被申请

---

① 本案系本章撰稿人作为首席仲裁员审理的仲裁案,为遵循仲裁不公开原则,对当事人的姓名(名称)作了必要的技术处理。

② 《法律适用法司法解释(一)》第19条规定:"涉及香港特别行政区、澳门特别行政区的民事关系的法律适用问题,参照适用本规定。"按照中国仲裁实践,涉及香港特别行政区的案件参照涉外案件处理。

人 M 实业集团有限公司注册于中国某地,第二被申请人 Y 先生持香港居民身份证,同时持有中国内地身份证。

申请人于 2013 年 11 月提起仲裁申请称,第一被申请人于 2008 年 3 月 12 日向申请人借款 10000 万港币。2010 年 10 月 4 日,双方就借款期限的延长签订了借款展期协议。因第一被申请人未按照展期协议的约定向申请人偿还欠款,第一被申请人于 2011 年 7 月 2 日与申请人签订了《还款备忘录》,并于 2011 年 11 月 28 日与第二被申请人一起向申请人出具了《承诺书》,在《还款备忘录》和《承诺书》中,两被申请人将所借申请人款项本金确定为 15,000 万元港币,并同意自 2011 年 3 月 12 日起,借款利率调整为年息 20%,若在 2012 年 3 月 11 日前仍不能按约归还申请人全部欠款本息的,则自 2012 年 3 月 12 日起,借款利率调整为年息 25%。2012 年 7 月 14 日,申请人与两被申请人签订《还款确认函》,约定:第一被申请人根据自身实际情况决定退出对申请人所属公司的投资,将第一被申请人及其关联公司于 2011 年 3 月至 2012 年 6 月间向申请人所属公司投入的资金共计人民币 3,525 万元全部转为对申请人的还款,扣除前述还款后,第一被申请人截至 2012 年 7 月 11 日尚欠申请人借款本金港币 11,437 万元和利息港币 3,319 万元,第二被申请人同意对前述借款本息承担保证责任。2012 年 7 月 23 日,申请人向两被申请人发出《还款通知书》,明确告知两被申请人,截至 2012 年 7 月 21 日,被申请人向申请人归还了本金港币 42,211,905.83 元,尚欠申请人本金港币 107,788,094.17 元和利息港币 33,996,030.09 元,本息合计港币 141,784,124.26 元,并附上了相关金额的计算明细。申请人在通知书中表示,如果两被申请人在 2012 年 8 月 21 日前向申请人实际归还港币 7000 万元,且余款港币 71,784,124.26 元能在 2013 年 1 月 21 日前归还,则从 2012 年 7 月 21 日起未还清的欠款不再计息,如果未能在上述日期内还清欠款,则未还清的欠款仍按年息 25% 收取利息。鉴于被申请人拒不履行约定的还款义务,已经构成严重违约,申请人虽曾以各种方式与其协商,谋求和解,并且一直给予被申请人宽限,因被申请人并无诚意,一直未果,故申请人特向仲裁委员会申请仲裁。申请人的主要仲裁请求事项为:1. 第一被申请人向申请人归还借款本金港币 107,788,094.17 元。2. 第一被申请人向申请人支付借款利息港币 68,952,307.85 元(暂计至 2013 年 10 月 31 日,请求至实际清偿完毕之日止)。3. 第二被申请人对第一被申请人的上述债务承担连带责任。

被申请人辩称,2007 年申请人之夫 T 先生通过一家美国公司购买与第一被申请人及第二被申请人 Y 先生具有关联关系的香港上市公司股东发行的可换股债券,其购买债券的款项均系支付给前述美国公司。申请人夫妇未曾向第一被申请人支付任何款项,且其亦未提供向第一被申请人及第二被申请人支付款项的任何证据,因此,申请人夫妇无权要求第一被申请人及作为担保人的第二被申请人归还借款本金及利息。申请人之夫T先生将其购买的债券换成上市公司股票的当天,该上市公司股价大跌,在T先生的一再请求下,第二被申请人分别于2008年3月13日及3月19日通过香港上海汇丰银行有限公司向杨涛支付港币7125万元。被申请人同时称,有关《还款备忘录》《承诺书》及《还款确认函》的形成有特殊的背景:T先生购买前述香港上市公司的股票后,该公司股价持续下跌,T先生投入的资金大幅缩水,T先生以对其妻L女士要有交代及若不签署还款文件L女士与其离婚为由,多次请求第一被申请人及第二被申请人签署还款文件,并承诺签署还款文件只是让其妻看,不会作为双方之间债权、债务的依据(载有本金及利息金额且利息回报远高于市场比例的《还款备忘录》《承诺书》《还款确认函》均为与L女士签署,后T先生并代其妻又与第一被申请人和第二被申请人签署《7月14日函的补充条款》否定《还款确认函》的内容),第二被申请人作为T先生的朋友无奈签署了《借款协议》《还款备忘录》《承诺书》及《还款确认函》等文件。为落实第一被申请人及第二被申请人于2011年11月28日出具的《承诺书》之内容,2012年2月第一被申请人通过其关联公司与L女士签署《股权质押合同》,将双方之间的债权金额确认为本金人民币2000万元、利息人民币300万元。该《股权质押合同》确定的《承诺书》项下全部金额为借款人民币2000万元、利息人民币300万元,并否定了《承诺书》载明的至2011年3月11日的本金港币15000万元,亦可证明第一被申请人及第二被申请人与L女士签署《还款备忘录》《承诺书》《还款确认函》系应T先生请求签署,仅为应付L女士之目的而签署。

【法律问题】

本案既涉及案件事实层面的争议,也涉及法律层面的争议。法律层面的争议聚焦在以下四方面:

1. 关于本案系争《还款确认函》的法律适用

申请人认为,本案系争《还款确认函》应适用香港法律,理由是:《还款确认函》第2条约定,本确认函"适用香港特别行政区法律"。本案涉案的欠款合同的基础是本案当事人及其关联公司之间的借款合同,相关借款合同的签订地和履行(出借)地均在香港,即便当事人没有选择适用香港法律,也应适用香港法律。

被申请人则认为,尽管2012年7月14日的《还款确认函》中约定适用香港特别行政区法律,但在我国内地法律有强制性规定的情况下,应直接适用该强制性规定。

2. 关于第二被申请人的姓名与身份

申请人认为,本案庭审中被申请人提交了第二被申请人Y先生国内"常口现实库信息资料"的证据,申请人对该证据与本案的关联性、证明内容不予认可。在各方签署涉案的相关法律文件时,第二被申请人明确在相关法律文件上注明了其香港居民身份,并且申请人始终只知其拥有香港居民身份;Y先生没有注销其内地居民身份的行为，本身就违反了中国相关的户籍管理法律规定。该种违法的法律行为既不能否定Y先生的香港居民身份，更不能否定Y先生以香港居民身份与申请人签约的事实。

被申请人则认为，其提供的《常口现实库信息资料》原件的复印件证明，第二被申请人T先生为具有中国国籍的自然人，系中国内地居民。

3. 关于本案系争《还款确认函》的法律效力

申请人认为，根据香港特别行政区法律，《还款确认函》具有法律约束力，并且其中有关利息的约定内容不违反香港特别行政区法律禁止性规定。

被申请人则认为，本案系争《还款确认函》具有对外偿还港币的内容，属于对外举借外债，应当依法办理相关审批和登记手续，但并未办理审批和登记，违反了中国外汇管制和外债管理的强制性规定，应属无效。

4. 关于系争《还款确认函》中担保约定的法律效力

申请人认为，系争《还款确认函》中约定的第二被申请人同意对第一被申请人借款本息承担保证责任系当事人真实的意思表示，具有法律效力。

被申请人则认为，《还款确认函》因违反中国外汇和外债的强制管理规定未依法办理相关批准和登记而无效，根据"主合同无效，担保合同无效"之规定，《还款确认函》中有关第二被申请人对借款本息承担保证责任之约定无效。第二被申请人Y先生为中国内地居民，其为港币借款提供担保属于对外担保，该对外担保亦未依法办理审批和登记手续，依法不具有法律效力。

【仲裁裁决】

仲裁庭经审理对本案所涉争议作出以下认定：

1. 根据《法律适用法》的相关规定，仲裁庭将依据内地法律的强制性规定及香港特别行政区法律的其他规定对本案作出裁决。

2. 第二被申请人同时具有香港居民身份和内地公民身份是否属于违法行为应由相关执法部门依法作出认定，仲裁庭根据本案现有证据无法确定其以香港居民的身份签署本案系争《还款确认函》。

3. 本案系争《还款确认函》涉及中国行政法规的强制性规定，仲裁庭依照《法律适用法》第4条规定直接适用中国行政法规的强制性规定，认定该《还款确认函》不具有法律效力。

4. 本案系争《还款确认函》中的担保约定不具有法律效力。

【分析评论】

本案争议事项集中体现了国际私法所调整的涉外民事法律关系与国内法所调整的国内民事法律关系的差异，仲裁庭有关《还款确认函》的法律适用、法律效力的认定都基于本案具有"涉外"性质。与此同时，第二被申请人是以香港居民的身份还是以中国内地居民的身份签署本案系争《还款确认函》,直接决定了该《还款确认函》中担保约定的法律效力。

1. 如何确定本案系争《还款确认函》的法律适用

本案系争《还款确认函》第 2 条约定,本确认函"适用香港特别行政区法律"。《法律适用法》第 3 条规定:"当事人依照法律规定可以明示选择涉外民事关系适用的法律。"本案申请人系中华人民共和国香港特别行政区居民,其与被申请人约定系争《还款确认函》适用香港特别行政区法律符合中国法律规定。但是,根据《法律适用法》第 4 条规定:"中华人民共和国法律对涉外民事关系有强制性规定的,直接适用该强制性规定。"为此,仲裁庭确认应依据中国法律的强制性规定及香港特别行政区法律的其他规定对本案作出裁决。

2. 如何认定第二被申请人的姓名与身份

申请人的仲裁申请书中第一被申请人的法定代表人为 Y 湧先生,第二被申请人为 Y 先生,在庭审中,双方当事人对于 Y 湧与 Y 为同一人没有异议。但是对于第二被申请人 Y 先生的身份存在争议,申请人认为,Y 先生为中华人民共和国香港特别行政区居民,持香港居民身份证。第二被申请人的代理人对于 Y 先生持有香港居民身份证的事实无异议,但认为 Y 先生具有中国内地居民的身份。被申请人提交了《常口现实库信息资料》,证明 Y 先生为具有中国国籍的自然人。申请人对该证据的真实性没有异议,但对该证据与本案的关联性和证明内容不予认可,认为 Y 先生没有注销其内地居民身份的行为,本身就是违反了中国相关的户籍管理法律规定的。该种违法的法律行为既不能否定 Y 先生的香港居民身份,更不能否定 Y 先生以香港居民身份与我方签约的事实。

仲裁庭查明,被申请人提交的《常口现实库信息资料》的形成日期为 2014 年 7 月 28 日,该《常口现实库信息资料》、公民身份证显示的姓名为 Y 湧,该信息资料加盖了所属派出所调查证明材料专用章。仲裁庭注意到,申请人提交了 2011 年 11 月 28 日两被申请人向申请人出具的《承诺书》,Y 先生在该《承诺书》的签名处注明了香港身份证号码。申请人提交的 2012 年 7 月 14 日申请人与两被申请人签订的《还款确认函》,第二被申请人 Y 先生未在签名处注明香港身份证号码。基于这一事实,仲裁庭认为,第二被申请人同时具有香港居民身份和中国公民身份是否属于违法行为应由相关执法部门依法作出认定,仲裁庭根据本案现有证据无法确定其以香港居民的身份签署本案系争《还款确认函》。

3. 如何判断本案系争《还款确认函》的法律效力

本案庭审中,申请人认为,根据香港特别行政区法律,本案系争《还款确认函》是具有法律约束力的,其中有关利息的约定内容不违反香港特别行政区法律禁止性规定。申请人并提交了香港大律师就本案香港法律适用出具之《证明书》,欲证明本案系争《还款确认函》根据香港特别行政区法律是构成一份有效的协议,《还款确认函》中有关利息的约定内容没有违反香港特别行政区法律中禁止性规定之处。被申请人则认为,本案系争《还款确认函》及双方之前签署的《还款备忘录》《承诺书》《还款计划书》《借还款协议书》《补充协议书》等一系列约定第一被申请人以外币承担对外偿还义务的契约性文件未经国家外汇管理机关批准并办理外债登记,违反了《外汇管理条例》等行政法规的强制性规定,在中华人民共和国内地法域内不具有法律约束力。

本案庭审中,双方当事人对于《还款确认函》确认的第一被申请人向申请人的借款系境外个人向作为境内企业的第一被申请人出借港币、本案系争《还款确认函》系约定第一被申请人以境外货币承担契约性偿还义务的款项,且相关借款、还款事项未经国家外汇管理机关批准并办理外债登记没有异议。申请人仅认为按照当事人约定本案系争《还款确认函》应适用香港特别行政区法律,按照香港法律该《还款确认函》合法有效,但申请人对被申请人所称的本案系争借款、还款事项未经国家外汇管理机关批准并办理外债登记违反《外汇管理条例》等行政法规的强制性规定未发表抗辩意见。

本案仲裁庭认定《还款确认函》不具有法律效力是基于中国法律、行政法规的强制性规定。《外汇管理条例》第 18 条第 1 款规定:"国家对外债实行规模管理。借用外债应当按照国家有关规定办理,并到外汇管理机关办理外债登记。"第 2 条规定:"国务院外汇管理部门及其分支机构(以下统称外汇管理机关)依法履行外汇管理职责,负责本条例的实施。"根据《外汇管理条例》和国务院有关规定,国家外汇管理局经中国人民银行批准公布了《境内机构借用国际商业贷款管理办法》,该办法第 2 条规定:"本办法所称'国际商业贷款'是指境内机构向中国境外的金融机构、企业、个人或者其他经济组织以及在中国境内的外资金融机构筹借的,以外国货币承担契约性偿还义务的款项⋯⋯"第 3 条规定:"中国人民银行是境内机构借用国际商业贷款的审批机关。中国人民银行授权国家外汇管理局及其分局(以下简称外汇局)具体负责对境内机构借用国际商业贷款的审批、监督和管理。"第 4 条规定:"境内机构借用国际商业贷款应当经外汇局批准。未经外汇局批准而擅自对外签订的国际商业贷款协议无效。外汇局不予办理外债登记。银行不得为其开立外债专用账户。借款本息不准擅自汇出。"依照上述《外汇管理条例》及与该条例配套的规章的相关规定,本案系争《还款确认书》项下第一被申请人向申请人的借款属于需要经我国外汇管理部门依法批准的国际商业贷款。基于《外汇管理条例》及与该条例配套的规章的上述规定,仲裁庭认为,借用外债应当经国家外汇管理机关批准,并到外汇管理机关办理外债登记是中国行政法规的强制性规定。《合同法》第 44 条规定:"依法成立的合同,自成立时生效。法律、行政法规规定应当办理批准、登记等手续生效的,依照其规定。"第 52 条第 5 项规定,"违反法律、行政法规的强制性规定"的合同无效。鉴于本案系争《还款确认函》项下第一被申请人向申请人的借款未经中国外汇管理部门依法批准并依法办理外债登记,与中国行政法规的强制性规定不符,不具有法律效力。

尽管本案系争《还款确认函》约定适用香港特别行政区法律,申请人亦提交了香港大律师出具的本案系争《还款确认函》根据香港特别行政区法律构成有效协议《证明书》,但是按照《法律适用法》第4条"中华人民共和国法律对涉外民事关系有强制性规定的,直接适用该强制性规定"、《法律适用法司法解释(一)》第10条"有下列情形之一,涉及中华人民共和国社会公共利益、当事人不能通过约定排除适用、无需通过冲突规范指引而直接适用于涉外民事关系的法律、行政法规的规定,人民法院应当认定为涉外民事关系法律适用法第四条规定的强制性规定:……(四)涉及外汇管制等金融安全的……",鉴于本案系争《还款确认函》涉及中国行政法规的强制性规定,仲裁庭依照《法律适用法》第4条规定直接适用中国行政法规的强制性规定,认定该《还款确认函》不具有法律效力。

4. 如何判断本案系争《还款确认函》中担保约定的法律效力

本案庭审中,有关本案系争《还款确认函》项下第二被申请人的担保约定是否具有法律效力,当事人双方各执一词,双方的争议既涉及担保约定与主债务的关系,也涉及第二被申请人的身份。

《物权法》第172条第1款规定:"设立担保物权,应当依照本法和其他法律的规定订立担保合同。担保合同是主债权债务合同的从合同。主债权债务合同无效,担保合同无效,但法律另有规定的除外。"《担保法》第5条第1款规定:"担保合同是主合同的从合同,主合同无效,担保合同无效。担保合同另有约定的,按照约定。"鉴于本案系争《还款确认函》因与中国行政法规的强制性规定不符依法被确定为无效,依照《物权法》《担保法》的上述规定,《还款确认函》中从属于主债务的担保约定亦属无效。

《物权法》《担保法》的上述条款规定了主合同无效直接导致担保合同无效的法律后果,且在《还款确认函》确定的主债务无效的情况下,认定担保约定有效不但与《物权法》《担保法》的规定相冲突,同时有违《外汇管理条例》的立法宗旨,有损《法律适用法司法解释(一)》第10条规定的外汇管制等金融安全领域的社会公共利益。按照《最高人民法院关于适用〈中华人民共和国合同法〉若干问题的解释(二)》第14条的规定,《物权法》第172条第1款、《担保法》第5条第1款的规定显然属于效力性强制性规定。因此,尽管本案系争《还款确认函》约定适用香港特别行政区法律,但依照《法律适用法》第4条规定,涉及担保约定的事项仍应直接适用中国法律的强制性规定,这与第二被申请人以何种身份在《还款确认函》上签字无涉。仲裁庭基于上述理由,认定本案系争《还款确认函》中的担保约定不具有法律效力。

延伸阅读

1. 韩德培主编：《国际私法》，高等教育出版社、北京大学出版社 2007 年版。
2. 李双元：《国际私法(冲突法篇)》(第三版)，武汉大学出版社 2016 年版。
3. 黄进主编：《国际私法》(第二版)，法律出版社 2005 年版。
4. 肖永平：《国际私法原理》(第二版)，法律出版社 2007 年版。
5. 丁伟主编：《国际私法学》，上海人民出版社、北京大学出版社 2013 年版。
6. 韩德培、韩健：《美国国际私法(冲突法)导论》，法律出版社 1994 年版。
7. 李双元：《走向 21 世纪的国际私法：国际私法与法律趋同化》，法律出版社 1999 年版。
8. 邓正来：《美国现代国际私法流派》，法律出版社 1987 年版。
9. 黄进：《区际冲突法研究》，学林出版社 1991 年版。
10. 丁伟：《中国国际私法和谐发展研究》，上海社会科学院出版社 2009 年版。
11. Cheshire and North, *Private International Law*, 12th edition, Butterworths, 1992.
12. Lawrence Collins(ed.), *Dicey and Morris On the Conflict of Laws*, 11th edition, Stevens&Sons, 1987.
13. Robert A. Leflar, Luther L. McDougal, Robert L. Felix, *American Conflict Laws*, 4th edition, Lexis Pub, 1986.
14. A. J. E. Jaffey, *Introduction to the Conflict of Laws*, Butterworths, 1988.
15. Roger C. Cramton, *Conflict of Laws: Cases, comments, questions* (*American casebook series*), 4th edition, West Publishing Company, 1987.

 思考题

1. 如何理解国际民商事法律关系？它与国内民商事法律关系有哪些区别？
2. 国际私法的调整方法有哪些？
3. 试析国际民商事法律冲突产生的原因。
4. 如何理解我国《民法典》与《法律适用法》之间的关系？
5. 中国区际法律冲突有哪些特质？

第二章 国际私法的渊源

本章提要

国际私法的渊源主要指国家制定或认可的各种国际私法规范的存在及赖以产生法律效力的表现形式,主要有国内渊源和国际渊源两大类,其中,国内渊源主要由国内立法和国内判例两部分所组成,国际渊源由国际条约与国际惯例两部分所组成。在中国国际私法实践中,司法解释扮演了十分重要的角色,成为事实上的法律渊源。中国法律虽未规定判例的法律效力,但最高人民法院的指导性案例对于指导各级人民法院的司法审判发挥了重要作用。在国际私法的国际渊源中,国际条约的适用通常取决于一国对于国际条约与国内法的关系如何规定。国际惯例的适用也有一定的要求,如在国内法没有相关规定的情况下可以适用国际惯例。

主要教学内容

1. 中国国际私法国内立法的体系与立法形式。
2. 司法解释在中国涉外审判实践中的地位和作用。
3. 国际私法领域中的主要国际条约。

教学目标

1. 掌握中国国际私法的国内法制度。
2. 了解中国有关司法解释、指导性案例的作用。
3. 熟悉国际条约、国际惯例的适用规则。

法律渊源通常指法律的来源,可以从不同的角度进行分类。[①] 作为一个法律术语,法律渊源具有两种含义,即实质意义上的渊源和形式意义上的渊源。前者又叫物质意义上的渊源,指的是法所体现的统治阶级的意志,它是法的真正根

---

① 根据法的渊源的载体形式,可以分为成文法渊源、非成文法渊源;从法的渊源与法规范关系的角度,可以分为制定法等与法规范、法条文直接相关的直接渊源,学说等与法规范、法条文间接相关的间接渊源;根据是否经过国家制定程序,可以分为制定法渊源、非制定法渊源;根据法的渊源的相对地位,可以分为主要渊源、次要渊源;根据是否表现于国家制定的法律文件中的明确条文形式,可以分为正式渊源、非正式渊源。

源,来源于社会的物质生活条件;后者又叫法学意义上的渊源,指的是体现统治阶级意志的法的具体表现形式,指由国家制定或认可的各种国际私法规范的存在及赖以产生法律效力的表现形式。国际私法作为一种特殊的法律,体现了各国统治阶级的意志,具有鲜明的阶级性。但对于这一形式多样的部门法,本章仅研究其形式意义上的渊源,即由国家制定或认可的各种国际私法规范的存在及赖以产生法律效力的表现形式。[①] 国际私法从其法律性质上讲兼具国内法和国际法的双重特性,其调整对象又具有涉外因素,这就决定了它的渊源具有多重性。从总体上讲,国际私法的渊源主要有国内渊源和国际渊源两大类,其中,国内渊源主要由国内立法与国内判例两部分所组成,国际渊源由国际条约与国际惯例两部分所组成。

第一节 国际私法的国内渊源:国内立法

一、各国国际私法国内立法的主要形式

国内立法是国际私法的主要渊源,最早的国际私法规范就是在国内立法中形成的。通常认为最早以国内立法的方式规定国际私法的是1756年的《巴伐利亚法典》,而影响最大的则是1804年《法国民法典》(即拿破仑法典)。各国在国内立法中的国际私法规范,概括起来有四种形式:

1. 在民法典和其他法律的有关条款中列入国际私法规范。采取这种立法方式最为典型的是1804年《法国民法典》,其第3条规定:"凡居住在法国领土上的居民应遵守治安法律。不动产,即使属外国人所有,仍适用法国法律。"该法典所形成的"法兰西法系"的立法模式对欧洲和南美洲一些国家的立法产生了很大的影响。

2. 在民法典或其他有关法典中列入专编或专章,系统地规定国际私法规范。如我国1986年4月公布的《民法通则》第八章"涉外民事关系的法律适用"集中规定了一系列的冲突规范。

3. 在有关的单行法规中列入国际私法的有关条款。如美国1962年《统一商法典》以及英国1963年《遗嘱法》、1968年《收养法》、1973年《关于住所地和婚姻家庭案件法》等单行法规中都含有冲突法的条款。

4. 制定国际私法的专门法典或单行法规。制定有关国际私法的专门法典反映了各国国际私法立法的发展趋势。最早采用这种立法模式的是1896年的《德国民法施行法》,该法所形成的"日耳曼法系"影响甚广,荷兰、奥地利、德国、

---

① 参见刘想树:《国际私法基本问题研究》,法律出版社2001年版,第81页。

土耳其、日本、泰国、波兰、匈牙利、阿尔巴尼亚等国都采用了这一立法形式。1989年1月1日正式生效的《瑞士联邦国际私法》在采用这类立法形式的国家中最具代表性。

除了成文法以外,有些国家还将国内习惯法视为国际私法国内渊源的一部分。如《日本法例》第2条规定:"不违反公共秩序和善良风俗的习惯,只要法令之规定承认,或法令所未规定,与法律具有同等效力。"

二、各国国际私法国内立法的基本内容

国际私法作为调整国际/涉外民商事法律关系的法律规范,其基本内容涵盖冲突法、实体法和程序法三大部分。就某一个特定国家国际私法的国内立法而言,其国内立法的内容取决于该国对国际私法范围所持的立场。尽管学术界对国际私法的范围及国际私法应包含的法律规范的种类认识不一,但从解决国际民商事法律冲突的现实状况和实际需要来看,各国国际私法的国内立法一般包括以下基本内容:

1. 规定外国人民事法律地位的规范。各国都在一定的范围内依法承认外国人在内国享有民事权利,并承担相应的民事义务。在国内法中,这类规定既可以规定在宪法中,又可以规定在民法、商法等法律中。

2. 冲突规范。在各国国际私法规范中,冲突规范是最基本、最常用、最核心的国际私法规范。在立法模式上,有的国家在民法典中规定相关的冲突规范,有的国家在民法典中列入专章或专节系统规范冲突规范,有的国家在单行法中就该法所涉的规定制定冲突规范,也有的国家以法典或单行法的形式系统规定冲突规范。

3. 调整国际民商事法律关系国内专用实体法规范。这种规范排除了冲突规范的适用,当相关领域的法律冲突产生时,不考虑外国法的适用问题,而直接适用本国特定的实体法规范。如我国《法律适用法》第4条规定:"中华人民共和国法律对涉外民事关系有强制性规定的,直接适用该强制性规定。"

4. 解决国际民商事争议的国际民事诉讼程序规范。这类规范管辖权、司法协助、外国判决承认与执行的程序性规定通常由各国的民事诉讼法加以规定,但在采用国际私法法典化的国家,这类规定由国际私法典加以规定。

5. 解决国际民商事争议的国际商事仲裁程序规范。鉴于国际商事仲裁作为解决国际民商事争议的有效方式越来越受到国际社会的青睐,不少国家都将国际商事仲裁程序规范作为国际私法的重要组成部分,有的国家在仲裁法中对这类规范作出规定,有的国家在民事诉讼法中对国际商事仲裁的相关事项作出规定。

三、中国国际私法国内立法的体系与立法形式

中国国际私法的国内立法体系由四个层次组成,其中,第一层次是宪法中有关公民的规定,有关社会、经济和民事生活的基本原则的规定,有关我国发展国际经济技术合作和文化交流的基本原则的规定。这是中国国际私法国内立法的最高层次,对于制定和适用国际私法的各项规定具有指导作用;第二层次是以《法律适用法》为核心的各种民商事法律、法规,这是中国国际私法国内立法的基本层次;第三层次是国务院、中央政府各职能部门为实施全国人大及其常委会制定的国际私法规范而制定的有关行政法规;第四层次是最高人民法院对有关国际私法规范所作的司法解释和批复。后两个层次为中国国际私法国内立法的补充层次。这些规定构成了中国国际私法国内立法多层次、全方位的立法体系。

从中国国际私法国内立法的现状来看,其显著特征是立法体系的多层次,与此相适应,在立法模式上不拘于单一形式,而是采取以专章、专篇系统规定国际私法规范为主,以有关单行法中列入相应国际私法规范为辅的立法模式。在《民法通则》第八章(涉外民事关系的法律适用)中集中规定了一系列冲突规范①,在《法律适用法》中集中、系统规定冲突法制度,在《民事诉讼法》第四编中系统规定了涉外民事诉讼程序的特别规定,在《仲裁法》中也专门载入"涉外仲裁的特别规定"一章。同时,在《票据法》《民用航空法》《海商法》以及《海事诉讼法》等单行法律中也列入了国际私法的有关规定。分散立法是特定历史时期中国国际私法立法的必由之路,在国际私法的立法体系不完善、立法缺乏规划的情况下,客观上有助于及时填补国际私法立法上的空白。② 然而,在充分肯定分散立法历史作用的同时,应当清楚地看到其历史局限性。这一立法模式导致了现行中国国际私法立法体系支离破碎,致使一些领域国际私法的规定顾此失彼,前后矛盾,出现了一些立法上挂一漏万的现象。

与分散立法相比,法典化具有确定性、稳定性、内在逻辑性和谐性等优点,追随世界立法潮流,制定一部体系完整、逻辑严密、内容全面的《中华人民共和国国际私法典》,是长期以来中国国际私法学界的崇高目标。现代中国国际私法学的奠基人韩德培教授领衔的《中华人民共和国国际私法示范法》起草工作小组凝聚了中国国际私法学界专家、学者的共同智慧,历时六年,五易其稿,终于在1999年完成了示范法的起草和修改工作,并于次年正式出版。这部示范法的问世在

---

① 2020年4月,第十三届全国人民代表大会第三次会议审议通过了《民法典》,随着《民法典》的施行,《民法通则》《合同法》《继承法》《收养法》等载有涉外民事关系法律适用规范的法律同时废止。
② 参见丁伟:《世纪之交中国国际私法立法回顾与展望》,载《政法论坛(中国政法大学学报)》2001年第3期。

中国国际私法学说史、立法史上留下了浓墨重彩的一笔。但是，中国国际私法立法起步较晚，而法典化是一项系统工程，牵一发而动全身，涉及《民事诉讼法》《仲裁法》等一系列相关法律的重新整合，不可能一蹴而就。如果采用法典化的立法模式，将有关管辖权、判决/仲裁裁决承认与执行等程序性规范纳入国际私法典后，将面临如何处理《民事诉讼法》第四编（涉外民事诉讼程序的特别规定）、《仲裁法》第七章（涉外仲裁的特别规定）的难题。值得关注的是，《法律适用法》的主旨在于规范法律适用问题，未将同属国际私法规范的管辖权、外国判决/仲裁裁决的承认与执行等程序性规范纳入其中，这意味着在今后相当长的时间内，中国国际私法学界无法如愿以偿地期待一部体系完整的国际私法典在中国问世。[①]然而，《法律适用法》采用集中编纂的方式，对现行有效的法律适用规范进行系统梳理，并按照各种法律规范的性质、功能及其内在联系，对其进行科学的分类和排列，这一相对集中的立法对于形成结构严谨、门类齐全、和谐协调的法律适用法的立法体系具有积极的作用，同时也将在立法理念、立法技术等方面为中国国际私法的法典化奠定良好的基础。

第二节 国际私法的国内渊源：国内判例

一、关于国内判例的法律地位

所谓司法判例，是指法院可以援引作为审理同类案件依据的判决。关于司法判例能否作为国际私法的法律渊源，各国的法律制度以及司法实践存在差异，理论界对于该问题也有争论。英美等普通法国家以判例法作为主要法律形式，权威的法官所作的判决可以作为先例，具有法律拘束力。在这些国家中，除了个别单行法中有一些成文的冲突法以外，大部分国际私法的表现形式是法院判例。由于判例繁多且十分零乱，且常相互抵触，给国际私法的适用带来许多困难。为此，一些著名的国际私法学者或民间机构便开始了系统的国际私法规范的汇编和整理工作，作为这些国家处理涉外民事案件的权威依据。例如，英国学者戴西于1896年编著的《法律冲突法》系统全面地归纳整理出英国判例中所适用的冲突规范，并逐条加以阐释，后由莫里斯等人相继修订，到1993年该书已出至第12版。又如，美国法学会作为一个非官方的学术机构，承担了美国冲突法的编纂工作，1934年由比尔任报告员出版了《美国第一次冲突法重述》，1971年又以里斯为报告员出版了《美国第二次冲突法重述》，1986年美国法学会又对其进行

[①] 参见丁伟：《论中国国际私法立法与理论研究的良性互动》，载华东政法学院国际法研究中心编：《当代国际法论丛》（第6卷），北京大学出版社2006年版，第1—11页。

了修订。① 在以制定法作为主要法律形式的大陆法系国家,由于成文的国际私法立法数量有限,不足以应付司法实践的需要,因此也将判例作为国际私法的辅助渊源,以弥补成文法的不足与遗漏。在法国、德国、日本等国,法院在处理具体案件时,如缺乏成文的冲突规范,可以援引最高法院的判例作为判决的依据。② 当然,在理论研究方面,也有些学者认为司法判例尽管对审理类似案件具有参考价值,但它终究不是上升为统治阶级意志的法律,因而不能作为国际私法的渊源。

二、中国有关司法判例的立场

对于司法判例能否作为中国国际私法的渊源问题,中国国际私法的理论研究与司法实践不尽一致。中国国际私法教材一般都认为,中国不是判例法国家,因此判例不是法律渊源,当然也不是中国国际私法的渊源。③ 尽管中国学者大都不承认判例是中国国际私法的渊源,但是从中国司法实践来看,《最高人民法院公报》上刊载的国际私法案例,对各级人民法院审理涉外民商事案件具有直接的指导作用。中国国际私法学界认为,在中国司法实践中,司法判例主要通过三种方式来发挥作用:第一,最高人民法院总结涉外民事审判的实践经验,对有关涉外民事关系的立法或司法审判中出现的具体问题所做出的"解答""批复"等指示性司法解释,对法院和其他有关机关、个人具有拘束力。这类司法解释虽然不直接表现在具体判例中,却是在总结大量司法判例的基础上,根据中国立法的精神所作出的,也有不少规则直接来源于司法判例。因此,这类司法解释是司法判例的高级表现形式。第二,最高人民法院针对地方各级人民法院的个案请求所做出的各种"答复""批复"等,对下级人民法院审理同类案件无疑具有指导和借鉴作用,因为这类批复反映了中国最高审判机关对个案审判中具体问题的看法、意见。第三,最高人民法院定期在最高人民法院公报中公布的一些典型案例,其中不乏国际私法方面的案例。这些案例的公布表明了最高人民法院对其审判处理结果的认可态度,对地方各级人民法院虽无法律约束力,却对法院审判有重要的指导作用和很大的影响力。在一般情况下,地方各级人民法院在审理相同或类似涉外民事案件时,均会遵循这些案例所体现的原则和规则,按照这些判例作出判决。此外,最高人民法院有关业务部门编辑出版的一些案例资料,同样对地方各级人民法院的司法审判有一定的指导作用。④ 与此同时,随着中国恢复对香港行使主权,人民法院审理涉港民商事案件时,当适用的准据法为香港特别行

---

① 参见李双元主编:《国际私法》(第二版),北京大学出版社 2007 年版,第 17 页。
② 参见韩德培主编:《国际私法》,高等教育出版社、北京大学出版社 2000 年版,第 24 页。
③ 参见黄进主编:《国际私法》,法律出版社 1999 年版,第 63 页。
④ 参见韩德培主编:《国际私法》,高等教育出版社、北京大学出版社 2000 年版,第 25 页。

政区法律时,无法回避判例作为国际私法和区际私法的渊源问题。值得关注的是,近年来最高人民法院积极推动审判制度的改革,原最高人民法院院长肖扬同志在向十届全国人大四次会议作最高人民法院工作报告时宣布,2006年人民法院将认真落实《人民法院第二个五年改革纲要》。该纲要第一次提出了建立和完善我国特有的案例指导制度,充分发挥指导性案例在统一法律适用标准、指导下级法院审判工作、丰富和发展法学理论等方面的作用。

需要强调的是,指导性案例属于精品案例、模范案例,是法官审判执行工作应当参照的范例,也是理论研究的生动素材,体现司法智慧与审判经验的载体,但与通常讲的国外判例有很大不同,不应视为可以直接适用的法律依据。2010年11月26日最高人民法院发布了《最高人民法院关于案例指导工作的规定》(法发〔2010〕51号)。该规定第1条明确规定:对全国法院审判、执行工作具有指导作用的指导性案例,由最高人民法院确定并统一发布;第2条规定:本规定所称指导性案例,是指裁判已经发生法律效力,并符合一定条件的案例;[1]第3条规定:最高人民法院设立案例指导工作办公室,负责指导性案例的遴选、审查和报审工作;第7条规定:最高人民法院发布的指导性案例,各级人民法院审判类似案例时应当参照。该规定对于规范指导性案例工作具有积极意义。

在理论研究层面,中国已有学者对司法判例作为中国国际私法渊源的必要性进行论证,认为法律具有相对的稳定性和有限的预见性。无论立法者的素质如何高超,立法技术如何精湛,其制定的成文法既不能朝令夕改,也不可能对日益复杂和不断出现的涉外民商事法律关系逐一进行调整。判例作为国际私法渊源,是国际私法调整对象发展变化的必然要求,是国际私法的中心任务和本质特征的应然决定,也是当今国际社会国际私法立法与实践的大势所趋。[2]

第三节 中国国际私法领域的司法解释

一、司法解释的法律地位

司法解释是司法机关根据法律的授权,就司法实践中如何具体应用法律所作的解释。在不同的国家,其性质、地位不尽相同。在成文的国际私法规范相对滞后的中国,司法解释是否应作为国际私法的渊源,是国际私法理论研究与司法

---

[1] 《最高人民法院关于案例指导工作的规定》第2条规定:"本规定所称指导性案例,是指裁判已经发生法律效力,并符合以下条件的案例:(一)社会广泛关注的;(二)法律规定比较原则的;(三)具有典型性的;(四)疑难复杂或者新类型的;(五)其他具有指导作用的案例。"

[2] 参见高宏贵:《司法判例作为我国国际私法的渊源问题研究》,载《华中师范大学学报(人文社会科学版)》2008年第5期。

实践中受到关注的问题。根据《中华人民共和国各级人民代表大会常务委员会监督法》第 31 条的规定,司法解释是指最高人民法院、最高人民检察院作出的属于审判、检察工作中具体应用法律的解释。《立法法》第 104 条规定:最高人民法院、最高人民检察院作出的属于审判、检察工作中具体应用法律的解释,应当主要针对具体的法律条文,并符合立法的目的、原则和原意。在中国国际私法领域,最高人民法院对如何适用法律规范所作的解释,以及在法律规范适用于具体案件、事项时所作的解释,都被视为司法解释的范畴。由于中国立法与司法在国家权力问题上具有根本的一致性,司法解释在不违背宪法与法律的前提下,对各级审判机关具有普遍的约束力。尽管司法解释并非立法机关按照法定的立法程序制定的法律规范,在理论上难以将其纳入"法律"之列,但在现行法律明显滞后的情况下,司法解释在很大程度上能够及时、有效地弥补法律的缺漏。有鉴于此,国内有学者认为,司法解释实际上已成为中国法律的一种渊源,这一观点也为国内权威国际私法的教材所采纳。①

鉴于司法解释事实上已扮演了中国国际私法渊源的角色,在理论上与立法同属中国国际私法的法源,深入研究立法与司法解释的关系,促进两者之间的耦合,对于保证中国国际私法的和谐发展具有重大现实意义。

其一,立法与司法解释属于中国国际私法体系内两个不同系统,立法为"源",司法解释为"流",司法解释源自立法,其位阶低于立法,两者的耦合有助于促进中国国际私法的整体协调性,保证国际私法治理体系内各系统之间的协调一致,同位阶法律规范之间的协调一致,不同位阶法律规范之间的协调一致。

其二,立法与司法解释的产生方式、运作机制不同,两种不同的运作方式通过相互作用而彼此影响:司法解释以立法为母体,同时又可以有效地弥补立法的不足;司法解释作为"准立法",不但发挥着拾遗补阙的作用,同时也为立法积累了宝贵的经验,经过立法程序将行之有效的司法解释上升为法律规范,不仅节约了立法成本,而且可以增强立法的可行性、可操作性。从这个意义上说,司法解释与立法两者的耦合有助于充分发挥其各自的功能,并促进立法与司法的良性互动。

其三,立法与司法解释长期的若即若离,使学界有时因难以就国际私法的一些制度作出理论上一以贯之的解释而陷入尴尬的困境,并且将会导致中国国际私法立法、司法实践与理论研究处于分离的状态。与此同时,中国国际私法学界目前存在着对立法的缺位过于宽容、对司法解释的越位过于苛求的显著倾向,这一现象长此以往将使中国国际私法的理论研究处于失真的状态。加强对司法解

---

① 参见黄进主编:《国际私法》,法律出版社 1999 年版,第 64—65 页。

释与立法耦合问题的研究,有助于促进立法、司法实践、理论研究三者的协调一致,从而增强中国国际私法的内聚力。①

二、司法解释的作用和意义

尽管学界对于司法解释是否应作为中国国际私法的渊源认识不一,但司法实践中常常出现现行立法未能涉及的新问题,在第一线承担审判任务的各级人民法院在应用法律时亟须司法解释的指导。多年来,最高人民法院陆续出台了一系列司法解释,其内容几乎涉及国际私法的各个领域,一些司法解释及时填补了立法缺位而出现的真空地带。② 然而,在中国国际私法的实践中,司法解释如同一把双刃剑,在有效地弥补中国现阶段成文法不足的同时,过多地依赖司法解释将导致一系列的弊端,数量众多、内容相对超前的司法解释与数量有限、内容相对滞后的现行立法将不可避免地发生碰撞。为加强对司法解释的指导与监督,《中华人民共和国各级人民代表大会常务委员会监督法》第31条规定:"最高人民法院、最高人民检察院作出的属于审判、检查工作中具体应用法律的解释,应当自公布之日起三十日内报全国人民代表大会常务委员会备案。"这一规定首次以法律的形式规定司法解释的备案制度。与此同时,近年来最高人民法院高度重视司法解释的合法性问题,废止了1997年7月1日发布的《最高人民法院关于司法解释工作的若干规定》,自2007年4月1日起施行了新的《最高人民法院关于司法解释工作的规定》,对于司法解释的一般规定、立项、起草与报送、讨论、发布、施行与备案、编纂、修改、废止等事项均作了详尽的规定,将司法解释工作纳入了制度化、规范化的轨道。③

在中国国际私法领域,最高人民法院在不同时期发布了大量司法解释以及具有司法解释性质的规范性文件,其中,2007年《最高人民法院关于审理涉外民事或商事合同纠纷案件法律适用若干问题的规定》等重要司法解释已经废止。在现行有效的司法解释中,《管辖规定》(法释〔2002〕5号)④、《最高人民法院关于

---

① 参见丁伟:《司法解释与立法的耦合:中国国际私法和谐发展的时代要求》,载《时代法学》2007年第5期。
② 参见丁伟:《我国涉外民商事诉讼管辖权制度的完善》,载《政法论坛(中国政法大学学报)》2006年第6期。
③ 2007年《最高人民法院关于司法解释工作的规定》第18条明确规定司法解释送审稿应当送全国人民代表大会相关专门委员会或者全国人民代表大会常务委员会相关工作部门征求意见;第20条将司法解释送审稿是否符合宪法、法律规定、是否超出司法解释权限作为审核的主要内容;第26条规定司法解释应当自发布之日起三十日内报全国人民代表大会常务委员会备案。而已经废止的1997年《最高人民法院关于司法解释工作的若干规定》对这些事项均未作出明确规定。
④ 2001年12月25日最高人民法院审判委员会第1203次会议通过,根据2020年12月23日最高人民法院审判委员会第1823次会议通过的《最高人民法院关于修改〈最高人民法院关于人民法院民事调解工作若干问题的规定〉等十九件民事诉讼类司法解释的决定》修正。

向外国公司送达司法文书能否向其驻华代表机构送达并适用留置送达问题的批复》(法释〔2002〕15号)、《法律适用法司法解释(一)》以及《最高人民法院关于适用〈中华人民共和国外商投资法〉若干问题的解释》(法释〔2019〕20号)均属于国际私法领域重要的司法解释。值得注意的是,2010年11月26日发布的《最高人民法院关于案例指导工作的规定》(法发〔2010〕51号)、2017年12月7日发布的《最高人民法院关于明确第一审涉外民商事案件级别管辖标准以及归口办理有关问题的通知》(法〔2017〕359号)等重要规范性文件虽然也经最高人民法院审判委员会讨论通过,但未采用"法释"的文件名,其效力等级是否等同司法解释值得研究。

第四节 国际私法的国际渊源:国际条约

一、国际条约的法律地位

国际条约是两国或多国之间关于确定、变更或终止相互之间权利与义务关系的书面协议。在国际条约中列入统一的国际私法规范就构成了国际私法的渊源。国际条约依其缔约国的数量,可以分为双边国际条约和多边国际条约(国际公约)。凡两个国家之间签订的条约称双边国际条约;凡两个以上国家参加的条约称多边国际条约,又称国际公约。

国际条约中所确定的国际私法的原则与缔约国国内法中的国际私法规范应保持一致,根据"约定必须信守"的原则,如两者发生抵触,应以条约规定为准,除非该缔约国缔结条约时对条约的某些条款提出保留而且条约本身允许缔约国提出保留。由于国内法所规定的是调整一切涉外民事法律关系的一般原则,具有普遍性,但缺乏针对性,而国际条约则是针对参加国之间特定的法律关系而订立的,因此应该把条约的规定视为国内法规定的一种例外而予以适用。

关于国际条约的法律地位及国际条约与国内立法的相互关系,各国的现行制度不尽相同,大致上有四种做法:一是国内法优越于国内法;二是国内法与国际条约地位平等;三是条约优越于国内法;四是条约优越于宪法。[1] 我国宪法未对条约与国内法的关系予以规定,也未对条约是否需要转换成国内法才能适用作出规定。但是,《民法通则》第142条第2款规定:"中华人民共和国缔结或者参加的国际条约同中华人民共和国的民事法律有不同规定的,适用国际条约的规定,但中华人民共和国声明保留的条款除外。"此外,《民事诉讼法》《海商法》《票据法》《民用航空法》等国内立法中也有类似的规定。

---

[1] 参见李双元主编:《国际私法》(第二版),北京大学出版社2007年版,第18—19页。

值得一提的是，2010年《法律适用法》没有对国际条约的适用作出规定，2012年12月10日最高人民法院审判委员会第1563次会议通过了《法律适用法司法解释（一）》，其第4条规定："涉外民事关系的法律适用涉及适用国际条约的，人民法院应当根据《中华人民共和国民法通则》第一百四十二条第二款[①]以及《中华人民共和国票据法》第九十五条第一款、《中华人民共和国海商法》第二百六十八条第一款、《中华人民共和国民用航空法》第一百八十四条第一款等法律规定予以适用，但知识产权领域的国际条约已经转化或者需要转化为国内法律的除外。"

二、国际私法领域的主要国际条约

国际私法领域的国际条约数量繁多，涵盖了国际私法的各类规范，按其内容大致可分为几类：

（一）综合性的国际统一私法公约

这类条约主要有：1889年《国际民法条约》、1889年《国际商法条约》、1928年《国际私法公约》（即《布斯塔曼特法典》）、1940年《国际统一私法协会章程》、1940年《国际民法公约》、1940年《国际通商航行法条约》、1940年《陆上国际商法条约》、1951年《荷兰、比利时、卢森堡关于国际私法统一法的公约》、1951年《海牙国际私法会议章程》、1979年《美洲国家间关于国际私法通则的公约》等。

（二）关于外国人民事法律地位的国际条约

这类条约主要有：联合国及其专门机构制定的1950年《关于宣告失踪者的公约》、1951年《关于难民地位的公约》、1957年《已婚妇女国籍公约》、1961年《减少无国籍状态公约》等；海牙国际私法会议主持制定的1956年《承认外国公司、社团和财团法律人格的公约》；欧共体主持制定的1968年《关于相互承认公司和法人团体的公约》等。

（三）关于冲突法的国际条约

关于冲突法的国际条约主要有：海牙国际私法会议主持制定的一系列有关法律适用的国际条约；联合国及其前身国际联盟制定的冲突法公约，如1986年《国际货物买卖合同法律适用公约》、1930年《解决汇票与本票法律冲突公约》、1931年《解决支票法律冲突公约》等。此外，欧共体、美洲国家组织等也主持制定了一些冲突法条约，如1980年《关于合同义务法律适用的公约》、1979年《美洲国家间关于国际私法通则的公约》、1979年《美洲国家间关于支票法律冲突的公约》、1994年《美洲国家间关于国际合同法律适用的公约》等。

[①] 值得关注的是，随着《民法典》的施行，《民法通则》同时废止。这意味着我国涉外民事实体法律与国际条约的关系如何处理不再具有直接的法律依据。

（四）关于实体法的国际条约

关于实体法的国际公约主要调整的是国际经济贸易关系，内容涉及国际货物买卖、国际货物运输、国际投资保护、知识产权的国际保护等。最主要的公约有：1980年《联合国国际货物销售合同公约》、1924年《统一提单的若干法律规则的国际公约》（海牙规则）、1968年《关于修改海牙规则的议定书》（维斯比规则）及1978年《联合国海上货物运输公约》（汉堡规则）；1929年《华沙公约》、1980年《联合国国际货物多式联运公约》；1883年《保护工业产权巴黎公约》、1886年《保护文学艺术作品伯尔尼公约》、1891年《商标注册马德里协定》、1952年《世界版权公约》等。

（五）关于国际民事诉讼与国际商事仲裁的国际条约

关于国际民事诉讼的重要公约有：1940年《关于国际民事诉讼程序法的条约》、1954年《民事诉讼程序公约》、1968年《关于民商事案件管辖权及判决执行的公约》、1965年《送达公约》、1970年《关于从国外获取民事或商事证据的公约》等。这类公约除由海牙国际私法会议主持制定以外，大多数是由一些区域性国际组织如欧共体、美洲国家组织等主持制定的。此外，在不同国家间还存在着大量的双边司法协助协定。值得关注的是，在国际民事诉讼领域，2019年7月2日海牙国际私法会议第22届外交大会通过的《承认与执行外国民商事判决公约》为最新的国际公约，在该公约形成过程中，中国代表团建设性地参与了谈判，中国国际私法专家提供了有益的咨询意见。

关于国际商事仲裁的条约主要有：1923年《仲裁条款议定书》、1927年《关于执行外国仲裁裁决的公约》、1958年《纽约公约》、1961年《关于国际商事仲裁的欧洲公约》、1965年《关于解决国家与他国国民间投资争端的公约》、1975年《美洲国家间关于国际商事仲裁的公约》等。

第五节 作为国际私法国际渊源的国际惯例

一、国际惯例的法律地位

国际惯例是指在国际交往中逐渐形成的不成文的行为规则。根据《国际法院规约》第38条第1款的规定，国际惯例是"作为通例之证明而经接受为法律者"。该定义表明，一项通行的规则要成为国际惯例必须具备两个条件：一是"物质因素"，即长期实践中重复类似行为而形成普遍的习惯做法；二是"心理因素"，即这种做法被国家和当事人认可而具有法律效力。与国际私法的其他渊源相比，国际惯例在国际私法中的地位如何认定存在较多的分歧。按照我国多数学者的观点，国际惯例分为两类：一类是属于法律范畴的国际惯例，具有法律约束力,不需要当事人选择而必须遵守,即强制性惯例;另一类是不属于法律范畴的国际惯例,不具有法律约束力,只有经过当事人的选择,才对其产生约束力,即任意性惯例。作为国际私法渊源的国际惯例大多数属于这种任意性国际惯例。①简而言之,国际惯例作为国际私法的渊源必须具备两个条件:其一,它必须在长期的实践中持续有效,其内容是特定的、约定俗成的,不能有第二种解释;其二,它只有经过当事国明示或默示认可,才对当事国具有法律拘束力。

在各国国际私法立法与司法实践中,对于国际惯例的适用条件存在差异。少数国家规定,国际惯例通常是在没有相应的国内立法和国际条约规定的情况下才准许适用。《民法通则》第142条第3款也明确规定:"中华人民共和国法律和中华人民共和国缔结或者参加的国际条约没有规定的,可以适用国际惯例。"而大多数国家未对国际惯例的适用作出限制性规定。

2010年《法律适用法》没有对国际惯例的适用作出规定,而《法律适用法司法解释(一)》第5条规定:"涉外民事关系的法律适用涉及适用国际惯例的,人民法院应当根据《中华人民共和国民法通则》第一百四十二条第三款以及《中华人民共和国票据法》第九十五条第二款、《中华人民共和国海商法》第二百六十八条第二款、《中华人民共和国民用航空法》第一百八十四条第二款等法律规定予以适用。"值得注意的是,随着《民法典》的施行,《民法通则》同时废止。这意味着我国涉外民事实体法律与国际惯例的关系如何处理不再具有直接的法律依据。

二、国际私法领域的国际惯例

对于国际私法领域的国际惯例仅限于实体法领域的国际惯例,还是包括冲突法领域的国际惯例,国内学者存在不同的看法。一些学者认为,国际私法中的国际惯例除了国家及其财产豁免原则以外,主要是一些统一实体法规范的国际惯例,在管辖权与法律适用方面,对于什么案件可以行使管辖权和应适用什么法律,并没有直接肯定的国际惯例。有的学者明确提出,在冲突法领域并无国际惯例这一渊源。② 因此,《民法通则》第142条第3款规定的可以适用的"国际惯例"主要指的是实体法方面的惯例。有的学者则持国际惯例二元说,认为在冲突法领域虽然还没有经过国际民间团体整理成文的惯例,但各国在解决涉外民事纠纷的长期实践中也形成了一些共同的习惯做法。这些普遍性的冲突法原则已被各国所接受,可以视为国际惯例。因此,国际私法领域的国际惯例既包括实体法领域的惯例,也包括冲突法领域的惯例。

---

① 参见韩德培主编:《国际私法》,高等教育出版社、北京大学出版社2000年版,第31页;黄进主编:《国际私法》,法律出版社1999年版,第81—82页。
② 参见李双元主编:《国际私法》(第二版),北京大学出版社2007年版,第23页。

国际私法领域的国际惯例分布很广,如在外国人民商事法律地位方面,"国民待遇"原则、"外国人必须遵守所在国法律"原则;在国际私法的基本制度方面,"约定必须信守"原则、"国家及其财产豁免"原则、"公共秩序"原则等;在法律适用方面,"人的身份与能力依当事人属人法"原则、"不动产物权依不动产所在地法"原则、"法律行为方式依行为地法(场所支配行为)"原则、"合同的法律适用依当事人意思自治"原则等;在程序法方面,"程序问题依法院地法"原则等。然而,在国际私法领域,大量的国际惯例是实体法领域的商业惯例,这些被各国及当事人认可具有法律约束力的国际习惯是在长期商业实践基础上发展起来的,目前起着统一实体法作用的"国际商事惯例"主要有:《国际贸易术语解释通则》《华沙—牛津规则》《约克—安特卫普规则》《商业单据托收统一规则》《跟单信用证统一惯例》等。

第六节 一般法律原则与法律学说

一、一般法律原则

一般法律原则是指各国国内法律体系和国际法中所包含的共同原则或法律理念。一般法律原则作为法律的渊源已经得到普遍的认同。[①] 根据一些国家的传统国内法以及若干国际条约的规定,一般法律原则(包括国际私法的原则),在法无明文规定时,亦可作为解决国际私法实体问题争议的依据。早在1939年,《泰国国际私法》第3条就规定:本法及其他泰国法未规定的法律冲突,依国际私法的一般原理。此外,1982年《南斯拉夫国际私法》、1984年《秘鲁国际私法》、1987年《约旦国际私法》、1972年《美国第二次冲突法重述》都有类似的规定。在仲裁中,允许友好仲裁和依公平原则仲裁更为常见。尽管一般法律原则作为国际私法渊源已被各国所承认,但其应该包括哪些具体的原则,尚无统一的答案,在实践中难以把握。

在我国国内立法中,一般法律原则是否为法律渊源尚无明确的规定。但是,《仲裁法》第7条规定:"仲裁应当根据事实,符合法律规定,公平合理地解决纠纷。"不少仲裁机构的仲裁规则亦规定:仲裁庭应当根据事实,依照法律和合同的规定,参照国际惯例,并遵循公平合理原则,独立公正地作出裁决。在我国仲裁实践中,"公平合理"原则这个一般法律原则可以作为裁决的依据。

二、法律学说

在国际私法理论中,除了上述几种渊源以外,英美一些学者主张把"法律学

---

① 参见黄进主编:《国际私法》,法律出版社1999年版,第88—89页。

说"纳入国际私法的渊源之列。他们认为,学术"权威者的意见包含着人类最崇高的正义",应当起立法者的作用。在英美国家的司法实践中,法官也常常援引学者的著述来论证或推翻某一成文法或判例法所确定的冲突法原则。大陆法系国家一般不将学说作为国际私法的直接渊源,有的将判例确定的学说作为间接法律渊源,有的将学说作为有疑义的法律规范的证据方法,即论证渊源。如《国际法院规约》第38条规定,国际法院可以援用"各国最具权威的公法学家的学说,作为确定法律原则的辅助资料"。可见,学说只具有"作为确定法原则之补助资料"的作用。

然而,绝大多数国家对法律学说持否定态度,其理由是:学说只是一种主张或理论,虽然它可能反映统治阶级的意志,但毕竟没有上升为表现统治阶级意志的法律,不具有法的效力。与此同时,对同一问题往往有不同的学说和主张,很难将其作为判案的依据。如果某一学说真能反映统治阶级的意志,就很有可能被立法者采纳而上升为法律,这样学说就变成法律了。当然,尽管学说不能作为国际私法的渊源,但国际私法就是从学说发展起来的。18世纪以前的国际私法可称作"学说法",在这一阶段,国际私法仅表现为一种学说或学理状态,到了19世纪才进入"制定法"阶段。因此,权威学者的学说对于国际私法立法和涉外民事审判具有十分重要的借鉴和参考价值,对于国际私法的立法和司法实践具有相当重要的指导意义。

[案例讨论与分析]

案例1 杨萍诉美国西北航空公司人身损害纠纷案[①]

【案情简介】

本案原告杨萍女士为中国公民,1999年8月4日乘坐被告美国西北航空公司的航班从夏威夷经停日本至上海。飞机起飞不久开始送餐,服务小姐应原告要求为原告送上一杯热开水,放在原告座位前的小桌板上,在服务小姐转身的瞬间,水杯翻倒,热水洒在原告身上,致使原告腹部及两腿根部严重烫伤。由于航班上缺乏治烫伤的急救药品,飞机在日本停留时,被告在日本的员工陪同原告赴诊所医治。由于被告拒绝支付挂号费用,诊所不予治疗,被告对此也不再过问原告,因此原告无奈忍痛十余个小时直至抵达上海。后经江苏省级机关医院诊断,原告为二度烫伤。原告认为,由于被告的行为造成了其难以忍受的肉体痛苦和精神伤害,长时间无法正常生活,为此,向上海市静安区人民法院提起诉讼,要求

---

① 上海市静安区人民法院受理本案后,本章撰稿人以专家身份出席了法院组织的论证会,相关建议、意见得到法院采纳。

法院根据《华沙公约》的规定,判令被告赔偿原告精神损害抚慰金1美元,并登报公开赔礼道歉。

上海市静安区人民法院于2004年4月27日对本案审理后,以被告住所地及侵权行为地不在上海市静安区为由,移送北京市朝阳区人民法院。2005年3月17日,最高人民法院以上海市静安区人民法院为航程目的地法院,对案件有管辖权为由,指定上海市静安区人民法院审理。2005年12月28日,上海市静安区人民法院公开开庭进行了审理。

被告辩称,其工作人员在事发后为原告作了及时救治,在经停日本东京机场时,又由其工作人员护送原告至机场诊所医治。之后,双方就索赔等问题多次沟通。根据《华沙公约》的相关规定,原告的诉讼请求不能成立。被告要求法院驳回原告的诉讼请求。

据悉,2001年8月,原告曾在美国夏威夷法院提起民事诉讼,由于出现了一位传教士证人,其证言对原告明显不利,因此原告撤回了诉讼。2003年年底,美国夏威夷法院作出了撤销案件的裁决。① 嗣后,原告改为在上海市静安区人民法院对被告提起诉讼。

【法律问题】

法院在审理本案过程中,重点关注以下几个问题:

1. 本案应当如何定性?
2. 本案应由哪个法院行使管辖权?
3. 对本案精神损害的赔偿的法律适用,应当适用《华沙公约》,还是中国"国内法"或者"侵权行为地法"?
4. 如果适用《华沙公约》,公约中没有规定的,适用什么法律?
5. 如果适用"侵权行为地法",是美国法还是中国法?

【法院判决】

上海市静安区人民法院最终支持了原告的诉讼请求,但案件审理中需要对上述几个问题作出认定。

1. 本案存在违约与侵权竞合的情况,从本案案由、原告的请求事项来看,理应认定为侵权之诉。但法院在该问题上没有作出释明,最高人民法院以上海市静安区人民法院为航程目的地法院,对案件有管辖权为由,指定上海市静安区人民法院管辖,可理解为法院将该案视为国际旅客运输合同纠纷。但是,违约责任中无精神赔偿,上海市静安区人民法院支持原告精神赔偿的请求,可理解为将该案视为侵权之诉。

---

① 在美国司法诉讼中,传教士证人通常被视为独立第三方,其证词在很大程度上会得到法庭认可。

2. 本案在管辖权问题上出现反复,最终由最高人民法院指定上海市静安区人民法院管辖。

3. 法院经审理查明,原告购买的被告美国西北航空公司的机票背面载明:本客运合同的准据法为《华沙公约》。

4. 在《华沙公约》未对精神赔偿作出规定的情况下,既可以适用中国"国内法",也可以适用"侵权行为地法"。

5. 如果适用"侵权行为地法",既可以适用美国法,也可以适用中国法。

【分析评论】

本案案情比较简单,原告的诉讼请求为仅要求被告赔偿精神损害抚慰金1美元,并登报公开赔礼道歉。但是,该案涉及的法律问题并不简单,法院在审理过程中遇到了一系列需要应对的国际私法问题。

1. 关于案件的定性问题

原告搭乘被告航班,双方之间建立了国际旅客运输合同关系,被告作为国际旅客航空运输合同的承运人,负有将原告安全送至目的地的合同义务。由于被告的过错导致事故发生,被告的行为构成了违约;由于被告的过失导致事故发生,被告拒绝提供必要的治疗,造成了原告难以忍受的肉体痛苦和精神伤害,被告的行为同样构成侵权。在存在竞合的情况下,同一损害事实可以同时引起侵权行为诉讼和违约行为诉讼,在此情况下,首先要对案件进行定性(即识别)。按照大多数国家的法律规定和司法实践,当事人只能选择其中一种提起诉讼,但有些国家不允许当事人选择,当事人只能以侵权行为为由进行诉讼。在多数情况下,对争议的性质如何进行定性,直接关系到管辖权问题、法律适用问题。本案原告的诉请循侵权赔偿路径,而最高人民法院指定航程目的地法院管辖,显然将本案定性为违约之诉。在通常情况下,以违约之诉受理案件的法院难以对原告追究的被告的侵权责任进行处理。但本案并不存在这一障碍,作为机票背面载明的本客运合同准据法的《华沙公约》第17条规定:"对于旅客因死亡、受伤或身体上的任何其他损害而产生的损失,如果造成这种损失的事故是发生在航空器上或上下航空器过程中,承运人应负责任。"《华沙公约》的这一规定给了法院审理被告侵权责任的依据,也使案件的定性问题在本案中被淡化了。

2. 关于本案的管辖权问题

鉴于原告与被告美国西北航空公司的所属国均为《华沙公约》的缔约国,应优先适用《华沙公约》的规定确定法院的管辖权。前述《华沙公约》第17条规定只明确了承运人对于航空器上发生的旅客因死亡、受伤或任何其他身体上的损害而产生的损失负有责任,而并没有明确损害赔偿是基于违约行为,还是基于侵权行为。为此,法院首先应当经过识别,认定损害赔偿的性质。从原告的诉讼请求来看,无疑是侵权行为之诉。上海市静安区人民法院于2004年4月27日对本案审理后,以被告住所地及侵权行为地不在上海市静安区为由,移送北京市朝阳区人民法院,其理由并不充分。因为原告的人身伤害尚未痊愈、精神伤害持续存在,上海是侵权结果发生地之一,法院可以以《华沙公约》没有明确"身体上的损害"是指"侵权行为"导致的损害为由,直接适用中国《民事诉讼法》及其司法解释,对争议实施管辖。如认为公约中所称的"身体上的损害"是指"侵权行为"导致的损害,则根据《华沙公约》第 28 条第 1 项规定:"有关赔偿的诉讼,应该按原告的意愿,在一个缔约国的领土内,向承运人住所地或其总管理处所在地或签订契约的机构所在地法院提出,或向目的地法院提出。"上海法院作为原告"目的地法院",当然可以行使管辖权。而位于北京市朝阳区建国门外大街国贸西楼的美国西北航空公司北京办事处,并非公约规定的"承运人住所地或者其总管理处所在地"。原审法院以被告住所地及侵权行为地不在上海市静安区为由,移送北京市朝阳区人民法院的做法不当。最高人民法院以上海市静安区人民法院为航程目的地法院,对案件有管辖权为由,指定上海市静安区人民法院审理,是完全正确的。

3. 关于本案的法律适用

虽然当事人双方所属国均为《华沙公约》的缔约国,且机票背面载明客运合同的准据法为《华沙公约》,但同样存在识别问题。如果赔偿基于被告违约行为,则无疑适用客运合同约定的《华沙公约》;如果赔偿基于侵权行为,且认定公约第 17 条并没有明确损害赔偿的是侵权行为,则本案准据法可以不必理会公约的规定,而直接根据中国《民法通则》第 146 条的规定:侵权行为的损害赔偿,适用侵权行为地法。

鉴于《华沙公约》未对精神损害赔偿作出规定,只能根据法院地的冲突规范即中国《民法通则》第 146 条的规定,适用侵权行为地法。如何确定侵权行为地,同样需要识别,即对冲突规范中的"侵权行为地"进行解释。1988 年《民通意见》第 187 条规定:"侵权行为地的法律包括侵权行为实施地法律和侵权结果发生地法律。如果两者不一致时,人民法院可以选择适用。"通常情况下,应当将航空器注册登记地的美国法作为侵权行为地法,因为美国对侵权行为的赔偿额比较高,除了精神赔偿,还有惩罚性赔偿。[1] 当然,从方便审理角度出发,法院也可将侵权结果发生地的中国法律作为侵权行为地法加以适用,在当时中国法律对侵权行为的精神损害赔偿未作规定的情况下,可以按照司法解释作出判决。[2]

---

[1] 本案以美国法作为侵权行为地法意义不大,诉讼请求仅为赔偿原告的精神损害抚慰金 1 美元,并登报公开赔礼道歉。

[2] 2001 年 2 月最高人民法院通过了《最高人民法院关于确定民事侵权精神损害赔偿责任若干问题的解释》。该司法解释根据《民法通则》等有关法律规定,结合审判实践经验,对审理民事侵权案件中正确确定精神损害赔偿责任等问题做了规定。

案例2　中国境内某合资经营企业与外方股东之间争议案①

【案情简介】

本案申请人系设立在中国境内的某中外合资经营企业,第一被申请人系设立于西班牙的某投资公司,第二被申请人系设立于美国新泽西州的某投资公司,两被申请人均为申请人的股东。申请人依照申请人与第一被申请人、第二被申请人于2015年5月15日签订的《关于争议提交仲裁的确认函》,于2015年4月8日向国内某仲裁机构提交书面仲裁申请。申请人的仲裁请求基于合资经营企业《2009年董事会纪要》,要求两被申请人履行该董事会纪要载明的两被申请人应向合资经营企业承担的义务。

该中外合资经营企业合同约定:合资各方之间的争议适用中华人民共和国法律。合资经营企业《2009年董事会纪要》未就相关争议的法律适用作出约定。

【法律问题】

本案庭审中,当事人双方的主要争议是:在程序方面,申请人是否有权以中外合资经营企业的名义提起仲裁申请,合营公司是不是本案适格的仲裁申请人,其提起仲裁申请是否需要经过授权;在实体方面,两被申请人是否应当履行董事会纪要载明的义务、如何履行董事会纪要载明的义务、是否已经妥善履行了董事会纪要载明的义务。这些争议不在本章讨论范围内。仲裁庭要求双方当事人就本案争议的法律适用发表意见。

申请人认为,本案争议系合资经营企业的投资方在履行合资经营企业合同过程中产生的争议,属于合资争议,依照合资经营企业合同约定,本案争议应适用中国法律。

被申请人则认为,申请人是以合资经营企业的身份提起仲裁申请,但其并未经授权,不具备仲裁主体资格。被申请人对于本案适用中国法律没有提出异议,但对申请人主张适用中国法的理由(即合资合同约定争议适用中国法律的条款)不予认同。被申请人称,申请人的仲裁请求所依据的是《2009年董事会纪要》,而非合资企业合同,合资合同中的法律适用条款不能作为本案争议适用法律的依据。鉴于《2009年董事会纪要》未就争议的法律适用作出约定,应视为当事人未就法律适用作出约定。

【仲裁裁决】

依照相关司法解释,推定本案系争双方当事人已就适用中国法律作出选择。

---

① 本章撰稿人为本案的首席仲裁员。为遵循仲裁不公开的原则,对本案当事人的名称等相关信息作了技术处理。

【分析评论】

本案形式上是合资企业为一方，合资企业中外方合资者为另一方的争议，实际上是合资经营企业中中方投资者与外方投资者之间的争议。申请人的实体请求基于《2009年董事会纪要》，而该董事会纪要载明，两被申请人是向合资企业承担义务，而非向合资企业的中方合资者履行义务。有鉴于此，尽管该合资经营企业实际由中方合资者控制，中方合资者只能以中外合资经营企业的名义来主张权利，不能直接以中方合资者的名义主张权利。

鉴于本案争议在法律上不能视为合资企业中中外双方投资者之间的争议，因此申请人主张依照合资经营企业合同约定适用中国法律的理由并不充分。在《2009年董事会纪要》未就争议的法律适用作出约定的情况下，需要研究、确定本案争议的法律适用问题。《法律适用法》第41条规定："当事人可以协议选择合同适用的法律。当事人没有选择的，适用履行义务最能体现该合同特征的一方当事人经常居所地法律或者其他与该合同有最密切联系的法律。"本案的关键在于：《2009年董事会纪要》未就争议的法律适用作出约定，是否就可以视为当事人没有"选择"应该适用的法律？

仲裁庭查明，尽管当事人各方未在《2009年董事会纪要》中就争议的法律适用作出约定，但是双方当事人在庭审中及庭后提交的书面代理意见、答辩意见中，均援引了中华人民共和国的法律，且对本案争议适用中国法律的结果没有异议（当事人就该事项的争议仅表现在如何看待适用中国法律的依据）。仲裁庭认为，本案的事实显示了当事人双方事实上已就适用中国法律作出了"选择"。为此，仲裁庭适用中国法律对本案争议事项作出了裁决。仲裁庭的这一处理方式具有相关的依据。《法律适用法司法解释（一）》第8条第2款规定："各方当事人援引相同国家的法律且未提出法律适用异议的，人民法院可以认定当事人已经就涉外民事关系适用的法律做出了选择。"值得一提的是，司法解释在不违背宪法与法律的前提下，对各级审判机关具有普遍的约束力。但是，司法解释并非立法机关按照法定的立法程序制定的法律规范，在理论上难以将其纳入"法律"之列，对于仲裁机构并无当然的约束力。鉴于司法解释事实上已扮演了中国国际私法渊源的角色，在国际商事仲裁中，仲裁机构通常将司法解释视为中国司法审判的惯例而参照适用。[①]

本案给我们的启示是：在当事人没有明确约定所应适用的法律的情况下，不宜简单、轻率地认定为当事人"未选择"。事实上，本案还有一条确定准据法的路径：在当事人没有选择合同准据法的情况下，各国通常都适用与合同有最密切联

[①] 参见丁伟：《国际商事仲裁中适用司法解释的悖论性现象透析》，载《政法论坛（中国政法大学学报）》2009年第2期。

系的法律。《法律适用法》第41条规定:"当事人可以协议选择合同适用的法律。当事人没有选择的,适用履行义务最能体现该合同特征的一方当事人经常居所地法律或者其他与该合同有最密切联系的法律。"然而,"最密切联系说"是一种模糊的、软化的确定合同准据法的理论,何为最密切联系点,全凭法官、仲裁员自由裁量,实际上没有一个明确的标准可循。"特征性给付说"所依据的也是单一的连结点。在个案中,无论是当事人的认识,还是法官、仲裁员的判断,都可能引起争议。实践中出现过根据"最密切联系说""特征性给付说"所推定出的合同的准据法,恰恰是当事人双方均无法接受的个案。因此,在合同之债的法律适用问题上,应尽可能遵循当事人意思自治的原则,在当事人没有明确选择准据法的情况下,优先考虑、查明当事人"默示"的意思表示。

延伸阅读

1. 韩德培主编:《国际私法》,高等教育出版社、北京大学出版社2007年版。
2. 李双元主编:《国际私法》(第二版),北京大学出版社2007年版。
3. 李双元:《走向21世纪的国际私法:国际私法与法律的趋同化》,法律出版社1999年版。
4. 李双元主编:《中国与国际私法统一化进程》(修订版),武汉大学出版社2016年版。
5. 黄进主编:《国际私法》(第二版),法律出版社2005年版。
6. 丁伟:《中国国际私法和谐发展研究》,上海社会科学院出版社2009年版。
7. 中国国际私法学会:《中华人民共和国国际私法示范法》,法律出版社2000年版。
8. Cheshire and North, *Private International Law*, 12th edition, Butterworths, 1992.
9. Lawrence Collins(ed.), *Dicey and Morris On the Conflict of Laws*, 11th edition, Stevens & Sons, 1987.

思考题

1. 国际私法的渊源主要有几种?
2. 如何正确认识"指导性案例"的地位与作用?
3. 中国法律对于国内法律与国际条约之间的关系是如何规定的?
4. 什么是国际惯例? 国际私法中的国际惯例可以分为哪几类?

第三章 国际私法的主体

本章提要

自然人、法人是涉外民商事法律关系的重要主体,本章从国际私法的角度探讨了自然人、法人的国籍和住所,并介绍了解决国籍与住所冲突的方法。国家和国际组织在特定情况下也能成为国际私法的主体,但具有特殊性。这主要体现为国家、政府间国际组织及其财产在涉外民商事活动中均享受豁免。此外,外国人在内国享有民商事地位是国际私法产生的前提,本章也论述了外国法人的认许制度以及外国人在内国享有的各种待遇。

主要教学内容

1. 基本概念:自然人住所、国籍、法人住所、法人国籍、国家豁免。
2. 基本知识:国籍冲突的解决、住所冲突的解决、国家豁免的理论。

教学目标

1. 了解自然人和法人在国籍和住所问题上的法律冲突及解决方法。
2. 掌握国家豁免的基本概念和理论。
3. 思考惯常居所作为新连结点的发展趋势。
4. 与国内民法进行比较,分析自然人和法人身份的确定。

所谓国际私法的主体,是指在涉外民商事法律关系中享有民事权利和承担民事义务的法律人格者,主要是自然人和法人,在特殊情况下,国家和国际组织也可以成为国际私法的主体。本章主要研究自然人和法人的国籍与住所冲突,以及国家和国际组织在涉外民商事法律关系中的特殊法律地位问题。

自然人、法人是涉外民商事法律关系的重要主体,本章从国际私法的角度探讨了自然人、法人的国籍和住所,并介绍了解决国籍与住所冲突的方法。国家和国际组织在特定情况下也能成为国际私法的主体,但具有特殊性。这主要体现为国家、政府间国际组织及其财产在涉外民商事活动中均享受豁免。此外,外国人在内国享有民商事地位是国际私法产生的前提,本章也论述了外国法人的认许制度以及外国人在内国享有的各种待遇。

第一节 自　然　人

一、自然人的国籍和国籍冲突

（一）自然人国籍在国际私法上的意义

自然人的国籍是指自然人作为特定国家的成员而隶属于该国的一种法律上的身份。

从国际私法的角度来看，国籍有着十分重要的意义。第一，国籍是判断民商事关系是否具有涉外性的重要因素之一。第二，以国籍作为冲突规范的连结点，能解决自然人的身份、婚姻家庭继承等方面的法律问题。在人员频繁流动的国际社会，相比于住所，国籍作为连结点更能保持法律适用的统一性。第三，国籍可以作为确定涉外民商事案件管辖权的依据。

（二）国籍的冲突及其解决

由于各国对国籍的取得与丧失采用的原则不同，在国际交往中，国籍冲突的现象时常发生。国籍的冲突表现为两种形式：一种为国籍的积极冲突，即一个人同时具有两个或两个以上国家的国籍，也就是双重国籍或多重国籍现象；另一种为国籍的消极冲突，即一个人不具有任何国家的国籍，即无国籍现象。

1. 国籍积极冲突的解决

对于国籍积极冲突问题，各国在实践中通常采取以下几种方式解决：

第一，内国国籍优先。如果当事人所具有的两个或两个以上的国籍中有一个是内国国籍（即法院地国籍）时，目前国际通行的做法是以内国国籍为准。即把该当事人优先视为内国人，以内国法作为其本国法。如1987年《瑞士联邦国际私法》第23条第1款规定，自然人取得瑞士国籍同时也拥有外国国籍的，应以瑞士国籍为确定法院管辖权的依据；《葡萄牙国籍法》第27条规定，任何人有两个或以上国籍而其中之一为葡国国籍时，依葡国法例，仅以后者为根据；2006年《日本法律适用通则法》第38条第1款规定，当事人有两个以上国籍，但其国籍之一为日本国籍时，日本法为其本国法。

第二，在当事人所具有两个或两个以上的国籍均为外国国籍时，各国实践不一致，通常先以当事人住所或经常居所所在地国国籍为准，如果国籍国中没有经常居所地的，以与当事人有最密切联系国家的国籍为准。[①] 例如，1979年《匈牙

[①] 以最后取得的国籍为准的做法基本已经被各国抛弃。比如1898年《日本法例》第38条第1款规定，应依当事人本国法时，如当事人有两个以上国籍，依最后取得国籍为其本国法。该款现在已被2006年《日本法律适用通则法》第38条第1款所取代：当事人有两个以上国籍，其国籍国中有经常居所国时，依经常居所国为国籍国，其国籍国中无经常居所国时，其最密切关系国法，为其本国法；但其国籍之一为日本国籍时，日本法为其本国法。

利国际私法》第 11 条规定,如个人具有多重国籍,但都不是匈牙利国籍或者无国籍,其属人法为其住所地法。对于有几个外国永久居所的个人适用与其关系最密切的那个国家的法律。1978 年《奥地利联邦国际私法》第 9 条第 1 款也规定,其他具有多重国籍者应以与之有最强联系的国家的国籍为准。

第三,特别的时候,有国家规定,以当事人选择的国籍为准。例如 1986 年修改后的《德国民法施行法》第 14 条第 2 款规定,如果配偶任何一方具有一国以上国籍,则配偶双方可以选择其中一个所属国的法律。

另外,涉外案件中的国籍积极冲突,一般由法院根据具体情况来确认。如 1948 年《埃及民法典》第 25 条规定,在无国籍或多重国籍的情况下,应适用的法律将由法官确定。1930 年《关于国籍法冲突若干问题的公约》第一章第 1 条规定:"每一国家依照其法律决定何人为其国民。此项法律如与国际公约、国际习惯及普遍承认关于国籍之法律原则不相冲突,其他国家应予承认。"

2. 国籍消极冲突的解决

对于国籍消极冲突的解决,通常以当事人住所所在地国籍为准,如无住所或不能确定住所,则以居所所在地国籍为准。这是解决国籍的消极冲突时所普遍采用的办法。如 1954 年联合国《关于无国籍人地位的公约》第 12 条规定:无国籍人的身份,应受其住所地国家的法律支配,如无住所,则受其居所地国家的法律支配。1946 年《希腊民法典》第 30 条和 2001 年《韩国国际私法》第 3 条第 2 款均有类似规定。如居所地亦不能确定,有的国家规定适用法院地法,比如《土耳其国际私法与国际诉讼程序法》第 4 条;有的国家规定适用当事人所在地法。

(三) 中国有关自然人国籍的立法

中国历史上曾有过三部国籍法,即 1909 年大清国籍条例、1914 年中华民国北京政府的修正国籍法和 1929 年国民政府的修订国籍法。这三部国籍法均采取父系血统主义。

中华人民共和国成立后,于 1980 年颁布了《国籍法》[①],全法共 18 条。该法采取了与中国历史上三部国籍法不同的原则,即统一国籍原则,以血统主义为主,兼顾出生地主义原则、一人一国籍原则以及不承认或避免产生双重国籍原则。该法还规定了出入籍和复籍条件及简便的程序,较好地解决了海外华侨或华裔的国籍问题。[②] 该法主要内容如下:

---

① 1980 年 9 月 10 日第五届全国人民代表大会第三次会议通过,同日公布施行。

② 现行《国籍法》的颁布有着相当特殊而深刻的历史背景。中华人民共和国成立初期,国际上出现一股反华、排华逆流,在印度尼西亚更是发生了大规模排华人、屠杀华人的惨痛事件。为解决中国与印度尼西亚历史上遗留下来的华侨问题,1955 年双方签订了《关于双重国籍问题条约》,主要内容是:根据本人自愿的原则选择一种国籍;选择了缔约两国之中一国国籍的人,当然丧失另一国国籍。对于当时的国际环境来说,不承认双重国籍的政策有利于我国与有关国家发展正常的外交关系,有利于侨胞在当地长期生存和发展。

1. 不承认中国公民具有双重国籍原则

《国籍法》第 3 条明确规定:"中华人民共和国不承认中国公民具有双重国籍。"第 8 条规定:"申请加入中国国籍获得批准的,即取得中国国籍;被批准加入中国国籍的,不得再保留外国国籍。"

2. 依据中国国籍法的规定,取得中国国籍的情形

第一,出生在中国。《国籍法》第 4 条规定:"父母双方或一方为中国公民,本人出生在中国,具有中国国籍。"第 6 条规定:"父母无国籍或国籍不明,定居在中国,本人出生在中国,具有中国国籍。"

第二,申请入籍。《国籍法》第 7 条规定:"外国人或无国籍人,愿意遵守中国宪法和法律,并具有下列条件之一的,可以经申请批准加入中国国籍:一、中国人的近亲属;二、定居在中国的;三、有其它正当理由。"

3. 依据中国国籍法的规定,丧失中国国籍的情形

第一,因出生获得外国国籍。《国籍法》第 5 条规定,父母双方或一方为中国公民并定居在外国,本人出生时即具有外国国籍的,不具有中国国籍。

第二,加入外国国籍。《国籍法》第 9 条规定:"定居外国的中国公民,自愿加入或取得外国国籍的,即自动丧失中国国籍。"

第三,申请退出中国国籍。《国籍法》第 10 条规定:"中国公民具有下列条件之一的,可以经申请批准退出中国国籍:一、外国人的近亲属;二、定居在外国的;三、有其它正当理由。"

除《国籍法》外,国籍冲突的解决规则主要规定于 2010 年《法律适用法》中。

对于国籍积极冲突的解决,《法律适用法》第 19 条规定,自然人具有两个以上国籍的,适用有经常居所的国籍国法律;在所有国籍国均无经常居所的,适用与其有最密切联系的国籍国法律。此处使用的连结点是"经常居所地",这主要基于自然人与经常居所地之间的联系比较密切。而在经常居所地无法确定时,使用的连结点是"最密切联系"。考量与自然人有最密切联系的因素,包括自然人的出生地、住所地、纠纷的性质以及纠纷发生地等。与《民通意见》相比[①],《法律适用法》用"经常居所地"代替"住所"成为在多重国籍下确定本国法的首要依据,同时,最密切联系原则成为"经常居所地法"之后第二位的选择而非与之并列的选择。

对于国籍的消极冲突的解决,《法律适用法》第 19 条规定,自然人无国籍或者国籍不明的,适用其经常居所地法律。与《民通意见》相比[②],《法律适用法》中

[①] 《民通意见》第 182 条规定:"有双重或者多重国籍的外国人,以其有住所或者与其有最密切联系的国家的法律为其本国法。"

[②] 《民通意见》第 181 条规定:"无国籍人的民事行为能力,一般适用其定居国法律;如未定居的,适用其住所地国法律。"

用"经常居所地"代替了"定居"和"住所",更具合理性和可操作性。

二、自然人的住所和住所冲突

(一) 自然人住所在国际私法上的意义

第一,住所是法院行使管辖权的重要依据。例如,民事诉讼中最基本的管辖依据就是"被告住所地"法院管辖。而英美法系将管辖权分为对人管辖和对物管辖,在对人管辖中,当事人的住所也是行使管辖权的依据之一。

第二,住所是冲突规范的重要连结点。以当事人的住所作为确定属人法的标准之一,用来解决当事人的身份、结婚能力、离婚和无效婚姻、夫妻、父母和子女之间、监护人和被监护人之间相互的权利义务以及动产继承等问题。在多法域国家,住所更是成为替代国籍确定属人法的可行标准。[①]

第三,住所也是判断民商事关系是否具备涉外性的重要依据之一。

(二) 自然人住所的含义

英美法系一般把自然人的住所理解为是其永久的家(permanent home)。美国著名法学家斯托雷(Story)认为,真正和确定的永久的家和主要机构所在地即为住所,如果当事人不在该地但有返回定居之意思,则仍可认定为住所成立。英国法学家戴西在其名著《冲突法》中认为,住所是人们实际上永久之家所在地,而家则是有定居之意思。《戚希尔和诺斯国际私法》一书中指出,英国法上的住所(domicile)有两个构成条件:第一是要在某地存在居所(residence),至于居住的时间长短则不重要;第二是要有在该地永久居住的意思。[②]

由此我们可以看出,普通法系国家的住所由主客观两方面的因素构成。在主观上,要有久住的愿望;在客观上,要有居住的事实。只有这两方面结合起来才能构成住所。

英美法系将住所划分为三种类型,即原始住所(domicile of origin)、选择住所(domicile of choice)和依附住所(domicile of dependence)。所谓原始住所,是指自然人因出生而获得的住所,一般是以其出生时父亲的住所为其原始住所,出生时父亲已经死亡和非婚生子女的原始住所是其生母的住所,弃儿的原始住所是他被发现的地方。所谓选择住所,是指有相应行为能力的当事人根据其居住的事实和久居的意图所确立的住所。但英美法同样强调,在确定当事人的选择住所时,这两个要素虽然缺一不可,但并不要求两者必须在同一时间具备,而且实际居住时间的长短也不是重要因素。所谓依附住所,又称从属住所或法定住

---

① 比如美国这种联邦制国家,各州拥有独立立法权,国籍国法在确定该国内部各"法域"之间产生的民事法律关系时,几乎起不到确定法律适用的作用。

② See Peter North and J. J. Fawcett, *Cheshire and North's Private International Law*, 13th edition, Butterworths, 1999, pp. 137-139.

所(statute of domicile),一般是儿童及精神病人等"受抚养者"的住所,他们不能通过自己的行为获得一个选择住所,因此,他们的住所与其在法律上所依靠的人的住所相同,且随之一起改变。

英美法系在住所制度上的基本原则是:第一,每个人都必须有一个住所;第二,任何人不能同时有两个以上的住所;第三,推定现行住所一直延续,除非能证明已获得新的住所;第四,住所的判断依照其所在国法律。[①]

大陆法系一般都继承了罗马法的观念,将住所视为其生产和生活的业务中心和活动中心。如《日本民法典》(2017年修正)第22条规定,个人生活的本据所在地为其住所。1942年《意大利民法典》第43条规定,民事上的住所为各人营利及其他业务上的中心地。《法国民法典》第102条规定,任何法国人,就行使其民事权利而言,其住所在其主要定居地;第103条规定,住所的改变,根据实际居住在另一地的事实,以及确定定居地的意愿而发生。《德国民法典》第7条规定,自然人的住所是其持续居住地的处所。

可见,各主要大陆法系国家都是将当事人持续性或主要居住作为成立住所的主要构成要件,而不论其主观意图。国际私法学家马丁·沃尔夫(Martin Wolff)就曾指出,在欧洲大陆,能力和惯常的居住(居所)已足够建立一个住所,而永久的意思是不必要的。多数大陆法系国家均奉行一个住所的原则。如《瑞士联邦国际私法》第20条第2款、《法国民法典》第103条均规定,一个人不能同时拥有多个住所。但也有的国家允许当事人同时设立多个住所,如德国、日本等。

(三) 自然人住所的冲突及其解决

由于各国法律对住所的取得与丧失的规定不同,可能发生一个人同时具有两个住所或者一个人同时无一住所的情况。在国际私法中,前者称为住所的积极冲突,后者称为住所的消极冲突。

1. 住所积极冲突的解决

如果当事人所具有的两个或两个以上的住所中有一个是内国住所,一般以当事人在内国的住所为其住所。

如果当事人所具有的两个或两个以上的住所均为外国住所,一般以与当事人有最密切联系者为其住所,但也有以当事人居所为其住所的。如1979年《美洲国家间关于国际私法中自然人住所的公约》第6条规定,如果自然人在两个地方均有住所,应以其居住地为住所,如果其在两地均居住,则以其所在地为住所。

[①] See Peter North and J. J. Fawcett, *Cheshire and North's Private International Law*, 13th editon, Butterworths, 1999, pp. 135-137.

2. 住所消极冲突的解决

一般是以居所或惯常居所代替住所或以曾存在过的最后住所为住所,无最后住所的则以居所或惯常居所代替住所。如1979年《美洲国家间关于国际私法中自然人住所的公约》第2条规定,自然人的住所按如下顺序确定:其惯常居住地;其主营业所所在地①;在无上述地点时,其主要居所地;在无主要居所时,其所在的地方。

(四) 中国确定自然人住所的立法

《民法典》第25条规定:"自然人以户籍登记或者其他有效身份登记记载的居所为住所;经常居所与住所不一致的,经常居所视为住所。"上述条文所指的自然人应当理解为除中国公民外,也包括外国人或无国籍人。

三、自然人的惯常居所与经常居所

(一) 1955年《解决本国法与住所地法冲突的公约》

由于大陆法系与英美法系在属人法上存在本国法和住所地法之争,为调和两大法系的这种传统分歧,惯常居所(habitual residence)这个概念应运而生。为解决本国法主义和住所地主义的冲突,海牙国际私法会议在1951年举行的第7届会议上讨论并于1955年签订了《解决本国法与住所地法冲突的公约》。该公约在一定程度上采取了住所地优先的原则,但公约意义上的住所不同于传统意义上普通法系住所的含义。该公约第5条规定,住所除以他人的住所或公共团体的所在地为住所者外,是指某个人惯常居住的处所。由此可见,该公约中的住所更接近于本国法主义国家的定义,其实质是惯常居所。

该公约表现了住所地法优先的倾向。比如该公约第1条规定,如果当事人的住所地国规定适用当事人本国法,而其本国规定适用住所地法时,凡缔约国均应适用住所地国的内国法。第2条规定,如果当事人的住所地国及其本国均规定适用住所地法,缔约国均应适用住所地国的内国法规定。

尽管1955年《解决本国法与住所地法冲突的公约》因参加国太少而没有生效,但它在解决属人法冲突问题上的意义是不可抹杀的,它为调和本国法主义和住所地主义的矛盾起到了积极作用。

(二) 惯常居所与经常居所

惯常居所或经常居所是指自然人在一段时间内持续居住和停留的地点和处所。此概念是在本国法和住所地法原则不可调和的矛盾中产生的一个妥协手

---

① 其实在商业活动中,自然人同法人一样也可能有营业所,营业所也可以作为与自然人有关的冲突规范的连结点。但由于法人在现代商业活动中是最为普遍的组织形式,而任何从事商业活动的法人都有其营业所,因此营业所通常是和法人联系在一起的。

段,海牙国际私法会议采用该词作为属人法新的连结因素,现已被普遍使用于众多国际公约以及各国国内立法之中。

有关国际条约将"惯常居所"作为"国籍"和"住所"的一个中间概念来对待,一方面不对惯常居所作统一性的定义,另一方面将惯常居所的判断结合国籍或居住年限进行,从而形成以惯常居所地法原则为主、本国法原则和住所地法原则为辅的综合确定属人法的局面。比如欧洲议会部长委员会《关于住所和居所的法律概念标准化的决议》附件(72)1规定:"在确定一个居所是否是惯常性的时,应当考虑持续时间和居住的连续性以及表明在一个人与其居所之间有持续联系的个人特点或者职业特点等事实。"海牙国际私法会议1988年制定的《死者遗产继承法律适用公约》也将惯常居所与国籍或居住年限结合来确定惯常居所地法。该公约第3条规定:只要死者死亡时是其国民或者在该国的惯常居所至少已满5年,其遗产继承适用死者死亡时的惯常居所地的法律。

而在国内法中,以英国为代表的英美法系国家开始采用"惯常居所"这一连结因素,并且弱化惯常居所的主观判断性,仅以当事人是否"惯常的""实际的"客观居住事实作为判断标准。这代表了英美法系与大陆法系国家之间在属人法上的传统分歧已出现融合趋势。2001年《韩国国际私法》也引入了"惯常居所"这一概念,2006年《日本法律适用通则法》中也取消了"住所"这一连结点,取而代之以"经常居所地"。①

我国2010年《法律适用法》在属人法上也凸显出对"经常居所地"这个连结点的重视。全法52个条文,除去第一章一般规定和第八章附则外,其余涉及法律适用的40条冲突法规则中,有22个条文均采用了"经常居所地"作为连结点,分别涉及自然人的权利能力、行为能力、宣告失踪或宣告死亡、人格权的内容、国籍冲突的解决、结婚的条件、结婚的手续、夫妻人身关系、夫妻财产关系、父母子女人身和财产关系、协议离婚、收养、扶养、监护、法定继承、遗嘱方式、遗嘱效力、消费者合同、侵权责任、产品责任、网络侵犯人格权、不当得利和无因管理。

可见,我国的《法律适用法》在属人法上已形成以"经常居所地法"为主、"国籍国法"和"住所地法"为辅的模式。在跨国人员流动日益频繁的今天,采用"经常居所地"这一概念,更具有现实性和可操作性。对长期远离其国籍国和住所国、生活在某外国的自然人而言,经常居所地成为调整其民商事活动的重要连结点。对存在区际法律冲突的多法域国家而言,经常居所地也是一个现实可行的连结因素,来解决相同国籍自然人之间的法律冲突。

但是,"经常居所地"虽然是一个灵活和现实性的概念,却也存在许多自身无法克服的弊端。第一,经常居所地强调的是在一段时间内暂时居住的事实,而非

---

① 参见2006年《日本法律适用通则法》第39条。

永久居住的意愿和长久居住的事实。所以,"经常居所地"的设立比国籍和住所的设立更为随意。第二,"经常居所地"的设立变更无须法定程序,可能会造成当事人利用该连结点来进行法律规避。

《民法典》第25条规定:"自然人以户籍登记或者其他有效身份登记记载的居所为住所;经常居所与住所不一致的,经常居所视为住所。"此条所提及的主要是国内民法意义上的经常居住地。

《法律适用法》将"经常居所地"作为主要连结点,对于涉外民商事关系中的"经常居所地"概念和在《民法典》①中所定义的"住所"与"经常居所"概念应当有所区别。

2013年1月7日,《法律适用法司法解释(一)》正式施行,其第15条对涉外民事关系中的"经常居所地"作出了明确规定。该条指出,自然人在涉外民事关系产生或者变更、终止时已经连续居住一年以上且作为其生活中心的地方,人民法院可以认定为《法律适用法》规定的自然人的经常居所地,但就医、劳务派遣、公务等情形除外。在理解此概念时,需要注意以下几点:第一,鉴于经常居所这一术语在不同的法律背景下含义迥异,此处的"经常居所地"是指《法律适用法》意义上的经常居所地,是涉外民商事关系和国际私法意义上的经常居所地,而非国内民法意义上的概念。第二,强调经常居所与涉外民事关系产生、变更和终止的联系,而非任意时间段的经常居所。第三,居住有时间限制,要求连续居住一年以上。第四,增加了"生活中心"这一规定,这点借鉴了德国和瑞士法中对于"经常居所地"的界定标准。第五,例外情形。当自然人在外国就医、被劳务派遣至国外和在外国履行公务时,虽然在国外连续居住一年以上,但不认为其经常居所地在国外。

(三) 经常居所地的消极冲突

2010年《法律适用法》第20条规定了"经常居所地的消极冲突":"依照本法适用经常居所地法律,自然人经常居所地不明的,适用其现在居所地法律。"②

第二节 法　　人

法人作为民商事法律关系的主体,在国际民商事交往中扮演着重要角色。在日益频繁的跨国民商事交往中,大量的交易都是由具有法人资格的公司、企业或其他商业组织进行的,同自然人一样,法人也是国际私法的基本主体。

---

① 《民通意见》第9条第1款规定:"公民离开住所地最后连续居住一年以上的地方,为经常居住地。但住医院治病的除外。"

② 通常认为,在某段法律关系中或某一段时期,自然人只能在一个地方有经常居所,因此就这段法律关系而言,不存在经常居所的积极冲突。

任何法人都是依一定国家的法律成立的,并依法具有民事权利能力和民事行为能力。但在国际民商事交往中,一国法人依何国法律享有民事权利能力和民事行为能力、享有何种民事行为能力等,与法人的国籍和住所密切相关。

一、法人的国籍

(一)法人国籍的确定

虽然有的学者因主张法人人格否定说而否认公司的国籍①,但法人如自然人一样享有国籍在许多国家的立法与司法实践中已是不争的事实。关于法人国籍的认定,有下列学说:一是成员国籍主义。这种学说认为,法人的国籍应当依照组成法人的成员或董事会董事的国籍来确定,也就是以法人资本控制者的国籍来确定法人的国籍。二是设立地主义。这种学说认为,凡在内国设立的公司即为内国公司,凡在外国设立的公司即为外国公司。三是住所地说。这种学说认为,公司的住所是公司的经营管理中心或主要活动中心,公司住所决定公司的国籍。四是准据法说。这种学说认为,公司依照哪国法律设立就是哪国法人。五是实际控制主义。这种学说认为,公司实际由哪国控制就是哪国公司。该说主要用于战时判断敌国法人。六是复合标准说。这种学说认为,综合公司的住所和设立地决定公司国籍。②

实践中大多数国家和地区都采取了灵活的标准。例如,1979年《匈牙利国际私法》第18条规定,法人的属人法为法人登记国法;如果法人按照几个国家的法律进行登记,或者依其主事务所所在地无须登记,其属人法为其设立章程指定的主事务所所在地法;法人个别登记的分支机构或工厂的属人法为分支机构或工厂的登记国法。1992年《罗马尼亚关于调整国际私法法律关系的第一百零五号法》第40条规定,法人根据其成立证书在某地建立其营业所,则具有该地所属国国籍;法人若在多个国家拥有营业所,则根据其实际营业所确定其国籍。

美国《法律重述:美国对外关系法》主张,法人国籍为成立地国家,但住所或者管理中心地可作为补充标准。当考虑到国内安全时,也可以通过股东的国籍或控制公司人员的国籍来确定。③ 国际法院在1970年巴塞罗那公司案中也是兼采设立地法主义和住所地说来决定公司国籍的。④ 在英国国际私法上,法人的国籍依法人的设立地决定。⑤

---

① 他们认为只有公司的成员才享有国籍。
② 参见韩德培主编:《国际私法新论》,武汉大学出版社1997年版,第100—102页。
③ 参见李金泽:《公司法律冲突研究》,法律出版社2001年版,第56页。
④ 参见陈致中编著:《国际法案例》,法律出版社1998年版,第405—417页。
⑤ 在英国,法人的住所和国籍尽管都采用了设立地主义,都适用于法人的身份和能力领域,但前者多适用于和平时期,而后者多适用于战争时期。因为英国较少采用国籍标准确定属人法。

总之,如何确定法人的国籍,国际上尚无统一的标准,各国在实践中总是根据自己的利益和需要来确定标准,并随着情势的变化而变化。

(二) 中国在实践中确定法人国籍的做法

《民通意见》第184条规定,外国法人以其注册登记地国家的法律为本国法。另外,2018年修正的《公司法》第191条规定:"本法所称外国公司是指依照外国法律在中国境外设立的公司。"而《民法典》对于法人国籍问题并无规定。在实践中,一般以注册登记地确定法人国籍。

二、法人的住所

(一) 法人住所的确定

关于公司的住所也有不同的主张。一是管理中心说。此种学说主张公司主要办事机构所在地或公司实际管理中心所在地是公司住所地,比如法人的董事会或监事会所在地。该说认为公司的管理中心是公司的首脑机构,它决定公司的大政方针并监督其执行,如瑞士[①]就是采用这种主张。二是营业中心地说。该说认为,一个法人运用自己的资本进行营业活动的地方是该法人实现其营业目的的地方,与该法人的生存有着重要的关系。三是依其章程说。[②]

现实中,许多国家都是兼采多种标准。如1966年《法国商事公司法》第3条规定,公司住所设在法国领土上的公司应遵守法国法律;如果实际住所与公司章程确定的住所不同,公司不得以该章程确定的住所对抗第三者。1965年《德国股份法》第5条规定,股份有限公司以章程指定的地点为住所;而章程通常应指定公司的营业经营地,或指定业务执行地或管理执行地为住所。在英国,法人的住所(domicile)是指该法人的设立地,一旦确定便不能变更。有关法人的组成与解散、外国法人的认可等问题,均由法人的住所地法支配。但1982年《英国民事管辖权与判决法》第42条中规定,法人住所除了可以是根据英国法设立并在英国拥有注册登记的办公室或其他的正式地址外,还可以是法人在英国的管理中心或控制中心地。

现在蓬勃发展的跨国公司,在世界各地都可能设有营业中心,公司的住所很难确定。而网络公司的兴起,更是导致公司的住所逐渐模糊和淡化,因而采取灵活的标准更切合实际。

(二) 中国在实践中确定法人住所的做法

2018年修正的《公司法》第10条规定:"公司以其主要办事机构所在地为住所。"《民法典》第63条规定:"法人以其主要办事机构所在地为住所。依法需要

---

① 1987年《瑞士联邦国际私法》第21条第1款规定:"公司以其主事务所在地为住所。"
② 参见韩德培主编:《国际私法新论》,武汉大学出版社1997年版,第103页。

办理法人登记的,应当将主要办事机构所在地登记为住所。"此处的主要办事机构所在地究竟是主要营业地还是管理中心地呢?一般认为,法人的主要办事机构所在地是指其管理中心地,如果产生异议,以法人章程所规定的住所为准。

三、法人的经常居所

我国2010年《法律适用法》第14条第2款规定:"法人的经常居所地,为其主营业地。"该条款显示,我国是以营业所来确定法人的经常居所的。

法人的营业所即法人从事经营活动的场所(place of business)。营业所通常是指法人在注册时申报的经营地址,即营业执照上的经营地址。法人的营业所所在地可能同法人的住所地是一致的,但也可能不一致。当在工商登记地与实际营业地或办事机构所在地相分离的情况下,应以实际营业地或办事机构所在地作为法人住所地。在国际私法上,营业所作为连结点在与法人有关的冲突规范中已广为运用,因而法人营业所的确定日显重要。

四、外国法人的认许

(一) 外国法人认许的含义

外国法人的认许又称"外国法人的认可",指内国法律对外国法人人格的承认,赋予外国法人在其境内享有一定的权利能力和行为能力。这是外国法人进入内国从事民事活动的前提。

对外国法人的认许包含两方面:一是该外国法人依其属人法是否有效成立,这要依外国法人的属人法判断;二是内国法律是否承认外国法人以法人的名义在内国从事民事活动,这要依内国的外国人法判断。另外,对外国法人的认许只有确认或宣示的性质而没有创设法人的性质。

(二) 外国法人的认许方式

世界各国认许外国法人的方式不一,主要有以下几种:

1. 特别认许,即内国对外国法人通过特别登记或批准程序加以认许。这有利于控制外国法人在内国的活动,但较为烦琐。

2. 概括认许,又称相互认许,即内国对属于某一特定范围的外国法人概括地加以认可。一般通过有关国家缔结多边或双边条约相互认许其他缔约国的法人,如1956年海牙《承认外国公司、社团和基金会法律人格的公约》等。

3. 一般认许。凡依外国法已有效成立的法人,不问其属于何种性质,只需依内国法规定办理必要的登记或注册手续,即可获得在内国活动的权利。

4. 分别认许,即对外国法人分门别类,或特别认许,或相互认许,或一般认许。如德国对商业法人采一般认许程序,对非商业法人必须经特别认许程序。

(三) 中国对外国法人认许的有关规定

中国对不同的外商活动采取不同的认许程序：

1. 对临时来中国进行经贸活动的外国法人，采取一般认许程序。

2. 对外商通过在中国的直接投资而组建的三资企业，由于其属于中国法人，不存在认许问题。

3. 对外国公司在中国设立分支机构或常驻代表机构的，采取特别认许程序：须先经批准，再行登记后才能在中国境内进行活动。

中国对外国公司在中国设立分支机构的有关规定，主要在公司法及有关的行政法规之中。《公司法》第192条第1款规定："外国公司在中国境内设立分支机构，必须向中国主管机关提出申请，并提交其公司章程、所属国的公司登记证书等文件，经批准后，向公司登记机关依法办理登记，领取营业执照。"第196条规定："经批准设立的外国公司分支机构，在中国境内从事业务活动，必须遵守中国的法律，不得损害中国的社会公共利益，其合法权益受中国法律保护。"

外国公司在中国申请设立公司分支机构的条件有：第一，外国公司在中国境内设立分支机构，必须在中国境内指定负责该分支机构的代表人或者代理人，并向该分支机构拨付与其所从事的经营活动相适应的资金（《公司法》第194条）；第二，外国公司的分支机构应当在其名称中标明该外国公司的国籍及责任形式。外国公司的分支机构应当在本机构中置备该外国公司章程（《公司法》第195条）。

外国公司在中国设立常驻代表机构的有关规定，主要体现在国务院1980年10月公布的《关于管理外国企业常驻代表机构的暂行规定》和1995年2月对外经济贸易合作部（现为商务部）颁布的《关于审批和管理外国企业在华常驻代表机构的实施细则》中。该实施细则第5条规定："外国企业未经批准和登记不得在中华人民共和国境内设立常驻代表机构，不得开展本实施细则允许从事的各项业务活动。"

外国企业申请设立常驻代表机构的基本条件有：(1) 该外国企业必须在所在国合法注册；(2) 该外国企业必须具有良好的商业信誉；(3) 该外国企业必须提供真实可靠的各类材料；(4) 该外国企业必须按照实施细则的规定办理申报手续。

第三节 国　　家

在国际社会中，国家同自然人、法人一样，可以参加国际民商事活动，取得民商事权利和承担民商事义务。也就是说，国家也可以成为国际私法的主体。

一、国家作为国际私法主体的特点

国家可以作为国际私法的主体参加国际民商事活动,如以国家名义发行债券、接受无主财产、直接在国际市场上采购商品等。但是,在国际私法中,一般将国家视为特殊主体。这种特殊性表现为:

其一,国家首先是主权者,这种身份决定了国家参加国际民商事活动的场合和范围十分有限。

其二,国家以国际民商事法律关系的当事者和主权者的双重身份出现。本着当事人在民商事活动中地位平等的原则,在国际民商事法律关系中,国家应限制其主权者的地位。

其三,国家参加国际民商事活动是以国家本身的名义并由其授权的机关或负责人进行的。以独立法人身份出现并以自己的名义参加国际民商事活动的国有公司和企业不能代表国家。

其四,国家作为特殊主体参加国际民商事活动,总是以国库财产作为后盾,以国库财产为基础承担民商事法律责任。一般来讲,国家所负的责任是无限责任。

其五,国家及其财产享有豁免。国家作为国际民商事法律关系的当事者,理应与对方当事人享有同等的民事权利和承担同等的民事义务,但国家毕竟又是主权者,根据国家主权平等原则,除非国家同意,国家及其财产享受豁免。

二、国家及其财产豁免问题

(一) 国家及其财产豁免的含义

所谓国家及其财产豁免(immunities of states and their property),简称为国家豁免(state immunity),是指在国际交往中,一国及其财产未经其同意,其他国家的法院不得对该国进行管辖,或者对其财产采取扣押、强制执行或其他强制措施。

国家及其财产豁免是习惯国际法上的一项重要原则,主要包括以下内容:

一是司法管辖豁免,是指未经一国同意,不得在另一国法院对该国提起民事诉讼或将该国财产作为诉讼标的。

二是诉讼程序豁免,是指即使一国放弃管辖豁免,未经该国同意,也不得对它的财产采取诉讼保全措施,不得强制它出庭作证或提供证据以及为其他诉讼行为。

三是强制执行豁免,是指即使一国同意在他国法院作为被告或主动作为原告参加民事诉讼,在未经该国同意时,仍不得根据法院决定对它采取强制性的执行措施。

(二) 关于国家及其财产豁免的理论

1. 绝对豁免论(doctrine of absolute immunity)

绝对豁免论是最古老的关于国家豁免的理论。绝对豁免论认为，一个国家，不论其行为的性质如何，在他国享有绝对的豁免，除非该国放弃其豁免权。享有国家豁免的主体包括国家元首、国家本身、中央政府及各部、其他国家机构、国有公司或企业等；国家不仅在直接被诉的情况下享有豁免，而且在涉及国家的间接诉讼中也享受豁免。另外，这种理论主张在国家未自愿接受管辖的情况下，一律通过外交途径解决有关国家为当事人的民商事争议。

在19世纪，绝对豁免论几乎得到了所有西方国家的支持。目前，不少发展中国家仍坚持绝对豁免论。绝对豁免论曾在国际法上发挥了巨大的作用，但绝对豁免论也存在其缺点。比如，把国家本身同国有公司或企业在豁免问题上混同起来是不恰当的。此外，过分强调通过外交途径解决涉及国家的民商事争议的主张，也不利于国际民商事纠纷的及时解决。

2. 限制豁免论(doctrine of restrictive immunity)

限制豁免论又称有限豁免论或相对豁免论(doctrine of relative immunity)。限制豁免论把国家的活动划分为主权行为和非主权行为，或统治权行为和事务权行为，或公法行为和私法行为。按照这种理论，在国际交往中，一个国家的主权行为在他国享有豁免，而其非主权行为在他国不享有豁免。

根据限制豁免论，区分主权行为和非主权行为的标准有三种：(1) 目的标准，即考虑国家行为的目的是否为国家利益或公共利益。(2) 行为性质标准，即考虑国家的行为究竟属于一般私法行为还是公法行为。(3) 混合标准，即兼采行为性质标准和目的标准。限制豁免论还主张以法院地法来识别外国国家的所谓主权行为和非主权行为。在1976年《美国《外国主权豁免法》和1978年《英国国家豁免法》中均采用此种理论。

3. 废除豁免论(doctrine of abolishing immunity)

这种学说产生于20世纪40年代末50年代初。英国国际法学家劳特派特(Lauterpacht)是该理论的创始人。瑞士的拉里规(Lalive)、荷兰的鲍切兹(Bouchez)也赞同这一理论。废除豁免论主张从根本上废除国家豁免原则，并确定国家不享有豁免是一般原则，在某种情况下出现的豁免则是例外。这种理论并未被有关国家的立法和实践所采纳。

(三) 中国对国家豁免的立场及实践

在国家及其财产豁免问题上，中国始终不渝地坚持国家及其财产豁免这一公认的国际法原则。中国在这一问题上的立场和态度，主要体现为以下几点：第一，坚持国家及其财产豁免是国际法上的一项原则，反对限制豁免论和废除豁免论。第二，坚持国家本身或者说以国家名义从事的一切活动享有豁免，除非国家自愿放弃豁免,也就是说坚持绝对豁免。第三,在目前的实践中,已把国家本身的活动和国有公司或企业的活动区别开来,认为国有公司或企业是具有独立法律人格的经济实体,不应享受豁免。这表明,中国坚持的绝对豁免主张不是原来意义上的绝对豁免主义。第四,赞成通过达成国际协议来消除各国在国家豁免问题上的分歧。第五,如果外国国家无视国际法,任意侵犯中国的国家及其财产豁免权,中国可以对该外国国家采取相应的报复措施。第六,中国到外国法院特别出庭抗辩该外国法院的管辖权,不得视为接受该外国法院的管辖。①

目前,在中国国内立法中,2005年《中华人民共和国外国中央银行财产司法强制措施豁免法》是关于国家财产豁免的第一部专门立法。该法共4条,规定在实行对等原则的前提下,中国对外国中央银行财产给予财产保全和执行的司法强制措施的豁免。但该法主要针对的是外国央行财产所采取的豁免,并且豁免范围仅限于司法强制措施。

在条约方面,中国曾经缔结或参加的一些双边或多边国际条约涉及国家及其财产豁免问题,如1980年参加的1969年《国际油污损害民事责任公约》第11条规定,缔约国就油污损害赔偿案件放弃对油污损害所在缔约国法院的管辖豁免。另外,中国于2005年9月签署了《国家豁免公约》,这表示中国初步同意成为该公约的缔约国,但在批准该公约之前,还需对公约作进一步的审查,以便最终决定是否接受该公约的拘束。

在司法实践中,涉及国家豁免的案件主要有两类,第一类是以外国国家作为被告的国家豁免案件;第二类是中国在外国法院作为被告的案件。

就第一类案件而言,最高人民法院发布了《最高人民法院关于人民法院受理涉及特权与豁免的民事案件有关问题的通知》,对人民法院受理的涉及特权与豁免的案件建立报告制度,凡以下列在中国享有特权与豁免的主体为被告、第三人向人民法院起诉的民事案件,人民法院应在决定受理之前,报请本辖区高级人民法院审查;高级人民法院同意受理的,应当将其审查意见报最高人民法院。在最高人民法院答复前,一律暂不受理。

具体豁免的主体包括:(1)外国国家;(2)外国驻中国使馆和使馆人员;(3)外国驻中国领馆和领馆成员;(4)途经中国的外国驻第三国的外交代表和与其共同生活的配偶及未成年子女;(5)途经中国的外国驻第三国的领事官员和与其共同生活的配偶及未成年子女;(6)持有中国外交签证或者持有外交护照(仅限互免签证的国家)来中国的外国官员;(7)持有中国外交签证或者持有与中国互免签证国家外交护照的领事官员;(8)来中国访问的外国国家元首、政府首脑、外交部长及其他具有同等身份的官员;(9)来中国参加联合国及其专

---

① 参见黄进主编:《国际私法》,法律出版社1999年版,第202页。

机构召开的国际会议的外国代表;(10)临时来中国的联合国及其专门机构的官员和专家;(11)联合国系统组织驻中国的代表机构和人员;(12)其他在中国享有特权与豁免的主体。

从司法实践来看,中国审理的比较著名的涉及外国国家及其财产豁免的案件是2008年香港法院审理的"刚果(金)案",该案于2011年作出终审判决。针对此案,2011年8月26日,全国人大常委会公布了《全国人民代表大会常务委员会关于〈中华人民共和国香港特别行政区基本法〉第十三条第一款和第十九条的解释》。该解释针对香港终审法院提出的问题主要作出以下说明:(1)国家豁免规则或政策属于国家对外事务中的外交事务范畴,中央政府有权决定中国的国家豁免规则或政策,并在中国领域内统一实施;(2)香港特别行政区,包括香港特别行政区法院,有责任适用或实施中央政府决定采取的国家豁免规则或政策,不得偏离上述规则或政策,也不得采取与上述规则或政策不同的规则;(3)"国防、外交等国家行为"包括中央政府决定国家豁免规则或政策的行为;(4)依照相关规定,香港特别行政区原有法律中有关国家豁免的规则,从1997年7月1日起,在适用时,必须作出必要的变更、适应、限制或例外,以符合中央政府决定采取的国家豁免规则或政策。在该案的终局判决中,多数法官认为,根据全国人大常委会的解释,之前作出的临时判决具有终局的效力,即在国内法和宪法原则上,适用于香港特别行政区的国家豁免原则是中央政府的绝对豁免原则,而且刚果(金)并未放弃国家豁免。

就第二类案件而言,自中华人民共和国成立以来,中国国家在其他一些国家或地区的法院遭到起诉的情况时有发生。比较著名的有"贝克曼诉中华人民共和国案""湖广铁路债券案""仰融案"和"莫里斯案"等。在这些案件中,中国始终坚持国家及其财产享受豁免的原则。

三、2005年《国家豁免公约》

国家及其财产豁免原则已得到国际社会的充分肯定。自1978年以来,联合国国际法委员会一直在致力于编纂一部全球性的关于国家及其财产管辖豁免公约。经过长期磋商,2004年12月16日,第五十九届联合国大会通过了《国家豁免公约》草案并开放签署。中国已于2005年9月签署了该公约。公约主要内容如下:

第一,公约重申了久已存在的国家及其财产管辖豁免原则。公约序言中指出它是"一项普遍接受的习惯国际法原则"。

第二,公约中"国家"一词包括国家及其政府各种机关、行使主权权力的机构、部门或其他实体以及国家代表。

第三,公约规定了"一国本身及其财产遵照本公约的规定在另一国法院享有管辖豁免","一国应避免对在其法院对另一国提起的诉讼行使管辖"。在法院诉讼中免于强制措施的国家豁免方面,公约规定判决前国家财产免于被采取查封和扣押的强制措施,而判决后是否采取强制措施则依据不同情况而定。

第四,公约主张限制豁免主义。公约规定,国家在商业交易、雇佣合同、侵权、财产权、知识产权等八种例外情况下,不享有司法豁免。其中"商业交易例外"的判断标准以行为性质为主,兼采其目的性。

第五,具有独立的法人资格并有应诉及处置财产能力的国家企业或国家所设立的其他实体因其从事商业交易而卷入诉讼时,该国享有的管辖豁免不应受到影响。这样就可以避免对一国的国家企业和该国政府一并提起诉讼的现象。而这一点也与中国主张国有企业作为独立法人应独立承担责任的主张相一致。

第四节 国际组织

一、国际组织的国际私法主体资格

国际组织是国际关系发展到一定阶段的产物。19世纪初,随着国际间多边交往的发展,国际组织开始出现。第二次世界大战后,国际组织有了长足的发展,联合国和大量其他各种国际组织建立起来。据统计,各种影响较大的国际组织目前已有4000多个,其中政府间的重要组织已超过500个。在当今世界中,国际组织起着日益重要的作用。

国际组织对外开展活动的前提是它必须具有一定的法律人格。所谓国际组织的法律人格,是指国际组织成为法律关系的主体,并独立享有权利和承担义务的一种资格。没有这种资格,国际组织就无法在其成员国领域内及国际范围内开展有效的活动。国际组织究竟能在多大程度上享有权利和承担义务,由建立国际组织的基本文件确定。例如,1946年《联合国特权和豁免公约》和1947年《专门机构特权和豁免权公约》确定了联合国及其专门机构的法律人格,规定它们有"缔结契约""取得并处置动产和不动产""从事法律诉讼"的法律行为能力。

从国际组织的实践来看,国际组织一般有资格订立契约、购置财产、进行诉讼,其成员国赴会代表及其机关官员享有相应的特权与豁免。在国际范围内,国际组织有资格缔结国际条约、调解国际争端、主持国际会议、要求国际赔偿、承担国际责任,以及承受作为国际法主体的其他权利和义务。可见,国际组织或由于履行其职能的需要或由于其生存的需要,不可避免地会同有关国家的自然人或法人、国家或其他国际组织进行民商事交往,因此国际组织是国际私法的特殊主体。

二、国际组织作为国际私法主体的特点

国际组织作为国际私法主体有如下特点：

1. 国际组织参加国际民商事活动是以其本身的名义进行的，不涉及组成国际组织的各个成员。国际组织的成员对国际组织的债务不负连带责任。

2. 国际组织所从事的民商事活动是执行其职务及实现其宗旨所必需的民商事活动。《联合国宪章》规定，联合国的法律行为能力是执行其职务及达成其宗旨所必需的法律行为能力，而非从事一切活动的法律行为能力。

3. 国际组织的职能和活动范围必须严格按照有关条约和组织章程的规定。

4. 国际组织所能参与的国际民商事活动的范围极其有限，不能如自然人和法人一样可以广泛参与国际民商事活动。

5. 政府间国际组织由于行使职能的需要，在参与国际民商事活动时，享有一定的特权与豁免。

三、国际组织的特权与豁免

（一）国际组织特权与豁免的产生与发展

政府间国际组织的特权与豁免，是在一般外交特权与豁免的基础上发展起来的。早期的一些国际组织大都直接使用有关外交特权与豁免的法律规则。后来，国际社会于1946年专门订立了《联合国特权和豁免公约》[①]，1947年又订立了《专门机构特权和豁免权公约》。另外，1947年联合国和美国关于联合国会所的协定以及1954年联合国教科文组织同法国之间的协定，也对相关的国际组织的特权与豁免问题作了规定。联合国国际法委员会起草并在1975年维也纳外交会议上通过的《维也纳关于国家在其对普遍性国际组织关系上的代表权公约》，对有关特权与豁免问题作了比较全面的规定，但该公约尚未生效。

（二）国际组织享有特权与豁免的根据

行使职能之需要是国际组织享有特权与豁免的公认的根据。《联合国宪章》第105条和其他国际组织的章程的规定，都指出国际组织享有特权与豁免是执行其职务和实现其宗旨所需要。联合国国际法委员会在制定《维也纳外交关系公约》的过程中也认为，"国际组织的豁免权只能建立在职能的基础上"。但也有学者认为，仅用行使职能之需要来概括国际组织享有特权与豁免的根据不尽完善，应适当考虑其代表性，因为国际组织在执行其职务和实现其宗旨的范围内，在一定程度上代表着成员国的愿望和利益。

---

① 中国政府于1979年9月11日向联合国秘书长交存加入书，同时声明对《联合国特权和豁免公约》第8条第30节持有保留。该公约自1979年9月11日起对中国生效。

(三)国际组织在国际民商事交往中的特权与豁免的内容

国际组织的特权与豁免是广义的,国际组织在国际民商事交往中的特权与豁免只是其中的一部分。国际组织在国际民商事交往中的特权与豁免仅指国际组织本身的有关特权与豁免,而不涉及国际组织的官员和职员除执行公务外个人所享有的特权与豁免。根据有关条约的规定,国际组织在国际民商事交往中的特权与豁免主要有:国际组织及其财产对当地国的司法管辖与执行享有豁免;国际组织的会所、公文档案不受侵犯;国际组织的财产和资产免受搜查、征用、没收、侵夺和其他任何形式的干涉等。

第五节 外国人的民商事法律地位

一、外国人的民商事法律地位概述

外国人的民商事法律地位是指外国人在内国法律上享有民商事权利和承担民商事义务的资格和状况。一国赋予外国人在内国一定的民商事法律地位,是国际民商事法律关系赖以产生和发展的基础。外国人的民商事法律地位,既可通过一国的国内法加以规定,也可通过国家之间缔结的条约加以规定。

在不同的历史时期,外国人在内国的民商事法律地位有所差异。在奴隶制时期,外国人被视为敌人,被捉拿的外国人在内国仅具有奴隶身份,不具有任何民商事法律地位,因而他们不可能参加任何民商事活动,成为民商事法律关系的主体。例如,在古希腊,法律不保护外国人的婚姻和财产,甚至海盗抢劫外国人的财产的行为也不认为是违法行为。这种情况到奴隶社会后期才有所改变。在封建制时期,外国人在内国经封建主或国王的恩准或特许享有一定的民商事法律地位,比如可以从事商业活动等。但在封建主义社会,外国人在内国的民商事法律地位总体上是低于内国人的。到了资本主义社会,由于商品生产和市场经济的发展,资产阶级迫切要求通商自由,不仅要求国内的通商自由,而且特别要求国际的通商自由。出于这种需求,各国开始承认外国人在内国享有与内国人平等的民商事法律地位。例如,1804年《法国民法典》第11条规定:外国人,如其本国和法国订有条约允许法国人在其国内享有某些民事权利者,在法国亦得享有同样的民事权利;第13条又规定:外国人经政府许可设立住所于法国者,在其继续居住期间,享有一切民事权利。在近代,西方国家曾将领事裁判权(consular jurisdiction)制度推行于近东、中东和远东的非基督教国家。领事裁判权具体表现为外国人在这些国家的领土范围内不受所在国的法院的管辖,不受所在国法律的约束,而由其本国领事根据其本国法律对他们行使管辖权。这实际上是把外国人置于高于内国人的特权地位,同样妨碍了国际民商事交往的正常发展。第二次世界大战后,随着国家独立和民族解放运动的发展,西方国家在发展中国家的特权逐渐被取消,领事裁判权已经绝迹。同时,各国在尊重国家主权和平等互利原则基础上解决外国人的民商事法律地位问题成为共识。

在当今国际社会,一个国家赋予外国人什么样的民商事法律地位,是其主权范围内的事,别国无权干涉。现在世界各国通常都基于国内法、国际条约以及互惠或对等原则认为,外国人在内国享受国民待遇。当然,也有一些国家对外国人在内国的民商事法律地位作一些限制。例如,一些国家不允许外国人取得土地所有权,一些国家不允许外国人担任商船船长,等等。另外,根据国际法的一般原则和国际通例,外国人中的国家元首、外交官员、领事官员、国际组织官员等享有相应的特权与豁免,他们具有与一般外国人不同的特殊民商事法律地位。

二、外国人民事法律地位的几种制度

(一) 国民待遇

国民待遇(national treatment)又称平等待遇,是指内国给予外国人的待遇和给予本国人的待遇相同。也就是说,在同样的条件下外国人和内国人所享有的权利和承担的义务相同。国民待遇制度既可以通过国内立法加以规定,也可以通过国际条约加以规定。

国民待遇制度在历史上先后有三种表现形式:

1. 无条件国民待遇,即不附带任何条件把内国法律赋予内国人的各种权利同样给予在本国境内的外国人。在资产阶级取得政权的最初年代里,曾实行过这种无条件的国民待遇制度。例如,在法国国民议会执政时期(1793—1799年),这种制度曾被实行过,但为时不长。这是因为,在有严格的国籍制度的条件下,要使外国人的民商事法律地位同内国人完全一样,是很困难的。

2. 互惠国民待遇,也称为有条件的国民待遇,即内国给予外国人以国民待遇要以该外国人所属国也给予该内国的国民以国民待遇为条件。现代的国民待遇都是以互惠为基础的国民待遇。例如,1955年《关于居留的欧洲公约》第4条规定:缔约各方国民在其他各方领土内关于民事权利的享受和行使,无论是人身方面或财产方面,享有与所属国国民同等的待遇。《法国民法典》第11条规定的国民待遇也是以互惠为前提的。

3. 特定国民待遇,即一国在立法中规定在某种或某几种权利上给予外国人国民待遇。这种方式通常用于有利于本国经济、技术和文化发展的民商事权利方面,如发明和专利的申请,也可以不要求互惠。

从目前实践来看,无条件的国民待遇已不复存在,当今的国民待遇都是互惠并有所限制的国民待遇。各国为了维护本国自然人和法人的利益,给予外国人以国民待遇总是有一定范围的,一般限于公民的诉讼权、人身权、版权、申请发明专利权、商标权等方面,而在内水航运、银行、邮电、通讯等领域,国家很少给予外国人国民待遇。

(二) 最惠国待遇

最惠国待遇(most-favored-nation treatment,MFN)指授予国给予某外国的待遇,不低于或不少于授予国已给予或将给予任何第三国的待遇。[①] 最惠国待遇一般都是通过签订双边或多边条约来加以规定的,条约中的有关条款被称为最惠国待遇条款。如 2014 年签订的《中华人民共和国政府和加拿大政府关于促进和相互保护投资的协定》第 5 条第 1 款规定:任一缔约方给予另一缔约方投资者在设立、购买、扩大、管理、经营、运营和销售或其他处置其领土内投资方面的待遇,不得低于在类似情形下给予非缔约方投资者的待遇。

最惠国待遇与国民待遇不同。最惠国待遇是以给予一个外国的待遇为标准来给予另一个外国相同的待遇,其结果是使不同的外国国家在内国享受相同的优惠和处于相同的地位。而国民待遇是以给予本国人的待遇为标准确定外国人的待遇,其结果是使外国人与本国人的待遇处于相同的地位。

对于最惠国待遇,根据不同的标准,可作不同的分类。以是否互惠为标准,最惠国待遇可以分为互惠的最惠国待遇和非互惠的最惠国待遇。以是否有条件为标准,最惠国待遇可以分为有条件的最惠国待遇和无条件的最惠国待遇。以授予国和受惠国数量为标准,最惠国待遇可以分为双边的最惠国待遇和多边的最惠国待遇。

从当今世界的实践来看,当事国互相赋予互惠的、无条件的最惠国待遇是发展的趋势。多边、互惠和无条件的最惠国待遇成为多边贸易体制的一部分,这一点在世界贸易组织法律体系中表现得尤为明显。例如,《与贸易有关的知识产权协定》第 4 条明确规定:在知识产权保护上,某一成员提供给其他国家国民的任何利益、优惠、特权或豁免,均应立即无条件地适用于全体其他成员之国民。

最惠国待遇也存在若干例外,一般有:(1) 一国给予邻国的特权与优惠;(2) 边境贸易和运输方面的特权与优惠;(3) 有特殊的历史、政治、经济关系的国家之间形成的特定的特权与优惠;(4) 经济集团内部各成员国互相给予对方的特权与优惠。即使最惠国待遇条款中没有明文规定这些例外,缔约国之间一般也不得以这些特殊情况作标准来要求最惠国待遇。

我国为了促进对外经济贸易关系的顺利发展,早在 1955 年 8 月 22 日订立的《中华人民共和国政府和阿拉伯埃及共和国政府贸易协定》中便开始采用互惠

[①] 联合国国际法委员会于 1978 年拟定的《关于最惠国条款的条文草案》第 5 条规定:最惠国待遇是授予国给予受惠国或与之有确定关系的人或事的待遇不低于授予国给予第三国或与之有同于上述关系的人或事的待遇。

平等的最惠国待遇制度,随后又在与许多国家缔结的条约中规定互相赋予最惠国待遇。

（三）优惠待遇

优惠待遇(preferential treatment)指一国为了某种目的给予外国自然人和法人以特定优惠的一种待遇。优惠待遇的给予,一是通过国内立法加以规定,这是最通常的方式;二是通过缔结国际条约加以规定。

优惠待遇和国民待遇不一样,前者是就特定事项或方面给予外国人的优惠,而后者是概括性地给予外国人同本国人相同的待遇。另外,依照前者,外国人所享有某种优惠待遇甚至可能优于本国人所享有的待遇。优惠待遇是内国通过立法或缔结国际条约直接给予外国人的,外国人可以直接享有;而外国人享有最惠国待遇,必须借助最惠国待遇条款。

（四）普遍优惠制

普遍优惠制(generalized system of preferences,GSP)简称普惠制,是指发达国家承诺对从发展中国家或地区输入的商品,特别是制成品和半制成品,给予普遍的、非歧视的和非互惠的关税优惠待遇。1968年联合国贸易与发展会议第二届会议通过普惠制决议,并于1970年为第二十五届联合国大会所采纳。但在具体实施中,各给惠国根据自身利益都对受惠国规定了一些限制。

普惠制的主要特点是普遍的、非歧视的、非互惠的。所谓普遍的,是指发达国家应对发展中国家或地区出口的制成品和半制成品给予普遍的优惠待遇。所谓非歧视的,是指应使所有发展中国家或地区都不受歧视、无例外地享受普惠制的待遇。所谓非互惠的,是指发达国家应单方面给予发展中国家或地区关税优惠,而不要求发展中国家或地区提供反向优惠。

（五）非歧视待遇

非歧视待遇(non-discriminate treatment)又称无差别待遇,是相对于歧视待遇而言的,也是WTO的基本原则之一。它要求WTO成员方在实施某种优惠待遇和限制措施时,不要对其他成员方实施歧视待遇。非歧视待遇通过最惠国待遇和国民待遇条款来实现。

三、外国人在我国的民事法律地位

改革开放以来,我国通过宪法和一系列法律法规,明确规定了外国人在我国的民商事法律地位。《宪法》第18条规定:"中华人民共和国允许外国的企业和其他经济组织或者个人依照中华人民共和国法律的规定在中国投资,同中国的企业或者其他经济组织进行各种形式的经济合作。在中国境内的外国企业和其他外国经济组织以及中外合资经营的企业,都必须遵守中华人民共和国的法律。它们的合法的权利和利益受中华人民共和国法律的保护。"第32条第1款规定:

"中华人民共和国保护在中国境内的外国人的合法权利和利益,在中国境内的外国人必须遵守中华人民共和国的法律。"

除宪法的规定外,我国的许多其他法律、法规也就外国人在中国的民商事法律地位作了规定。例如,2016 年修订的《对外贸易法》第 6 条规定:"中华人民共和国在对外贸易方面根据所缔结或者参加的国际条约、协定,给予其他缔约方、参加方最惠国待遇、国民待遇等待遇,或者根据互惠、对等原则给予对方最惠国待遇、国民待遇等待遇。"第 7 条同时规定:"任何国家或者地区在贸易方面对中华人民共和国采取歧视性的禁止、限制或者其他类似措施的,中华人民共和国可以根据实际情况对该国家或者该地区采取相应的措施。"

《民事诉讼法》第 5 条则对外国人的民事诉讼地位作了规定:"外国人、无国籍人、外国企业和组织在人民法院起诉、应诉,同中华人民共和国公民、法人和其他组织有同等的诉讼权利义务。外国法院对中华人民共和国公民、法人和其他组织的民事诉讼权利加以限制的,中华人民共和国人民法院对该国公民、企业和组织的民事诉讼权利,实行对等原则。"第 261 条进一步规定:"对享有外交特权与豁免的外国人、外国组织或者国际组织提起的民事诉讼,应当依照中华人民共和国有关法律和中华人民共和国缔结或者参加的国际条约的规定办理。"

由上可见,在民商事领域,外国人基于我国国内法、我国缔结或者参加的国际条约以及互惠或对等原则,在我国享有国民待遇、最惠国待遇或优惠待遇。也就是说,他们在我国具有应有的民商事法律地位。

[案例讨论与分析]

案例 1　巴塞罗那公司案[①]

【案例简介】

巴塞罗那电车、电灯和电力有限公司(以下简称巴塞罗那公司)是一家控股公司,1911 年成立于加拿大多伦多,其总部、账户及股份登记册均设在该市。为在西班牙的加泰罗西亚建立和发展一套电力生产和输送系统,巴塞罗那公司分别在加拿大和西班牙建立了许多附属公司。第一次世界大战结束以后,除第二次世界大战期间的一段时间外,巴塞罗那公司的大部分股份一直为比利时国民所拥有。

一战结束以后,巴塞罗那公司发行了几批比塞塔债券和英币债券,其中的英币债券预定从位于西班牙的附属公司向巴塞罗那公司的汇兑中偿付。1936 年,偿付上述债券的工作由于西班牙内战的爆发而中断。1940 年,比塞塔债券的偿

---

① Barcelona Traction Case, I. C. J Reports, 1970.

付工作得以恢复,但西班牙外汇管制当局拒绝批准本国境内的公司向巴塞罗那公司汇兑必需的外汇,使得英币债券仍得不到偿付。

1948年2月,西班牙塔拉戈纳省的雷乌斯地方法院应本国3名英币债券持有人的请求,判决并宣布巴塞罗那公司破产,同时命令没收巴塞罗那公司及其两个附属公司的资产。此后不久,其他附属公司的资产也被没收并出售。1952年,这些附属公司新设立的股份被公开拍卖给一家新的公司,后者随即完全控制了巴塞罗那公司在西班牙境内的企业。

1958年9月23日,比利时政府向国际法院单方提出了针对西班牙政府的诉讼请求。1961年4月10日,法院根据比利时于同年3月23日递交的不再继续诉讼的通知,在未接到西班牙的反对意见的情况下,指示将该案自其案件目录中注销。1962年6月19日,比利时政府根据1927年7月19日比、西两国订立的《和解、司法解决和仲裁条约》第17条和《国际法院规约》第37条的规定,向国际法院提出了一项新的诉讼请求,请求法院判决并宣布其请求书中所述西班牙国家机关的有关行为违反了国际法,且西班牙国家有义务赔偿作为巴塞罗那公司股东的比利时国民(包括自然人和法人)因此而遭受的损失。

【法律问题】

比利时是否有权对作为加拿大法人的巴塞罗那公司中的本国股东因公司所在国西班牙针对该公司本身的有关措施而遭受的损害进行外交保护?

【参考结论】

法院认为比利时无权代表本国股东向法院起诉,最终以15票对1票驳回了其诉讼请求。

【分析评论】

在一家公司受到不法行为侵害的情况下,国际法的一般规则也只授权公司的国籍国提出赔偿请求。本案中,巴塞罗那公司成立于加拿大,并在加拿大有注册营业所,因此其加拿大国籍应得到承认。

针对比利时政府的主张,法院认为,由于国际法在国家对待公司和股东的权利问题上尚未确立任何明确的规则,因此它必须求助于有关的国内法规则。根据各国国内法律制度普遍接受的规则,有限责任公司及其股东是两个不同的实体,具有不同的财产权利,当股东的利益因针对公司实施的某一行为受到损害时,只有权利受到侵犯的公司才能提起诉讼。因此,在代表外国资本的一家公司受到不法行为侵害的情况下,国际法的一般规则也只授权公司的国籍国提出赔偿请求。尽管在公司股东自身的权利遭到侵害、公司已不存在、公司国籍国缺乏代表公司采取行动的能力或公司国籍国即为责任国等例外情况下,该公司股东的国籍国可以不受上述一般规则的限制,但本案中并不存在这些例外情况。据此,法院认为比利时无权代表本国股东向法院起诉,最终以 15 票对 1 票驳回了其诉讼请求。

案例 2　郭宗闵、李恕珍与青岛昌隆文具有限公司股东资格确认纠纷案①

【案例简介】

1986 年成立的美国昌隆公司(JUMP LONG INTERNATIONAL CORP.)在美国纽约州登记成立,该公司的股份情况为:郭宗闵(郭音伟父亲)持股 50%,郭台玉持股 18%,郭音宏、郭音伟、郭音远、郭音诚各持有 8%。1988 年 3 月 5 日,该公司与青岛市商业机械制造厂签订《关于建立青岛昌隆文具有限公司合作合同》,双方合作建立青岛昌隆文具公司。2001 年,青岛昌隆文具公司召开董事会,确认青岛昌隆文具公司的四方股东对于增加注册资本额人民币 1000 万元按比例缴纳出资,其中美国昌隆公司占出资比例的 29.53%。1999 年,美国昌隆公司以郭音伟为被告,郭宗闵、郭台玉、郭音宏、郭音远、郭音诚为第三人提起本案诉讼,要求郭音伟停止对原告美国昌隆公司在青岛昌隆文具公司所享有的股东权利的侵害。

郭音伟于 1999 年在青岛成立了外商独资企业青岛昌发家具有限公司,任该公司执行董事兼法定代表人。同时,于 1998 年任青岛昌隆文具公司副董事长,于 1999 年任青岛珍珠文具有限公司副董事长。郭音伟于 2002 年 4 月 24 日领取了青岛市公安局车辆管理所发放的驾驶证,于 2008 年 4 月 24 日在青岛进行了驾驶证的年审和换证工作。郭音伟持有青岛市公用事业收费服务便民卡(卡号为 40××30),该卡自 2006 年起即有充值记录。青岛市市北区海伦路街道办事处、海伦路社区居委会出具证明,郭音伟自 1994 年 7 月起长期居住在青岛。郭音伟分别于 2011 年和 2013 年在青岛市崂山公证处出具委托书各一份,委托李恕珍(郭音伟妻子)作为其全权代表,代理行使委托人在青岛昌隆文具公司的全部股东权利。中国台湾地区台北市"税捐稽征处中北分处"于 2013 年 8 月 26 日出具的财产查询清单显示,郭音伟在台湾无财产资料,亦无纳税资料。郭音伟 2013 年 8 月在中国台湾地区死亡,生前同时持有美国护照与台湾居民来往大陆通行证。

【法律问题】

如何认定郭音伟的经常居所地以及其与李恕珍的共同经常居所地?如何决定解决本案包括夫妻财产关系争议和继承关系争议的准据法?

---

① (2016)鲁民终 2270 号。

【参考结论】

中国大陆地区既是郭音伟的经常居所地,也是郭音伟与李恕珍的共同经常居所地。因此,本案中夫妻财产关系争议和继承关系争议的准据法是大陆地区法律。

【分析评论】

第一,本案涉及涉台夫妻财产关系和法定继承关系的法律适用问题。相关的法律包括:《法律适用法》第24条:"夫妻财产关系,当事人可以协议选择适用一方当事人经常居所地法律、国籍国法律或者主要财产所在地法律。当事人没有选择的,适用共同经常居所地法律……"第31条:"法定继承,适用被继承人死亡时经常居所地法律,但不动产法定继承,适用不动产所在地法律。"

第二,对于如何判断经常居所地的问题,《法律适用法司法解释(一)》第15条规定:"自然人在涉外民事关系产生或者变更、终止时已经连续居住一年以上且作为其生活中心的地方,人民法院可以认定为法律适用法规定的自然人的经常居所地,但就医、劳务派遣、公务等情形除外。"

从上述规定来看,在处理涉外民事关系中的继承关系和夫妻财产关系时,《法律适用法》将经常居所作为连结点。而在自然人经常居所的判定上,最高人民法院司法解释采取的是一种叠加标准,即包含两个构成要素:一是"连续居住1年以上";二是"作为其生活中心的地方"。只有具备了上述两个要素,才能被认为是经常居所。但是,对于何为"连续居住1年以上",是绝对连续还是相对连续,是要求连续居住12个月甚至365天以上,还是要求居住时间不少于多少个月或日,上述司法解释并未明确,需要法院结合具体案情予以判断确认。对于如何认定"作为生活中心的地方",法院认为,所谓"连续居住1年以上",并不是指一种绝对连续状态,而是指的一种相对持续的居住状态。在居住期间,即使当事人因工作派遣、短期学习、出国旅游、赴外就医等原因导致其不能始终居住在某一地,但只要其居住状态是相对持续的,且达到1年以上,就并不影响对其经常居所的判断。而对于"作为其生活中心的地方"这一标准,则既要注重考察当事人的主观意愿,又要看当事人的客观生活状况,然后进行综合判断,即从当事人的主观意愿、家庭生活、社会关系、主要职业、财产状况等各方面进行综合考察。就两个标准之间的关系而言,法院认为,二者除了是并列条件的关系,还是判断时重要的相互参考因素。也就是说,在判断是否连续居住时,除了要看当事人在某地居住的连续状态,还要看当事人主观上是否有将其作为生活中心的居住意图。在判断当事人是否将某地作为生活中心时,除了要看当事人主观上的居住意愿,还要看当事人的持续居住状态。

本案中,在郭音伟于2013年8月20日死亡之前,无论是郭音伟还是李恕珍,从二人的出入境记录来看,虽然二人并不是一直在中国大陆地区停留,但从停留的时间和相对连续状态来看,均可以认定为在中国大陆地区已连续居住1年以上。从郭音伟在青岛的财产状况、投资活动、居住证明、驾驶执照、公用事业收费服务便民卡持有情况等可以得出结论,郭音伟生前是以中国青岛作为其生活中心。李恕珍在本案中虽然提交的证明其在中国青岛生活的证据相对较少,但从其与郭音伟的夫妻关系、郭音伟对其委托授权情况以及其在青岛连续居住情况等也可以看出,其在郭音伟生前是以中国青岛作为其生活中心。综上,法院判定,中国大陆地区既是郭音伟的经常居所地,也是郭音伟与李恕珍的共同经常居所地。因此,一审法院适用中国大陆地区法律作为解决本案中夫妻财产关系争议和继承关系争议的准据法并无不当。

案例3　刚果(金)案①

【案例简介】

1980年代,刚果(金)向南斯拉夫的Energoinvest公司(现为波斯尼亚的一家公司)签订水电工程项目合同。工程完成并验收后,刚果(金)一直没有支付工程款项。Energoinvest公司根据合同中的仲裁条款向国际商会仲裁院提请仲裁。仲裁庭在2003年作出有利于Energoinvest公司的仲裁裁决。根据裁决,刚果(金)应向Energoinvest公司支付3700万美元及其利息。2004年,Energoinvest公司将仲裁裁决低价转让给美国FG公司,FG公司成为仲裁裁决债权人。

2008年,FG公司获悉中国国有企业中铁股份有限公司及其三个子公司即中国中铁(香港)有限公司、中国中铁资源开发股份有限公司和中国中铁华钢矿业股份有限公司在刚果(金)取得采矿权,并会支付一笔总额约为3.5亿美元的"入门费",因此就到中铁公司的上市所在地香港提起执行该仲裁裁决的诉讼,要求香港高等法院下令冻结这笔款项。此时,最初仲裁裁决所确定的款项及其利息已达1.04亿美元。FG公司要求香港高等法院从3.5亿美元的"入门费"中截留1.04亿美元作为抵债。

香港高等法院审理后认为,中国公司支付刚果(金)的采矿"入门费"并不是商业行为,该交易是两个主权国家之间的合作,中国在刚果(金)的基础设施建设项目是为了发展该国经济,造福刚果(金)人民。法院认为,一国放弃诉讼豁免并非意味着同时放弃执行豁免,特别是刚果(金)不是《纽约公约》的成员国,刚果(金)接受仲裁不能意味着该国明确放弃执行豁免权。香港高等法院在2008年12月作出判决,判定香港高等法院对该案没有管辖权,并撤销了禁止中铁公司向刚果(金)支付入门费以及刚果不得收取入门费的禁令。FG公司不服该判决,向香港高等法院上诉法庭提起上诉。上诉法庭审理后在2010年2月10日

---

① 香港特别行政区终审法院终院民事上诉2010年第5、6、7号。

作出判决,认为应该把国家豁免视为法律方面的事情,由法院所在地的法院进行裁决。因此,香港高等法院对该案有管辖权。此外,上诉法庭认为,香港回归后,香港普通法仍沿用限制性豁免原则,由于本案有关行为是商业行为,因此刚果(金)不享有豁免权。FG公司要求执行仲裁裁决的申请得到上诉法庭的准许。刚果(金)对此上诉判决不服,向香港终审法院提起上诉。

【法律问题】

1997年9月1日及以后,香港是否承认限制主权豁免原则,即一国政府行为不享有豁免权而其商业行为享有豁免权?如果香港承认限制豁免原则,本案中的相关行为的性质如何认定?如果豁免权是绝对的或有关行为都属于政府行为,刚果是否因接受仲裁而放弃了豁免权?

【法院判决】

2011年6月8日,香港终审法院作出临时判决,裁定香港特区应遵循中央人民政府决定采取的国家豁免规则,刚果(金)享有国家豁免,香港法院对刚果无司法管辖权。2011年8月26日,全国人大常委会根据香港特区终审法院的提请,就美国FG公司诉刚果(金)案所涉《香港特别行政区基本法》第13条第1款、第19条的内容作出解释。这是全国人大常委会第四次就《香港特别行政区基本法》作出解释,也是香港特区终审法院首次主动提请全国人大常委会就《香港特别行政区基本法》作出解释。香港特区终审法院在8月30日收到释法文本后,已转交案件各方当事人。香港特区终审法院于2011年11月25日对该案作出最终判决,认定香港特区应遵循中央人民政府决定采取的国家豁免规则,刚果(金)享有国家豁免,香港法院对刚果(金)无司法管辖权。

【分析评论】

第一,鉴于该案上诉判决涉及对《香港特别行政区基本法》关于中央人民政府管理的事务以及中央和香港特别行政区关系条款的解释,香港终审法院认为有责任按照《香港特别行政区基本法》第158条第3款的规定,在作出终局判决前提请全国人大常委会解释相关条款,并在全国人大常委会作出解释后依据该解释作出最终判决。2011年7月5日,香港律政司司长将法院有关提请释法的函件以及相关文件交予国务院港澳事务办公室,以转呈全国人大常委会。

香港特区终审法院提请全国人大常委会解释的问题如下:(1)根据第13条第1款的真正解释,中央人民政府是否有权力决定中华人民共和国的国家豁免规则或政策;(2)如有此权力,根据第13条第1款和第19条的真正解释,香港特区(包括香港特区的法院)是否:① 有责任援用或实施中央人民政府根据第13条第1款所决定的国家豁免规则或政策;② 可随意偏离该规则或政策,并采取一项不同的规则;(3)中央人民政府决定国家豁免规则或政策是否属于《基本法》第19条第3款第一句中所说的"国防、外交等国家行为";(4) 香港特别行政区成立后,香港原有(即1997年7月1日之前)的有关国家豁免的普通法是否须在适用时作出必要的变更、适应、限制或例外,以确保这方面的普通法符合中央人民政府所决定的国家豁免规则或政策。

对上述问题,全国人大常委会作出如下解释:国务院即中央人民政府行使管理国家对外事务的职权,国家豁免规则或政策属于国家对外事务中的外交事务范畴,中央人民政府有权决定中华人民共和国的国家豁免规则或政策,在中华人民共和国领域内统一实施。根据《香港特别行政区基本法》第13条第1款规定,管理与香港特区有关的外交事务属于中央人民政府的权力,中央人民政府有权决定在香港特区适用的国家豁免规则或政策。决定国家豁免规则或政策是一种涉及外交的国家行为。依照《香港特别行政区基本法》第19条的规定,香港特区法院对中央人民政府决定国家豁免规则或政策的行为无管辖权。因此,香港特区法院在审理案件时遇有外国国家及其财产管辖豁免和执行豁免问题,须适用和实施中央人民政府决定适用于香港特区的国家豁免规则或政策,不得偏离上述规则或政策,也不得采取与上述规则或政策不同的规则。香港特区原有法律中有关国家豁免的规则,从1997年7月1日起,在适用时须作出必要的变更、适应、限制或例外,以符合中央人民政府决定采取的国家豁免规则或政策。

第二,我国目前还没有有关国家豁免的专门立法,但从我国外交部在外国法院审理的涉及中国政府的案件所作的声明来看,我国坚持的是绝对豁免原则,即一国行为无论是政府行为还是商业行为均享有豁免权。我国政府在2005年9月签署了《国家豁免公约》,该公约采用了限制豁免原则。但由于全国人大常委会尚未批准该公约,该公约在我国还不具有法律效力。全国人大常委会的上述解释进一步澄清了我国在国家豁免方面的立场。根据该解释,刚果(金)作为主权国家就其相关行为在我国享有豁免权,香港特区法院对该案没有管辖权。因此,香港特区法院不得下令禁止中铁公司向刚果(金)支付"入门费",也不得下令禁止刚果(金)收取这笔"入门费"。

延伸阅读

1. 宋晓:《属人法的主义之争与中国道路》,载《法学研究》2013年第3期。
2. 何其生:《我国属人法重构视阈下的经常居所问题研究》,载《法商研究》2013年第3期。
3. 杜焕芳:《自然人属人法与经常居所的中国式选择、判准和适用——兼评〈涉外民事关系法律适用法司法解释(一)〉第15条》,载《法学家》2015年第3期。

4. 薛童:《论作为自然人生活中心的经常居所地》,载《国际法研究》2015 年第 6 期。

5. 邢钢:《公司准据法适用范围限定的实证考察与改进路径》,载《江西社会科学》2019 年第 1 期。

6. 李庆明:《论中国国有企业在美国民事诉讼中的国家豁免》,载《江西社会科学》2018 年第 11 期。

7. David McClean, Verónica Ruiz Abou-Nigm, *Morris: The Conflict of Laws*, 9th edition, Sweet & Maxwell, 2016.

思考题

1. 国际私法中研究自然人国籍和住所的意义。
2. 简述自然人住所冲突及其解决方法。
3. 评述经常居所地法在属人法中的地位。
4. 简述确定法人住所的标准,并评述中国关于法人住所的立法。
5. 论国家及其财产主权豁免制度。

第四章 冲突规范与准据法

本章提要

在国际私法上,冲突规范与准据法是两个十分重要的概念。与一般法律规范不同,冲突规范是一种间接规范,它只指明对于某一涉外案件中的某一具体法律关系应当适用哪一地域的法律,而不是直接规定当事人的具体权利和义务。本章主要介绍冲突规范的概念、结构、类型,重点阐释冲突规范与地域适用范围规范的联系与区别,分析几种重要的连结点在法律选择上的作用;我国现行法律和司法实践中对冲突规范的表述和运用,在涉外审判中区分强制性冲突规范和任意性冲突规范的意义。

主要教学内容

1. 基本概念:冲突规范的概念、结构和类型;准据法的选择方法。
2. 基本知识:几种常见的连结点;准据法的特点;我国法律中有关冲突规范的类型。

教学目标

1. 掌握冲突规范的主要类型。
2. 熟悉准据法的选择方法。
3. 了解连结点的灵活性与冲突规范的软化。
4. 区分冲突规范中的强制性和任意性特点。

第一节 冲突规范

一、冲突规范的定义

冲突规范(conflicts rule,Kollisionsnorm)是指引某一法律关系应当适用某一法律的规范,或者说是选择某一法律适用于某一法律关系的规范。因此,冲突规范也可被称为"指引规范"(Verweisungsnorm)、"法律选择规范"(choice of law rules)、"法律适用规范"(rules of application of law, Rechtsanwendungsnorm)等。也有人直接称之为"国际私法规范"(rules of private international law)。①

冲突规范从性质上看是一种间接规范。它只指明对于某一涉外案件中的某一具体法律关系应当适用哪一地域的法律,而不是直接规定当事人的具体权利和义务。例如,《法律适用法》第 11 条规定:"自然人的民事权利能力,适用经常居所地法律。"

二、冲突规范的类型

(一)独立的冲突规范和非独立的冲突规范

独立的冲突规范(independent conflicts rule, selbstaendige Kollisionsnorm)是一条完整的冲突规范,它具体规定了某一法律关系适用何种法律。例如,《法律适用法》第 36 条规定:"不动产物权,适用不动产所在地法律。"

非独立的冲突规范(dependent conflicts rule, unselbstaendige Kollisionsnorm)是不完整的冲突规范,它附属于独立的冲突规范,作为独立冲突规范的补充,因此是一种辅助性规范。例如,《法律适用法》第 5 条规定:"外国法律的适用将损害中华人民共和国社会公共利益的,适用中华人民共和国法律。"该条就不是一个独立的冲突规范,它不能独立适用,而必须以案件依照其他独立冲突规范适用外国法律为前提。

(二)单边冲突规范和双边(多边)冲突规范

独立的冲突规范可以分为单边冲突规范和双边冲突规范。

1. 单边冲突规范

单边冲突规范(unilateral conflicts rule)是指那些规定某一法律关系只应当适用本国法律的冲突规范,即只规定了本国法律适用于某一法律关系。例如,《法律适用法》第 4 条规定:"中华人民共和国法律对涉外民事关系有强制性规定的,直接适用该强制性规定。"另外,《民法典》第 467 条第 2 款规定:"在中华人民共和国境内履行的中外合资经营企业合同、中外合作经营企业合同、中外合作勘探开发自然资源合同,适用中华人民共和国法律。"

2. 双边冲突规范

双边冲突规范也叫多边冲突规范(bilateral or all-sided conflicts rule),与单边冲突规范不同,它不是直接规定本国法律的适用,而是规定一个客观的连结点,根据该连结点,既有可能适用本国法,也有可能适用外国法。因此,这种冲突规范所指引的法律是双边的或多边的。例如,《法律适用法》第 36 条规定:"不动产物权,适用不动产所在地法律。"这里的"不动产所在地法律"既可能是中国法

---

① 如《联合国国际货物销售合同公约》第 1 条第(1)款 b 项之规定。

律,也可能是外国法律,必须要根据具体案件中不动产的具体所在地而判定。

双边冲突规范中还有一种不完全的(imperfect)双边冲突规范,或有条件的(conditional)双边冲突规范。它们所指引的法律虽然也是双边的,但要受到一定条件的限制。例如,《法律适用法》第12条第2款规定:"自然人从事民事活动,依照经常居所地法律为无行为能力,依照行为地法律有民事行为能力的,适用行为地法律,但涉及婚姻家庭、继承的除外。"在这里,"民事行为能力适用行为地法律"是一条双边冲突规范,但受到一定限制,即必须是在依照经常居所地法律无行为能力的情况下。

3. 单边冲突规范和双边冲突规范之间的关系

双边冲突规范体现了对本国法和外国法的平等对待。如果各国对于同样的国际民事法律关系都按照同样的双边冲突规范去选择应适用的法律,就可以实现萨维尼所提倡的"对于同一案件,无论在何处起诉,都可以实现判决的一致性"的目标。因此,随着国际交往的发展,各国越来越趋向于采用双边冲突规范来规定涉外民事案件的法律适用问题。《法律适用法》及其他单行法律中的冲突规范,大都是双边冲突规范。

与双边冲突规范相反,单边冲突规范体现的是一种"单边主义"观念,体现了主权者对本国法律的片面优越感和对本国利益的单方面保护思想。1804年《法国民法典》第3条的规定是这种思想的集中反映,并得到1896年《德国民法施行法》的继续贯彻。由于萨维尼理论的广泛影响,这种单边主义在20世纪以后的德国以及其他欧洲国家已经通过法院的判例法得到双边化,但是在二战后的美国,又在"冲突法革命"中得到一定程度的复兴,并影响到欧洲一些学者。

就当代国际私法来看,双边冲突规范是各国国际私法立法的主流。某些学者试图建立单边主义冲突规范体系的努力是失败的,但不可否认,单边冲突规范仍然在一定范围内具有现实的意义和作用。尤其对于某些需要给予特殊保护的利益,可以从单边冲突规范上提供这样的保护。因此,在婚姻家庭、消费者保护、妇女和儿童的保护、知识产权保护等公共利益体现得比较强烈的领域,各国仍经常采用单边冲突规范。

单边冲突规范适用的更广泛领域是在所谓的"公法冲突"领域,因为在这一领域更多地体现了对国家利益和公共利益的保护,如我国的外商投资企业领域。美国近年来大肆采用单边冲突规范来扩大本国经济制裁法律的域外效力,这种做法遭到其他国家的排斥。

4. 重叠适用的冲突规范和选择适用的冲突规范

重叠适用的冲突规范(cumulative conflicts rule)是指在双边冲突规范中规定了两个或两个以上的连结点,它所指引的准据法同时适用于所列举的法律关系。例如,《法律适用法》第28条规定:"收养的条件和手续,适用收养人和被收养人经常居所地法律……"这主要是为了对收养的条件进行严格控制,保护被收养人利益。

选择适用的冲突规范(alternative conflicts rule)也是在双边冲突规范中规定两个或两个以上的连结点,它所指引的准据法可以由法官或当事人选择适用其中之一。例如,《法律适用法》第29条规定:"扶养,适用一方当事人经常居所地法律、国籍国法律或者主要财产所在地法律中有利于保护被扶养人利益的法律。"

选择适用的冲突规范体现的是当代国际私法上的"有利原则"(favor principle)。所谓"有利原则",就是指在确定某些特定法律关系的准据法时,尽量选择适用对某一特定方当事人有利的法律。"有利原则"在许多法律关系中都有体现,如"有利于生效"(favor validitatis)、"有利于交易"(favor negotii)、"有利于受害者"(favor laesi)、"有利于婚姻"(favor matrimonii)、"有利于离婚"(favor divortii)、"有利于儿童"(favor infantis)、"有利于承认"(favor recognitionis)等。"有利原则"的一个重要表现就是采用选择适用的冲突规范,增加连结点的数量,让法官或当事人选择对其最有利的法律。

选择适用的冲突规范有时可以附带条件,即只有符合规定的条件才可以选择规定的法律。例如,《法律适用法》第44条中规定:"侵权责任,适用侵权行为地法律,但当事人有共同经常居所地的,适用共同经常居所地法律……"

(三)不同类型冲突规范的作用

不同类型的冲突规范服务于不同的立法政策。如果立法者认为在某一领域要绝对地保护本国法律规定的利益,则可以采用单边冲突规范,只规定适用本国法律;如果立法者认为在某一法律领域的某些方面要同时兼顾本国法律规定的利益,则可以采用重叠适用的双边冲突规范;如果立法者认为在某些领域可以从宽掌握,以方便法律交往的进行,则可以采用选择适用的冲突规范。例如,在合同的形式方面,目前国际上的发展趋势是尽量促使合同的有效,因此,许多公约和国家的国内立法都对于合同的形式有效性问题规定了多个连结点,并且可以选择适用,只要符合其中任何一个法律的形式规定,就可以判定合同有效。

第二节 地域适用范围规范

一、地域适用范围规范的概念

所谓地域适用范围规范(legal rules which determine their own sphere of

application），就是指规定某一立法的地域适用范围的规范。① 我国《民法通则》第 8 条规定："在中华人民共和国领域内的民事活动，适用中华人民共和国法律，法律另有规定的除外。本法关于公民的规定，适用于在中华人民共和国领域内的外国人、无国籍人，法律另有规定的除外。"该条规定就是典型的地域适用范围规范，它规定，凡是在我国境内进行的民事活动，以及在我国领域内的人，均适用《民法通则》的规定。在我国许多民商事立法中，均有类似的关于法律地域适用范围的规定，如《中华人民共和国民事诉讼法》第 4 条、《票据法》第 2 条第 1 款、《证券法》第 2 条第 1 款、《保险法》第 3 条、《招标投标法》第 2 条、《产品质量法》第 2 条、《劳动法》第 2 条、《信托法》第 3 条等。《民法典》第 12 条对《民法通则》第 8 条作了部分修改："中华人民共和国领域内的民事活动，适用中华人民共和国法律。法律另有规定的，依照其规定。"

二、法律地域适用范围规范的性质

从我国《民法通则》第 8 条和《民法典》第 12 条以及其他法律中类似条款的结构上来看，这些地域适用范围规范其实就是典型的单边冲突规范，它们规定了我国法律的地域适用范围，因此体现的是一种单边主义思维方法。

同时，我国《民法通则》第八章专门规定了"涉外民事关系的法律适用"。该章规定与《票据法》第五章、《民用航空法》第十四章、《海商法》第十四章等类似，大都是双边冲突规范。由此产生一个问题，《民法通则》第 8 条和第八章之间、《票据法》第 2 条和第五章之间到底是一种怎样的关系？按照《民法通则》第 8 条的规定，所有发生于我国领域内的民事关系，都应当适用我国法律的规定；而依照其第八章的规定，如果发生于我国的民事关系具有涉外因素，比如当事人为外国人或民事关系的标的位于外国，则应当依照第八章的冲突规范指引准据法，并不一定适用我国法律。也许有人会说，《民法通则》第 8 条所规定的"适用我国法律"，包括我国冲突法。但是，这种理解思路无法运用于其他单行法律。例如，《保险法》第 3 条规定："在中华人民共和国境内从事保险活动，适用本法。"而《保险法》中没有冲突规范。因此，我们只能理解为，凡是发生在我国境内的保险活动，均必须适用我国保险法的规定。事实上，如果是涉外保险合同或侵权关系，必须依照冲突规范指引准据法，而不一定适用我国保险法。同样，《信托法》第 3 条、《招标投标法》第 2 条、《劳动法》第 2 条和《旅游法》第 2 条的规定也存在这一问题。我们还要注意到，发生于我国境内的民事关系，如果当事人不在我国法院

---

① Kurt Siehr, Normen mit eigener Bestimmung ihres räumlich-persoenlichen Anwendungsbereichs im Kollisionsrecht der Bundesrepublik Deutschland, RabelsZ 46（1982），S. 357ff；Talpis, Legal Rules Which Determine Their Own Sphere of Application, 17 Rev. Juridique Themis 201（1982）.

起诉,也不一定会适用我国法律。

由此可见,我国民事立法中关于法律地域适用范围的规定与国际私法中的双边冲突规范是不相符合的。产生这种矛盾的根源在于我国一些法律采用了公私不分的立法模式,将公法的地域效力与私法的域外效力混合在一起。

地域适用规范从形式上看就是一种单边冲突规范,它强调本国法律在特定场合下的优先适用性,并排除当事人或法官选择适用他国法律。在一些国家的国内法中,也有这样的单边规范,例如1936年《美国海上货物运输法》就规定,凡进出口美国的船舶签发的提单必须适用该法。因此,如果相关提单纠纷在美国法院审理,则必须适用《美国海上货物运输法》,并排除当事人选择的《统一提单的若干法律规则的国际公约》等国际条约或其他国家法律。

在英格兰,如果立法规定了其自身地域适用范围,就要严格按照该范围予以适用;如果立法没有规定其自身适用地域范围,就要按照冲突法规则确定其适用范围。①

由于《保险法》《信托法》《招标投标法》和《劳动法》等立法中没有像《票据法》那样专门规定涉外民事关系的法律适用,因此很多人便根据其中的"地域适用范围条款"的规定,认为所有发生于我国境内的保险、信托、招标投标和劳动关系均应适用我国法律②,并排除当事人意思自治和冲突法规则。这是与国际私法基本原理相违背的,也非常不利于我国的国际民事交往的发展。③

近来引起广泛关注的美国篮球明星迈克尔·乔丹起诉乔丹体育股份公司一案中,乔丹要求中国法院保护其姓名权。一些学者在分析该案时,均援引《民法通则》第8条的规定,即"本法关于公民的规定,适用于在中华人民共和国领域内的外国人、无国籍人",并以此为据认为迈克尔·乔丹不在我国领域内,因此其姓名权不受我国法律之保护。这一理解根本无视了《法律适用法》第15条和第44条等冲突规范的存在。如果完全按照《民法通则》第8条的规定,《民法通则》第八章和整个《法律适用法》就毫无用武之地了。

在"四会市晋辉金属熔铸有限公司与李小连提供劳务者受害责任纠纷案"④中,李小连国籍不明,但在我国已居住二十多年。法院援引《民法通则》第8条认为:"公民的生命健康权受到法律保护,无论该公民是否取得我国国籍,只要公民是在我国领土上受到伤害都可以依据我国法律主张权利。"该案正确的做法是援

---

① See Lawrence Collins (ed.), *Dicey, Morris & Collins on The Conflict of Laws*, 14th edition, Sweet & Maxwell, 2006, p.19.
② 在香港高等法院审理的珠光集团公司破产案中,就涉及对《招标投标法》第2条的解释问题。See In The Matter of ZHU KUAN Group Company Limited (In Compulsory Liquidation), HCMP 1286/2007.
③ 值得肯定的是,《民用航空法》就没有对该法地域适用范围进行限制。该法第十四章有专门的涉外法律适用条款。
④ (2015)粤高法民一申字第952号。

引《法律适用法》第 15 条,即人格权适用权利人经常居所地法律。

私法的地域适用范围问题应当由国际私法来调整。原《法国民法典》第 1 条关于法典一般适用范围的规定也被废除了,而现行《法国民法典》第 3 条[①]被普遍认为是国际私法中的强制性规范。对于不属于该条范围内的法律关系,法国法院均依照法国国际私法的规定确定准据法。

三、法律地域适用范围规范的作用

法律地域适用范围规范具有其特殊的应用场合,具体而言,它们主要运用于以下两种情况:

1. 强制性规范的适用范围

"强制性规范"(Mandatory Rules, Zwingende Normen)在德国也被称为"干预规范"(Eingriffsnormen),在法国一般被称为"直接适用的法律"(loi de l'application immediate)或"警察法"(loi de polic),是指一国法律当中那些具有强行性质的规范,它们在涉外案件中必须强行适用,而不必考虑外国法律。如果在某些领域,立法者认为本国法律中的某些强制性规范必须得到适用,则可以通过地域适用规范的规定达到目的。例如,《法国民法典》第 3 条的规定就是如此。

2. 公法的地域适用范围

按照萨维尼的理论,私法具有国际间的等价性和互换性,各国之间可以相互适用对方的私法。但是公法不具有此种性质,各国通常不会主动适用对方国家的公法。在涉外公法关系中,例如在涉外税收关系、涉外刑法关系中,各国立法者都是从自己的角度规定本国公法的地域适用范围,即在何种情况下适用本国公法。

在我国许多公法立法如经济法、行政法和刑法立法中,就有大量关于法律地域适用范围的规定,如《中华人民共和国个人所得税法》第 1 条规定:"在中国境内有住所,或者无住所而一个纳税年度内在中国境内居住累计满一百八十三天的个人,为居民个人。居民个人从中国境内和境外取得的所得,依照本法规定缴纳个人所得税。在中国境内无住所又不居住,或者无住所而一个纳税年度内在中国境内居住累计不满一百八十三天的个人,为非居民个人。非居民个人从中国境内取得的所得,依照本法规定缴纳个人所得税。"《中华人民共和国环境保护法》第 3 条规定:"本法适用于中华人民共和国领域和中华人民共和国管辖的其他海域。"《中华人民共和国刑法》第 6 条规定:"凡在中华人民共和国领域内犯罪

---

① 该条规定:"关于警察和安全的法律对于所有位于本国境内的人均有约束力。不动产即使属于外国人所有也应适用法国法律。有关人的身份和能力的法律适用于所有法国人,即使其位于外国也不例外。"

的,除法律有特别规定的以外,都适用本法。凡在中华人民共和国船舶或者航空器内犯罪的,也适用本法。犯罪的行为或者结果有一项发生在中华人民共和国领域内的,就认为是在中华人民共和国领域内犯罪。"第 7 条规定:"中华人民共和国公民在中华人民共和国领域外犯本法规定之罪的,适用本法,但是按本法规定的最高刑为三年以下有期徒刑的,可以不予追究。中华人民共和国国家工作人员和军人在中华人民共和国领域外犯本法规定之罪的,适用本法。"第 8 条规定:"外国人在中华人民共和国领域外对中华人民共和国国家或者公民犯罪,而按本法规定的最低刑为三年以上有期徒刑的,可以适用本法,但是按照犯罪地的法律不受处罚的除外。"

地域适用范围规范主要运用于公法立法当中,因为在公法领域尚不存在像国际私法当中那样的双边冲突规范,各国立法者都是从单边主义和属地主义出发来规范本国公法的地域适用范围。

综上所述,法律地域适用范围规范与冲突规范是从两种不同的角度来解决法律冲突问题,但二者适用的对象不同。在私法领域,由于各国私法间的等价性和互换性,各国普遍采用双边冲突规范的形式来确定涉外民事关系的准据法,从而无须地域适用范围规范的指定。但是,对于具有强行性质的法律规范和公法规范,就需要立法者确定其地域适用范围。

我国现行立法中不加区别地在几乎所有立法中都规定一条关于该立法地域适用范围的条款,这种做法忽视了国际私法的性质和作用,导致人们对国际私法的错误认识和对我国有关立法的误解。[①]

第三节 冲突规范的连结点

一、冲突规范的结构

任何法律规范都由两部分构成:事实构成和法律后果。如果某一生活关系具备了法律规定的"事实构成",则会产生法律规定的"法律后果"。"事实构成"就是具体的事实关系,即各种法律事实组成的关系。在一般的实体法规范中,"法律后果"就是法律规定的当事人之间具体的权利和义务。冲突规范作为法律规范,当然也包括这两个构成要素[②],只不过在冲突规范中,这两个要素的表现形式与一般法律规范有所不同。

在冲突法中,有的学者也把"事实构成"部分称为"范围(category)",而把

---

① 《信托法》是一部商事立法,其中第 3 条也是地域适用范围规范,而且没有但书的限制,容易使人将其理解为冲突规范,从而与《法律适用法》第 17 条相冲突。
② Kegel/Schurig, Internationales Privatrecht, 9. Aufl., S. 310.

"法律后果"部分称为"系属（attribution）"。例如，"不动产的所有权，适用不动产所在地法律"这一冲突规范，"不动产的所有权"是事实构成之一，而"适用不动产所在地法律"是"法律后果"，即所谓的"系属"。"系属"有"隶属于""归属于"的意思①，它是指冲突规范的"范围"中所规定的事实关系或法律关系应当归属于某一特定的法律调整。

由于冲突规范不直接规定具体的权利和义务关系，因此冲突规范所规定的法律后果只是一种间接的法律后果。

二、连结点的概念

"连结"（Anknuepfen）的概念是德国学者卡恩（F. Kahn）于 1891 年最早提出的，后来逐渐成为国际私法中的一个专门术语。冲突规范是一种指引规范，它只规定某一法律关系适用某一国家的法律。因此，从性质上来说，冲突规范也是一种"连结规范"（Anknuepfungsnorm，connecting rules），即把特定的事实构成与某一国家的法律"连结"起来。连结点就是其中的联系纽带，卡恩最早将其称为"连结概念"（Anknuepfungsbegriff），也有人称其为"连结因素"（Anknuepfungsmoment，connecting factors）、"连结事实"（Anknuepfungstatsache）或"连结基础"（Anknuepfungsgrund，connecting ground）等，它是冲突规范中用来将某一生活关系（连结对象）与某一国家的法律连结起来的客观事实。比如，"侵权责任，适用侵权行为地法律"，其中"侵权行为地"就是连结点。

三、连结点的分类

（一）客观连结点和主观连结点

客观连结点（objective connecting point）是一些客观的事实存在，如国籍、住所、物之所在地、法院地等。主观连结点（subjective connecting point）则是一些抽象的概念，需要当事人或法官通过主观判断才能确定，例如"当事人意思自治""最密切联系地""有利原则"等。

（二）静态连结点和动态连结点

客观连结点又可分为静态连结点和动态连结点。静态连结点就是固定不变的连结点，通常是指不动产所在地和行为的发生地，如婚姻举行地、侵权行为地、合同缔结地等。静态连结点都是唯一的，它们所指引的法律也非常明确；而动态的连结点是可变更的，如当事人的国籍、住所、居所、法人的主营业地等。这种动态的连结点会带来准据法的不稳定性问题，因此，通常需要进行时间上的限制。

---

① "范围"和"系属"的概念似乎是从法语中翻译而来，法国国际私法著作中一般将"连结对象"称为"la catégorie de rattachement"，如果直译的话也可译为"系属范围"。

例如,假如某一法律关系适用当事人的住所地法,但是当事人前后可能会有好几个住所,此时就需要确定到底以何时的住所为准。因此,《法律适用法》第31条规定:"法定继承,适用被继承人死亡时经常居所地法律……"这里的被继承人经常居所是不固定的,必须以当事人死亡时的经常居所为准。

四、复数连结点

考虑到法律选择中多种价值的平衡,可以在一条冲突规范中设立多个(复数)连结点(plural connecting point)。复数连结点包括重叠性(cumulative)连结点和选择性(alternative)连结点。重叠性连结点是指在一条冲突规范中设置两个或两个以上的连结点,几个连结点所指引的法律必须得到重叠适用。含有重叠性连结点的冲突规范就是重叠适用的冲突规范。选择性连结点就是在一个冲突规范中设置两个或两个以上的连结点,当事人或法官可以选择适用其中一个连结点所指引的法律。包含有选择性连结点的冲突规范就是选择适用的冲突规范。

第四节 准 据 法

一、概念

准据法(lex causae,applicable law)是指经过冲突规范指引用以确定国际民事关系当事人的权利和义务的实体规范。

冲突规范是一种间接规范,不具体规定当事人的权利和义务,它只是指引应当适用的法律。因此,冲突规范必须和准据法结合起来才能解决具体的案件。

二、准据法的特点

1. 准据法是国际私法上特有的概念,特指经过冲突规范指引的法律规范。

2. 准据法是实体规范。准据法是直接用来调整当事人之间权利和义务的规范。冲突规范所指引的法并不一定就是实体法,这必须要看各国国内法的具体规定。如果有的国家国内法接受反致,则冲突规范指引的法律就包括该国的冲突规范,此时必须要再根据该国冲突规范的指引去确定最后的准据法(参见本书关于反致问题的论述)。

3. 准据法是指"国家的法律"(state law),通常只能是一国的国内法。一国加入的国际条约成为该国国内法的一部分,从而间接地成为准据法。

国际惯例本身不是准据法。我国《民法通则》第142条第3款规定:"中华人民共和国法律和中华人民共和国缔结或参加的国际条约没有规定的,可以适用国际惯例。"此时准据法仍然是我国法律,国际惯例在这里只是弥补我国法律漏洞的替补规则。

三、准据法的表述方式

准据法通常是通过连结点来确定的,如住所、国籍、物之所在地、行为地等。在国际私法中,通常用一些约定俗成的拉丁文术语来表示各种准据法。例如,lex domicilii(住所地法), lex patriae(本国法), lex loci contractus(合同缔结地法), lex loci solutionis(合同履行地法), lex loci delicti(侵权行为地法), lex situs(物之所在地法), lex loci celebrationis(婚姻举行地法), lex loci actus(行为发生地法), lex monetae(货币地法)。我国学者常称之为"系属公式"。

第五节 几种重要的连结点

一、国籍

国籍(Nationality)是指一个人作为特定国家的成员而隶属于这个国家的一种法律上的身份。国籍问题一般由各国的国内法规定,各国都有自己的国籍法。1923年,常设国际法院在突尼斯和摩洛哥国籍法令案中指出:"按国际法的目前状况来看,国籍问题……原则上属被保留的领地之内的问题"。这一原则得到1930年《关于国籍法冲突若干问题的公约》第1条的证实:"应由每个国家按照本国法律自行决定谁是其国民。"1997年《欧洲国籍公约》第3条第1款也认可了这个原则。

虽然一国有权决定谁是国民,这一权力并不是绝对的。1930年《关于国籍法冲突若干问题的公约》第1条在表示"应由每个国家按照本国法律自行决定谁是其国民"的同时,还载列了一项但书:"这项法律应得到其他国家的承认,但须符合有关国籍的国际公约、国际习惯和普遍公认的法律原则。"[①]目前,公约尤其是人权领域的公约规定,各国在给予国籍时应遵守国际标准。例如,《消除对妇女一切形式歧视公约》第9条第1款规定:"缔约各国应给予妇女与男子有取得、改变或保留国籍的同等权利。缔约各国应特别保证,与外国人结婚或于婚姻存续期间丈夫改变国籍均不当然改变妻子的国籍,使她成为无国籍人,或把丈夫的国籍强加于她。"[②]

[①] 另见1997年《欧洲国籍公约》第3条第1款。
[②] 另见《美洲人权公约》第20条,《消除一切形式种族歧视国际公约》第5条(d)款(三)项,《已婚妇女国籍公约》第1条。

在我国,一般在国际公法课程中介绍国籍法的内容。① 在国际私法上,我们主要探讨国籍作为国际私法上的连结点以及由此带来的国籍冲突问题。在大陆法系国家,国籍是一个重要的连结点,它主要用来确定当事人的属人法。

1954年联合国《关于无国籍人地位的公约》②第1条规定,无国籍人是指"任何国家根据它的法律不认为是它的国民的人"。

二、住所与经常居所

住所(domicilium,domicile)是一个人的法定居住地,是一个人生活和从事民事活动的主要场所。

对于住所的设定,各国法律规定各不相同。早期各国对住所采用形式标准,即以家庭生活、生产的中心和财产的集中地为住所。形式标准不适应现代国际社会交往的需要,故近代各国普遍采用实质标准,即强调住所与本人的实质联系。实质标准又有主观主义和客观主义之分。客观主义认为只要客观上作为生活中心之场所就可成为住所;主观主义则要强调人的意思表示,即以该地为住所的愿望。法国、日本、韩国民法典采用客观主义;而德国、瑞士、土耳其、泰国、英国及我国台湾地区采用主观主义。我国台湾地区"民法典"第20条第1款规定,以久住之意思,住于一定地域者,即为设定其住所于该地。有的国家规定,一个人只能有一个住所,如瑞士、泰国、英国等;有的国家允许有两个以上住所,如德国、韩国、日本。③ 英美法系国家将住所作为当事人的属人法的连结点,对住所尤为重视,并在法律上发展出了一套严密的住所制度。④

在我国国际私法中,住所作为一个连结点,它指引的是住所地法(lex domicilii)。随着《法律适用法》的颁布,住所越来越被经常居所代替,用来确定当事人的属人法。例如,该法第11条规定:"自然人的民事权利能力,适用经常居所地法律。"第12条第1款规定:"自然人的民事行为能力,适用经常居所地法律。"

经常居所不像国籍或住所那样有一个明确的判断标准,因此,采用经常居所作为连结点会给实践带来一些困扰。

我国法律法规中同时采用了"经常居住地"和"经常居所"这两个概念。⑤ 我

---

① 参见王铁崖主编:《国际法》,法律出版社1995年版,第167—176页。
② 《联合国条约汇编》,第360卷,第117页。
③ 参见史尚宽:《民法总论》,中国政法大学出版社2000年版,第131页以下。
④ See Lawrence Collins(ed.), *Dicey, Morris & Collins on The Conflict of Laws*, 14th edition, Sweet & Maxwell, 2006, p.122.
⑤ 我国知识产权法中普遍使用了"经常居所"这一术语,用于界定上述法律中"外国人"的概念,参见《实施国际著作权条约的规定》第4条、《专利法》第18条、《中华人民共和国商标法实施细则》第7条、《中华人民共和国植物新品种保护条例实施细则(农业部分)》第19条、《集成电路布图设计保护条例实施细则》第4条等。

国最早在《户口登记条例》①中采用"经常居住地"概念。该条例第 6 条规定:"公民应当在经常居住的地方登记为常住人口,一个公民只能在一个地方登记为常住人口。"1986 年《民法通则》第 15 条则规定:"公民以他的户籍所在地的居住地为住所,经常居住地与住所不一致的,经常居住地视为住所。"如果把"经常居住地"和"经常居所"视为同一概念的话,可以发现上述两项规定实际上陷入了一个逻辑上的循环论证陷阱。我们认为,可以把公民的户籍地理解为公民的最初经常居所地。如果公民后来改变了经常居所的,将后来的经常居所地视为住所,但公民的户籍地不变。

至于如何判断经常居所地,《法律适用法司法解释(一)》第 15 条规定:"自然人在涉外民事关系产生或者变更、终止时已经连续居住一年以上且作为其生活中心的地方,人民法院可以认定为涉外民事关系法律适用法规定的自然人的经常居所地,但就医、劳务派遣、公务等情形除外。"

但是,需要指出的是,我国其他法律中使用了不同的概念。比如,《全国人口普查条例》②和《2010 年第六次全国人口普查主要数据公报(第 2 号)》③对人口普查对象采取的是"常住人口"标准。该公报对"常住人口"的解释是:"常住人口包括:居住在本乡镇街道且户口在本乡镇街道或户口待定的人;居住在本乡镇街道且离开户口登记地所在的乡镇街道半年以上的人;户口在本乡镇街道且外出不满半年或在境外工作学习的人。境外是指我国海关关境以外。"

《中华人民共和国个人所得税法实施条例》④第 2 条规定:"税法第一条第一款所说的在中国境内有住所的个人,是指因户籍、家庭、经济利益关系而在中国境内习惯性居住的个人。"国家税务局发布的《征收个人所得税若干问题的规定》⑤进一步规定:"在中国境内有住所的个人,是指因户籍,家庭,经济利益关系而在中国境内习惯性居住的个人。所谓习惯性居住,是判定纳税义务人是居民或非居民的一个法律意义上的标准,不是指实际居住或在某一个特定时期内的居住地。如因学习,工作,探亲,旅游等而在中国境外居住的,在其原因消除之后,必须回到中国境内居住的个人,则中国即为该纳税人习惯性居住地。"

三、行为地

行为地(locus actus, Handlungsort)是指法律行为发生的地方,它所指引的

---

① 1958 年 1 月 9 日全国人民代表大会常务委员会第九十一次会议通过,1958 年 1 月 9 日中华人民共和国主席令公布,自公布之日起施行,至今仍有效。
② 2010 年 5 月 12 日国务院第 111 次常务会议通过,自 2010 年 6 月 1 日起施行。
③ 中华人民共和国国家统计局 2011 年 4 月 29 日发布。
④ 1994 年 1 月 28 日中华人民共和国国务院令第 142 号发布,2018 年 12 月 18 日中华人民共和国国务院令第 707 号第四次修订。
⑤ 国税发〔1994〕089 号,自 1994 年 1 月 1 日起施行。

准据法就是行为地法(lex loci actus)。《法律适用法》第 12 条第 2 款规定,自然人从事民事活动,依照经常居所地法律为无民事行为能力,依照行为地法律为有民事行为能力的,适用行为地法律;第 16 条规定,代理适用代理行为地法律。行为地来源于中世纪"法则区别"学者提出的"场所支配行为(locus regit actus)"这一法律谚语。行为地大多用来确定法律行为的形式有效性问题的准据法。由于法律行为的多样性,行为地又派生出多种连结点:

1. 合同缔结地,一般用来确定合同的成立、合同的形式效力和实质效力等问题的准据法,即合同缔结地法(lex luci contractus)。

2. 合同履行地,一般用来确定合同履行问题的准据法,即合同履行地法(lex loci lolutionis)。

3. 婚姻举行地,一般用来确定婚姻有效性的准据法,即婚姻举行地法(lex loci celebrationis)。

4. 侵权行为地,一般用来确定侵权行为之债的准据法,即侵权行为地法(lex loci delicti)。

除此之外,还有付款地、出票地、理算地、无因管理行为地、不当得利行为地等。但是,行为地作为确定法律行为有效性的准据法的连结点,其适用越来越受到一些限制,经常被其他一些连结点代替,如当事人意思自治原则、最密切联系原则等。

四、物之所在地

物之所在地是指民事关系的客体物所在的地点,它通常被用来指引物权的准据法,即物之所在地法(lex rei sitae),尤其适用于不动产物权。《法律适用法》第 36 条规定:"不动产物权,适用不动产所在地法律。"第 31 条规定:"不动产法定继承,适用不动产所在地法律……"

五、法院地

法院地是指审理案件的法院所在地,法院地法(lex fori)则是法院地所在国家的法律,通常被用来作为涉外民事诉讼程序问题的准据法。法院地法也经常被用来解决实体问题,比如对案件的定性(《法律适用法》第 8 条)、诉讼离婚(《法律适用法》第 27 条)等。外国法无法查明时,通常也以法院地法代替(《法律适用法》第 10 条)。在英美普通法国家,法院地法具有更重要的意义。普通法国家法院更关注管辖权问题,只要法院有管辖权,通常就直接适用法院地实体法,即使案件本来应该适用外国法,外国法也被推定为与内国法律相同,除非当事人有相反证据。① 美国一些学者甚至将法院地法原则视为冲突法的首要原则。②

第六节　连结点的灵活性与冲突规范的软化

传统的国际私法理论建立在欧洲大陆的理性逻辑思维基础之上，注重法律的明确性，主张冲突规范的客观性和准据法的确定性。20世纪60年代兴起的美国"冲突法革命"则对传统的冲突法理论展开了批评，认为传统的冲突规范是"僵化的""机械的""呆板的"，不能实现个案的公正。因此，他们甚至主张"抛弃"冲突规范。③ 几十年来的发展证明，美国现代"冲突法革命"中的偏激派主张固然不可取，但传统的冲突规范确实有值得改进的一面。从晚近英美地区及欧洲大陆各国法规来看，上述两种价值取向逐渐走向调和，当代国际私法正向兼顾法律的"确定性"和"灵活性"方向发展，传统的冲突规范也被软化处理，连结点的选择越来越具有灵活性。

一、最密切联系原则

最密切联系原则自从在《美国第二次冲突法重述》中被首次采用以来，已经被世界上大多数国家法规所接受。但是，各国对该原则接受的方法和程度均不相同。在晚近各国国际私法改革中，有的国家仿照《奥地利国际私法》法规，将最密切联系原则作为一项指导法律选择的基本原则，如列支敦士登和白俄罗斯共和国。而大多数国家均是将最密切联系原则作为与其他客观性连结因素并存的补充性连结点，以增加法律选择上的灵活性。这主要体现在国际合同领域，在这一领域，最密切联系原则与意思自治原则相结合形成的"合同自体法理论"（proper law）已为许多国家接受，如1992年《罗马尼亚关于调整国际私法关系的第105号立法》第73条和第77条、1994年《加拿大魁北克民法典》第3111至3113条、《白俄罗斯民法典》第1124条至1125条等。

《法律适用法》第2条第2款将最密切联系原则作为"兜底条款"："本法和其他法律对涉外民事关系法律适用没有规定的，适用与该涉外民事关系有最密切联系的法律。"在第41条中，又将该原则作为确定合同准据法的一项基本原则。

---

① See Lawrence Collins(ed.), *Dicey, Morris & Collins on The Conflict of Laws*, 14th edition, Sweet & Maxwell, 2006, p. 255.

② See Albert A. Ehrenzweig, The Lex Fori-Basic Rule in the Conflict of Laws, *58 Michigan Law Review* 5(1960).

③ See J. H. C. Morris, *The Conflict of Laws*, 2nd edition, Steven & Sons, 1980, p. 511; Brainerd Currie, *Selected Essays on the Conflict of Laws*, Duke University Press, 1963, p. 133.

二、当事人意思自治原则

当事人意思自治原则早在萨维尼之前便被应用在合同领域,并成为合同法律适用上的主要原则。① 但从晚近各国立法来看,这一原则的适用已超出国际合同法领域,逐渐向婚姻家庭、继承、侵权及国际民事管辖权领域拓展。在婚姻家庭领域,1992年《罗马尼亚关于调整国际私法关系的第105号立法》第21条允许夫妻双方协议选择支配其婚姻契约的内容与效力的法律。1995年《意大利国际私法制度改革法》第30条也允许夫妻双方选择支配夫妻间财产关系的法律。1996年《列支敦士登国际私法》同样规定,婚姻财产权适用当事人书面选择的法律。在继承领域,1991年《美国路易斯安那州民法典》第3531条、1996年《列支敦士登国际私法》第29条第3款、1995年《意大利国际私法制度改革法》第46条第2款、1994年《加拿大魁北克民法典》第3098条第2款、1992年《罗马尼亚关于调整国际私法关系的第105号立法》第68条等均允许被继承人选择其遗产继承的准据法。在侵权领域,上述大多数国家新的法规中均允许产品责任的受害者选择所适用的法律,尽管这种选择受到一定限制。如1999年修订的《德国民法施行法》第42条规定,非合同债务关系据以产生的事件发生后,当事人可以选择应适用的法律。在国际民事诉讼中,允许当事人协议选择管辖权更是为各国法规所普遍接受。

我国《法律适用法》第3条将当事人意思自治原则作为一项基本原则:"当事人依照法律规定可以明示选择涉外民事关系适用的法律。"需要说明的是,并非所有涉外民事关系当事人都可以协议选择适用的法律。《法律适用法》只允许在委托代理(第16条)、信托(第17条)、仲裁协议(第18条)、夫妻财产关系(第24条)、协议离婚(第26条)、动产物权(第37条)、合同(第41条)、侵权责任(第44条)、不当得利和无因管理(第47条)以及知识产权(第49至50条)领域允许当事人选择准据法。《法律适用法司法解释(一)》第6条规定:"中华人民共和国法律没有明确规定当事人可以选择涉外民事关系适用的法律,当事人选择适用法律的,人民法院应认定该选择无效。"这意味着,《法律适用法》其他条文中所涉及的法律关系不允许当事人选择法律。

三、有利原则

上文所介绍的复数连结点实际上也体现了当今国际私法上一个越来越重要的原则,即"有利原则"。在法律行为的形式要件方面设定多个连结点以利于法律行为的有效,正是"有利原则"的一种表现,即"有利生效"原则。有利原则还有

---

① 参见韩德培主编:《国法私法新论》,武汉大学出版社1997年版,第293—296页。

其他各种表现,如"有利于婚姻""有利于准正""有利于交易""有利于遗嘱""有利于离婚""有利于受害者""有利于儿童""有利于承认"等。"有利原则"是受美国学者柯里的"利益分析"理论的影响而逐渐发展出来的一项原则,它放弃了"利益分析"理论中过于偏激的成分,将其与冲突规范进行"嫁接",实际上是"利益分析"理论的具体化。比如在婚姻家庭领域,采用"有利于儿童原则"便是为了维护子女的利益。

"有利原则"在各国法律中有不同表现形式,一般可归为以下几种:第一是在冲突规范中增加连结点的数量,从而使需要得到适用的法律尽可能被适用。例如,《法律适用法》第32条规定:"遗嘱方式,符合遗嘱人立遗嘱时或者死亡时经常居所地法律、国籍国法律或者遗嘱行为地法律的,遗嘱均为成立。"第二是规定适用需要保护的一方的属人法。例如,《法律适用法》第29条规定:"扶养,适用一方当事人经常居所地法律、国籍国法律或者主要财产所在地法律中有利于保护被扶养人权益的法律。"第30条规定:"监护,适用一方当事人经常居所地法律或者国籍国法律中有利于保护被监护人权益的法律。"第三是允许弱方当事人选择对其有利的法律。例如,《法律适用法》第42条规定:"消费者合同,适用消费者经常居所地法律;消费者选择适用商品、服务提供地法律或者经营者在消费者经常居所地没有从事相关经营活动的,适用商品、服务提供地法律。"

第七节　冲突规范的强制性和任意性

一、冲突规范的强制性

任何国家的法律都可以分为两类:强制性法律和任意性法律。强制性法律是指法院在审理案件时必须绝对适用的法律规范,当事人不能通过彼此的协议予以排除其适用。而任意性法律是指不具有强制性,在法院审理案件时,可以由当事人排除其适用的规范。一般来说,冲突规范具有强制性,法院在审理涉外民事纠纷时,必须先适用本国的冲突规范来确定案件应当根据哪国法律审判。外国的冲突规范通常不会被内国法院采用[1],这一点得到大多数国家的承认,而且在很多国家都是一条不言而喻的法律信条。[2] 我国《民法通则》第142条第1款规定:"涉外民事关系的法律适用,依照本章的规定确定。"《民通意见》第178条第2款规定:"人民法院在审理涉外民事关系的案件时,应当按照民法通则第八章的规定来确定应适用的实体法。"由此可见,我国立法也是把我国的冲突法视

---

[1] 在反致问题和先决问题中有例外情形,参见本书相关论述。
[2] 但是在国际商事仲裁中,是否必须优先适用仲裁庭所在地的冲突规范,则引起了争议。

为强制性法律规范的,是法院在审理案件时"应当"适用的规范。

二、任意性冲突法理论

20世纪70年代以后,某些大陆法国家受英美法影响,出现了"任意性冲突法"理论(facultative choice of law)。所谓"任意性"或"选择性"冲突法理论,是指将冲突规范的适用与当事人"意思自治"结合起来,主张只有当事人要求适用冲突规范并且能够像对待事实问题一样证明它们时,才能适用冲突规范,否则法院将一律适用法院地法判决案件。① 与这种理论相对立的观点则认为,法官应当依照职权主动适用冲突规范来决定准据法的选择。②

"任意性冲突法"理论实际上涉及的是一个民事诉讼程序法上的问题,即冲突规范和外国法律在本国诉讼法上的地位,它们应当被作为法律还是被作为事实来看待。③

任意性冲突法理论在法国得到法院判例的支持。1959年,法国最高法院在彼斯巴尔(Bisbal)案中认为,法国的冲突规范不属于保护公共利益的强制性规范,如果当事人没有要求适用外国法,法国法院也没有义务主动适用该冲突规范从而适用外国的实体法。到了1990年和1991年,法国最高法院再次支持了该观点,即下级法院没有义务主动适用冲突法。这样,"任意性冲突法"理论在法国再次得到确立。受英美国际私法理论和法国司法实践的影响,从20世纪70年代起,其他一些大陆法国家学者开始主张接受"任意性冲突法"理论,主张法院在审理案件时,如果当事人不主动提出,就应当适用法院地法律。斯堪的纳维亚国家的司法实践也倾向于这种做法。

"任意性冲突法"在大陆法国家遭到多数学者的批判。在德国等传统大陆法系国家占主导地位的意见是,应当继续保持目前的法律传统,即法官依照职权适用冲突法,而不取决于当事人的选择,德国联邦最高法院的判决也一再肯定了这一点。④ 1978年《奥地利联邦国际私法》更加明确地排除了"任意性冲突法"的可能。该法第3条规定,如果准据法为外国法,则应当由法官依职权并在该法本来的适用范围内予以适用。同时,该法第2条规定,对于应当选择适用哪一国家法律具有决定性意义的事实和法律要件,也由法官依职权决定(法律允许当事人协议选择准据法的情况除外)。

---

① Flessner, Fakultatives Kollisionsrecht, in: RabelsZ (1970), S. 547ff, S. 567.
② Dörthe Koerner, Fakultatives Kollisionsrecht um Frankreich und Deutschland (1995), S. 1.
③ De Boer, Facultative Choice of Law, in: Recueil des Cours 257 (1996), S. 227ff, S. 237.
④ BGH 7.4.1993, NJW 1993, 2305, 2306; BGH 6.3.1995, NJW 1995, 2097; BGH21.9.1995, NJW 1996, 54.

三、我国的立法和实践

1. 法律规定

《民法通则》第142条第1款规定:"涉外民事关系的法律适用,依照本章的规定确定。"《民通意见》第178条第2款规定:"人民法院在审理涉外民事关系的案件时,应当按照民法通则第八章的规定来确定应适用的实体法。"由此可见,我国立法也是把我国的冲突法视为强制性法律规范的,是法院在审理案件时"应当"适用的规范。最高人民法院也多次要求各级人民法院在审理涉外民商事案件时,必须按照我国冲突法来确定案件的准据法。例如,最高人民法院印发的《全国沿海地区涉外、涉港澳经济审判工作座谈会纪要》中要求:"审理涉外、涉港澳经济纠纷案件,必须按照民法通则、民事诉讼法和涉外经济合同法的规定,正确地解决法律适用问题。"

2. 司法实践

然而,我国法院在许多涉外案件的审判中,有意无意地采用了类似于"任意性冲突法理论"的做法,即只要当事人不主动提出适用外国法律,就自然地依照我国民事实体法进行审判。比如在湖北省高院二审、最高人民法院再审审理的"饭野海运公司与苏豪国际集团股份有限公司海上货物运输合同无单放货纠纷案"[①]中,一审和二审法院均在没有说明理由的情况下直接适用中国法律进行审判;而最高人民法院再审认为,一、二审中,当事人对于适用中国法律均未提出异议,因此法院可以直接适用中国法。

在某些案件中,我国法院甚至在当事人已经事先在合同中约定了外国法的情况下,也以当事人在庭审中未提出适用外国法律为由而直接适用我国法律。在"河北圣仑进出口股份有限公司与津川国际客货航运有限公司、津川国际客货航运(天津)有限公司无正本提单放货纠纷案"[②]中,提单背面有管辖和法律适用条款,其中规定:"因提单引起的争议应在韩国解决或根据承运人的选择在卸货港解决并适用英国法。任何其他国家的法院均无权管辖。"但是,在诉讼中,"原、被告双方当事人均未曾向本院提出过适用法院地以外的法律的主张,也未向本院提交过相应的法律规定",因此,法院最后适用了我国法律对案件进行审理。

---

① 湖北省高院(1997)鄂经终字第294号二审判决,最高人民法院(2000)交提字第7号再审判决。
② 中华人民共和国天津海事法院民事判决书(2002)海商初字第144号。

[案例讨论与分析]

衡美公司诉深圳柏域斯国际货运代理有限公司
海上货物运输合同纠纷案

【案例简介】

2014年4—5月间,衡美公司通过三份订单和销售确认书,向巴西Linhas Bonfio S/A(以下简称巴西买方)销售总额为148658.16美元的纺织产品,装货条件为FOB新港,付款方式为D/P at sight。柏域斯公司接受衡美公司委托负责海上货物运输,收取了港杂费,并签发了三份无船承运人提单,载明托运人为衡美公司,收货人和通知方为巴西买方。柏域斯公司作为托运人委托Mitsui O. S. K. Lines Ltd.(即商船三井株式会社)负责货物的实际海上运输。货物到达巴西后,巴西买方未凭正本提单提取了货物,也未支付货款。柏域斯公司辩称:对货物出运事实没有异议,但收货人直接向海关提货,柏域斯公司失去货物控制权,没有无单放货行为,请求驳回衡美公司诉讼请求。

【法律问题】

准据法的含义。

【分析评论】

《法律适用法》第10条第1款规定,涉外民事关系适用的外国法律,由人民法院、仲裁机构或者行政机关查明。该款规定的"外国法律",是指根据冲突规范指引作为涉外民商事案件准据法的外国实体法律规范。本案中,解决双方当事人民事争议的准据法已依法确定为中华人民共和国法律。《最高人民法院关于审理无正本提单交付货物案件适用法律若干问题的规定》第7条规定:"承运人依照提单载明的卸货港所在地法律规定,必须将承运到港的货物交付给当地海关或者港口当局的,不承担无正本提单交付货物的民事责任。"由于本案卸货港所在地为巴西,因此应同时适用巴西相关法律。法院认为:《法律适用法》第10条第1款规定的"外国法律"与《最高人民法院关于审理无正本提单交付货物案件适用法律若干问题的规定》第7条规定的"卸货港所在地法律"的法律意义并不等同,对"卸货港所在地法律"是否存在及其内容,应由当事人负举证责任。法院的这种看法值得商榷。《最高人民法院关于审理无正本提单交付货物案件适用法律若干问题的规定》第7条也应被视为冲突规范,而且作为特别法中的冲突规范,应优先适用。

延伸阅读

1. 杜涛:《国际私法原理》(第二版),复旦大学出版社 2018 年版。
2. 林燕萍:《冲突规范在竞争法域外适用中的作用及特点》,载《法学》2010 年第 10 期。
3. 徐鹏:《论冲突规范的任意性适用》,载《现代法学》2008 年第 4 期。
4. 叶竹盛:《寻找"更有利的法":比较型冲突规范的司法困境及出路》,载《现代法学》2017 年第 5 期。
5. 肖永平、丁汉韬:《论〈法律适用法〉中无条件选择性冲突规范的适用》,载《法律科学》2017 年第 4 期。
6. 徐冬根:《论"直接适用的法"与冲突规范的关系》,载《中国法学》1990 年第 3 期。

思考题

1. 冲突规范分为哪些类型?分别有何作用?
2. 冲突规范与地域适用范围规范有何区别与联系?
3. 冲突规范是否应当强制适用?
4. 如何理解连结点的灵活性?

第五章　冲突法的一般问题

本章提要

在适用冲突规范,以最终确定案件审理应适用的准据法时会面临一些特殊的情况和问题,如识别、先决问题、反致、法律规避、公共秩序保留等。这些知识点在有些教材中被称为"冲突法的一般制度",或者说是适用冲突规范时应当注意和解决的问题。准确理解和把握这些问题是正确处理涉外民商事案件法律适用的前提。

主要教学内容

各种概念的准确理解、构成要件,在案件的法律适用中所处的地位和作用,以及我国的立法和司法实践。

教学目标

1. 识别的概念和解决识别冲突的方法。
2. 先决问题的构成要件。
3. 反致的种类和在司法实践中的作用。
4. 法律规避与公共秩序保留、强制性规定之间的关系。
5. 外国法查明的责任主体、方法。

上一章学习了冲突规范的特点、种类,以及连结点、准据法等知识。本章要介绍的是运用冲突规范准确查找、适用准据法的过程中需要解决的一般性问题。当法院查明案件事实、判断案件所涉法律关系为具有涉外因素的民商事法律关系后,运用冲突规范以决定适用哪国实体法进行裁判时,需要准确定性案件所涉法律关系为何种具体的民商事关系,以决定适用哪一条冲突规范;对于案件需要先行解决的前提问题是否需要单独适用另外的冲突规范;依照冲突规范适用外国法是否包括外国的冲突法和程序法;对于当事人故意规避外国法的行为如何处理;适用外国法是否违反本国的公共秩序;如何查明外国实体法;等等。这些构成本章的知识点:识别、先决问题、反致、法律规避、公共秩序保留和外国法查明。

第一节 识 别

冲突规范是按照民商事法律关系分类来制定的,对于不同民商事法律关系按照一定标准指定不同连结点。因此,在法院适用冲突规范时,需要确定案情中的法律关系属于哪种民商事法律关系,以确定适用哪一条冲突规范。这个判断法律关系性质的过程就叫"识别"。可见,识别是法官在准备选择适用哪一条冲突规范时的主观思维判断过程。

一、识别的概念

识别(identification)又称"定性"(characterization)、"归类"(classification),是指依照一定的法律观念,对所要解决的涉外民商事纠纷的性质进行分析,即对案件所涉事实和需要处理的问题进行分析,作出明确的定性,或将其归入特定的法律范畴;同时,也对冲突规范进行解释,从而最终确定应予适用的冲突规范的过程。

可见,识别过程包含两个阶段:一是依据一定的法律观念对具体案件中的涉外民商事纠纷所涉的法律事实和问题进行识别,即确定争议问题的性质;二是对冲突规范中的名词和术语进行解释。

例如,当事人通过国际货物买卖合同从国外进口了某一电器设备,在使用该电器设备时因设备自带电线短路而发生爆炸,造成人员受伤和财产损失。当事人提起诉讼,要求国外厂商赔偿。法院在查明案件事实后,需要先判断当事人提出的请求是基于合同关系还是侵权关系。如果是基于合同关系,则可能需要适用有关合同的冲突规范寻找准据法;如果是基于侵权关系,则需要适用有关侵权的冲突规范。此外,法院还需要进一步判断是什么合同关系,或者是什么侵权关系:是消费者合同还是商业合同,是一般侵权还是产品质量侵权。不同类型的涉外合同或侵权可能有不同的冲突规范,分别指向不同的准据法。

另外,对于冲突规范中的连结点也需要识别其准确含义。例如,"合同缔结地"指什么?不同的理解可能也会导致运用冲突规范的结果不同,指向了不同的准据法。可见,识别在准确运用冲突规范中具有重要意义。

二、识别冲突及其产生原因

既然识别是依据一定的法律观念进行,那么依照哪里的法律观念呢?是法院地国家的法律观念还是外国的法律观念呢?依照不同的法律观念进行识别,会得出不同的结论,从而导致适用不同的冲突规范或不同的准据法,产生识别冲突的现象。

识别冲突是指由于依不同国家或法域的法律观念可能对同一事实或问题作出不同的定性或分类,或者对同一法律术语作出不同的解释,从而产生适用不同的冲突规范或者不同准据法的结果。

例如,在1908年英国著名的 Ogden v. Ogden 案中[①],一名住所在法国的19岁法国男子,未经父母同意,去英国与一名住所在英国的英国女子结婚。后来该法国男子以自己结婚未经父母同意,因而不具备结婚能力为由,在法国法院获得宣告婚姻无效的判决,因为根据法国法的规定,"未满25岁的子女,未经父母同意不得结婚"。而后,该英国女子在英国与一个住所在英国的英国男子结婚。时间不长,该英国男子亦反悔结婚。英国男子(原告)以他与该英国女子结婚时她还存在合法婚姻为由,请求英国法院宣告他们的婚姻无效。该案的核心问题是,父母或监护人对他们的子女或受监护人结婚的同意,属于婚姻成立的实质要件还是形式要件。

按照英国法律观念,由于英国没有结婚需要经过父母同意一说,因此将该问题定性为结婚的形式要件,从而适用婚姻缔结地法。英国女子与法国男子是在英国缔结的婚姻。在英国,结婚不需要父母同意,因而婚姻有效;而按照法国的法律观念,该问题属于结婚的实质要件,应适用当事人住所地法。由于法国男子的住所地在法国,法国法律规定"未满25岁的子女,未经父母同意不得结婚",因此该婚姻无效。可见,按照不同国家法律观念进行识别,会导致适用不同的冲突规范,产生截然不同的判决结果。

识别冲突的产生原因一般有以下几个方面:

第一,不同国家的法律观念不同,因而对于同一法律关系或同一争议问题的法律认识不同。如上述案例中,英国法律观念将父母同意视为结婚的形式要件,而法国则将其视为一定年龄的青年结婚的实质要件。因为这种认识不同,导致不同国家分别将这同一问题划入了不同的法律关系,从而需要适用不同的冲突规范。

第二,不同国家可能会将相同内容的法律问题划入不同的法律部门或法律范畴,例如诉讼时效问题。有的国家在实体法中予以规定,有的国家在诉讼程序法中予以规定。由于这种不同,就可能出现将诉讼时效识别为实体性问题或程序性问题的不同。在上一章中谈过,各国对于程序问题一般不考虑适用外国法,从而不适用冲突规范;而将诉讼时效问题识别为实体性问题的国家则会依据冲突规范指引准据法,从而有可能适用外国法。

第三,尽管各国可能采用了同一法律术语或相同的法律概念,但具体内涵不

---

① Ogden v. Ogden [1908] P. 46. (C.A.).

完全一样或者说对同一法律术语的理解和解释不同。例如,大多数国家都规定一般侵权行为适用侵权行为地法,但对于"侵权行为地"的理解不完全相同。有一些国家将其仅理解为"加害行为的实施地",另有一些国家持宽泛解释,认为还包括"损害结果发生地"。这种认识的不同也会产生识别冲突。

第四,不同国家可能各有其独有的法律概念或法律制度。例如,我国没有"占有时效"制度,只有"不当得利"制度。对于因特定法律概念或制度所引发的争议,也会产生识别冲突的现象。

19世纪末,德国学者卡恩(Franz Kahn)和法国学者巴丹(Bartin)首先提出了识别问题。之后,劳伦森(Lorenzen)和贝克特(Becktt)分别将之介绍到美国和英国,从而引起国际私法学界重视。[1] 卡恩和巴丹认为,即使两个国家的冲突规范完全相同,只要各国对于同一法律概念的理解不完全相同,就可能选用不同的冲突规范。卡恩称之为"潜在的法律冲突",巴丹称之为"识别冲突";英国的戴西和莫里斯则称之为"冲突规范的冲突"。[2]

三、识别冲突的解决

解决识别冲突的方法是要回答依照什么方法识别,或者说依照哪国法律识别。围绕这一问题,存在不同的理论学说或主张。

(一) 法院地法说(the lex fori doctrine)

德国学者卡恩和法国学者巴丹主张依据法院地的法律观念识别,其主要理由是:相对于外国的法律制度而言,法官更熟悉本国的法律概念;依法院地法识别简单明确;在识别完成前,也无法适用其他国家的法律进行识别,因为不知道会适用哪国法律。当然,也有学者反对,认为单纯依法院地法识别,有时会导致按其性质本应当适用的外国法得不到适用、不应当适用的外国法反而被适用的不合理情况出现;或者导致最终适用的法律与案件中的法律关系缺乏本质联系。另外,如果识别对象在法院地法中缺乏相应的法律概念和制度,还会产生无法识别的现象。

(二) 准据法说(the lex causae doctrine)

法国学者德帕涅(Despagnet)和德国学者沃尔夫(Wolff)认为,应根据争议问题所应适用的准据法进行识别。他们认为,依准据法识别可以保持案件定性与审理的一致性和连续性;如果法院要解决的争议是依准据法判定的,那么对争议事实的定性和分类也应当依据准据法。反对意见则认为,识别的目的在于正

---

[1] 参见〔英〕J. H. C. 莫里斯主编:《戴西和莫里斯论冲突法》(上),李双元等译,中国大百科全书出版社1998年版,第31页。
[2] 同上书,第31—32页。

确适用冲突规范寻找准据法,在准据法被确定前,依照准据法进行识别不可行。更何况,单纯依照冲突规范可能指向两个以上的国家,这样又该依哪国法识别呢?

(三) 分析法与比较法说

德国学者拉贝尔和英国学者贝克特认为,不能局限于一个国家的法律观念进行识别,应当运用比较法方法,对于案件可能涉及的几个国家的法律制度进行分析,寻找出一种可以为几个国家都接受的共同法律原则、共同法律观念,并以此作为识别的依据。他们认为,国际私法中的冲突规范,是在若干个国家的法律制度中选择适用何国法律的规范,因而其分类、定性和解释在认识上具有国际普遍性,应在比较法和分析法的基础之上解决识别依据问题。反对此学说的学者则认为,从实践角度看,各国普遍适用的共同法律原则并不多,以此作为依据缺乏现实可操作性。同时,这种方法也将极大地加重法官的司法负担。在各国法律制度不同的情形下,要完全消除各国法律中的认识分歧是一件不可能完成的任务。

(四) 二级识别说

该学说主张分两个阶段进行识别。首先,在准据法确定前,依据法院地法进行识别,此为"一级识别"(primary characterization);其次,在准据法确定后,再根据准据法进行识别,此为"二级识别"(secondary characterization)。通过一级识别,将争议问题归入适当的法律范畴或对有关法律术语进行解释;通过二级识别,给准据法定界或决定其适用范围。《美国第二次冲突法重述》便采用此类做法。[①] 不过,这种做法仍然存在争议,反对者认为这样操作同样不具有现实性。

(五) 功能识别说

德国学者诺伊豪斯(Neuhaus)认为,不能只是从法律结构上进行识别,而应当按各法律问题在不同法律制度中的"功能"进行识别,使之能够达到解决识别冲突的目的。例如,对于死亡配偶的财产请求权,存在夫妻财产法上的请求权和继承法上的请求权之间的差异。单纯依照其中一种法律观念进行识别,都会导致僵化的结论和法律适用后果。如果从识别的目的或功能角度看,两种请求权都是为了让未亡人得到应有的财产,不至于生活困难。因此,应当将财产法上的请求权用于双方生存时的财产关系确认上。一旦配偶一方亡故,就应适用继承法上的请求权,适用被继承人(已亡配偶)死亡时的本国法。这种识别方法有利于使案件中争议的法律关系有效,并使法律适用的结果对当事人有利。

---

① 参见《美国第二次冲突法重述》第 7 条第 2 款、第 3 款。

四、我国的立法与司法实践

我国立法对于识别依据采取的是法院地法说。《法律适用法》第8条规定："涉外民事关系的定性,适用法院地法律。"该法条中的"定性"即指识别。至于对冲突规范中法律术语的解释是否也适用法院地法,立法本身并没有明确规定。从法理角度看,对于我国冲突规范中法律术语的解释仍应当按照我国法律观念解释,因为这是国内法。不过,对于国际条约中的冲突规范所使用的法律术语,应当按照该条约的语境和观念进行解释,这也是成员国的义务。

例如,《法律适用法》第7条规定:"诉讼时效,适用相关涉外民事关系应当适用的法律。"这说明,我国并没有将诉讼时效视为程序性问题,而是识别为实体性问题。同时,由于不同类型民事法律关系的诉讼时效不同,我国也没有单独规定诉讼时效的冲突规范,而是将之与相关的民事关系的性质联系起来,适用相应民事关系所应当适用的法律规定。如果某一类型民事关系的诉讼时效是由国际条约规定的,则应按照相应的国际条约的规定解释。

第二节 先决问题

法院在处理案件争议问题前,可能面临有关前提问题需要先行解决。例如,在审理离婚案件时,需要先行审查当事人之间的婚姻是否合法有效。涉外民商事案件中的前提问题与一般国内案件中的前提问题不同,有其特殊性。

一、先决问题的概念和特点

所谓先决问题(preliminary question),是指涉外民商事案件争议问题的解决需要以解决另一些相关问题为先决条件,而该相关问题本身也具有涉外性,可能需要适用不同的冲突规范。其中,案件直接争议的问题也被称为"本问题",需要先行解决的相关问题则被称为"先决问题"。例如,涉外离婚争议可能适用法院地法,而当事人之间婚姻的合法有效性适用婚姻缔结地法。

德国学者马丁·沃尔夫将先决问题称为"附随问题"(incidental question)。他之所以称之为"附随问题",是因为它随本问题的处理而被提出,相对于本问题而言具有从属性。不过,这并不准确。其实,先决问题是独立存在的,甚至可以成为一个独立之诉。例如,当事人在提出离婚官司之前,可以先提出确认婚姻是否有效的确认之诉。可见,"先决问题"的提法更恰当一些,能够反映其特点。

如前所述,先决问题本身也具有涉外性,需要依据一定的冲突规范寻找准据法。它不同于一般国内案件的前提问题。对于不涉外的国内民商事案件而言,前提问题和本问题都适用法院地的国内实体法,只不过可能是不同实体法,在涉外法律适用上不具有特殊意义。国际私法上的先决问题之所以需要单独提出，是因为其本身也涉及法律选择与适用，并不一定适用法院地的法律。这是先决问题的特点。

二、先决问题的构成要件

先决问题的构成需要具备三个条件：

第一，本问题具有涉外因素，依据冲突规范可能会适用外国法。

第二，先决问题相对于本问题而言具有相对独立性，可以作为一个单独的诉讼请求向法院提出。

第三，法院地适用于解决本问题的冲突规范与单独适用于先决问题的冲突规范不同，可能导致各自的准据法不同，从而产生不同的判决结果。

也有学者主张，只有在本问题依法院地冲突规范应当适用外国法为准据法时才能称之为先决问题。① 不过，这种看法过于绝对。过于强调本问题应当适用外国法为准据法，会降低先决问题在国际私法中的价值和作用，忽视先决问题单独适用冲突规范的重要意义。②

例如，在一起房屋继承案件中，法院处理的本问题是继承纠纷。由于法院地的冲突规范规定，不动产继承依不动产所在地法，因此各继承人分配份额应依照法院地法，而不是外国法裁判。不过，该案中，某一继承人与被继承人的婚姻关系是在国外成立的，其婚姻关系是否有效应当适用婚姻缔结地法。在这种情形下，承认婚姻效力问题为先决问题有利于案件单独适用冲突规范；否认该问题为先决问题，则可能导致婚姻效力问题适用法院地法判断。这显然是不恰当的。或者说，不承认该问题为先决问题，会忽视其单独适用冲突规范寻找准据法的可能性。

三、先决问题准据法的确定

由于将先决问题视为独立问题还是附随问题的看法不同，围绕先决问题的法律适用会存在不同观点。

(一) 本问题准据法说

主张依本问题准据法的学者主要有梅尔希奥、沃尔夫、温格勒支等。他们认为，先决问题与本问题存在密切联系，不应人为割裂二者的法律适用；统一适用本问题准据法所属国的法律，能够维护判决的国际一致，避免同一问题在不同国家诉讼时，适用不同国家法律的现象。这种看法虽然重视判决的国际统一性，但

---

① 参见韩德培主编：《国际私法新论》，武汉大学出版社 1997 年版，第 192 页。
② 参见肖永平：《法理学视野下的冲突法》，高等教育出版社 2008 年版，第 125—128 页。

忽视了先决问题的独立性,可能会使先决问题的判决缺乏合理性。应该看到的是,先决问题单独适用冲突规范未必一定会导致适用法院地的实体法作为准据法,本问题的准据法也未必一定是外国的实体法。

(二)法院地法说

主张先决问题依法院地法的学者主要有拉佩、努斯鲍姆、柯里、艾伦茨威格等。他们认为,适用法院地法可以实现内国判决的一致;既然先决问题具有相对独立性,那么就应适用法院地的冲突规范。反对的观点则认为,这样会割裂先决问题与本问题的联系,引起国际上判决的不一致,鼓励原告挑选法院。

(三)我国的立法与司法实践

我国《法律适用法》本身未就先决问题的法律适用立法。《法律适用法司法解释(一)》第12条规定:"涉外民事争议的解决须以另一涉外民事关系的确认为前提时,人民法院应当根据该先决问题自身的性质确定其应当适用的法律。"从该司法解释的规定看,我国对先决问题采法院地法说,主张单独适用我国的冲突规范确定先决问题的准据法。

例如,在2015年最高人民法院审理的黄艺明、苏月弟与周大福代理人有限公司、亨满发展有限公司以及宝宜发展有限公司合同纠纷案中[①],最高人民法院认定该案的主要争议为《买卖股权协议》项下的股权纠纷和债权转让纠纷,先决问题为黄艺明的继承人资格问题。最高人民法院单独根据《法律适用法》第31条"法定继承,适用被继承人死亡时经常居所地法律,但不动产法定继承,适用不动产所在地法律"的规定,确定适用内地继承法,认定黄艺明为合法继承人。然后,对于本问题,最高人民法院适用了当事人在《买卖股权协议》中约定适用的香港特别行政区法律,认定该协议有效。

第三节 反 致

在前一章中已经谈到,对于程序问题,各国一般不考虑适用外国法,只有实体问题才依冲突规范适用外国法。依冲突规范选择的准据法应当是外国的实体法,而不包括外国的程序法。不过,如果法院地国家主张依照冲突规范指引的外国法还包括外国的冲突规范时,就会出现反致问题。

一、反致的概念及其产生

当一国法院在处理涉外案件时,依内国冲突规范规定应当适用某外国法,而依该外国冲突规范的规定应当适用法院地国法律或他国法律时,法院以内国法

---

① 参见最高人民法院(2015)民四终字第9号民事判决书。

或他国法为案件的准据法。这种适用冲突规范的方法,国际私法上的术语叫作"反致"(Renvoi)。

反致最早产生于 17 世纪的法国司法实践。比较著名的案例有 1841 年的 Collier v. Lacroix 案、1847 年的 Frere v. Frere 案和 1878 年的福尔果(Forge)案。

福尔果(Forge)案比较具有代表性。福尔果是 1801 年出生在德国巴伐利亚的非婚生子,5 岁时随其母亲去法国,并在那里定居直至 1869 年死亡。他在法国留下一笔动产,但未立遗嘱。福尔果没有子女,母亲和妻子都已死亡,其母亲的旁系血亲要求继承。依巴伐利亚法律,他们是可以作为继承人的。法国法院一审时根据本国的冲突规范,适用巴伐利亚的继承法认定福尔果的旁系亲属有继承权。二审时,法国最高法院认为,巴伐利亚的法律还包括巴伐利亚的冲突法。巴伐利亚的冲突法规定,继承适用死者"事实上的住所地法"。法国最高法院据此认定福尔果"事实上的住所地"在法国,因而最终适用了法国的继承法。按照法国的继承法,旁系血亲不属于继承人范围,福尔果的财产属于无人继承财产,因而法国最高法院裁决将该财产收归国库。该案判决作出后,曾引起欧洲大陆其他国家的非议,认为法国法院是为了占有福尔果的财产而有意扩大化解释准据法的范围。不过,法国法院没有理会这些非议,从而导致其他国家纷纷效仿,反致制度得以在司法实践中确立下来。

二、反致制度的特点和构成要件

从反致制度产生的历史看,反致制度本身并不是一项科学的法律适用制度或方法。它是在依据冲突规范可能需要适用外国法时,借用外国冲突规范回避适用外国实体法的一种方法。从这个角度说,反致制度具有以下两个特点:(1)它是一项人为的制度,因而在反致过程中,根据本国冲突规范适用外国法时是有始有终的;既不可能永无止境,也不可能循环往复;(2)它是借用外国冲突规范功能的一项制度,需要假设依本国冲突规范指向的外国法包括该外国的冲突规范来实现。因此,实施反致制度需要具备以下构成要件:

(一)主观要件

法院地国对外国法的范围解释为不仅指外国的实体法,还包括外国的冲突规范。如果法院地国家认为冲突规范指向的外国法仅仅指外国的实体法,不包括外国的冲突规范时,反致就无法实现。

(二)客观要件

客观要件是指法院地国家与冲突规范所指向的国家围绕有关争议的冲突规范立法不同。这种不同可以是两个国家对于同一法律关系选择了不同的连结点,也可能是连结点看似相同却对其含义解释不同。前者如有的国家对于属人法选择国籍为连结点,有的国家选择以住所为连结点;后者如两个国家都选择以住所为连结点,但一个国家认为住所仅指其法律意义上的居所,另一个国家则认为还包括事实上的居所。这样,才能够产生依照不同国家的冲突规范会导致适用不同实体法的现象。

（三）致送关系

结合案件事实,两个国家冲突规范的不同能够产生相互致送关系。如果不能致送出去,即依照该外国冲突规范仍然需要适用该外国的实体法,那么反致就无法产生。至于是致送到受理案件的法院地国,还是致送到第三国,就会导致不同的反致类型。

三、反致的类型

广义的反致包括狭义的反致（remission）、转致（transmission）、间接反致（indirect remission）和双重反致（double renvoi）四种类型。

（一）狭义的反致

狭义的反致又称"直接反致"或"一级反致",是指对于某一涉外民商事案件,法院按照本国的冲突规范,应当适用另一国家的法律为准据法;而按照该另一国的冲突规范,又应当适用法院地国家的法律。结果,法院最终适用了本国的实体法审理该案件。图例表示为：

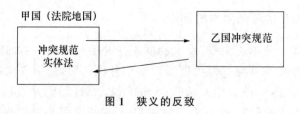

图 1 狭义的反致

（二）转致

转致是指依法院地国（甲国）的冲突规范应当适用乙国的法律,而依乙国的冲突规范又应当适用丙国的法律,法院最终适用了丙国的实体法为案件的准据法。图例表示为：

图 2 转致

（三）间接反致

间接反致又被称为"大反致",是指依法院地国（甲国）的冲突规范应当适用乙国的法律,依乙国的冲突规范应当适用丙国的法律,而丙国的冲突规范又指向法院地国（甲国）的法律，法院最终适用了自己本国的实体法审理案件。图例表示为：

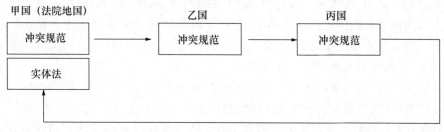

图 3　间接反致

（四）双重反致

双重反致也被称为"外国法院说"（foreign court theory），是英国法院对待反致的一项特有的制度。英国法院在适用冲突规范指向外国法时，并不直接决定是否采取反致制度，而是根据该冲突规范指向的外国法对待反致的态度决定自身是否反致，以及反致的程度。换句话说，英国法官假设自己处于该外国法院的立场，视该外国对待反致的态度和程度决定自己的态度。如果该外国承认反致，那么英国法院就采取反致；如果该外国否认反致，那么英国法官就只适用该外国的实体法；如果该外国不仅认可反致，还实行转致或间接反致，那么英国法院也采取转致和间接反致。因此，"双重反致"的提法并不能准确反映其内容，"外国法院说"更恰当一些。①

四、反致制度产生的原因与现实状况

如前所述，反致制度起源于 17 世纪的法国，在 18 世纪以后才正式得以确立。大多数国家的立法和司法实践都接受了反致制度。在这一历史时期内，各国婚姻家庭、继承法律制度的差异很大，法院依照冲突规范寻找的外国准据法可能难以为法院地的法律观念所接受，或者适用外国准据法的结果令人难以接受。反致制度为各国避开本应适用的准据法提供了一种途径或方法。这是反致制度能够得到各国肯定的原因。

不过，各国司法实践真正采用反致回避本应适用的准据法的案例并不多，且主要发生在婚姻家庭和继承领域。这是因为，频繁采取反致制度，会导致冲突法的基本功能丧失，回归法院地法，而这样做是不利于国际民商事交往活动的。另外，在一般商事关系中，采用反致制度也会导致法律适用的不稳定和不可预见性，给国际商贸交往带来不公和不便。例如，当事人协议选择适用某一外国法，

---

①　参见肖永平：《肖永平论冲突法》，武汉大学出版社 2002 年版，第 80—81 页。

应该被看作为当事人协议选择的是该外国的实体法,而不应该包括外国冲突规范。认为当事人选择的外国法还包括外国冲突规范,是不符合当事人的真实意思表示的。又如,在当事人没有协议选择的情况下,依照最密切联系原则确定当事人之间商务合同应适用的实体法,有利于商务合同关系法律适用的稳定性和公平。如果任由法院反致,则可能导致该合同适用了毫无联系的法院地法或第三国法,刺激当事人挑选法院择地诉讼。

因此,反致制度适用的涉外民事关系范围是有限的,而且适用频率并不高。近百年来,各国司法实践中采用反致制度的案件也不过二十几件。这是因为:(1) 当事人意思自治原则扩大适用到民事家庭和继承领域;(2) 最密切联系原则被大多数国家广泛采用;(3) 各国立法中普遍增加了连结点的数量,以增强法律选择的灵活性;(4) 国际统一私法活动促进各国婚姻家事继承领域的实体法融合。

过去,围绕是否采纳反致存在学术争论:赞成者认为,采用反致有利于实现判决结果的一致性,即通过反致可以使得案件在法院地国审理和在准据法所属国审理结果一样;通过反致,可以维护外国法律体系的完整性,不必人为割裂外国的实体法和冲突法;通过反致,可以适用"较好的法",同时还可以增加法律选择的灵活性。反对者则认为,反致并不能够真正实现判决结果的一致,这只是一种不可能实现的假设;尊重外国法律的完整性并不必然导致需要适用外国的冲突法;这不是人为地割裂外国法的完整性,冲突法和实体法的目标和作用并不一样;否定反致并不一定就会适用"恶法",可以通过公共秩序保留制度排除;实行反致看起来增加了法律选择的灵活性,其实牺牲了法律选择的稳定性和可预见性。

事实上,继续维持反致制度的运用,只是可以增加法院适用法院地法的机会,是回避适用本应适用的外国实体法的一种方法。随着公共秩序保留制度的出现,以及选择性冲突规范的大量使用,反致制度的实践意义并不大。

五、我国对待反致的立场

自 1986 年《民法通则》颁布以来,我国立法就明确不赞成反致制度。2010年《法律适用法》第 9 条再次明确规定:"涉外民事关系适用的外国法律,不包括该国的法律适用法。"既然我国立法规定冲突规范指向的外国法不包括外国的法律适用法(冲突规范),也就不可能反致。

当然,也有学者主张在婚姻家庭继承领域引进反致制度,认为可以增加适用我国实体法的机会。不过,从《法律适用法》有关婚姻家庭和继承的冲突规范立法情况看,每个条文都有多个连结点,基本上都是选择性冲突规范,有的还采取了政策定向的选法方法。因此,法律选择的灵活性是客观存在的。

第四节 公共秩序保留

在国际私法中,肯定外国民商事实体法有一定的域外效力,这是国际民商事法律冲突产生的前提条件之一。不过,法院对外国民商事实体法域外效力的认可是总体上、原则上的。在例外情况下,法院也可能会持否定态度,拒绝依照冲突规范的指引适用外国民商法。本节谈到的公共秩序保留制度就是这样。

一、公共秩序保留制度的概念

公共秩序保留(reservation of public order)是指,法院依冲突规范本应适用外国法时,因该外国法的内容或适用的结果与法院地的公共秩序相冲突,而排除适用该外国法的一项制度。此外,公共秩序保留还适用于外国判决的承认与执行,以及涉外送达和取证等国际司法协助方面。如果提供协助会与本国公共秩序相违背时,拒绝提供协助。

什么是一个国家的公共秩序呢?围绕这个问题众说纷纭,很难准确地说明其具体内容。一般来说,公共秩序(public order)在英美国家也被称为"公共政策"(public policy),是一个国家政治、经济、法律制度的基本原则和主流道德中的基本价值观。所以,公共秩序的内涵包括两个方面:一是国家的基本制度和法律的基本原则,即"公序";二是一国的基本道德观,也被称为"良俗"。一个国家基本制度的内涵和道德风俗会随着时代的变化而变化,同时,不同国家对于公共秩序的内涵看法也不一样。因此,从立法条文上界定公共秩序的具体内容是不恰当的,也不具有可行性。

公共秩序保留制度与公共秩序不能混为一谈。它是维护一国公共秩序的手段和工具,表现方法为排除冲突规范指引的外国实体法的适用。

二、公共秩序保留制度的历史发展

13世纪,在意大利"法则区别说"产生之际,公共秩序保留制度就已经在实践中萌芽。巴托鲁斯主张,一城邦的法院对于另一城邦的"令人厌恶的法则"可不予适用。不过,他没有明确提出公共秩序保留的说法。17世纪,荷兰法学家胡伯的法律适用三原则也隐含了对公共秩序保留制度的认可。他指出,一国基于礼让原则而承认和适用外国法时,应以无损于内国主权者和臣民的利益为前提。正式提出"公共秩序保留"概念的是意大利法学家孟西尼。他的法律适用三原则中就包含了公共秩序保留原则。

首先在立法中明文规定公共秩序保留制度的是1804年《法国民法典》。该法第 6 条规定:"个人不得以特别约定违反有关公共秩序和善良风俗的法律。"①这本来是国内契约(合同)实体法上的规定,后来也被用于审理涉外案件。1856年《意大利民法典》则明确规定了对外国法律可用公共秩序保留予以排除。此后,许多国家的立法都将公共秩序保留作为一项基本制度规定下来。公共秩序保留成为国际私法上的一个基本制度。

三、公共秩序保留与直接适用的法

公共秩序保留制度是维护一国公共秩序的手段之一,而不是全部。它是一种消极维护的方法。之所以称之为"消极方法",是因为该制度本身并不明确公共秩序的内涵,也非法官在案件中主动适用本国公共秩序审理案件。法官只有在适用外国法将会有损本国公共秩序时才排除外国法的适用。这说明,相对于直接适用的法而言,公共秩序保留制度是"消极"维护本国公共秩序的一种手段。

与公共秩序保留制度不同,"直接适用的法"则是积极彰显本国公共秩序的一种方法。直接适用的法是一国为了维护本国公共秩序而明文规定,对于某些涉外民商事关系,不考虑冲突规范,直接适用于具体涉外民商事案件的法。这个概念由法国学者弗朗西斯卡基斯(Francescakis)在 20 世纪 50 年代提出。它反映了当代社会各国通过强制性法律规定,干预和管理本国经济和社会生活的需要。国家通过明文规定哪些事项必须适用本国法来维护本国的公共政策或公共秩序。这种法律不需要通过冲突规范指引,由法院主动适用于具体涉外案件。

当然,公共秩序保留制度与直接适用的法在各自内涵上也有所不同。公共秩序保留制度主要维护的是一国基本法律制度、基本法律原则和公共道德,其内涵具有一定的模糊性;直接适用的法则由国家通过立法模式明文规定,其内容是明确和具体的。这主要表现为经济管理和社会管理方面的政策,如外汇管制、环境保护、劳动保护等,具有强烈的公法色彩。因此,《法律适用法》第 4 条和第 5 条分别规定了直接适用的法与公共秩序保留制度。第 4 条规定:"中华人民共和国法律对涉外民事关系有强制性规定的,直接适用该强制性规定。"第 5 条规定:"外国法律的适用将损害中华人民共和国社会公共利益的,适用中华人民共和国法律。"可见,我国立法对于直接适用的法和公共秩序保留制度分开处理,将之视为不同类型的法律适用问题。

过去,围绕公共秩序保留制度,存在所谓直接限制和间接限制两种立法模式。所谓直接限制模式,是指通过立法明文规定,如果外国法的适用违背本国公共秩序,就排除适用。所谓间接限制模式,是指不明文规定排除外国法的适用,

---

① 李双元、欧福永、熊之才编:《国际私法教学参考资料选编》(上册),北京大学出版社 2002 年版,第 305 页。

而是宣示本国哪些法律具有强制性,要求必须适用本国法。可见,直接限制模式和间接限制模式不过是对外国法适用的限制方式,不能算是公共秩序保留的立法模式。当代,随着"直接适用的法"从公共秩序保留中独立出来,成为单独的法律渊源,这种划分不再具有实践意义。

四、公共秩序保留制度适用的条件

由于公共秩序的内涵比较模糊,因此各国司法实践中对于公共秩序保留制度的运用一般比较谨慎,以免招致外国的非议。

围绕公共秩序保留制度的运用,存在主观说和客观说两种不同观点。

主观说认为,只要外国法的适用与本国公共秩序相抵触,就可以排除外国法的适用。例如,《日本法例》第 30 条规定:"应依外国法时如其规定违反公共秩序和善良风俗的,不予适用。"[①]

客观说认为,法院在适用公共秩序保留制度时,不仅要看外国法的内容是否与本国公共秩序相冲突,还要注意个案的适用结果。客观说又具体分为联系说和结果说。联系说主张外国法是否被排除适用,还要看个案与法院地的联系是否紧密。如果联系紧密,则排除外国法的适用;如果不紧密,则仍然应当适用外国法。结果说则认为,不仅要看外国法的内容或者规定是否与本国公共秩序相冲突,更重要的是看适用外国法的结果是否危及法院地的公共秩序。[②]

总体上看,单纯以外国法的内容是否违背法院地本国的公共秩序来衡量,虽然方法简单,但并不一定恰当。各国法律制度不同,难免会存在差异,动辄以外国法规定与本国不同而动用公共秩序保留制度,会导致大量适用法院地法的现象,不利于国际民商事案件的公平合理解决,也会导致外国的报复。客观说中的结果说虽然操作上复杂一点,但更有利于公平合理地对待不同国家的法律差异。更重要的是,外国法律规定不同,并不必然导致法院地国家的公共秩序受到实际损害。例如,在审理外国继承人是否享有继承权时,依照伊斯兰国家一夫多妻的法律判定在外国的婚姻有效,从而认定当事人具有继承人资格,并不必然冲击本国的一夫一妻制度。

五、排除外国法适用后的法律适用问题

运用公共秩序保留制度排除外国法的适用后,面临如何选择应适用的法律的问题。理论上存在积极说和消极说两种不同观点。

积极说认为应当适用法院地法。既然要伸张本国的公共秩序,就应当适用

[①] 张潇剑:《国际私法论》,北京大学出版社 2004 年版,第 191 页。
[②] 参见肖永平:《法理学视野下的冲突法》,高等教育出版社 2008 年版,第 173 页。

法院地自己的实体法。长期以来,多数国家的实践也是如此。例如,1978年《奥地利联邦国际私法》第6条规定:"外国法的规定,在其适用会导致与奥地利法律的基本原则互相抵触的结果时,不得适用。如有必要,应代之以适用奥地利法的相应规定。"①

消极说则认为,排除外国法适用后,应寻求适用与案件有最密切联系的其他国家的法律。这种观点认为,既然一国冲突规范允许适用外国法,就没有强制适用本国法的意图,适用与案件有最密切联系的法律更符合立法本意;反之,会导致公共秩序保留制度的滥用,扩大法院地法的适用。不过,这种看法在司法实践中也难以操作。这是因为,一国的冲突规范已经按照最密切联系原则确定了连结点,那么被排除适用的外国法就是最密切联系的准据法。在此之外另行寻找最密切联系地,不具有实践可操作性。

六、我国相关立法规定

《法律适用法》第5条规定:"外国法律的适用将损害中华人民共和国社会公共利益的,适用中华人民共和国法律。"可见,我国对于公共秩序保留制度是明确坚持的,同时我国采纳的是结果说。按照上述条文规定,在排除外国法适用后,我国主张适用法院地法,即适用我国的实体法。这里讲的"社会公共利益",是我国在实体法角度对公共秩序的一种表述,包括了法律基本原则、基本制度和公共道德等。例如,《法律适用法司法解释(一)》第9条规定:"当事人在合同中援引尚未对中华人民共和国生效的国际条约的,人民法院可以根据该国际条约的内容确定当事人之间的权利义务,但违反中华人民共和国社会公共利益或中华人民共和国法律、行政法规强制性规定的除外。"从该司法解释内容看,公共秩序保留还可以针对当事人协议选择的、我国未加入的国际条约,而不仅仅是外国法。

2017年修订的《民事诉讼法》第276条规定:"根据中华人民共和国缔结或者参加的国际条约,或者按照互惠原则,人民法院和外国法院可以相互请求,代为送达文书、调查取证以及进行其他诉讼行为。外国法院请求协助的事项有损于中华人民共和国的主权、安全或者社会公共利益的,人民法院不予执行。"可以看出,在涉外诉讼程序事项方面,我国公共秩序的范围更广一些,除了社会公共利益以外,还包括国家主权和安全。这是需要引起重视的地方。

《法律适用法司法解释(一)》第10条专门就强制性规定作出了解释:"有下列情形之一,涉及中华人民共和国社会公共利益、当事人不能通过约定排除适用、无需通过冲突规范指引而直接适用于涉外民事关系的法律、行政法规的规

---

① 李双元、欧福永、熊之才编:《国际私法教学参考资料选编》(上册),北京大学出版社2002年版,第365页。

定,人民法院应当认定为涉外民事关系法律适用法第四条规定的强制性规定:(一)涉及劳动者权益保护的;(二)涉及食品或公共卫生安全的;(三)涉及环境安全的;(四)涉及外汇管制等金融安全的;(五)涉及反垄断、反倾销的;(六)应当认定为强制性规定的其他情形。"从该司法解释中可以看出,强制性规定就是学术上所称的"直接适用的法",其表现形式不仅是法律,而且还包括行政法规;其主要内容为社会公共管理、环境保护、经济管理等方面的具体规定,具有较强的公法色彩。

例如,当事人在涉外借款合同中约定适用某一外国法为准据法,但该合同没有向国家外汇管理局备案,违反了我国外汇管理方面的强制性规定。对于该合同,我国法院没有适用当事人协议选择的外国法判断其效力,而是直接依据我国外汇管理法规认定该合同无效。至于当事人在合同无效情形下的合同责任,则仍然可以依照当事人选择的法律作出裁判。

第五节 法律规避

反致是法院不想适用依冲突规范指引的外国实体法,从而借用外国的冲突规范避开。涉外民事关系的当事人有时也会出于趋利避害的目的,试图规避依法院地冲突规范指向的准据法。不过,规避的方法有些特殊。

一、法律规避的概念和构成要件

国际私法中的"法律规避"(evasion of law)是指涉外民事关系的当事人为了实现利己的目的,通过改变构成法院地国冲突规范连结点的具体事实,以避开本应适用的对其不利的准据法,而使对其有利的法律得以适用的脱法或逃法行为。

法律规避是当事人的一种行为,也是国际私法中的一种现象。对于这种现象,当然是应限制或禁止的,因为这会破坏法院地国的法治权威和法律的有效实施。

1878年,法国最高法院审理的鲍富莱蒙诉比别斯克案(Bauffrement v. Bibesco)使法律规避成为国际私法学关注的冲突法适用问题。该案原告为法国鲍富莱蒙公爵,其王妃原为比利时人,因嫁给原告而取得了法国国籍。婚后鲍富莱蒙夫妇不和,于1874年在法国取得别居判决。当时的法国法律禁止离婚。然而,根据法国的冲突规范规定,离婚应当适用当事人的本国法。为了同原告离婚,王妃只身前往德国并归化为德国人。随后,她在德国获得了与原告离婚的判决,并在柏林与罗马尼亚王子比别斯克侯爵结婚。当王妃与侯爵回到法国时,原告诉诸法国法院,要求法院认定其王妃加入德国国籍、离婚及再婚的行为均属无效。

法国最高法院在案件审理中发现,如果从表面上看,离婚能力适用当事人的本国法,王妃已经是德国国籍,可以离婚。不过,法院认为,鲍富莱蒙王妃加入德国国籍的动机显然是为了逃避法国法律禁止离婚的规定,其行为已经构成法律规避。由此,法院判定其加入德国国籍、在德国的离婚和再婚均属无效,支持了鲍富莱蒙公爵的请求。

构成国际私法上的法律规避,需要满足以下四个方面的要件:

1. 主观要素。当事人主观上有意规避法院地国冲突规范指向的准据法。这种主观上的有意是直接故意,即当事人知晓法院地冲突规范连结点,为了不适用连结点指向的准据法而实施某种行为。如果当事人主观上无此直接故意,只是客观上达到了这种效果,则不应认定为法律规避。

2. 行为方式。当事人通过改变构成法院地冲突规范连结点的具体事实,如改变具体的国籍、住所等,从而使得冲突规范原本指向的准据法发生改变。这与国内法中的"规避法律"行为不同。国内法中规避法律的行为,一般是改变构成实体法适用的事实要件,如企业人为加大成本,以达到减少企业所得税的目的。

3. 规避对象。当事人规避的应当是法院地国实体法中的强制性或禁止性法律规定,而不是任意性规定。任意性规定本身就具有弹性,当事人有自由选择的余地,故不存在规避一说。

4. 客观结果。当事人的规避行为已经完成,达到了适用对自己有利的法律的目的。

二、围绕法律规避的学术讨论

围绕法律规避,学术界在两个问题上存在不同学术观点。一是是否完全禁止当事人规避冲突规范指引的准据法;二是限制当事人规避的法律是指本应适用的本国法,还是也包括外国法。后一个话题是前一个话题的延续。

有学术观点认为,法律规避是一种欺诈行为。根据"欺诈使一切归于无效"(fraus omnia corrumpit)的法谚,法律规避行为是无效的,不论当事人规避的是法院地的内国实体法还是法院地以外国家的实体法,均为无效。也有反对者认为,既然冲突规范给当事人留下了可趁的机会,就应当允许。如果不允许,应当通过立法明文规定出来,而不是由当事人承担法律规避后可能带来的风险。不过,越来越多的学者认为,不应当肯定当事人法律规避的效力。法院有维护本国法律秩序的义务和权力。如果任由当事人规避本国的强制性和禁止性规定,则法院地国的法律秩序会受到破坏。

对于当事人规避本应适用的外国实体法是否也完全无效,学术观点也不相同。有的主张,不论当事人规避的是本国法还是外国法,都无效;有的认为,法院并无维护外国法律秩序的义务。何况,有时候适用外国实体法的结果可能与法院地国家的公共秩序相违背,完全禁止当事人规避外国法可能产生违背本国法律基本原则的后果,主张具体情况具体分析,反对一概而论。总体上看,各国立法和司法实践一般没有明确规定规避外国法无效。

三、法律规避与直接适用的法

直接适用的法(mandatory rules)是20世纪50年代法国学者弗朗西斯卡基斯(Francescakis)在其《反致理论和国际私法的体系研究》一文中首先提出的。他认为,随着国家干预经济和社会生活的管理职能不断加强,会制定一些不受冲突规范束缚而直接适用于涉外民事关系的实体性强制规则。这种强制性规则可以直接适用于法院处理的涉外民事案件。

法律规避与直接适用的法的关系表现为:法律规避的对象与直接适用的法在内容和性质上有相同之处,都是一个国家的强制性或禁止性规定。不同点在于:

1. 法律规避的强制性或禁止性规定有的可能并未被法院地国宣布为直接适用的法,往往存在于具体的民事实体法中;而直接适用的法则更多地存在于一国经济管理、社会管理等具有"公法"色彩的部门法中。

2. 法律规避需要当事人实施一定的行为,这种行为能够改变构成法院地冲突规范连结点的具体事实,从而改变冲突规范指向的准据法。直接适用的法却不需要看当事人的行为是否改变构成连结点的事实,甚至不考虑冲突规范的适用,由法院直接适用。

3. 法律规避是当事人故意逃避强制性或禁止性规定,其行为结果被法院宣布为无效;而直接适用的法却是由法院主动适用。

四、法律规避与公共秩序保留制度的关系

如前所言,法律规避的对象是一国法律中的强制性或禁止性规定。否定规避行为的效力就是在维护一国法律的权威和严肃性。一国的强制性或禁止性规定常常是一国公共秩序内涵的组成部分。从这个意义上说,法律规避制度也是捍卫一国公共秩序的方法之一,与公共秩序保留制度的目的相同。不同点在于:

1. 一国的强制性或禁止性规定的内容未必全部都是公共秩序的组成部分。强制性规定既可以存在于法律中,也可能表现在行政法规中。公共秩序的内涵还包括一国法律的基本原则和公共道德、风俗习惯,未必是具体的立法条文。

2. 通过法律规避制度维护一国公共秩序的方法与公共秩序保留制度不同。法律规避是当事人通过自己的行为排除一国冲突规范指向的强制性规定;而在公共秩序保留制度中,当事人自身并没有从事任何改变法院地冲突规范连结点构成的事实,是法院依照本国冲突规范指向外国法时,认为外国法适用的结果不

符合本国公共秩序而排除适用。

3. 法律规避制度是否定当事人规避行为的效力和冲突规范指引的结果,而公共秩序保留制度是排除外国实体法的适用。

五、我国相关立法和司法解释

我国《法律适用法》本身并没有明文规定法律规避制度。《法律适用法司法解释(一)》第 11 条规定:"一方当事人故意制造涉外民事关系的连结点,规避中华人民共和国法律、行政法规的强制性规定的,人民法院应认定为不发生适用外国法律的效力。"

从上述司法解释看,我国对待法律规避的态度是,当事人规避我国法律和行政法规中的强制性规定的,其行为后果无效。至于当事人规避外国法中的强制性规定的,司法解释没有明确的否定态度。此外,司法解释明确了强制性规定的表现形式,即不仅存在于法律中,也可以是行政法规中的强制性规定。同时,司法解释中所说的"不发生适用外国法律的效力",是指当事人为了规避我国强制性规定,改变构成连结点的事实,导致依照冲突规范原本应当适用我国法的,后来改变成适用外国法。在这种情况下,排除外国法的适用。

需要说明的,我国司法解释中有关"一方当事人故意制造涉外民事关系的连结点"的表述可能不够严谨和准确。① 连结点是立法机构在立法条文中规定的,当事人无权也无法制造和改变。当事人能够改变的是构成连结点的某种法律事实,从而影响连结点的指向。②

第六节 外国法查明

法院在依照本国冲突规范指引,适用外国法时,如何得知外国法的具体内容呢?是由法官自己查找外国法,还是由当事人提供外国法?通过什么途径获得外国法?如果适用外国法错误导致当事人对案件判决不服,是否可以上诉?如果无法查明外国法怎么办?这些就是本节需要解决的问题。

一、外国法查明的含义、主体

外国法查明(the ascertain of foreign law)有时也被称为"外国法的证明"(the proof of foreign law),是指一国法院依照冲突规范适用外国法时,如何确

---

① 此前,国内主要教材中也都采用了"故意制造连结点"的提法。
② 参见肖永平:《法理学视野下的冲突法》,高等教育出版社 2008 年版,第 154—156 页。他在该书中修正为"故意制造某种连结点的构成要素"。

定外国法的具体内容。一般说来，法官只是熟悉和了解本国的实体法，对于千差万别的外国实体法内容并不知晓，因此，需要通过一定途径和方法了解具体外国法的内容。外国法查明包括查找和准确理解适用两个方面，并不简单地表现为查找行为本身。

在国内民商事案件中，当事人或许不了解具体应当适用什么内国实体法，或者对于内国实体法的理解不同，但不影响当事人通过诉讼主张自己的权利和抗辩对自己提出的诉讼请求。法官在查明案件事实的基础上，自会适用恰当的法律裁判案件。如果适用法律错误，导致案件裁判错误，当事人可以通过上诉的方式获得救济。上一级的法院有义务和权力纠正下级法院适用法律错误的现象。

涉外民商事案件则不同，一国的法官不可能了解所有其他国家的法律规定。不同国家的法律观念和制度也不相同。即使找到了外国法，也存在理解是否正确的问题。这就需要明确外国法查明的责任主体。

在欧洲大陆法系国家，过去的传统法律观念是"法官知法"，即法官应该熟悉和了解法律。由此，外国法查明的责任主体应当是法官，当事人不承担查明外国法的义务。意大利、荷兰、奥地利等国采取这种模式。在这些国家的法律观念中，认为外国法是依本国冲突规范所指引适用的，其性质与内国实体法一样，都是法律，应当由法官负责查明。

在英国及受其影响的普通法系国家，主要采取由当事人提供的方式。受既得权说的影响，传统上，英国法院将外国法看作为事实，而不是法律。这样，当事人就有义务举证外国法。

当代，这种认识的分界已不再严格。完全由法官或当事人一方承担查明责任似乎都存在各自的缺陷。对于普通民事案件，如婚姻家庭、继承案件，作为自然人的当事人也会存在提供外国法的难度。

二、外国法查明的途径和方法

外国法查明的途径是指通过什么途径和方法获得外国法。受上述关于外国法查明主体认识的影响，存在有法院依职权查明、当事人提供，和以法院查明为主、当事人协助等不同做法。严格地说，这些并不是外国法查明的具体途径和方法，只是一种宽泛的分类，或者说查明义务分类。具体的查明途径和方法大概可以分为以下几类：

1. 公共查询途径

该途径是指法院通过在本国可以公开收集到的图书和资料找到外国法。不过，这种途径的实际作用有限。一是图书和资料作为载体的外国法信息可能并不是最新、有效的；二是存在对于外文原文资料理解的困难；三是翻译作品可能存在错误。

2. 外交途径

该途径是指法院通过本国的外交部门请求驻外国的使领馆帮助查找,或者通过外国驻本国的使领馆提供。这种方法获得的外国法在真实性和可信度方面比较高,但实践中也存在困难,如效率低、时间长,因而使用率低。使领馆有时候也因缺乏法律专业人士而无法提供。

3. 司法协助途径

该途径是指法院依据两国间的双边司法协助协定或者多边条约的规定,通过两国间司法机关协作,获得外国法。

4. 法律专家提供

当法院无法依上述途径获得外国法时,可以寻求本国或外国法律专家以法律意见书的方式证明外国法的内容。这种方式在英美国家使用较多,一般由当事人以专家证人证言的方式提供给法院。当然,如果双方当事人提供的专家意见不一致,法院还会组织专家证人到庭质证。在大陆法系国家,法院有时也会主动寻求法律专家的帮助。例如,在德国,法院有时会主动联系马克斯·普朗克法律研究中心,请法律专家提供关于外国法的法律意见。

三、外国法适用错误时的救济

所谓外国法适用错误,包括以下几种情形:一是错误理解和解释外国法;二是本应适用外国甲法律时,却错误地适用了乙法律;三是错误理解和运用本国冲突规范,使得应当适用的外国法没有得到适用,反而适用了法院地内国法或另一外国法。错误适用外国法当然会对判决结果产生重要影响。那么,对于外国法适用错误是否可以上诉呢?这主要涉及第一、二种情形。至于第三种情形,即由于对本国冲突规范理解错误所致的外国法适用错误,各国一般都是允许上诉的。这是因为,这种错误是由于适用法院地内国法错误所导致的。内国法适用错误,当然可以上诉。

对于第一、二种情形,不同国家存在不同主张:

一是允许当事人上诉。采取这种主张的国家有意大利、奥地利、波兰、葡萄牙、英国以及一些美洲国家等。

二是不允许当事人上诉。采取这一主张的有法国、德国、瑞士、比利时、卢森堡、荷兰等。

有趣的是,不论采取上述哪一种主张,似乎都没有受到将外国法看作为事实还是法律的影响。允许上诉的国家中,虽然英国将外国法看作为事实,也允许当事人上诉;而大陆法系国家中的德、法等国,认为外国法的正确实施应该由外国的上诉法院维护,反而不允许上诉。可见,是否可以上诉更取决于一个国家的具体诉讼制度。

四、外国法不能查明时的处理方法

不同国家的做法不同。在外国法不能查明以后,有的国家转而适用法院地法。例如,《土耳其国际私法和国际诉讼程序法》规定,经过多方努力后仍无法查明与案件有关的外国法的规定时,适用土耳其法律。① 英美等一些普通法系国家在外国法无法查明时,采取推论外国法与法院地法相同的方法适用法院地本国法。不过,这只是适用法院地法的理由不同而已。

有的国家则规定,在外国法无法查明时,驳回当事人的诉讼请求或抗辩。采取这种方法的国家不多,而且一般只有在当事人是基于外国法提出的请求或抗辩时才这样处理。例如,《德国民事诉讼法》第 293 条规定:"德国法院依职权确定外国法的内容,但也有权要求当事人双方提供有关外国法的证明,如果负责提供有关外国法证据的一方提供不出证据,法院则以证据不足驳回其诉讼请求或抗辩。"这种做法招致的学术批评意见较多,认为过于武断。

还有学术观点主张适用与无法查明的外国法"近似或类似的法律"。这种观点认为,采用近似或类似的法律更符合冲突规范指引的目的,对当事人更公平。不过,这种做法在实践中运用较少,因为两个国家的基本法律制度相同,不等于具体的实体法规定就相同。更何况,判断"近似或类似的法律"本身就不是一件容易的事。

五、我国有关外国法查明的立法与实践

我国《法律适用法》第 10 条第 1 款规定:"涉外民事关系适用的外国法律,由人民法院、仲裁机构或者行政机关查明。当事人选择适用外国法律的,应当提供该国法律。"从该规定可以看出,我国对于外国法查明的主体,采取了二分法。原则上由审理机关或行政管理机关负责查明;如果是当事人协议选择适用外国法的,查明主体为当事人自己。该条文存在的问题是:规定行政机关负责查明是否恰当?行政机关并不处理涉外民商事案件,当然,可能会办理一些涉外行政事务,例如涉外婚姻登记。不过,婚姻登记机关在决定是否发放结婚证或离婚证时,并不会适用外国法,而是根据我国的婚姻法办理。只有在当事人是否具备结婚条件时,可能会考虑到外国当事人本国的婚姻法。即使在这种情形下,婚姻登记机关也会要求当事人自己提供外国法准许结婚的法律规定。要求婚姻登记机关自行查找外国婚姻法在实践中并不可行。

就外国法查明的途径和方法而言,《法律适用法司法解释(一)》第 17 条第 1

---

① 参见《土耳其国际私法和国际诉讼程序法》第 2 条第 2 款。参见丁伟主编:《国际私法学》(第三版),上海人民出版社、北京大学出版社 2013 年版,第 130 页。

款规定:"人民法院通过由当事人提供、已对中华人民共和国生效的国际条约规定的途径、中外法律专家提供等合理途径仍不能获得外国法律的,可以认定为不能查明外国法律。"可见,我国外国法查明的途径除人民法院自行查找以外,还包括当事人提供、司法协助途径和中外法律专家提供等。如果通过这些方式都不能查找到,则可以认定为外国法无法查明。该条文第 2 款要求,当事人须在一定合理期限内提供:"根据涉外民事关系法律适用法第十条第一款的规定,当事人应当提供外国法律,其在人民法院指定的合理期限内无正当理由未提供该外国法律的,可以认定为不能查明外国法律。"

对于外国法查明错误的救济,我国立法和司法解释本身并无直接规定,但实践中,我国一直认为,外国法也是法律。《民事诉讼法》第 164 条规定:"当事人不服地方人民法院第一审判决的,有权在判决书送达之日起十五日内向上一级人民法院提起上诉。"第 168 条规定:"第二审人民法院应当对上诉请求的有关事实和适用法律进行审查。"据此可见,对于外国法适用错误,在我国是可以上诉的。司法实践中也有这样的案例发生。

如果外国法不能查明,依照我国法律规定,将适用我国的实体法进行裁判。《法律适用法》第 10 条第 2 款明文规定:"不能查明外国法律或者该国法律没有规定的,适用中华人民共和国法律。"需要注意的是,该条文不仅针对外国法无法查明这一现象,还包括外国法没有规定。外国法没有规定,当然也就无法查到。在此情形下,也会转而适用我国实体法进行裁判。

另外,不论是法院依职权查明,还是当事人提供的外国法,法院都应当听取当事人对该外国法的意见。《法律适用法司法解释(一)》第 18 条规定:"人民法院应当听取各方当事人对应当适用的外国法律的内容及其理解与适用的意见,当事人对该外国法律的内容及其理解与适用均无异议的,人民法院可以予以确认;当事人有异议的,由人民法院审查认定。"

由于我国是多法域的国家,对于需要查明的香港特别行政区和澳门特别行政区法律,也参照涉外案件处理。《法律适用法司法解释(一)》第 19 条规定:"涉及香港特别行政区、澳门特别行政区的民事关系的法律适用问题,参照适用本规定。"

[案例讨论与分析]

案例 1 美国总统轮船公司无单放货案[①]

【案情简介】

1993 年 7 月 29 日,广东菲达电器厂与新加坡艺明公司以传真形式签订了

---

① 参见《美国总统轮船公司与菲达电器厂、菲利公司、长城公司无单放货纠纷再审案》,载《中华人民共和国最高人民法院公报》2002 年第 5 期。

一份灯饰出口协议书。协议签订后,菲达电器厂委托长城公司和菲利公司办理出口手续。长城公司和菲利公司分别以委托人的名义,将货物装上了美国总统轮船公司所属的货轮,取得了一式三份记名提单。货物运抵新加坡港口后,美国总统轮船公司在没有收取正本提单的前提下,将货物放给了新加坡艺明公司,但菲达电器厂并未收到货款,正本提单仍在该厂手中。菲达电器厂遂以美国总统轮船公司无单放货为由,向广州海事法院起诉美国总统轮船公司。长城公司和菲利公司也以第三人的身份参加该诉讼,支持菲达电器厂的诉讼请求。广州海事法院以无单放货判决美国总统轮船公司败诉。美国总统轮船公司不服,提起上诉,认为提单中已经载明适用国际惯例和美国法。广东省高级人民法院判决驳回上诉、维持原判,认为该案定性为侵权之诉,适用侵权行为地法,即中国法。美国总统轮船公司向最高人民法院申请再审。2002年,最高人民法院判决,撤销广东省高级人民法院的终审裁判,认为该案属于运输合同纠纷,当事人已经协议选择了美国法,应适用当事人协议选择的法律。

【法律问题】

无单放货的性质:

该案中,一、二审法院将案件识别为涉外侵权关系,认为无单放货侵犯了货主对货物的所有权,因而适用侵权行为地法这样的冲突规范。最高人民法院将案件识别为海上运输合同纠纷,适用当事人可以意思自治、协议选择法律的合同冲突规范。可见,对法律关系的定性和识别会导致适用不同的冲突规范,最终指向不同的准据法,从而导致不同的裁判结果。

【分析讨论】

该案中,两种不同裁判都是依照中国法识别,却产生了不同认识:一、二审是直接依据海商实体法观念做出的定性;再审则是从法律关系基本分类的角度,认为当事人之间是合同关系,无单放货属于违约。那么,到底应该如何识别呢?

案例2 李伯康房产继承案[①]

【案情简介】

李伯康于1938年在家乡广东台山与范素贤结婚,婚后一直无子女。1943年,李伯康前往美国定居,住在加利福尼亚州洛杉矶。1967年11月,李伯康与周乐蒂在美国内华达州结婚。1981年7月,李伯康在美国洛杉矶去世。在李伯康的遗产中,有一栋位于广州的四层楼房。1986年5月,已离开广东台山到香港定居多年的范素贤得知李伯康在美国去世后,到广州某公证处办理了继承上

---

① 参见杜新丽主编:《国际私法教学案例》,中国政法大学出版社1999年版,第12—13页。

述房产的有关证明,同年7月领得房屋产权证。周乐蒂在美国得知这一情况后,立即委托代理人在广州某区人民法院起诉,要求继承其亡夫留下的上述房产。

法院认为,(香港居民)范素贤是(定居美国38年的)李伯康之结发妻子。李伯康在未与范素贤解除婚姻关系的情况下,与在美国的周乐蒂结婚属重婚,确认无效,并根据《婚姻法》第2条规定,判决驳回原告请求继承上述房产之诉。

【分析讨论】

该案中,法院裁判思路是否恰当?该案中是否存在先决问题?如果有,先决问题是什么?如果认为没有,理由是什么?

案例3 理查德诉联邦政府案①

【案情简介】

1962年,一架飞机从美国俄克拉荷马州起飞,在美国密苏里州失事。理查德作为其中一名飞机失事受害者的法定继承人,提出美国政府在俄克拉荷马州执行有关检查事宜时有过失,要求美国政府对受害者给予赔偿。美国联邦最高法院审理此案时,对联邦侵权求偿法关于"联邦依作为或不作为地法律负侵权赔偿责任"的规定作出解释,称"作为或不作为地法律"系指该地包括冲突规范在内的整个法律。本案的侵权人不作为地在俄克拉荷马州,根据该州关于侵权赔偿的法律规定,对赔偿数额不作限制。原告主张应依俄克拉荷马州这一法律规定对受害人作出赔偿,但俄克拉荷马州有一条冲突规则,规定过失致死的损害赔偿依损害结果发生地法律。美国联邦最高法院遂据此转而适用本案的损害结果地法律——密苏里州法律,根据密苏里州关于侵权赔偿有数额限制的法律规定作出了判决。

【分析讨论】

1. 本案中美国最高法院作出有数额限制的赔偿判决的依据是什么?
2. 为什么从适用俄克拉荷马州法律转为适用密苏里州法律?
3. 俄克拉荷马州的冲突规则在本案法律适用中发挥了什么样的作用?
4. 如果本案中起飞地在我国境内,由我国法院审理,是否会发生类似的法律适用情况?

案例4 永宁公司案②

【案情简介】

1995年12月22日,Hemofarm DD、MAG 国际贸易有限公司与济南永宁制

---

① 该案例及其讨论话题参见袁发强:《国际私法学》,北京大学出版社2012年版,第127页。
② 参见《最高人民法院关于不予承认和执行国际商会仲裁院仲裁裁决的请示的复函》,[2008]民四他字第11号。

药股份有限公司签订了《济南—海慕法姆制药有限公司合资合同》，成立中外合资"济南—海慕法姆制药有限公司"。2004年4月，苏拉么公司加入该合同，成为公司股东。此前，2002年8月、2003年1月和2004年9月，永宁公司曾三次向济南市中级人民法院起诉合资公司，要求给付租金并返还部分租赁财产，并胜诉。2004年9月，Hemofarm DD、MAG国际贸易有限公司、苏拉么公司作为共同申请人，根据合资合同中仲裁条款的约定向国际商会仲裁院申请仲裁，请求仲裁庭裁决永宁公司赔偿投资损失及利润损失，裁决合资公司不应支付中国法院判决确定的租金，裁决责令永宁公司撤回在中国法院的诉讼请求。仲裁庭裁决支持了三申请人的仲裁请求。随后，三申请人向济南市中级人民法院申请承认与执行仲裁裁决。永宁公司则向济南市中级人民法院申请不予承认和执行该外国仲裁裁决。

济南市中级人民法院认为，依据中国和法国都加入了的1958年《纽约公约》，该案仲裁裁决所处理的事项超出了仲裁协议的范围，仲裁庭裁决了依我国法律不能通过仲裁裁决的事项，承认与执行该仲裁裁决违反我国的公共秩序，因此，应驳回三申请人要求承认与执行外国仲裁裁决的申请。

【分析讨论】

该案仲裁裁决中什么裁判内容违反了我国公共秩序？为什么说违反了我国公共秩序？

案例5　法　律　规　避

一对同性恋者王某和李某听说加拿大允许同性恋者结婚，遂以旅游签证方式去往加拿大，在加拿大登记结婚，然后返回国内共同生活。两年后，王某与另一同性恋者产生感情，李某以两人已经结婚为由反对。王某遂以感情确已破裂为由，去法院起诉要求离婚。

试分析：王某与李某在加拿大登记结婚的行为是否构成法律规避？法院如何处理他们的离婚诉讼？

案例6　直接适用的法

某外商独资企业与员工张某签订的劳动合同中约定该合同适用某外国法，劳动工作地在上海。此后，在合同期间，员工张某被要求在中秋节和国庆节加班，出差到第三国谈判原材料进口业务。回国后，公司没有按照我国劳动法的规定给予法定节假日期间三倍工资。张某与公司之间产生争议。公司以其工资高于我国国内地区平均工资数倍，且有出差补贴为由，不同意发给其加班期间三倍工资。张某告到劳动仲裁委员会。公司辩称，劳动合同中已经约定适用外国法，不应当再适用我国劳动法的规定。

请问:我国有关法定节假日工资按照三倍发放的规定属于什么性质?当事人劳动合同约定适用外国法是否可以排除中国劳动法的适用?

案例 7 外国法查明

某市中级人民法院审理的一起涉外经济纠纷中,双方当事人没有协议约定法律适用。法院经审理认为,该案应当适用冲突规范指引的某外国法。在通过公开途径无法查询到外国法的情况下,法院发现我国与该外国无司法协助条约或双边协定,于是委托某高校外国法查明中心查明外国法。该校外国法查明中心指派曾到该外国留学过的某副教授具体负责该项工作。一个月后,该外国法查明中心向法院出具了经该副教授签名和中心盖章的法律意见书,对法院要求查明的外国法具体规定做出意见。法院收到该法律意见书后,依照该意见书做出了裁判。案件一方当事人不服,提出上诉,认为:该法律意见书并非中外法律专家个人出具,单位不能作为专家身份出具法律意见书;当事人自己通过外国律师事务所获得的法律意见和中心出具的法律意见不同;法院在没有组织质证的前提下,就直接依据外国法查明中心出具的意见裁判不妥。

请问:法院委托某高校外国法查明中心查明外国法是否恰当?该法律意见书是应该被视为专家个人出具的意见书还是单位出具的?出具意见的专家是否应当出庭接受当事人质证?法院在收到高校出具的法律意见书和当事人提交的外国律师事务所法律意见书后,是否可以不经开庭质证,直接认定其中某一份法律意见书的效力?

延伸阅读

1. 肖永平:《法理学视野下的冲突法》,高等教育出版社 2008 年版。
2. 肖永平、王葆莳:《国际私法中先决问题的理论重构》,载《武大国际法评论》2005 年第 1 期。
3. 肖永平、张弛:《论中国〈法律适用法〉中的"强制性规定"》,载《华东政法大学学报》2015 年第 2 期。
4. 傅郁林:《民事裁判思维与方法——一宗涉及外国法查明的判决解析》,载《政法论坛(中国政法大学学报)》2017 年第 5 期。

思考题

1. 在原则上依法院地法识别的基础之上,哪些问题还应当考虑其他因素?
2. 传统观念认为,只有在主要问题依冲突规范应当适用外国法时,才有先决问题。如果本问题的冲突规范指向了法院地法,就不存在先决问题,也不需要单独考虑冲突规范。你认为呢?

3. 为什么说反致在现代司法实践中的实际作用不大?如果要保留的话,应该在哪些领域和条件下还有适用空间?

4. 从目的、功能、方法等方面分别比较法律规避与公共秩序保留、直接适用的法三者之间的关系。

5. 外国法的查明与外国法的解释有何异同?

第二编 涉外民事关系的法律适用

第六章 民事能力的法律适用

本章提要

本章论述了自然人和法人的民事身份和能力的法律适用,它涉及自然人和法人在国际民商事领域内的主体资格、法律地位、行为的有效性、法律责任的承担等方面的问题。总体来说,人的身份和能力主要受属人法支配,当然也不乏行为地法、法院地法等发挥作用。失踪宣告、死亡宣告、禁治产宣告、限制行为能力和无行为能力宣告等与身份和能力有重要联系,而其管辖权与法律适用是密不可分的,应当结合理解和掌握。就权利能力和行为能力而言,行为能力有更强的实践性,各国有关法律适用的规定也更加具体和完善,要很好掌握。我国《法律适用法》在原有基础上,对自然人和法人身份和能力的法律适用作出了更加详尽的规定,应当重点掌握。

主要教学内容

1. 自然人权利能力和行为能力的法律适用。
2. 法人权利能力和行为能力的法律适用。

教学目标

1. 了解自然人和法人各自权利能力和行为能力法律冲突的主要表现。
2. 掌握我国对自然人和法人的行为能力法律适用规则,并能在案例中予以分析运用。

民事能力问题又称民事主体的权利能力和行为能力问题。主体的民事能力问题具有广泛性,但本章仅讨论自然人和法人的民事身份和能力,它涉及自然人和法人在国际民商事领域内的主体资格、法律地位、行为的有效性、法律责任的承担等。主体的民事能力是衡量法律关系的基础因素。从理论上说,任何法律关系均存在身份和能力问题,虽然在有些案件中,这一问题并没有凸显出来,但仍然不能忽视这一问题。

第一节 自然人权利能力的法律适用

自然人的权利能力(capacity for right)又称自然人的民事权利能力,指自然人享有权利和承担义务的资格。权利能力是自然人成为权利主体、具有法律人格的前提,因而一些国家认为权利能力直接反映了自然人的法律地位。自然人的权利能力具有平等性和不可转让性。所谓平等性是指人人有机会获得完全的权利能力,所谓不可转让性是指权利能力归于个人,不得转让、抛弃、贬损、限制和剥夺。自然人权利能力的根据主要是各国权利能力取得和消灭的相关法律。

一、自然人权利能力的法律冲突

每一位自然人都依照一个特定国家的法律获得权利能力,也会依照该国法律丧失权利能力。直到如今,自然人权利能力的根据依然是各国国内法。历史发展到今天,各国关于权利能力取得和消灭的法律逐渐趋于一致,均规定为:权利能力始于出生、终于死亡。但由于各国对出生和死亡的理解不一,法律上的具体规定也有出入,仍然可能产生自然人权利能力方面的法律冲突。

(一)关于出生的不同理解和规定

权利能力始于出生已成为各国的通例,正因为如此,出生已成为具有法律意义的事件。各国立法和实践对于出生持有不同的主张,有阵痛说、露头说、独立呼吸说、出生完成说、存活说等。例如,《德国民法典》规定:继承开始时,虽未出生而已是胎儿者,视为继承开始前出生;《瑞士民法典》规定:出生以在母体之外的生活为开始;《西班牙民法典》规定:胎儿出生后需要存活24小时以上才能取得权利能力。我国法律没有关于出生的明确规定,一般以医学上公认的标准为准,即应符合两项要件:其一,必须全部与母体分离,独立存在;其二,必须在与母体分离之际保有生命。

关于出生的规定不同或理解不同,可以产生法律冲突。实践中,因出生而产生的权利能力法律冲突,极易影响继承法律关系。例如,一对西班牙夫妇定居瑞士,在瑞士产下一婴儿,存活20小时后死亡。该婴儿依瑞士法有继承权,而依西班牙法无继承权。

(二)关于死亡的不同理解和规定

死亡是自然人生命的终止,属于自然事件。死亡是具有法律意义的事件,自然人的权利能力至死亡终止。相比出生,死亡引起的法律冲突更多,因为除自然死亡外,各国还有拟制死亡制度,自然死亡和拟制死亡均影响着自然人的权利能力。

1. 自然死亡

自然死亡又称生理死亡,指自然人真实的死亡。各国立法和实践对于如何确定自然死亡持不同主张,有呼吸停止说、心跳停止说、脑电波消失说等。关于自然死亡的不同理解和规定可以产生法律冲突。实践中,因自然死亡而产生的权利能力法律冲突主要影响继承法律关系。

2. 拟制死亡

拟制死亡指产生法律所规定的死亡效果的情形。宣告失踪制度和宣告死亡制度均可产生法律所规定的死亡效果。宣告失踪制度和宣告死亡制度的不同可以引起法律冲突。实践中,因宣告失踪制度和宣告死亡制度引起的法律冲突影响面较广,它可能影响到自然人的婚姻关系、继承关系、债权债务关系等。

二、自然人权利能力的法律适用

解决自然人权利能力法律冲突,其实就是确定自然人权利能力的准据法。根据各国的立法和司法实践,大致有如下三种做法。

(一) 适用当事人属人法

权利能力适用属人法是大多数国家的做法。权利能力是自然人的基本属性,特定的人的这种属性是由一国社会、经济、政治、伦理、历史等方面的条件决定的,因而应适用该自然人的属人法来判断。例如,《意大利民法典》第17条规定:"人的身份与能力……适用其人的本国法。"由于各国对属人法的理解不同,采用权利能力适用属人法的国家主要有两种做法:其一,大陆法系国家通常规定权利能力适用当事人本国法;其二,英美法系国家通常规定权利能力适用当事人住所地法。

(二) 适用有关法律关系准据法所属国法律

这种做法是将权利能力问题附属于特定的涉外民商事法律关系,如将自然人继承财产的权利能力问题附属于涉外继承关系,所附属的涉外民商事法律关系的法律适用决定了权利能力的法律适用。按照这种做法,特定涉外民商事法律关系应适用哪一国家的法律,该国法律同时也决定法律关系中当事人的权利能力问题。例如,某涉外继承关系依甲国法,该继承关系中当事人权利能力也依甲国法。这种做法忽视了权利能力的相对独立性,所以很少有国家在权利能力法律适用问题上完全采用这种做法。

(三) 适用法院地法

将权利能力法律适用问题置于法院地法的支配之下,主要考虑法院地的公共秩序和适用法律的方便;结合自然人权利能力纠纷的管辖权一并考虑时,这种做法在实践中有相当的价值。但如果离开管辖权问题的考虑,将权利能力法律适用问题置于法院地法的支配之下有武断之嫌。

三、宣告失踪和宣告死亡的管辖权和法律适用

宣告失踪和宣告死亡关系到自然人的权利能力,而且其管辖权问题和法律适用问题有密切联系。

(一) 宣告失踪和宣告死亡的管辖权

无论是从联系的密切程度,还是从方便诉讼的角度考虑,世界各国均认为,就宣告失踪和宣告死亡案件而言,失踪人或者被宣告死亡人的国籍或住所是恰当的管辖标志。所以,宣告失踪和宣告死亡案件大都由失踪人或被宣告死亡人的国籍国法院或住所地法院管辖。但其中也有差别:其一,一些国家规定由失踪人或被宣告死亡人的国籍国法院管辖;其二,一些国家规定由失踪人或被宣告死亡人的住所地法院管辖;其三,一些国家规定原则上由失踪人或被宣告死亡人的国籍国法院管辖,但在一定条件下一定范围内,也可由其住所地法院或者居所地法院管辖。目前,采用最后一种做法的国家较多。

(二) 宣告失踪和宣告死亡的法律适用

关于宣告失踪和宣告死亡的法律适用,各国立法和司法实践都主张适用失踪人或被宣告死亡人的属人法,且视其国籍、住所、财产等情况,有如下不同做法:

1. 适用失踪人或被宣告死亡人本国法

理由是宣告失踪和宣告死亡案件涉及自然人的权利能力,自然人的权利能力一般应适用属人法。例如,《奥地利联邦国际私法》规定:死亡宣告或死亡证明程度的要件、效力和撤销,依失踪人最后为人所知的属人法。[①]

2. 适用失踪人或宣告死亡人住所地法

理由同前,但强调的是住所。例如,《秘鲁民法典》规定:失踪宣告,依失踪人最后住所地法。失踪宣告对失踪人财产的法律效力依宣告失踪的准据法。[②] 1950年联合国《关于失踪者死亡宣告的公约》也肯定了这一做法。

3. 原则上适用失踪人本国法,但在一定情况下例外

一些国家规定内国法院有管辖权时例外,如《波兰国际私法》规定:宣告失踪人死亡,依其本国法,死亡宣告亦同。但由波兰法院宣告死亡时,依波兰法。[③] 一些国家规定当失踪人在内国有不动产时例外,如《泰国国际私法》规定:对外国人的失踪宣告及宣告效力,除在泰国的不动产外,依外国人本国法。[④] 一些国家规定当失踪人在内国有财产及依内国法的法律关系时例外,如1898年《日本法

---

① 参见1978年《奥地利联邦国际私法》第14条。
② 参见1984年《秘鲁民法典》第2069条。
③ 参见1966年《波兰国际私法》第11条。
④ 参见1939年《泰国国际私法》第11条。

例》规定:外国人生死不明时,只对在日本有财产并应依日本法的法律关系,法院得依日本法律为失踪宣告。①

四、中国有关自然人权利能力法律适用的立法和实践

(一)关于自然人权利能力的法律适用

《法律适用法》第 11 条规定:"自然人的民事权利能力,适用经常居所地法律。"《法律适用法》第 15 条规定:"人格权的内容,适用权利人经常居所地法律。"

《法律适用法》的上述规定是我国首次通过立法规定自然人权利能力的法律适用。这些规定统一用"经常居所地"这一连结点确定法律适用,一方面符合国际上通行的适用属人法原则,另一方面也可以避免当外国人在我国经常居住时,因其国籍法与我国法在权利能力问题上规定的差异而产生的实际麻烦。另外,作为人身权范围内的人格权,其内容各国理解不一。根据我国《民法典》的规定,自然人人格权包括生命权、身体权、健康权、姓名权、肖像权、名誉权等具体人格权,此外还有基于人身自由和人格尊严产生的一般人格权。② 外国人经常居住在我国的,其人格权的内容依照我国法律确定。

(二)关于宣告失踪或死亡案件的管辖权和法律适用

1. 关于宣告失踪或死亡案件的管辖权

根据我国《民事诉讼法》规定,利害关系人申请下落不明人失踪或者死亡的,向下落不明人住所地基层人民法院提出。③ 下落不明人住所地基层人民法院应当受理宣告失踪和宣告死亡案件,并依相关规定进行审理。上述规定,经解释也可以适用于涉外案件。

2. 关于宣告失踪或宣告死亡案件的法律适用

《法律适用法》第 13 条规定:"宣告失踪或者宣告死亡,适用自然人经常居所地法律。"

第二节 自然人行为能力的法律适用

自然人的行为能力又称自然人的民事行为能力,是指自然人通过自己的行为从事民事活动,参加民事法律关系,取得民事权利和承担民事义务的能力。根据各国法律,判断自然人的民事行为能力有两个标准:其一,达到法定年龄;其二,心智健全,能够承担行为的法律后果。根据这两个标准的完全程度,自然人

---

① 参见 1898 年《日本法例》第 5 条。
② 参见《民法典》第 990 条。
③ 参见《民事诉讼法》第 183 条、第 184 条。

的民事行为能力有两种分类。一类是二分法,可分为完全民事行为能力和限制民事行为能力;另一类是三分法,可分为完全民事行为能力、限制民事行为能力和无民事行为能力。

一、自然人行为能力的法律冲突

由于各国对判断自然人行为能力的标准有不同的规定,行为能力法律冲突必然发生。自然人行为能力法律冲突将影响几乎所有民事法律关系。

(一)引起法律冲突发生的成年年龄规定

成年年龄是判断自然人民事行为能力最经常使用的标准。各国规定的成年年龄有很大不同:德国、英国、法国等国家规定18岁成年,瑞士、日本等国家规定20岁成年,泰国规定21岁成年,意大利规定22岁成年,荷兰规定23岁成年,奥地利规定24岁成年,丹麦、西班牙、智利等国规定25岁成年。我国《民法典》规定,18周岁以上的自然人为成年人,具有完全民事行为能力,16周岁以上不满18周岁的自然人,以自己的劳动收入为主要生活来源的,视为具有完全民事行为能力人。各国成年年龄规定的不同,必然引起法律冲突。

(二)引起法律冲突发生的有关制度

禁治产制度、宣告限制行为能力或无行为能力制度等,均实质影响到自然人的民事行为能力,各国关于这些制度及其内容的规定有很大差异。

一些国家的法律中规定有禁治产制度。禁治产制度是通过禁止治理财产的手段,达到保护那些虽然达到法定年龄,但由于先天或后天原因造成其辨认和控制能力低下等自然人的合法权益的法律制度。禁治产由特定法院管辖和宣告。规定有禁治产制度的国家,其管辖和宣告的条件有差异。关于管辖权,一些国家规定由禁治产的属人管辖,另一些国家规定由禁治产的属人兼属地管辖。关于宣告条件,多数国家规定对精神失常不能独立处理自己事务的人可宣告其为禁治产人,一些国家规定对因酗酒或服用麻醉品神智遭受严重损害者也可宣告其为禁治产人,一些国家对浪费无度者可宣告其为禁治产人,还有一些国家对聋、哑、盲人也可宣告其为禁治产人等。

一些国家没有禁治产制度,但有宣告限制行为能力和宣告无行为能力制度。我国《民法典》第24条第1款规定:"不能辨认或者不能完全辨认自己行为的成年人,其利害关系人或者有关组织,可以向人民法院申请认定该成年人为无民事行为能力人或者限制民事行为能力人。"

二、自然人行为能力的法律适用

(一)自然人行为能力法律适用的历史

自"法则区别说"时代始,自然人的民事行为能力就当然地受其属人法支配。

受属人法支配的结果是,一位自然人,依其属人法有民事行为能力,无论他在任何地方为民事行为,都应被视为有行为能力人;反之,一位自然人,依其属人法为无民事行为能力,则无论他在任何地方为民事行为,都应被视为无行为能力人。上述理解或观念,反映在各国的国际私法立法和司法实践中,成为普遍奉行的原则。自然人的民事行为能力受其属人法支配的理由主要有:其一,自然人的行为能力问题与国籍、住所、居所等这些概念所代表的地域联系最为密切,这些地域的法律对自然人行为能力的影响也最大。其二,自然人的行为能力主要根据年龄判断,而依年龄判断行为能力又主要考虑自然人生理和心理发育程度,什么样的年龄其生理和心理发育到什么程度取决于其所在的特定地域,这个特定的地域无非是由国籍、住所、居所等概念所代表的。其三,自然人对于国籍、住所、居所等这些概念所代表的地域有较大的依附性,这些地域也是自然人生活、工作以及个人利益的中心,以这些地域的法律衡量自然人的行为能力也较为合理。其四,行为能力是责任能力,自然人对其所在国家、住所地、居所地的法律最为熟悉,其行为受这些法律的影响最大,由这些法律来决定其责任也最为妥当。

在18世纪末之前,属人法仅指住所地法,行为能力依属人法也就仅仅理解为依自然人住所地法律。到19世纪初,由于一些学者的提倡和一些国家的立法实践,属人法的理解出现了分裂,大陆法系国家逐渐开始以国籍国法理解属人法,其结果是自然人的行为能力依其本国法;英美法系国家依然以住所地法理解属人法,其结果是自然人的行为能力依其住所地法。

总之,在19世纪中期以前,虽然各国对属人法的理解有不同,但各国在自然人的行为能力依其属人法上是一致的,行为能力受属人法支配几乎是一条颠扑不破的真理。这一状况在19世纪中期以后发生了变化,属人法支配自然人行为能力的一统天下开始被打破,行为地法对行为能力发挥日益重要的影响,在各国的立法和司法实践中,就自然人行为能力法律适用而言,逐渐形成"行为地法限制属人法原则",也被称为"商务活动例外和处分不动产例外"。今天,要了解自然人行为能力的法律适用,首先就必须了解行为地法限制属人法原则。

(二) 行为地法限制属人法原则

所谓行为地法限制属人法原则,是指属人法和行为地法共同支配自然人的行为能力,在一定条件下各自分配其效力的原则。依照该原则,属人法对自然人行为能力的支配依然是基本的,自然人依其属人法有行为能力时,无论其在任何地方为民事行为,都应当被视为有行为能力人,但当自然人依其属人法无行为能力时,他的行为能力的有无就要由行为地法决定。如自然人依其属人法无行为能力,而依其行为地法有行为能力,该自然人应当被认为有民事行为能力。

显而易见,行为地法限制属人法原则对自然人行为能力法律适用的改变,主要作用在自然人依其属人法无行为能力而依其行为地法有行为能力情况下。例如,1861年法国最高法院在"李查底案"的审理中运用了这一原则。在该案中,一位名叫李查底的22岁的墨西哥人,在法国签署了8万法郎的期票,向巴黎一位商人购买珠宝,待到该法国商人要求李查底付款时,他拒绝支付。李查底的理由是,他订立合同时,依其属人法(墨西哥法律)尚未成年(墨西哥法律规定25岁成年)。法国最高法院认为,法国法院并无知悉所有外国人之本国法律及有关成年规定的必要,只要法国人无轻率或不谨慎,且以善意与之交易者,所缔结之契约,应属有效。① 对该案的分析可知,李查底依其属人法无行为能力,但他的行为是在法国所为而非在其本国,属人法和行为地法的规定不一致,依法国法,李查底有行为能力,法国最高法院最终依行为地法限制属人法原则,认定李查底有行为能力。

行为地法限制属人法这一原则的确立根据是:保护商业活动的稳定与安全。应当说,自然人的行为能力单纯地依属人法,从一般保护欠缺行为能力人来说是恰当的,但过于机械地运用可能对商业活动的稳定和安全构成威胁。19世纪中期以后,国际交往日益频繁,一国人或者在一国有住所或居所的人,到另一国或者地域从事商业活动已成为经常的事,商业交往的双方当事人很难了解对方依其属人法有无行为能力,他只能依照行为地的法律并按善意从事。因此,判断自然人的行为能力不考虑行为地法是不合理的。但同时,行为地法又不应当完全取代属人法,恰当的效力分配是:以属人法为基础,当行为地法与属人法不一致时,通过行为地法进行限制,其目的是使自然人在更多情况下有行为能力,以保护商业活动的稳定与安全。目前,许多国家采用这一原则。例如,《日本法例》规定,人之能力,依其本国法;外国人在日本所为的法律行为,虽依其本国法无能力,但依日本法有能力,则不拘前款规定,视为有能力。《意大利民法典》规定,人的身份能力……适用其本国法;但是,如果一外国人在意大利从事一项依其本国法为无行为能力的行为,而按照意大利的法律应具有此种行为能力,则该外国人应被视为具有此种行为能力。《瑞士联邦国际私法》规定,自然人的行为能力,适用自然人的住所地法律;当事人进行民事法律活动,根据其住所地法律为无行为能力,但根据行为完成地法律为有行为能力的,不得以其住所地法律为理由来否定自己的行为能力;但对方当事人已经知道或应当知道这一情况的除外。②

但是,上述行为地法对属人法的限制一般不适用于亲属法、继承法以及不动产物权法规制的法律行为。

---

① 参见〔德〕马丁·沃尔夫:《国际私法》(第二版),李浩培、汤宗舜译,北京大学出版社2009年版,第315页。
② 参见1964年修订的《日本法例》第3条;1978年《意大利民法典》第17条;1987年《瑞士联邦国际私法》第35条和第36条。

三、中国有关行为能力法律适用的立法和实践

（一）自然人行为能力的法律适用

在我国现行法律体系中，有较多法律涉及规范自然人行为能力法律适用，其中最为重要的有《法律适用法》和《票据法》。《法律适用法》第 12 条规定："自然人的民事行为能力，适用经常居所地法律。自然人从事民事活动，依照经常居所地法律为无民事行为能力，依照行为地法律为有民事行为能力的，适用行为地法律，但涉及婚姻家庭、继承的除外。"《票据法》第 96 条规定："票据债务人的民事行为能力，适用其本国法律。票据债务人的民事行为能力，依照其本国法律为无民事行为能力或者为限制民事行为能力而依照行为地法律为完全民事行为能力的，适用行为地法律。"

从上述我国法律的规定来看，我国有关自然人行为能力法律适用的立法和实践有如下特点：其一，坚持行为地法限制属人法原则。其二，在属人法的理解上，以理解为经常居所地法为主，但在票据债务人的责任能力上理解为本国法。其三，规定了家庭关系和继承问题例外。

（二）宣告无行为能力和限制民事行为能力案件的管辖权和法律适用

1. 关于宣告无行为能力和限制行为能力案件的管辖权

《民事诉讼法》第 187 条第 1 款规定："申请认定公民无民事行为能力或者限制民事行为能力，由其近亲属或者其他利害关系人向该公民住所地基层人民法院提出。"上述规定应当理解为，我国已确立了对认定无民事行为能力和限制民事行为能力案件的管辖权，经解释也可以适用于涉外案件；管辖法院是被认定人住所地的基层人民法院。

2. 关于宣告无行为能力和限制行为能力案件的法律适用

在我国现行法律中，尚无关于宣告无民事行为能力和限制民事行为能力案件法律适用的明确规定。实践中，我国法院受理的此类案件适用我国法律。

第三节　法人权利能力和行为能力的法律适用

一、法人权利能力和行为能力的特殊性

法人的民事权利能力是指法人作为民事主体享受民事权利和承担民事义务的资格。法人的民事行为能力是指法人以自己的意思独立地进行民事活动，取得权利并承担义务的能力。法人的权利能力和行为能力与自然人的权利能力和行为能力相比较，有其特殊性。

其一，法人的权利能力因其社会职能而各不相同。法人的权利能力产生于

法人的成立,至法人终止时消灭。初看类似于自然人权利能力的"始于出生、终于死亡",但其中内容有重大差别。自然人的权利能力是普遍的、共同的,即凡是自然人都享有相同的权利能力,单个自然人之间的权利能力无任何差别。而法人作为社会组织体,是按照其所负担的社会职能成立的,法人的社会职能不同,其活动范围就不同,其权利能力也就不同。因此,原则上说,法人的权利能力是特殊的、各不相同的。法人的民事权利能力是特殊的民事权利能力。

其二,法人的权利能力与行为能力具有一致性。从自然人角度分析,其权利能力与行为能力虽具有关联性,即权利能力是行为能力的基础,但在权利能力和行为能力的获得时间上和拥有范围上均有区别。而法人的权利能力和行为能力却表现出一致性。首先,法人的权利能力和行为能力在获得时间上具有一致性。法人的权利能力始于成立、终于消灭,法人的行为能力也始于成立、终于消灭,两者在法人存续期间始终存在。其次,法人拥有的权利能力和行为能力在范围上是一致的。一方面,法人能够以自己的行为取得权利和承担义务的范围,不能超出它们的权利能力所限定的范围。另一方面,法人的权利能力范围完整地表现了它们行为能力的范围。法人权利能力和行为能力的特殊性,直接影响到法人权利能力和行为能力法律冲突及其解决的国际私法立法和实践。一般而言,用以解决法人权利能力法律冲突的规则,也同时可以解决法人行为能力法律冲突。

二、法人权利能力和行为能力的法律冲突及其解决

各国民商立法关于法人权利能力和行为能力的规定不尽相同,直接导致权利能力和行为能力的法律冲突。例如,许多国家规定合伙具有法人资格;而有些国家却规定合伙不具有法人资格,合伙人对合伙债务的承担并不以其出资的财产为限,而是以其个人的全部财产承担无限责任。又如,有的国家承认无限责任公司是法人,而有的国家却不承认无限责任公司是法人;有些国家规定法人解散的原因不仅包括自动终结、破产等,还包括违背善良风俗,而有些国家却对后者不加规定。

解决法人权利能力和行为能力的法律冲突问题,国际上通行的做法是适用法人属人法,即依照法人国籍所属国法律或者法人住所所在国法律决定法人的权利能力和行为能力。

但应当明确,法人的权利能力和行为能力依其属人法和外国法人在内国从事民商事活动所应遵循的法律,是两个不同的法律问题。一般来说,一个不符合属人法的组织便不具有法人资格,一个法人的权利能力和行为能力也不能超出其属人法限定的范围;但一个外国法人在内国被确认为法人后,虽具有法人的一般权利能力和行为能力,并不意味着它可以自由地在内国享有任何权利或者进

行任何活动,外国法人在内国活动时享有什么权利,即它在内国活动时的权利能力和行为能力的范围,除应以它的属人法作为判定基础外,更重要的是要符合内国的法律规定。也就是说,外国法人在内国活动,其在内国的权利能力和行为能力范围,实际上必须重叠适用其属人法和内国法,受到其属人法和内国法的双重限制和制约。这同样也是国际上通行的做法。

三、中国关于法人权利能力和行为能力法律适用的立法和实践

《法律适用法》第14条规定:"法人及其分支机构的民事权利能力、民事行为能力、组织机构、股东权利义务等事项,适用登记地法律。法人的主营业地与登记地不一致的,可以适用主营业地法律。法人的经常居所地,为其主营业地。"《法律适用法》第15条规定:"人格权的内容,适用权利人经常居所地法律。"

《法律适用法》颁布之前,我国通过最高人民法院的司法解释规范法人权利能力和行为能力法律适用问题。相关司法解释规定:外国法人以其注册登记地国家的法律为其本国法,法人的民事行为能力依其本国法确定。外国法人在我国领域内进行的民事活动,必须符合我国的法律规定。[1]

分析上述法律规定和司法解释,应注意下述方面:其一,两者均强调法人的民事权利能力和民事行为能力适用登记地法律。其二,《法律适用法》第14条增加了一些内涵:(1)法人的主营业地与登记地不一致的,可以适用主营业地法律,即法人的经常居所地法律。(2)可以适用于法人权利能力和行为能力的法律,也可以适用于法人的组织机构、股东权利义务等事项。其三,增加了法人人格权内容法律适用的规定。[2] 其四,外国法人在我国领域内进行的民事活动,必须符合我国的法律规定。

[案例讨论与分析]

案例1 瑞恩与某风景区商店买卖合同纠纷案

【案情简介】

荷兰籍男子瑞恩20岁,2018年来中国云南旅游,在某风景区商店内看中一件民族乐器。经与商家协商,以原价8折(1800元人民币)成交,双方钱货两讫。回宾馆后,瑞恩好友认为该笔交易不合算,力劝瑞恩返回商家退货。商家认为交易系双方真实意思表示,该乐器质量合格,不具备退货条件。瑞恩认为其交易时

---

[1] 参见《民通意见》第184条。
[2] 《民法典》第1013条和第1024条规定了法人的名称权和名誉权。

未满 23 岁,按本国荷兰法的规定 23 岁方成年,不具备完全民事行为能力,应认定买卖行为无效,向商家所在地人民法院提起诉讼。

【法律问题】

原告瑞恩的民事行为能力是否应以其本国法为准据法予以判定?

【分析评论】

《法律适用法》第 12 条规定:"自然人的民事行为能力,适用经常居所地法律。自然人从事民事活动,依照经常居所地法律为无民事行为能力,依照行为地法律为有民事行为能力的,适用行为地法律。"本案中,瑞恩现年 20 岁,按照行为地我国的法律,年满 18 周岁的正常人为完全民事行为能力人,因而瑞恩具有完全民事行为能力,应适用行为地法律,即我国法律为判断瑞恩民事行为能力的准据法。

案例 2 香港丁公司民事起诉主体资格效力纠纷案

【案情简介】

2011 年,在深圳注册设立的甲公司与在香港设立的乙公司合资成立深圳丙公司。后乙公司将其对丙公司的 60% 股权转让给在香港设立的丁公司,该股权转让协议得到内地主管部门批准。赵某为丁公司股东,同时也是英国戊公司的股东。2013 年,赵某和英国戊公司向内地主管部门出具"关于将丁公司持有的丙公司 60% 股权转让给英国某公司的说明",并得到主管部门批准。后来,丁公司在香港召开股东大会,认为英国戊公司侵占了其对丙公司的股权,授权股东王某等人以丁公司名义向深圳中院起诉,诉请法院判决被告英国戊公司返还股权。但赵某和另一位自然人股东未出席股东大会。赵某以香港丁公司的起诉未经过半数股东出席为由,认为香港丁公司无权起诉英国戊公司,要求深圳中院驳回丁公司的起诉。

【法律问题】

香港丁公司起诉行为是否有效?

【分析评论】

本案为涉港案件,应参照适用涉外民事关系的法律规定。香港丁公司起诉行为涉及的是法人的民事行为能力问题。《法律适用法》第 14 条规定:"法人及其分支机构的民事权利能力、民事行为能力、组织机构、股东权利义务等事项,适用登记地法律。法人的主营业地与登记地不一致的,可以适用主营业地法律。法人的经常居所地,为其主营业地。"因此,应当依据香港法律来确定香港丁公司的诉讼行为是否有效。

延伸阅读

1. 杜涛：《国际私法原理》（第二版），复旦大学出版社2018年版。
2. 〔德〕马丁·沃尔夫：《国际私法》（第二版），李浩培、汤宗舜译，北京大学出版社2009年版。

 思考题

1. 为何说属人法是有关身份和能力问题法律适用的基础？
2. 何谓行为地法限制属人法原则？

第七章 涉外物权的法律适用

【本章概要】

在具有涉外因素的物权法律关系中，因为涉及不同国家的物权或财产权立法，很容易产生法律冲突。本章阐述了涉外物权法律适用的基本规则物之所在地法原则，并分别从涉外不动产物权和涉外动产物权方面讲述了物权法律适用在立法和实践中的做法。最后，针对国有化和信托两大与涉外物权密切相关的问题，作了简明扼要的介绍。

主要教学内容

1. 基本概念：物之所在地、不动产、动产、国有化、信托。
2. 基本知识：涉外物权法律适用规则、国有化措施的处理、信托法律冲突的解决。

教学目标

1. 分析物权关系适用物之所在地法原则的原因和适用范围。
2. 掌握动产物权和不动产物权法律适用的不同点。
3. 认识国有化的适用范围和条件。
4. 了解信托法律冲突的解决方法。

"物权"一词是大陆民法中的表述，英美法中大多采用"财产权"或"产权"。"物权"与"财产权"或"产权"虽相近，但并不是对等概念，其在内涵和外延上都有所区别。即使在大陆法系民法中，"物权"概念也各不相同。我国《民法典》第114条规定："民事主体依法享有物权。物权是权利人依法对特定的物享有直接支配和排他的权利，包括所有权、用益物权和担保物权。"在不同的国家，物权的种类是不一样的。比如法国法规定，物权除物之所有权外，还有用益物权、使用权、居住权、抵押权和地役权；德国的物权增加了地上权、留置权、土地负担等；日本也有永佃权、质权和先取特权等特殊的物权。

对何为民法上的物，各国在立法体例上也有所不同：一是以罗马法及法国民法为代表的立法例，认为物不仅包括有体物，也包括无体物；二是以德国、日本为代表的立法例，认为物仅指有体物；三是以瑞士为代表的立法例，认为物既包括有体物,同时也包括"法律上可得支配的自然力"。而在英美法系国家,主要体现为有形财产与无形财产的差异。

由于各国对物和物权的规定不同,在涉外物权法律关系中容易产生法律冲突。比如物之识别上的法律冲突:假设依甲国法,基于土地收益购买的股份属于动产,而依乙国法,该股份属于不动产。又如在物权取得和变更上的法律冲突:假设依甲国法,货物所有权已经发生转移,而依乙国法,货物所有权未发生转移,那么该货物所有权应归谁所有? 适用甲国法和适用乙国法会得出不同的结论。国际私法上的物权问题,便是要研究如何解决涉外物权的法律冲突和如何选择法律的问题。

第一节 物之所在地法原则

一、物之所在地法原则的发端与发展

14世纪意大利"法则区别说"的诞生,创立了"物依物之所在地法"原则。"法则区别说"的奠基人巴托鲁斯把当时意大利各城邦的习惯法(法则)区别为人法和物法,并提出人法调整人的身份关系和行为能力,物法调整与物有关的法律问题。这是"物依物之所在地法"原则的发端。但是,当时物之所在地法只适用于土地等不动产,动产物权则基于"动产随人"或"动产附骨"理论,适用当事人的住所地法,这个规则曾在许多近代的法典中采用,比如1794年《普鲁士一般法典》和1811年《奥地利民法典》等。① 到了19世纪,萨维尼提出了"动产三分说"。他将动产分为三类:第一类为不能确定其所在地的,如旅行者的随身行李、运送中的商品等;第二类是能够确定其所在地的,如摆设用的家具、图书、美术品等;第三类是所有者在住所地以外的地方不定期地托人保管的商品,或旅行者在国外暂时寄存的随身行李等介于前两类之间的动产。第一类应适用所有者住所地法;第二类应适用物之所在地法;第三类则应视具体情况,或适用所有者的住所地法,或适用物之所在地法。萨维尼的"动产三分说"是动产物权从适用属人法到适用物之所在地法的一种过渡性学说。②

随着国际民商事交往的发展,个人动产往往遍及数国,适用所有人住所地法来解决冲突已带来诸多不便,动产所在地国也不愿意适用属人法来解决在自己国家境内的动产物权问题。因此,许多国家将动产和不动产物权均置于物之所在地法的支配之下。例如,1939年《泰国国际私法》第16条规定:"动产及不动

---

① 参见〔德〕马丁·沃尔夫:《国际私法》(第二版),李浩培、汤宗舜译,北京大学出版社2009年版,第721页。

② 参见张仲伯:《国际私法学》,中国政法大学出版社2007年版,第261页。

产,依物之所在地法。"1982年《土耳其国际私法和国际诉讼程序法》第23条规定:"动产及不动产,依物之所在地法。"1978年《奥地利联邦国际私法》第31条第1款和1987年《瑞士联邦国际私法》也作了类似规定。中南美洲国家智利、巴拿马、秘鲁、乌拉圭等国的民法典也普遍采用这一原则。还有一些国际条约也采用了该原则,如1928年《布斯塔曼特法典》第105条规定:"一切财产,不论其种类如何,均从其所在地法。"

二、物之所在地法原则的理论依据

物之所在地法之所以能成为涉外物权关系法律适用的基本规则,主要依据如下:

第一,主权说。该说认为任何国家都有自己的主权,国家对位于其领域内的物的支配权应得到各国承认,物适用物之所在地法是国家主权在物权法律适用方面的体现。

第二,法律关系本座说。萨维尼提出,物权关系的本座位于物之所在地。任何人要取得、占有、使用或处分某物,就必须受制于该物所在地法。

第三,最密切联系说。1971年《美国第二次冲突法重述》第222条中指出,当事人对物的利益,适用与该物和当事人有最密切联系的实体法或包括冲突法在内的法律解决。在大多数场合,与物有最密切联系的法律就是物之所在地法。

第四,利益需要说。法国学者巴尔和毕叶等主张,法律是为集体利益制定的,物权关系适用物之所在地法是维护社会的需要。如果包括动产和不动产在内的物权不受物之所在地法支配,则物权的取得、占有都将陷入不确定状态,对其保护也将是不利的,社会的利益亦将因此遭受损害。

第五,方便说和控制说。该说认为,物之所在地是客观的并易于确定的连结因素,方便当事人确定其所有权,而且物权作为一种对世权,要行使对它的有效保护,必须立足于物之所在地以确定其权利的设定、变更等。另外,有些物须登记、注册才能得到所在地国法律的保护,物之所在地国能对财产进行有效控制。

三、物之所在地法的适用范围

物之所在地法目前已成为世界各国普遍采用的解决涉外物权冲突的原则。一般认为,该原则可以解决与物权有关的下列问题。

(一)动产或不动产的识别

某物究竟是动产还是不动产,各国立法并不一致。1804年《法国民法典》就将鸽笼中的鸽、养兔园中的兔、池塘中的鱼视为不动产,1896年《德国民法典》则将土地、建筑物及土地中尚未分离出土的种子等附着物视为不动产。由于各国区分动产和不动产的标准不一致,导致其识别上的冲突。在涉外物权法律关系中,一般依物之所在地法进行识别,因为每一国家依其主权都有权决定在该国境内财产的性质,并赋予相应的法律效力。

(二) 物权客体的范围

一国之内的土地、森林、矿藏、湖泊或生产资料与生活资料,哪些能成为国家所有权的客体,哪些能为私人所有,这取决于物之所在地法的规定。同样,内国法律决定在内国活动的外国人可以取得哪些财产权益。比如,有些国家限制外国人在该国境内购买不动产,不允许外国人在内国取得土地所有权等。

(三) 物权的内容

物权的内容是否包含所有权、地役权、地上权、抵押权、留置权等,这些权利的权属如何、能否转让、转让的要件如何等问题,都应遵从物之所在地法律的规定。如果不适用物之所在地法,会发生依当事人内国法享有该项权利,但依物之所在地法却不享有该项权利的情况,这往往使得当事人对该权利难以行使。

(四) 物权的取得、变更和消灭

物权的取得、变更和消灭的条件一般也应适用物之所在地法。物权的取得、变更和消灭是基于一定的法律行为或法律事实而发生的,各国法律对于其方式及条件都有自己的规定。例如对动产所有权的转移,德国规定以实际交付为要件;而法国规定以双方当事人意思表示一致为要件,并不要求实际交付。在国际民商事交往中,由此引发的法律冲突,一般应适用物之所在地法解决。

(五) 物权的保护方法

物权的保护方法也应适用物之所在地法。物权的法律保护方法,一般都包括请求确认所有权或他物权、物权人请求停止侵害、排除妨碍、恢复原状、返还原物等。但物权所有人能否享有这些权利以及如何行使这些权利,各国法律有不同的规定。例如,在返还盗窃物品之诉中,原所有人的物权能否对抗善意第三人?德国、法国强调保护善意第三人的利益,而英国原则上不保护善意第三人,而保护原所有人。类似的法律冲突,一般适用物之所在地法予以解决。

四、物之所在地法原则的例外

物之所在地法虽然已成为解决涉外物权法律冲突的基本原则,但并非所有有关物权的法律事项均要适用物之所在地法。一般认为,该原则存在以下例外。

(一) 物权法律关系中当事人的行为能力

大陆法系各国一般都规定,物权法律关系中当事人的行为能力依其属人法。但《德国民法施行法》第7条主张兼采行为地法,以保护本国贸易的安全。根据马丁·沃尔夫的观点,在动产情形下,当事人的行为能力适用住所地法,但在当事人依行为地法有能力而依住所地法没有能力时,则适用行为地法。英美法传统上主张按动产与不动产分别解决行为能力的问题,对不动产一律只适用物之所在地法;至于动产行为能力,英国主张适用属人法,1971年《美国第二次冲突法重述》则指出:当事人转让或取得动产的能力,依他的住所地法或依物之所在地法。

(二) 物权法律关系中的合同

关于物权合同的效力,不一定都适用物之所在地法。比如在德国,债务行为和所有权转让行为是相互独立的,所有权转让无效并不意味着物权合同本身无效。1999年《德国关于非合同债权债务关系与物权的国际私法立法》中特别规定:如果某国法律与该物权有更密切联系,则可适用该国的法律(第46条)。这突破了物权只适用物之所在地法的做法。而马丁·沃尔夫认为,当事人之间转移财产所有权的合同,适用合同准据法,不一定都由财产所在地法决定。另外,以质权、抵押权或者以转移所有权为基础的担保债务并非都适用物之所在地法。①

依据2008年《罗马条例Ⅰ》的规定,当事人可以选择适用于涉及不动产物权或不动产租赁合同的法律,在没有选择时,适用不动产所在地法。② 1987年《瑞士联邦国际私法》规定,有关不动产或其使用的合同,由不动产所在地的法律支配,同时也允许当事人选择法律。但是合同的形式,由不动产所在地的法律支配,除非该国允许适用其他法律。对于位于瑞士的不动产,合同的形式由瑞士法律支配。

(三) 特殊的动产

比如本章第二节中所提到的几类特殊有体动产,并非都适用物之所在地法。而无体动产更是难以确定其所在地,所以也不能简单套用物之所在地法原则来决定其法律适用。

五、物之所在地的确定

物之所在地的确定,是适用物之所在地法的前提和首要条件。

对于不动产,依其自然物理位置确定其所在地。

对于动产,因其实际位置经常发生变化,导致确定动产所在地的困难。对此,有的国家立法中规定了确定动产所在地的原则,包括以下做法:

1. 以物权行为发生时的物之所在地为动产所在地。例如,1948年《埃及民法典》第18条规定:"动产适用导致取得或丧失占有、所有或其他物权的原因发生时该动产所在地法。"1966年《波兰国际私法》第24条第2款规定:"所有权及

---

① 参见〔德〕马丁·沃尔夫:《国际私法》(第二版),李浩培、汤宗舜译,北京大学出版社2009年版,第752页。
② 参见《罗马条例Ⅰ》第4(1)(c)款。

其他物权的取得或变更及其内容的变更,或者他物权的优先顺序,依产生法律效力的原因事实发生时标的物之所在地法。"此外,1939年《泰国国际私法》等也以此原则确定动产所在地。

2. 以物权行为完成时的物之所在地为动产所在地。例如,1978年《奥地利联邦国际私法》第31条第1款规定:"对有形物的取得与丧失(包括占有),依此种取得或丧失所依据的事实完成时物之所在地国家的法律。"2006年《日本法律适用通则法》第13条规定,关于动产或者不动产的物权及其他应登记权利,权利的取得和丧失,依其原因事实完成时其标的物所在地法。

对于无体物所在地的确定,无固定的模式可以遵循。此处的无体物一般应包括有价证券、一般债权和知识产权等权利。英国学者戴西和莫里斯提出,权利财产地的确定,一般情况下是指该财产能被有效追索或执行的国家。比如非判决之债,其所在地位于债务人居住国;契约之债,其所在地位于该契约本身通常所在的国家;公司股票,其所在地位于依公司成立地法当时的股东与公司之间能够有效处理这些股票的地方;专利和商标的所在地位于支配此种权利产生的法律能对它们进行有效转让的地方。另外,他们认为物之所在地应依法院地法确定。如对外国公司的股票,依据英格兰的规则规定,只能依据该公司组成地国家的法律来确定股票的有效处分权。[①]

第二节 涉外物权的法律适用

一、涉外不动产物权的法律适用

(一)涉外不动产物权的法律适用规则

不动产是指不能移动或者如果移动就会改变性质、损害其价值的有形财产,包括土地及其定着物,如建筑物及土地上生长的植物等。

不动产物权法律适用的基本原则是物之所在地法原则,即适用不动产所在地的法律。该原则源于14世纪意大利的法则区别说,后来得到了各国立法的采纳,比如1804年《法国民法典》、1865年《意大利民法典》、1855年《智利国际私法》等。在当代国际私法立法中,该原则也被广泛采用,如1987年《瑞士联邦国际私法》第99条规定,"不动产物权由不动产所在地法支配";1995年《意大利国际私法》第51条规定,"动产与不动产的占有权、所有权及其他物权,适用物之所在地国法";1999年《白俄罗斯民法典》规定,如法律无其他规定,动产和不动产

---

① 参见〔英〕J. H. C. 莫里斯主编:《戴西和莫里斯论冲突法》,李双元等译,中国大百科全书出版社1998年版,第784—788页。

的所有权与其他物权均适用财产所在地国法。

但该原则的适用也存在例外,比如不动产物权关系中当事人的行为能力有可能适用其属人法;不动产转让合同的效力可能适用合同的准据法;对不动产排放物引起的损害请求,依据侵权行为的有关规定处理等。

(二)中国关于涉外不动产物权的法律适用

《法律适用法》第36条规定:"不动产物权,适用不动产所在地法律。"该条中的"物权"依据《民法典》第114条的规定,应包含"所有权、用益物权和担保物权",涵盖内容较广。

二、涉外动产物权的法律适用

动产是以能够移动的财产为客体的物。动产物权主要包括动产所有权、用益物权、担保物权等。每个国家对这些权利的范围和内容,取得、转让和灭失的条件,保护的方法等都有着不同的规定,当一个位于甲国的动产通过在乙国签订的合同被转让给一个丙国人,就有可能发生法律冲突。下面就来探讨如何选择适当的法律来解决涉外动产物权的法律冲突。

(一)涉外有体动产物权法律适用的基本原则

物之所在地法是目前解决涉外动产物权的基本原则。

早期的动产仅仅涵盖了人们的日常生活用品和劳动工具,对于早期动产物权,各国普遍适用财产所有人的属人法。比如1794年的《普鲁士一般法典》第28条和第32条、1811年《奥地利民法典》第300条、1865年《意大利民法典》第7条、1889年《西班牙民法典》第10条等,均规定了动产适用动产所有人的属人法。当时这些国家奉行"动产随人"或"动产附骨"的观点,并认为"动产无场所"。在这一时期,动产种类有限,经济价值较小,便于携带,适用住所地法能够有效地解决与动产物权有关的法律问题。

但随着资本主义经济的发展和国际商品流转的扩大,涉外民商事关系也越来越复杂,动产亦发生了质和量上的变化。动产所有人住所地与动产所在地常有分离,购买人或债权人很难查知所有人的住所在何方,即便知道其住所,也难以了解其住所地法的实质内容。以属人法原则来解决涉外动产物权的法律冲突在客观上存在许多困难。而基于物之所在地对动产有着实际的控制,许多国家开始采用物之所在地法原则。比如,1982年《土耳其国际私法和国际诉讼程序法》第23条规定,动产和不动产的所有权以及其他物权适用物之所在地法。2006年《日本法律适用通则法》第13条规定,关于动产或者不动产的物权及其他应登记权利,依其标的物所在地法。

(二)几种特殊有体动产的法律适用

物之所在地法是解决涉外物权的普遍原则,但并非解决一切动产物权法律关系的唯一规则。某些动产因其具有特殊性或处于特殊状态,适用物之所在地法原则来解决并不十分适合,因此各国根据其司法实践而形成了一些特殊规则。

1. 运输中的物品

对于运输中的物品,其所在地处于经常变动的状态,确定其所在地相当困难。从一国运往另一国的物品,途经他国而作短暂停留,他国并不能成为物品的所在地。对此,学者们有不同的主张,德国学者萨维尼曾主张适用物之所有人的属人法;英国学者莫里斯则主张适用转让契约的准据法;法国学者尼波叶则主张适用目的地法。

除学者们的学说外,各国在司法实践中普遍存在三种做法:其一是适用交易的准据法,这是英国和加拿大等国的做法。其二是适用货物发送地国法。1964年《捷克斯洛伐克国际私法及国际民事诉讼法》第 6 条规定,运输中的货物所有权关系依发送地法。1958 年《国际有体动产买卖所有权转移的法律适用公约》也采用货物发送地国法律,其第 6 条规定:"过境而留在某国境内,或在任何国家境外的出卖物均应把发货地视作其所在地。"其三是适用目的地国的法律。1984 年《秘鲁民法典》第 10 编第 2089 条第 1 款规定,运送中的物品,以其最后目的地为其所在地。1987 年《瑞士联邦国际私法》第 101 条规定,运输中动产的取得和灭失适用目的地法律。

2. 火车、汽车、船舶、航空器等运输工具

对于火车、汽车、船舶、航空器等运输工具,因与运输中的货物一样经常变动而难以确定其所在地。对此,国际上一般是适用其注册登记地国法或船旗国法。例如,《德国民法施行法》第 45 条规定,航空器、船舶、铁路运输工具的物权,依原籍国法。原籍国分别是指航空器的所属国、船舶的登记国,未登记者,为船籍国、铁路运输工具的许可国。①

3. 与人身关系密切的财产

这类财产一般也不适用物之所在地法。如各国在解决夫妻财产关系法律冲突时,大体采用以下两项原则:一是当事人意思自治原则;二是适用当事人属人法。英美等国的判例和立法认为,婚姻关系具有合同的性质,在夫妻财产关系的法律适用问题上,应适用意思自治原则,即夫妻财产关系的准据法,由当事人双方通过明示的意思表示加以确定;如果当事人双方没有作出选择时,法院可以根据婚姻成立的实际情况进行推定,并决定适用的法律。当财产关系的准据法无法推定时,才按照物权的冲突原则加以解决。而大多数欧洲大陆法国家,在解决夫妻之间的法律冲突时,适用当事人的属人法,如意大利、西班牙等国。此外,

---

① 参见陈卫佐:《比较国际私法:涉外民事关系法律适用法的立法、规则和原理的比较研究》,清华大学出版社 2008 年版,第 427 页。

1905年《关于婚姻效力的海牙公约》和1928年《布斯塔曼特法典》也都规定了当事人的属人法原则,《布斯塔曼特法典》第43条和第187条分别规定:"夫妻共同财产的处分权和管理以及婚姻的一切其他特别效力,均适用夫妻双方的属人法,如两者不同时,则适用夫的属人法。""关于婚姻财产的合同受当事人共同属人法支配,如无共同属人法,则受最初婚姻住所地法支配。"在涉外动产继承方面,大部分国家也规定适用被继承人的属人法。

4. 外国法人消灭时的财产

外国法人因自行终止,或被解散时的财产一般应依其属人法解决。但如果该外国法人是被内国强制取缔时,与外国法人有关的财产问题可能会适用内国法。

5. 无主土地上的物

当某物位于无主土地,比如南极、公海或者外层空间,除有国际条约外,一般适用占有者的属人法。

6. 外国国家财产

国家在涉外民商事关系中享有国家及其财产豁免,因此,在涉及国家财产的问题上,应当适用该财产所属国的法律而非财产所在地国法。

(三)涉外无体动产物权的法律适用

无体动产物权的法律适用历来都是一个十分复杂的问题。一方面,无体动产在各国的含义不一,包含范围很广,比如债权、票据、证券、知识产权等,这些无体动产都有自身一套复杂的法律关系;另一方面,无体动产的所在地很难确定,通常不能采用物之所在地法原则。例如,《瑞士联邦国际私法》第105条规定:债权、有价证券或其他权利的质押,适用当事人选择的法律。当事人未作法律选择时,债权和有价证券的质押适用质押人的惯常居所地法。《秘鲁民法典》第2093条规定:涉及知识产权的物权,其存在和效力适用国际条约和专门的法律。如果后者不适用,则适用此类物权的登记地法。承认和执行此类物权的条件,以本地法确定。在国际条约中,1930年和1931年《日内瓦公约》对票据行为作了比较细致的分割。关于这部分内容,将在后面的章节专门讲述。

(四)中国对涉外动产物权的法律规定

《民法典》对涉外动产物权的法律适用问题没有规定,而《法律适用法》中对涉外动产物权的法律适用作了多条规定,具体如下:

1. 关于动产物权法律适用的一般规定

《法律适用法》第37条规定:"当事人可以协议选择动产物权适用的法律。当事人没有选择的,适用法律事实发生时动产所在地法律。"

该条作为动产物权法律适用的一般规定,将当事人意思自治原则作为首要原则,再以动产所在地法作为补充原则。在理解该条时,需要注意以下几点:第一,将"当事人意思自治"原则引入动产物权的法律适用规则中,体现了我国对于"当事人意思自治"原则的重视和推崇,这在国际立法上也是超前的做法。第二,以动产所在地法作为补充原则。但由于动产的所在地一般难以确定,该条中的动产所在地是有限制条件的,特指法律事实发生时的动产所在地。比如某动产在甲国发生了物权变动,则无论该动产后来位于哪个国家或在诉讼时位于哪个国家,该动产物权的法律问题应当适用甲国法。

2. 运输中动产物权的法律适用

《法律适用法》第38条特别针对运输中动产物权的法律适用作了特别规定:"当事人可以协议选择运输中动产物权发生变更时适用的法律。当事人没有选择的,适用运输目的地法律。"

可见,对于运输中动产的法律适用,首要原则也是当事人意思自治,这进一步体现出我国《法律适用法》对当事人意思自治原则扩大化适用的特点,将之扩展及于物权领域。其次适用运输目的地法律。如前所述,国际上有些国家也采用这一原则。考虑到运输中的动产与目的地有着真实和紧密的联系,动产的实际转让和控制往往在目的地得以实现,这种规定具有合理性。

3. 有价证券的法律适用

《法律适用法》第39条特别针对无体动产中的有价证券作出了规定:"有价证券,适用有价证券权利实现地法律或者其他与该有价证券有最密切联系的法律。"此条放在《法律适用法》第五章物权中,应当主要侧重于调整与有价证券相关的物权问题。

广义的有价证券包括商品证券、货币证券和资本证券。商品证券指提货单、运货单、仓库栈单等;货币证券指商业汇票、商业本票以及银行汇票、银行本票、支票等;资本证券包括股票、债券及其衍生品种,如基金证券、可转换证券等。而狭义的有价证券仅指资本证券。鉴于有价证券概念本身的宽泛与抽象性,其法律适用也相应复杂多变,因此有必要对"有价证券"一词作出明确的解释。

同理,有价证券权利依据有价证券的不同而各有差异。比如提单、仓单等权利,主要体现为提单持有人要求承运人依提单记载交付提单项下货物的权利,即提货权,其实现地一般是货物运输的目的地或货物所在地。又如股票权利主要是指股东享有从公司获取经济利益并参与公司管理的权利,包括公司决策参与权、利润分配权、优先认股权、剩余资产分配权等,权利的实现地为公司登记地。至于货币证券,譬如汇票、本票和支票等票据的法律适用问题,则由《票据法》调整。另外,与有价证券有最密切联系的法律,包括发行人的国籍、住所或主要营业地,有价证券的发行地、交易地、转让地等。

4. 权利质权的法律适用

《法律适用法》第40条规定:"权利质权,适用质权设立地法律。"权利质权的标的是权利。此条规范的是质权本身的法律适用,而非权利的法律适用。

(1) 权利质权的含义及分类

《民法典》第 440 条规定:"债务人或者第三人有权处分的下列权利可以出质:(一)汇票、本票、支票;(二)债券、存款单;(三)仓单、提单;(四)可以转让的基金份额、股权;(五)可以转让的注册商标专用权、专利权、著作权等知识产权中的财产权;(六)现有的以及将有的应收账款;(七)法律、行政法规规定可以出质的其他财产权利。"

可见,根据可转让财产权的不同性质,我国法律将权利质权分为不同的类型。第一类是指有价证券质权,包括以商业证券、货币证券和资本证券出质产生的质权。第二类是知识产权质权,包括以商标专用权、专利权、著作权等知识产权中的财产权作为可以出质的权利。第三类是债权质权,比如以应收账款出质。此外,根据《民法典》第 440 条规定,"法律、行政法规规定可以出质的其他财产权利"可以作为质权的标的。

(2) 质权设立地的确定

《民法典》对设立质权作了明确规定,具体如下:

以汇票、支票、本票、债券、存款单、仓单、提单出质的,质权自权利凭证交付质权人时设立;没有权利凭证的,质权自有关部门办理出质登记时设立。[①]

以基金份额、股权出质的,质权自办理出质登记时设立。[②]

以注册商标专用权、专利权、著作权等知识产权中的财产权出质的,质权自办理出质登记时设立。[③] 因此,知识产权质权的设立地为出质登记地。

以应收账款出质的,质权自办理出质登记时设立。[④]

综上所述,质权设立地通常是指出质登记地,对于部分有价证券而言,为权利凭证交付地。

5. 动产遗产的法律适用

《法律适用法》第 31 条规定:"法定继承,适用被继承人死亡时经常居所地法律,但不动产法定继承,适用不动产所在地法律。"可见,法定继承中,动产遗产在我国并不适用物之所在地法,而是适用被继承人的属人法。值得注意的是,《法律适用法》对于该问题使用的连结点是"经常居所地",这又一次反映出《法律适用法》对于"经常居所地"这一连结点的偏重。对该条的具体解析将在后面的章节详细阐述。

---

① 参见《民法典》第 441 条。
② 参见《民法典》第 443 条。
③ 参见《民法典》第 444 条。
④ 参见《民法典》第 445 条。

6. 船舶物权的法律适用

我国1993年《海商法》就船舶物权的法律适用作了如下规定:(1) 船舶所有权的取得、转让和消灭,适用船旗国法律。(2) 船舶抵押权也适用船旗国法,但船舶在光船租赁以前或者光船租赁期间,设立船舶抵押权的,适用原船舶登记国的法律。(3) 船舶优先权,适用受理案件的法院所在地法律。[1]

7. 民用航空器物权的法律适用

我国《民用航空法》就民用航空器物权的法律适用作了如下规定:(1) 民用航空器所有权的取得、转让和消灭,适用民用航空器国籍登记国法律。(2) 民用航空器抵押权适用民用航空器国籍登记国法。(3) 民用航空器优先权适用受理案件的法院所在地法律。[2]

第三节 国有化问题

国有化(nationalization)是国家基于社会公共利益的需要,根据其政策和法令对原属私人所有的财产收归国有的一种强制性措施。对国有化的确切含义,目前尚无一致的看法。1952年国际法学会曾作了如下定义:"国有化是通过立法行为和为公共利益,将某种财产或私有权利转移给国家,目的在于由国家利用或控制它们,或由国家将它们用于新的目的。"通常认为国有化有三种形式:没收、征收和征用。

从性质上看,一国依法实施国有化是该国行使主权的体现,任何其他国家都不得干涉,这是国际法上公认的原则。国际私法上的国有化问题主要涉及国有化法令的效力与国有化的补偿问题。

一、国有化法令的效力

国有化法令的效力,是指国有化法令对位于其境内或境外财产的效力,主要分为域内效力和域外效力两个方面。

(一) 国有化法令的域内效力

国有化法令对位于其境内的财产,无论该财产属于本国人或外国人,均产生法律效力。这点已为世界各国所公认,其原因在于:国有化是一国主权行为,每个国家对其境内的财产都有绝对的控制与支配的权利,无论该财产是属于本国人还是外国人所有。一国在其境内行使主权权利,他国无权干涉。

(二) 国有化法令的域外效力

国有化法令的域外效力,是指国有化法令对颁布法令时已在国外或颁布法

---

[1] 参见《海商法》第270、271、272条。
[2] 参见《民用航空法》第185、186、187条。

令后被转移至国外的财产的效力,对此,各国主张不一。西方国家区别两种不同情况分别对待:

1. 承认国有化法令的域外效力

对于颁布法令后被转移至外国的财产,当该财产原所有人向该外国法院提起返还财产所有权之诉时,法院为维护其本国利益而确认国有化法令的效力。比如在"A. M. 路德公司诉詹姆斯·赛戈尔司案"中,苏联路德公司将一批被苏联政府国有化了的货物(该批货物在颁布国有化法令时仍位于苏联)卖给英国詹姆斯公司,苏联前业主在英国法院提出归还货物的请求,被英国法院驳回。[①]

2. 否认国有化法令的域外效力

否认的理由如下:第一,基于公共秩序保留。认为外国的国有化违反了内国的"公共秩序",是"违反国际法的行为"而不予适用。第二,基于外国刑法不予适用。财产所在国依据法院地法,将国有化法令对私人财产的无偿没收认定为"刑罚性质",从而以外国刑法不予适用为由否定国有化法令的效力。第三,基于财产未被实际控制。认为国有化法令只对其境内被其实际占有的财产具有法律效力,而对其境外的、没有被其实际占有的财产则没有法律效力。

我国学者认为,一国实行国有化的法令具有域外效力。根据国家主权原则,一个国家国有化法令既有属地效力,又有属人效力,它不仅可以适用于本国境内的外国人的财产,而且可以适用于本国人在外国的财产。

二、国有化的补偿

对于被国有化的财产是否应当补偿,如何进行补偿,国际上一直存在分歧,归纳起来有三种不同的理论和实践:

第一,不予补偿。这种观点认为,国有化是一国的主权行为,基于主权原则,任何国家有权采取国有化的措施,一切外国人或外国法人必须尊重和服从居留国的法律。另外,根据国民待遇原则,如果实行国有化的国家对本国人不予补偿,那么对外国人同样也不予补偿。比如1975年4月,刚果人民共和国政府宣布对布拉公司实行国有化,其理由是该公司停止经营活动严重损害了作为公司股东的刚果国家利益,同时还宣布该国有化法令不产生任何要求补偿的权利。

第二,给予"充分、有效、及时"的补偿。这一标准最初由1938年墨西哥政府对美资石油公司实行国有化时,美国国务卿赫尔提出,又称"赫尔准则"。这种主张基于私有财产神圣不可侵犯的原则,主张对收归国有的财产要给予"充分、有效、及时"的补偿,实际上是为了维护其海外私人投资者的利益。所谓"充分",指

---

① 参见〔德〕马丁·沃尔夫:《国际私法》(第二版),李浩培、汤宗舜译,北京大学出版社2009年版,第759页。

的是对被国有化的财产予以全额补偿;所谓"有效",指的是这种补偿可以为被补偿人有效支配和使用;所谓"及时",指的是补偿必须在国有化之前或同时作出,否则应当支付相应的利息。这种主张并未得到发展中国家的接受,因为这种补偿标准很可能超出国有化国家的经济负担能力。

第三,给予"适当的"或"合理的"补偿。这是目前大多数发展中国家的主张。所谓适当的或合理的补偿的具体内容是指:原则上应给予补偿,这种补偿是实行国有化的国家财政能力所负担得了的并且双方协商同意,投资者也能接受的补偿。适当的或合理的补偿原则建立在公平互利、自然资源永久主权等国际法原则之上,目前已成为一项普遍性国际法原则。

三、中国关于国有化问题的立法与实践

改革开放以来,我国颁布的许多法规中对国有化问题都作了比较明确的规定。例如,《外资企业法》第5条规定:"国家对外资企业不实行国有化和征收;在特殊情况下,根据社会公共利益的需要,对外资企业可以依照法律程序实行征收,并给予相应的补偿。"《中外合资经营企业法》第2条第2款中也有类似的规定。2019年颁布的《外商投资法》第20条规定,国家对外国投资者的投资不实行征收。在特殊情况下,国家为了公共利益的需要,可以依照法律规定对外国投资者的投资实行征收或者征用。征收、征用应当依照法定程序进行,并及时给予公平、合理的补偿。[①] 这些规定表明,我国对外国投资者的财产一般不征收、不征用,更不会进行大规模的国有化。即使在将来非常的特殊情况下,确有必要没收、征用或国有化时,亦会给予外国投资者公平合理的补偿。

另外,我国同众多国家签订的双边投资协定中,对国有化及其补偿作了规定,其内容可以概括为以下几个方面:(1) 只有根据公共利益的需要,按照法律程序,并且是非歧视性的,才能对外国投资者的财产采取征收和其他相同效果的措施;[②](2) 征收所给予的补偿,其价值应与采取征收或其他相同效果的措施之时的被征收财产的实际价值相等;[③](3) 对投资的保护和补偿,如果有争议,可由双方协商解决。在一定时间内没有解决的,可提交仲裁。仲裁应根据双方所签的协定和一般国际法原则进行。

---

① 《外商投资法》自2020年1月1日起施行。《中外合资经营企业法》《外资企业法》《中外合作经营企业法》同时废止。

② 2010年《中国与尼日利亚双边投资协定》第4条"征收"第1款规定:缔约任何一方对缔约另一方的投资者在其领土内的投资不得采取征收、国有化或其他类似措施,除非符合下列条件:(一)为了公共利益;(二)依照国内法律程序;(三)非歧视性的;(四)给予补偿。

③ 2010年《中国与尼日利亚双边投资协定》第4条"征收"第2款规定:本条第1款第4项所提及的补偿,应等于征收公布前一刻被征收的价值,是可兑换的并能自由转移,该补偿的支付不应不合理地迟延且补偿包括按正常商业利率计算的利息。

特别值得注意的是,近年来,随着我国在国际投资领域的身份发生转换,由单向的"引资国"转为兼具"投资国"与"引资国"的双重身份,因此在我国近期与一些国家重新签订或新签订的双边投资协定中体现的立场与之前不同。比如对于国有化的补偿标准问题,我国目前强调的是"充分及时"的补偿,而非"适当"的补偿标准。比如在1986年的《中华人民共和国政府和比利时—卢森堡经济联盟关于相互鼓励和保护投资协定》中对于国有化的补偿问题仅规定:补偿,将以可兑换货币支付,不无故迟延地付给投资者,并可自由转移。而在2009年重新签订的协议中规定:该等补偿应等于在采取措施或措施公开之日投资的实际价值。该等补偿应以可兑换的货币支付。补偿的支付不应不合理地迟延,并应可自由转移。补偿应包括自确认其数额之日起到付款之日按正常商业利率计算的利息。

第四节　信托的法律适用

一、信托的含义

所谓信托(trusts),是指将自己的财产委托给足以信赖的第三者,使其按照自己的希望和要求,进行管理和运用的法律制度。

信托制度起源于英国,早在公元13世纪的英国,宗教势力很大,教徒们死后纷纷将土地和其他财产赠予教会,而当时的法律规定,对教会不能征税,因此这种遗赠严重影响了英国的封建主利益。于是英王亨利三世颁布了《没收法》,规定谁要把土地遗赠给教会,须经君主或诸侯的许可,否则就予以没收。为了摆脱该法的限制,土地所有人想出一个办法,即把土地委托给第三人使用并将经营土地的收益转交给教会。这种用益制(use)正是当今信托制度的发端。到16世纪,用益制逐渐演化为信托制度,以土地为主的信托发展为财产信托,个人信托发展为法人信托,无偿信托发展为营利信托。19世纪,英美法系国家相继发展和引入信托制度,而自20世纪以来,大陆法系国家比如日本、韩国、法国等也制定了关于信托的法律。

信托具有以下特征:它是基于信任关系而发生的;财产所有权和利益是相分离的;信托关系中有三方当事人,即信托人、受托人和受益人;信托的财产具有独立性,仅服从于信托之目的;受托人在其管理财产业务过程中,负有限责任;受托人管理财产具有连续性,不受受托人更迭等原因而影响其存续。

我国《信托法》第2条规定:"本法所称信托,是指委托人基于对受托人的信任,将其财产权委托给受托人,由受托人按委托人的意愿以自己的名义,为受益人的利益或者特定目的,进行管理或者处分的行为。"

二、信托的法律冲突及法律适用

（一）信托的法律冲突

信托制度在英美法系国家相当发达，一些大陆法国家也接受了信托制度。然而，英美法系与大陆法系的信托规定存在巨大的差别，主要表现在以下几个方面：

1. 信托成立的方式不同

比如，英美两国信托法规定的信托设立方式有契约、遗嘱与宣言，而日韩两国信托法规定的信托设立方式只有契约与遗嘱两种，禁止宣言信托的存在。

2. 信托当事人的资格要求不同

第一，对经营信托业务人的资格要求有不同。有的国家不允许自然人经营信托业务，有的国家允许自然人经营此业务；有的只允许银行兼营信托业务，有的不允许信托公司兼营银行业务等。

第二，对信托受益人资格的规定也多有不同，有的国家规定受托人不可以同时为受益人，有的国家规定受托人可以同时为受益人。比如我国《信托法》第43条规定：委托人可以是受益人，也可以是同一信托的唯一受益人；受托人可以是受益人，但不得是同一信托的唯一受益人。

3. 信托财产的范围不同

原则上说，除法律、行政法规禁止或限制流通的财产外，任何有财产价值的东西均可以成为信托财产。但也有例外，有些国家的法律明确规定其信托财产仅限于某些类型的财产。例如，《日本信托业法》第4条规定：信托公司不得对下列财产以外者承担信托：(1) 金钱；(2) 有价证券；(3) 金钱债权；(4) 动产；(5) 土地及其定着物；(6) 地上权及土地的承租权。《韩国信托业法》第10条规定：信托会社不得接受下列项目以外的财产信托：(1) 货币；(2) 有价证券；(3) 货币债权；(4) 流动资产；(5) 土地和建筑物；(6) 地产权、遗产权及土地租赁权等。[①]

4. 信托中的财产转让规定不同

有的国家法律规定，受托者取得信托财产的完全所有权，而受益者只拥有向受托人请求支付债权的权利；有的国家则规定受托者取得的财产权并非完全的所有权，而是对信托财产的排他性管理权，受益人对信托财产还享有一定限度的直接支配权。

5. 受托人责任不同

英美国家严格奉行受托人的有限责任。日本、韩国则奉行"补偿本金与补足

[①] 参见李群星：《论信托财产》，载《法学评论》2000年第1期。

利益条款"原则,即在受托人承受运用方式不特定的金钱信托时,可与委托人约定由受托人保证本金不受损失并保证最低收益率。若保证落空,即使受托人善尽职守,也得补偿本金或补足最低收益。

(二) 信托的法律适用

早期的信托大多是有关土地财产的信托,因此,物之所在地法原则被用于信托方面的法律适用。在20世纪上半叶之前,英国和加拿大的法院往往并不考虑其他连结点和可供选择的法律,只是满足于单纯适用物之所在地法或委托人的住所地法。

但在第二次世界大战以后,由于信托制度的发展,信托财产的范围不仅包括土地等不动产,而且还包括动产,再加上冲突规则的新发展,许多国家开始对信托法律适用采用灵活性、多样性的连结因素,准据法的系属公式也因此变得更加复杂。比如随着合同自体法、侵权自体法理论的产生,又出现了信托自体法的理论,即信托首先适用当事人选择的法律;若当事人无此明示选择,且不能依情况认定当事人选择的意向时,则适用与信托有最密切、最真实联系的法律。但对于不动产信托来说,物之所在地法仍是主要的冲突规则,因为不动产所在地往往有强制性的法律规定。

由于信托制度的复杂性和种类的多样性,英美学者大多主张根据信托的不同种类和不同问题,采用分割的方法来解决信托的法律适用。主要有如下几种做法:

第一,将信托分为遗嘱信托与生前信托。涉及不动产的遗嘱信托与生前信托,均适用不动产所在地法;而动产遗嘱信托的实质有效性由支配遗嘱的法律支配,适用遗嘱人死亡时的住所地;动产生前信托的实质有效性和解释均受其自体法支配。

第二,将信托分为动产信托与不动产信托。不动产信托,一般适用不动产所在地法;动产信托,一般适用信托自体法。

第三,把信托问题分为信托的有效性、信托的管理、信托的解释等几个方面分别确定其准据法。(1) 信托效力的法律适用。在形式效力方面,可以选择信托自体法、信托设立地法或者信托管理地法,只要其中一个能使信托形式有效即可;在实质效力方面,关于信托当事人的能力问题,一般认为由当事人的属人法支配,但也可适用信托自体法。其他实质要件则按照信托自体法解决。(2) 信托管理的法律适用。一般适用信托管理地的法律,如果管理地没有信托制度,则适用支配信托有效性的法律。(3) 信托解释的法律适用。通常也是适用信托自体法,但遗嘱信托的解释适用遗嘱人立遗嘱时的住所地法,不动产信托的解释适用不动产所在地法。

三、海牙《信托法律适用及其承认公约》

在国际私法领域,信托的法律适用规则极少且不统一。为了促进各国之间的合作,加强信托立法的统一性,1985 年第十五届海牙国际私法会议制定了《信托法律适用及其承认公约》(Convention on the Law Applicable to Trusts and on Their Recognition,简称《信托公约》)。[①] 该公约共五章 32 条,第一章是关于公约适用范围的规定;第二章是关于信托准据法的规定;第三章是关于信托承认的规定;第四章是关于一般条款的规定;第五章是最后条款。

（一）《信托公约》的适用范围

关于的适用范围,《信托公约》第 1 条规定,本公约适用于信托的准据法的确定及其承认。《信托公约》第 2 条对信托作了定义性描述:"为本公约的目的,'信托'指一个人,即委托人——在生者之间或因死亡——为受益人的利益或特定目的把财产置于受托人控制之下时,所产生的法律关系。""信托具有如下法律特征:(1) 财产构成独立的资金,且不是受托人财产的一部分;(2) 信托财产的所有权是以受托人的名义,或者以为受托人利益的其他人的名义;(3) 受托人就其所负责的方面,有权力和责任按照信托条款或法律规定的特别义务,管理、使用或处置财产。""受托人对某些权利的保留,以及受托人有权自己作为受益人的事实,并不必然与信托的存在相矛盾。"

（二）信托的准据法

《信托公约》第 6 条规定了意思自治原则,即信托首先适用当事人选择的法律。当事人所作的选择必须是明示的,或者隐含在订立或书面信托的文件的条款中。如果当事人所选择国家的法律中不存在信托制度,那么这种选择无效。

《信托公约》第 7 条规定了最密切联系原则,即如果当事人没有选择信托的准据法,或者当事人的选择被认为无效时,应适用与信托有最密切联系的国家的法律。公约还列举了与其有最密切联系的法律时应考虑的因素:委托人指定的信托管理地;信托财产所在地;受托人居所或营业所;信托的目的及其目的实现地。

《信托公约》第 8 条规定了信托的准据法的适用范围,即用于解决信托的有效性、解释、效力及其管理问题。此外,该条还规定了一些特别受准据法支配的事项:(1) 受托人的委派、辞职和撤换,受托人的能力,受托人职责的转移;(2) 受托人之间的权利和义务;(3) 受托人将其权利和义务全部或部分转移给

---

① 1992 年 1 月 1 日,《信托公约》正式生效。截至 2020 年 7 月,签署该公约的有澳大利亚、加拿大、中国香港、塞浦路斯、法国、意大利、卢森堡、摩纳哥、马耳他、荷兰、英国、美国、瑞士、圣马力诺、列支敦士登、巴拿马等 16 个国家和地区;其中澳大利亚、加拿大、意大利、卢森堡、摩纳哥、马耳他、荷兰、瑞士、英国、圣马力诺、列支敦士登、巴拿马、塞浦路斯已批准了该公约,该公约对它们已经生效。

他人的权利;(4)受托人管理或处分信托财产以及在信托财产上设定担保权益或取得新的财产的权力;(5)受托人进行投资的权力;(6)对信托期限及累积信托收益的限制;(7)受托人与受益人之间的关系,包括受托人对受益人负有的人身责任;(8)信托的变更和终止;(9)信托财产的分配;(10)受托人说明信托管理情况的义务。

(三)信托的承认

信托并非一种各国普遍采用的法律制度,除了英美法系国家外,很多大陆法系国家对信托制度是很不熟悉的。因此,《信托公约》各成员之间、成员与非成员之间便会发生对信托的承认问题。根据《信托公约》第11条规定,按照公约确定的冲突规则而成立的信托应被承认。该条规定:"这样的承认最低应意味着信托构成独立的资金,受托人可以受托人的身份起诉或应诉,而且可以以这种能力在公证人和任何代表官方能力的人面前出现或行为。至于信托要求或提供的准据法,这样承认特别意味着:(1)受托人的个人债权人对信托财产无返还追偿权;(2)信托财产不因受托人清算或破产而构成其财产的一部分;(3)信托财产不构成其婚姻财产或配偶的财产,也不因受托人死亡而构成其遗产的一部分;(4)在违反信托的情况下,如果受托人将财产与其自己的财产混合或者已转让信托财产,信托财产仍可以返还。财产的任何第三方持有人的权利和义务仍受法院地冲突规则确定的法律支配。"《信托公约》同时规定了不承认信托的情况:如果与信托有最密切联系的国家没有信托制度,对这种信托可不予承认。

除了以上规定,《信托公约》还对尊重各国强行法、公共秩序保留、排除反致等一般性问题作了规定。

四、中国关于信托法律适用的规定

《法律适用法》第17条对信托问题的法律适用首次作出了规定:"当事人可以协议选择信托适用的法律。当事人没有选择的,适用信托财产所在地法律或者信托关系发生地法律。"

可见,对信托的法律适用问题,我国采用当事人意思自治为首要原则,在当事人未选择法律时,适用信托财产所在地或者信托关系发生地这两个客观连结点所指向的法律。该法条一方面注意到信托关系的债权性,从而引入当事人意思自治原则;另一方面考虑到信托财产和信托行为的特点,在当事人没有选择法律时,规定在信托财产所在地法或者信托关系发生地法两者间择一适用。这种设计吸取了1985年《信托公约》的做法,兼顾了信托关系的债权和物权的双重属性。

此处的信托关系发生地一般指信托设立地。我国2001年《信托法》第8条规定:"设立信托,应当采取书面形式。书面形式包括信托合同、遗嘱或者法律、行政法规规定的其他书面文件等。采取信托合同形式设立信托的,信托合同签订时,信托成立。采取其他书面形式设立信托的,受托人承诺信托时,信托成立。"因此,信托设立地通常是指信托合同签订地、遗嘱订立地或受托人签订其他书面信托文件的地方。

[案例讨论与分析]

案例1 卡梅尔诉西韦尔案[①]

【案例简介】

一位俄国代理商受英国人卡梅尔的委托,要从俄国把一批货物运到英国港口城市赫尔,并将一份普通提单交付给英国商人。运输该货物的船是一艘德国船,由德国人担任船长。该船在挪威海域出事,但货物被运到岸上。根据挪威法律,在上述失事的情况下,船长有权出卖货物,善意买受人可以取得货物的所有权。但如果他不适当地出卖,则必须对原所有人承担责任。该批货物本来可以转船运往英国,但船长行使他的自决权,通过公开拍卖,将所载货物卖给了一位善意的第三者克劳斯。后来,克劳斯又将货物卖给了西韦尔,西韦尔又将该货物运到了英国。卡梅尔于是在英国法院提起诉讼,对该批货物主张权利,并要求被告赔偿其货物被非法占有所受的损失。按照英国的法律,船长无权转让上述货物。

【法律问题】

西韦尔取得货物所有权是否合法?应适用何国法律决定这批货物的归属?

【参考结论】

英国法院判定西韦尔拥有这批货物的所有权。

【分析评论】

该案件属于货物所有权取得是否合法的问题,应属于物之所在地法的适用范围。根据案情可知,该批货物所有权的转移和被告取得所有权的地点均在挪威,故应适用挪威法律。根据挪威法律的规定,船长在本案所发生的情况下,有权出卖货物,善意第三人可以合法取得货物的所有权,故西韦尔可以获得货物的合法所有权。

一般认为,如动产已依原所在地甲国法的条件作了处分后,其所在地变成乙国,即使此种处分未满足乙国法律规定的条件,也应认为处分有效;反之,如果甲

---

① Cammell v. Sewell (1860) 5 H. & N. 728.

国的处分不符合甲国法律规定的条件而转移至乙国,则即使满足乙国法律规定的条件,也不应认为已有效转移。因此,被告取得该批货物的所有权不因其后来被转移到英国而被剥夺。我国《法律适用法》第 37 条规定:"当事人可以协议选择动产物权适用的法律。当事人没有选择的,适用法律事实发生时动产所在地法律。"此处所指的法律事实发生时,如果置于此案背景下,即指货物在挪威被拍卖之时,所有权被合法转移给善意第三人,因而适用挪威法律,西韦尔可以获得货物的合法所有权。可见,我国法律的规定与英国法的做法也是一致的。

案例 2　阿伦德娱乐科技有限公司诉斯文·沃勒普财产权属纠纷案[①]

【案例简介】

1998 年 4 月 30 日,德国南方公司与德国人斯文·沃勒普签订了关于"摇摇乐"设备的租购合同。由于斯文·沃勒普迟延支付租金,南方公司于 2004 年 10 月 11 日宣布该租购合同终止。2005 年 6 月 3 日,南方公司与德国阿伦德公司签订买卖合同,约定阿伦德公司以 60000 欧元的价格,购买南方公司与斯文·沃勒普所签租购合同项下的"摇摇乐"设备,并约定南方公司以让与所有权给阿伦德公司的方式,代替交付。2004 年 1 月,斯文·沃勒普将"摇摇乐"设备运到中国。2004 年 3 月,斯文·沃勒普与香港天群公司签订租赁经营协议,参加天群公司组织的中国巡回表演活动,并约定在中国不同城市表演 25 场。阿伦德公司与斯文·沃勒普多次交涉,被告拒不交付。而第三人香港天群公司在原告不知情的情况下将包括"摇摇乐"设备在内的暂时进口整单货物转关至温州,原告因此蒙受重大经济损失。原告请求法院依据德国法律判令被告斯文·沃勒普停止侵权,将"摇摇乐"设备返还原告,并赔偿原告经济损失人民币 6 万元。

【法律问题】

被告斯文·沃勒普是否应当向原告阿伦德公司返还"摇摇乐"设备并赔偿原告经济损失人民币 6 万元?

【法院判决】

被告斯文·沃勒普应当向原告阿伦德公司返还"摇摇乐"设备。

理由是:依法成立的合同,受法律保护。南方公司与斯文·沃勒普签订的租购合同、南方公司与阿伦德公司签订的买卖合同均依德国法成立,受德国民法保护。任一合同双方均须按照合同的约定全面履行自己的义务。南方公司依约将"摇摇乐"设备交与斯文·沃勒普使用、收益,并保留对该设备的所有权,斯文·沃勒普应当依约向南方公司及时交付租金。根据《德国民法典》第 323 条"因不

[①]　(2005)锡民三初字第 029 号。

提供给付或虽提供给付但不合于合同而解除合同"的规定,在斯文·沃勒普迟延支付租金的情形下,其已违反合同基本义务,南方公司作为出租人通知其租购合同终止,符合德国法律规定。作为合同解除的法律后果,斯文·沃勒普应当向南方公司返还租赁物。同时,《德国民法典》第433条(2)款规定:买受人有义务向出卖人支付约定的买卖价款,并受取所买的物。该法第931条亦规定:第三人正在占有物的,可以以所有人将物的返还请求权让与给取得人的方式,代替交付。因此,阿伦德公司在支付合同约定的价款后,即取得受领"摇摇乐"设备的权利。由于南方公司与阿伦德公司在合同中明确,南方公司将其对"摇摇乐"设备的所有权及对占有人的返还请求权让与给阿伦德公司,代替其交付,因此阿伦德公司依据德国法律取得了对"摇摇乐"设备的所有权及对斯文·沃勒普的返还请求权。在阿伦德公司与南方公司所签购买合同依德国法发生法律效力之时,阿伦德公司即取得了支付对价而获取返还请求权的权利。《德国民法典》第985条规定,所有人可以向占有人请求返还物,因此阿伦德公司作为所有人有权向占有人斯文·沃勒普请求返还"摇摇乐"设备,而斯文·沃勒普在不存在该法第986条"占有人的抗辩"的情形下,必须向阿伦德公司返还占有。

至于原告阿伦德公司请求被告斯文·沃勒普赔偿其经济损失人民币6万元,因其未提供相应事实与法律依据,而仅主张依据商业惯例,本院不予支持。

【分析评论】

第一,本案系涉外案件,应首先确定准据法的适用。而在确定准据法的适用之前,首先面临的是本案纠纷的识别。法院在判决中将此案识别为侵权法律关系,继而依据《民法通则》第146条规定:侵权行为的损害赔偿,适用侵权行为地法律。当事人双方国籍相同或者在同一国家有住所的,也可以适用当事人本国法律或住所地法律。结合本案,原告阿伦德公司系德国法人、被告斯文·沃勒普亦系德国自然人,而且本案主要法律关系均发生在德国,就侵权法律关系的审理适用德国法律比适用侵权行为地中国法律更为便利,故本案就侵权法律关系的审理适用德国法律。

第二,确定被告是否应该返还"摇摇乐"设备的前提,是确认原告对该设备的所有权。该问题是在解决主要问题(即侵权问题)之前必须解决的一个问题,也就是国际私法中所称的先决问题。该先决问题也具有涉外性,有自身的冲突规范可以援引。原告主张其享有所有权的依据是其与南方公司签订的购买合同,故认定该事实必须审查购买合同的法律效力,这属于合同法律关系的范畴。《民法通则》第145条规定:涉外合同的当事人可以选择处理合同争议所适用的法律,法律另有规定的除外。涉外合同当事人没有选择的,适用与合同有最密切联系的国家的法律。原告与南方公司在购买合同中明确约定适用德国法律,故对合同关系的审理亦适用德国法律。因为此案发生的背景在《法律适用法》实施之前,依据当时有效的《民法通则》,并无涉外动产物权的冲突规范可以援引。如果置于现在的背景之下,此案也可以依据《法律适用法》第 37 条的规定:"当事人可以协议选择动产物权适用的法律。当事人没有选择的,适用法律事实发生时动产所在地法律。"由于本案中当事人双方选择了德国法,因此对于摇摇乐设备的所有权归属适用德国法判断。

案例 3　搜房控股有限公司与孙宝云证券纠纷案[①]

【案例简介】

2000 年 3 月,孙宝云进入搜房公司所属的北京搜房信息咨询有限公司工作,在二手房集团营销中心任职。2004 年 5 月 10 日,孙宝云与搜房公司签订《股票期权协议》,约定公司授予孙宝云若干股的期权,在该协议第二部分总则中约定:当受让人因其他原因终止同公司的雇佣关系时,则所授予的期权在雇佣关系终止日起的 30 天后终止,股票期权中尚不能行使的部分将失效。搜房公司于 2010 年 9 月在美国纽约证券交易所正式挂牌上市。

2008 年 1 月 1 日,孙宝云与北京搜房公司签订劳动合同书,约定:孙宝云在二手房集团总部担任大区总经理。合同期为 2008 年 1 月 1 日至 2010 年 12 月 31 日。2009 年 6 月 2 日,北京搜房公司和搜房公司人力资源部共同向孙宝云出具劳动合同解除通知书,该通知载明:2009 年 7 月 1 日与孙宝云解除劳动合同。2009 年 6 月 11 日,由北京搜房公司、搜房公司人力资源部盖章及孙宝云签字的《离职协议书》载明:"经双方友好协商,定于 2009 年 7 月 1 日解除劳动关系。" 2009 年 6 月至 2010 年 9 月,孙宝云多次与搜房公司联系并要求行权,但搜房公司始终未给孙宝云办理行权手续。2011 年 3 月 11 日,孙宝云诉至法院。

【法律问题】

本案是什么性质的纠纷?是有价证券纠纷还是合同纠纷?支配实体问题的准据法是什么?

【法院判决】

本案所涉《股票期权协议》系双方当事人于 2004 年 5 月 10 日签订,本案是涉外合同纠纷,原审法院依据《民法通则》第 145 条第 2 款的规定,确定本案适用中华人民共和国法律正确。

【分析评论】

第一,本案的法律适用首先取决于纠纷的定性。本案系涉外证券纠纷,究竟是适用《法律适用法》第 39 条关于有价证券的法律适用条款还是适用《民法通

[①] 北京市高级人民法院民事判决书(2012)高民终字第 1879 号。

则》第145条关于涉外合同关系法律适用的冲突规范呢？

搜房公司主张本案系证券纠纷,应适用《法律适用法》第39条规定,即本案应适用有价证券实现地美国法律。然而,《法律适用法》自2011年4月1日起开始施行。《最高人民法院关于认真学习贯彻执行〈中华人民共和国涉外民事关系法律适用法〉的通知》第3条规定,对《法律适用法》实施以前发生的涉外民事关系产生的争议,应当适用行为发生时的有关法律规定,如果行为发生时相关法律没有规定的,可以参照《法律适用法》的规定。本案所涉《股票期权协议》系双方当事人于2004年5月10日签订,原审法院依据《民法通则》第145条第2款的规定,确定本案适用中华人民共和国法律正确。

第二,再审法院也明确本案是涉外合同纠纷。孙宝云与搜房公司基于《股票期权协议》而产生的合同关系发生于《法律适用法》实施之前,应当适用行为发生时的法律确定合同准据法。当事人在该协议中没有约定处理争议所适用的法律,而协议签订地、被授予股票期权人孙宝云住所地及其为获得股票期权提供劳动服务的地点均位于中华人民共和国境内,一、二审法院根据《民法通则》第145条第2款的规定,认定与协议具有最密切联系的国家的法律为中华人民共和国法律,从而适用中华人民共和国法律解决本案争议,并无不当。本案纠纷涉及的是合同履行争议,不是物权纠纷中的有价证券权利争议,不应适用物权冲突规范的规定。搜房公司认为应参照《法律适用法》第39条的规定确定法律适用的申请再审理由不能成立。

第三,《法律适用法》第39条规定,"有价证券,适用有价证券权利实现地法律或者其他与该有价证券有最密切联系的法律",对涉外有价证券的法律冲突进行了规范,但在实践中,对于"有价证券权利实现地"以及"与该有价证券有最密切联系的法律",往往很难确定。因此,我国司法实践中适用该条文的概率很小,需进一步细化法律适用,使其更加具有可操作性。

 延伸阅读

1. 杜涛：《论物权国际私法中当事人意思自治原则的限度——兼评〈涉外民事关系法律适用法〉第37条》,载《上海财经大学学报(哲学社会科学版)》2012年第5期。

2. 陈国军：《论意思自治原则在动产物权法律适用中的限制》,载《政治与法律》2017年第5期。

3. 宋晓：《意思自治与物权冲突法》,载《环球法律评论》2012年第1期。

4. 郑珠玲：《涉外信托关系在司法实践中应如何定性——涉外信托冲突规范"零"适用的根源探索》,载《中国国际私法与比较法年刊》2018年第1期。

5. David McClean, Verónica Ruiz Abou-Nigm, *Morris: The Conflict of Laws*, 9th edition, Sweet & Maxwell, 2016.

 思考题

1. 论述物之所在地法原则的产生和发展。
2. 简述物之所在地法原则适用的例外。
3. 简评我国关于涉外物权法律适用的相关规定。
4. 简述我国在国有化方面的立场与实践。
5. 试述信托的法律适用原则。

第八章 涉外合同的法律适用

本章提要

在国际私法中,涉外合同属于涉外民事法律关系中的一种,即合同法律关系中的主体、客体或内容中有一项具有涉外因素。我们一般根据国籍标准或地域标准来判断这种涉外因素。与国内民法上的合同不同,涉外合同涉及不同国家或地区的法律冲突、如何来选择法律、在何种情况下可以适用外国法或国际条约以及强制性规则在这类合同中的适用问题。本章主要讨论这些问题,并重点分析我国涉外合同法律适用的理论与实践。

主要教学内容

1. 涉外合同法律适用的一般理论。
2. 中国现行法律中有关涉外合同法律适用的基本原则。
3. 合同法律适用中的意思自治原则和最密切联系原则。

教学目标

1. 准确理解合同"涉外"的几个标准。
2. 掌握涉外合同法律选择的基本方法。
3. 分析司法实践中涉外合同法律适用中的疑难问题。

第一节 涉外合同法律适用的一般理论

一、涉外合同的定义

合同是当事人之间设立、变更、终止民事权利义务关系的一种协议。国际私法上对涉外合同的界定主要从合同法律关系中是否包含涉外因素来判断,即合同关系中的主体、客体和内容中至少有一项与外国[①](或境外)有联系。例如,合

---

① 这里的外国不仅仅指国与国之间的法律冲突,也包括同一个国家内、不同地区民事法律冲突,即区际法律冲突。请参见第一章"中国区际法律冲突问题"。我们有时又用境外、域外、多法域等概念。

同缔结地在外国,合同当事人一方为外国人,合同在内国签订而履行地在外国,等等。在国际私法中,判断某一合同是否属于涉外合同一般有两个标准:一是国籍标准(nationality);二是地域标准(territory)。以地域为标准,又有营业地标准和行为地标准之分。例如,1980 年《联合国国际货物销售合同公约》(United Nations Convention on Contracts for the International Sale of Goods,CISG)[①]采用了营业地标准。该公约第 1 条第 1 款规定:"本公约适用于营业地在不同国家的当事人之间所订立的货物销售合同。"可见,同一国家的当事人只要在不同国家营业地之间签订的合同,也属于国际合同。

在我国,《法律适用法司法解释(一)》第 1 条规定:"民事关系具有下列情形之一的,人民法院可以认定为涉外民事关系:(一) 当事人一方或双方是外国公民、外国法人或者其他组织、无国籍人;(二) 当事人一方或双方的经常居所地在中华人民共和国领域外;(三) 标的物在中华人民共和国领域外;(四) 产生、变更或者消灭民事关系的法律事实发生在中华人民共和国领域外;(五) 可以认定为涉外民事关系的其他情形。"一般情况下,当合同法律关系中的主体、客体或内容中有一项具有涉外因素时,该合同即为涉外合同。

二、涉外合同的准据法

涉外合同不同于国内合同,因此不能一概适用国内有关合同的法律。当事人可以选择适用国际公约、外国法或内国法。例如,关于合同的生效、合同的形式、合同的无效与撤销、合同的解释等方面,大陆法系和英美法系国家的合同法就有很大差别。因此,对同一合同纠纷就会产生法律适用上的冲突。例如,当一个合同与几个国家(或地区)法律发生联系时,并且这些国家(或地区)的法律都竞相要求支配该合同,或都相互推诿管理时,就会产生该合同在法律适用上的冲突。

在国际私法上,解决合同法律适用上的冲突,关键是法律选择问题,即如何确定合同的准据法。从历史上看,合同准据法的选择主要经历了以下三个阶段[②]:

其一,以缔约地法确定合同准据法。适用缔约地法具有确定性和可预见性,

[①] 《联合国国际货物销售合同公约》是由联合国国际贸易法委员会主持制定的,1980 年在维也纳举行的外交会议上获得通过,于 1988 年 1 月 1 日正式生效。1986 年 12 月 11 日中国在提交核准书时,提出了两项保留意见:1. 不同意扩大《联合国国际货物销售合同公约》的适用范围,只同意《联合国国际货物销售合同公约》适用于缔约国的当事人之间签订的合同。2. 不同意用书面以外的其他形式订立、修改和终止合同。2013 年 1 月中国政府正式通知联合国秘书长,撤回对《联合国国际货物销售合同公约》所作"不受公约第 11 条及与第 11 条内容有关的规定的约束"的声明,不再严格要求合同采用书面形式,该撤回已于 2013 年 8 月 1 日正式生效。

[②] 参见韩德培主编:《国际私法新论》,武汉大学出版社 1997 年版,第 289 页。

符合国际私法产生之初社会发展和国际贸易的实际需要。因此,在很长时期里这种理论一直在合同法律适用上占统治地位,并持续到19世纪上半叶才逐渐退出历史舞台。

其二,以当事人意思自治原则确定合同准据法。自16世纪法国的杜摩林提出意思自治学说后,在合同领域出现了依当事人主观意向确定合同准据法的做法。1865年《意大利民法典》首次在立法中明确了这一原则,该法第25条规定:"因契约发生之债,双方当事人有共同国籍的,适用本国法;没有共同国籍的,适用缔约地法。但任何情况下,如果当事人另有意思表示,则遵从当事人的选择。"[1] 自此,当事人意思自治原则便成为各国确定合同准据法最为普遍的原则,并被许多国家的立法所采纳。

其三,以当事人意思自治原则为主,以最密切联系原则为辅确定合同准据法。这一理论是在英国法学家提出"The Proper Law of Contract"[2](国内大多译为"合同自体法")方法后出现的。进入20世纪后,当事人意思自治原则虽然为各国解决涉外合同法律适用的主要原则,但新出现的最密切联系说、特征性履行说和利益分析说等理论也占有十分重要的地位。将当事人意思自治原则与最密切联系原则相结合,是构成"合同自体法"的基本要素,而具体的特征性履行方法、利益分析方法则为确定最密切联系提供了分析方法。

三、涉外合同法律适用的理论与原则

(一)主观论与客观论

对于涉外合同的准据法,在各国立法与司法实践中存在"主观论"和"客观论"两种主张。

1. 主观论

主观论认为,合同的成立及效力问题应按当事人的意思来决定其应适用的法律。在国际私法上,主观论的观点被称为当事人意思自治原则(The Principle of Autonomy of the Parties),在现代国际私法中这一原则已被大多数国家所接受。

在国内立法上,自1865年《意大利民法典》最早在立法上明确接受当事人意思自治原则以来,许多国家的立法都明确规定了这一原则。例如,1978年

---

[1] 赵相林主编:《国际私法》,中国政法大学出版社2005年版,第161页。
[2] 合同自体法理论(The Proper Law of Contract Theory)最早是由牛津大学的法学教授戴西(Dicey,1835—1922)提出的。在我国一般理解为:合同自体法原则实际上是意思自治原则和最密切联系原则的结合,即肯定意思自治原则的优先地位,又以最密切联系原则作为补充。

《奥地利联邦国际私法》第 35 条第 1 款①、1986 年《联邦德国国际私法》第 27 条第 1 款②、1987 年《瑞士联邦国际私法》第 116 条第 1 款③等都有类似的规定。美国自 1971 年《美国第二次冲突法重述》后也接受了这一原则。④ 在国际条约中，一些有关合同法律适用的公约都明确了意思自治原则。例如，1955 年海牙《国际有体动产买卖法律适用公约》第 2 条第 1 款⑤、1978 年海牙《代理法律适用公约》第 5 条第 1 款⑥、1986 年海牙《国际货物买卖合同法律适用公约》第 7 条第 1 款⑦以及 1980 年《罗马公约》第 3 条第 1 款⑧都接受了当事人意思自治原则。

近年来，从各国的立法和司法实践来看，对当事人意思自治原则的适用也有一些变化。比较一致的做法是，当事人所选择的法律应该是实体法，而不包括一个国家的冲突法；所选择的法律不能与该国的强制性规则相冲突；所选择的法律不能损害第三人的权利；等等。此外，重视法律选择的政策导向已成为各国对当事人意思自治进行限制的趋向。例如，一部分采用"直接适用的法"⑨的某些特殊合同排除了当事人的意思自治。如有关消费者权益保护方面的合同就属此类。

2. 客观论

与主观论观点相反，客观论认为，合同的成立及效力问题与当事人的意思无关，而与一定的场所（或地域）有某种客观联系。这些客观标志主要有以下几个：(1) 合同缔结地和合同履行地，按行为地法原则；(2) 法院地或仲裁机构所在地，按法院地法原则；(3) 合同当事人国籍或住所地，按属人法原则；(4) 合同标的物所在地，按物之所在地法原则。

客观论是以单一的准据法原则来确定各类不同合同的法律适用，因而缺乏灵活性和针对性。尤其是对某些复杂的合同，这些客观标志往往过于机械、僵化，无法保证合同法律适用的公正性和合理性。在当代国际私法中，当事人意思自治原则已成为合同法律适用的首要原则，而客观论主要在当事人未选择法律时作为一种辅助方法来确定合同的准据法。

---

① 1978 年《奥地利联邦国际私法》第 35 条第 1 款规定："合同之债依照当事人明示或者默示选择的法律。"参见邹国勇译注：《外国国际私法立法选译》，武汉大学出版社 2017 年版，第 160 页。
② 1986 年《联邦德国国际私法》第 27 条第 1 款规定："契约依当事人选择的法律。当事人可以为整个契约或只为契约的某个部分选择法律。"参见蒋新苗、杨翔主编：《国际私法》，湖南人民出版社 2003 年版，第 267 页。
③ 1987 年《瑞士联邦国际私法》第 116 条第 1 款规定："合同适用当事人所选择的法律。"参见余先予主编：《国际私法学》，中国财政经济出版社 2004 年版，第 548 页。
④ 参见韩德培主编：《国际私法新论》，武汉大学出版社 1997 年版，第 295 页。
⑤ 参见中华人民共和国外交部条约法律司编：《海牙国际私法会议公约集》，法律出版社 2012 年版，第 19 页。
⑥ 同上书，第 117 页。
⑦ 同上书，第 13 页。
⑧ 参见肖永平主编：《欧盟统一国际私法研究》，武汉大学出版社 2002 年版，第 479 页。
⑨ 具体请参见本章第四节"直接适用的法"。

(二) 统一论与分割论

由于合同的种类很多,内容也越来越复杂,在实践中我们经常会碰到这样一个问题:合同的所有问题是受一个准据法支配,还是受不同法律的支配?对此,各国的立法与司法实践有不同的做法。有的国家主张,合同的准据法应适用于合同的所有领域,即合同准据法同时支配和合同有关的所有问题。这种观点通常被称为"统一论";也有的国家认为,应该对合同进行分割,把合同的各种问题或各个环节分解开来,分别适用所选择的法律。这种观点通常被称为"分割论"。

1. 统一论

统一论又称整体法,主张一项合同应该是一个整体,如当事人缔约能力、合同形式、合同成立及效力等,因而合同的履行、解释、解除等都应该由一个法律支配。①

2. 分割论

分割论又称分割法,主张合同的不同方面,如缔约能力、合同形式、合同成立及合同效力等,应分别适用不同的法律。从各国的立法和司法实践来看,大多数国家在合同法律适用领域都不同程度地采用分割论。

2007年《最高人民法院关于审理涉外民事或商事合同纠纷案件法律适用若干问题的规定》②第2条规定:"本规定所称合同争议包括合同的订立、合同的效力、合同的履行、合同的变更和转让、合同的终止以及违约责任等争议。"我国法律除了把合同当事人缔约能力、合同形式这两个方面从合同中分割出来适用特殊规定之外,对合同其他问题,诸如合同成立、效力、履行、解释等争议问题都应适用合同准据法来解决。可见,在司法实践中我国偏重于采用分割法来处理涉外合同中的法律适用问题。

(三) 最密切联系原则

直到20世纪50年代,美国首先在司法实践中突破了传统的确定合同准据法的方法,在主观论与客观论以外,采用新的确定合同准据法的方法,即合同领域"最密切联系原则"(The Doctrine of the Most Significant Relationship)。这一原则的基本含义是,确定合同准据法的依据不是单一的连结点,而是一系列弹性的连结因素。这些因素不仅仅是合同的缔结地或履行地,而是从该合同的综合因素考虑,分析合同与哪一个国家(或地区)有最密切联系。根据这一原则,法

---

① 参见李双元:《国际私法(冲突法篇)》(修订版),武汉大学出版社2001年版,第503—504页。
② 虽然该司法解释已被2013年《最高人民法院关于废止1997年7月1日至2011年12月31日期间发布的部分司法解释和司法解释性质文件(第十批)的决定》废止,但现行有效的2005年最高人民法院《第二次全国涉外商事海事审判工作会议纪要》第46条中同样规定:"合同争议包括合同是否成立、成立的时间、效力、内容的解释、履行、违约责任,以及合同的解除、变更、中止、转让、终止等争议。"因此,对于"合同争议"的界定,我们仍然可以参照该司法解释的第2条。

院或仲裁机构在审理某一合同案件时,必须分析该案的具体情况,对案件作全面、综合的考虑,以便作出公正、合理的裁决。

由于这种方法弹性大,会带来主观随意性,不同的法官由于判断标准不同,可能会产生不同的法律后果,这将影响法律适用的确定性和可预见性。因此,一些国家在接受这一原则时采取了某些相应的措施。其中,影响最大的是大陆法系国家提出的"特征性履行方法"(The Doctrine of Characteristic Performance)。这种方法是对最密切联系原则具体化的一种判断方法,即在合同当事人未选择合同准据法的情况下,根据合同的特殊性质确定该合同的法律适用。

(四) 自体法理论

合同自体法这个概念是英国学者首先提出来的。合同自体法是当事人明示选择的法律,当事人没有明示选择法律时,根据合同的条款、性质和案件的情况推断当事人意图适用什么法律,如果当事人意图不明确,不能通过情况推断的,合同受与其有最密切、最真实联系的法律支配。[①] 可以这样认为,合同自体法理论是合同法律适用上主观论与客观论的协调和结合,平息了主观论与客观论的争论。它既肯定了当事人意思自治原则,又补充了当事人意思自治原则的不足,即在当事人没有选择法律的情况下可以推断出某种法律选择。同时,它还把最密切联系原则吸收进来,在另一个层次上保证了法律适用方法的灵活性,有利于维护当事人和有关国家的利益。[②]

目前,在各国的立法与司法实践中一般都规定:合同适用当事人所选择的法律,当事人未作选择时,适用与合同有最密切联系的法律。例如,1971 年《美国第二次冲突法重述》第 6 条[③]、1980 年《罗马公约》第 4 条第 1 款[④]、1986 年海牙《国际货物买卖合同法律适用公约》第 8 条[⑤]等都采用了当事人意思自治原则加最密切联系原则的方法。我国立法与司法实践也接受了这种理论。早在 1985 年制定的《涉外经济合同法》第 5 条[⑥]就确立了当事人自治原则和最密切联系原则。1986 年颁布、2009 年修订的《民法通则》第 145 条[⑦],1992 年《海商法》第 269

---

① See Lawrence Collins(ed.), *Dicey and Morris on the Conflict of Laws*, 12th edition, *Sweet & Maxwell*, 1993, p.1189.
② 参见韩德培主编:《国际私法新论》,武汉大学出版社 1997 年版,第 302 页。
③ 参见高晓力:《国际私法上公共政策的运用》,中国民主法制出版社 2008 年版,第 62 页。
④ 参见肖永平主编:《欧盟统一国际私法研究》,武汉大学出版社 2002 年版,第 480 页。
⑤ 参见中华人民共和国外交部条约法律司编:《海牙国际私法会议公约集》,法律出版社 2012 年版,第 14 页。
⑥ 1985 年《涉外经济合同法》第 5 条规定:"合同当事人可以选择处理合同争议所适用的法律。当事人没有选择的,适用与合同有最密切联系的国家的法律。在中华人民共和国境内履行的中外合资经营企业合同、中外合作经营企业合同、中外合作勘探开发自然资源合同,适用中华人民共和国法律。中华人民共和国法律未作规定的,可以适用国际惯例。"
⑦ 2009 年《民法通则》第 145 条规定:"涉外合同的当事人可以选择处理合同争议所适用的法律,法律另有规定的除外。涉外合同的当事人没有选择的,适用与合同有最密切联系的国家的法律。"

条①,以及 1995 年颁布、2018 年修订的《民用航空法》第 188 条②也作了类似的规定。1999 年《合同法》第 126 条③沿用了《民法通则》和《涉外经济合同法》的规定。2010 年《法律适用法》第 41 条明确规定:"当事人可以协议选择合同适用的法律。当事人没有选择的,适用履行义务最能体现该合同特征的一方当事人经常居所地法律或者其他与该合同有最密切联系的法律。"2017 年《民法总则》第 5 条也指出:"民事主体从事民事活动,应当遵循自愿原则,按照自己的意思设立、变更、终止民事法律关系。"可见,我国的立法也吸收了"合同自体法"理论。

第二节 当事人意思自治原则

一、意思自治原则的提出

当事人意思自治原则来源于国内合同法上的"私法自治"观念,即合同当事人可以选择支配合同的法律规范,以取代立法中的非强制性规范。在涉外合同准据法的选择中,当事人可以通过协商一致的意思表示,选择合同应受哪一国或地区的法律支配。当事人关于合同准据法的协议选择通常(但并不总是)体现在合同的"法律选择条款"(choice of law clause)之中。④

法国法学家杜摩林是人们公认的当事人意思自治原则的奠基人。16 世纪的法国长期处于法律不统一的状态,导致各省在法律适用问题上一律采取属地主义,严重阻滞了商品经济的发展。杜摩林为了克服这种弊端,主张在契约关系中适用当事人自主选择的法律。他的这一思想被 17 世纪荷兰法学家胡伯所吸收,胡氏也认为虽然契约关系原则上应适用缔约地法,但是如果契约当事人在心目中已有其他考虑时,则缔约地法就不应适用,而应适用当事人另有考虑的法律。⑤ 到了 18 世纪,曼斯菲尔德(Manthfield)法官通过"Robinson v. Bland"一案将当事人意思自治原则引入英国普通法,主张在一般情况下,合同受缔约地法的支配,但当事人在缔约时曾考虑另一国的法律,则应属例外而适用当事人选择

---

① 1992 年《海商法》第 269 条规定:"合同当事人可以选择合同适用的法律,法律另有规定的除外。合同当事人没有选择的,适用与合同有最密切联系的国家的法律。"

② 2018 年《民用航空法》第 188 条规定:"民用航空运输合同当事人可以选择合同适用的法律,但是法律另有规定的除外;合同当事人没有选择的,适用与合同有最密切联系的国家的法律。"

③ 1999 年《合同法》第 126 条规定:"涉外合同的当事人可以选择处理合同争议所适用的法律,但法律另有规定的除外。涉外合同的当事人没有选择的,适用与合同有最密切联系的国家的法律。在中华人民共和国境内履行的中外合资经营企业合同、中外合作经营企业合同、中外合作勘探开发自然资源合同,适用中华人民共和国法律。"

④ 参见杜涛:《国际私法原理》(第二版),复旦大学出版社 2018 年版,第 195 页。

⑤ 参见李双元:《国际私法(冲突法篇)》(第三版),武汉大学出版社 2016 年版,第 253 页。

的法律。① 19世纪,马歇尔(Marshall)法官通过"Wayman v. Southard"将当事人意思自治原则引入美国。②

经过几个世纪的发展演变,当事人意思自治原则已经成为确定合同准据法的首要原则。目前,大多数国家在合同法律适用领域都接受了这一原则。

二、意思自治原则的范围

大多数国家立法和国际公约都规定,当事人依据意思自治原则所选择的法律仅限于被选国家的实体法,不包括冲突法。除此之外,这些立法对当事人自主选择的法律还有其他限制,主要有以下三个方面:

(一)不得违背有关国家法律中的强制性规范

1804年《法国民法典》第3条第1款规定:"凡属关于警察与治安的法律,均不得因当事人的意思而加以违背或规避;也不得适用意思自治而受他国法律支配。"可见,当事人选择法律首先受到强制性规范的限制,当事人不能通过选择外国法律而规避本应适用于该合同的有关国家法律中的强制性规范。许多国家现行的国际私法也都规定了强制性规范的优先适用。例如,1986年《联邦德国国际私法》第34条③、1987年《瑞士联邦国际私法》第18条④、2001年《俄罗斯联邦民法典》第1192条⑤等。一些国际条约也有类似的规定。例如,2008年《罗马条例Ⅰ》第9条第1款规定:"优先适用的强制性条款是指,被一国认为对维护该国公共利益,尤其是对维护其政治、社会和经济组织的利益至关重要而必须遵守的强制性条款,以至于对属于其适用范围的所有情况,不论根据本条例适用于合同的是何种法律,它们都必须予以适用。"⑥

(二)当事人选择的法律应是某一国家(或地区)的实体法

根据1896年《德国民法施行法》第27条,当事人所选择的法律应属某一特定国家的国内法,而不能是"非国家"的法律规范,例如商人法(lex mercatoria)。1980年《罗马公约》也明文规定了这一点。欧盟成员国后来在制定《罗马条例Ⅰ》

---

① Robinson v. Bland, 2 Burr. 1077 (1760).
② Wayman v. Southard, 23 U. S. 1 (1825).
③ 1986年《联邦德国国际私法》第34条规定:"本节规定不影响德国法律中强行规范对合同的适用。"参见杜涛、陈力:《国际私法》,复旦大学出版社2004年版,第256页。
④ 1987年《瑞士联邦国际私法》第18条规定:"本法不影响瑞士强行规范的适用,该强行规范由于其特定目的,无论本法指引的法律为何,都必须适用。"参见杜涛、陈力:《国际私法》,复旦大学出版社2004年版,第256页。
⑤ 2001年《俄罗斯联邦民法典》第1192条规定:"本编的规定不影响俄罗斯联邦立法的那些强制性规范的效力,它们因为法律的明文规定或者由于其特殊意义(包括为了保障民事交往当事人的权利和受法律保护的利益)而无论准据法为何国法律均应适用于相关的法律关系。"参见杜涛、陈力:《国际私法》,复旦大学出版社2004年版,第256—257页。
⑥ 邹国勇译注:《外国国际私法立法选译》,武汉大学出版社2017年版,第462页。

时发生争议,一些国家主张当事人可以协议选择商人法,如《国际商事合同通则》《欧洲合同法原则》,但是该观点被否决。2008 年《罗马条例 I》只是在前言第 13 项中提到,"本条例不阻止当事人将非国家的法律条文或国际条约并入合同"。①1971 年《美国第二次冲突法重述》第 187 条第 3 款也规定当事人应当选择国或州的法律。因此,原则上"非国家"的法律规范不能作为准据法被当事人选择适用。但是在国际商事仲裁中,也有观点认为当事人可以选择"非国家"的法律规范支配其合同。

(三)当事人选择的法律是否应当与合同有"实际联系"

当事人是否可以选择与合同没有实际联系的法律,各国做法不同。一些国家要求当事人不得选择与合同毫无联系的法律。也就是说,当事人只能选择合同缔约地、履行地、物之所在地、当事人住所地或国籍国等相关的法律。例如,1966 年《波兰国际私法》第 25 条第 1 款规定:"契约债权依当事人所选择的法律,但所选择的法律与该法律关系要有一定联系。"②1952 年《美国统一商法典》第 1-105 条规定:"如果一项交易同时与本州和它州或它国有合理联系,当事方可以协议选择本州法律或它州或它国法律作为确定他们权利和义务的法律。"③

在晚近国际私法立法中,一些国家不再要求当事人必须选择与合同具有实际联系的法律。例如,2013 年《俄罗斯联邦民法典》第 1210 条第 1 款规定:"合同当事人可以在订立合同时或嗣后通过协议选择适用于该合同权利和义务的法律。"④2008 年《罗马条例 I》第 3 条第 1 款规定:"合同由当事人选择的法律支配。选择必须是明示的,或者通过合同条款、案件情况予以阐明。当事人可以自行选择将法律适用于合同的全部或部分。"⑤

第三节 最密切联系原则

一、最密切联系原则的提出

最密切联系原则是当代冲突法中一个很重要的理论,20 世纪 50 年代在美国的司法实践中首先得到运用,并在以后的立法中被许多国家采纳。1971 年里斯(Reese)教授在编纂《美国第二次冲突法重述》时提出了最密切联系原

---

① 参见杜涛:《国际私法原理》(第二版),复旦大学出版社 2018 年版,第 211 页。
② 黄进:《国际私法学》,法律出版社 2000 年版,第 100 页。
③ 江平主编:《中国新合同法全书》,中国人民公安大学出版社 1999 年版,第 1693 页。
④ 邹国勇译注:《外国国际私法立法选译》,武汉大学出版社 2017 年版,第 98 页。
⑤ 同上书,第 457—458 页。

则,并对这一原则在合同和侵权领域的运用作了具体规定。例如,《美国第二次冲突法重述》第 188 条规定:"如果合同当事人未明确达成法律选择协议,他们的权利义务关系不是适用合同缔结地法,而是适用与合同具有最密切联系地的法律。"①

以下两个判例是美国运用最密切联系原则的经典案例。一是 1954 年的"Auten v. Auten"案。② 在这个案件中,富德(Fuld)法官采用了"重力中心地"(center of gravity)和"关系聚集地"(grouping of contacts)这些概念来确定法律选择方法。二是 1963 年的"Babcock v. Jackson"案。③ 在这个案件中,富德法官进一步发展了他的上述思想,明确指出准据法应当是解决某个特定问题时具有最大利益的那个州的法律。这些思想表明,法律选择应该考虑与某个特定问题有关的连结因素,通过这些连结因素才能找到应该适用的准据法。在合同法律适用领域,最密切联系原则是指合同双方当事人在没有选择法律或选择无效的情况下,由法院依据这一原则在与该合同法律关系有联系的国家中,选择一个与该法律关系本质上有联系且利害关系最密切的国家(或地区)的法律予以适用。

二、最密切联系原则的运用

自从美国提出最密切联系原则后,许多国家在立法和司法实践中都采纳了这一原则。在实践中,作为连结点的最密切联系是抽象的,其弹性带来的不确定性是各国司法实践碰到的主要问题。对于如何确定最密切联系地,各国认定的方法和标准也不同。

(一) 合同要素分析法

英美法系国家通常运用"利益分析""合同要素分析"等方法来判定何为最密切联系。法官在审理一起国际合同纠纷时,往往根据案件的具体情况分析合同与哪一个国家存在最密切联系。

1. 进行"量"的分析。法官会确定合同的基本要素总量,这是对合同要素进行量的分析的基础。一般来说,合同的基本要素包括:(1) 合同谈判地;(2) 合同缔结地;(3) 合同履行地;(4) 合同标的物所在地;(5) 合同当事人的住所地(营业地或惯常居所地);(6) 合同当事人的国籍;(7) 合同的形式特点;(8) 合同使用的术语;(9) 合同使用的文字;(10) 合同所约定的支付价金的货币;(11) 合同的经济、社会意义;(12) 合同中司法管辖权的合意或仲裁地的选择;④等等。然后,法官会分析这些合同要素在有关国家中的分布情况。如果在数量上集中在

---

① American Law Institute, Restatement of the Law, Second: Conflict of Laws, 1971.
② See J. H. C Morris, *The Conflict of Laws*, 3rd edition, Stevens & Sons, 1984, p. 326.
③ Ibid., pp. 509-531.
④ 参见李旺:《国际私法新论》,人民法院出版社 2001 年版,第 289 页。

某一个国家或地区即为最密切联系地。当然,如果合同要素相对均衡地处于两个或两个以上国家,那么仅仅依靠量的分析不足以确定与合同有最密切联系的国家。

2. 进入"质"的分析。"质"的分析通常采取两种方式进行,即一般分析和特殊分析。一般分析是指对合同诸要素进行一般的、抽象的分析。首先,排除地位较弱的合同要素,它们对于确定与合同有最密切联系的国家通常没有什么重要意义。例如,合同所使用的文字和合同所约定的支付价金的货币。其次,关注地位较强的合同要素,它们对确定与合同有最密切联系的国家起着关键作用,如合同中的法院选择条款。最后,考察地位会发生变化的合同要素,它们对于确定最密切联系国家的作用视合同类型而定。这就需要进行特殊分析。特殊分析是指针对不同种类的国际合同和不同特点的合同争议,对合同要素所作的具体分析。例如,在国际货物买卖合同中,当事人双方营业地对于确定最密切联系国家并不起到决定性作用,但是在国际保险合同中,保险人的营业地常常是颇具分量的合同要素,因为保险的经营活动通常在其营业地进行。①

合同要素分析法是一个综合分析方法,通过对合同各种因素进行"量"与"质"的综合分析,确定合同的"重心",进而确定合同的准据法。这种方法的优点是:法官可以根据不同案件的不同情况,就合同与哪一个国家存在最密切联系进行客观分析,有助于保证法律适用结果的合理性。这种方法的缺点是:不同的法官,由于观念、学识和经验的不同,即使面对情节相同的案件,也可能选择不同国家的法律,这就导致法律适用的不确定性。

(二)特征性履行说

大陆法系国家为了避免法律适用的不确定性,通常使用"特征性履行原则"来确定最密切联系地。特征性履行说(Characteristic Performance)又称特征性履行原则或特征性债务原则(The Doctrine of Characteristic Performance, The Doctrine of Characteristic Obligation),是由瑞士学者施耐策(Schnitzer)提出的,其基本含义是:在涉外合同当事人未选择合同的法律适用时,根据合同的特征性履行性质来确定合同的法律适用;其目的是:与最密切联系原则相结合,克服最密切联系原则在实践操作中的盲目性,使合同准据法的确定具有确定性和可预见性。可以说,这是大陆法系国家在接受最密切联系原则时所采取的限制法官自由裁量权的一种措施。

一般认为,能够反映合同本质特征的一方当事人的履行行为,就是特征性履行行为。例如,买卖合同中卖方的交货行为是该合同的特征性履行行为,因为卖方的交货义务体现了买卖合同的特征,从而使该合同区别于劳务合同或保险合

---

① 参见陈力新、邵景春:《国际私法概要》,光明日报出版社1988年版,第211—216页。

同。这里,卖方的履行就构成了合同的"特征履行"。同样,在双务合同中,一方当事人要支付货币来履行义务,另一方当事人则为非金钱履行,如交货、提供劳务。在一般情况下,金钱履行那一方的履行义务较为简单,这也是所有买卖合同的共性。而非金钱履行的履行义务较为复杂,不同类型的合同其履行的内容各不相同。正是这种复杂性决定了各种合同的种类和特征,而这一特征为我们判断特征性履行行为提供了依据。

从各国立法来看,主要采用三种方式来规定这一原则。

其一,在立法中直接规定采用"特征性履行原则"。例如,1966年《波兰国际私法》第27条规定:"(1)当事人住所不在同一国内,又未选择法律时,依下列法律:动产买卖契约,依卖主缔结契约时之住所地法;承包、代理、委托等契约,依承包人、代理人、寄售人缔结契约时住所地法;保险契约,依保险人缔结契约时住所地法;出版契约,依发行人缔结契约时住所地法;(2)当事人的住所无法确定时,依契约缔结地法;(3)对承包作业的契约,依承包企业主要住所地法。"

其二,在立法中明确最密切联系原则是法律适用的基本原则,并以特征性履行方法作为确定最密切联系的依据。例如,1978年《奥地利联邦国际私法》规定最密切联系原则是奥地利国际私法法律适用的一项基本原则,同时对一些具体合同的法律适用又采纳了特征性履行方法。该法第36条规定:"主要由一方负担金钱债务的双务合同,依他方有习惯居所的国家的法律;如主体是法人,则以常设营业所作为习惯居所。"

其三,在立法中规定采用特征性履行原则的例外情况。例如,1987年《瑞士联邦国际私法》第117条规定:"当事人没有选择法律时,合同由与之有最密切联系的国家的法律支配。作为特征性履行的当事人一方的习惯居所地国家或营业地国家,视为合同与之有最密切的联系。"该法第15条第1款又规定:"根据所有情况,如果案件与本法指定的法律明显地仅有松散的联系,而与另一法律却具有更密切的联系,则作为例外,不适用本法所指定的法律。"

尽管许多国家对特征性履行说持肯定态度,但也有一些学者对这一方法提出了批评。他们认为,特征性履行方法是相当武断的。它的范围太窄,不能覆盖许多类型的合同;它降低了付款方法律的重要性,而付款虽不是特征性履行,却常常构成重力中心和合同的社会经济功能;而且因为特征性履行并不总是容易确定,也会出现结果的不确定性。所以,特征性履行方法仍然只能是确定合同准据法的辅助方法。[①]

---

① 参见韩德培主编:《国际私法新论》,武汉大学出版社1997年版,第301页。

第四节 直接适用的法

一、直接适用的法的提出

直接适用的法(loi d'application immediate,或 Directly Applicable Law)是指一国为维护其政治、经济和社会制度而制定的专门适用于某些特殊的涉外民商事关系的强制性规范。由于此种法律规范的适用不依赖于冲突规范的指引,而是基于其所体现的政策和利益以及所承载的社会功能,因此直接适用于有关的涉外民商事关系。这个概念由法国法学家弗朗西斯卡基斯首先提出,之后被大多数国家采纳。

直接适用的法体现了国家权力逐渐渗透到涉外民商事领域,各国不仅在实体法中制定出一些必须遵守的强制性规范,而且在冲突法中排除冲突规范的指引和当事人意思自治原则的运用,以确保强制性规范在涉外民商事关系中的直接适用或优先适用。例如,1986 年《联邦德国国际私法》第 34 条、1987 年《瑞士联邦国际私法》第 18 条、1995 年《意大利国际私法制度改革法案》第 17 条[①]、2001 年《俄罗斯联邦民法典》第 1192 条、1980 年《罗马公约》第 7 条第 1 款[②]、2008 年《罗马条例 I》第 9 条第 1 款均属此类规定。

二、直接适用的法的运用

在各国司法实践中,对哪些是直接适用的法的认定有宽和严两种模式。根据一些国家的司法实践,有关进出口条例、价格和交易条例、反垄断法的规则以及有关建筑师和工程师报酬确定的规则、有关承租人保护的规则、有关保护残疾雇员的规则等,均被认定为强制性规则。[③] 这些都是直接可以适用的法。法国法院采取比较宽松的认定标准,它将保护弱方当事人的规则确认为国际性的强制性规则。有关雇员的规则、消费者保护法、有关作品披露的著作权法规则以及建筑领域中允许分包商直接起诉的法律,均被认定为强制性规则。[④]

[①] 参见杜涛:《国际私法的现代化进程——中外国际私法改革比较研究》,上海人民出版社 2007 年版,第 279 页。

[②] 1980 年《罗马公约》第 7 条第 1 款规定:"根据本公约适用某一国的法律时,如依其情况,与另一国有着密切的关系,则该另一国法律的强制性规定,得认为有效,但必须依该另一国的法律,亦不论何种法律适用于该合同均必须适用此种强制性规定时为限。在考虑是否认为此种强制性规定为有效时,应注意此种规定的性质和目的,以及其适用或不适用的后果。"参见肖永平主编:《欧盟统一国际私法研究》,武汉大学出版社 2002 年版,第 482 页。

[③] See Richard Plender and Michael Wilderspin, *The European Private International Law of Obligations*, 3rd edition, 2009, Sweet & Maxwell, p. 340.

[④] Ibid., p. 341.

我国《法律适用法》第 4 条规定:"中华人民共和国法律对涉外民事关系有强制性规定的,直接适用该强制性规定。"由于该条规定较为原则抽象,最高人民法院在《法律适用法司法解释(一)》第 10 条中又作出细化规定:"有下列情形之一,涉及中华人民共和国社会公共利益、当事人不能通过约定排除适用、无需通过冲突规范指引而直接适用于涉外民事关系的法律、行政法规的规定,人民法院应当认定为涉外民事关系法律适用法第四条规定的强制性规定:(一) 涉及劳动者权益保护的;(二) 涉及食品或公共卫生安全的;(三) 涉及环境安全的;(四) 涉及外汇管制等金融安全的;(五) 涉及反垄断、反倾销的;(六) 应当认定为强制性规定的其他情形。"

第五节　中国的立法与司法实践

一、现行法律法规和司法解释

从 20 世纪 80 年代起,为了适应对外开放、引进外资的需要,我国陆续颁布了有关调整涉外合同法律适用方面的法律。例如,1983 年《中外合资经营企业法实施条例》(已失效)、1985 年《涉外经济合同法》(已失效)、1985 年《技术引进合同管理条例》(已失效)、1986 年《民法通则》(已失效)、1987 年《中国银行对外商投资企业贷款办法》(已失效)、1992 年《海商法》(现行有效)、1995 年《民用航空法》(现行有效,2018 年最新修订)以及 1999 年《合同法》(已失效)等。

虽然一些法律已经失效,但它们奠定了我国涉外合同法律适用的基本原则和指导思想。例如,《涉外经济合同法》第 5 条共 3 款,分别确定了涉外经济合同法律适用中的意思自治原则、最密切联系原则、三类利用外资合同适用中国法原则、在中国法未作规定的情况下适用国际惯例原则,且第 6 条[①]对适用国际条约作出了特别规定。这两条奠定了我国合同法律适用的基本原则。

1986 年颁布、2009 年修订的《民法通则》第八章对涉外民事关系法律适用规范作了专章规定。在合同法律适用方面,第 142 条[②]确立了国际条约优先适用原则和国际惯例补缺适用原则,第 145 条规定涉外合同的法律适用应遵循当事

[①]　1985 年《涉外经济合同法》第 6 条规定:"中华人民共和国缔结或者参加的与合同有关的国际条约同中华人民共和国法律有不同规定的,适用该国际条约的规定。但是,中华人民共和国声明保留的条款除外。"

[②]　2009 年《民法通则》第 142 条规定:"涉外民事关系的法律适用,依照本章的规定确定。中华人民共和国缔结或者参加的国际条约同中华人民共和国的民事法律有不同规定的,适用国际条约的规定,但中华人民共和国声明保留的条款除外。中华人民共和国法律和中华人民共和国缔结或者参加的国际条约没有规定的,可以适用国际惯例。"

人意思自治原则和最密切联系原则,第 150 条①明确涉外民事关系的法律适用不得违背中华人民共和国社会公共利益。1999 年颁布的《合同法》对涉外合同的法律适用规范也作了与《民法通则》基本相同的规定。

2010 年第十一届全国人大常委会第十七次会议通过了《法律适用法》,这是新中国第一部以单行法形式全面系统地规定涉外民事关系法律适用的专门法。该法共 52 条,第 1 条至第 10 条为一般性规定,对当事人意思自治原则、直接适用的法、公共秩序保留、最密切联系原则、外国法查明等制度作出明确规定,第 41 条明确"当事人可以协议选择合同适用的法律。当事人没有选择的,适用履行义务最能体现该合同特征的一方当事人经常居所地法律或者其他与该合同有最密切联系的法律"。《法律适用法》对我国合同法律适用作了比较全面的规定。有学者认为这部法律的出台标志着我国涉外民事关系法律适用规范完成了第二次系统集成,进入了"嵌入式"立法与专门法并驾齐驱的"互补式"立法时代。②

值得注意的是,在合同法律适用方面,一些单行法规和司法解释也作出了具体规定。例如,1992 年《海商法》第 268 条③、第 269 条、第 276 条④以及 2018 年《民用航空法》第 184 条⑤、第 188 条、第 190 条⑥等都涉及合同法律适用的规定。此外,现行有效的有关合同法律适用的司法解释⑦主要是 2013 年发布的《法律适用法司法解释(一)》。

2020 年第十三届全国人民代表大会第三次会议通过了《民法典》,这是新中国第一部以法典命名的法律,是推进全面依法治国、完善中国特色社会主义法律体系的重要标志性立法,对推动国家治理体系和治理能力现代化,推动新时代改革开放和社会主义现代化建设,具有重大而深远的意义。《民法典》在涉外合同法律适用方面也有相应的规定。例如,第一,关于当事人意思自治原则。《民法

---

① 2009 年《民法通则》第 150 条规定:"依照本章规定适用外国法律或者国际惯例的,不得违背中华人民共和国的社会公共利益。"

② 参见丁伟:《〈民法典〉编纂催生 2.0 版〈涉外民事关系法律适用法〉》,载《东方法学》2019 年第 1 期。

③ 1992 年《海商法》第 268 条规定:"中华人民共和国缔结或者参加的国际条约同本法有不同规定的,适用国际条约的规定;但是,中华人民共和国声明保留的条款除外。中华人民共和国法律和中华人民共和国缔结或者参加的国际条约没有规定的,可以适用国际惯例。"

④ 1992 年《海商法》第 276 条规定:"依照本章规定适用外国法律或者国际惯例的,不得违背中华人民共和国的社会公共利益。"

⑤ 2018 年《民用航空法》第 184 条规定:"中华人民共和国缔结或者参加的国际条约同本法有不同规定的,适用国际条约的规定;但是,中华人民共和国声明保留的条款除外。中华人民共和国法律和中华人民共和国缔结或者参加的国际条约没有规定的,可以适用国际惯例。"

⑥ 2018 年《民用航空法》第 190 条规定:"依照本章规定适用外国法律或者国际惯例的,不得违背中华人民共和国的社会公共利益。"

⑦ 1988 年发布的《民通意见》自 2021 年 1 月 1 日起失效。

典》第5条规定:"民事主体从事民事活动,应当遵循自愿原则,按照自己的意思设立、变更、终止民事法律关系。"第二,关于公共秩序保留。《民法典》第8条规定:"民事主体从事民事活动,不得违反法律,不得违背公序良俗。"第10条规定:"处理民事纠纷,应当依照法律;法律没有规定的,可以适用习惯,但是不得违背公序良俗。"第153条第2款规定:"违背公序良俗的民事法律行为无效。"第三,关于直接适用的法。《民法典》第153条第1款规定:"违反法律、行政法规的强制性规定的民事法律行为无效。但是,该强制性规定不导致该民事法律行为无效的除外。"

二、我国有关涉外合同法律适用的基本原则

目前,我国对"涉外合同"的定义主要依据《法律适用法司法解释(一)》第1条,即合同当事人一方或双方是外国公民、外国法人或其他组织、无国籍人,或者合同当事人一方或双方的经常居所地在中华人民共和国领域外,或者合同标的物在中华人民共和国领域外,或者合同关系产生、变更或者消灭的法律事实发生在中华人民共和国领域外。简言之,如果合同主体、客体和内容中有一项与外国有联系,那么该合同就是涉外合同。《法律适用法司法解释(一)》第19条规定:"涉及香港特别行政区、澳门特别行政区的民事关系的法律适用问题,参照适用本规定。"2010年《最高人民法院关于审理涉台民商事案件法律适用问题的规定》第1条第1款规定:"人民法院审理涉台民商事案件,应当适用法律和司法解释的有关规定。"这意味着涉港澳台合同的法律适用问题将参照我国现行立法中有关涉外合同的法律适用规范予以解决。

根据我国现行法律法规和司法解释,我国调整涉外合同法律适用的基本原则主要有以下五项:

(一)当事人意思自治原则

《法律适用法》第41条第1款规定:"当事人可以协议选择合同适用的法律。"《海商法》第269条第1款和《民用航空法》第188条第1款也有类似的规定。《民法典》第5条规定:"民事主体从事民事活动,应当遵循自愿原则,按照自己的意思设立、变更、终止民事法律关系。"可见,我国关于合同法律适用的首要原则是当事人意思自治原则,这与世界上大多数国家的做法是一致的。

在司法实践中,如何更好地理解当事人意思自治原则,我国立法中没有作出明确的规定。在司法实践中,主要涉及以下问题:

1. 法律选择的方式

《法律适用法司法解释(一)》第8条第2款规定:"各方当事人援引相同国家的法律且未提出法律适用异议的,人民法院可以认定当事人已经就涉外民事关系适用的法律做出了选择。"这表明除此种情况之外,当事人应当按照《法律适用

法》第 3 条之规定明示选择法律。

2. 法律选择的时间

《法律适用法司法解释（一）》第 8 条第 1 款规定："当事人在一审法庭辩论终结前协议选择或者变更选择适用的法律的，人民法院应予准许。"这表明，自订立合同时起直到人民法院一审法庭辩论终结前，当事人都可以协议选择合同准据法。

3. 法律选择的范围

《法律适用法》第 3 条规定："当事人依照法律规定可以明示选择涉外民事关系适用的法律。"《法律适用法司法解释（一）》第 6 条规定："中华人民共和国法律没有明确规定当事人可以选择涉外民事关系适用的法律，当事人选择适用法律的，人民法院应认定该选择无效。"这表明，当事人的意思自治在以下问题上受到限制：一是立法上明确规定"但是"条款，如"但法律另有规定的除外"；二是立法上明确规定不适用意思自治的几种情况。

（1）关于"除外"规定

我国现行法律，例如《海商法》第 269 条和《民用航空法》第 188 条，都对当事人的"意思自治"有一个限制，就是"法律另有规定的除外"。这表明对有些涉外合同，我国法律可以直接规定它们应适用的准据法。

例如，《民法典》第 467 条第 2 款规定："在中华人民共和国境内履行的中外合资经营企业合同、中外合作经营企业合同、中外合作勘探开发自然资源合同，适用中华人民共和国法律。"《法律适用法》第 42 条规定："消费者合同，适用消费者经常居所地法律；消费者选择适用商品、服务提供地法律或者经营者在消费者经常居所地没有从事相关经营活动的，适用商品、服务提供地法律。"第 43 条规定："劳动合同，适用劳动者工作地法律；难以确定劳动者工作地的，适用用人单位主营业地法律。劳务派遣，可以适用劳务派出地法律。"对上述几种合同，当事人不能协议选择法律。此外，《法律适用法司法解释（一）》第 10 条规定："有下列情形之一，涉及中华人民共和国社会公共利益、当事人不能通过约定排除适用、无需通过冲突规范指引而直接适用于涉外民事关系的法律、行政法规的规定，人民法院应当认定为涉外民事关系法律适用法第四条规定的强制性规定：（一）涉及劳动者权益保护的；（二）涉及食品或公共卫生安全的；（三）涉及环境安全的；（四）涉及外汇管制等金融安全的；（五）涉及反垄断、反倾销的；（六）应当认定为强制性规定的其他情形。"

（2）其他规定

合同缔约能力和合同形式不在当事人意思自治的范围内。关于合同缔约能力，根据《法律适用法》第 12 条，涉外合同当事人的缔约能力原则上应适用当事人经常居所地的法律，但行为地法认为有行为能力的也应认为有缔约能力。该法第 14 条规定,法人的缔约能力原则上应适用登记地法律或主营业地法律。关于合同形式,《民法典》第 469 条规定:"当事人订立合同,可以采用书面形式、口头形式或者其他形式。书面形式是合同书、信件、电报、电传、传真等可以有形地表现所载内容的形式。以电子数据交换、电子邮件等方式能够有形地表现所载内容,并可以随时调取查用的数据电文,视为书面形式。"

值得注意的是,由于我国加入了 1980 年《联合国国际货物销售合同公约》,该公约第 11 条规定,"销售合同无须以书面订立或书面证明,在形式方面也不受任何其他条件的限制。销售合同可以用包括人证在内的任何方法证明"(我国撤回了对书面形式的保留声明,该撤回自 2013 年 8 月 1 日起正式生效),因此当涉外合同双方当事人的营业地均在缔约国境内,并且双方并未排除公约的适用时,其订立合同的形式可以不限于书面形式。

此外,《法律适用法司法解释(一)》第 7 条规定:"一方当事人以双方协议选择的法律与系争的涉外民事关系没有实际联系为由主张选择无效的,人民法院不予支持。"这表明我国在合同法律选择方面趋向于宽松、灵活的做法。

(二)最密切联系原则

从我国的立法来看,最密切联系原则是对当事人意思自治原则的一项补充原则。在当事人未作出明确选择时,我国立法与司法实践采纳最密切联系原则来确定合同的准据法。《海商法》第 269 条和《民用航空法》第 188 条均有类似的规定:当事人没有选择合同适用的法律或处理合同争议所适用的法律的,适用与合同有最密切联系的国家的法律。

由于最密切联系原则在操作中弹性过大,在实践中我国也采纳了"特征性履行说",以此作为对最密切联系地的界定。《法律适用法》第 41 条规定:"当事人可以协议选择合同适用的法律。当事人没有选择的,适用履行义务最能体现该合同特征的一方当事人经常居所地法律或者其他与该合同有最密切联系的法律。"

2007 年《最高人民法院关于审理涉外民事或商事合同纠纷案件法律适用若干问题的规定》曾专门针对 17 种合同规定了特征性履行地或最密切联系地。[①] 虽然这一司法解释已被废止,但根据通行的做法,与合同有最密切联系的法律,包括合同缔结地法、合同履行地法、标的物所在地法、当事人本国法、当事人住所地法、法院地法、仲裁地法等,我们应当根据合同的实际情况,具体确定与合同有

---

① 参见 2007 年《最高人民法院关于审理涉外民事或商事合同纠纷案件法律适用若干问题的规定》第 5 条:"当事人未选择合同争议应适用的法律的,适用与合同有最密切联系的国家或者地区的法律。人民法院根据最密切联系原则确定合同争议应适用的法律时,应根据合同的特殊性质,以及某一方当事人履行的义务最能体现合同的本质特性等因素,确定与合同有最密切联系的国家或者地区的法律作为合同的准据法。"

最密切联系的法律。例如,不动产的买卖、租赁、建设工程等合同,适用不动产所在地法律;国际货物或旅客运输合同,适用承运人所在地法律;银行贷款或担保合同,适用贷款或担保银行所在地法律;保险合同,适用保险人所在地法律;劳务合同,适用合同履行地法律。

(三) 国际条约优先适用原则

《海商法》第 268 条第 1 款和《民用航空法》第 184 条第 1 款均规定:"中华人民共和国缔结或者参加的与合同有关的国际条约同中华人民共和国法律有不同规定的,适用该国际条约的规定。但是,中华人民共和国声明保留的条款除外。"

1987 年发布的《外交部、最高人民法院、最高人民检察院、公安部、国家安全部、司法部关于处理涉外案件若干问题的规定》(已废止)指出:"涉外案件应依照我国法律规定办理,以维护我国主权。同时亦应恪守我国参加和签订的多边或双边条约的有关规定。当国内法以及某些内部规定同我国所承担的条约义务发生冲突时,应适用国际条约的有关规定。根据国际法的一般原则,我国不应以国内法规定为由拒绝履行所承担的国际条约规定的义务。这既有利于维护我国的信誉,也有利于保护我国国民在国外的合法权益。"

在优先适用国际条约时,我们还应关注尚未对我国生效的国际条约。《法律适用法司法解释(一)》第 9 条规定:"当事人在合同中援引尚未对中华人民共和国生效的国际条约的,人民法院可以根据该国际条约的内容确定当事人之间的权利义务,但违反中华人民共和国社会公共利益或中华人民共和国法律、行政法规强制性规定的除外。"

(四) 国际惯例补缺适用原则

《海商法》第 268 条第 2 款和《民用航空法》第 184 条第 2 款均规定:"中华人民共和国法律和中华人民共和国缔结或者参加的国际条约没有规定的,可以适用国际惯例。"《民法典》第 10 条规定:"处理民事纠纷,应当依照法律;法律没有规定的,可以适用习惯,但是不得违背公序良俗。"在司法实践中这一原则对弥补我国现行立法的不足具有积极意义。当然,适用国际惯例也不得违反我国法律的基本原则和社会公共利益。

(五) 特殊合同适用中国法原则

2007 年《最高人民法院关于审理涉外民事或商事合同纠纷案件法律适用若干问题的规定》第 8 条归纳了 9 类合同必须适用中国法,即:(1) 中外合资经营企业合同;(2) 中外合作经营企业合同;(3) 中外合作勘探、开发自然资源合同;(4) 中外合资经营企业、中外合作经营企业、外商独资企业股份转让合同;(5) 外国自然人、法人或者其他组织承包经营在中华人民共和国领域内设立的中外合资经营企业、中外合作经营企业的合同;(6) 外国自然人、法人或者其他组织购买中华人民共和国领域内的非外商投资企业股东的股权的合同;(7) 外国自然人、法人或者其他组织认购中华人民共和国领域内的非外商投资有限责任公司或者股份有限公司增资的合同;(8)外国自然人、法人或者其他组织购买中华人民共和国领域内的非外商投资企业资产的合同;(9)中华人民共和国法律、行政法规规定应适用中华人民共和国法律的其他合同。虽然这一司法解释已被废止,但是依据《法律适用法》第4条规定:"中华人民共和国法律对涉外民事关系有强制性规定的,直接适用该强制性规定。"在司法实践中这类特殊合同一般都适用中国法。①

《民法典》第467条第2款也直接明确规定:"在中华人民共和国境内履行的中外合资经营企业合同、中外合作经营企业合同、中外合作勘探开发自然资源合同,适用中华人民共和国法律。"

从各国的立法与司法实践来看,通常将合同缔结地法、合同履行地法或与合同有最密切联系的法律作为合同的准据法。因此,在中国境内设立的中外合资经营企业与中外合作经营企业都是在中国注册登记,是中国法人;而合营企业合同是依照中国法律在中国缔结,并经中国政府批准;合营企业的营业所位于中国;合营企业合同的主要履行地也在中国;合营企业合同的一方当事人又是中国法人。这些客观因素决定了合营企业合同无疑与中国的联系最为密切。此外,中外合作勘探开发自然资源的方式同中外合资经营与中外合作经营具有许多相似之处,其开发合同也是依照中国法律在中国缔结并经中国政府批准生效,合同履行地在中国,合同一方当事人是中国法人,因而合同与中国的联系最为密切。这类合同还有一个重要特征,即合同当事人勘探开发的对象是我国主权管辖下的自然资源。根据1974年《建立新的国际经济秩序宣言》《建立新的国际经济秩序行动纲领》以及《各国经济权利和义务宪章》等国际性法律文件的规定,国家对其所属的自然资源享有永久的主权。这种主权当然包括司法管辖权和适用本国法律的权利。② 可见,在中国履行的中外合作勘探开发自然资源合同适用中国法也完全符合国际上的通行做法。

三、涉港澳台合同的法律适用

在1997年7月1日香港回归和1999年12月20日澳门回归以后,我国内地、香港特别行政区、澳门特别行政区、台湾地区形成了"一国两制三法系四法域"的格局。由于各法域有关民商事法律关系的实体法存在差异,各个法域在一定条件下必须承认其他法域法律的域外效力,同一案件适用不同法域的法律会

---

① 参见江必新、何东宁等:《最高人民法院指导性案例裁判规则理解与适用:合同卷三》(第二版),中国法制出版社2018年版,第410—411页。
② 参见黄进主编:《国际私法》,法律出版社1999年版,第428页。

影响当事人的权益。可见,我国现有的区际法律冲突问题尤为突出。

2020年《民诉法解释》[①]第522条规定:"有下列情形之一,人民法院可以认定为涉外民事案件:(一)当事人一方或者双方是外国人、无国籍人、外国企业或者组织的;(二)当事人一方或者双方的经常居所地在中华人民共和国领域外的;(三)标的物在中华人民共和国领域外的;(四)产生、变更或者消灭民事关系的法律事实发生在中华人民共和国领域外的;(五)可以认定为涉外民事案件的其他情形。"第551条规定:"人民法院审理涉及香港、澳门特别行政区和台湾地区的民事诉讼案件,可以参照适用涉外民事诉讼程序的特别规定。"这表明涉港澳台合同纠纷案件属于涉外民事案件,我国法院可以根据《民事诉讼法》第四编"涉外民事诉讼程序的特别规定"确立对涉港澳台合同纠纷案件的管辖权。

(一)涉港澳合同纠纷的法律适用

自港澳回归以来,在全面准确贯彻"一国两制"方针和基本法的前提下,为加强内地与香港、澳门经贸往来,促进香港、澳门经济适度多元发展,更好融入新时代国家发展大局,保持长期繁荣稳定,内地与香港、澳门签署了一系列经贸合作安排,并且协同推进粤港澳大湾区建设。

在审判实践中,我国法院比照涉外合同处涉港澳合同的法律适用问题,主要依据如下:

1. 1987年《最高人民法院关于审理涉港澳经济纠纷案件若干问题的解答》[②]

(1)审理涉港澳经济纠纷案件,在实体法方面,如果适用内地法律,应按照《民法通则》的有关规定、《涉外经济合同法》以及《中外合资经营企业法》及其实施条例、《外资企业法》等涉外的法律和行政法规办理。内地法律未作规定的,可以适用国际惯例。

(2)审理涉港澳经济纠纷案件,按照《民法通则》第八章涉外民事关系的法律适用和《涉外经济合同法》第5条的规定,应适用香港、澳门地区的法律或者外国法律的,可予适用,但以不违反我国的社会公共利益为限。

(3)审理涉港澳经济纠纷案件,遇有我国和香港、澳门地区参加的国际条约同我国法律有不同规定时,适用国际条约的规定,但我国声明保留的条款除外。

[①] 2014年12月18日最高人民法院审判委员会第1636次会议通过,根据2020年12月23日最高人民法院审判委员会第1823次会议通过的《最高人民法院关于修改〈最高人民法院关于人民法院民事调解工作若干问题的规定〉等十九件民事诉讼类司法解释的决定》修正,自2021年1月1日起施行。

[②] 虽然该解答已被2013年《最高人民法院关于废止1980年1月1日至1997年6月30日期间发布的部分司法解释和司法解释性质文件(第九批)的决定》废止,但是该解答在涉港澳经济审判中仍然发挥了重要作用。

2. 1989年最高人民法院关于印发《全国沿海地区涉外涉港澳经济审判工作座谈会纪要》的通知[①]

(1) 涉港澳经济审判工作应当坚持以下三项基本原则:维护国家主权原则、平等互惠原则以及遵守国际条约,尊重国际惯例;

(2) 人民法院应当按照《民法通则》和《涉外经济合同法》的规定处理涉港澳合同法律适用问题。

3. 《法律适用法司法解释(一)》

涉及香港特别行政区、澳门特别行政区的民事关系的法律适用问题,参照适用《法律适用法》的相关规定。

(二) 涉台合同纠纷的法律适用

自2009年两岸实现全面、直接、双向"三通"以来,海峡两岸经贸交流、人员往来日益频繁,涉台婚姻、继承、经贸投资等民商事纠纷越来越多,案件涉及的法律和审判规范也越来越复杂。明确涉台民商事案件的法律适用规范,对于人民法院准确适用法律,正确审理涉台民商事案件,切实保障两岸当事人的正当权益,是十分必要和重要的。

2020年最新修订的《最高人民法院关于审理涉台民商事案件法律适用问题的规定》[②],主要解决人民法院审理各类涉台民商事案件的法律适用问题,同时对台湾地区当事人的民事诉讼法律地位也作出了明确规定。该规定第1条规定:"人民法院审理涉台民商事案件,应当适用法律和司法解释的有关规定。根据法律和司法解释中选择适用法律的规则,确定适用台湾地区民事法律的,人民法院予以适用。"这意味着人民法院审理涉台民商事案件,应当根据涉外民商事关系的法律适用规则,确定案件适用的实体法。实体法既包括两岸的法律,也包括其他有关国家或地区的法律。同时,该规定第3条又规定:"根据本规定确定适用有关法律违反国家法律的基本原则或者社会公共利益的,不予适用。"

可见,针对涉台合同法律适用问题,我国采取了与涉港澳合同同样的处理方法,按照现有立法中的涉外合同法律适用原则,参照适用涉外合同法律适用规范。

[①] 虽然该通知仍属于现行有效的司法解释性质文件,但其中涉及的《民法通则》《涉外经济合同法》等法律已失效。

[②] 2010年4月26日最高人民法院审判委员会第1486次会议通过,根据2020年12月23日最高人民法院审判委员会第1823次会议通过的《最高人民法院关于修改〈最高人民法院关于破产企业国有划拨土地使用权应否列入破产财产等问题的批复〉等二十九件商事类司法解释的决定》修正,自2021年1月1日起施行。

[案例讨论与分析]

案例1　匈牙利出口信用保险有限公司诉夏景军等保险人代位求偿权纠纷案[①]

【案情简介】

原告是匈牙利出口信用保险有限公司(以下简称出口信用保险公司),被告是夏景军、温兴中、宁波谷德拉克贸易有限公司(以下简称谷德拉克公司)。案外人 Riksa 公司曾与案外人宁波海曙夏郡国际贸易有限公司(以下简称夏郡公司)签订红酒买卖合同一份。合同约定:夏郡公司应于交货之日起 90 天内向 Riksa 公司支付货款,宁波海田国际贸易有限公司(以下简称海田公司,后变更名称为谷德拉克公司)是夏郡公司履行合同的担保人;若夏郡公司和海田公司未能按约付款,Riksa 公司将授权出口信用保险公司代表其要求夏郡公司和谷德拉克公司支付相关款项。2010 年 8 月 13 日,Riksa 公司为涉案货物向出口信用保险公司投保,约定赔付率为 95%,保险期间为 2010 年 8 月 1 日至 2011 年 7 月 31 日。后 Riksa 公司按约履行交货义务后,夏郡公司一直未履行付款义务,海田公司亦未承担相应的连带保证责任,Riksa 公司多次催讨无果。

2011 年 11 月 30 日,Riksa 公司与出口信用保险公司、供应商签订《转让协议》,将涉案货物的相关债权转让给出口信用保险公司,并且通知了夏郡公司和海田公司。2012 年 1 月 13 日,出口信用保险公司向 Riksa 公司赔付了 10,288,093 福林。

2014 年 10 月 11 日、10 月 22 日,出口信用保险公司分别向夏郡公司、谷德拉克公司寄送律师函催讨欠款。夏郡公司的股东夏景军、温兴中于 2014 年 9 月 28 日召开股东会,决议解散夏郡公司并由夏景军、温兴中组成清算组负责清算工作,2015 年 1 月 22 日,夏郡公司召开股东会一致通过清算报告,同年 1 月 26 日,夏郡公司注销。

【法律问题】

谷德拉克公司是否应对夏郡公司拖欠的 10,288,093 福林及相应违约金承担连带赔偿责任?夏景军、温兴中是否应对夏郡公司拖欠的 10,288,093 福林按投资比例承担清偿责任?

【法院判决】

由于被告经法院传票传唤,无正当理由拒不到庭参加诉讼,因此法院依法进行了缺席审理。原告为匈牙利共和国法人,根据《法律适用法司法解释(一)》第

[①] 匈牙利出口信用保险有限公司诉夏景军等保险人代位求偿权纠纷案,(2015)浙甬商外初字第181号。

1条,本案系涉外商事纠纷。

1. 买卖合同纠纷

本案所涉买卖合同关系发生于 Riksa 公司与夏郡公司之间,双方的营业地分别在匈牙利共和国和中华人民共和国,均为《联合国国际货物销售合同公约》缔约国,而双方之间未约定排除《联合国国际货物销售合同公约》的适用,双方买卖的货物也不属于《联合国国际货物销售合同公约》禁止适用的范围,故根据《民法通则》第142条第1款,双方之间因此产生的买卖权利义务纠纷应适用《联合国国际货物销售合同公约》处理。

2. 保证合同纠纷

谷德拉克公司在买卖合同中作为保证人签字形成的保证合同关系,各方未协议选择准据法,根据《法律适用法》第41条,应当适用与此具有最密切联系的法律,即匈牙利共和国法律处理;夏郡公司注销后,其原股东是否应承担该公司未了的债务,根据《法律适用法》第14条第1款,应适用夏郡公司登记地即中华人民共和国法律处理。

此外,根据《民通意见》第193条以及《法律适用法》第10条,法院依职权委托华东政法大学外国法查明中心对上述匈牙利法律进行查明。

最终法院判决夏景军、温兴中应按投资比例对夏郡公司上述债务承担清偿责任,谷德拉克公司对夏景军、温兴中上述付款义务承担连带保证责任。

【分析评论】

1. 涉外合同当事人双方的营业地为《联合国国际货物销售合同公约》缔约国,并且双方未约定排除《联合国国际货物销售合同公约》的适用,根据《民法通则》第142条第1款,应当优先适用国际条约。

2. 当事人意思自治原则是确定涉外合同的准据法的首要原则;当事人没有选择的,再根据最密切联系原则确定涉外合同的准据法。当事人的民事行为能力不属于意思自治范围,应根据《法律适用法》第14条第1款进行认定。

3. 涉外合同的法律适用常常涉及外国法查明问题。外国法查明途径主要有以下5种:(1)由当事人提供;(2)由与我国订立司法协助协定的缔约对方的中央机关提供;(3)由我国驻该国使领馆提供;(4)由该国驻我国使馆提供;(5)由中外法律专家提供。其中,如果当事人选择适用外国法律的,应当提供该国法律。除此之外,涉外民事关系适用的外国法律,由人民法院、仲裁机构或者行政机关通过上述途径予以查明。

4. 司法实践中,我国偏向于采用分割法来处理涉外合同中的法律适用问题:(1)对同一合同的各要件(例如当事人缔约能力、合同形式、合同内容等)根据其特性适用不同的法律;(2) 对不同种类或不同性质的合同适用不同的法律。分割法反映了现代合同关系的复杂性和特殊性,对合同的不同方面或不同类型的合同加以科学地划分,并分别适用不同的法律,有利于合同纠纷的妥善解决。

案例2　沈阳神羊游乐园有限公司诉马来西亚进出口银行有限公司金融借款合同纠纷案[①]

【案情简介】

2007年5月29日,马来西亚进出口银行与神羊公司签订一份《贷款协议》,其中第2.1项约定,马来西亚进出口银行向神羊公司提供贷款7000万美元;第2.3项约定,贷款期限为60个月(包括24个月宽限期),并按照马来西亚进出口银行发出的还款通知要求按季度等额归还本金;第5.4.1项约定,若神羊公司违约,应自违约之日到实际支付日按贷款利率上浮2%年利率支付违约期间的贷款利息;第17.21(a)项约定,以马来西亚法律作为本协议的管辖法律,应根据马来西亚法律进行解释,如果马来西亚法律不适用或者不具有执行力,各方应将争议适用中国法律或其他马来西亚进出口银行认可的适用法律,所有担保文件所适用的法律与上述情形相同;第17.21(b)项约定,各方不可撤销地同意马来西亚法院具有非排他管辖权,有权对任何诉讼或程序进行审理和判决,也有权处理任何由本贷款协议和其他担保文件所引起或与上述协议和文件有关的争议;第17.21(f)项约定,向有管辖权的马来西亚法院提起诉讼不得限制马来西亚进出口银行对借款方在其他任何管辖地提起法律诉讼程序的权利,并且马来西亚进出口银行在任何一个或者多个管辖地提起法律诉讼并不排斥其在任何其他管辖地提起法律诉讼程序的权利;第17.23项约定,马来西亚进出口银行或其律师遭受的本协议中之事宜和担保文件的有关法律费用、支出、差旅费和现金支出应由神羊公司承担,即使贷款因任何原因并未由借款方使用;第17.24项约定,若本贷款协议中之规定与任何担保文件中之规定存在冲突或不一致,以本贷款协议之规定为准。

应神羊公司发出的提款通知要求,马来西亚进出口银行按约定陆续向神羊公司发放了《贷款协议》约定的7000万美元贷款。但是,神羊公司未按期支付到期分期本金及利息。2012年4月4日,马来西亚进出口银行向神羊公司发出律师函,告知神羊公司《贷款协议》项下的全部债务已提前到期,要求神羊公司偿还本金及利息等全部款项。

---

① 沈阳神羊游乐园有限公司诉马来西亚进出口银行有限公司金融借款合同纠纷案,(2017)最高法民终636号。

【法律问题】

本案《贷款协议》第 17.21(a)项约定，以马来西亚法律作为本协议的管辖法律，应根据马来西亚法律进行解释，如果马来西亚法律不适用或者不具有执行力，各方应将争议适用中国法律或其他马来西亚进出口银行认可的适用法律。这是否意味着本案争议应当首先适用马来西亚法律，只有在中国法律与马来西亚法律有冲突的情况下，才适用中国法律？

【法院判决】

原告为马来西亚法人，根据《法律适用法司法解释(一)》第 1 条，本案系涉外商事纠纷。

一审法院认为，根据《法律适用法》第 3 条，当事人依照法律规定可以明示选择涉外民事关系适用的法律。本案中，《贷款协议》第 17.21(a)项明确约定合同适用马来西亚法律，同时未排除中国法律对本案的适用。根据《法律适用法》第 10 条，当事人选择适用外国法律的，应当提供该国法律。不能查明外国法律或者该国法律没有规定的，适用中华人民共和国法律。神羊公司主张适用马来西亚法律进行审理，应承担提供该国法律的责任，但至本案一审法庭辩论终结，神羊公司未能提供马来西亚法律的规定，因此，对于神羊公司主张适用马来西亚法律的意见，不予采纳。考虑到神羊公司系在辽宁省设立的企业，案涉《贷款协议》的合同履行地亦在辽宁省，根据《法律适用法》第 10 条、第 41 条，本案金融借款合同纠纷应适用中国法律予以解决。

神羊公司不服一审判决，向最高院提起上诉称：一审判决适用法律错误。本案《贷款协议》应首先适用马来西亚法律，只有在中国法律与马来西亚法律有冲突的情况下，才适用中国法律。

最高院认为，根据《法律适用法》第 41 条，当事人可以协议选择合同适用的法律。本案所涉《贷款协议》第 17.21(a)项明确约定以马来西亚法律作为本协议的管辖法律，一审期间神羊公司也主张本案应适用马来西亚法律，故本案应适用马来西亚法律进行审理。但是，神羊公司并未根据要求向一审法院提供马来西亚法律。

《法律适用法》第 10 条第 1 款规定，当事人选择适用外国法律的，应当提供该国法律。《法律适用法司法解释(一)》第 17 条第 2 款规定，"根据涉外民事关系法律适用法第十条第一款的规定，当事人应当提供外国法律，其在人民法院指定的合理期限内无正当理由未提供该外国法律的，可以认定为不能查明外国法律"。《法律适用法》第 10 条第 2 款规定，"不能查明外国法律或者该国法律没有规定的，适用中华人民共和国法律"。神羊公司有义务向一审法院提供其主张适用的马来西亚法律而没有提供,且没有正当理由,一审法院根据上述规定适用中国法律审理本案是正确的。二审庭审过程中,神羊公司明确表示,双方约定马来西亚法律、中国法律都可以适用,但同意以中国法律为准。因此,神羊公司关于本案应当适用马来西亚法律进行审理的上诉理由不能成立。

【分析评论】

1. 当事人意思自治原则是确定涉外合同的准据法的首要原则;当事人选择适用外国法律的,应当提供该国法律。

2. "不能查明"外国法的标准问题。当事人在人民法院指定的合理期限内无正当理由未提供该外国法律的,可以认定为不能查明外国法律,根据现有法律规定,不能查明外国法律或者该国法律没有规定的,适用中华人民共和国法律。

3. 在司法实践中,当事人受制于专业水平和查明技术,很难在规定时间内提供有价值的外国法的内容,要么无法提供,要么提供的法律不完整,有时提供的法律甚至缺乏针对性和准确性。因此,从适用法律的结果来看,中国法总是"被"适用。2016年《最高人民法院关于为自由贸易试验区建设提供司法保障的意见》就外国法查明不能的认定问题作出了更为细化的规定,强调法院的能动司法,防止法院轻易以"查明不能"为由,以中国法律替代本应适用的外国法:(1)在当事人有义务提供外国法的情况下,人民法院如果了解查明途径,可以主动告知当事人;(2)当事人不能提供外国法律的,可在一审开庭审理之前由当事人共同指定专家提供。这最大限度地避免出现外国法查明不能的情况。

案例3　高德龙等诉南京金厦实业有限公司公司借款合同纠纷案[①]

【案情简介】

2001年9月8日,被告南京金厦实业有限公司(以下简称金厦公司)因资金困难,向原告高德龙借款。原、被告签订了《项目投资协议书》一份,约定原告以投资名义借给被告港币300万元,借款期限为1年,年利率为18%。协议签订后,高德龙于2001年9月7日、2001年9月8日分两次向金厦公司账户汇入港币120万元和180万元,但因账户原因,上述款项被退回。根据金厦公司法定代表人吴剑元的指令,高德龙遂于2001年9月14日、2001年9月26日将上述款项以成亨公司(公司董事为吴剑元)投资款的形式向恒益公司、绿芝公司(两公司法定代表人均为吴剑元)账户分别汇入港币120万元和港币180万元,共计港币300万元。款项汇出后,甲方金厦公司与乙方高德龙补签了《项目投资协议书》。

---

① 高德龙等诉南京金厦实业有限公司公司借款合同纠纷案,(2014)宁商外初字第26号。

由于借款到期后,被告一直未能归还,双方又于 2006 年 2 月 27 日、2007 年 3 月 1 日、2007 年 12 月 31 日、2008 年 12 月 31 日继续以项目投资名义续签《项目投资协议书》,将前期本息结算后继续借给被告使用,并将年利率调整为 19%。根据最后一份协议,被告向原告借款本金港币 918.57 万元,利息计港币 174.52 万元,还款期限为 2009 年 12 月 31 日。借款到期后,原告多次向被告提出还款要求,但被告未能还款。

【法律问题】

1. 案涉协议的性质如何认定?是借款协议还是投资协议?
2. 案涉协议的准据法如何确定?

【法院判决】

案涉协议虽冠以"投资协议书"之名,但协议书中明确约定高德龙只享有固定收益、不承担经营风险,故案涉协议不符合投资协议共负盈亏、共担风险的特点。根据协议书中约定的内容及当事人的陈述,案涉协议系借款协议,非投资协议。

本案原告为香港特别行政区居民,故本案系涉港商事纠纷,应参照涉外案件处理。本案所涉借款系外债,根据《外汇管理条例》第 18 条第 1 款,国家对外债实行规模管理。借用外债应当按照国家有关规定办理,并到外汇管理机关办理外债登记。该规定系涉及外汇管制等金融安全的行政法规规定,是《法律适用法》第 4 条所述的强制性规定。根据《法律适用法司法解释(一)》第 2 条相关规定,本案所涉借款合同参照《法律适用法》第 4 条的规定,应直接适用我国法律对外汇管制的强制性规定。

根据我国目前的外汇管理体制,国家对资本项目下的外汇收支实行严格的管制。《外汇管理条例》《境内机构借用国际商业贷款管理办法》《外债管理暂行办法》等行政法规和规章均明确规定借用外债应当依法到外汇管理机关办理外债审批和登记手续。本案中,境内公司向香港特别行政区居民高德龙借款,属于对外举借外债,应当依法办理相关审批登记手续,但案涉借款并未经审批和登记,违反了我国外债管理的相关法规,扰乱了我国的金融秩序,损害了社会公共利益。《合同法》第 52 条规定:"有下列情形之一的,合同无效……"该条规定的第四种情形即为"损害社会公共利益"。因此,案涉《项目投资协议书》存在合同法规定的无效情形,系无效协议。

【分析评论】

1. 关于涉港民商事案件。根据 2015 年《民诉法解释》第 522 条、《法律适用法司法解释(一)》第 19 条,我国法院在司法实践中均参照涉外案件处理涉港民商事纠纷。其中,涉港合同的法律适用问题应参照我国立法中有关涉外合同的法律适用规范予以妥善解决,并且以不违反我国社会公共利益为限。

2. 关于直接适用的法。在实践中我国法律对涉外民事关系有强制性规定的,直接适用该强制性规定。根据《法律适用法司法解释(一)》第10条,在涉外合同纠纷中,有下列情形之一,涉及中华人民共和国社会公共利益、当事人不能通过约定排除适用、无需通过冲突规范指引而直接适用于涉外民事关系的法律、行政法规的规定,属于强制性规定:(1)涉及劳动者权益保护的;(2)涉及食品或公共卫生安全的;(3)涉及环境安全的;(4)涉及外汇管制等金融安全的;(5)涉及反垄断、反倾销的;(6)应当认定为强制性规定的其他情形。

案例4 徐文与胡贵生确认合同效力纠纷案①

【案情简介】

2012年1月,原告徐文与被告胡贵生在澳门签订合作协议,共同投资港币20,000,000元用于澳门博彩业转码获取码粮经营。协议中约定:"一、甲、乙双方各出资港币10,000,000元,合同签订三日内,乙方的资金汇入甲方指定的账户。二、该出资用于甲方指定的澳门贵宾厅转码,所获取码粮(注:即码佣),除费用外各占50%,每月分红……四、资金放置于贵宾厅个人账户上,随时可以各自收回,甲乙双方需提前五天告知……以上协议双方共同遵守,如任何一方违约,需承担违约责任,并赔偿对方损失,支付合作协议总额50%的违约金给对方。"合同签订后,原告于2012年1月21日分两次通过工商银行、农业银行共计汇款8,181,000元给被告。随后原、被告共同至澳门参与经营活动。原、被告均认可,协议中约定的"转码"是指,当事人先向博彩厅缴纳20,000,000元港币保证金(双方筹借的资金),有赌客来的时候,当事人从博彩厅拿到筹码交付给赌客,赌客在赌博结束后如果赢取了筹码,则当事人负责将筹码换成现金,如果赌客输了就应当将现金还给当事人,当事人交给赌场;协议中约定的"码粮"是指博彩厅支付给当事人的佣金。原、被告于2012年2月1日共同向新皇宫博彩中介一人有限公司分五次借款7,900,000元。

经营中徐文被拒绝参与管理经营、了解经营情况和按约定获得分红,故诉至法院,请求判令:1. 解除双方2012年1月签订的《合作协议》;判令胡贵生返还投资款人民币8,181,000元,并支付违约金8,181,000元;3. 诉讼费由胡贵生承担。

---

① 徐文与胡贵生确认合同效力纠纷案,(2015)黔高民三终字第7号。

【法律问题】

1. 本案的准据法应为内地法律还是澳门特别行政区法律？
2. 若适用澳门特别行政区法律，则是否应当适用公共秩序保留原则？
3. 原告诉请是否属于合法的民事权利？

【法院判决】

产生涉案民事关系的法律事实发生于澳门，故本案系涉澳民事纠纷，应参照涉外案件处理。

一审法院认为，根据双方当事人的陈述，原、被告在澳门进行的经营活动，其实是为赌客提供资金（筹码），并帮助赌客将筹码兑换为现金的赌博中介活动。内地法律与澳门法律对此的规定截然相反。根据内地法律之规定，明知他人赌博而提供资金的，属于非法行为，不属于民事法律保护的范畴。澳门民法典则规定赌债为债务之渊源，澳门《娱乐场幸运博彩经营法律制度》第 23 条亦规定，从事博彩中介活动须领取准照且须受政府之监督，故原被告的行为于澳门应属合法。

根据《民法通则》第 145 条、《合同法》第 126 条，本案争议的合同系在澳门签订，合同的主要履行地也在澳门，故与本案合同具有最密切联系的应为我国澳门地区。但本案若适用澳门法律，则明显违背了我国的社会公共利益，因此，一审法院审慎适用《民法通则》第 150 条（即"依照本章规定适用外国法律或者国际惯例的，不得违背中华人民共和国的社会公共利益"）关于公共秩序保留制度的规定，本案应当适用内地法。原告明知其款项交付给被告后是用于给赌客提供资金，故其要求被告返还投资款及支付违约金的诉讼请求不属于合法的民事权利，根据《民法通则》第 5 条，不受法律保护。

徐文不服一审判决，向贵州省高级人民法院提起上诉称：（1）一审选择准据法错误，本案应适用澳门法，且不应适用公共秩序保留原则；（2）一审适用法律错误，即使涉案合同不被认可，也应适用合同法关于无效合同处理的规定；（3）一审判决实际上保护了极不诚信的被上诉人的非法利益。据此，请求二审法院撤销原判。

二审法院认为，本案争议的焦点可以归纳为：（1）本案的准据法应为内地法律还是澳门特别行政区法律；（2）若适用澳门特别行政区法律，则是否应当适用公共秩序保留原则；（3）上诉人的利益是否应当得到保护。

对于第一个争议焦点，《法律适用法司法解释（一）》第 3 条第 1 款规定："涉外民事关系法律适用法与其他法律对同一涉外民事关系法律适用规定不一致的，适用涉外民事关系法律适用法的规定，但《中华人民共和国票据法》、《中华人民共和国海商法》、《中华人民共和国民用航空法》等商事领域法律的特别规定以及知识产权领域法律的特别规定除外。"因此,在不同法律对如何确定准据法规定不一致的情况下,除法律有明确规定外,应优先适用《法律适用法》的相关规定。一审法院在确定本案准据法时适用法律不当,本院依法予以纠正。

《法律适用法》第41条规定:"当事人可以协议选择合同适用的法律。当事人没有选择的,适用履行义务最能体现该合同特征的一方当事人经常居所地法律或者其他与该合同有最密切联系的法律。"本案中双方当事人对合同适用的法律并无约定,而涉案合同的签订地,尤其是营业活动发生地即合同实际履行地均在澳门特别行政区,与该合同有最密切联系的法律应为澳门特别行政区法律。因此,一审法院对本案准据法的选择是正确的。

对于第二个争议焦点,双方当事人所从事的转码行为在澳门特别行政区属于博彩中介服务的一种,但在内地则系为赌博提供直接帮助的行为,若承认其合法并对其提供保护,显然与我国内地的社会公共秩序和善良风俗相违背。《法律适用法》第5条规定:"外国法律的适用将损害中华人民共和国社会公共利益的,适用中华人民共和国法律。"因此,本院在对涉案合同及上诉人权利进行评判时,参照该条法律规定,审慎适用公共秩序保留原则,以内地法律作为处理本案的法律依据和判断标准。

对于第三个争议焦点,首先,《合同法》第52条规定,损害社会公共利益的合同无效。因此,当现行法律对损害社会公共利益的合同效力及后果等已经作出具体明确的规定,即存在专门调整合同之债法律关系的法律规定时,处理合同纠纷理应优先适用该类规定。而适用《民法通则》第5条处理本案,否认当事人的胜诉权,将使不诚信的相对方不正当获得巨大利益,显失公平。一审法院适用法律不当,应予纠正。其次,《合同法》第58条规定:"合同无效或者被撤销后,因该合同取得的财产,应当予以返还;不能返还或者没有必要返还的,应当折价补偿。有过错的一方应当赔偿对方因此所受到的损失,双方都有过错的,应当各自承担相应的责任。"《民法通则》第92条规定:"没有合法根据,取得不当利益,造成他人损失的,应当将取得的不当利益返还受损失的人。"本案中,上诉人已经举证证明被上诉人收到上诉人给付的8,181,000元人民币投资款,被上诉人对此亦予以认可,现因合同无效,被上诉人合法取得该笔款项的原因已不复存在,理应按照前述法律规定予以返还。最后,上诉人作为具有完全民事行为能力的中国公民,理应了解商业活动所应遵循的规范和所具备的风险,更应认识到其与被上诉人相约从事的行为不仅与我国公共秩序和善良风俗相悖,更有可能违反法律规定,因此其本身对合同无效具有过错,应自行承担相应的责任,不得因合同无效而要求被上诉人进行赔偿。

【分析评论】

1. 关于涉澳民商事案件,根据《民诉法解释》第 522 条、《法律适用法司法解释(一)》第 19 条,内地法院在司法实践中均参照涉外案件处理涉澳民商事纠纷。其中,涉澳合同的准据法应参照我国立法中有关涉外合同法律适用的规范予以确定,并且以不违反我国社会公共利益为限。

2. 根据《法律适用法司法解释(一)》第 3 条第 1 款,《法律适用法》与其他法律对同一涉外民事关系法律适用规定不一致的,适用《法律适用法》的规定。因此我国法院在确定涉外合同准据法时应优先援引《法律适用法》的相关规定。

3. 博彩业在澳门当地虽为合法,但是根据我国内地法律规定,赌博行为违反了我国治安管理法等法律明令禁止赌博的规定,违背了社会公共利益。在涉澳案件中,常常涉及公共秩序保留问题。因此,在司法实践中,人民法院应当审慎适用公共秩序保留原则。

案例5 恒光有限公司等与四宝咨询有限公司等股权转让纠纷上诉案[①]

【案情简介】

2006 年 4 月 12 日,原告超级汽车投资有限公司(以下简称超级汽车公司)、被告恒光有限公司(以下简称恒光公司)与第三人四宝咨询有限公司(以下简称香港四宝公司)、珠海市四宝咨询有限公司(以下简称珠海四宝公司)签订《意向书》。根据《意向书》的描述,超级汽车公司全资拥有香港四宝公司的全部股权,香港四宝公司全资拥有珠海四宝公司的股权;案外人四宝置业发展有限公司(以下简称澳门四宝公司)同意将珠海市君悦来酒店(以下简称君悦来酒店)名下的产权证号为珠国用(1996)字第 0402 号的土地使用权及六处房地产权债权、产权及发展权转售给珠海四宝公司,并协助过户到珠海四宝公司;在超级汽车公司将上述资产完整转入珠海四宝公司后,恒光公司有意通过收购香港四宝公司股权的方式实际收购珠海四宝公司作为权利人的案涉资产。《意向书》第 7 条规定:"7.1 本意向书须由香港法律管辖及按照香港法律解释。7.2 各方同意因本意向书引起的或与本意向书有关的一切纠纷和争议,应由各方首先通过友好协商解决。如不能协商解决,该等纠纷和争议应由上述全部资产主要财产所在地法院管辖及或香港仲裁处作出仲裁。除非另有判决,所有费用及开支(包括诉讼费用和律师费用)由败诉方承担。7.3 若本意向书签订后 360 日内,各方若没有就继续履行本意向书签订相应的正式合同(协定)书,或虽然签订了相应的正式合同(协定)书,但由于不可归责于恒光公司的原因,最终未能完成上述交易,超级汽

---

① 恒光有限公司等与四宝咨询有限公司等股权转让纠纷上诉案,(2013)民四终字第 3 号。

车公司应全数归还恒光公司所有已付款项及利息（利息以香港上海汇丰银行的最优惠利率计算）。"

《意向书》签订后,恒光公司分两次共向超级汽车公司支付了 1 亿港元。期间,超级汽车公司向恒光公司交付了香港四宝公司及珠海四宝公司的相关印章、文件资料。在《意向书》约定的 360 天内各方未签订正式合同书,交易亦未完成,因此四方先后于 2007 年 4 月 2 日和 2007 年 10 月 10 日签署两份《备忘录》对《意向书》期限进行了两次续期,最后续期到 2008 年 4 月 12 日。但至 2008 年 4 月 12 日,《意向书》约定的交易由于各种原因仍然未完成,四方也未签订相应的正式合同书。超级汽车公司自 2010 年 1 月 20 日起多次通过发律师函的方式要求终止《意向书》、恒光公司退回超级汽车公司交付的有关交易的所有文件、恒光公司提供账户以便超级汽车公司将其款项退回,但是恒光公司置之不理。恒光公司提起反诉称：该《意向书》合法有效,并应继续履行。一审法院作出判决后,恒光公司、超级汽车公司均提起上诉。

另外,在一审期间,恒光公司作为申请人,以超级汽车公司、香港四宝公司、珠海四宝公司为被申请人,于 2010 年 3 月 3 日向香港国际仲裁中心提起仲裁,请求裁决继续履行协议。2011 年 4 月 14 日,仲裁庭作出第一份仲裁裁决,认定仲裁庭对该案享有管辖权；2014 年 1 月 25 日,仲裁庭作出第二份仲裁裁决,裁定《意向书》有效且存续；2014 年 12 月 16 日,仲裁庭作出第三份仲裁裁决,裁决超级汽车公司、香港四宝公司、珠海四宝公司应继续履行《意向书》。恒光公司向香港高等法院申请强制执行上述仲裁裁决,香港高等法院于 2015 年 6 月 17 日作出强制执行上述第二份和第三份仲裁裁决的命令。

【法律问题】

1. 本案实体问题应适用香港特别行政区法律,还是案涉资产即不动产所在地的中华人民共和国内地法律？

2. 《意向书》是已经终止,还是应当继续履行？

3. 在被告向香港国际仲裁中心提出仲裁申请,香港国际仲裁中心予以受理并作出仲裁裁决后,一审法院未中止本案诉讼是否程序违法？

【法院判决】

超级汽车公司和恒光公司均是英属维尔京群岛注册成立的公司,香港四宝公司是香港注册成立的公司,故本案属涉外、涉港商事纠纷。

对于第一个争议焦点,一审法院认为,本案讼争的《意向书》第 7.1 条约定,意向书须由香港法律管辖及按照香港法律解释。该约定符合《民法通则》第 145 条第 1 款的规定。本案并非各方当事人之间因不动产转让、交易而引起的纠纷,

《意向书》所提及的不动产转让发生在珠海四宝公司与案外人君悦来酒店之间，而实现和完成这些不动产转让是各方当事人签订和进一步履行《意向书》所设想的前提和基础。因此，超级汽车公司、香港四宝公司、珠海四宝公司在诉讼中主张本案适用不动产所在地法缺乏法律依据，不予支持。

根据《最高人民法院关于审理涉外民事或商事合同纠纷案件法律适用若干问题的规定》第9条第1款、第11条的规定，本案当事人已在《意向书》中选择适用香港法律解决争议，而恒光公司作为在诉讼中主张适用香港法的一方，应提供或者证明香港法律的相关内容。为此，恒光公司提供了香港陈志鸿律师出具的《法律意见书》。超级汽车公司、香港四宝公司、珠海四宝公司在诉讼中主张适用中华人民共和国内地法律，但为反驳恒光公司的主张，超级汽车公司、珠海四宝公司也提交了香港吴少鹏律师的《法律意见书》。两份《法律意见书》均没有引用香港成文法，是香港执业律师根据其对本案事实的分析所得出的个人意见。两份《法律意见书》所引用的案例不相同，结论相互矛盾，无法确定案例的效力从而成为本案可以适用的普通法判例，故应认定本案无法查明可以适用的香港法。根据《最高人民法院关于审理涉外民事或商事合同纠纷案件法律适用若干问题的规定》第9条第3款的规定，本案适用中华人民共和国内地法律处理。

本案是在2010年《法律适用法》实施前发生的涉外民事关系产生的争议，应适用行为发生时的有关法律规定，恒光公司依据《法律适用法》第10条的规定申请法院依职权查明香港法律的理由不能成立，不予采纳。

对于第二个争议焦点，一审法院认为，《意向书》第6.1条约定了导致其丧失约束力的条款，第7.3条约定了终止履行的后果，表明当事人对交易能否完成的风险是有所预见的。《意向书》第6.1条约定终止履行的期限为360日，两份《备忘录》将《意向书》的履行期限延期至2008年4月12日。之后，各方未再就《意向书》的继续履行签订过任何书面协议，应视为各方均认为《意向书》已终止履行。各方已预见《意向书》终止履行的后果，并约定了风险处置方法，应各自承担相应的风险。根据《合同法》第91条第7项的规定，《意向书》及《备忘录》已终止履行。因此，超级汽车公司主张《意向书》及《备忘录》已终止的诉讼请求可予支持；恒光公司主张《意向书》应继续履行的反诉请求不能支持。

恒光公司不服一审判决，向最高院提起上诉称：(1)一审判决以无法查明可以适用的香港法为由确定本案适用中国内地法律审理是错误的，本案应适用香港法律进行审理。恒光公司已经履行了提供或者证明香港法律的责任。针对恒光公司与超级汽车公司就香港法律提供的意见书，一审法院未进行实质审查，而仅从形式上以该等法律意见书存在差异为由认定无法查明香港法律，明显不符合人民法院查明域外法律的基本规则。(2)案涉纠纷同时正在香港国际仲裁中心仲裁,为避免适用同一法律而出现不同裁判结果,本案应中止审理,等待香港仲裁裁决作出后再行处理,一审法院未中止审理本案,违反法定程序,并导致错误判决。

超级汽车公司亦不服一审判决,向最高院提起上诉称:一审判决判令超级汽车公司向恒光公司返还恒光公司已支付的1亿港元及利息,该判项确定的利息计算截止日期错误,应予纠正。

最高院认为,关于本案应当适用的法律,当事人在《意向书》第7.1条中明确约定,"本意向书须由香港法律管辖及按照香港法律解释"。根据《民法通则》第145条第1款的规定,应当适用我国香港特别行政区法律审理本案。《法律适用法》第10条第1款规定:"涉外民事关系适用的外国法律,由人民法院、仲裁机构或者行政机关查明。当事人选择适用外国法律的,应当提供该国法律。"本案双方当事人均向法院提交了关于香港法律的意见。一审过程中,恒光公司提供了香港陈志鸿大律师出具的《法律意见书》,超级汽车公司、珠海四宝公司提交了香港吴少鹏大律师出具的《法律意见书》。二审过程中,恒光公司与超级汽车公司进一步补充了所提交的《法律意见书》,并由出具《法律意见书》的香港律师出庭接受法庭询问,履行了提供香港法律的义务。尽管双方提交的《法律意见书》在观点上不一致,但此属法律适用问题上的正常现象,在这种情况下,应当由法院对如何适用香港法律作出评判,不能据此认定不能查明可适用于本案的香港法律。因此,一审法院以当事人提交的《法律意见书》均未引用香港成文法且双方提供的《法律意见书》所引用的案例不相同、结论不一致为由认定无法查明可以适用的香港法律,并根据《最高人民法院关于审理涉外民事或商事合同纠纷案件法律适用若干问题的规定》第9条第3款的规定适用内地法律审理本案是错误的,应予纠正。恒光公司关于本案应当适用香港法律的上诉理由成立,应予支持。

关于《意向书》已经终止还是应当继续履行,最高院认为,两份《备忘录》无疑是四方为了进一步履行《意向书》而签订的,意图不仅是为了延长《意向书》第6.1条和第7.3条中约定的"360日"的期限,还是为了延长《意向书》"鉴于"部分第5条和第2.1条中"保证"将涉案资产完整转入珠海四宝公司的期限。因此,可以认为,《意向书》第6.1条和第7.3条约定的期限对各方不再具有拘束力。退一步而言,即使认为《意向书》第6.1条和第7.3条约定的期限仍然有效,因两份《备忘录》均确认"《意向书》内所须完成的交易模式大部分已办妥",恒光公司已经完成了《意向书》第2.1条约定的分三步进行的交易模式中的第二步,在各方签订《意向书》的目的就是由恒光公司开发君悦来酒店名下房地产的背景下,可以认为《备忘录》满足了《意向书》第6.1条和第7.3条约定的就继续履行《意向书》签订正式合同的条件。因此,根据香港法关于合同解释的原则,无须再行考察本案是否适用"不容反悔""禁止否认假设""放弃权利"以及"确认"等原则,即可以认定《意向书》并未终止,而是继续有效,各方应继续履行。恒光公司关于《意向书》应当继续履行的上诉理由成立,予以支持。一审判决认定《意向书》已经终止错误,应予纠正。

关于本案应否中止审理,最高院认为,本案系超级汽车公司向内地法院提起诉讼,恒光公司在一审答辩期间并未对内地法院管辖本案提出异议,其仅对本案的级别管辖提出异议,并且向内地法院提出了反诉请求。根据《民事诉讼法》第127条第2款的规定,当事人未提出管辖异议并应诉答辩的,视为受诉人民法院有管辖权。因此,一审法院对本案享有管辖权,有权对本案进行实体审理并作出相应的裁判。与此同时,恒光公司就相同争议向香港国际仲裁中心提出仲裁申请,香港国际仲裁中心予以受理并作出仲裁裁决,这属于涉外、涉港民商事案件中产生的平行解决纠纷现象,内地法院依法行使管辖权不受当事人域外解决争议程序的影响,除非域外裁决已经得到内地法院认可和执行。本案并不存在《民事诉讼法》第150条规定的应当中止诉讼的情形。因此,一审法院未中止本案诉讼是正确的。

【分析评论】

1. 本案审理历时多年,是最高人民法院关于域外法查明以及域外平行程序的最新案例。本案判决经过了最高院审判委员会的讨论,可以认为代表了最高院的最新态度和立场,具有风向标意义,特别是在粤港澳大湾区建设背景之下,对香港法与澳门法的查明问题,以及内地、香港与澳门的平行程序问题处理上具有重要指导意义。

2. 当事人有义务提供其选择适用的外国(或域外)法律。在司法实践中,由于各方立场不同、利益诉求不同,很可能出现当事人双方提交的《法律意见书》在观点上不一致的情况。但是,这属于法律适用问题上的正常现象。在这种情况下,应当由法院对如何适用外国(或域外)法律作出评判,不能据此认定不能查明本应适用的外国(或域外)法律。此外,为妥善处理双方对外国(或域外)法律持不同观点的情况,本案二审过程中,最高院不仅允许当事人继续补充提交法律意见,并且让出具《法律意见书》的香港律师出庭接受法庭询问,属于较为灵活、开明的做法,值得后续实践借鉴。

3. 在涉外、涉港澳台民商事审判中,可能会产生平行解决纠纷现象。在内地法院依法取得案件管辖权后,当事人可能会向境外(或域外)提起诉讼或提请仲裁。但是,内地法院依法行使管辖权不受当事人境外(或域外)解决争议程序的影响,除非境外(或域外)的判决或裁决已经得到内地法院认可和执行。

延伸阅读

1. 杜涛:《国际私法原理》(第二版),复旦大学出版社 2018 年版。
2. 韩德培主编:《国际私法问题专论》,武汉大学出版社 2004 年版。
3. 丁伟:《〈民法典〉编纂催生 2.0 版〈涉外民事关系法律适用法〉》,载《东方法学》2019 年第 1 期。
4. 丁伟:《论三类特殊涉外合同之债准据法制度的转型发展》,载《国际商务研究》2017 年第 2 期。
5. 林燕萍、娄卫阳:《意思自治原则在上海涉外审判中的运用》,载《法学》2015 年第 12 期。

思考题

1. 我国现行法律对涉外合同法律适用的首要原则是什么?
2. 简述特征性履行原则及其在判断涉外合同法律适用中的地位和作用。
3. 举例说明我国涉外合同法律适用中的国际条约优先适用原则。

第九章　涉外侵权的法律适用

本章提要

侵权法律关系是法定的债权债务关系,属于非合意之债。对于涉外侵权行为的法律适用,首先应当区分一般涉外侵权行为与特殊涉外侵权行为的法律适用。对于法律有特别规定的特殊涉外侵权行为,例如公路交通事故侵权行为、海上侵权行为、空中侵权行为、产品责任侵权行为等,应当依照法律规定的准据法确定规则处理法律适用问题。只有当法律没有作出特别规定时,才适用一般涉外侵权行为的准据法确定规则。

本章将讨论涉外非合意之债法律适用的一般原则与国际实践,以及中国关于涉外非合意之债法律适用的立法和司法实践。

主要教学内容

1. 基本概念:涉外侵权行为法律关系。
2. 基本知识:涉外侵权行为的法律冲突;一般涉外侵权行为和特殊涉外侵权行为的法律适用原则;中国关于一般涉外侵权行为和特殊涉外侵权行为法律适用的立法与司法实践。

教学目标

1. 了解涉外侵权行为的法律冲突形式。
2. 掌握国际上关于一般涉外侵权行为和特殊涉外侵权行为的法律适用原则。
3. 掌握中国关于一般涉外侵权行为和特殊涉外侵权行为法律适用的立法与司法实践。
4. 正确运用《法律适用法》等相关法律,在具体案例中解决一般涉外侵权行为和特殊涉外侵权行为的法律适用问题。

第一节 一般涉外侵权行为的法律适用

一、侵权行为法律关系概述

侵权行为法律关系是指因不法侵害他人人身和财产权利并造成损失,从而承担民事责任所构成的一种债权债务关系。侵权行为法律关系多由行为人故意或过失侵害他人权利所造成。但是随着工业和交通运输中具有高度危险性的技术使用日见增多,环境污染和其他公害日益严重,为了保护受害人的利益,现代民法也相应地采用了"无过错责任原则",即只要特定行为致人损害,不问行为人是否有过错,法律均要求其承担民事责任。侵权行为法律关系是一种法定的债权债务关系,属于非合同之债,它经由单方面的不法行为而发生。在这种债权债务关系中,加害人是债务人,受害人是债权人。①

二、涉外侵权行为的法律冲突

含有涉外因素的侵权行为法律关系是涉外侵权行为法律关系。具体而言,如果因侵权行为而产生的债权债务关系中的一方或双方当事人是外国人,或者其住所或经常居所地位于外国,或者被侵害的客体位于外国,或者侵权行为或侵害结果发生在外国,这种侵权行为法律关系就属于涉外侵权行为法律关系。由于涉外侵权行为法律关系与数个国家发生联系,当这些国家关于侵权行为的法律规定存在差异时,就不可避免地会发生法律冲突。这些法律冲突,主要表现在如下几个方面:

(一)侵权行为构成要件的法律冲突

一般认为,侵权行为的构成要件包括以下三个方面:(1)加害人的行为具有违法性;(2)受害人有受损害的事实发生;(3)加害人的加害行为和受害人的受损害事实之间具有因果关系。在对各个要件的具体认定上,不同国家采用的标准各不相同。就行为违法性而言,由于不同国家的法律制度和法律观念并不一致,在某一个国家被认为合法的行为完全有可能在其他国家被认定为违法。就受损害事实而言,有的国家仅指直接的财产损失和人身肉体伤害,但有的国家认为受损害事实还应包括间接的财产损失和受害人的精神损害。就加害行为与受损害事实之间的因果关系而言,有的国家坚持认为这种因果关系必须是直接因果关系,有的国家则认为包括直接因果关系和间接因果关系两种情形。正是由于这种立法差异的存在,在认定某种行为是否构成侵权行为时,便可能因为适用

---

① 参见袁泉:《荷兰国际私法研究》,法律出版社 2000 年版,第 191 页。

的法律不同而导致不同的认定结果,从而产生法律冲突。

(二) 受害人范围的法律冲突

大多数国家的法律规定,受害人为直接遭受损害的人,间接受害人不被视为侵权行为的受害人。但也有一些国家和地区的法律规定,间接受害人构成独立的受害人。例如,美国自1967年以后,将受害人的范围扩大至胎儿。如果母亲在怀孕前因药物或其他不良刺激导致后来受孕的胎儿受到损害,胎儿有赔偿请求权。

(三) 加害人赔偿责任的法律冲突

尽管各国都将损害赔偿作为加害人承担责任的主要形式,但在赔偿原则、赔偿范围、赔偿标准等问题上,各国的具体规定却不尽相同。就赔偿原则而言,英美法系国家大多坚持惩罚性赔偿原则,即加害人的赔偿不仅是对受害人所遭受损害的补偿,同时也是对有严重过错的侵权人的经济惩罚;但另有许多国家采用补偿性赔偿原则,即加害人的赔偿仅是对受害人所遭受损失的补偿,赔偿额以受害人所遭受的损害为限。就赔偿范围而言,许多国家都规定,加害人应当赔偿受害人所遭受的直接损失和间接损失;但也有一些国家的法律规定,加害人的赔偿范围仅限于受害人所遭受的直接损失。就赔偿标准而言,大多数国家尤其是英美法系国家,一直采用可预见性标准,即侵权人只赔偿其所能预见到的损害;有的国家则要求侵权人必须赔偿所有因侵权行为所致的损害,即使这种损害结果是侵权行为人或其他适当的人都不可能预见的。

(四) 侵权行为诉讼时效的法律冲突

当事人的合法权益受到不法行为侵害时,必须在法律规定的诉讼时效内提出赔偿请求,否则将丧失胜诉权。但是,各国对侵权行为诉讼时效的规定长短不一。例如,《德国民法典》第195条规定,"普通消灭时效期间为30年"。在英格兰法律中,侵权行为的诉讼时效一般为6年,但致使他人身体受到伤害或者死亡的侵权行为的诉讼时效为3年。[①] 根据我国《民法典》第188条,侵权行为的诉讼时效一般为3年。基于这些不同的规定,侵权行为的诉讼时效也可能产生法律冲突。

由于涉外侵权行为存在上述法律冲突问题,因此在处理涉外侵权纠纷时,必须依照一定的冲突解决原则来确定涉外侵权行为之债的准据法。

三、涉外侵权行为法律适用的一般原则

由于侵权行为法律关系是一种法定的债权债务关系,属于非合同之债,具有法律上的强制性,因此在确定侵权行为的准据法时一般不采用当事人意思自治

---

① 参见〔英〕戴维·M. 沃克:《牛津法律大辞典》,李双元等译,法律出版社2003年版,第701页。

原则。根据各国的立法和实践,对侵权行为的法律适用,主要有如下几种原则:

(一)侵权行为地法

无论是过去还是现在,侵权行为适用侵权行为地法原则,在国际私法的理论和实践中一直居于主导地位。几乎所有国家的冲突法中都对此作了明确的规定。如1964年《捷克斯洛伐克国际私法及国际民事诉讼法》第15条规定:"损害赔偿请求权,除因违反契约及其他法律行为而规定的义务外,依损害发生地或赔偿请求原因事实发生地法。"1978年《奥地利联邦国际私法》第48条规定:"非契约的损害赔偿权,依造成此种损害的行为发生地国家的法律。"2006年《日本法律适用通则法》第17条规定:"因侵权行为而产生的债权的成立及效力,依加害行为结果发生地法;无法预测在其地的结果的发生时,依加害行为进行地法。"1975年《关于公路交通事故法律适用公约》和1977年《关于产品责任的法律适用公约》也都采纳了这一原则。

归纳起来,国际私法上关于侵权行为适用侵权行为地法主要是依据以下几种理论:(1)"既得权"理论。这是英美法系国家关于侵权行为准据法的传统理论依据。该理论认为,受害人在侵权行为地因受到不法侵害而获得的损害赔偿请求权,在其他地方也应得到承认,诉讼地法院只是被请求支持和协助原告实现这一权利。(2)"权利平衡"理论。该理论认为,个人权利的平衡是在侵权行为地被侵权行为所打破的,因而侵权行为之债只有适用侵权行为地法,才能恢复权利的平衡。除了以上两种解释之外,还有的学者认为,侵权行为适用侵权行为地法主要是因为侵权行为地国家因致害行为所受损失最大;也有学者认为,适用侵权行为地法有利于认定事实、确定行为的性质以及行为人的法律责任。

在实践中,某一侵权行为有时可能涉及两个或两个以上不同的国家,法院在确定准据法时首先要对"侵权行为地"进行识别。从目前各国的立法和司法实践来看,确定"侵权行为地"大体上有三种主张:

第一,以加害行为实施地为侵权行为地。采用这一标准的主要有法国、德国、日本、奥地利、秘鲁、希腊、泰国等。

第二,以损害结果发生地为侵权行为地。采用这一标准的国家主要有土耳其、加蓬等。如1982年《土耳其国际私法和国际诉讼程序法》第25条规定:"非合同性的侵权行为之债,适用侵权行为实施地法律。当侵权行为实施地与损害结果发生地位于不同国家时,适用损害结果发生地法律。"此外,1934年《美国第一次冲突法重述》也持这一主张。

第三,以侵权行为过程中的任一环节所涉及的地点作为侵权行为地,其中包括加害行为地、损害结果发生地等,并由受害人选择对其最为有利的一地为侵权行为地。采用这一标准的国家主要有南斯拉夫、捷克斯洛伐克等国。如1964年《捷克斯洛伐克国际私法及国际民事诉讼法》第15条规定:"损害赔偿请求权,除因违反契约及其他法律行为而规定的义务外,依损害发生地或赔偿请求原因事实发生地法。"

(二) 法院地法

德国学者萨维尼在1849年出版的《现代罗马法体系》一书的第八卷中提出,虽然侵权行为与犯罪是两个不同的问题,刑法是公法,侵权在很大程度上涉及的是私法,但侵权行为的规定是建立在一国公共道德或公共利益的基础上,与国家的政治、经济和文化密切关联,法院地法属于强行法的范畴,它应具有绝对排除外国法适用的效力,因此,侵权行为应适用法院地法。另一名德国学者华赫特也提出,侵权行为与刑事犯罪行为相似,故应依据刑事法律的属地原则考虑适用法院地法。这种学说未得到普遍接受,主要在于该学说存在以下缺陷:[1]

第一,缺乏确定性。依据此说,被法院地法认为不法的行为,在行为地未必是不法行为。行为人在行为时,由于对方起诉的诉讼地尚未确定,因此无法预测自己的行为是否合法。

第二,难以实现判决一致的目的。国际私法的理念之一就在于同一涉外案件不论在何地起诉,都应有相同的判决结果,而法院地法原则却很可能因法院地的不同而对同一案件产生不同的判决。

第三,导致原告挑选法院的倾向。原告可以选择到对其有利的国家去提起诉讼,从而规避对其不利国家的法律,这无疑有失公允。

有鉴于此,该学说没有产生很大的影响力,几乎没有现代国家单纯采用法院地法原则,最多也只不过是在适用侵权行为地法时辅之以法院地法,以便同时兼顾侵权行为地与法院地的利益。

(三) 重叠适用侵权行为地法和法院地法

重叠适用侵权行为地法和法院地法,是指法院地国对发生在外国的行为,只有同时符合行为地法和法院地法规定的侵权行为要件,才作侵权行为处理。这种重叠适用是国际上较为普遍的做法。如1939年《泰国国际私法》第15条规定:"因不法行为产生之债,依物和不法事实发生地法。但泰国法律不承认在外国发生的事实为侵权行为时,则不适用本条规定。"1989年修订的《日本法例》第11条也有类似的规定:"因不法行为产生的债的成立及效力应依其原因事实发生地法。但不法行为在外国,依日本法不认为不法时,不适用前款规定。"

重叠适用侵权行为地法和法院地法的原则在英美传统的冲突法理论中又称为"双重可诉原则"(Rule of Double Actionability),该原则主张:本国受理发生在外国的侵权案件时,只有在本国(法院地国)和有关外国(行为地国)都认为是侵权行为的情况下,法院才能确认侵权行为成立,即侵权行为的成立必须同时符

---

[1] 参见余先予主编:《冲突法》,上海财经大学出版社1999年版,第247页。

合侵权行为地法和法院地法规定的侵权行为要件。

虽然不少国家的立法都原则上规定了重叠适用侵权行为地法和法院地法，但各国的具体规定并不一致，有的国家主张以侵权行为地法为主，以法院地法为辅；有的国家主张以法院地法为主，以侵权行为地法为辅。如英国法院就持后一种观点，即以法院地法为主，只参考行为地法，其具体做法是：如果一个在外国发生的侵权行为在英国法院起诉，英国法院将首先依本国的法律规定判定该行为如果发生在英国是否也可以起诉，在得到肯定答案后再参考行为地法，如果该行为在当地也是不正当的，才能为英国法院所受理。一旦英国法院认为在外国发生的某种行为可作为诉因在英国法院起诉时，英国法院便将只适用作为法院地法的英国法来判定侵权行为人的责任。

（四）当事人的共同属人法

在实践中，侵权行为地通常具有一定的偶然性，假如双方当事人的国籍、住所地或者经常居所地相同，仅仅因偶然原因在外国发生侵权行为，此时撇开与侵权行为联系较为密切的当事人的共同国籍国法、共同住所地法或者共同经常居所地法，而片面强调侵权行为地法，未必妥当。如果适用当事人的共同国籍国法、共同住所地法或者共同经常居所地法，则具有较大的灵活性和针对性，能够避免因一味适用侵权行为地法而可能产生的不合理现象。因此，一些国家在确立侵权行为适用侵权行为地法一般原则的基础上，也规定了当事人共同属人法原则。如1979年《匈牙利国际私法》第32条规定："侵权行为适用侵权行为地法，如果侵权行为人与受害人的住所位于同一国家，适用该共同住所地法。"1987年《瑞士联邦国际私法》第133条第1款规定："加害人和受害人在同一国家有惯常居所时，基于侵权行为而提出的请求适用该国的法律。"

值得注意的是，对这一原则的运用绝不能僵化。有时候侵权行为与当事人的共同属人法并无实质联系，而与另一国家的法律存在更密切的联系，此时应该转而适用另一国的法律。前述《瑞士联邦国际私法》第15条规定的例外条款体现了这种灵活性，该条规定："如果从全部情况来看，案件显然与本法所指定的法律仅有很松散的联系，而与另一法律却有密切得多的联系，本法所指定的法律即例外地不予适用。"

（五）侵权行为自体法

在对侵权行为单一适用侵权行为地法进行批判的同时，国际私法学者借用"合同自体法"(Proper Law of the Contracts)提出了"侵权行为自体法"(Proper Law of the Torts)的学说。1951年英国学者莫里斯在《论侵权行为自体法》一文中首先提出了这一理论。

莫里斯认为，在通常情况下，法院适用的是侵权行为地法，但是法院需要一个灵活的冲突规范，既能适用于通常情况，也能适用于例外情况。于是莫里斯根据"合同自体法"概念提出了侵权行为自体法理论。侵权行为自体法是一个包含与侵权行为有关的各种因素的总括性原则。在确定与侵权行为的当事人和侵权行为事件有最密切和最真实联系的法律时,法院应结合案件的具体情况,对侵权行为地法、法院地法和当事人属人法予以权衡,并从中确定适用于侵权行为的法律。这种方法是对传统国际私法上侵权行为法律适用的改进,严格说来,这种侵权行为自体法理论也可以说是最密切联系原则的延伸。①

当然,自体法也有不足之处。比如,它不具有法律所要求的确定性、可预见性和结果统一性;同时,它是根据最密切联系原则确定具体的法律适用,这必然会扩大法院的自由裁量权,增加法律适用的任意性,为法院扩大本国法的适用提供借口。②

值得注意的是,虽然"侵权行为自体法"是受到"合同自体法"的启发而被提出来的,但二者有明显的区别。通常而言,"合同自体法"首先是指当事人自主选择的法律,其次才是与合同有最密切联系的法律;"侵权行为自体法"则主要是指与案件有最密切联系的法律,这是"合同自体法"与"侵权行为自体法"的主要区别。

(六) 有限意思自治原则

意思自治原则为法国学者杜摩兰于 16 世纪提出,该原则最初只是合同之债法律适用的基本原则,但现在已被一些国家引入到侵权领域的法律适用。

如前所述,由于侵权行为之债是一种法定之债,因此在确定涉外侵权行为之债的准据法时所采取的当事人意思自治原则要受到多方面的限制。例如,1987年《瑞士联邦国际私法》第 132 条规定:"当事人可在侵权行为发生后任何时候约定适用法院地法。"不难看出,当事人的这种意思自治受到了选择时间和选择范围的限制,当事人只能是在发生侵权行为之后协议选择法律,而且也只允许当事人通过协议选择法院地所在国家的法律作为侵权行为之债的准据法。尽管该原则赋予当事人的只是有限的意思自治,但无论对于国际私法理论还是司法实践而言,这都是具有划时代意义的突破。

这种有限意思自治原则的好处之一在于:如果在正常情况下,侵权行为的准据法为外国法,这时通过当事人的协议,可以选择法院地法作为准据法,从而排除外国法的适用。当然这一原则在实际应用中也有一定的困难,因为侵权行为发生后,当事人之间的利益并不一致,此时要在二者之间就准据法问题达成一致协议,存在一定的困难。③

---

① 参见肖永平:《国际私法原理》,法律出版社 2007 年版,第 198 页。
② 参见余先予主编:《冲突法》,上海财经大学出版社 1999 年版,第 253 页。
③ 参见赵相林主编:《中国国际私法立法问题研究》,中国政法大学出版社 2002 年版,第 366 页。

（七）对受害人有利的法律

由于确定侵权行为之债的准据法的目的之一是确定加害人责任以保护受害人的利益,因此有的国家在立法中直接规定侵权行为适用对受害人有利的法律。例如,1982年《南斯拉夫关于解决在某些关系中同别国法规的法律冲突法》第28条规定,除对个别情况另有规定外,民事侵权行为的责任,依行为实施地法或结果地法中对受害人最有利的一个而适用之。《瑞士联邦国际私法》赋予受害人的选择余地更大,由受害人选择对其有利的法律。该法第139条规定,基于传播媒介,特别是报纸、无线电、电视或其他大众传播媒介对个人人格的损害而提出的诉讼请求,经受害人选择,由下列法律支配:(1)受害人习惯居所地国家的法律,如果侵权行为人应当估计到侵权行为会发生在那里;(2)加害人的营业地或习惯居所地国家的法律;(3)损害结果发生地国家的法律,如果加害人应当估计到结果会在该国发生。

第二节 特殊涉外侵权行为的法律适用

随着侵权行为的种类越来越复杂,晚近国际私法的立法开始根据侵权行为性质和种类的不同分别确定准据法。1987年《瑞士联邦国际私法》首次将侵权行为划分为一般侵权行为和特殊侵权行为,并在法律适用上加以区别,这种划分方法在后来国际私法的理论和实践中被广泛采用。但是到目前为止,关于特殊侵权的种类,国际上还没有一个统一的标准。例如,《瑞士联邦国际私法》中规定的特殊侵权包括公路交通事故、产品责任、不正当竞争、对竞争的妨害、不动产的致害排放物所造成的损害、对人格权的侵害等六种情形。《美国第一次冲突法重述》中提及的特殊侵权行为包括对人身损害、诽谤、隐私权、干涉婚姻关系、欺诈及虚假陈述、伤害性虚假陈述、跨州诽谤、对隐私的跨州侵犯、恶意控告及滥用法律程序等十种特殊的侵权行为。

有一点需要明确的是,在一国对某种特殊侵权行为的法律适用作出特别规定之前,往往需要根据一般的法律适用原则来确定该种特殊侵权行为的准据法。但一旦该国对该种特殊侵权行为作出特别规定以后,在确定该种特殊侵权行为的准据法时则应适用特别法律规定,而不再适用一般的法律适用规则。

本节将结合各国立法和有关国际公约,对几种常见的特殊侵权行为予以介绍。

一、公路交通事故的法律适用

公路交通侵权行为是指在公路交通运输过程中发生的对人身和财产造成损害并应依法承担责任的行为,其中以公路交通事故最为典型。由于公路交通事故的责任问题与事故发生地国的交通安全法规密切相关,因此涉外公路交通事故,一般应适用事故发生地法。对此,一些国家的立法作了明确规定。例如,1979年《匈牙利国际私法》第33条第1款规定:"违反交通或其他安全规章的侵权行为以侵权行为地法作为准据法。"

除了一些国家的国内立法对涉外公路交通事故的法律适用有专门规定之外,在一些国际公约中,也规定了公路交通事故的法律适用原则,其中影响最大、最具有代表性的公约是1971年在海牙订立的《公路交通事故法律适用公约》,该公约已于1975年6月生效,其主要内容包括如下几个方面:

(一)公约的目的和适用范围

缔结《公路交通事故法律适用公约》的目的是为了规定由于公路交通事故而引起的非合同性质的民事责任的法律适用。该公约所适用的"交通事故"是指涉及一辆或数辆机动或非机动车辆,并与公路、向公众开放的地面或特定人有权出入的私有地面上的交通有关的事故。

(二)公路交通事故的准据法

《公路交通事故法律适用公约》对确定准据法的规定主要是第3至第7条。第3条规定,交通事故的准据法是该事故发生地国家的法律。接下来第4条又对第3条的原则规定了以下几种例外情况:"(1)只有一辆车卷入事故,且该车是在非事故发生地国内登记,则登记地国的国内法可予适用,以确定其对驾驶员、车主或者实际控制车辆或对车辆享有权利的其他利害关系人的责任;受害者为乘客而其惯常居所不在事故发生地国家的;受害者在事故发生地的车辆外,而其惯常居所设在登记地国内的。如果有两个或两个以上的受害者,则应分别确定其适用的法律。(2)有二辆或二辆以上的车涉及事故时,则第(1)项例外情况只有在所有车辆均在同一国内登记才能予以适用。(3)有一个或几个人涉及事故,而在事故发生时,其人在车辆之外并可能负有责任,则第(1)和第(2)项例外只有在所有这些人均在车辆登记地国有惯常居所时,才能予以适用。即使这些人同时又是事故受害者时亦同。"

《公路交通事故法律适用公约》第5条还规定:"根据第3条和第4条用以确定对作为受害者的乘客所承担的责任的法律,支配对由该车辆承运并且属于该乘客或委托该乘客管理的货物的损害赔偿责任。根据第3条和第4条用以确定对车主所承担的责任的法律,支配对由该车辆承运并且是上款述及货物以外的货物的损害赔偿责任。对一辆或数辆车的车外货物的损害赔偿责任,依事故发生地国家的国内法。但对在一辆或数辆车的车外受害者私人携带物的损害赔偿责任,则依车辆登记地国家的国内法,如果依第4条,该法将用以确定对受害者应负的责任。"

根据《公路交通事故法律适用公约》第6条,在车辆未经登记或在几个国家内登记的情况下,则其惯常停放的国家的国内法应取代登记地国法。如果事故发生时车主、车辆占有人或者控制人或司机均未在登记地国有惯常居所的,亦同。

尽管有前述具体规定,《公路交通事故法律适用公约》第 7 条特别强调,不论所适用的法律是什么,在确定责任时,应考虑事故发生时发生地有效的有关交通管理规则和安全规则。

(三) 公路交通事故准据法支配的事项

《公路交通事故法律适用公约》第 8 条规定,应当适用的准据法支配下列各项:(1) 责任的根据及其范围;(2) 免除责任以及任何限制责任和划分责任的理由;(3) 可能导致赔偿的侵害或损害是否存在及其种类;(4) 损害赔偿的方式及其范围;(5) 损害赔偿请求权可否转让或继承;(6) 遭到损害并能直接请求损害赔偿的人;(7) 本人对其代理人的行为或雇主对其雇员的行为所负的责任;(8) 包括消灭时效或除斥期间的开始、中断和中止在内的时效规则。

二、海上侵权的法律适用

海上侵权行为是指发生在海洋或与海相通的水域且与船舶有关的侵权行为。由于海上侵权行为的发生地点并不经常与某一国家的领土有关,其可能发生在公海之上,因此对于海上侵权行为的法律适用,不能简单依据一般侵权行为的法律适用原则来确定其准据法。海上侵权行为大致可以分为四种情形:一是船舶碰撞的侵权行为;二是发生在船舶内部的侵权行为;三是因发生海上运输事故致旅客伤亡或载运物毁损的侵权行为;四是国际油污损害的侵权行为。此外,海上侵权行为还涉及海事赔偿责任限制的准据法确定问题。

(一) 船舶碰撞的侵权行为

船舶碰撞是一种事故,它的发生具有随意性,因此当事人不可能对其法律适用达成事先的约定。法院在处理涉外的船舶碰撞纠纷时,首先需要确定其准据法。船舶碰撞可能发生在一国领海,也可能发生在公海。对于发生在一国领海之内的船舶碰撞,各国一般规定适用碰撞地法律。例如 1962 年《韩国国际私法》第 45 条规定,船舶在开放港口、河流及领海碰撞时,其责任适用船舶碰撞地法。对于发生在公海的船舶碰撞,则适用法院地法。若发生碰撞的两艘或多艘船舶为同一国籍,则适用它们共同的船旗国法。

为了解决有关船舶碰撞的法律冲突问题,除了各国制定其各自的冲突规范外,国际上还存在一系列有关船舶碰撞的国际条约。主要有 1910 年《统一船舶碰撞若干法律规定的国际公约》、1952 年《船舶碰撞民事管辖权若干规定的国际公约》、1952 年《统一船舶碰撞或其他航行事故中刑事管辖权方面若干规定的国际公约》、1977 年《统一船舶碰撞中有关民事管辖权、法律适用、判决的承认与执行方面若干规则的国际公约》等。下面将对其中几个重要的公约进行介绍。

1. 1910年《统一船舶碰撞若干法律规定的国际公约》

该公约于1910年9月23日在比利时布鲁塞尔召开的第三届海洋法外交会议上通过,于1931年3月生效,中国于1994年加入该公约。

该公约第1条规定了船舶碰撞的定义,将船舶碰撞限定为海船与海船或海船与内河航行船舶之间的碰撞。该公约还将船舶碰撞的种类分为无过失的船舶碰撞、单方过失的船舶碰撞和双方互有过失的船舶碰撞,并规定无过失碰撞由遭受损失者自己承担损失;单方过失造成的船舶碰撞由过失方承担责任;如果两艘或两艘以上船舶互有过失,各船应按其过错程度按比例分担责任。

1910年《统一船舶碰撞若干法律规定的国际公约》对于各国的国内立法产生了很大的影响,一些国家的国内法中有关船舶碰撞的规定与该公约一致,从而在一定程度上统一了有关船舶碰撞的法律。

2. 1977年《统一船舶碰撞中有关民事管辖权、法律适用、判决的承认与执行方面若干规则的国际公约》

该公约于1977年9月30日在巴西里约热内卢举行的国际海事委员会全体会议上通过,共分四编,分别规定了管辖权、法律适用及判决的承认与执行等有关问题。

该公约第4条规定:除当事人另有协议外,碰撞在一国内水或领海内发生时,适用该国法律;如碰撞发生在领海以外的水域,则适用受理案件法院地国家的法律,但如有关的船舶都在同一国登记或由它出具证件,或即使没有登记或由它出具证件,但都属同一国家所有,则不管碰撞在何处发生,都适用该国法律。但是,如果有关船舶在不同的国家登记或由它们出具证件,或即使没有登记或出具证件,但属不同的国家所有,则受理案件的法院应适用对所有这些国家都适用的一些公约。如经确定所有这些国家的法律与公约的原则一致,则受理案件的法院应在与上述相一致的程度内适用这一法律。无论本条中有何规定,任何当地的有关航行的成文或不成文的规则或规定都应得到适用。

该公约第5条规定,上述原则确定的准据法适用于以下事项:(1)赔偿责任的根据;(2)免除赔偿责任和部分赔偿责任的理由;(3)得予赔偿的损害的类别;(4)损害的份额;(5)得对权利受到损害提出索赔的人;(6)委托人对其代理人的行为或不行为所应负的责任,或者雇主对其雇佣人员的行为或不行为所应负的责任,或者船舶或船东或驾驶员对引水员的行为所应负的责任;(7)损害赔偿金的权利可否转让或继承的问题;(8)举证的责任和推定;(9)关于诉讼时效的规则。

(二)发生在船舶内部的侵权行为

对于发生在船舶内部的侵权行为,一般适用船旗国法,其理由是船舶可视为船旗国的浮动领土,是其领土的一部分。但如果船舶内部侵权行为发生之时,船舶位于某一国家的领海之内,则可能适用领海国法。例如法国规定,对于在位于外国内水或领水的船舶上发生的侵权,适用船旗国法,只要侵权行为所导致的后果限于船舶内;但是,船舶上实施的侵权行为扰乱了港口的秩序,并要求当地司法机关介入后涉及一个或多个不是船员的人的,法国法院则适用沿岸国法。[1]

(三) 因海上运输事故致旅客死伤、货物损毁所发生的侵权行为

对于因海上运输事故致旅客死伤、货物损毁所发生的侵权行为,由于存在运输合同法律关系,因此有些国家规定依合同准据法确定运送人的责任问题。但考虑到旅客安全受国家的强制性法律的保护,这些强制性法律是必须适用的,因此为了统一这方面的法律规定,国际社会于1974年制定了《海上旅客及其行李运输雅典公约》,并经《1976年议定书》和《1990年议定书》(但《1990年议定书》至今尚未生效)两次修改。中国于1994年批准加入1974年《海上旅客及其行李运输雅典公约》及其《1976年议定书》。

该公约在实体法方面作出了较为全面的规定,包括承运人的责任与免责、旅客贵重物品灭失或损坏、承运人的受雇人、代理人、实际承运人及其受雇人、代理人的法律地位、行李灭失或损坏的通知、诉讼时效、管辖权、公约的适用范围及承运人的赔偿责任限制等事项。

此外,国际海事组织于2002年对1974年《海上旅客及其行李运输雅典公约》进行重大修改并签署通过了《2002年议定书》,经该议定书修改的公约文本被定名为2002年《海上旅客及其行李运输雅典公约》。该公约在1974年《海上旅客及其行李运输雅典公约》的基础上,适应国际海上旅客运输立法的发展趋势,尤其体现了发达国家的愿望,以保护旅客利益为基本价值取向,大大加重了承运人的责任,表现为承运人对旅客人身伤亡的赔偿责任限额大幅度提高,承运人责任的归责原则从单一的过错责任改变为过错责任与严格责任相结合,承运人免责的举证责任加重,并设立承运人赔偿责任强制保险机制。

(四) 国际油污损害的侵权行为

海上航行的船舶一旦发生燃油泄漏污染,不但企业赔偿风险大,清污难,费用高,而且相关的污染受害方得不到合理的赔偿,这一直是油污损害赔偿的一大难题。为使因油污而受损害的各方得到适当的补偿,国际海事组织于1969年在布鲁塞尔通过了《国际油污损害民事责任公约》,中国于1980年加入该公约。该公约主要从实体法层面对油污损害的民事责任作了较为全面的规定,具体内容包括:(1)公约中用语的定义,如"船舶""油类""油污损害""预防措施""事件"等;(2)公约的适用范围仅适用于在缔约国领土和领海发生的污染损害,以及为

---

[1] 参见杜新丽主编:《国际私法》(第二版),中国人民大学出版社2015年版,第272页。

防止或减轻这种损害而采取的预防措施;(3)船舶所有人应对漏油或排油事件所造成的油污损害负责,同时规定在某些情况下船舶所有人可不承担油污损害责任;(4)船舶所有人的责任限额,但如果该污染损害系由所有人故意造成或明知可能造成此种损害而轻率地作为或不作为所致,则该所有人无权根据本公约限制其赔偿责任;(5)油污损害赔偿请求的诉讼时效和诉讼管辖权。

(五)海事赔偿责任限制

不同国家的法律对海事赔偿责任限制的规定不尽相同,从而会对享受责任限制的一方和索赔方的利益产生截然不同的后果。为了解决这方面的法律冲突,国际社会在一系列公约中对此做了统一规定。目前有关海事赔偿责任限制的国际公约主要有:1924年《统一海运船舶所有人责任限制若干法律规定的国际公约》、1957年《关于海运船舶所有人责任限制的国际公约》、1976年《海事赔偿责任限制公约》、1974年《海上旅客及其行李运输雅典公约》以及2002年《海上旅客及其行李运输雅典公约》。

尽管存在公约的统一规定,但由于各国历史文化、传统习惯、政策导向的不同以及国际公约参加国范围和公约本身的局限性,这一领域至今仍不同程度地存在着法律冲突。有些国家主张适用法院地法,有些国家则主张适用行为地法或船旗国法。

三、空中侵权的法律适用

随着国际航空事业的迅速发展,国际航空运输中的侵权行为也日益增多。对于空中侵权,各国法律对航空运输承运人的责任、损害赔偿数额等问题的规定各不相同,因此当此类侵权行为发生时,首先需要确定准据法。

空中侵权行为大致分为三种情形:一是在航空器内部发生的侵权行为;二是航空器相互碰撞或者航空器与其他物体相撞而发生的侵权行为;三是航空器发生事故致使乘客伤亡或载运物毁损的侵权行为。各国对上述三种情形的法律适用原则不尽相同。

(一)发生在航空器内部的侵权行为

发生在航空器内部的侵权行为通常包括旅客与乘务人员或旅客之间发生的殴打、侮辱、诽谤等行为。对这种侵权行为引起的损害赔偿,多数国家主张适用航空器登记地国法,如1982年《南斯拉夫法律冲突法》第29条规定,如果造成损害赔偿之债的事件发生在航空器内,则航空器登记地国法律应视为造成损害赔偿之债的事实发生地法律。归纳起来,各国主张适用航空器登记地国法律的理由主要包括以下几点:第一,在飞行中的航空器内发生侵权行为时,由于航空器飞行速度极快,往往难以确定侵权行为地;第二,有时即使能够确定侵权行为地,但该地点与航空器内部发生的侵权行为的联系也可能纯属偶然;第三,航空器在公空上飞行时,无侵权行为地法可资适用;第四,航空器总是与其登记地国有比较密切的联系,当事人选择乘坐某个国家的航空器,也可以被视为是对该国法律的信赖。基于上述理由,对发生在航空器内部的侵权行为适用航空器登记地国法,既比较合理,又切实可行。

(二) 航空器相互碰撞或与其他物体碰撞的侵权行为

对这种侵权行为引起的损害赔偿,如系一方过错造成的,为保护受害一方之利益,一般多主张适用被碰撞或受害一方的航空器登记地国法;如碰撞双方皆有过错,则可适用法院地法;如碰撞双方是在同一国家登记的航空器,则可适用共同登记地国法律。

(三) 航空事故致使旅客伤亡或航空事件致使载运物毁损的侵权行为

对于因国际航空运输期间发生事故致使旅客伤亡或发生事件致使载运物毁损而引起的损害赔偿,目前已经形成了较为完善的强制适用的统一实体法规则。在相关公约当事国之间,主要依国际公约规则加以解决;在非公约当事国之间,以及在其他不符合公约适用条件的情形下,可能适用法院地法、航空器登记国法、侵权行为地法、当事人共同国籍国法等调整相关争议。国际上与此相关的国际公约主要包括1929年《华沙公约》、1955年《修正1929年10月12日在波兰华沙签订的〈华沙公约〉的议定书》(简称《海牙议定书》)、1961年《统一非缔约承运人履行的国际航空运输的某些规则以补充〈华沙公约〉的公约》(简称《瓜达拉哈拉公约》)、1971年修正《经〈海牙议定书〉所修正的〈华沙公约〉的议定书》(简称《危地马拉城议定书》)和1975年在蒙特利尔通过的另外四项议定书等,以上统称"《华沙公约》体系"。其中,1971年《危地马拉城议定书》和1975年《三号附加议定书》从未生效。我国目前是《华沙公约》和《海牙议定书》的缔约国。此外,根据我国1997年6月2日作出的声明,《瓜达拉哈拉公约》适用于我国香港特别行政区。

为适应航空运输实践发展和旅客权益保护的需要,1999年通过的《统一国际航空运输某些规则的公约》(简称《蒙特利尔公约》)在上述《华沙公约》体系的基础上对承运人责任规则进行了集成、更新、调整和补充,是《华沙公约》体系精华的集成,也是对《华沙公约》体系的超越和发展。《蒙特利尔公约》于2003年11月4日生效后,在《华沙公约》体系和《蒙特利尔公约》的共同缔约国之间,产生取代《华沙公约》体系下各项公约的效力。我国于2005年6月1日向国际民航组织交存批准书,同年7月31日起,该公约对我国生效。

《蒙特利尔公约》共七章57条,主要内容是:(1) 规定了公约的适用范围和适用条件,即公约适用于所有以航空器运送人员、行李或者货物而收取报酬的国际运输,包括航空运输企业以航空器履行的免费国际运输——对于符合公约适用条件的两类国际运输,公约规则的适用具有强制性。(2) 规定了旅客、行李和货物运输的有关凭证和当事人的义务。(3)规定了承运人的赔偿责任和赔偿限额,与《华沙公约》体系相比,《蒙特利尔公约》的最大特点是规定了承运人对旅客人身伤亡损害的"双梯度"责任制度,即在以 128,821 特别提款权为限额的"第一梯度"下,承运人承担严格责任;对超过 128,821 特别提款权的"第二梯度"部分,承运人承担无责任限额保护的过错推定责任,即承运人应当承担赔偿责任,除非其能证明自身或其受雇人和代理人就损害的发生没有过错,或损害的发生完全系第三方过错所致,方可免除赔偿责任。(4)规定了包括电子数据形式在内的任何保存运输记录的方法均可作为运输凭证,从而使运输凭证更加简便和现代化。(5)规定了航空承运人的先行给付安排,即对因航空运输期间发生事故造成旅客伤亡等损失的,承运人应在其国内法有先行给付要求的情况下,向权利人毫不迟延地先行给付以解决受害人及其家属的迫切经济需求。(6)规定了因旅客伤亡而产生的索赔诉讼的强制适用的统一管辖权规则。《蒙特利尔公约》在《华沙公约》规定的承运人住所地法院、承运人主营业地法院、订立合同的承运人营业地法院和目的地法院这四种传统管辖权基础上,增加了"第五管辖权",即符合特定条件的旅客的主要且永久居所所在地法院也享有管辖权。(7)规定了旅客延误和行李、货物的灭失、损坏和延误的赔偿责任、赔偿限额与免责事由。(8)规定了公约的签署、批准、生效、退出程序以及与其他《华沙公约》文件的适用关系。在《华沙公约》体系诸项公约和《蒙特利尔公约》的共同当事国之间,《蒙特利尔公约》优先适用。

四、产品责任侵权的法律适用

所谓涉外产品责任,是指位于不同国家的产品生产者、销售者与消费者、使用者之间因产品瑕疵导致人身伤亡和财产损害而产生的民事赔偿责任。

产品责任作为一种特殊的侵权责任,始于 20 世纪初的英美等国家。第二次世界大战以后,尤其是 20 世纪 60、70 年代以来,产品责任越来越为人们所重视,许多国家都有了专门的产品责任立法。各国产品责任立法的不一致,就产生了涉外产品责任中的法律冲突。在这种情况下,确定产品责任的准据法便显得尤为必要。

各国从保护消费者和使用者利益的角度出发,对涉外产品责任的法律适用较之于一般侵权行为法律适用的规定要灵活得多。从各国立法和实践看来,涉外产品责任的法律适用规则主要有:(1)被告所在地法;(2)产品取得地法;(3)损害发生地法;(4)受害者住所或惯常居住地法;(5)与案件有最密切联系的国家的法律。

为了协调各国关于产品责任的法律冲突,统一产品责任的法律适用原则,1972 年第 12 届海牙国际私法会议制定了《产品责任法律适用公约》。该公约共

22条,已于1977年10月生效,主要包含以下几个方面内容:

(一) 公约的适用范围

《产品责任法律适用公约》第1条明确规定:"本公约确定制造商和其他由第3条规定的人因产品造成损害,包括因对产品的错误说明或对其质量、特性或使用方法未提供适当说明而造成责任所适用的法律。"公约中所指的"产品"包括天然产品和工业产品,无论是未加工的还是加工的,是动产还是不动产;所指的"损害"是指对人身的侵害或对财产的损害以及经济损失,但是除非与其他损害有关,产品本身的损害以及由此而引起的间接损失不应包括在内。第3条规定的承担责任的人员为:成品或部件的制造商;天然产品的生产者;产品的供应者;在产品准备或销售等整个商业环节的其他人,包括修理人和仓库管理员,以及以上人员的代理人或雇员。

在适用范围上,《产品责任法律适用公约》明确排除了合同性质的责任,而只适用于由于侵权行为所发生的损害赔偿责任。例如,A国某甲在B国使用某乙从当地进口商购买的C国机械制造公司制造的机械产品。由于该产品的缺陷,使某甲受到人身伤害。A国某甲对C国机械制造商和B国的损害赔偿之诉便属于公约范围内的侵权行为的产品责任。但是,如B国某乙自己使用而受到伤害,他对B国当地进口商提起诉讼,是根据合同关系与侵权行为竞合的责任,就不属于公约的适用范围。但B国某乙如对C国机械制造公司提起诉讼,则仍属公约的适用范围之内。为了避免定性上的分歧,《产品责任法律适用公约》没有使用"合同外的产品责任"一词,而是规定:"凡产品的所有权或使用权已由被请求承担责任的人转移到遭受损失的人,本公约不适用于他们之间的责任。"排除这种责任的理由主要是,这种关系应由其他有关法律调整,排除这种关系是为了使更多的国家接受公约的规则。①

(二) 公约规定的法律适用原则

关于法律适用,《产品责任法律适用公约》确定了以下几项原则:

(1) 适用损害地所在国的国内法,但该国必须同时是直接遭受损害的人的惯常居所地,或者被请求承担责任人的主营业地,或者直接遭受损害的人取得产品的地方。

(2) 适用直接遭受损害的人的惯常居所地国的国内法,但该国必须同时又是被请求承担责任人的主营业地,或者直接遭受损害的人取得产品的地方。

(3) 如果上述两条法律适用原则所指向的法律都无法适用,除非请求人根据损害地国家的国内法提起诉讼,否则适用的法律应为被请求承担责任人的营业地所在国的国内法。

---

① 参见曹建明、陈治东主编:《国际经济法专论》(第二卷),法律出版社2000年版,第592页。

（4）如果被请求承担责任人证明他不能合理地预见产品或他自己的同类产品会经由商业渠道在损害发生地所在国或直接受害人惯常居住国出售时，则这两国的法律都不适用，能适用的是被请求承担责任人的主要营业地所在国的法律。

《产品责任法律适用公约》规定的上述法律适用原则是按适用的先后顺序排列的，即前一项的法律适用优先于后一项法律适用，不得任意变更。同时，根据上述原则确定的准据法是该国的实体法，从而排除了反致和转致，并且只能在明显地与公共秩序相抵触时才可以拒绝适用。《产品责任法律适用公约》规定，在适用上述法律时，须考虑产品销售市场所在国家通行的相关行为规则和安全规则；同时还规定，即使应适用的是非缔约国的法律，也应予以适用。

（三）准据法的适用范围

《产品责任法律适用公约》规定产品责任准据法用于解决下列问题：承担责任的依据和范围；免除、限制和划分责任的依据；可以得到赔偿的损害种类；赔偿的方式及其范围；损害赔偿的权利能否转让或继承的问题；有权要求损害赔偿的人的范围；委托人对其代理人行为或雇主对其雇员行为所负的责任；举证责任；时效规则，包括有关时效的开始、中断和终止的规则。

五、网络侵权的法律适用

互联网是按照一定的通信协议将位于不同地理位置的计算机连接起来的国际计算机网络，它是通过数字化的方式，在现实世界之外营造的一个虚拟世界。与物理空间相比，网络空间具有全球性、即时性、虚拟性等特征。

由互联网带来的技术革命使我们的生存领域由物理空间延伸到无形的网络空间，网络空间所具有的许多与物理空间截然不同的特性，尤其是互联网自身所具备的非中心化倾向、全球性、虚拟性以及高度自治性特征，对传统的法律制度提出了挑战。网络侵权是指计算机互联网用户或网络服务提供者通过互联网侵害他人民事权益而应承担相应民事责任的行为。网络侵权行为的范围有别于传统侵权行为的范围，它主要是指侵犯人身权，包括侵犯肖像权、名誉权与隐私权，以及侵犯商标权、著作权等知识产权的行为。网络环境的跨国性使得网络侵权案件中的法律冲突显得尤为显著。

在传统的侵权案件中，确定准据法的连结因素主要有侵权行为地、法院地、当事人国籍或住所等，以这些连结因素为基础的冲突规则受到了网络环境的冲击。首先，网络侵权中的侵权行为地很难确定。在网络侵权案件中，由于互联网的全球性特征，信息的上传和下载可以在全球范围内的任何地方完成，网络侵权行为在时间上和空间上都缺乏确定性，不论是侵权行为实施地还是损害结果发生地都很难确定。其次，网络侵权中当事人国籍和住所连结点受到挑战。人们在网络这一虚拟世界中的活动往往很难与特定的物理空间联系起来,空间地域不再具有传统的重要意义,而且在现有的技术条件下也很难确定每一个网络访问者的身份及其所处的方位。可见,在网络侵权案件中,以当事人国籍和住所作为连结点不仅在关联性方面受到质疑,而且在操作层面上也存在现实的困难。最后,法院地法的适用受到挑战。法院地法也是侵权案件中常常援引的准据法,适用法院地法的前提是确定合理的管辖法院。在网络侵权案件中,由于侵权行为脱离于现实的物理空间,侵权行为地和被告住所地都很难确定,从而使得管辖法院的确定也成为一个棘手的问题,法院地法的适用因而也受到挑战。由此可见,网络环境对传统涉外侵权法律适用规则带来了全面的冲击和挑战,结合网络侵权案件的特征对传统规则加以完善和改进已成为一种必然的趋势。

从目前各国的实践来看,侵权行为地法仍然是解决网络侵权行为的首选准据法。如前所述,侵权行为地法的认定规则在网络环境下受到挑战,需要寻找新的连结因素来确定"侵权行为地"。对此,包括我国在内的一些国家在立法中规定,对于"侵权行为地"的认定,应当以服务器所在地、网络终端所在地为依据,从而在一定程度上解决了网络侵权中"侵权行为地"的认定问题。

除了适用侵权行为地法以外,也有观点主张适用有限的当事人意思自治原则,由侵权行为人和被侵权人在特定范围内选择某国法律作为准据法;还有观点主张适用侵权行为地法兼当事人属人法原则、网上社区规则等。尽管这些主张已在一些国家的立法和实践中得到不同程度的体现,但总体来看,由于网络侵权行为本身的复杂性,关于涉外网络侵权的法律适用规则还存在诸多争议,有待于在实践中进一步探讨和明确。

六、其他特殊侵权的法律适用

除了上述几种特殊的侵权行为之债以外,还有因不正当竞争而提出的损害赔偿,环境污染而造成的损害赔偿,有关民事欺诈的损害赔偿,有关核物质和核设施而造成的损害赔偿等特殊的侵权行为之债,等等。这些侵权行为之债中存在的法律冲突,也需要国际私法规则加以调整,一些国家的立法作了相应的规定。例如,1987年《瑞士联邦国际私法》第136条规定:"基于不正当竞争行为而提出的诉讼请求,适用损害结果发生地的市场所属国家的法律。如果该不正当竞争行为唯独影响某一特定的竞争者的企业利益,应适用的法律是受害人营业所所属国家的法律。"该法第139条还规定了以传播媒介,特别是通过报刊、无线电视或其他一切公共信息传递工具侵犯人格权的行为所应适用的法律:受害人可以在受害人惯常居所地国家的法律、加害人营业地或惯常居所所在地国家的法律和损害结果发生地国家的法律中选择最有利于自己的法律为应适用的法律。总体而言,各国对这些侵权行为规定的准据法主要是侵权行为发生地法、损害发生地法、受害人惯常居所地法、加害人营业地或惯常居所地法等等。在具体案件中,尚需根据具体侵权行为的性质,围绕保护受害人利益以及相关国家公共秩序等立法宗旨,最终确定案件的准据法。

第三节 我国涉外侵权行为法律适用的立法与实践

我国现行有关涉外侵权行为法律适用的立法规定主要见之于单行法规中,例如《法律适用法》《海商法》《票据法》等。由于《民法典》并未就涉外民事关系法律适用的内容做出规定,并且其规定生效后将废止《民法通则》,因此《民法通则》中有关涉外民事关系法律适用的内容也已失效。在《民法典》已排除法律适用规范,并废止《民法通则》的情况下,《法律适用法》以及其他单行法规的相关规定便构成了我国司法实践目前在处理涉外侵权法律适用问题时所依据的主要规范。

一、我国关于一般侵权行为的法律适用

我国关于一般侵权行为的法律适用规则,在早先的《民法通则》第146条以及《法律适用法》第44条中均有规定。其中,《民法通则》第146条规定:"侵权行为的损害赔偿,适用侵权行为地法。当事人双方国籍相同或者在同一国家有住所的,也可以适用当事人本国法律或者住所地法律。中华人民共和国法律不认为在中华人民共和国领域外发生的行为是侵权行为的,不作为侵权行为处理。"《法律适用法》第44条规定:"侵权责任,适用侵权行为地法律,但当事人有共同经常居所地的,适用共同经常居所地法律。侵权行为发生后,当事人协议选择适用法律的,按照其协议。"可以看出,《法律适用法》与《民法通则》的规定并不一致。对此,《法律适用法》第51条规定,《民法通则》第146条和《法律适用法》规定不一致的,适用后者。这意味着,在《法律适用法》生效后,《民法通则》第146条的规定将不再适用,实践中对于涉外侵权法律适用的一般原则,应当遵循《法律适用法》第44条的相关规定。《民法通则》废止之后,由于《民法典》并未对涉外民事关系法律适用问题作出规定,因此我国司法实践目前关于一般侵权行为的法律适用,主要遵循《法律适用法》第44条的规定。

根据《法律适用法》第44条,我国关于一般侵权行为的法律适用体现了以下三项原则:

(一)当事人意思自治原则

这是我国首次在侵权领域采用意思自治原则的实践。具体而言,在侵权行为发生后,当事人可以协议选择适用任何一个国家的法律作为侵权行为法律适用的准据法,这里并没有对协议选择法律的范围加以限制。这与许多国家只能选择法院地法的规则不同,表明我国在侵权行为法律适用上更加开放、灵活的

态度。

(二) 共同属人法原则

在侵权行为发生后,如果双方当事人没有就侵权行为的准据法作出协议选择,但当事人在同一国家均有经常居所地的,则应适用双方的共同经常居所地法律。经常居所地是属人法的一个重要连结点,因此前述规定体现了共同属人法原则。与此前《民法通则》第146条的规定不同,一方面,《法律适用法》以经常居所地作为确定共同属人法的连结点,符合国际私法上经常居住地相较国籍和住所而言重要性日益提升的趋势;另一方面,《法律适用法》明确了共同经常居所地法优先于侵权行为地法,为司法实践中法院适用法律提供了更加明确的规定,可以在一定程度上避免法律适用的不确定性。

(三) 侵权行为地法原则

在双方当事人既没有协议选择准据法,也不存在共同经常居所地时,适用侵权行为地法律。实践中,对于侵权行为地的认定问题,《法律适用法》并没有作出规定,但最高人民法院曾在《民通意见》第187条中作出了解释:"侵权行为地的法律包括侵权行为实施地的法律和侵权结果发生地的法律,如果两者不一致的,人民法院可以选择适用。"尽管《民法通则》已被废止,但在新的司法解释对此进行明确之前,原司法解释规定的内容仍具有一定的参考意义。

二、我国关于特殊侵权行为的法律适用

(一) 公路交通事故的法律适用

我国与邻国有漫长的陆地边界线,通过各过境口岸出入的车辆随着睦邻友好关系的加强会越来越多,涉外交通事故必然会随之增多。因此,如何解决这方面的法律冲突成了亟待解决的问题。

我国法律至今尚未对涉外公路交通事故的法律适用问题做出特别规定,因此实践中只能适用现行立法中关于一般侵权的法律适用原则。

(二) 海上侵权的法律适用

关于海上侵权,我国《海商法》第273条规定:船舶碰撞的损害赔偿,适用侵权行为地法律;船舶在公海上发生碰撞的损害赔偿,适用受理案件的法院所在地法律;同一国籍的船舶,不论碰撞发生于何地,碰撞船舶之间的损害赔偿适用船旗国法律。具体而言,该条规定了以下三种情形:

1. 船舶碰撞的损害赔偿,适用侵权行为地法。船舶碰撞发生在一国领海及内水引起的损害赔偿,适用侵权行为地法,这一原则已被绝大多数国家及国际公约所接受。从国际法的角度看,沿海国对该海事侵权行为享有管辖权,是一国主权的体现;从受害方的角度看,如果不考虑"择地行诉"的因素,他们也希望将碰撞案件交付给侵权行为地国法院,进而适用侵权行为地法。这样可以照顾到侵权行为地国内的特殊利益,也使当事人能够比较容易预见其法律责任。

2. 船舶在公海上发生碰撞的损害赔偿,适用受理案件的法院地法。该原则把法院管辖权的确定与准据法的选择结合起来。关于船舶碰撞案件法院管辖权的确定,《民事诉讼法》第 30 条规定:"因船舶碰撞或者其他海事损害事故请求损害赔偿提起的诉讼,由碰撞发生地、碰撞船舶最先到达地、加害船舶被扣留地或者被告住所地人民法院管辖。"

3. 同一国籍的船舶,不论碰撞发生于何地,碰撞船舶之间的损害赔偿适用船旗国法。这一规定体现了船舶与其船旗国法之间的密切联系。

此外,《海商法》第 275 条对海事赔偿责任限制的法律适用作了规定:"海事赔偿责任限制,适用受理案件的法院所在地法律。"

《海商法》关于海上侵权的上述规定,体现了船舶碰撞侵权的特点,具有一定的合理性。但同时必须指出的是,《海商法》只规定了船舶碰撞这一种类型的海上侵权,而对于发生在船舶内部的侵权行为,以及因发生海上运输事故致旅客伤亡或载运物毁损的侵权行为等情形未作规定,存在立法空白。

(三) 空中侵权的法律适用

我国关于空中侵权法律适用的规定主要是《民用航空法》,该法第 189 条规定:"民用航空器对地面第三人的损害赔偿,适用侵权行为地法律。民用航空器在公海上空对水面第三人的损害赔偿,适用受理案件的法院所在地法律。"该条规定只涉及两种情况,而且只规定了损害赔偿的法律适用问题,对空中侵权其他方面的法律适用原则没有做规定。虽然我国先后于 1958 年和 2005 年加入了《华沙公约》和《蒙特利尔公约》,但这两个公约都属于实体法公约,对有关法律适用问题并无明确规定。

(四) 产品责任的法律适用

随着外国产品的大量流入以及我国产品出口的日益增长,因产品质量瑕疵而损害消费者利益导致赔偿责任的案件也越来越多。因此,根据适当的冲突规范来确定产品责任案件的准据法就显得尤为必要。

《法律适用法》对涉外产品责任的法律适用作了专门规定,该法第 45 条规定:"产品责任,适用被侵权人经常居所地法律;被侵权人选择适用侵权人主营业地法律、损害发生地法律的,或者侵权人在被侵权人经常居所地没有从事相关经营活动的,适用侵权人主营业地法律或者损害发生地法律。"可见,《法律适用法》关于涉外产品责任的法律适用体现了有限意思自治原则,实践中被侵权人可以选择对自己有利的法律。

(五) 网络侵权的法律适用

《法律适用法》第 46 条规定:"通过网络或者采用其他方式侵害姓名权、肖像权、名誉权、隐私权等人格权的,适用被侵权人经常居所地法律。"这里将被侵人的经常居所地作为确定准据法的连接因素,不仅有利于保护被侵权人的利益,也体现了属人法发展的趋势。

《法律适用法》第46条只是规定了侵犯人格权的情形,因此在司法实践中,对于通过网络侵犯知识产权等其他侵权情形,只能适用第50条和第44条关于知识产权侵权和一般侵权的规定。在适用第44条规定时,可能涉及侵权行为地的认定。2012年12月17日发布的《最高人民法院关于审理侵害信息网络传播权民事纠纷案件适用法律若干问题的规定》第15条规定:"侵害信息网络传播权民事纠纷案件由侵权行为地或者被告住所地人民法院管辖。侵权行为地包括实施被诉侵权行为的网络服务器、计算机终端等设备所在地。侵权行为地和被告住所地均难以确定或者在境外的,原告发现侵权内容的计算机终端等设备所在地可以视为侵权行为地。"这一原则性的规定虽然是就管辖权的确定作出的,但在司法实践中,这一关于在网络环境下确定侵权行为地的规定,也可以作为确定跨国网络侵权案件准据法时认定侵权行为地的参考依据。

[案例讨论与分析]

案例1　江繁玉等与江西省进贤县温圳镇农机管理站等侵权损害赔偿纠纷上诉案[①]

【案情简介】

2007年7月14日16时许,熊根宝驾驶赣A73680轻型自卸车由北向南途经江西省南昌市洪城汽配城路段时,因处置不当,导致该车越过中心双黄线驶向道路左侧,与由南向北正常行驶的刘春雷驾驶的赣F6510面包车相撞,造成面包车侧翻,致使发生该面包车内的刘春雷、周安林二人经抢救无效而死亡的重大交通事故。事故经南昌县公安局交通警察大队认定,被告熊根宝负本次事故的全部责任。死者周安林(生于1958年)是加拿大籍华人,系周氏国际贸易有限公司总经理(公司注册地为加拿大安大略省多伦多市奥新顿街×××号)。2007年6月22日,周安林从上海浦东国际机场入境,从深圳到南昌准备洽谈招商合作投资项目的路途中发生上述交通事故而不幸身亡。周安林生前与妻子江繁玉生育了二子一女,长子周佳、女儿周梦瑾已成年,次子周擎浩尚未成年(1997年5月1日出生),均系加拿大籍人,一家人居住在加拿大多伦多市。赣A73680轻型自卸车的原实际车主为朱春华,该车于2007年4月1日转让给余荷花,双方未办理过户手续。熊根宝系余荷花聘请的司机。该车挂靠在进贤县温圳镇农机管理站,并以该站的名义在中国人民财产保险股份有限公司进贤支公司购买了交强

---

① 参见《人民司法·案例》2012年第22期,江繁玉等与江西省进贤县温圳镇农机管理站等侵权损害赔偿纠纷上诉案,(2009)洪少民终字第16号。

险。温圳农机站是进贤县温圳镇人民政府的下属职能部门,但同时以同样的名称在工商行政管理部门登记注册为企业法人,经营范围为农机管理及配件。

原告江繁玉等人要求各被告赔偿因周安林死亡而产生的死亡赔偿金、被扶养人生活费等各项损失共计 3717786 元。被告熊根宝、进贤县温圳镇农机管理站以及进贤县温圳镇政府辩称,死者周安林虽系加拿大国籍,但有关赔偿标准应按受诉地法院的赔偿标准进行计算。

【法律问题】

确定损害赔偿的标准应当是哪国的法律规定,即本案的准据法如何确定?

【参考结论】

该案事实发生在《法律适用法》生效以前,应当依据《民法通则》第 146 条选择准据法,即侵权行为的损害赔偿,适用侵权行为地法。具体到本案,交通肇事侵权行为实施地为中国江西省南昌市,对于该涉外侵权行为发生的侵权损害赔偿纠纷,应当适用中国法律。

如果该案事实发生在《法律适用法》生效以后,则应当依据《法律适用法》第 44 条选择准据法。由于本案双方当事人没有协议约定准据法,并且没有共同经常居所地法律,因此在适用《法律适用法》第 44 条的情况下,仍然应当根据侵权行为地法律,即以中国法律作为本案的准据法。

【分析评论】

在《法律适用法》生效之前,涉外侵权行为的法律适用依照《民法通则》第 146 条第 1 款之规定:"侵权行为的损害赔偿,适用侵权行为地法律。当事人双方国籍相同或者在同一国家有住所的,也可以适用当事人本国法律或者住所地法律。"现如今,《民法通则》已被废止,且该条规定已被《法律适用法》第 44 条替代:"侵权责任,适用侵权行为地法律,但当事人有共同经常居所地的,适用共同经常居所地法律。侵权行为发生后,当事人协议选择适用法律的,按照其协议。"《法律适用法》第 44 条在确定涉外侵权行为的法律适用上,体现了以传统规则为中心,以现代理论为侧翼的架构安排,即侵权行为适用侵权行为地法被确立为涉外侵权行为法律适用的基本原则,而共同经常居所地法和当事人意思自治则被确立为适用侵权行为地法的两个例外。

在司法实践中往往面临侵权行为地的认定问题,对此,最高人民法院曾在《民通意见》第 187 条中作出解释:"侵权行为地的法律包括侵权行为实施地的法律和侵权结果发生地的法律。如果两者不一致的,人民法院可以选择适用。"据此,在我国境内发生的涉外侵权行为,原则上应当适用中国法律。

案例 2　陈梅金、林德鑫诉日本三菱汽车工业株式会社损害赔偿纠纷案[①]

【案情简介】

1996年9月13日,原告陈梅金、林德鑫的亲属林志圻乘坐所在单位的日本产三菱吉普车从福建省莆田市前往福州市。途中,该车前挡风玻璃突然爆破,林志圻因玻璃爆破震伤经医院抢救无效而死亡。交通管理部门经现场勘察后认定,此次事故不属于交通事故。事故发生后,为查明玻璃爆破的原因,被告三菱公司将破碎的玻璃运至玻璃的生产厂家日本旭硝子株式会社,委托其鉴定。旭硝子株式会社的鉴定结论为:本次发生挡风玻璃破碎的原因并非玻璃本身有质量问题,而确属外部因素造成。对此结论,陈梅金、林德鑫不同意,后委托中国国家质检中心对损坏的玻璃进行鉴定,得出推断性结论为:前挡风玻璃为夹层玻璃,在不受外力作用下,夹层玻璃自身不会爆裂。

原告、被告双方对此问题存在较大分歧,不能就损害赔偿达成协议,原告遂向三菱公司驻中国北京办事处所在地的北京市朝阳区人民法院提起诉讼,请求判令被告对林志圻之死承担责任,给原告赔偿丧葬费、误工费、差旅费、鉴定费、抚恤金、教育费、生活补助费等共计人民币50万元。被告辩称,经生产厂家两次鉴定和中国国家质检中心的分析,都认为事故车的挡风玻璃是在受到较大外力冲击的情况下爆破的。无论是中国《产品质量法》第29条第1款,还是中国《消费者权益保护法》第35条第2款都规定,产品生产者对消费者承担赔偿责任,要同时具备两个严格的前提条件:第一,必须是产品存在缺陷;第二,必须是因产品存在的缺陷造成人身或财产损害。事实已经证明,发生事故的车辆不存在产品质量问题,也就是说不存在产品缺陷,因此谈不上因产品缺陷造成损害。原告的诉讼请求没有事实根据和法律依据,应当驳回。

【法律问题】

涉外产品侵权纠纷应当适用哪一国家的法律?

【参考结论】

该案事实发生在《法律适用法》生效以前,应当依据《民法通则》第146条选择准据法。该条规定,侵权行为的损害赔偿,适用侵权行为地法。本案中因产品质量而发生的侵权行为地是在中国境内,侵权结果发生地也在中国境内,因此应当适用侵权行为地法,即中国法律处理原被告之间的产品责任侵权赔偿纠纷。

如果该案事实发生在《法律适用法》生效以后,则应当依据《法律适用法》第

[①] 参见《最高人民法院公报》2001年第2期,陈梅金、林德鑫诉日本三菱汽车工业株式会社损害赔偿纠纷案。

45条选择准据法。本案中,被侵权人经常居所地和损害发生地均位于中国,侵权人的主营业地则位于日本,但侵权人在被侵权人的经常居所地即中国从事相关经营活动。由于被侵权人并未选择适用侵权人主营业地法律或者损害发生地法律,并且侵权人在中国从事相关经营活动,因此应当适用被侵权人经常居所地法律,即中国法律作为本案的准据法。

【分析评论】

本案是一起典型的涉外产品责任侵权纠纷案件。产品责任是产品在消费过程中造成人身伤害或财产损失所引起的民事责任。产品责任作为一种特殊的侵权责任,目前已经引起世界各国的高度重视。

在《法律适用法》生效以前,涉外产品责任侵权行为按照一般侵权行为确定其准据法,即涉外产品责任侵权行为的法律适用依照《民法通则》第146条第1款之规定:"侵权行为的损害赔偿,适用侵权行为地法律。当事人双方国籍相同或者在同一国家有住所的,也可以适用当事人本国法律或者住所地法律。"现如今,《民法通则》已被废止,且该条规定已被《法律适用法》第45条替代:"产品责任,适用被侵权人经常居所地法律;被侵权人选择适用侵权人主营业地法律、损害发生地法律的,或者侵权人在被侵权人经常居所地没有从事相关经营活动的,适用侵权人主营业地法律或者损害发生地法律。"可见,《法律适用法》在确定产品责任侵权行为的法律适用上,更加注重对被侵权人权益的保护,即原则上适用被侵权人经常居所地法律;同时吸收了有限制的意思自治原则,允许被侵权人选择适用侵权人主营业地法律或损害发生地法律,这一规定在允许当事人意思自治的同时,对法律选择的主体和可供选择的法律施加了限制;另外也考虑到了侵权人的权益,不要求侵权人的产品质量必须满足其并未从事相关经营活动的地点的产品质量要求,对于侵权人在被侵权人经常居所地没有从事相关经营活动的,适用侵权人主营业地法律或者损害发生地法律。

案例3　江苏炜伦航运股份有限公司诉米拉达玫瑰公司船舶碰撞损害赔偿纠纷案[①]

【案情简介】

2008年6月3日,江苏炜伦航运股份有限公司(以下简称炜伦公司)所有的"炜伦06"轮于长江口附近与米拉达玫瑰公司所有的"miranda rose"轮发生碰撞,导致"炜伦06"轮严重受损。事故发生后,原告炜伦公司起诉主张,根据碰撞事实,应由"miranda rose"轮承担80%的责任并赔偿原告的损失。被告米拉达

[①] 江苏炜伦航运股份有限公司诉米拉达玫瑰公司船舶碰撞损害赔偿纠纷案,(2010)沪海法海初字第24号。

玫瑰公司辩称,原告炜伦公司应就涉案碰撞事故承担90%的责任,且原告炜伦公司主张的部分损失不合理。

【法律问题】

涉外船舶碰撞损害赔偿纠纷应当适用哪一国家的法律?

【参考结论】

《海商法》第273条规定,发生在一国领海及内水的船舶碰撞引起的损害赔偿,适用侵权行为地法。本案船舶碰撞发生在长江口附近,属于中国领水范围之内,应适用法院地法即中国法律。

【分析评论】

船舶碰撞是船舶在水域发生接触并造成损害的事故,当船舶碰撞具有涉外因素时,需要考虑船舶碰撞损害赔偿的法律适用问题。对于船舶碰撞发生在一国领海及内水引起的损害赔偿,适用侵权行为地法,这一原则已被各国及相关国际公约所接受。从国际法的角度看,沿海国对该海事侵权行为享有管辖权,是一国主权的体现,我国的规定充分体现了这一点。

延伸阅读

1. 李双元、欧福永主编:《国际私法》(第五版),北京大学出版社2018年版。
2. 杜新丽主编:《国际私法》(第二版),中国人民大学出版社2015年版。
3. 章尚锦、杜焕芳主编:《国际私法》(第六版),中国人民大学出版社2019年版。
4. 李双元、蒋新苗编著:《国际私法学案例教程》(第2版),知识产权出版社2012年版。

思考题

1. 试述我国关于涉外侵权行为法律适用的有关规定。
2. 试述海牙《产品责任法律适用公约》的主要内容。

第十章　涉外婚姻家庭的法律适用

本章提要

　　婚姻与家庭是人类社会赖以存在的基本联结方式和协作单位，因而带有跨域性的婚姻以及由此衍生出的家庭关系，便成为国际私法最早调整的法律关系之一。当然，涉外婚姻家庭与其他领域相较，无论在法律冲突还是调整方式上均有其特色，因而涉外婚姻家庭的法律适用规则也伴随着人类社会的演进，在当代形成了自身的基本特点：第一，一国的婚姻与家庭制度往往与政治制度、经济发展、历史传统、宗教影响等各类社会因素紧密关联，因而这些社会因素的差异与变迁就会导致涉外婚姻家庭领域激烈的法律冲突，前者如传统社会中一夫多妻与一夫一妻、禁止离婚与婚姻自由等基本法律制度的冲突，后者如当代各国法律对于同性伴侣、跨国代孕等社会现象的反对与肯认。因此，涉外婚姻家庭领域激烈的法律冲突，使其成为公共秩序保留或法律规避制度的常用场域，也容易引起外国法适用和外国法院判决承认方面的障碍。第二，国际私法调整的涉外婚姻家庭关系是一种广义的社会关系，即带有涉外因素的婚姻关系以及因此产生的各种涉外身份关系和财产关系。这些涉外婚姻家庭关系主要包括涉外结婚、离婚、夫妻关系、亲子关系、收养、扶养、监护等，随着社会进步与观念变革，上述事项的范畴也会与时俱进。第三，在涉外婚姻家庭法律冲突的调整方式中，统一实体法这类直接调整的方式几乎已无适用余地，因此只能采取间接调整的方式。在国际法层面，海牙国际私法会议从其诞生至今一直关注该领域的议题，一百多年来通过了多项国际条约。而欧盟则得益于其特殊的法律制度安排，在区域性统一国际私法的实践中成果卓越。第四，虽然存在各类国际组织的努力，但涉外婚姻家庭领域的法律冲突仍然主要由各国国内的国际私法规范予以调整。就我国而言，1986年《民法通则》第八章以两个条文表述了涉外结婚、离婚和扶养的法律适用规则。2010年《法律适用法》专设"婚姻家庭"一章，并以十个条文的体量全面呈现了当代中国涉外婚姻家庭法律适用的规范体系。

主要教学内容

1. 基本概念：涉外婚姻家庭；法律冲突；管辖权；法律适用。
2. 基本知识：涉外结婚的法律适用；涉外离婚的管辖权与法律适用；涉外夫

妻关系的法律适用；涉外亲子关系的法律适用；涉外收养的管辖权与法律适用；涉外扶养的法律适用；涉外监护的法律适用。

教学目标

1. 了解涉外婚姻家庭领域法律冲突的产生原因与表现形式。

2. 掌握涉外婚姻家庭各个主要问题法律适用的规则类型，认识同一制与区别制在法律适用中的价值与表现。

3. 以涉外离婚与收养为切入点，了解涉外婚姻家庭案件管辖权规则的类型及其与法律适用的关系。

4. 通过学习与本章相关的国际公约、欧盟条例以及各国立法，认识涉外婚姻家庭领域当代法制的基本态势。

5. 以中国国内实体法与冲突法的变动为视角，全面体认当代中国涉外婚姻家庭法律适用的规范体系。

第一节 涉外结婚的法律适用

婚姻是现代家庭关系得以构建与存续的肇端，结婚则是婚姻关系得以合法成立的法律事实。结婚作为一种双方、要式、身份性的法律行为，其有效之成立既要满足实质性的条件，也要履行法律规定的方式。而对于一项涉外的结婚行为而言，由于各国对结婚实质要件和形式要件的规范不一，因此在判定涉外婚姻效力时，也应当分别讨论涉外结婚实质要件与形式要件的法律适用规则。

一、结婚实质要件的法律适用

（一）结婚实质要件的法律冲突

结婚的实质要件有广义与狭义之分。广义的实质要件既包括法律行为的一般有效要件，也包括专门针对结婚这一类身份法律行为的特别有效要件；而狭义的实质要件则仅指后者，国际私法上讨论结婚实质要件时采狭义说。

根据通行的分类标准，结婚的实质要件可分为必备要件和禁止要件两种。以我国《民法典》第五编"婚姻家庭"为例，对结婚的必备要件主要有双方自愿、法定婚龄（男22岁，女20岁）两项，禁止要件则主要包括禁止重婚、禁止一定范围内的亲属结婚（直系血亲和三代以内旁系血亲）两项。从法律冲突的角度来看，将我国《民法典》规定的结婚实质要件与其他国家和地区比较，可以看到三方面的不同：

1. 该种要件的类型在各国法制中均有体现，但各国法律的具体规定不同

这方面最为典型的就是根据国情不同，对最低结婚年龄的规定往往不相一

致。由于我国长期实行计划生育的国策,因此我国是现今规定法定婚龄较高的国家,其他国家尤其是发达国家,由于受到人口老龄化等因素的影响,法定婚龄均低于我国。除了法定婚龄以外,在禁婚亲属范围、禁婚疾病类型等问题上的差异均属其类。

2. 我国《民法典》中规定的要件类型,却为其他国家或地区法律所不采

例如,一些信奉伊斯兰教和正统印度教的国家和地区,至今仍采取一夫多妻制度,因此在这些国家和地区的法律中自然没有"禁止重婚"的禁止性要件。另一个例子是对于婚姻是否需要满足"一男一女"的实质要件,这里主要涉及现代各国对同性伴侣婚姻立法态度的转变。例如,丹麦于1989年通过《伴侣注册法》,成为西欧国家中第一个承认同性婚姻为合法的国家。[①] 但对于我国而言,《民法典》第1046条规定:"结婚应当男女双方完全自愿,禁止任何一方对另一方加以强迫,禁止任何组织或者个人加以干涉。"因此,禁止同性婚姻实际上也成为我国法律中结婚的禁止要件。

3. 其他国家或地区法律中规定的要件类型,我国《民法典》中未有规定

有些国家禁止异教徒之间、不同种族、不同民族之间通婚,也有些国家对离婚者的再婚加以限制。例如,《日本民法典》第733条规定,女子在解除前婚之日起,6个月内禁止结婚。有些国家还禁止通奸者之间结婚。[②]

(二)结婚实质要件的法律适用规则类型

结婚的实质要件直接决定了涉外婚姻的合法性,因而适用哪一个国家或地区法律作为准据法至关重要。结婚实质要件准据法的选择,既要考虑国际私法理论的支持,也要注意司法实践的效果,计有以下三种主要的类型:

1. 适用婚姻缔结地法

采取这种法律适用规则的理论依据之一是场所支配行为理论,认为既然结婚是一种法律行为,那么支配涉外结婚实质要件的准据法就应当是发生这种法律行为地点的国家或地区的法律。理论依据之二是既得权理论,认为涉外婚姻以及因此形成的既得权利,应当依其权利成立地点的法律进行判断,而这也是对婚姻缔结地国家公共秩序的尊重。当然,由于婚姻缔结地通常比较容易查明和确定,因此在司法实践中也具有很强的便利性。采取这种冲突规范类型的多为美国、墨西哥、阿根廷等美洲国家,我国1986年《民法通则》也采取此种规范类型,该法第147条前段规定,"中华人民共和国公民和外国人结婚适用婚姻缔结地法律"。不过,单一适用婚姻缔结地法也有明显的缺点,那就是容易导致当事人为了规避属人法中对己不利的规定,通过"迁徙结婚"这一行为寻求对己有利

---

① 参见冯霞:《国际私法——原理与案例》,北京大学出版社2017年版,第97—98页。
② 参见丁伟主编:《冲突法论》(第二版),法律出版社2005年版,第173页。

的婚姻缔结地,从而损害当事人属人法所在国家或地区的公共秩序。

2. 适用当事人属人法

采取这种法律适用规则的理论依据在于结婚行为的身份性,认为身份性的法律行为应当强调当事人属人法的适用。结婚的实质要件又可称为结婚能力,其属于行为能力的范畴,因此适用属人法实属当然。当然,由于两大法系长期以来对属人法连接点的分歧,因此以法国、德国、日本为代表的大陆法系国家多采当事人本国法,而以英国为代表的英美法系国家则采当事人住所地法。

有一个问题是,结婚为双方法律行为,当结婚双方的属人法不一致时,应当如何处理?在夫妻不平等的传统法制影响下,单独适用夫的属人法即能解决上述问题。而在现代夫妻平等的背景下,出现了两种规定方式:一是分别适用双方当事人各自的属人法,即只要结婚分别符合双方当事人各自属人法规定的实质要件,该婚姻就是有效婚姻,其典型为德国国际私法的规定;[①]二是重叠适用双方当事人的属人法,即一项涉外婚姻要有效成立,在其实质要件方面必须同时满足双方当事人属人法的规定,其典型为匈牙利国际私法的规定。[②]

3. 混合适用婚姻缔结地法和当事人属人法

由于单独适用婚姻缔结地法或当事人属人法均存在弊端,因此为了加强涉外结婚实质要件法律适用的稳定性和合理性,不少国家采取了混合适用的方法。但在混合制之下,因两个系属主次地位的差异,又形成两种方式:一是以婚姻缔结地法为主,兼采当事人属人法。需要说明的是,这种方式在当代各国的国际私法立法中基本已被摒弃,一个典型的例子是1987年《瑞士联邦国际私法》的修订历程。在2013年7月1日之前,《瑞士联邦国际私法》第44条采取了这种方式,其一方面表明了婚姻缔结地法的支配作用,另一方面又规定,如外国人在瑞士缔结的婚姻不符合瑞士法律的实质性要件,但符合任何一方属人法的规定,则为有效。[③]但2017年3月1日修法生效后,该条文被修改为单一的婚姻缔结地法方式,即"在瑞士结婚,一概依照瑞士法律"。[④]二是以当事人属人法为主,兼采婚姻缔结地法。《匈牙利国际私法》在重叠适用双方当事人的属人法的基本规定下,又在第26条第4款中规定:"如果依照匈牙利法律,结婚具有不可排除的障

[①] 《德国民法施行法》第13条第1款规定:"结婚的要件,适用许婚者各方所属国法律。"参见邹国勇译注:《外国国际私法立法选译》,武汉大学出版社2017年版,第113页。

[②] 2017年《匈牙利关于国际私法的第28号法律》第26条第1款规定:"婚姻,仅当其符合订婚者双方的属人法所规定的实体要件时,方为有效。"参见邹国勇中文译文,载黄进、肖永平、刘仁山主编:《中国国际私法与比较法年刊》(2017·第二十一卷),法律出版社2018年版,第350页。

[③] 1987年《瑞士联邦国际私法》第44条第1项规定:"在瑞士结婚的实质要件,依照瑞士法律。"第2项规定:"外国人之间的婚姻,虽不满足瑞士法律规定的要件,但符合已订婚的男女中的一方的本国法所规定的要件的,仍可举行。"参见邹国勇译注:《外国国际私法立法精选》,中国政法大学出版社2011年版,第151页。

[④] 邹国勇译注:《外国国际私法立法选译》,武汉大学出版社2017年版,第385页。

碍,则不得在匈牙利缔结婚姻。"

二、结婚形式要件的法律适用

(一)结婚形式要件的法律冲突

结婚之所以是要式性的法律行为,原因一方面在于结婚对当事人及其亲属关系变动有重大之影响,因此各国法制均慎重对待;另一方面在于婚姻关系的成立会对不特定之第三人产生公信效力,因此必须依赖于一定的公示方式。但究竟采取何种或哪几种要式行为方为合法,各个国家和地区基于历史、宗教、政治等因素之影响,并无定规,从而形成了结婚形式要件上的法律冲突。综观各国和地区的结婚形式,主要有以下几种方式:

1. 登记婚姻方式

这种方式要求缔结婚姻的当事人必须到达法律规定的登记机关,在履行法定手续后方可成立有效婚姻。登记婚姻强调公权力对于私人婚姻行为的认证功能,因而为现代国家所广泛认可,不过在采取登记婚姻方式的国家,其具体的做法也会有差异。如我国《民法典》明确结婚登记为婚姻的形式要件,2003年《婚姻登记条例》具体采取了审查制的方式,即当事人向婚姻登记机关依法提交材料,婚姻登记机关审查后符合法律规定的即予以登记,婚姻关系自登记之时成立。而法国的民事登记方式是采用公示制度,即婚姻登记机关对符合条件的登记进行公示,公示期为一个月,期间内无人提出异议,公示期满后,当事人婚姻成立。[1]

2. 宗教婚姻方式

这种方式强调结婚当事人必须完成某种程式化的宗教仪式,婚姻方得成立。宗教婚姻方式在很长时间内曾是政教合一国家的法定形式,并且不同宗教要求的方式也有很大的差异。目前,除极少数国家外,大部分国家已不再将依宗教方式结婚视为婚姻成立的必要条件。[2]

3. 事实婚姻方式

这种方式本质上不强调履行要式的行为,只要当事人之间符合婚姻的实质要件即可成为法律上有效的婚姻。事实婚姻固然强调婚姻之本质,但因其缺乏外部表征而容易造成判断困难,所以采取这种方式的国家不多。我国虽然例外地承认这种方式,但随着时间的推移,事实婚姻终将成为历史。[3]

---

[1] 参见冯霞:《国际私法——原理与案例》,北京大学出版社2017年版,第101页。
[2] 参见黄进主编:《国际私法》(第二版),法律出版社2005年版,第349页。
[3] 2020年《最高人民法院关于适用〈中华人民共和国民法典〉婚姻家庭编的解释(一)》第7条规定:"未依据民法典第一千零四十九条规定办理结婚登记而以夫妻名义共同生活的男女,提起诉讼要求离婚的,应当区别对待:(一)1994年2月1日民政部《婚姻登记管理条例》公布实施以前,男女双方已经符合结婚实质要件的,按事实婚姻处理。(二)1994年2月1日民政部《婚姻登记管理条例》公布实施以后,男女双方符合结婚实质要件的,人民法院应当告知其补办结婚登记。未补办结婚登记的,依据本解释第三条规定处理。"

4. 领事婚姻方式

所谓领事婚姻，是指本国公民在外国结婚时，经驻在国许可，可以向本国的外交或领事代表机构办理手续，成立婚姻关系的一种制度。① 这种方式依赖于现代国际法中的领事制度，即在建立领事关系的国家之间，双方通过条约明确领事在驻在国可以为本国公民办理结婚手续。我国认可领事婚姻方式，2003年《婚姻登记条例》第19条规定："中华人民共和国驻外使（领）馆可以依照本条例的有关规定，为男女双方均居住于驻在国的中国公民办理婚姻登记。"

（二）结婚形式要件的法律适用规则类型

关于涉外结婚的法律适用是否有必要区分实质要件和形式要件这个议题，一直存在同一制和区别制两种立场。时至今日，虽然区别制成为主流，但仍不乏采取同一制的国家，如阿根廷国际私法规定："缔结婚姻当事人的能力、缔结婚姻的形式、婚姻的存续和效力，适用婚姻缔结地法律。"② 可见，在同一制的立法体例下，无论结婚实质要件或形式要件均采用统一的法律适用规则类型，而这些类型无非适用婚姻缔结地法、适用当事人属人法和混合制三种，在上文中已经详细介绍。因此，此处介绍结婚形式要件的法律适用规则有一个前提，那就是区别制。而既然称为区别制，意味着该国立法对待结婚实质要件和形式要件的立场不一，所以才会导致不同的法律适用规范。按此前提，可以总结区别制下结婚形式要件的法律适用规则主要有两种类型：

1. 仍采取婚姻缔结地法、当事人属人法或混合制之一种，但与婚姻实质要件采取的方式不同

之所以采取与婚姻实质要件不同的系属，主要是因为该国立法在对待婚姻形式要件的问题上更为宽容。例如，在奥地利国际私法中，对结婚实质要件适用当事人各自的属人法，而对结婚形式要件则适用婚姻缔结地法。③ 1978年海牙《结婚仪式和承认婚姻效力的公约》也以婚姻缔结地为首要原则，规定："依照婚姻仪式举行地法律有效缔结的婚姻，或之后依照该国法律有效的婚姻，在符合本章规定的情况下，所有各缔约国均应视为有效婚姻。"

2. 采取比婚姻缔结地法、当事人属人法和混合制更为开放的法律适用规则

当代国际私法出现了"使法律行为的方式有效"的趋势，这一趋势反映在结婚形式问题上即体现为，以无条件选择适用的冲突规范替代重叠适用冲突规范、

---

① 参见张仲伯主编：《国际私法学》，中国政法大学出版社2002年版，第257页。
② 《阿根廷共和国〈国家民商法典〉（节录）》，陈美伊、戴昀译，杜涛、潘灯校，载黄进、肖永平、刘仁山主编：《中国国际私法与比较法年刊》（2015·第十八卷），法律出版社2016年版，第384页。
③ 《奥地利联邦国际私法》第16条规定："1. 在内国结婚的形式，依照内国的形式规定。2. 在国外结婚的形式，依照许婚各方的属人法判定；但符合结婚地的形式规定者亦属有效。"第17条第1款规定："结婚的要件以及婚姻无效与解除婚姻的要件，均依照许婚各方的属人法判定。"参见邹国勇译注：《外国国际私法立法选译》，武汉大学出版社2017年版，第154页。

双边冲突规范乃至有条件选择适用的冲突规范,以尽力促使涉外结婚形式的有效。例如,1995年《意大利国际私法制度改革法》第28条规定:"结婚的形式,只要其满足婚姻举行地法或至少夫妻一方在结婚时的本国法,或者结婚时的共同惯常居所地国法律所规定的形式要求,即为有效。"①

三、中国涉外结婚的法律制度

(一)我国涉外结婚的法律规定

中华人民共和国成立后,我国关于涉外婚姻的处理规则长期以来依靠政策、部门规范性文件等方式,缺乏稳定、规范的法律制度。直到改革开放以后,我国才逐渐建立起涉外婚姻的法律制度。这些法律规则多为规定我国婚姻登记机关如何解决涉外婚姻登记的行政法律规定,主要由两部分组成:其一是2003年国务院制定的《婚姻登记条例》,这一行政法规对我国婚姻登记机关的婚姻登记工作予以规范,其中也包括涉外婚姻的登记规定;其二是由民政部等国家部委制定的部门规章,如1983年《中国公民同外国人办理婚姻登记的几项规定》《关于华侨同国内公民、港澳同胞同内地公民之间办理婚姻登记的几项规定》《关于驻外使领馆处理华侨婚姻问题的若干规定》和《关于办理婚姻登记中几个涉外问题处理意见的批复》,以及1997年《出国人员婚姻登记管理办法》、1998年《大陆居民与台湾居民婚姻登记管理暂行办法》等。

需要说明的是,上述法律规定不仅限于涉外结婚登记,其中亦有关于涉外离婚与复婚登记的规定。在我国的涉外司法实践中,上述规定主要在两类案件中可能得到适用:一是当涉外结离婚申请向我国婚姻登记机关提出后,因登记机关作出拒绝登记决定或错误登记而引发的行政诉讼案件;二是在我国法院受理的涉外民事案件中,涉及结婚、离婚要件的法律冲突时,法院依据冲突规范最终指引适用我国法律的场合。

(二)我国涉外结婚的法律适用规定

1.《民法通则》的规定

改革开放后,1986年《民法通则》第147条前段成为最早规范涉外结婚的法律适用规则:"中华人民共和国公民和外国人结婚适用婚姻缔结地法律。"从该条规定中,可以看出当时立法的特点:一是未区分婚姻缔结地位于我国境内和位于我国境外的涉外婚姻,体现出平等对待中国公民和外国人的立法态度;二是未区分婚姻实质要件和形式要件,采取了同一制的立法模式;三是采取了单一适用婚姻缔结地法的方式。同时,《民法通则》也规定了公共秩序保留制度,防止适用外

---

① 杜涛:《国际私法的现代化进程——中外国际私法改革比较研究》,上海人民出版社2007年版,第281页。

国法可能抵触我国公共秩序的情形。①

《民法通则》第147条前段作为首次规范涉外结婚的法律适用规则,反映出当时我国对待涉外结婚的基本政策与司法立场,具有一定的先进性和合理性。但随着时间的推移,该条冲突规范的不足之处逐渐受到质疑:第一,冲突规范的范围不周延,因为该条规定仅适用于处理"中国公民与外国人结婚"的情形,而无法适用于"中国公民间在境外缔结婚姻"和"外国人间在我国境内缔结婚姻"这两种情形;第二,未将涉外婚姻区分为实质要件和形式要件分别处理,与各国立法趋势不符;第三,单一适用婚姻缔结地法的模式忽视了结婚行为的身份性特点,未考虑当事人属人法所在国家或地区的公共秩序。

2.《法律适用法》的规定

正是基于上述的共识,因而2010年《法律适用法》在重构我国涉外结婚法律适用规则时,及时回应了《民法通则》实施过程中的质疑,做出了有针对性的改变:第一,完善冲突规范的范围,不再区分当事人身份和婚姻缔结的地点分别规定,统一以"结婚"取代;第二,区分涉外结婚实质要件和形式要件分而治之;第三,改单一适用婚姻缔结地法的模式为混合制模式,且突出当事人属人法的优先性。

具体而言,《法律适用法》第21条规定:"结婚条件,适用当事人共同经常居所地法律;没有共同经常居所地的,适用共同国籍国法律;没有共同国籍,在一方当事人经常居所地或者国籍国缔结婚姻的,适用婚姻缔结地法律。"本条是关于涉外结婚实质要件的冲突规范,其最大的特点就是强调结婚要件之判断标准应以当事人的共同属人法为优先,而《民法通则》时期的婚姻缔结地法不仅顺位在后,且适用时还要受到当事人属人性因素的限制。这样的规定符合《法律适用法》对涉外婚姻与家庭"以人为本"的基本定位。不过理解时必须注意,本条冲突规范未涵盖涉外结婚的全部可能情况,即当结婚当事人既无共同经常居所地也无共同国籍,同时婚姻缔结地又不在一方当事人经常居所地或者国籍国的特殊情况发生时,我国法院应当依《法律适用法》第2条以最密切联系原则确定准据法。②

《法律适用法》第22条规定:"结婚手续,符合婚姻缔结地法律、一方当事人经常居所地法律或者国籍国法律的,均为有效。"本条是关于涉外结婚形式要件的规定,虽然在连结点的选择上依然采取了婚姻缔结地、当事人国籍和经常居所

---

① 1986年《民法通则》第150条规定:"依照本章规定适用外国法律或者国际惯例的,不得违背中华人民共和国的社会公共利益。"

② 《法律适用法》第2条规定:"涉外民事关系适用的法律,依照本法确定。其他法律对涉外民事关系法律适用另有特别规定的,依照其规定。本法和其他法律对涉外民事关系法律适用没有规定的,适用与该涉外民事关系有最密切联系的法律。"

地,但在冲突规范的类型上采取无条件的选择适用规范,表明"使法律行为方式有效"的立法意旨,与国际立法的趋势相一致。

第二节 涉外离婚的管辖权与法律适用

随着当代国际社会跨国婚姻的普遍化趋势,涉外离婚纠纷与案件的数量也同步激增。离婚作为夫妻关系终止的法律事实之一,其一旦发生法律效力,除了夫妻之间人身关系和财产关系发生变动外,还会对扶养、监护甚至亲属以外的第三人产生影响。对于涉外离婚而言,除了以上实体法律问题外,还会涉及本国国民保护、外国离婚效力认可等国际私法问题,因此各国无不重视涉外离婚管辖权和法律适用规则的制定。

一、涉外离婚案件的管辖权

涉外离婚案件的管辖权是指内国法院受理涉外离婚案件的权力,而此种权力的来源一般依据法院所在国家或地区的程序法律规定。涉外离婚案件的管辖权之所以重要,主要理由有三点:一是基于离婚事实的重要性,离婚案件的处理往往涉及多种民事法律关系的处置,因而此处管辖权的选择尤为关键;二是如我国一样,不少国家和地区在涉外离婚的法律适用规则中存在适用法院地法的系属,这样的系属一经适用,意味着涉外离婚管辖法院的"国籍"也就是准据法的"国籍"了;三是涉外案件管辖权的设定对当事人诉讼成本影响很大,更会对离婚判决的域外承认与执行产生直接作用。

鉴于以上原因,各国出于保护本国当事人之立场规定涉外离婚案件的管辖因素,主要有依当事人的住所或居所、依当事人的国籍两种做法。在传统意义上,前者主要为英国和美国等国家所采,后者则以苏联、匈牙利等欧洲大陆国家为主。[①] 不过当代各国在此问题上不再泾渭分明,而是采取了同时认可当事人的住所(居所)和国籍的做法,因为这种方式有助于最大限度地扩张本国法院的管辖范围。混合制方式之所以被广泛采纳的另一个原因在于海牙国际私法会议在统一国际私法领域的长期努力。如1970年海牙《承认离婚和分居公约》就明确将当事人的惯常居所和国籍作为缔约国行使管辖权的有效依据,且采取了并列主义。

与《承认离婚和分居公约》不同的是,采取混合制的各国立法例对两种管辖因素往往并不采取并列主义,计有三种方式:

1. 以国籍因素为主,住所地因素为辅

此种方式以德国为典型,《德国民事诉讼法》第 606 a 条对婚姻事项的国际

[①] 参见黄进主编:《国际私法》(第二版),法律出版社 2005 年版,第 352—353 页。

管辖权做出规定,其首先强调夫妻一方为德国国籍,当双方均没有德国国籍或为无国籍时,则以在德国境内有惯常住所为补充性管辖权。从此规定中可以看出,德国法院对涉外离婚的管辖权重点在"国籍"但兼容"惯常住所地"的原则。①

2. 以住所地因素为主,国籍因素为辅

采取这种方式的国家有瑞士、斯洛文尼亚、马其顿、土耳其等国家。这种方式首先强调当事人在本国境内存在住所或惯常居所这一管辖因素,而当上述要件不满足时,如当事人之一方拥有本国国籍,则在一定条件下本国法院亦得行使管辖权。

3. 并列主义

采取这种方式的国家很少,因为从各国国际案件管辖权的原则出发,总要确立一个连接因素为主导。但这也不妨碍有国家对涉外婚姻事项作出专条之管辖权规定,如2005年《保加利亚共和国关于国际私法的法典》第7条规定:"婚姻之诉,如果夫妻一方为保加利亚国民或在保加利亚共和国境内有惯常居所,由保加利亚法院管辖。"②

二、涉外离婚的法律适用

(一) 涉外离婚的法律冲突

与结婚行为一样,离婚行为同样是一种双方、要式、身份性的法律行为。因此,在涉外离婚的法律冲突中,同样区分实质要件和形式要件予以介绍:

1. 涉外离婚实质要件的法律冲突

与结婚实质要件的单一维度不同,涉外离婚实质要件的讨论需要围绕两个维度展开:一是一国之法制是否允许离婚?因为在采取禁止离婚主义的国家,不仅涉外离婚案件无从提起,而且对外国法院作出离婚判决也不会予以承认。当然,现今各国采取禁止离婚者已经极少,因而这一问题的讨论意义已然不大。二是在许可离婚主义之下,离婚之成立需要具备何种条件?在民法中,许可离婚主义可分为过错离婚主义和无过错离婚主义,前者往往强调当事人须具备法定之客观条件,后者则通常以感情破裂为条件,两种立场表现为各国离婚条件之差异。有些国家以感情破裂为基本条件,不过在具体判定时辅以列举式条件,如我国《民法典》之规定;③有的规定离婚的法定条件,比如《法国民法典》规定了三种

---

① 参见刘懿彤:《德国国际私法上的离婚管辖问题》,载《比较法研究》2007年第1期。
② 邹国勇译注:《外国国际私法立法选译》,武汉大学出版社2017年版,第217页。
③ 我国《民法典》第1079条规定:"夫妻一方要求离婚的,可以由有关组织进行调解或者直接向人民法院提起离婚诉讼。人民法院审理离婚案件,应当进行调解;如果感情确已破裂,调解无效的,应当准予离婚。有下列情形之一,调解无效的,应当准予离婚:(一)重婚或者与他人同居;(二)实施家庭暴力或者虐待、遗弃家庭成员;(三)有赌博、吸毒等恶习屡教不改;(四)因感情不和分居满二年;(五)其他导致夫妻感情破裂的情形。一方被宣告失踪,另一方提起离婚诉讼的,应当准予离婚。经人民法院判决不准离婚后,双方又分居满一年,一方再次提起离婚诉讼的,应当准予离婚。"

离婚的情形,包括双方同意、生活破裂和错误等,并列举了详细的内容;还有的国家规定离婚必须先别居 5 年,如意大利。①

2. 涉外离婚形式要件的法律冲突

以我国《民法典》为对照,涉外离婚方式可以区分为诉讼离婚和协议离婚两种。相较于诉讼离婚方式,各国对待协议离婚问题上的法律冲突要激烈得多:第一,并非所有的国家都允许协议离婚这种离婚方式,一些国家仅承认判决离婚的方式,如德国、意大利、瑞典等国家。② 第二,在允许协议离婚的国家,协议离婚的受理机关和适用程序也有很大差异,主要区分为行政协议离婚和诉讼协议离婚。前者是由行政机关通过行政程序办理的协议离婚,其中行政机关包括户籍机关(如日本、蒙古)、民事机关(如墨西哥)和其他行政机关(如在丹麦,协议离婚由州长处理,在挪威,协议离婚由郡都处理)。诉讼协议离婚也可分作两种情况:一是当事人离婚须经法院审批,如法国;二是当事人的协议离婚须经法院裁决,如奥地利。③ 第三,某些允许协议离婚的国家对于协议离婚的实质性条件存在特别规定,例如俄罗斯、蒙古规定,双方不得有未成年子女,不论是亲生的还是收养的皆在此列。④

(二) 涉外离婚法律适用规则的类型

虽然涉外离婚的法律冲突被区分为实质要件和形式要件,但比较各国涉外离婚的法律适用规则却可以发现,几乎所有国家和地区的法律适用规则均是涉外离婚实质要件的法律适用规则。这主要是因为在国际私法的规则中,程序问题一律适用法院地法,故涉外离婚程序问题适用法院地法为通例,毋庸规范。另一方面,即便在同时认可诉讼离婚和协议离婚方式的国家,在法律适用规则中也不做区分,而我国《法律适用法》采取诉讼离婚和协议离婚两条法律适用规则的方式,则属于个例。需要说明的是,当代各国在制定涉外离婚实质要件的法律适用规则时往往结合多种系属,主要有以下几类:

1. 适用属人法

采纳该种系属的国家主要从婚姻乃身份性法律行为的性质入手,强调离婚既然为身份关系之解除,则应以当事人属人法为原则,这是当今各国的主流立法

---

① 参见徐冬根:《国际私法》,北京大学出版社 2009 年版,第 200 页。
② 参见齐湘泉:《〈涉外民事关系法律适用法〉原理与精要》,法律出版社 2011 年版,第 222 页。
③ 参见李双元、温世扬主编:《比较民法学》,武汉大学出版社 2016 年版,第 671 页。需要说明的是,法国于 2016 年 11 月 18 日颁布了《21 世纪的司法现代化法》,该法规定从 2017 年 1 月 1 日起,选择协议离婚的案件不再由法官审理,离婚双方达成的私署协议经各自律师联署签名后,递交公证人审查存档,即可完成离婚手续。参见蔡勇:《法国改革离婚制度 分流法院非诉案件》,载《人民法院报》2017 年 7 月 28 日第 8 版。
④ 参见万鄂湘主编:《〈中华人民共和国涉外民事关系法律适用法〉条文理解与适用》,中国法制出版社 2011 年版,第 192 页。

方向。不过在此原则之下,少数国家采取了以丈夫一方的属人法为准据法,如卡塔尔、阿尔及利亚等;大多数国家均以当事人的"共同属人法"为规则,体现夫妻平等之基本理念,如德国、立陶宛、奥地利、委内瑞拉、斯洛文尼亚、保加利亚、马其顿等。

2. 适用法院地法

英国和美国等国家在离婚的法律适用问题上采用法院地法的做法。适用法院地法的主要理论依据是,离婚涉及一国的公共秩序和善良风俗,所以法院应该适用自己的法律。[1] 不过,由于法院地法这个系属天然具有单边性的特点,容易导致当事人尤其是原告"挑选法院"现象的产生,因此单一适用法院地法系属的国家很少见。目前采用比较多的做法是,离婚一般适用当事人属人法,在无法确定当事人属人法时,才补充适用法院地法,如突尼斯、土耳其、波兰、意大利、比利时、加拿大魁北克省等。[2]

3. 适用最密切联系地法

最密切联系原则作为"软化处理"此前僵化连结点之方法,在涉外离婚的法律适用规则中亦有体现,主要方式也是补充共同属人法之落空,其典型为德国国际私法。德国国际私法不单独规定关于离婚的冲突规则,而是以婚姻一般效果的准据法为离婚的准据法,实际上是适用配偶双方的(最后)共同本国法,无共同国籍时,适用配偶双方的(最后)共同惯常居所地法,既无共同国籍,亦无共同惯常居所地法时,则辅助性地适用与配偶双方有最密切联系国家的法律体系。[3] 在亚洲,2006年通过的《日本法律适用通则法》亦采用了相同的做法。[4]

4. 适用有限的意思自治法律

在传统的国际私法规则中,意思自治原则无法适用于涉外离婚领域。但随着当代意思自治原则的广泛认可与运用,尤其是婚姻自由原则在各国实体法上的确立,涉外离婚不再是适用意思自治原则的"禁区"。可以说,当事人有权选择法律是婚姻实体法上的离婚自由在冲突法中的扩展。[5] 当然,这种选择法律的

---

[1] 参见韩德培主编:《国际私法新论》,武汉大学出版社2003年版,第242页。
[2] 参见沈涓主编:《国际私法学的新发展》,中国社会科学出版社2011年版,第45—46页。
[3] 参见陈卫佐:《比较国际私法:涉外民事关系法律适用法的立法、规则和原理的比较研究》,法律出版社2012年版,第324页。
[4] 2006年《日本法律适用通则法》第27条规定:"第25条规定准用于离婚。但夫妻一方为在日本有经常居所的日本人时,离婚依日本法。"第25条规定:"婚姻的效力,夫妻的本国法相同时,依其法,无其法,夫妻的经常居所地法相同时,依其法,无以上各法时,依夫妻最密切关系地法。"参见崔绍明中文译文,载黄进、肖永平、刘仁山主编:《中国国际私法与比较法年刊》(2007·第十卷),北京大学出版社2007年版,第457—458页。
[5] 参见于飞:《意思自治原则在涉外离婚领域的适用》,载《厦门大学学报(哲学社会科学版)》2011年第1期。

权利有一定的范围限制。以欧盟2010年《关于在离婚与司法别居的法律适用领域实施强化合作的第1259/2010号条例》为例,该条例在允许当事人协议选择法律的前提下提出了多种限制性条件,例如当事人不能在属人法和法院地法这些连结点以外进行选择;又如当事人选择法律的协议只能在诉讼产生之前,假如诉讼进行过程中达成协议要获得效力,则必须建立在法院地国家法律允许的基础上。①

三、中国涉外离婚的法律制度

(一)我国涉外离婚的管辖权规定

我国现行有效的关于处理涉外离婚管辖权的规定,主要来源于《民事诉讼法》和《民诉法解释》。虽然两者在改革开放以来历经数次修改,但其中有关涉外离婚管辖权的规则变动不大。主要体现为以下特点:

1. 以当事人的住所地为主要管辖因素

在一般地域管辖的确定中,《民事诉讼法》首先采取"原告就被告"的一般原则,即以被告在我国有住所为管辖要求。② 除此以外,为维护我国境内有住所的原告的利益,《民事诉讼法》第22条规定了特殊情况下的"被告就原告"规则:"下列民事诉讼,由原告住所地人民法院管辖;原告住所地与经常居住地不一致的,由原告经常居住地人民法院管辖:(一)对不在中华人民共和国领域内居住的人提起的有关身份关系的诉讼……"依据这一规定,涉外离婚案件属于"有关身份关系的诉讼"的范畴。

2. 对特殊离婚案件进行了特别的规定

对于华侨离婚的案件,《民诉法解释》以两条规定,区分了在国内结婚与在国外结婚的两类华侨离婚案件,并分别规定了特别的管辖因素。③ 其中的主要精神在于,当华侨的定居国法院不受理离婚案件时,我国法院通过扩张管辖权的方

---

① 参见汪晶、刘仁山:《我国涉外离婚法律适用立法之完善——兼论〈罗马Ⅲ〉对我国相关规定的借鉴》,载《湖南社会科学》2013年第6期。
② 《民事诉讼法》第21条规定:"对公民提起的民事诉讼,由被告住所地人民法院管辖;被告住所地与经常居住地不一致的,由经常居住地人民法院管辖。对法人或者其他组织提起的民事诉讼,由被告住所地人民法院管辖。同一诉讼的几个被告住所地、经常居住地在两个以上人民法院辖区的,各该人民法院都有管辖权。"
③ 《民诉法解释》根据2020年12月23日最高人民法院审判委员会第1823次会议通过的《最高人民法院关于修改〈最高人民法院关于人民法院民事调解工作若干问题的规定〉等十九件民事诉讼类司法解释的决定》修正,第13条规定:"在国内结婚并定居国外的华侨,如定居国法院以离婚诉讼须由婚姻缔结地法院管辖为由不予受理,当事人向人民法院提出离婚诉讼的,由婚姻缔结地或者一方在国内的最后居住地人民法院管辖。"第14条规定:"在国外结婚并定居国外的华侨,如定居国法院以离婚诉讼须由国籍所属国法院管辖为由不予受理,当事人向人民法院提出离婚诉讼的,由一方原住所地或者在国内的最后居住地人民法院管辖。"

式,维护境外华侨的权益。① 对于中国公民双方在国外但没有定居的离婚案件的管辖权规则,《民诉法解释》第 16 条规定:"中国公民双方在国外但未定居,一方向人民法院起诉离婚的,应由原告或者被告原住所地人民法院管辖。"对于涉港澳台的离婚案件,由于《民诉法解释》第 551 条规定,"人民法院审理涉及香港、澳门特别行政区和台湾地区的民事诉讼案件,可以参照适用涉外民事诉讼程序的特别规定",因此涉港澳台离婚案件的管辖权可以参照适用涉外离婚案件的规定处理。

3. 对涉外离婚案件的平行诉讼予以认可

《民诉法解释》第 15 条规定:"中国公民一方居住在国外,一方居住在国内,不论哪一方向人民法院提起离婚诉讼,国内一方住所地人民法院都有权管辖。国外一方在居住国法院起诉,国内一方向人民法院起诉的,受诉人民法院有权管辖。"这样的规定说明,我国人民法院受理涉外离婚案件时,如果存在其他国家或地区法院在先行使管辖权的情形,一般不妨碍我国法院管辖权的行使。此种对待平行诉讼的态度虽然有利于维护居住在我国国内一方当事人之权益,但也会导致"跛脚婚姻"情形的出现。

(二)我国涉外离婚的法律适用规定

1.《民法通则》的规定

1986 年《民法通则》第 147 条后段规定,中华人民共和国公民和外国人"离婚适用受理案件的法院所在地法律"。就该条冲突规范来看,主要有三个特点:一是本条冲突规范采取了单一适用法院地法这一系属,这一系属有利于维护作为法院所在地国家的我国公序良俗,且司法实践比较便利;二是该条冲突规范的实际范围是在我国境内进行诉讼离婚的情形,并不包括在我国境外实施离婚行为的承认问题,因而此处所谓的法院地法就是我国法;三是该条冲突规范中涉及的离婚案件是有限制的,1988 年《民通意见》第 188 条规定:"我国法院受理的涉外离婚案件,离婚以及因离婚而引起的财产分割,适用我国法律。认定其婚姻是否有效,适用婚姻缔结地法律。"

当然,《民法通则》第 147 条后段的规定也引发了不少质疑,主要包括:其一,冲突规范的范围不周延,没有涵盖"双方均为外国人"但却在我国法院提起离婚诉讼之情形;其二,该条冲突规范仅考虑在我国境内实施诉讼离婚的涉外案件,忽略了《民法典》中另一种离婚方式"协议离婚"的可能性;其三,单一采取法院地

---

① 2005 年国务院侨务办公室印发的《关于对华侨定义中"定居"的解释(试行)》规定:"一、定居是指中国公民已取得住在国长期或者永久居留权。二、中国公民虽未取得住在国长期或者永久居留权,但已取得住在国连续 5 年(含 5 年)以上合法居留资格,并在国外居住,视同定居。三、有下列情形之一者,不被视为定居:1. 出国留学生(包括公派和自费)在外学习期间;2. 因公出国人员(包括劳务人员)在外工作期间。"

法系属与当代各国立法之趋势不符,有必要重新予以考虑。

2.《法律适用法》的规定

2010年《法律适用法》对我国涉外离婚的法律选择规则进行了修改和扩充,在离婚方式上增加了协议离婚的规定。该法第27条规定:"诉讼离婚,适用法院地法律。"该条规范的事项与《民法通则》第147条后段相同,在冲突规范的范围问题上补足了此前不周延的问题,但在单一采取法院地法系属这一点上并未改变。

《法律适用法》第26条规定:"协议离婚,当事人可以协议选择适用一方当事人经常居所地法律或者国籍国法律。当事人没有选择的,适用共同经常居所地法律;没有共同经常居所地的,适用共同国籍国法律;没有共同国籍的,适用办理离婚手续机构所在地法律。"这是一条全新的冲突规范,它的意义不仅在于扩大了涉外离婚方式的种类,更在于引入了当事人有限意思自治、共同属人法等系属,改变了以往涉外离婚只能适用我国法的情形。但在理解本条冲突规范时,也需要注意以下两点:一是本条冲突规范的范围中"协议离婚"应当作出限缩性解释,其仅应指称涉外协议离婚的实质要件。因为各国对于协议离婚形式要件规定属于公法性质的规定,其仅可适用"办理离婚手续登记机构所在地法律",不存在当事人意思自治或者选择其他法律的可能。二是从现有的司法实践来看,本条适用的场合不多,主要包括我国法院受理的涉及境内外协议离婚有效性纠纷、以离婚协议的效力为先决问题的婚姻家庭纠纷、离婚协议生效后的履行纠纷的案件。①

第三节 涉外夫妻关系的法律适用

所谓涉外夫妻关系,是指具有涉外因素的夫妻之间的人身与财产法律关系。这种法律关系存在于夫妻关系存续期间,但发生纠纷则往往在夫妻关系解除之后。夫妻关系虽然为配偶之间的相对性法律关系,但有时会影响到其他的亲属关系如父母子女关系,甚至还会关系到非亲属之第三人利益,如夫妻共同债务的认定。作为家庭关系的中枢,夫妻关系之探讨向来以人身与财产关系两者分而论之,涉外夫妻关系的法律适用同样遵循这种逻辑展开。

---

① 参见万鄂湘主编:《〈中华人民共和国涉外民事关系法律适用法〉条文理解与适用》,中国法制出版社2011年版,第196—197页。

一、涉外夫妻人身关系的法律适用

(一)夫妻人身关系的法律冲突

夫妻人身关系是指基于合法有效之婚姻而在夫妻之间产生的身份法律关系,正是这种身份法律关系的建立使得夫妻这两个自然人从法律上的"路人"变成了互相拥有特定身份性权利义务的主体。各国规范夫妻人身关系的法律制度,主要受到男女平等、婚姻自由等基本原则的影响,同时也存在具体规范上的差异。以我国《民法典》为例,该法将男女平等的基本原则细化为夫妻平等原则。① 在此基础上,《民法典》规定的夫妻人身关系包括夫妻姓名权、人身自由权、住所决定权、忠实义务、扶养义务等。②

与我国夫妻人身关系的法律制度相较,其他国家和地区的法律冲突主要来自两种类型。

第一种法律冲突来自于基本原则的差异,尽管男女平等、一夫一妻等原则已然为当今各国所公认,但仍然不乏一些国家由于历史、宗教、风俗等原因而背离之情形。譬如,在一些国家,婚姻被视作一种契约,从属于婚姻的夫妻人身关系也成为一种契约关系,这些国家有关夫妻人身关系的立法也具有浓厚的夫权至上、歧视妇女的色彩。一些国家法律至今还承认一夫多妻制,妻子无独立姓氏,无选择职业和住所的权利。③ 需要注意的是,由于此种法律冲突依然涉及各国公序良俗的抵触问题,因此在具体案件中引起公共秩序保留制度的适用。

第二种法律冲突并非来自于基本原则,而是某些国家和地区的婚姻法律中存在我国法中没有或者不一致的夫妻身份权利。以夫妻家事代理权为例,这种权利是作为身份权的配偶权中的一项重要内容,它是指夫妻一方在因家庭日常事务而与第三人为一定的法律行为时,享有代理配偶他方的权利。④ 这种权利滥觞于罗马法,以便利夫妻关系和保护交易安全为目的,故法国、德国、日本等大陆法系民法典都有相应的规定,英美法系中也不乏此种规定。⑤ 但由于种种原因,我国《民法典》出台之前,《婚姻法》中并无夫妻家事代理权的规定,直到《民法

---

① 《民法典》第1055条规定:"夫妻在婚姻家庭中地位平等。"
② 《民法典》第1043条第2款规定:"夫妻应当互相忠实,互相尊重,互相关爱;家庭成员应当敬老爱幼,互相帮助,维护平等、和睦、文明的婚姻家庭关系。"第1050条规定:"登记结婚后,根据男女双方约定,女方可以成为男方家庭的成员,男方可以成为女方家庭的成员。"第1056条规定:"夫妻双方都有各自使用自己姓名的权利。"第1057条规定:"夫妻双方都有参加生产、工作、学习和社会活动的自由,一方不得对另一方加以限制或干涉。"第1059条规定:"夫妻有相互扶养的义务。需要扶养的一方,在另一方不履行扶养义务时,有要求其给付扶养费的权利。"
③ 参见丁伟:《中国国际私法和谐发展研究》,上海社会科学院出版社2009年版,第216页。
④ 参见史浩明:《论夫妻日常家事代理权》,载《政治与法律》2005年第3期。
⑤ 参见马忆南、杨朝:《日常家事代理权研究》,载《法学家》2000年第4期。

典》的通过才补足了这一制度缺憾。《民法典》第 1060 条规定:"夫妻一方因家庭日常生活需要而实施的民事法律行为,对夫妻双方发生效力,但是夫妻一方与相对人另有约定的除外。夫妻之间对一方可以实施的民事法律行为范围的限制,不得对抗善意相对人。"

(二)涉外夫妻人身关系的法律适用规则类型

由于夫妻人身关系为单纯的身份法律关系,因此在法律选择规则的选择方面不存在过多的争议。各国主要以属人法为基本适用原则,同时结合当代国际私法的最新理论发展,主要有以下三种类型:

1. 适用共同属人法

由于当代社会男女平等之基本理念,因此各国基本抛弃了以往以"夫之属人法"为准据法的做法,转而坚持共同属人法规则。如前所述,虽然共同属人法之规则为调整涉外夫妻人身关系的主要类型,但其中又因为以国籍抑或住所地为属人法连接因素而有所差异。具体可分为以下几种做法:第一,仅适用当事人共同住所地法,典型为 1987 年《瑞士联邦国际私法》。① 第二,仅适用当事人共同国籍法,典型为卡塔尔国际私法之规定。② 第三,同时适用当事人共同住所地和共同国籍法,但以当事人共同住所地法为优先。这种方式主要为当今英美法系国家立法所采取,如多米尼加共和国国际私法之规定。③ 第四,同时适用当事人共同住所地和共同国籍法,但以当事人共同国籍法为优先。这种方式主要为当今大陆法系国家立法所采取,典型为德国国际私法之规定。④

2. 适用最密切联系地法

这种类型乃发挥最密切联系原则之兜底功能,即当上述共同属人法规则落空时,以最密切联系规则补充之。此种类型为当代各国立法之多采,如德国、奥地利、荷兰、日本、保加利亚等。

3. 适用有限的意思自治法律

由于婚姻自由原则的广泛认同,因此一些国家认为不仅仅在夫妻财产制的

---

① 1987 年《瑞士联邦国际私法》第 48 条第 1 款规定:"婚姻的效力,适用夫妻双方住所地国法律。"参见邹国勇译注:《外国国际私法立法选译》,武汉大学出版社 2017 年版,第 386 页。

② 2004 年《卡塔尔国民法典》第 16 条第 2 款规定:"如果夫妻双方在结婚后取得了共同国籍,则婚姻的效力适用其共同国籍国法。"参见邹国勇译注:《外国国际私法立法选译》,武汉大学出版社 2017 年版,第 68 页。

③ 2014 年《多米尼加共和国国际私法》第 42 条规定:"夫妻之间的人身关系适用婚后夫妻共同住所地法。如果夫妻没有共同住所的,应适用夫妻结婚时共同国籍国法律;无共同国籍的,适用婚姻举行地法律。"参见陈慧中文译文,载黄进、肖永平、刘仁山主编:《中国国际私法与比较法年刊》(2015·第十八卷),法律出版社 2016 年版,第 371—372 页。

④ 《德国民法施行法》第 14 条第 1 款规定:"婚姻的一般效力适用(1)夫妻双方所属国法律或者在婚姻存续期间最后的所属国法律,前提是夫妻一方仍属于该国,否则(2)夫妻双方的惯常居所地法律或者在婚姻存续期间最后的惯常居所地法律,前提是夫妻一方的惯常居所仍在该国……"参见邹国勇译注:《外国国际私法立法选译》,武汉大学出版社 2017 年版,第 113 页。

问题上有尊重夫妻意思自治之余地,此原则也应该扩展到夫妻人身关系的法律选择规则中去。如荷兰国际私法,在适用共同属人法与最密切联系地法的同时,有限度地允许当事人在共同国籍国和共同惯常居所地法之间任意选择准据法。①

二、涉外夫妻财产关系的法律适用

(一) 夫妻财产关系的法律冲突

对于何谓夫妻财产关系,民法与国际私法的学者有着不同的观点。民法学者往往采取广义说,认为由夫妻身份关系引起的直接体现一定经济内容的财产方面的权利义务关系,包括夫妻财产制、夫妻间相互扶养的权利和义务以及夫妻财产继承权。② 而国际私法意义上的夫妻财产关系采取狭义说,即夫妻财产制或称婚姻财产制,范围包括婚姻对夫妻双方婚前财产发生的效力、婚姻存续期间所获得财产的归属、夫妻对财产的管理、处分权以及夫妻间的债务承担等。③ 因此,从涉外夫妻财产关系法律适用的角度来看,主要采狭义说。

比较夫妻财产关系有一个主要的角度,那就是夫妻财产制首先可以分为约定财产制与法定财产制,前者是指是否允许以及如何允许夫妻以意思自治方式决定财产制度,后者则是指无法适用约定制情况下各国法律规定的夫妻财产制度。以我国《民法典》为例,其允许夫妻约定财产制,并对于夫妻约定的方式、财产范围以及第三人效力作出了明确的规定。④ 当夫妻没有约定或者约定不明确时,我国的夫妻法定财产制主要采取了夫妻共同财产制度。⑤ 除此之外,《民法典》还有关于夫妻单独财产、夫妻债务、离婚时家务劳动补偿等规定。

相比而言,其他国家和地区的夫妻财产制度与我国的差异主要来自三个方面:第一,在约定财产制的认可方面,以法德为代表的大陆法系和以英美为代表的英美法系的大多数国家和地区均认可依法或依约设立夫妻财产制,约定财产

---

① 参见《2011年荷兰〈民法典〉第10卷(国际私法)》,龙威狄、赵宁译,载黄进、肖永平、刘仁山主编:《中国国际私法与比较法年刊》(2011·第十四卷),北京大学出版社2012年版,第436页。
② 参见杨大文、龙翼飞、夏吟兰主编:《婚姻家庭法学》(第二版),中国人民大学出版社2006年版,第148页。
③ 参见杜涛:《国际私法原理》,复旦大学出版社2014年版,第164页。
④ 《民法典》第1065条规定:"男女双方可以约定婚姻关系存续期间所得的财产以及婚前财产归各自所有、共同所有或者部分各自所有、部分共同所有。约定应当采用书面形式。没有约定或者约定不明确的,适用本法第一千零六十二条、第一千零六十三条的规定。夫妻对婚姻关系存续期间所得的财产以及婚前财产的约定,对双方具有法律约束力。夫妻对婚姻关系存续期间所得的财产约定归各自所有,夫或者妻一方对外所负的债务,相对人知道该约定的,以夫或者妻一方的个人财产清偿。"
⑤ 《民法典》第1062条规定:"夫妻在婚姻关系存续期间所得的下列财产,为夫妻的共同财产,归夫妻共同所有:(一)工资、奖金、劳务报酬;(二)生产、经营、投资的收益;(三)知识产权的收益;(四)继承或者受赠的财产,但是本法第一千零六十三条第三项规定的除外;(五)其他应当归共同所有的财产。夫妻对共同财产,有平等的处理权。"

制通常优先于法定财产制适用。但与我国约定财产制相对简单的规范相比,各国关于夫妻财产契约的缔约能力、约定的时间、形式要件及类型等规定不仅具体,而且差异较大。① 第二,法定财产制下共同财产制和分别财产制的分歧是主要的法律冲突,英美法系国家和少数大陆法系国家采用分别财产制,大陆法系多数国家采用共同财产制。第三,在采取共同财产制为法定财产制的国家,如法国、德国、瑞士、意大利等均细化为通常夫妻财产制和非常夫妻财产制。后者指在婚姻关系存续期间,因特定事由的发生,通常法定财产制难以维系正常的夫妻关系或者不利于夫妻一方及第三人利益保护时,终止原夫妻财产制类型,改采分别财产制。② 但是,非常夫妻财产制在我国《民法典》中未见规定。

(二)涉外夫妻财产关系的法律适用规则类型

与前述涉外夫妻人身关系的法律选择规则相较,涉外夫妻财产关系的法律选择规则有不少共同之处,如两者均以夫妻关系之存在为依归,均强调属人法适用之主要地位。正因为如此,有些国家的国际私法立法并未对夫妻人身关系和财产关系作出区分,而是采用一条冲突规范予以规定。③

然而,上述统一规范涉外夫妻关系的做法毕竟为少数,而单独就涉外夫妻财产关系制定冲突规范的做法乃当今主流。究其原因,主要有二:其一为财产关系与人身关系存在根本之差别,主要是意思自治原则之适用范围有差异,因而对夫妻财产关系的法律适用多认可夫妻意思自治选择准据法,而在人身关系问题上则相反;其二为夫妻财产关系与人身关系在实践中之重要性不同,基于夫妻财产关系引发的争议数量远远多于人身关系,因而各国对于夫妻财产制的法律适用问题尤为关注。因此,海牙国际私法会议于 1978 年制定了《婚姻财产制度法律适用公约》,欧盟则于 2016 年出台了《关于婚姻财产制事项的管辖权、法律适用以及判决的承认与执行的第 2016/1103 号条例》。

为免赘述,此处以上文中对涉外夫妻人身关系法律适用规则已经介绍过的类型为参照,就涉外夫妻财产关系的法律适用规则类型作出三点说明:第一,一些国家的立法规定涉外夫妻财产关系的法律适用规则准用人身关系的法律适用规则,不过增加了允许意思自治的规定,如 2006 年《日本法律适用通则法》的规定。第二,一些国家没有采取准用的方案,在增加意思自治规则的同时,对后续的法律适用规则也进行了不同规定。以前述 1987 年《瑞士联邦国际私法》为典

---

① 参见万鄂湘主编:《〈中华人民共和国涉外民事关系法律适用法〉条文理解与适用》,中国法制出版社 2011 年版,第 180—181 页。
② 参见薛宁兰:《法定夫妻财产制立法模式与类型选择》,载《法学杂志》2005 年第 2 期。
③ 如 1999 年《委内瑞拉关于国际私法的法令》第 22 条第 1 款规定:"婚姻的人身与财产效力,依配偶双方的共同住所地法。若其住所地不一致,则适用最后的共同住所地法。"参见邹国勇译注:《外国国际私法立法选译》,武汉大学出版社 2017 年版,第 186 页。

型,其在夫妻人身关系法律选择规则中仅适用当事人共同住所地法而不采纳共同国籍国法,但在夫妻财产关系的法律选择规则中则改为两者皆采的立场。另外,该法对共同属人法落空时的补充方式也不同,当涉及夫妻人身关系时以最密切联系规则兜底,而在夫妻财产关系时则直接适用法院地法。① 第三,在意思自治的范围方面,除奥地利等少数国家没有限制当事人选择法律的范围外,大多数法律只允许在夫妻各自的国籍国或惯常居住地国的范围内选择准据法。所不同的是,有些法律还增加了财产所在地国作为备选项,尤其是对于不动产,如海牙1978年《婚姻财产制度法律适用公约》。②

三、我国涉外夫妻关系的法律适用规则

长期以来,我国涉外夫妻关系的法律适用规则一直付之阙如,1986年《民法通则》第八章并未就此有专门之冲突规范。这种缺陷一直困扰着我国涉外司法实践,直到2010年《法律适用法》方才得以补正。

（一）我国涉外夫妻人身关系的法律适用规定

2010年《法律适用法》第23条规定:"夫妻人身关系,适用共同经常居所地法律;没有共同经常居所地的,适用共同国籍国法律。"关于本条冲突规范,有以下几点需要说明:第一,本条冲突规范之范围虽为"夫妻人身关系",但由于《法律适用法》就涉外扶养关系有专条之规定,因此在本条冲突规范的范围中应排除"夫妻扶养关系"的事项。第二,本条冲突规范在系属上采取了共同属人法的立场,在连结点的选择上采取了经常居所地优先于国籍的做法。第三,该条冲突规范乃不完全之法律规范,其并未解决当事人共同属人法落空之情形。如前所述,但凡出现此种情形,均以《法律适用法》第2条规定之最密切联系原则为兜底。第四,就本条规范的司法适用场域来看,由于单独之夫妻身份关系纠纷并不多见,因此本条冲突规范多适用于以夫妻人身关系的确认为先决问题的案件中。

（二）我国涉外夫妻财产关系的法律适用规定

2010年《法律适用法》第24条规定:"夫妻财产关系,当事人可以协议选择

---

① 1987年《瑞士联邦国际私法》第54条规定:"1. 夫妻双方未进行法律选择时,夫妻财产关系适用:(a)夫妻双方同时有住所的国家的法律,或者,如果情形不是这样,(b)夫妻双方最后同时有住所的国家的法律。2. 如果夫妻双方从未同时在同一国家有过住所,则适用其共同的本国法律。3. 如果夫妻双方从未同时在同一国家有过住所,亦无共同国籍的,则适用瑞士法律中的夫妻财产分有制。"参见邹国勇译注:《外国国际私法立法选译》,武汉大学出版社2017年版,第387页。

② 海牙1978年《婚姻财产制度法律适用公约》第3条规定:"婚姻财产制度由夫妻双方婚前指定的国内法调整。夫妻双方仅可指定下列法律之一:(1)指定时夫妻一方国籍国的法律;(2)指定时夫妻一方惯常居所所在国的法律;(3)夫妻一方婚后设定新惯常居所的第一个国家的法律。据此指定的法律适用于他们的全部财产。但夫妻双方不论有无依照上述各款指定法律,均可以指定不动产的全部或一部适用该不动产所在地法律,也可以指定以后可能取得的任何不动产适用该不动产所在地法律。"中文译本参见中华人民共和国外交部条约法律司编:《海牙国际私法会议公约集》,法律出版社2012年版,第111页。

适用一方当事人经常居所地法律、国籍国法律或者主要财产所在地法律。当事人没有选择的,适用共同经常居所地法律;没有共同经常居所地的,适用共同国籍国法律。"关于本条冲突规范,也有几点需要说明:第一,本条规定引入了各国法律所通行的有限意思自治原则,允许夫妻双方选择准据法的同时,将选择法律的范围限制在当事人国籍、经常居所地和主要财产所在地之内;第二,除却意思自治规则之外,本条冲突规范与《法律适用法》第 23 条涉外夫妻人身关系法律适用的规则并无二致;第三,本条冲突规范在涉外司法实践中的运用比较频繁,尤其是在涉外夫妻不动产纠纷的处理方面,容易形成与《法律适用法》第 36 条的竞合,我国司法实践的处理方式也不一,引起学界的讨论。①

第四节 涉外亲子关系的法律适用

父母子女关系又称为亲子关系,包括自然亲子关系和拟制亲子关系,后者一般指收养关系。因此,涉外父母子女关系的法律适用也因自然亲子关系或拟制亲子关系而不同。自然亲子关系并非因法律行为而得丧变更,因而在国际私法中主要关注婚生子女与非婚生子女之界分,以及父母子女之间的权利义务关系。

一、涉外婚生子女身份认定的法律适用

历史上,不少国家将自然亲子关系区分为婚生子女与非婚生子女。在"父权主义"的家庭理念中,婚生子女与非婚生子女的地位不同,权利义务也有很大的差异,因此认定婚生子女的身份意义重大。但是如何界定婚生子女身份,不同国家的认定方式不尽相同。比如对于婚前怀孕婚后出生的子女是否认定为婚生子女?或者在婚姻关系存续期间怀孕,但出生时婚姻关系已经终止时又应当如何认定?这些问题的实质是各国关于婚生子女推定规则的法律冲突,而解决此种法律冲突的规范类型主要有以下几种:

1. 适用父母的属人法

在父母与子女的主从关系问题上,传统立法以父母为中心主义,因而适用父母之属人法顺理成章。在男女不平等的国家里,父亲属人法的适用是唯一选择。②而在当今男女平等主义之普世价值观背景下,平等适用父母属人法为此种类型之主流,进而又可以细分为适用父母共同属人法和适用父母各自属人法

---

① 参见张春良:《论涉域外夫妻不动产关系的法律适用——兼论复合性涉域外民事关系的法律适用方法论》,载《江汉论坛》2019 年第 7 期。

② 如 2005 年《阿尔及利亚民法典》第 13a 条规定:"1. 出身、对父亲身份的承认和异议,以子女出生时父亲的本国法为准。2. 如果在子女出生前父亲已死亡,则适用该父亲死亡时的本国法。"参见邹国勇译注:《外国国际私法立法选译》,武汉大学出版社 2017 年版,第 73 页。

两种不同的做法。前者之典型为 1987 年《奥地利联邦国际私法》,该法 2009 年修订后第 21 条规定:"子女婚生的要件及因此而发生的争议,依照该子女出生时夫妻双方的属人法判定,或者当婚姻在此之前已解体时夫妻双方的属人法判定。夫妻双方的属人法不同的,则以该子女在其出生时的属人法为准。"① 后者之典型为 2006 年《日本法律适用通则法》,该法第 28 条第 1 款规定:"依子女出生时夫妻一方本国法子女应为婚生时,该子女为婚生子女。"②

2. 适用子女的属人法

当代亲属法逐渐从父母中心主义向子女中心主义转变,因而一些国家的国际私法出现了以子女属人法替代父母属人法的做法。如 1987 年《瑞士联邦国际私法》第 68 条规定:"1. 亲子关系的成立、确认或否认,适用子女的惯常居所地法律。2. 如果父母双方在子女的惯常居所地国家均无住所,但父母与子女具有相同国籍,则适用其共同本国法律。"③

3. 适用有利于认定婚生子女身份的法律

适用子女属人法的做法固然体现出子女中心主义的立场,但并不能得出必定有利于婚生子女身份认定的结论。因此,一些国家向前更进一步,如匈牙利国际私法首先确立了适用子女的属人法的原则,但当适用子女属人法无法确定婚生子女关系而案涉其他国家法律的适用对子女更为有利时,可以偏离适用子女属人法的原则。④

二、涉外非婚生子女准正的法律适用

为了克服婚生子女与非婚生子女权利义务之不平等,不少国家在认可地位差异的前提下,允许非婚生子女以一定之形式转化为婚生子女或享受婚生子女同等之法律待遇,这种制度称为非婚生子女的准正制度。从比较法上而言,准正的方式主要有三种:其一为父母的后续结婚,其二为生父的认领行为,其三为国家行为(通常为法院判决方式)。就上述三种方式而言,各国认可的类型、构成要件和法律效果各有不同,所以容易引起法律冲突。在冲突规范的系属选择方面,各国无非也是由父母属人法向子女属人法方向变化,与上文中婚生子女身份认定的法律适用规则类型一样,在此不赘述。

---

① 邹国勇译注:《外国国际私法立法选译》,武汉大学出版社 2017 年版,第 155 页。
② 参见崔绍明中文译文,载黄进、肖永平、刘仁山主编:《中国国际私法与比较法年刊》(2007·第十卷),北京大学出版社 2007 年版,第 458 页。
③ 邹国勇译注:《外国国际私法立法选译》,武汉大学出版社 2017 年版,第 391 页。
④ 2017 年《匈牙利关于国际私法的第 28 号法律》第 32 条规定:"如果依照第 31 条应适用的法律,生父的法律地位空缺,则在子女更为有利时,应适用与案件有密切联系的另一国法律。"参见邹国勇中文译文,载黄进、肖永平、刘仁山主编:《中国国际私法与比较法年刊》(2017·第二十一卷),法律出版社 2018 年版,第 351 页。

不过需要说明的是,在非婚生子女准正的法律适用模式上,存在着同一制与区别制两种不同的做法。前者并不区分准正的方式,而是适用同一条冲突规范,如2006年《日本法律适用通则法》第30条第1款规定:"依准正要件事实完成时父亲、母亲或者子女的本国法准正成立时,子女取得婚生子女身份。"①后者是区别不同准正方式,采取不同的冲突规范,如2011年《罗马尼亚民法典》第2603条对认领方式予以规定:"1. 婚生子女的认领适用父母结婚时支配婚姻一般效力的法律。2. 如果在子女出生前父母离婚的,则适用离婚时支配婚姻一般效力的法律。3. 上述法律也适用于对婚生子女的拒绝认领以及该子女的姓名。"第2604条则对后续结婚方式予以规定:"如果父母被允许通过事后结婚而使婚前出生的子女准正,则其条件依照支配婚姻一般效力的法律。"②

三、涉外亲子关系效力的法律适用

亲子关系的效力是指父母子女之间的权利义务关系,但有两点需要说明:一是广义的亲子关系既包含父母对子女的教育、保护等权利与义务,还包括父母子女之间的抚养或赡养关系和相互继承关系。但现有国际私法对于扶养与继承均有专门之规定,因而此处所谓涉外亲子关系之范畴应当予以限缩,仅指父母与子女在人身和财产方面的管教、保护等权利义务关系。二是此处"亲子关系"是否同时适用于自然亲子关系和收养关系,取决于各国对于收养关系效力有无特别之法律适用规定,只不过一般意义上仅指自然亲子关系。

在涉外亲子关系效力的法律适用规则类型上,各国的立法均采属人法主义。在历史上有着父母属人法与子女属人法之差异,不过现今多数国家采子女属人法:

一是适用子女属人法。如1995年《意大利国际私法制度改革法》第36条规定:"父母子女间的人身关系和财产关系,包括亲权在内,适用子女本国法。"

二是适用子女属人法,但同时强调有利于子女利益的导向。如2013年《黑山共和国关于国际私法的法律》第88条规定:"父母和子女之间的关系,适用子女的经常居所地国法律,或者,在对子女更为有利时,适用子女的国籍国法律。"③

---

① 参见崔绍明中文译文,载黄进、肖永平、刘仁山主编:《中国国际私法与比较法年刊》(2007·第十卷),北京大学出版社2007年版,第459页。
② 参见杜涛中文译文,载黄进、肖永平、刘仁山主编:《中国国际私法与比较法年刊》(2012·第十五卷),北京大学出版社2013年版,第716—717页。
③ 参见邹国勇中文译文,载黄进、肖永平、刘仁山主编:《中国国际私法与比较法年刊》(2016·第十九卷),法律出版社2017年版,第425页。

四、我国涉外亲子关系的法律适用规定

关于涉外婚生子女的推定和非婚生子女的准正问题,由于我国《民法典》明确了两者同等待遇的原则,因而在我国民事实体法中并无制定上述规则之必要。① 上述实体法的现状,导致了在我国国际私法立法中,至今缺失涉外婚生子女推定和非婚生子女准正的法律适用规则。

关于涉外亲子关系效力的法律适用规则,也是《法律适用法》出台后的新规则。2010 年《法律适用法》第 25 条规定:"父母子女人身、财产关系,适用共同经常居所地法律;没有共同经常居所地的,适用一方当事人经常居所地法律或者国籍国法律中有利于保护弱者权益的法律。"关于本条冲突规范,有以下几点需要说明:第一,由于《法律适用法》对涉外收养效力、扶养、监护、继承均有专条规范,故本条冲突规范之范围"父母子女人身、财产关系"应限于自然父母子女之间的亲权关系;第二,本条冲突规范在系属上首先采取了共同属人法的立场,但在连结点的选择上仅采取共同经常居所地而没有共同国籍,与之前协议离婚、夫妻人身关系和夫妻财产关系的方式不一致;第三,该条冲突规范最大的亮点,在于采取了"有利于保护弱者权益"的实体法导向方式。与之后涉外扶养、监护法律适用规则略有不同的是,本条冲突规范并未明确指明何方当事人为弱者。这是因为,立法者考虑到在父母子女关系的存续过程中可能出现的"强弱反转"之现象,因而刻意不予明示,留给法官在具体案件中进行判明。

第五节 涉外收养的管辖权与法律适用

相较于自然亲子关系,收养作为拟制亲子关系的主要法律事实,不仅会对当事人的人身和财产关系产生根本性的影响,而且往往与各国的历史、宗教、伦理等基本公序牵连甚巨,因而各个国家和地区的收养制度差异不小。在全球化的时代,跨国收养需求的增加使得原有的收养法律冲突被一再放大,引发了世界性的关注。无论是被收养人的原住国还是收养国,无不强调儿童利益最佳和基本权利保护之原则,也均致力于防止跨国诱拐、出卖和贩卖儿童的现象,因而国际合作机制的打造至关重要。

一、涉外收养案件的管辖权

涉外收养案件往往涉及确认收养关系、解除收养关系等纠纷形态,这些案件

---

① 《民法典》第 1071 条规定:"非婚生子女享有与婚生子女同等的权利,任何组织或者个人不得加以危害和歧视。不直接抚养非婚生子女的生父或者生母,应当负担未成年子女或者不能独立生活的成年子女的抚养费。"

的判决对于跨国收养当事人权利义务的影响较大。因此,各国出于维护本国当事人利益之考虑,对于涉外收养案件均以当事人的国籍或住所为管辖因素。不同的是,英美法系的国家多以住所为管辖依据。如根据1975年《英国收养法》的规定,只要收养申请人在英国有住所,被收养人或其亲生父母或监护人在收养申请提出时出现在英国,英国高级或地方法院就有管辖权,但如果收养时被收养人不在英国,就只有高级法院有权颁布收养令。美国法院的收养管辖权也是建立在住所的基础上,一般是被收养人住所地州或收养人住所地州有收养管辖权。①

大陆法系国家对于涉外收养案件采取的是国籍与住所并重的态度,以尽量扩张本国法院的国际管辖权。不过,当代住所这一管辖因素已经被惯常居所替代。如2017年《匈牙利关于国际私法的第28号法律》第105条第1款规定:"因批准或者解除收养而提起的诉讼,匈牙利法院在下列情形下具有国际管辖权:(a)拟被收养的或者已被收养的子女具有匈牙利国籍或其经常居所在内国;或者(b)收养人,或者在夫妻共同收养时至少夫妻一方,具有匈牙利国籍或者其经常居所在内国。"②

二、涉外收养的法律适用

关于涉外收养的法律适用,如瑞士等国家和地区并不区分涉外收养不同争议事项,而是采取同一法律适用规则进行规范。但也有不少国家区分收养成立、效力、解除等不同方面,分别制定不同的法律适用规则。由于我国2010年《法律适用法》也采取分别规范的方式,因此为了突出针对性,以下通过区分三类范围分别介绍:

(一)涉外收养成立的法律适用

收养是一种要式性、身份性的法律行为,因而和此前结婚、离婚的构成方式一样,涉外收养成立也分为实质要件和形式要件两个部分。实质要件是指收养法律关系有效的特别要件,主要是指各国立法中对被收养人、收养人和送养人的条件,以及其他一些限制性或禁止性的条件;形式要件是指收养关系得以成立的要式行为,如我国《民法典》第1105条第1款规定:"收养应当向县级以上人民政府民政部门登记。收养关系自登记之日起成立。"

虽然各国基于国情不同,往往在收养的实质要件和形式要件上不相一致,但在各国有关收养成立的法律适用规范中,却很少有区分实质要件和形式要件的区别式立法。这主要是因为各国对于跨国收养的成立或承认基本都采取谨慎之

---

① 参见韩德培主编:《国际私法新论》,武汉大学出版社2003年版,第249页。
② 参见邹国勇中文译文,载黄进、肖永平、刘仁山主编:《中国国际私法与比较法年刊》(2017·第二十一卷),法律出版社2018年版,第366—367页。

态度,而此种立法态度并不会因实质要件或形式要件的审查有所区别。在法律适用的类型选择上,主要存在以下几种做法:

1. 适用法院地法

采用此种方式的国家往往来自英美法系,因为其采取的是以管辖权为导向的思路,强调本国法院有管辖权的案件应当同样适用本国法为准据法。这样适用法律有两大优越性:一是避免适用法律的复杂化,尽量保持法律适用的简单性;二是能够使被收养儿童在未来的收养家庭中的生活环境与原来的社会生活环境保持一致或基本适应。[1]

2. 适用收养人属人法

采取这种做法的国家强调在收养关系中收养人的主体地位,如2006年《日本法律适用通则法》第31条第1款规定:"收养,依收养时应成为收养人者本国法。"[2]

3. 适用被收养人属人法

采取这种做法的国家往往认为,收养关系成立与否对被收养人的影响更大,尤其是当被收养人为儿童之时。如阿根廷国际私法规定:"收养的条件和效力,适用批准收养时被收养人住所地法律。"[3]

4. 分别适用收养人和被收养人属人法

这是一种以收养人和被收养人并重的做法,典型为土耳其国际私法的规定:"收养的能力和条件,依收养时当事人各自的本国法。"[4]与下一种方式不同的是,这种分别适用的做法是指收养人满足其属人法中关于收养人之条件,而被收养人满足其属人法中关于被收养人之条件即可,相对比较宽松。

5. 重叠适用收养人和被收养人属人法

这种做法是对收养成立要件最为严苛的法律适用方式,因为其要求涉外收养的有效成立必须同时满足两个甚至两个以上国家和地区的法律规定。如2017年《匈牙利关于国际私法的第28号法律》第33条第1款规定:"收养,仅在其符合收养时收养人和被收养人的属人法所规定的要件时,方为有效。"[5]另外,我国2010年《法律适用法》也采取了这种类型。

---

[1] 参见蒋新苗:《国际收养法律制度研究》,法律出版社1999年版,第160页。
[2] 参见崔绍明中文译文,载黄进、肖永平、刘仁山主编:《中国国际私法与比较法年刊》(2007·第十卷),北京大学出版社2007年版,第459页。
[3] 《2015年阿根廷共和国〈国家民商法典〉(节录)》,陈美伊、戴昀译,杜涛、潘灯校,载黄进、肖永平、刘仁山主编:《中国国际私法与比较法年刊》(2015·第十八卷),法律出版社2016年版,第386页。
[4] 邹国勇译注:《外国国际私法立法选译》,武汉大学出版社2017年版,第292页。
[5] 参见邹国勇中文译文,载黄进、肖永平、刘仁山主编:《中国国际私法与比较法年刊》(2017·第二十一卷),法律出版社2018年版,第351页。

(二)涉外收养效力的法律适用

收养效力以收养关系之成立与存续为前提,其是指被收养人与收养人之间拟制亲子关系的内容,还可能包括被收养人和亲父母之间自然亲子关系是否变动的内容。在法律适用规范的独立性问题上,不少国家并不单独规范之,如前述阿根廷国际私法之规定。但也有些国家进行单独规定,主要包括以下几种做法:

1. 适用收养人的属人法

这是当代主流的做法,因为收养关系建立后被收养人往往会在收养人的国籍国或住所地国生活,因而收养人的属人法便是这种关系予以维持的密切联系地。如土耳其国际私法规定:"收养的效力,依收养人的本国法;夫妻双方共同收养的,依调整婚姻一般效力的法律。"[①]

2. 适用收养人和被收养人共同的属人法

这种做法实质也是强调最密切联系的因素,如保加利亚国际私法的规定:"收养的效力,依收养人和被收养人的共同本国法。如果其国籍不同,适用其共同的惯常居所地国法。"[②]

3. 适用被收养人属人法

这种做法的依据还是强调在收养关系中被收养人保护的立场,不过此种系属往往是在共同属人法落空时的补充,如斯洛文尼亚、马其顿等国家的规定。

(三)涉外收养终止的法律适用

收养作为一种法律行为,其终止存在自然终止和解除两种原因。但无论何种原因导致涉外收养关系的终止,对于收养人、被收养人及其他的亲属关系均产生重要影响。不过规范涉外收养终止的法律适用规则往往与前两种事项一体适用,可以分为两种做法:一种是把收养的终止和成立统一规范,如奥地利、意大利等国家;另一种是将收养的效力和终止统一规范,如《乌克兰国际私法》第 69 条第 3 款规定:"收养的法律后果或者其终止,依收养者的属人法。"[③]

需要注意的是,在当代国际私法的立法中也出现了单独规范涉外收养解除或终止事项的法律选择规范,并且为体现与前两种事项之差异,一些国家采取了选择适用的冲突规范模式。其典型为阿根廷国际私法的规定:"收养的取消或撤

---

① 邹国勇译注:《外国国际私法立法选译》,武汉大学出版社 2017 年版,第 292 页。
② 同上书,第 231 页。
③ 参见匡增军中文译文,载黄进、肖永平、刘仁山主编:《中国国际私法与比较法年刊》(2007·第十卷),北京大学出版社 2007 年版,第 482 页。

销,适用批准收养所适用的法律,或被收养人住所地法律。"[1]

三、跨国收养的国际公约

在当今国际社会,跨国收养这一话题所涉及的不仅仅是跨国民事诉讼,还涉及儿童权利的国际保护和跨国诱拐儿童的刑事打击等多项维度,因此不少重要的国际组织对此予以重点关注。以联合国为例,由于二战之后出现大量因战争、自然灾害等原因而无家可归的儿童,因此世界范围内蓬勃发展的跨国收养浪潮使得联合国在统一跨国收养法的道路上持续发力。在国际条约层面,1989年通过的联合国《儿童权利公约》是对跨国收养问题具有普遍约束效力的规定。该公约第20条、第21条以及第35条,专门对无家可归的儿童保护问题、国内与跨国收养问题以及买卖、贩运和诱拐儿童问题作了具体规定,提供了具有普遍效力的国际法律规范。[2]

同样作为政府间的全球性国际组织,海牙国际私法会议主要从民事司法角度对跨国收养法的统一化进程提供支持,迄今为止最为重要的公约是《跨国收养方面保护儿童及合作公约》。1993年5月28日,第17届海牙国际私法会议外交大会通过《跨国收养方面保护儿童及合作公约》,该公约致力于通过建构跨国收养国际合作体系的方式,确保儿童最佳利益的实现。该公约的意义有三点:第一,该公约对于跨国收养的治理思路与联合国此前的公约不同,其主要体现为海牙国际私法会议"私法与合作"的立场。如根据《儿童权利公约》的规定,跨国收养只能作为最后救济手段,因为儿童的安置应当反映其民族的、宗教的、文化的和语言的背景,海牙公约侧重于"永久家庭的特点",即使那个家庭与儿童并没有相同的背景,海牙公约这一背离先前做法的规定体现了其"家庭的永久性是儿童成长的关键因素"这一根本立场。[3] 第二,该公约在类型上虽然并非跨国收养的统一实体法或冲突法公约,但其对于跨国收养法律冲突的消弭也有很大的贡献,主要表现在公约第二章"跨国收养要件"的规定。第三,该公约的缔约国至今已有85个,我国于2000年11月30日签署,2005年4月27日批准了该公约,这意味着该公约成为涉外婚姻家庭领域中对我国(包括香港特别行政区和澳门特别行政区)生效的国际条约。[4]《跨国收养方面保护儿童及合作公约》的主要内

---

[1] 《2015年阿根廷共和国〈国家民商法典〉(节录)》,陈美伊、戴昀译,杜涛、潘灯校,载黄进、肖永平、刘仁山主编:《中国国际私法与比较法年刊》(2015·第十八卷),法律出版社2016年版,第386页。
[2] 参见蒋新苗:《联合国对解决跨国收养法律冲突的贡献》,载《理论月刊》2008年第8期。
[3] 参见朱志晟:《评〈跨国收养方面保护儿童及合作公约〉》,载《政治与法律》2000年第4期。
[4] 在《跨国收养方面保护儿童及合作公约》通过之前,海牙国际私法会议于1980年通过《国际诱拐儿童民事方面的公约》,但后者至今仅对我国香港特别行政区和澳门特别行政区生效。相关公约英文(或法文)原本、中文译本,参见中华人民共和国外交部条约法律司编:《海牙国际私法会议公约集》,法律出版社2012年版。

容为：

(一) 公约的宗旨与结构

《跨国收养方面保护儿童及合作公约》第1条开宗明义地确立了制定公约的三项宗旨："1. 制定保障措施，确保跨国收养的实施符合儿童最佳利益和尊重国际法所承认的儿童的基本权利；2. 在缔约国之间建立合作制度，确保上述保障措施得到遵守，以防止诱拐、出卖和贩卖儿童；3. 确保根据本公约所进行的收养得到缔约国承认。"

为了实现上述三项宗旨，《跨国收养方面保护儿童及合作公约》由一个序言和七个章节共48个条文组成。第一章为"公约的范围"，表明该公约适用于收养人和被收养人的惯常居住地均位于公约缔约国的情形；第六章为"一般规定"，第七章为"最后条款"；从第二章到第五章是公约的主体部分，以下分别介绍。

(二) 跨国收养的实质要件

在公约的缔约国之间分别为被收养人原住国和收养国的情况下，跨国收养的开展首先需要满足《跨国收养方面保护儿童及合作公约》第二章规定的实质性要件，否则缔约国可以拒绝。第二章仅有两条，分别规定了原住国和收养国的最低收养标准。其中，原住国对送养人和被收养人的标准包括确认儿童适合被收养、确保跨国收养符合儿童最佳利益、确保相关机构和送养人充分协商和确保征询儿童的意愿，收养国确认的条件则包括确认养父母的条件适格、养父母收养意思真实以及儿童长期居住的事实。

(三) 跨国收养的程序要件

《跨国收养方面保护儿童及合作公约》第三章"中央机关和委任机构"主要确定各缔约国开展跨国收养合作机制的主体，以及主体应当行使的职责。与其他司法合作类的海牙公约相似，该公约首先要求缔约国明确指定唯一的中央机关，我国履行公约职责的中央机关是民政部。不过，由于各缔约国国内具体履行收养工作机构性质的不同，该公约允许缔约国的中央机关通过委任非公共机关的其他机构履职，这就是委任机构的含义，如我国民政部的职能就委托了"中国收养中心"履行。[①]

《跨国收养方面保护儿童及合作公约》第四章"跨国收养的程序要件"主要规定了跨国收养如何在原住国和收养国中央机关之间开展的程序性规则，主要涉及跨国收养程序的启动和被收养儿童的移送与安置两个方面。在收养程序的启动方面，需要说明的是跨国收养通常是由收养人发起的，因此该公约在收养程序的启动方面主要是由收养国的中央机关发起的，而后再由原住国的中央机关审

---

① 参见2005年4月27日《全国人民代表大会常务委员会关于批准〈跨国收养方面保护儿童及合作公约〉的决定》。

查,这符合跨国收养的一般规律。当原住国中央机关审查通过后,跨国收养进行到最为关键的程序即儿童的移送和安置,该公约为此对原住国和收养国中央机关均设置了不同的义务,以确保该程序的正常进行。

(四) 跨国收养的承认与效力

跨国收养除了涉及儿童原住国和收养国以外,还有可能产生在第三国的效力认定问题。为了尽力防止"跛脚收养"情况的出现,《跨国收养方面保护儿童及合作公约》规定了其他缔约国在一般情况下应当承认依据公约进行的收养,只有在收养的承认明显违反缔约国公共政策时方得拒绝。

四、中国涉外收养的法律制度

(一) 外国人在华收养子女的规定

在2010年《法律适用法》出台之前,我国立法中并没有规定涉外收养的法律适用规范。不过改革开放以来,外国人来华收养子女的情况时有发生,因此外国人在华可否收养子女、如何收养子女的问题亟待解决。因此,1991年我国《收养法》第20条明确了外国人可以在华依据我国法律收养子女的基本立场,而1993年国务院颁布的《外国人在中华人民共和国收养子女实施办法》则将这一基本立场予以了细化。

1999年修订后的《收养法》对外国人在华收养子女的问题,除了维持此前依据我国法律收养子女的规定外,还增加了"应当经其所在国主管机关依照该国法律审查同意"的规定。同年,国务院颁布的《外国人在中华人民共和国收养子女登记办法》取代了此前的实施办法,却更加清晰地确定了双重适用我国和收养国法律的原则。① 当然,在2005年我国正式批准《跨国收养方面保护儿童及合作公约》之后,该公约的规定应当优先适用于我国与公约缔约国。《民法典》出台后基本维持了此前的做法,其第1109条规定:"外国人依法可以在中华人民共和国收养子女。外国人在中华人民共和国收养子女,应当经其所在国主管机关依照该国法律审查同意。收养人应当提供由其所在国有权机构出具的有关其年龄、婚姻、职业、财产、健康、有无受过刑事处罚等状况的证明材料,并与送养人签订书面协议,亲自向省、自治区、直辖市人民政府民政部门登记。前款规定的证明材料应当经收养人所在国外交机关或者外交机关授权的机构认证,并经中华人民共和国驻该国使领馆认证,但是国家另有规定的除外。"

(二) 我国涉外收养的法律适用规定

虽然《民法典》中出现了重叠适用我国法和收养国法的规定,但其仅针对外

---

① 1999年《外国人在中华人民共和国收养子女登记办法》第3条规定:"外国人在华收养子女,应当符合中国有关收养法律的规定,并应当符合收养人所在国有关收养法的规定;因收养人所在国法律的规定与中国法律的规定不一致而产生的问题,由两国政府有关部门协商处理。"

国人在华收养子女的情形,对我国境外发生的收养行为应当如何予以承认并未涉及。进入 21 世纪以来,随着我国经济的蓬勃发展和对外交往日渐频繁,我国公民实施境外收养的行为也非个例,因而就跨国收养而言,单纯的被收养人所在国思维需要得到改变。

正是基于以上情势的变化,2010 年《法律适用法》第 28 条通过三条冲突规范的方式,有针对性地建立了我国涉外收养的法律适用规则群。具体而言:

1. 收养的条件和手续,适用收养人和被收养人经常居所地法律

本条冲突规范的范围在于涉外收养的成立,其并未区分实质要件和形式要件,而是统一采取了重叠适用收养人和被收养人属人法的做法。这一做法体现了我国对标跨国收养高标准、严要求的保护儿童利益原则,也与我国对待外国人在华收养子女的一贯立场相符合。

2. 收养的效力,适用收养时收养人经常居所地法律

本条冲突规范的范围是涉外收养法律关系的内容,即有效成立的收养行为在当事人之间产生的权利义务关系。在冲突规范的类型上采取了双边冲突规范,体现出平等对待各方当事人的立场。采取收养人属人法符合国际通行主张,收养成立后,被收养儿童要在收养人所在国生活,收养人与被收养人之间形成父母子女关系,因此应该适用收养人属人法。所以,收养人所在国法律对收养效力的规定直接决定收养人对被收养儿童的权利和义务。[①]

3. 收养关系的解除,适用收养时被收养人经常居所地法律或者法院地法律

本条冲突规范的范围是收养关系的终止,采取了选择适用冲突规范的类型。之所以将收养关系解除事项单独规范,主要是考虑到收养关系解除与被收养人的利益攸关,因而从儿童利益保护的角度应当予以倾斜保护,给予法官更多选择准据法的空间。

第六节　涉外扶养的法律适用

所谓扶养,一般是指法定范围内亲属之间为履行法定义务而相互为经济上供养的法律制度。虽然这一制度在各国亲属法中均有规定,但各国对"扶养"内涵与外延的实体法规范差异不少。比如在我国的《民法典》中,狭义上的"扶养"仅仅包括夫妻之间的扶养和一定亲属之间的扶养,但广义上的"扶养"还包括父母子女之间的抚养和赡养。与我国立法相同的是,各国婚姻与亲权制度中所涉及的扶养关系也可分为夫妻之间的扶养关系、亲子之间的扶养关系以及法律规定的一定亲属

[①] 参见黄进、姜茹娇主编:《〈中华人民共和国涉外民事关系法律适用法〉释义与分析》,法律出版社 2011 年版,第 156 页。

之间的扶养关系。不过,由于各国立法有关扶养的范围及顺序、扶养义务的发生、变更及消灭等方面的规定存在差异,势必造成涉外扶养关系中的法律冲突。①

一、涉外扶养的法律适用规范模式

各个国家和地区在实体法上对于不同主体间扶养关系的定位存在差异,这直接影响到了涉外扶养法律适用中规范模式的选择。具体而言,可以分为同一制和区别制两种模式:

1. 同一制模式

这种模式是指不具体区分扶养当事人的类型,而笼统地以"扶养"作为冲突规范的范围称谓。这种模式比较简单直接,采取这一模式的国家或地区往往在其实体法中也未对某种类型的扶养采取特别的安排,典型的国家有土耳其、乌克兰、多米尼加等。

2. 区别制模式

由于同一制模式缺乏针对性,因此区别制的方式在当代被一些国家和地区所重视。采取这一模式的考虑主要来自三个方面:一是区分亲属关系之间的亲系的差别和亲等的远近,如区别亲子关系、夫妻关系和其他亲属之间的扶养法律适用规则;二是对涉外扶养在不同的冲突规范中的定位不同,如斯洛文尼亚国际私法将夫妻扶养事项归为夫妻人身关系,将亲子扶养归为父母子女关系,那么专属于扶养冲突规范的事项自然就减少了;②三是存在特定主体利益的考虑,比如基于对儿童权利的考虑,因而对被扶养人为儿童的扶养类型需要予以特别规定。当然,基于不同的考虑和各自国内实体法的规定,采取区别制模式的国家和地区具体的区分有所差异,典型的国家有德国、瑞士、保加利亚、罗马尼亚、比利时、阿根廷等。另外,欧盟 2009 年通过了《关于扶养之债的管辖权、准据法、判决承认与执行及司法合作的条例》,条例在扶养之债的适用范围上虽然广泛而笼统,但在具体的法律适用规则中,对于如被扶养人为 18 周岁以下子女等情形进行了特别的规范。③

关于涉外扶养法律适用方面的国际立法,可从海牙国际私法会议在跨国扶养领域的三次国际条约变动观察:第一次变动以 1956 年《抚养儿童义务法律适

---

① 参见丁伟主编:《冲突法论》(第二版),法律出版社 2005 年版,第 197 页。
② 1999 年《斯洛文尼亚共和国关于国际私法与诉讼的法律》第 44 条规定:"非父母子女的血亲之间的扶养义务或姻亲扶养义务,由请求扶养的亲属的国籍国法支配。"参见邹国勇译注:《外国国际私法立法选译》,武汉大学出版社 2017 年版,第 199 页。
③ 参见李良才:《欧盟区域国际私法的新发展——2009 年〈扶养之债条例〉之评介》,载《湖北社会科学》2010 年第 7 期。

用公约》为代表,从公约规制的对象可以看到,其关注于未成年儿童为被扶养人;①第二次变动以 1973 年《扶养义务法律适用公约》为代表,这一公约适用于"因家庭关系、亲属关系、婚姻关系或姻亲关系而产生的扶养义务,包括关于非婚生子女的抚养义务",由此可见这一时期的海牙公约开始从儿童权利保护的思路走向全面规范跨国扶养的路径;②第三次变动以 2007 年《扶养义务法律适用议定书》为代表,这次议定书的最大特点是在特定当事人之间的扶养义务方面提出了特别的法律适用规则,包括父母子女之间的抚养或赡养关系、夫妻间的扶养关系和以 21 岁以下的人为被扶养人的扶养关系。③ 这种国际立法态势表明,海牙国际私法会议在全面规范跨国扶养的路径基础上,再一次强调了区别制模式的存在价值。

二、涉外扶养的法律适用规则类型

无论是采取同一制还是区别制模式,无论是国内立法还是国际条约,对待涉外扶养的具体法律适用规则时,总是在如何彰显弱者利益保护方面浓墨重彩。但就如何践行被扶养人利益保护原则,计有以下几种规则类型:

1. 适用属人法

由于扶养债务的产生系基于一定范围之亲属关系,因此适用当事人的属人法理所当然。但是由于保护被扶养人原则的影响,多数国家和地区的立法均采取了适用被扶养人属人法的做法。不同的是,有些国家立法采取了被扶养人的国籍国法,如马其顿,而多数国家强调的是被扶养人的惯常居所地法。除此以外,共同属人法也是不少国家的立法选择,但与其他领域的冲突规范不同,涉外扶养法律适用规范中的共同属人法并非"优先性规则"而是"补充性规则",其目的还是尽力使被扶养人可以获得救济。典型如《保加利亚共和国关于国际私法的法典》第 86 条规定:"1. 扶养义务,依扶养权利人的惯常居所地法,除非其本国法对其更为有利。此时,适用扶养权利人的本国法。2. 如果扶养权利人和扶养义务人具有同一国国籍,而且扶养义务人的惯常居所也在该国境内,则适用其共同的本国法……"④

2. 适用法院地法

在涉外扶养法律适用的立法比较中,单一适用法院地法是不存在的,其更多

---

① 与该公约同一时期的还有 1958 年海牙《儿童抚养义务判决的承认和执行公约》,这两个公约对我国澳门特别行政区已经生效。
② 与该公约同一时期的还有 1973 年海牙《扶养义务判决的承认和执行公约》,且在同为公约缔约国之间,这两个海牙公约将替代前一时期的两个海牙公约。
③ 该议定书的对象是 1956 年《抚养儿童义务法律适用公约》和 1973 年《扶养义务法律适用公约》,且在同为公约缔约国之间,该议定书将替代前述的两个海牙公约。
④ 邹国勇译注:《外国国际私法立法选译》,武汉大学出版社 2017 年版,第 231 页。

也是作为适用属人法规则的补充,目的同样是尽力维护被扶养人的利益。如上述《保加利亚共和国关于国际私法的法典》第 86 条第 3 款规定:"如果根据第 1 款和第 2 款规定应适用的法律不允许判给扶养费,则适用保加利亚法律。"

3. 适用有利于保护被扶养人的法律

相较于"连接点梯子"的法律适用方式,还有一种更为激进的法律适用类型。这种法律适用规范选取了选择适用的规范类型,而最大的亮点是将有利于保护被扶养人的选法导向直接嵌入其中。如阿根廷国际私法规定:"扶养权由有关机关本着最有利于被扶养人利益的原则,选择适用扶养人住所地或被扶养人住所地法律。"[①]

4. 适用有限的意思自治法律

在扶养人和被扶养人存在扶养协议的前提下,不少国家和地区允许当事人在法律限定的范围内,合意选择涉外扶养的准据法。如 2004 年《比利时国际私法典》第 75 条第 1 款规定:"基于亲属关系、婚姻关系或姻亲关系而成立的扶养协议,由当事人选择适用其中任何一方选择法律时的本国法或惯常居所地国家的法律。"[②]在国际条约方面,2007 年海牙《扶养义务法律适用议定书》也支持此种方式。

三、我国涉外扶养关系的法律适用规则

（一）《民法通则》的规定

1986 年《民法通则》第 148 条是我国最早规范涉外扶养关系的法律适用规范,该条文规定:"扶养适用与被扶养人有最密切联系的国家的法律。"与《民法通则》第八章中的冲突规范相比,该条冲突规范的意义在于以"最密切联系的国家"作为连接点,体现出该条冲突规范的灵活性。另外,此条冲突规范也借鉴了在涉外扶养领域保护弱者利益的立法导向,强调最密切联系国家的选择应关注被扶养人这一方面。

毋庸置疑,《民法通则》第 148 条在当时是最能体现对标国际标准的冲突规范类型,但由于其过于原则化,导致在司法实践中如何识别扶养范围和如何确定最密切联系国家的不确定性。因此,1988 年《民通意见》进行了补充性解释,其第 189 条规定:"父母子女相互间的扶养、夫妻相互之间的扶养以及其他有扶养关系的人之间的扶养,应当适用与被扶养人有最密切联系国家的法律。扶养人和被扶养人的国籍、住所以及供养被扶养人的财产所在地,均可视为与被扶养人

---

① 《2015 年阿根廷共和国〈国家民商法典〉（节录）》,陈美伊、戴昀译,杜涛、潘灯校,载黄进、肖永平、刘仁山主编:《中国国际私法与比较法年刊》（2015·第十八卷）,法律出版社 2016 年版,第 385 页。

② 杜涛:《国际私法的现代化进程——中外国际私法改革比较研究》,上海人民出版社 2007 年版,第 365 页。

有最密切的联系。"

(二)《法律适用法》的规定

2010年《法律适用法》第29条规定:"扶养,适用一方当事人经常居所地法律、国籍国法律或者主要财产所在地法律中有利于保护被扶养人权益的法律。"与《民法通则》第148条及此前的司法解释相比,相同之处有两点:第一,在冲突规范的范围上并没有差别,扶养应被识别为"父母子女相互之间的抚养、夫妻相互之间的抚养以及其他有抚养关系的人之间的抚养";第二,连结点的选择方式变化也不大,除了以经常居所地取代住所以外,本条规范中"主要财产所在地"的解释可以借鉴此前司法解释的规定,倾向于"供养被扶养人的财产所在地"。

最大的区别在于践行被扶养人保护原则的方式,本条冲突规范并未继续沿用《民法通则》第148条"与被扶养人有最密切联系国家"的选法思路,而是直接从实体法的价值判断入手,要求法官在众多连结点所指向的准据法中选择"有利于保护被扶养人权益"的法律。这样的做法在保护被扶养人的程度方面可谓更近一层,因为从理论上讲,"与被扶养人有最密切联系国家的法律"并不等同于"有利于保护被扶养人权益的法律"。但也有一些学者对于这种规范的合理性和可行性提出了质疑,认为在涉外家庭关系中不应当存在实体法意义上的弱者提法,并且此种规范为法院查明和准确适用外国法增加了难度,不利于司法任务的简单化。[1]

第七节 涉外监护的法律适用

所谓监护,一般是指对未成年人和成年失智者的人身和财产进行监督和保护的法律制度。监护制度滥觞于罗马法,在当代各国的民事立法中均有此种制度安排,但由于经济基础、法制传统、社会保障能力等差异,国家和地区间在关于监护类型、被监护人范围、监护人范围、监护人职责以及监护人确定、撤销、恢复等制度方面差异巨大。

以成年监护制度为例,近代各国民法上监护的类型依监护对象之不同,可分为未成年监护和成年监护两种基本类型,后者在其他一些国家称为"保佐"。自20世纪末以来,欧美诸国相继对成年监护制度,从价值理念到制度架构,进行根本性改革,废除禁治产宣告制度,建立以维护成年障碍者人格尊严和正常社会参与为宗旨的成年照顾制度。[2] 2017年《民法总则》出台之后,我国在民事监护制

---

[1] 参见袁发强:《我国国际私法中弱者保护制度的反思与重构》,载《法商研究》2014年第6期;叶竹盛:《寻找"更有利的法":比较型冲突规范的司法困境及出路》,载《现代法学》2017年第5期;袁发强:《有利的法——实质正义的极端化》,载《现代法学》2015年第3期。

[2] 参见梁慧星:《民法总论》(第三版),法律出版社2007年版,第105页。

度的改革方面虽然大力完善了成年监护制度,但仍将行为能力与监护制度挂钩的做法与其他国家的规范不一,因而引发学界的质疑,但此种做法在《民法典》中并没有得到改变。① 另外,不少国家依据被监护成年人辨认能力的差异实施类型化处理,如《日本民法典》上的成年监护分为监护、保佐和辅助三类。② 而我国《民法典》仅将成年监护区分为法定监护和意定监护两种,这种分类方式的差异也会导致涉外监护领域的法律冲突。

一、涉外监护的法律适用规范模式

尽管监护和扶养制度在民事实体法中的功能大相径庭,但在国际私法的视野观察有着不少的共同之处,因此有不少教科书将两者置于一处。但是,此种做法也存在商榷之处。例如此处介绍的涉外监护的法律适用规范模式,虽然在类型上与涉外扶养的法律适用规范模式一样,也分为同一制和区别制两种,但重要的差异在于,涉外监护以同一制为主导,而涉外扶养则以区别制为主流:

1. 同一制模式

这种模式是指不具体区分监护的类型,而笼统地以"监护"作为冲突规范的范围称谓,或虽将监护、保佐等不同类型列出,但仍适用单一的法律适用规范。采取同一制模式的主要原因在于,无论何种监护类型均不会改变监护人和被监护人的法律关系设置,也不会使被监护人利益保护的原则受到影响,因而以统一的法律适用规则存在坚实的基础。这是多数国家国际私法立法选择的模式,如德国、奥地利、卡塔尔、委内瑞拉、斯洛文尼亚、马其顿、土耳其、列支敦士登、黑山共和国等。

2. 区别制模式

这种模式的区别处理主要来自两种方式:一是区分未成年监护和成年监护分别处理,这种区分方式往往受到国际条约的影响。例如,意大利作为1961年海牙《未成年人保护的管辖权和法律适用公约》的缔约国,其国内法在未成年监护方面直接适用了该公约,但在成年监护方面由于没有公约约束,因此独立制定了法律适用规则。③ 又如,瑞士为1996年海牙《关于父母责任和保护儿童措施的管辖权、法律适用、承认、执行和合作公约》和2000年海牙《成年人国际保护公约》的缔约国,因而在不同监护类型上分别适用不同的公约。二是不区分监护类型,但对于监护人确定、监护人同意、监护人职责等不同事项分别作出规定,采取

---

① 参见彭诚信、李贝:《现代监护理念下监护与行为能力关系的重构》,载《法学研究》2019年第4期;薛军:《中国法上的行为能力宣告:制度内涵与解释论重塑》,载《学术月刊》2019年第12期。

② 参见孟强:《〈民法总则〉中的成年监护制度》,载《中国人民大学学报》2017年第4期。

③ 参见杜涛:《国际私法的现代化进程——中外国际私法改革比较研究》,上海人民出版社2007年版,第284页。

此种做法的国家有俄罗斯、白俄罗斯、摩尔多瓦、亚美尼亚、哈萨克斯坦、阿尔及利亚、保加利亚、罗马尼亚、比利时、乌克兰等。

在海牙国际私法会议的国际条约方面，至今有效的、涉及监护制度的条约主要有三个：一是1961年《未成年人保护的管辖权和法律适用公约》，该公约在缔约国之间替代了1902年的《未成年人监护公约》，在未成年人监护的法律适用问题上强调以未成年人国籍国法为主导，以惯常居所地法为补充；①二是1996年《关于父母责任和保护儿童措施的管辖权、法律适用、承认、执行和合作公约》，该公约在缔约国之间替代了1902年《未成年人监护公约》和1961年《未成年人保护的管辖权和法律适用公约》，在法律适用规则上主要的变化是改变以往适用属人法的立场，改为以未成年人惯常居所地法为主导，还适度引入了最密切联系规则；三是2000年《成年人国际保护公约》，该公约在缔约国之间替代了1905年的《禁治产及类似保护措施公约》，就成年人监护的管辖权、法律适用、承认与执行、国际合作等事项进行了全面规范。在成年人监护法律适用的问题上，《成年人国际保护公约》的规则基本移植了1996年《关于父母责任和保护儿童措施的管辖权、法律适用、承认、执行和合作公约》的内容，但也有一些特色和新意，如在成年人意定监护制度下，有条件地允许当事人选择准据法。②

二、涉外监护的法律适用规则类型

在法律适用规则的类型方面，涉外监护与扶养亦有极大的共性，但也有些许不同。具体而言，有以下几种做法：

1. 适用被监护人的属人法

这是当代各国的主流选择，其原因在于被监护人利益保护原则。在属人法连结点的选择方面，多数国家选择被监护人的国籍，如德国、摩尔多瓦、卡塔尔、阿尔及利亚、斯洛文尼亚、保加利亚、马其顿、土耳其、意大利、罗马尼亚、日本等；也有一些国家则选择被监护人的住所或惯常居所，如立陶宛、委内瑞拉、比利时、多米尼加、阿根廷等；还有一些国家直接以属人法为连结点称谓，如俄罗斯、奥地利、白俄罗斯、亚美尼亚、哈萨克斯坦、乌克兰等。

2. 适用监护人的属人法

采取这一系属的国家往往适用区别制模式，即对于不同监护之不同事项确定不同的法律适用规范。如《俄罗斯联邦民法典》虽然在第1199条第1款中确定监护（保佐）的设立或取消适用被监护人的属人法，但在第2款中规定："承担

---

① 该海牙公约适用于我国的澳门特别行政区。
② 参见邓杰：《国际私法分论》，知识产权出版社2005年版，第239—255页。

监护(保佐)的监护人(保佐人)的义务,依被指定为监护人(保佐人)的人的属人法。"[1]

3. 适用法院地法

不少国家采取法院地法这一系属作为补充性做法,以践行充分保障被监护人利益的立法导向。如前述《俄罗斯联邦民法典》第1199条第3款规定:"监护人(保佐人)与被监护人(被保佐人)的关系,依指定监护(保佐)的机关所在地国法确定。但是,若被监护人(被保佐人)在俄罗斯联邦境内有住所,且俄罗斯法对其更为有利,则适用俄罗斯法。"[2]

4. 适用有利于保护被监护人的法律

在固定性连结点之外,另有一些国家采取了最密切联系原则,以期更好地维护被监护人的利益。涉外未成年人监护的典型,如2012年《捷克共和国关于国际私法的法律》第65条第1款规定:"对于未成年人的监护即照管,适用对该事项作出裁决的法院或机关所在国的法律。但是,出于保护未成年人的人身或财产的必要性,可例外地适用或援用与案情有实质联系的另一国家的法律。"[3] 涉外成年监护的典型,如2017年《匈牙利关于国际私法的第28号法律》第18条,虽然该条第1款同样以适用被监护人经常居所地国法律为系属,但第2款的规定为亮点:"如果符合当事成年人的利益,法院可以例外地适用或考虑与案件有更密切联系的另一国法律。"[4]

5. 适用有限的意思自治法律

在不少国家成年监护的实体法律制度中,允许成年人在心智正常时,通过书面方式与未来失智后的监护人达成监护合意,这种监护类型成为意定监护。[5] 正是因为意定监护制度的广泛采纳,因而有些国家许可在涉外意定监护协议中,加入当事人的意思自治内容。此处仍以2017年《匈牙利关于国际私法的第28号法律》为例,该法第19条第2款规定:"尽管有第1款的规定,具有完全行为能力的成年人得以在其书面声明中选择:(a) 其持有的国籍所属国法律;(b) 以前的经常居所所在地法律;或者(c) 就特定的财产而言,该财产之所在国法律。"[6]

---

[1] 邹国勇译注:《外国国际私法立法选译》,武汉大学出版社2017年版,第95页。

[2] 同上。

[3] 参加邹国勇中文译文,载黄进、肖永平、刘仁山主编:《中国国际私法与比较法年刊》(2014·第十七卷),法律出版社2016年版,第375页。

[4] 参见邹国勇中文译文,载黄进、肖永平、刘仁山主编:《中国国际私法与比较法年刊》(2017·第二十一卷),法律出版社2018年版,第349页。

[5] 如我国《民法典》第33条规定:"具有完全民事行为能力的成年人,可以与其近亲属、其他愿意担任监护人的个人或者组织事先协商,以书面形式确定自己的监护人,在自己丧失或者部分丧失民事行为能力时,由该监护人履行监护职责。"

[6] 参见邹国勇中文译文,载黄进、肖永平、刘仁山主编:《中国国际私法与比较法年刊》(2017·第二十一卷),法律出版社2018年版,第349页。

三、我国涉外监护的法律适用规则

（一）《民通意见》的规定

1986年《民法通则》第八章并没有对涉外监护的法律适用规则进行规定，不过随后的《民通意见》中出现了涉外监护的冲突规范。该司法解释第190条规定："监护的设立、变更和终止，适用被监护人的本国法律。但是，被监护人在我国境内有住所的，适用我国的法律。"对于该条冲突规范，需要说明三点：一是在系属方面选取了被监护人的属人法，既体现了监护制度的本质，也考虑到了被监护人保护的倾向；二是在属人法连结点的选择和排布方面采取以国籍为主导、辅以住所地的做法，符合当时以1961年《未成年人保护的管辖权和法律适用公约》为标杆的立场；三是在司法解释中规定冲突规范的做法具有时代特色，优点是及时补足立法之漏洞，但也引发了司法解释可能僭越立法的诘问。

（二）《法律适用法》的规定

2010年《法律适用法》第30条规定："监护，适用一方当事人经常居所地法律或者国籍国法律中有利于保护被监护人权益的法律。"对于该条冲突规范的理解，可以从两种比较维度来理解：

一是与此前《民通意见》第190条进行比较，可以发现两者在系属选择方面差异巨大。本条冲突规范采取了选择适用的类型，在属人法连结点的选择上并不区分国籍和经常居所地的先后顺序，而是平行排布。至于如何选择连结点，本条冲突规范引入了"有利于保护被监护人权益"的实体法导向，而并未采取连结点选择方面的偏向方式。不过这种方式似乎为其他各国立法例和国际条约所均不采，因而是否合理有待实践检验。

二是将本条法律适用规范与《法律适用法》第29条涉外扶养的法律适用规范进行比较，可见两者在法律适用方法和系属选择方面基本一致，因而所带来的优缺点也趋于一致。唯一不同的是，本条冲突规范中并没有第29条中"主要财产所在地"这一连结点。这一点似乎表明监护注重人身关系而扶养并重财产关系的立法意图，但实践中财产监护亦为监护制度之重要内容，因而这种区别的意义值得探讨。

[案例讨论与分析]

案例1　张某与徐某所有权确认纠纷案①

【案情简介】

张某与徐某于1987年1月8日在香港登记结婚，婚后徐某的经常居所地一

---

① 一审判决：(2015)长民三(民)初字第1208号判决；二审判决：(2016)沪01民终2239号判决。

直位于香港,张某则于1994年来到内地,此后其经常居所地变更为内地。1996年10月24日,徐某向上海××有限公司购买系争房屋,房屋产权于1998年2月18日核准登记在徐某名下。另查明,张某与徐某对婚内财产无特别约定,也无协商一致选择适用的法律。

2015年6月,张某在内地法院提出所有权确认诉讼,请求法院以内地婚姻法为准据法,确认其对登记于徐某名下的系争房屋享有百分之五十的产权份额,徐某享有百分之五十的产权份额,并对上述房屋予以变更登记。徐某则抗辩应当以香港婚姻法为准据法,确认系争房屋为其单独所有。

【法律问题】

1. 本案应当适用《法律适用法》中哪一条冲突规范?在第24条(夫妻财产关系)和第36条(不动产物权)之间应当如何选择?

2. 如以《法律适用法》第24条为依据,则应当如何决定准据法?张某与徐某是否存在共同经常居所地?

3. 如以香港法为准据法,该准据法应当如何查明和解释?

【法院判决】

本案经过两次判决,裁判依据不同。一审法院判决认为:张某、徐某均系香港特别行政区居民,婚姻缔结地为香港,不动产所在地为内地,共同经常居住地为内地,在张某、徐某无法协议选择适用法律的情况下,张某要求适用《婚姻法》(现为《民法典》第五编婚姻家庭),符合《法律适用法》的规定。系争房屋的权利取得在张某、徐某的婚姻关系存续期间,根据当时《婚姻法》的规定,夫妻在婚姻存续期间取得的财产,除另有约定外,归夫妻共同所有,因此基于与徐某的夫妻关系主张共有应予支持。

徐某不服一审判决,提起上诉,二审法院最终撤销一审判决,驳回张某的诉请。二审判决认为:

1. 冲突规范的选择问题

张某与徐某均系香港特别行政区居民,系争房屋产权登记于徐某一人名下,故按照《法律适用法司法解释(一)》第1条之规定,张某与徐某关于系争房屋所有权之纠纷,系涉外民事关系范畴,属《法律适用法》的调整范围。

双方就系争房屋权属产生的争议,从现有的法律规定看,若基于双方的特定身份关系,则落入《法律适用法》第24条调整的夫妻财产关系纠纷范围,若基于标的物的属类,则又落入《法律适用法》第36条调整的不动产物权纠纷范畴,优先适用哪一条的规定系双方争议的焦点。

双方就系争房屋产权归属发生的纠纷,从形式上看是对不动产权属的确认之诉,但张某是基于与徐某的婚姻关系而要求确认系争房屋权属归两人共有,其实质是因婚姻关系所产生的财产争议,即具有合法婚姻关系的男女双方对财产的权利义务关系,或男女双方对合法婚姻关系存续期间取得财产的权利义务关系。双方的争议是基于确认当事人之间具有合法婚姻关系的基础上,具有更强的身份特征或属人特性。基于上述分析,本院认为,就本案争议之冲突规范的适用,应优先选择适用《法律适用法》第 24 条之规定,而非第 36 条之规定。

2. 共同经常居所地的认定问题

关于本案所有权争议所涉实体法律的选择适用,二审法院依据《法律适用法》第 24 条规定的指引,具体确定涉案民事法律关系的当事人的权利义务。本案中,张某与徐某没有协议选择共同适用的法律,故根据该条规定的指引,应首先适用共同经常居所地法律,没有共同经常居所地的,选择适用共同国籍国法律。

根据《法律适用法司法解释(一)》第 15 条之规定,自然人在涉外民事法律关系产生或者变更、终止时已经连续居住一年以上且作为生活中心的地方,人民法院可以认定为《法律适用法》规定的自然人的经常居所地,但就医、劳务派遣、公务等情形除外。如前所述,本案争议实质上基于双方存在特定身份关系而引发,故应以张某与徐某形成特定身份关系的时间作为确认双方经常居所地的时间节点,也应适用香港法律。根据已查明的事实及当事人的庭审陈述,张某与徐某于 1987 年在香港登记结婚,且此前双方均长期居住于香港,故本案中,应认定香港为张某与徐某不动产纠纷争议中的指引实体法适用的经常居所地,本案就系争房屋权属产生的纠纷,应优先适用香港法律,而非内地法律。

退一步讲,即便将系争房屋产权取得时间作为确认双方经常居所地的时间节点,也应适用香港法律。房屋产权于 1998 年 2 月 18 日核准登记在徐某名下,以该时间节点计算,徐某的经常居所地为香港,张某的经常居所地为内地,双方并不存在共同的经常居所地,故应适用共同国籍国(地区)的法律,即香港法律。

至于是否能以张某向一审法院提起诉讼的时间作为确认双方经常居所地的时间节点之争议,目前的法律法规对此并未作出明确规定。基于本案系因特定身份关系引发的不动产纠纷,故较之当事人提起诉讼的时间节点,当事人间成立特定身份关系的时间节点与双方争议的涉外民事关系更具密切联系,本院优先采纳当事人间成立特定身份关系的时间即张某与徐某缔结婚姻关系的时间作为确认双方经常居所地的时间节点。

3. 准据法的查明与解释问题

在二审期间,徐某与张某分别向法庭提供了经公证认证的香港不同律师行不同律师出具的多份《法律意见书》,证明香港法律中对于夫妻财产制度的规定。对这些《法律意见书》,在法庭主持下开展质证,徐某与张某二审中一致确认,根据《已婚者地位条例》(《香港法例》第 182 章)第 3 条、第 4 条的规定,香港法律规定的是夫妻分别财产制,即香港法律成文法中规定实行夫妻分别财产制,但在衡平法或判例法中,如存在财产推定信托,则可认定登记在夫妻一方名下的不动产为夫妻共有。

依据已经查明的准据法的规定,法庭对是否存在"财产推定信托"进行解释,通过综合分析香港法中的构成要件,认定张某主张其与徐某存在财产推定信托的情形缺乏相应的事实基础及证据支持。因此,二审判决基于系争房屋登记于徐某一人名下的事实,认定为徐某一人所有。

【分析评论】

1. 本案系涉港案件,是否适用《法律适用法》是首要问题。《法律适用法司法解释(一)》第 19 条规定:"涉及香港特别行政区、澳门特别行政区的民事关系的法律适用问题,参照适用本规定。"

2. 本案适用《法律适用法》中哪一条冲突规范是一个重点问题。由于案涉争议为不动产之确权纠纷,也是涉及夫妻财产制之法律争议,因此产生《法律适用法》第 24 条(夫妻财产关系)和第 36 条(不动产物权)的选择问题。更为重要的是,本案选择《法律适用法》第 36 条必然得出适用内地法律的结论(因系争不动产位于内地),而适用《法律适用法》第 24 条则存在适用香港法之可能。二审法院的判决详细说明了适用《法律适用法》第 24 条的理据,值得认同。

3. 在适用《法律适用法》第 24 条的前提下,对当事人是否存在共同属人法的认定也是非常关键的。二审法院的判决强调应当以法律事实发生时为判断标准,而否定了以诉讼提起时之标准,值得肯定。但也遗留了一个问题,那就是究竟夫妻财产制之判定应以婚姻缔结时为基本标准,还是以不动产取得时为判断标准?这一问题现有立法并未明确,值得探讨。

4. 本案确定香港法为准据法后,法院依法实施了准据法的查明与确定。《法律适用法司法解释(一)》第 18 条规定:"人民法院应当听取各方当事人对应当适用的外国法律的内容及其理解与适用的意见,当事人对该外国法律的内容及其理解与适用均无异议的,人民法院可以予以确认;当事人有异议的,由人民法院审查认定。"

案例 2　孙某与燕某离婚后财产纠纷案[①]

【案情简介】

孙某为加拿大公民,经常居所地位于加拿大,燕某为中国公民,经常居所地位于中国。孙某与燕某于 1999 年 3 月 3 日登记结婚,婚姻关系存续期间购买诉争 2107 室商品用房一套,房屋登记产权人为燕某。2012 年 5 月 24 日双方签订《离婚协议书》,载明:"三、座(坐)落在 2107 室一套商品用房经协商归孙某所有,

---

① 一审判决:(2016)京 0108 民初 38611 号判决;二审判决:(2017)京 01 民终字 5355 号判决。

其他财产全部归燕某所有。房产证的业主姓名自离婚后一个月内办理过户变更手续,过户费由孙某承担。"当日,双方在中国完成协议离婚登记手续。

离婚后,孙某多次要求燕某依据《离婚协议书》的约定,完成诉争房屋的过户登记手续,但均未果,遂向法院提起诉讼,请求燕某协助将诉争房屋转移登记到孙某的名下。燕某提出抗辩:案涉《离婚协议书》签订时,孙某存在欺诈燕某的情形,燕某有权行使撤销权。

【法律问题】

《法律适用法》第26条应当如何具体适用?因涉外协议离婚而引发的离婚后夫妻财产分割以及离婚协议的效力纠纷,是否也属于《法律适用法》第26条准据法的适用范围?

【法院判决】

本案经过两次判决,裁判依据相同。一二审法院认为:根据《法律适用法司法解释(一)》第1条第1项规定,一方当事人为外国公民,本案涉及的民事法律关系为涉外民事法律关系。本案中,孙某为加拿大公民,本案涉及的民事法律关系为涉外民事法律关系,故适用《法律适用法》和《法律适用法司法解释(一)》。

《法律适用法》第26条规定:"协议离婚,当事人可以协议选择适用一方当事人经常居所地法律或者国籍国法律。协议离婚,当事人没有选择的,适用共同经常居所地法律;没有共同经常居所地的,适用共同国籍国法律;没有共同国籍的,适用办理离婚手续机构所在地法律。"本案中,双方办理离婚手续是在中国,故应当适用中华人民共和国相关法律。

孙某与燕某2012年协议离婚,并签订《离婚协议书》,该协议书是双方真实意思的表示,且不违反法律、行政法规的强制性规定,合法有效。双方应当就达成的离婚协议书,恪守约定,履行义务,现双方约定的转移登记期限已届满,燕某应当依照约定协助孙某办理房屋转移登记手续。

针对燕某的抗辩,根据2004年《最高人民法院关于适用〈中华人民共和国婚姻法〉若干问题的解释(二)》第9条"男女双方协议离婚后一年内就财产分割问题反悔,请求变更或者撤销财产分割协议的,人民法院应当受理。人民法院审理后,未发现订立财产分割协议时存在欺诈、胁迫等情形的,应当依法驳回当事人的诉讼请求"之规定,本案中亦未存在上述法律规定的情形,法院不予采信。

【分析评论】

1. 本案折射出我国《法律适用法》第26条涉外协议离婚法律适用规则的适用范围问题,案涉争议为因涉外协议离婚引发的离婚后财产分割纠纷,法院适用《法律适用法》第26条应属正确。在我国的涉外司法实践中,该条冲突规范还可以用于协议离婚有效性纠纷和以离婚协议的效力为先决问题的婚姻家庭纠纷。

2. 《法律适用法》第26条的适用依次分为三个层次:一是当事人有限制的

意思自治选择法律;二是在缺乏意思自治选择法律的情形下,适用当事人共同的属人法;三是在前两项条件均不满足的情形下,应当适用协议离婚行为作出地法律。本案中,法院依次检索了意思自治规则和共同属人法规则,最终适用第三层次的协议离婚登记地国法,即中国法。

3. 协议离婚是一种要式的身份性法律行为,其中当事人之间达成的离婚协议往往成为争议的核心。因此,《法律适用法》第 26 条准据法的适用范围应当包括离婚协议的成立、效力、履行、解除等方面,本案中燕某的抗辩理由为离婚协议的撤销,因而法院判断这一争议的准据法也来自《法律适用法》第 26 条。

案例 3　崔某某与朴某某等赡养费纠纷案①

【案情简介】

原告崔某某为朝鲜民主主义人民共和国公民,被告均为中国公民。原告崔某某生育子女三人,被告均为原告亲生子女。2010 年 7 月 5 日,经法院已生效的(2010)延中民三初字第 575 号民事判决,判决三被告从 2010 年 7 月开始,每人每月向原告崔某某承担赡养费 300 元;支付方式为每半年一次性支付,即每半年第一个月的 30 日内每人支付 1800 元。现原告崔某某年龄已逾八十,生活基本不能自理,且没有固定收入来源,并从 2018 年 1 月份开始雇请保姆照顾其生活,因无法支付保姆费及其他生活费用而诉至法院,要求被告增加支付赡养费。

【法律问题】

《法律适用法》第 29 条应当如何具体适用?该条冲突规范中"有利于保护被扶养人权益"的规则应当如何践行?

【法院判决】

法院认为,本案属涉外民事纠纷。现原告崔某某向本院提起增加赡养费诉讼,根据《法律适用法》第 29 条之规定,扶养适用一方当事人经常居所地法律、国籍国法律或者主要财产所在地法律中有利于保护被扶养人权益的法律。因原告崔某某长期在中华人民共和国居住,且三被告均系中华人民共和国公民,故本案应适用中华人民共和国法律进行调整。

成年子女对父母有当然的赡养扶助义务。子女不履行赡养义务时,无劳动能力的父母有要求子女给付赡养费的权利。赡养人应当履行对老年人经济上供养、生活上照料和精神上慰藉的义务,照顾老年人的特殊需要。本案中,被告均系原告崔某某之婚生子女,由其抚养成人,虽经本院于 2010 年判决由三子女每人每月承担赡养费 300 元,但原告崔某某现年事已高,体弱多病,没有劳动能力,生活成本增加,子女理应对其增加支付赡养费。考虑到原告崔某某的年龄和身体状况,三子女亦应共同承担原告崔某某雇请保姆的费用及增加支出的医药费

---

① (2018)吉 24 民初 128 号民事判决

等生活费用,本院认为三子女每人每月增加支付1400元的赡养费合乎常理,亦符合法律规定。

【分析评论】

1.《法律适用法》第29条范围中"扶养"之概念应当作广义之理解,包括夫妻之间的扶养、父母对未成年子女之间的抚养以及成年子女对年老父母之间的赡养。因此,本案属于涉外赡养费之争议,属于《法律适用法》第29条的范围。

2.《法律适用法》第29条系属"适用一方当事人经常居所地法律、国籍国法律或者主要财产所在地法律中有利于保护被扶养人权益的法律",在实践中存在一定的比较难题。本案法院采取"因原告崔某某长期在中华人民共和国居住,且三被告均系中华人民共和国公民"之理由而适用中国法,其基本机理为最密切联系原则。采取这一原则具有一定的合理性和司法便利性,但未对实体法进行比较的方式与"有利于"规则有所不符,应当引发思考。

延伸阅读

1. 袁发强:《人权保护与现代家庭关系中的国际私法》,北京大学出版社2010年版。

2. 汪金兰:《儿童权利保护的国际私法公约及其实施机制研究》,法律出版社2014年版。

3. 蒋新苗:《国际收养法律制度研究》,法律出版社1999年版。

4. 郭玉军:《涉外民事关系法律适用法中的婚姻家庭法律选择规则》,载《政法论坛(中国政法大学学报)》2011年第3期。

5. 张春良:《论涉域外夫妻不动产关系的法律适用——兼论复合性涉域外民事关系的法律适用方法论》,载《江汉论坛》2019年第7期。

6. 叶竹盛:《寻找"更有利的法":比较型冲突规范的司法困境及出路》,载《现代法学》2017年第5期。

7. 阅读与本章相关的、至今仍为有效的重要国际公约:1956年《抚养儿童义务法律适用公约》、1958年《儿童抚养义务判决的承认和执行公约》、1961年《未成年人保护的管辖权和法律适用公约》、1970年《承认离婚和分居公约》、1973年《扶养义务法律适用公约》和《扶养义务判决的承认和执行公约》、1978年《婚姻财产制度法律适用公约》和《结婚仪式和承认婚姻效力的公约》、1993年《跨国收养方面保护儿童及合作公约》、1996年《关于父母责任和保护儿童措施的管辖权、法律适用、承认、执行和合作公约》、2007年《扶养义务法律适用议定书》等。上述公约英文(或法文)原本、中文译本,参见中华人民共和国外交部条约法律司编:《海牙国际私法会议公约集》,法律出版社2012年版。

8. 阅读2010年以来,欧盟理事会通过的、与本章相关的两个条例:一是

2010年《关于在离婚与司法别居的法律适用领域实施强化合作的第1259/2010号条例》,可参见刘元元中文译文,载黄进、肖永平、刘仁山主编:《中国国际私法与比较法年刊》(2011·第十四卷),北京大学出版社2012年版,第471—482页;二是2016年《关于婚姻财产制事项的管辖权、法律适用以及判决的承认与执行的第2016/1103号条例》,可参见汪金兰中文译文,载黄进、肖永平、刘仁山主编:《中国国际私法与比较法年刊》(2016·第十九卷),法律出版社2017年版,第381—395页。

 思考题

1. 涉外结婚与离婚均为身份性的法律行为,在选择准据法时应当如何平衡属人法与行为地法两个系属公式?

2. 夫妻人身关系与财产关系的法律适用规则有何本质区别?其原因何在?

3.《法律适用法》第28条分别运用了三类冲突规范规制涉外收养行为,其分别反映出何种立法倾向?

4.《法律适用法》中哪几个条文出现了"有利于"的措辞?该种冲突规范的编排方式体现出何种立法精神与价值?此种规范在司法实践中应当如何践行?

第十一章　涉外继承关系的法律适用

本章提要

本章主要从涉外法定继承、涉外遗嘱继承和涉外无人继承财产等三个方面对涉外继承关系的法律适用问题进行讨论。

关于涉外继承的法律适用，主要存在两种制度：区别制和同一制。区别制将死者的遗产区分为动产和不动产，分别适用不同的准据法，即动产适用被继承人的属人法，不动产适用物之所在地法；同一制则对死者的遗产统一适用被继承人的属人法。涉外法定继承与涉外遗嘱继承相比，前者的法律适用问题较为简单，后者的法律适用问题则较为复杂。对无人继承财产的处理，现存在两种不同的理论根据：一种主张继承权，认为国家是以特殊继承人的资格取得无人继承财产；另一种则主张先占权，认为国家是以先占权而取得无人继承财产。

主要教学内容

1. 区别制和同一制的内涵和理论基础。
2. 处理无人继承财产的两种理论。

教学目标

1. 了解涉外继承关系中法律冲突的主要表现。
2. 掌握我国对涉外继承的法律适用规则，并能在案例中予以分析运用。

所谓继承，系指死者生前所留的财产包括有关权利和义务转移给他人承受。死者称为被继承人，承受死者生前所留财产的人称为继承人，死者所遗留的财产称为遗产。继承关系受到法律的系统规范。继承法一般将继承分为法定继承和遗嘱继承，并对继承人的范围和资格、顺序、遗产的分割、应继份额、继承权的行使、放弃和丧失、遗嘱的方式、内容、变更和撤销、遗赠以及无人继承财产等有关继承问题均有规定。如果一个继承关系不涉及任何外国因素，毫无异议，其将受内国继承法的调整。但是，在当今人员高度流动的世界，一个继承关系很容易具有涉外因素，比如继承人为外国人，或者被继承人为外国人，或者继承人有遗产在外国，从而成为涉外继承关系，而对涉外继承关系的调整将面临如何确定适用法律的问题。

继承制度涉及个人、家庭和社会价值观念,一个国家如何以法律调整继承关系受其政治、经济、历史、宗教、伦理等影响,因此不同国家的继承法不可避免地存在差异。其实,即使在同一个国家,如果其中存在不同的法域,各法域的继承法也会不同,而且国际上至今还没有关于继承问题的统一实体法。

我国现行继承法律制度与许多国家一样,将继承分为遗嘱继承和法定继承。被继承人生前可立遗嘱对其遗产作出处分,在其死亡后由其指定的继承人按其遗嘱继承其遗产。被继承人生前未立遗嘱的或其所立遗嘱未处分的财产,则按法律规定的继承人范围、继承人顺序和遗产分配份额进行继承。但是,比较我国的继承法律制度与其他一些国家的继承法律制度,可以看到彼此之间仍存在许多不同。因此,如果一个继承关系既与我国有联系又与其他国家有联系时,则对该涉外继承关系的调整将面临适用中国继承法还是其他有关国家继承法的问题,进而对当事人的权利和义务产生重大影响。

本章将从涉外法定继承、涉外遗嘱继承和涉外无人继承财产等三个方面对涉外继承关系的法律适用问题进行讨论。

第一节 涉外法定继承的法律适用

一、法定继承的法律冲突

法定继承指被继承人生前未立遗嘱或其所立遗嘱无效或其所立遗嘱未处分其所有财产时,对其有关遗产按照法律规定的继承人范围、继承人顺序和遗产分配份额而进行的继承。法定继承也称无遗嘱继承。如何规定继承人范围、继承人顺序和遗产分配份额,是法定继承的重要问题。

在法定继承中,如果被继承人或继承人是外国人,或者作为继承客体的遗产位于国外,或者引起继承发生的被继承人死亡这一事实发生在国外,该法定继承即属于涉外法定继承。由于各国在关于继承人的范围、继承人的顺序和遗产分配原则等方面的立法存在着较大的区别,因此涉外法定继承的法律冲突是大量存在的。

二、法律适用问题

(一)关于涉外法定继承法律适用原则的两种主要制度

继承关系既涉及财产关系,又涉及身份关系,因此,在解决涉外法定继承所存在的法律冲突时,用以确定法律适用的原则或注重于与身份有密切联系的因素,如国籍、住所,或注重于与财产有密切联系的因素,如物之所在地,并由此产生了关于涉外继承法律适用的两种主要制度:同一制(unitary system)和区别制

(scission system)。

1. 同一制

同一制也称单一制,是指在涉外继承中,不将遗产区分为动产和不动产,而是作为一个整体依据同一个法律适用规则确定准据法,即继承适用被继承人的属人法。同一制强调继承的身份关系,基于罗马法中关于继承是死者人格承续的理论,继承是以被继承人和继承人之间的亲属关系为前提将死者的全部财产和债务总括地转移给继承人,因此死者的全部遗产均应适用被继承人的属人法。被继承人的属人法指被继承人的本国法或住所地法。在采用同一制的国家中以被继承人本国法为法律适用原则的占大多数,其中有意大利、奥地利、西班牙、希腊、瑞典、波兰、日本、埃及等国;以被继承人住所地法为法律适用原则的国家中,有瑞士、阿根廷、秘鲁、巴拉圭等国。

2. 区别制

区别制也称分割制,是指在涉外继承中,将遗产区分为动产和不动产,分别适用不同的法律适用规则确定准据法,即动产适用被继承人属人法,不动产适用物之所在地法。区别制强调不动产继承的财产关系,因此对不动产适用物之所在地法;对动产继承则认可其身份关系的性质,适用被继承人的属人法。它的渊源可上溯至法则区别说。关于被继承人的属人法,在采用区别制的大多数国家指被继承人的住所地法,如普通法系国家、法国、泰国等,但也有国家指继承人的本国法,比如土耳其。

3. 同一制和区别制的比较

与区别制相比,同一制对死者的财产,无论其位于几个国家,也无论其是动产还是不动产,均适用同一种法律,要么是死者的本国法,要么是死者的住所地法,因此法律适用相对简单。但是,在死者属人法与不动产所在地法不同时,同一制会遇到难以解决的问题。比如,当死者为法院地国的国民而其拥有的不动产位于某外国时,如果两个国家的继承法具有很大差别,则法院根据属人法作出的判决在不动产所在地国将难以得到承认与执行。

与同一制相比,区别制对死者的不动产适用物之所在地法,因此能有效地处理不动产继承的问题。但是,当死者的财产由动产和不动产组成并且位于几个国家时,采用区别制将使法律适用问题变得复杂并且可能导致不合理的结果。因此,在传统上采用区别制的普通法系国家中,不断有学者和法官对区别制提出批评。

比如,在 Re Collens(deceased)一案中,死者的大部分遗产位于特立尼达和多巴哥以及巴巴多斯,位于英国的一小部分遗产中包含不动产。死者的住所在特立尼达和多巴哥。死者的妻子从位于特立尼达和多巴哥的遗产中获得了 100 万美元后,又在英国法院提起诉讼要求从位于英国的不动产中获得英国法所规定的法定份额。如果在本案中对死者的整个遗产均适用死者的住所地法,则死者妻子依据死者住所地法对整个遗产的权利要求因其获得100万美元而已全部得到满足。由于英国采用区别制,法官判决,虽然死者的遗产指其在全世界的财产,但是英国的有关继承法仅调整位于英国的不动产继承,而不能在由死者住所地法所调整的继承所涉及的遗产上产生权利。因此,尽管死者的妻子已从位于特立尼达和多巴哥的遗产中获得了100万美元,但其依据英国法在位于英国的不动产上的权利要求并未就此得到满足,其仍有权再从位于英国的不动产中获得英国法所规定的法定份额。不过,法官又对上述判决表示遗憾,认为死者的妻子因遗产分布在几个国家而获得过度的利益是不公平的,并对区别制进行了批评,认为英国著名学者莫里斯关于要求对位于英国的不动产适用物之所在地法而不是住所地法的原则缺乏合理性的批评是很有道理的。① 在上述判例发生之前,莫里斯就曾举例揭示过在处理关于法定份额的继承问题时,采用区别制对不动产继承适用物之所在地法可能产生的异常情况。假设住所在北爱尔兰的死者在北爱尔兰留有价值8.5万英镑的动产并在英格兰留有价值8.5万英镑的土地,死者有妻子但无子女,而北爱尔兰和英格兰的法律均规定,死者无子女时,其生存配偶有权在其遗产中获得8.5万英镑的法定份额,那么根据区别制,这就可能意味着死者的妻子一方面可以依据北爱尔兰法在死者的动产中获得8.5万英镑的法定份额,另一方面又可以依据英格兰法在死者的不动产中获得8.5万英镑的法定份额,即死者的妻子将独享死者的全部遗产,而其他法定继承人将一无所获。

(二) 继承准据法的适用范围

在普通法系国家,死者的遗产并不直接转移给继承人或受遗赠者,而是首先由遗产代理人(即遗嘱指定的遗嘱执行人,或在无遗嘱或遗嘱未指定遗嘱执行人时,由法院任命的遗产管理人)管理。遗嘱执行人的权限虽来源于遗嘱,但必须获得遗嘱检验认证才能全权管理遗产,而由法院任命的遗产管理人则必须得到法院授予的遗产管理证书才有权管理遗产。遗嘱执行人或遗产管理人的职责是,取得对死者遗产的控制,清偿死者的债务和支付遗产税,然后根据遗嘱或法定继承的规定向受益人(即继承人或受遗赠者)分配死者的净剩遗产。体现在冲突法上,取得对死者遗产的控制以及清偿死者的债务和支付遗产税被视为遗产管理,由授予遗产代理权(即授予遗嘱执行人或遗产管理人对遗产的管理权限)的国家的法律调整;只有根据遗嘱或法定继承的规定向受益人分配死者的净剩遗产才被视为继承问题,受继承准据法的调整。②

---

① See Re Collens(deceased) Royal Bank of Canada(London) Ltd v Krogh and others[1986] 1 Ch 505.

② See Queensland Law Reform Commission, Uniform Succession Laws: Recognition of Interstate and Foreign Grants of Probate and Letters of Administration, Discussion Paper, WP No. 55, December 2001.

在大陆法系国家,死者的遗产直接转移给继承人或受遗赠者,一般情况下没有必要指定遗产管理人。除纯属程序性的问题外,遗产的管理和分配均被视为继承问题,受继承准据法的调整。

一般而言,继承中的下列事项在普通法系国家和大陆法系国家都被视为继承问题,受继承准据法的调整:继承的开始、继承人范围、继承人顺序、遗产分配份额、继承的承认与放弃以及继承权的取消和丧失等。

三、我国关于涉外法定继承的法律适用

我国关于涉外法定继承的法律适用原则采用的是区别制:动产的法定继承,适用被继承人死亡时经常居所地法律;不动产的法定继承,适用不动产所在地法律。

1985年《继承法》颁布时,其第36条规定:中国公民继承在中华人民共和国境外的遗产或者继承在中国境内的外国人的遗产,以及外国人继承在中国境内的遗产或者继承中国公民在中华人民共和国境外的遗产,动产适用被继承人住所地法律,不动产适用不动产所在地法律。根据1985年发布的《最高人民法院关于贯彻执行〈中华人民共和国继承法〉若干问题的意见》第63条的规定,被继承人住所地法指的是被继承人生前最后住所地国家的法律。《继承法》第36条虽并未明确提到法定继承,但涉外继承应包括法定继承和遗嘱继承。1986年《民法通则》颁布时,其第149条对法定继承的法律适用予以明确规定:遗产的法定继承,动产适用被继承人死亡时的住所地法律,不动产适用不动产所在地法。2010年颁布的《法律适用法》对涉外法定继承的法律适用原则继续采用区别制,其第31条规定:"法定继承,适用被继承人死亡时经常居所地法律,但不动产法定继承,适用不动产所在地法律。"这个规定与《民法通则》第149条的规定略有不同,其将动产法定继承法律适用的连结点由住所变为经常居所。但是,根据《民法通则》第15条,公民以他的户籍所在地的居住地为住所,经常居住地与住所不一致的,经常居住地视为住所。因此,如果经常居所地与经常居住地的含义相同,则动产法定继承法律适用的连结点由住所变为经常居所并不会造成法律适用上的本质区别。依照《法律适用法》第31条确定的法定继承准据法的适用范围并不包括遗产管理事项。根据《法律适用法》第32条的规定,遗产管理等事项,适用遗产所在地法律。于2020年1月1日施行的《民法典》"继承编",自体系考虑,删除了《继承法》第36条内容。

第二节 涉外遗嘱继承的法律适用

一、遗嘱继承的法律冲突

遗嘱继承指被继承人生前订立遗嘱处分其财产（全部或部分财产），由其指定的继承人按其遗嘱继承其遗产。① 遗嘱继承以存在有效遗嘱为前提。一个有效遗嘱的设立须符合实质要件和形式要件，与此有关的问题有遗嘱能力、遗嘱形式和遗嘱的实质有效性等。此外，遗嘱设立后可以被撤销，这又涉及遗嘱的变更及撤销问题。

（一）遗嘱能力

遗嘱要有效成立，立遗嘱人必须具有立遗嘱的行为能力。我国《民法典》第1143条规定，无行为能力人或者限制行为能力人所立的遗嘱无效。根据《民法典》第17—21条的有关规定，18周岁以上的自然人是成年人，具有完全民事行为能力；16周岁以上不满18周岁的自然人，以自己的劳动收入为主要生活来源的，视为完全民事行为能力人；8周岁以上的未成年人是限制民事行为能力人，不能完全辨认自己行为的精神病人也是限制民事行为能力人；不满8周岁的未成年人是无民事行为能力人，不能辨认自己行为的精神病人也是无民事行为能力人。其他国家的法律均有立遗嘱人必须具有遗嘱能力的规定，但是在何种情况下立遗嘱人具有遗嘱能力，与我国的规定有所不同。在一些国家，成年的年龄要高于18岁，须满20岁或以上。而在部分国家，年满14岁或15岁的未成年人，尽管不具有完全民事行为能力，却具有遗嘱能力。

（二）遗嘱形式

遗嘱的设立须采用一定的形式，以表明立遗嘱人的意愿。根据我国《民法典》第1134条至第1139条的规定，遗嘱的形式有六种：由遗嘱人亲笔书写并签名的自书遗嘱，由两个以上见证人在场见证并由其中一人代书并由代书人、其他见证人和遗嘱人签名的代书遗嘱，由两个以上见证人在场见证的打印遗嘱，由两个以上见证人在场见证的录音录像遗嘱，遗嘱人在危急情况下经两个以上见证人在场见证所立的口头遗嘱，以及由遗嘱人经公证机关办理的公证遗嘱。其他国家关于遗嘱形式的规定与我国不尽相同。我国法律规定的录音录像遗嘱和口头遗嘱均为非书面形式，而根据有些国家的法律，如1965年《爱尔兰继承法》第78条，遗嘱必须是书面的。1990年《美国统一遗嘱验证法典》也无口头遗嘱的规

---

① 根据我国《民法典》第1133条，自然人可以立遗嘱将个人财产指定由法定继承人继承，以及可以立遗嘱将个人财产赠与国家、集体或者法定继承人以外的人。前者称为遗嘱继承，后者称为遗赠。

定。我国法律规定的自书遗嘱无须见证人在场见证,而有的国家的法律,如1965年《爱尔兰继承法》第78条规定,自书遗嘱仍须两个以上见证人在场见证并签名。

（三）实质有效性

遗嘱除在形式上须有效外,在实质上也须有效。立遗嘱人通过遗嘱处分其财产时并非绝对自由,须受有关法律规定的限制,遗嘱的内容必须合法。根据我国《民法典》第1141条的规定,遗嘱人须为缺乏劳动能力又没有生活来源的继承人保留必要的遗产份额。其他国家一般也为了在经济上保护死者的家人而对遗嘱人以遗嘱处分其财产的权利予以必要的限制。不同的是,我国《民法典》对何谓必要的遗产保留份额未作具体规定。而其他国家往往对遗产保留份额作出详尽的具体规定。例如,1965年《爱尔兰继承法》第111条规定,无子女时,生存配偶有权得到遗嘱人遗产的一半;有子女时,生存配偶有权得到遗嘱人遗产的三分之一。而根据1965年《爱尔兰继承法》第117条,子女也可以死者未适当地尽其抚养子女的道德义务为由而向法院提出申请,要求获得部分遗产。根据1990年《美国统一遗嘱验证法典》第2-202条规定,生存配偶可按婚姻存续期间的时长得到死者的遗产,其保留份额从一年婚姻后的死者遗产的30%直至婚姻15年时死者遗产的50%。[①]

（四）遗嘱的撤回、撤销和变更

遗嘱设立后,立遗嘱人可以对所立遗嘱进行修改或将所立遗嘱取消,即遗嘱可以变更和撤销。我国《民法典》第1142条规定,遗嘱人可以撤回、变更自己所立的遗嘱。立遗嘱后,遗嘱人实施与遗嘱内容相反的民事法律行为的,视为对遗嘱相关内容的撤回。立有数份遗嘱,内容相抵触的,以最后的遗嘱为准。其他国家的法律也允许遗嘱人变更和撤销遗嘱,但其规定的方式与我国有所不同。例如根据普通法系国家的法律,遗嘱通常可经三种方式被部分或全部撤销:其一,遗嘱人或其他人根据遗嘱人的指示在遗嘱人面前撕毁、焚毁或毁坏已设立的遗嘱。其二,遗嘱人以后设立的遗嘱部分或全部撤销原先设立的遗嘱。其三,遗嘱因情势变迁而被部分或全部撤销,如遗嘱人在设立遗嘱后离婚或结婚或有子女出生。[②]

由于我国继承法与其他国家继承法关于遗嘱继承的规定有所不同,对于一个与中国和某外国均有联系的涉外遗嘱继承案件而言,适用中国继承法与适用外国继承法将对当事人的权利和义务产生不同的影响。

[①] 婚姻存续的前10年,每年递增3%,随后的5年,每年递增4%。
[②] 例如,1990年《美国统一遗嘱验证法典》第2-507条和第2-508条;1965年《爱尔兰继承法》第85(1)条和第85(2)条。

例如,假设有一美国人某甲被其公司派往中国工作。在中国工作期间某甲与中国人某乙结婚。双方之间订有婚前财产协议,协议规定双方各自的婚前财产与婚姻存续期间各自获得的财产和收入归各自所有。随后某甲在中国购买住房一套与某乙居住。几年后,某乙随某甲去美国爱达荷州居住直至某甲病故。根据某甲的遗嘱,留给某乙1万美元现金,仅为某甲遗产中的很小一部分。如果某乙来到中国向中国法院提起诉讼,要求继承某甲在中国的房产的一部分,则由于某甲留有遗嘱,根据我国《民法典》的有关规定,只有当某乙缺乏劳动能力又没有生活来源时,其诉讼请求才可获得法院的支持。但是,根据美国爱达荷州的法律,某乙可按婚姻存续期间的长短得到死者遗产中的保留份额,最高可达死者遗产的50%。因此,即使某乙具有劳动能力及生活来源,其诉讼请求仍可获得法院的支持。

二、涉外遗嘱继承的法律适用

如前所述,遗嘱继承以存在有效遗嘱为前提。一个有效遗嘱的设立须符合实质要件和形式要件,而且遗嘱设立后还可以被撤销。因此,在解决涉外遗嘱继承所存在的法律冲突时,对遗嘱继承所涉及的各有关问题,如遗嘱能力、遗嘱形式、遗嘱的实质有效性和遗嘱的变更及撤销等,一般分别考虑法律适用原则。此外,对涉外遗嘱继承采区别制的国家,如普通法系国家,对上述各有关问题还根据动产继承和不动产继承分别确定法律适用原则。

(一)关于遗嘱能力的法律适用原则

在对涉外遗嘱继承采区别制的国家,对于遗嘱能力的法律适用问题,就动产而言,其确立的原则为:动产的遗嘱能力由立遗嘱人的住所地法确定。就不动产而言,遗嘱能力由物之所在地法调整。比如,在普通法系国家中,英国虽然没有关于不动产遗嘱能力的权威判例,但英国学者莫里斯认为,或许应该适用物之所在地法。而英国学者戚希尔则肯定地认为,关于不动产遗嘱,普通法的原则是物之所在地法决定立遗嘱人是否具有遗嘱能力。加拿大的法院则在其判例中援引并确认了上述英国学者的主张,对不动产的遗嘱能力适用物之所在地法。在美国,许多州的法院在确定关于不动产的遗嘱能力时,均采用物之所在地法。

在对涉外遗嘱继承采同一制的国家,对于遗嘱能力的法律适用问题,采用立遗嘱人的属人法来加以解决。其中,一些国家采用被继承人的本国法,如意大利、日本、奥地利、韩国等;有的则采用被继承人的住所地法,如阿根廷。而1987年《瑞士联邦国际私法》第97条在采用立遗嘱人的属人法确定遗嘱能力时,既可根据立遗嘱人的住所地法,又可根据立遗嘱人的惯常居所地法,还可根据立遗嘱人的本国法,体现了尽可能使遗嘱有效的立法精神。

(二) 关于遗嘱方式的法律适用原则

在对涉外遗嘱继承采区别制的国家,关于遗嘱方式的法律适用问题,就动产而言,遗嘱方式一般适用立遗嘱人的住所地法,有的还可适用立遗嘱地法;就不动产而言,遗嘱方式则适用物之所在地法。在对涉外遗嘱继承采同一制的国家,对于遗嘱方式的法律适用问题,一般采用属人法或兼采行为地法来予以解决。值得注意的是,目前许多国家在确定有关遗嘱方式的法律适用原则时深受1961年海牙国际私法会议制定的《遗嘱处分方式法律冲突公约》的影响,对遗嘱方式采用宽松灵活的法律适用原则。

(三) 关于遗嘱的实质有效性的法律适用原则

在对涉外遗嘱继承采区别制的国家,对于遗嘱的实质有效性的法律适用问题,就动产而言,适用立遗嘱人死亡时的住所地法,就不动产而言,适用物之所在地法。比如,在英国、爱尔兰、美国等普通法系国家的判例中均确立了这样的原则。在对涉外遗嘱继承采同一制的国家,对于遗嘱的实质有效性的法律适用问题,采用立遗嘱人的属人法来加以解决。

(四) 关于遗嘱撤销的法律适用原则

对于遗嘱撤销的准据法,许多国家的立法作了明确规定。例如,1898年《日本法例》第27条第2款规定,遗嘱的取消依取消时遗嘱人的本国法。1986年修订的《德国民法施行法》第26条第5款规定,遗嘱撤销依支配继承关系的法律,该法通常情况下为死者死亡时的本国法。

在英国法中,遗嘱撤销的准据法分为三种情况:(1) 对于新遗嘱是否全部或部分废除旧遗嘱的问题,特别是涉及后一遗嘱的遗嘱人立遗嘱能力与遗嘱方式问题,取决于后一遗嘱是否有效成立。1963年《英国遗嘱法》第2条第1款规定,撤销某一遗嘱或某一遗嘱条文的遗嘱,如果其作成符合前一遗嘱或前一条文被撤销所应遵守的法律,得视为恰当作成。(2) 对于其他撤销遗嘱的方式,如销毁焚毁等,不动产遗嘱撤销的准据法为不动产所在地法,动产遗嘱撤销的准据法为遗嘱人的住所地法。如果遗嘱人住所地在撤销遗嘱时和死亡时不同时,一般认为应该依撤销时的住所地法。(3) 因事后结婚而使遗嘱被撤销。按英国法的规定,结婚会导致以前的遗嘱被撤销,而其他许多国家并无此种制度。如果发生法律冲突,该事项则适用遗嘱人婚姻住所地法。当然,如果婚姻无效,则并不发生遗嘱被撤销的后果。

三、我国关于涉外遗嘱继承的法律适用

我国目前关于涉外遗嘱继承的法律适用原则采用同一制。2010年颁布的《法律适用法》的第32条和第33条分别就遗嘱有效性所涉及的形式要件和实质要件两大问题规定了不分动产继承和不动产继承的法律适用原则。这两条规定

改变了原先《继承法》第36条关于涉外继承的法律适用原则采用区别制的规定。《法律适用法》第32条规定,遗嘱方式,符合遗嘱人立遗嘱时或者死亡时经常居所地法律、国籍国法律或者遗嘱行为地法律的,遗嘱均为成立。根据上述法律适用原则,遗嘱方式可依照立遗嘱地法、遗嘱人立遗嘱时的经常居所地法、遗嘱人立遗嘱时的国籍国法、遗嘱人死亡时的经常居所地法或遗嘱人死亡时的国籍国法,按照尽可能使遗嘱在方式上有效的原则确定准据法。遗嘱方式只要依据上述任何一个连接点所在国家的法律有效,遗嘱方式即为有效。这反映了以海牙《遗嘱处分方式法律冲突公约》为代表的对遗嘱方式采用宽松灵活和"与其使其无效不如使其有效"的法律适用原则的国际立法趋势,与目前被普遍认同的尽量使法律行为在形式上有效的理念相符合。

《法律适用法》第33条规定,遗嘱效力,适用遗嘱人立遗嘱时或者死亡时经常居所地法律或者国籍国法律。据此,在确定遗嘱效力的准据法时,有遗嘱人立遗嘱时的经常居所地、遗嘱人立遗嘱时的国籍国、遗嘱人死亡时的经常居所地和遗嘱人死亡时的国籍国等四个连结点可作为依据,并且可任意选用这四个连结点中的任何一个作为依据。需要指出的是,遗嘱效力涉及遗嘱自由及其限制等事项,而在遗嘱继承上对遗嘱自由予以适当限制,在既尊重遗嘱人意愿又保护家庭成员的正当权益之间寻求合理平衡的理念已被普遍接受。

《法律适用法》未就遗嘱能力规定特别的法律适用原则,这与我国法律并不认为遗嘱能力不同于行为能力的立法与实践相对应。因此,确定遗嘱人是否具有立遗嘱的行为能力,应依照《法律适用法》第12条关于自然人民事行为能力适用其经常居所地法律的规定确定准据法。

第三节 遗产管理和无人继承财产的法律适用

一、无人继承财产的法律冲突

无人继承财产指被继承人遗留的无人接受继承及无人接受遗赠的财产。通常而言,在被继承人未立遗嘱指定继承人而又无法定继承人时,会发生财产无人继承的情况。当被继承人的所有受遗赠者拒绝接受遗赠并且所有法定继承人放弃或丧失继承权时,也会发生财产无人继承的情况。对无人继承财产如何处理涉及谁将有权获得该财产的问题。关于无人继承财产的处理,我国《民法典》第1160条规定,无人继承又无人受遗赠的遗产,归国家所有,用于公益事业;死者生前是集体所有制组织成员的,归所在集体所有制组织所有。也就是说,国家有权获得无人继承的财产。

其他国家对无人继承财产的处理通常与我国一样,国家或其他公共机关有权获得无人继承的财产。但是,对于国家为何有权获得被继承人的财产则基于两种不同的理论。一种理论是国家为最终继承人(ultimate heir)。比如《爱尔兰继承法》第73(1)条规定,在无任何人接受法定继承的遗产时,国家应作为最终法定继承人接受遗产。以国家为最终继承人作为理由的国家还有德国、意大利、瑞士等大陆法系国家。另一种理论是国家对位于其领域内无主财产有先占权(ius regale over bona vacantia)。比如1925年《英国遗产管理法》第46(1)(vi)条规定,在无任何人接受遗产时,法定继承的遗产作为无主财产归属于国家。以国家对位于其领域内无主财产有先占权作为理由的国家有英国、奥地利、土耳其等。

二、涉外无人继承财产的法律适用

(一)各国制定涉外无人继承财产的法律适用规则时考虑的因素

由于对无人继承财产归属于国家有两种不同的理论,当被继承人属于一个国家而其无人继承的遗产处于另一个国家时,被继承人所属国与财产所在地国就可能根据各自的法律同时要求获得该财产。因此,为了不使本国的利益受到损害,一个国家在制定涉外无人继承财产归属的法律适用原则时有两个因素值得考虑。

其一,涉外无人继承财产的归属到底是继承问题还是无主财产的归属问题。根据国家作为最终继承人的理论,无人继承财产实质上并非无人继承,而是由国家最终继承。因此,无人继承财产的归属仍是继承问题。而根据国家对无主财产具有先占权的理论,无人继承财产的归属则是无主财产的归属问题。对于继承问题,在同一制国家,其法律适用原则一般为被继承人的属人法。在区别制国家,动产的适用原则也为被继承人的属人法。对财产所在地国而言,适用被继承人的属人法通常意味着适用外国法,从而可能导致无人继承财产归属外国国家。而对于无主财产的归属问题,若作为物权问题,其法律适用原则为物之所在地法。若作为国家行使主权的问题,则涉及财产所在地国的公共秩序和外国公法的问题。对财产所在地国而言,不论是适用物之所在地法,还是适用外国法不得违反本国公共秩序或外国公法不具有域外效力的原则,都意味着适用财产所在地国的法律。

其二,互惠的问题。如果一国承认外国法律的效力,让外国获得位于其领域内的该外国国民遗留的无人继承财产,则当该国的国民在该外国遗有无人继承财产时,该外国是否会承认该国法律的效力,让该国获得位于该外国领域内的无人继承财产。

(二)关于涉外无人继承财产归属的几种不同的法律适用原则

1. 对涉外无人继承财产的归属采用涉外法定继承的属人法原则而不另作专门规定

目前主张国家为最终继承人的国家一般对涉外无人继承财产的归属采用涉

外法定继承的法律适用原则,即被继承人死亡时的属人法,而不另作专门规定,比如德国、瑞士等。对于这些国家而言,涉外无人继承财产归属的问题仍为继承问题,而且在实践中,根据被继承人死亡时的属人法调整涉外无人继承财产的归属问题从整体上看也不会使其本国的利益受到损害。例如,如果一个德国人死亡后在一个主张先占权的国家,比如英国,留下的无人继承财产被英国法院依据先占权收归英国所有,则当一个英国人死亡后在德国留下无人继承财产时,德国法院将适用被继承人死亡时的本国法即英国法,同样可依先占权将英国人留下的财产收归德国所有,因此双方是对等的。再如,如果一个德国人死亡后在一个主张国家为最终继承权的国家,比如意大利,留下无人继承财产,意大利法院将依被继承人死亡时的本国法,即德国法,判决由德国作为最终继承人获得该财产。同样,当一个意大利人死亡后在德国留下无人继承财产时,德国法院也将依被继承人死亡时的本国法,即意大利法,判决由意大利作为最终继承人获得该财产,双方也是对等的。

但是,在主张国家为最终继承人的国家中,有的也开始对涉外无人继承财产的归属制定专门规定。比如,1995年《意大利国际私法制度改革法》第49条规定,在无继承人时,如果继承准据法不以国家为继承人,位于意大利的遗产应归意大利国家所有。

2. 对涉外无人继承财产归属的问题作出与涉外法定继承的法律适用原则不同的专门规定

对于主张国家对无主财产具有先占权的国家而言,则有必要对涉外无人继承财产归属的法律适用问题作专门规定。如果根据法定继承适用被继承人死亡时的属人法的原则调整涉外无人继承财产的归属问题,则可能在整体上对其本国不利。例如,当一个德国人死亡后在奥地利留下无人继承财产时,如果奥地利法院根据法定继承的法律适用原则适用被继承人死亡时的本国法即德国法,那么德国国家将作为最终继承人获得该财产。但是,当一个奥地利人死亡后在德国留下无人继承财产时,德国法院依被继承人死亡时的本国法即奥地利法,却可能判决德国国家依先占权获得该财产。如果这样,双方显然不对等。因此,奥地利、土耳其、美国等对涉外无人继承财产归属的法律适用问题作出与涉外法定继承的法律适用原则不同的专门规定,以保证位于其境内的无人继承财产依先占权归属于其本国。

三、我国关于涉外无人继承财产归属的法律适用原则

我国《民法典》关于无人继承财产归属于国家或集体所有制组织的规定未主

张国家或集体所有制组织作为最终继承人。① 因此，对于涉外无人继承财产的归属问题，除存在互惠之外，使位于我国的无人继承财产均归属于我国或集体所有制组织，将使国家和集体的利益不会受到损害。

在《法律适用法》颁布之前，我国的《继承法》和《民法通则》第八章对涉外无人继承财产归属的法律适用问题未作专门规定。但是，《民通意见》第191条中对此作了规定：在我国境内死亡的外国人，遗留在我国境内的财产如果无人继承又无人受遗赠的，依照我国法律处理，两国缔结或者参加的国际条约另有规定的除外。根据这条规定，当外国人在我国境内死亡时，不论其住所在中国还是在外国，其遗留在我国境内的无人继承财产，不论是动产还是不动产，均一律适用财产所在地的我国法律，由我国收归国有。只有根据我国与有关国家之间的国际条约，在我国境内的涉外无人继承财产才可能归属于有关外国。1959年中国和苏联订立的《领事条约》第20条曾规定："缔约任何一方公民死亡后，遗留在缔约另一方领土上的财产，……动产中的绝产，可以移交给死者所属国的领事处理。"但是，《民通意见》第191条存在着不足之处，即没有说明当外国人在我国境外死亡时，其遗留在我国境内的无人继承财产应如何适用法律。此外，我国外交部和最高人民法院于1954年颁布的《外人在华遗产继承问题处理原则》第6条和第7条规定，外国人遗留在我国境内的无人继承财产由我国收归国有。对于无人继承财产中的动产，如果被继承人所属国与我国建有外交关系，则可在互惠原则下交被继承人所属国驻我国使领馆接受。根据这一规定，在我国境内的涉外无人继承财产均将归属于我国，只有存在互惠时，才可能归属于被继承人所属的外国。

现在，《法律适用法》第35条对涉外无人继承财产归属的法律适用问题作了专门规定：无人继承遗产的归属，适用被继承人死亡时遗产所在地法律。根据这条规定，在我国境内的无人继承财产，不论是动产还是不动产，均一律适用财产所在地的我国法律，归国家或集体所有制组织所有。

[案例讨论与分析]

案例　甲某遗产法定继承纠纷案

【案情简介】

甲某系美籍华人，其于1996年取得美国国籍并在美国加利福尼亚州洛杉矶有住所。2013年9月，甲某在回中国内地探亲时突发脑溢血，经抢救无效病亡于上海，生前未留有遗嘱。甲某在洛杉矶有一处住房、三家商场、二辆汽车和若干

---

① 《民法典》第1160条规定："无人继承又无人受遗赠的遗产，归国家所有，用于公益事业；死者生前是集体所有制组织成员的，归所在集体所有制组织所有。"

存款及珠宝,在上海有一栋别墅和500万元人民币存款。甲某在洛杉矶没有近亲属,离异无子女,在上海的近亲属向上海某区人民法院提出遗产继承的诉讼。

【法律问题】

我国法院对本案的主要问题,应当如何适用法律?

【分析评论】

我国法院将根据遗产的性质决定法律适用,对于不动产适用不动产所在地法律,动产适用被继承人死亡时经常居所地法。在本案中,对甲某在上海的别墅适用我国法律,对甲某在洛杉矶的住房和商场适用美国加利福尼亚州的法律;对甲某在上海的500万元人民币存款以及在洛杉矶的汽车、存款和珠宝,适用甲某死亡时经常居所地法,即美国加利福尼亚州法律。

需要注意的问题是:

1. 不能认为甲某死亡时的经常居所地在中国内地。甲某的住所在美国加利福尼亚州洛杉矶,不能因为甲某最后在上海病故就认为其住所已经改变为中国内地。正确理解"被继承人死亡时的经常居所地"是解决本案的前提。关于经常居所地的判定,应以《法律适用法司法解释(一)》第15条为判断依据,即"自然人在涉外民事关系产生或者变更、终止时已经连续居住一年以上且作为其生活中心的地方,人民法院可以认定为涉外民事关系法律适用法规定的自然人的经常居所地,但就医、劳务派遣、公务等情形除外"。

2. 需对甲某的遗产进行划分,将动产与不动产区别开来。不论动产位于何处,都应当统一适用被继承人死亡时的经常居所地法。如果不动产分处于不同国家,则适用不同国家有关继承的法律。

延伸阅读

1. 杜涛:《国际私法原理》(第二版),复旦大学出版社2018年版。
2. 〔德〕马丁·沃尔夫:《国际私法》(第二版),李浩培、汤宗舜译,北京大学出版社2009年版。

思考题

1. 试比较涉外继承法律适用中的两种制度。
2. 从立法与司法实践分析我国涉外继承法律适用的相关规定及存在问题。

第十二章 涉外知识产权的法律适用

本章提要

传统观点认为,知识产权具有严格的地域性,在一国取得的知识产权只有域内效力,原则上不发生域外效力。20世纪50年代以来,这种观点发生了变化。知识产权在一定范围内突破了严格的地域属性,产生了域外效力。由于各国知识产权法律制度差异很大,在知识产权保护范围、保护期限、权利取得方式等诸多领域产生了法律冲突,进而也出现了知识产权法律适用上的冲突。

主要教学内容

1. 知识产权法律冲突的特点和解决路径。
2. 知识产权法律适用的一般原则。
3. 我国涉外知识产权保护的法律制度。

教学目标

1. 了解知识产权法律适用的一般理论。
2. 熟悉我国有关涉外知识产权法律保护的基本原则。
3. 掌握专利、商标和著作权的法律适用规则。

第一节 知识产权法律冲突概述

一、知识产权法律冲突的产生

知识产权(intellectual property,又称智慧产权)是指个人或集体对其从事智力活动所创造的智力成果依法所享有的一种特殊的财产权。与有形财产权不同,知识产权在法律上具有独占性、时间性和地域性特征。一般而言,知识产权分为两大类:一类是工业产权(industrial property),包括专利权和商标权;另一类是著作权(copyright),亦称为版权。

随着各国经济、技术和文化交流的迅速发展,知识产权也逐渐走向国际化,因而也产生了大量的涉外知识产权法律问题。人们在一国取得的专利、商标和著作的专有权,也可能需要在其他国家得到相应的承认和保护。各国为了促进知识产权制度的发展并使本国的知识产权能在他国得到承认和保护,开始在一定范围及一定程度上承认知识产权的域外效力。由于知识产权的法律保护大都是国内立法,并且有明显的地域性,各国在保护范围、保护期限以及权利取得方式上都存在明显的差异。这种立法上的分歧必然会带来跨国知识产权法律保护方面的冲突。当同一项知识产权受制于两个或两个以上国家的法律调整时,就会产生知识产权法律适用上的冲突。

二、知识产权法律冲突的解决

在国际私法上,对于知识产权法律冲突的解决方法主要有两种途径:一是冲突法的解决方法;二是实体法的解决方法。冲突法的解决方法主要是在立法中制定相关的冲突规范,通过冲突规范援引准据法来调整涉外知识产权关系。例如,在国内的专利法、商标法和著作权法中制定一些冲突规范,或者在专门的国际私法立法中制定有关知识产权的法律适用条款。

实体法的解决方法主要是指通过统一各国有关知识产权保护的实体法律规定,确立跨国知识产权保护的统一标准来消除知识产权领域内的法律冲突,即直接调整涉外知识产权关系的统一实体规范,例如调整专利法律关系的《保护工业产权的巴黎公约》(1883)、调整商标法律关系的《商标国际注册马德里协定》(1891)、调整著作权法律关系的《保护文学艺术作品的伯尔尼公约》(1886)和《世界版权公约》(1952)等。

这些国际公约大多笼统地规定了知识产权保护的基本原则和最低标准,各缔约国仍需要制定符合本国情况的具体标准,并且公约的缔约国范围也极其有限。因此,现阶段利用冲突规范援引准据法来调整具有涉外因素的知识产权法律关系,仍然是知识产权法律保护中不可替代的重要手段。

三、知识产权法律适用的一般原则

从各国的立法和司法实践来看,有关知识产权法律适用的一般原则主要体现在以下四个方面:

1. 使用权利原始取得国法律原则

原始取得国法律也称为来源国法律,是指知识产权的权利由来源国的法律确认,即专利权适用最初取得地法,著作权适用最初发表地法,商标权适用最初登记地法。这样规定不仅可以保证知识产权在不同的国家或地区有相同的法律效力,而且也可以让不同的权利主体能够自主决定适用的法律。例如,1992年《罗马尼亚关于调整国际私法法律关系的第一百零五号法》第 60 条规定:"知识产品著作权的成立、内容和消灭适用作品以出版、演出、展览、广播或其他适当方式首次公开发表的国家的法律。"第61条规定:"工业产权的成立、内容和转让适用交存或注册国,或者提交所在国或注册申请所在国的法律。"①

2. 适用被请求保护国法律原则

被请求保护国法律,一般是指权利人认为其知识产权应当受到保护的国家的法律。这是一种在处理知识产权侵权案件中比较普遍使用的法律适用原则。例如,1979年《匈牙利国际私法》第19条规定:"著作权依被请求保护的国家的法律。"②2007年《土耳其国际私法和国际诉讼程序法》第23条规定:"知识产权,依照据以提出保护请求的国家的法律。在侵权事件发生后,当事人各方可协议选择将法院地法适用于因侵害知识产权而提出的请求权。"③

3. 适用行为地法律原则

行为地法律是以法律行为发生地作为连结点的系属公式,即指法律行为方式受行为地国家法律的支配。例如,《奥地利联邦国际私法》第34条规定:"无形财产权的创立、内容和消灭,依使用行为或侵权行为发生地国家的法律。"④

4. 综合适用原始国法律和保护国法律原则

综合适用原始国法律和保护国法律,是指在处理知识产权问题时,如果是知识产权的产生、效力或内容上产生争议,一般适用原始国法律;如果是在使用或实施中产生的问题,一般适用保护国法律、行为地法律。例如,《秘鲁民法典》第2093条规定:"关于知识、艺术和工业产权的存在和效力,依国际条约和特别法的规定,如果后者不能适用,则适用权利注册地法。承认和实施这些权利的条件由当地法确定。"⑤

以上主要是知识产权法律适用的一般原则,这些原则对于涉外知识产权的法律适用具有指导意义。在本章以下论述中,我们将对专利权、商标权和著作权的法律冲突和法律适用分别加以论述。

第二节 专利权的法律适用

一、专利权的法律冲突

专利(patent)是指经一国专利主管机构根据该国法律规定,授予发明创造人或合法申请人对某项发明创造在法定期限内所享有的一种独占权或专有权。

---

① 参见杜涛中文译文,载韩德培、余先予、黄进主编:《中国国际私法与比较法年刊》(1998·创刊号),法律出版社1998年版,第520页。
② 余先予主编:《冲突法资料选编》,法律出版社1990年版,第91页。
③ 鲁世平:《国际私法》,知识产权出版社2016年版,第184页。
④ 余先予主编:《冲突法资料选编》,法律出版社1990年版,第157页。
⑤ 同上书,第235页。

这些权利包括制造权、使用权、销售权、进口权、转让权以及许可使用权等。专利法是专利制度的核心,目前世界上已有170多个国家和地区制定了专利法。由于各国的专利法是根据本国的政治、经济和文化发展等各种因素决定的,因此各国的专利法存在很大的差异,这是专利权保护产生法律冲突的直接原因。从各国专利法的规定来看,专利权法律冲突的主要原因有以下几个方面:

（一）专利权客体的冲突

专利权的客体是指专利法所保护的对象,即专利权主体的权利和义务所指向的对象。各国专利法对专利客体的种类和范围都有明确的规定,但其保护程度不同。例如,英国和德国的专利法只保护发明专利,不保护实用新型专利和外观设计专利。但这两个国家专利法的保护范围较广,几乎所有技术领域的发明都给予保护,甚至包括食品、饮料、调味品、药品、化学物质、微生物等。[①] 我国专利法对于发明、实用新型和外观设计3种专利都加以保护。此外,我国专利法还规定除了疾病的诊断和治疗方法、动物和植物品种以及用原子核变换方法获得的物质之外,其他领域的科技发明均可授予专利。[②]

（二）专利申请条件和原则的冲突

各国专利法对外国公民在内国申请专利一般都给予国民待遇,但在具体制度上仍存在一些差异。有些国家规定无条件的国民待遇,有些国家则要求对等或互惠条件。对于专利申请,主要有两种不同的方法。一是先申请原则,即当两个或两个以上相同的发明分别申请专利时,按申请日的先后确定,将专利权授予最先申请的人;二是先发明原则,即当两个或两个以上同样的发明分别申请专利时,专利权授予先发明的人,而不考虑申请时间的先后。

（三）专利审查制度的冲突

各国专利法对受理专利申请的审查和批准都有不同的规定。目前,有三种审查制度:(1) 形式审查,即有关机构对申请的专利只审查其技术内容是否符合专利条件和法定手续。比利时、卢森堡、西班牙等国采用这种制度。[③] (2) 实质审查,即除了对申请的专利作形式审查外,还要对其技术内容是否符合专利条件进行审查。这一制度被大多数国家采纳。[④] (3) 早期公开延迟审查,即某一专利提出申请后,先进行形式审查,如合格的,便在一定期限内予以公布,这就是所谓的早期公开。一定期限后,再进行实质审查,如合格的,即在专利公告上予以公

---

① 参见黄进主编:《国际私法》(第二版),法律出版社2005年版,第287页。
② 《专利法》第25条规定:"对下列各项,不授予专利:(一)科学发现;(二)智力活动的规则和方法;(三)疾病的诊断和治疗方法;(四)动物和植物品种;(五)用原子核变换方法获得的物质;(六)对平面印刷品的图案、色彩或者二者的结合作出的主要起标识作用的设计。对前款第(四)项所列产品的生产方法,可以依照本法规定授予专利权。"
③ 参见赵相林主编:《国际私法》,中国政法大学出版社2007年版,第148页。
④ 同上。

告。如无异议,可授予专利权。目前,英国、德国、日本和我国的专利法都规定了早期公开延迟审查制度。例如,英国法规定专利申请自申请日或优先权日起18个月以后公开,公开后6个月申请人可提出实质审查请求;德国规定专利申请自申请日后18个月早期公开,7年内可以提出实质审查请求;[①]我国专利法规定,专利申请自申请日起满18个月后公布,3年内可以提出实质审查请求。[②]

(四)专利权保护期限的冲突

专利权的保护期限各国规定不同,从10年到20年不等。例如,英国专利法规定发明专利的保护期限为自申请日起20年,外观设计的保护期限自申请日起25年;[③]美国专利法规定发明专利和植物专利保护期限为自申请日起20年,外观设计的保护期限为自授权日起14年;[④]法国专利法规定发明专利保护期限为20年,实用新型为6年,均自申请日起计算;[⑤]我国专利法规定发明专利的保护期限为20年,实用新型和外观设计保护期限为10年,均自申请日起计算。[⑥]

二、专利权法律适用的基本原则

一般而言,专利权法律冲突的解决适用专利授予国法律。这是因为,专利权是一种法定财产权。某一发明未经国家授予专利权之前并不具有财产权的性质。因此,根据一国法律所获得的专利权只能受该国法律的保护,其他国家无义务、无责任来保护这项专利权。可见,专利权的保护受属地主义和专利权独立原则的支配。在一国取得的专利权仅能在该国领域内受到保护,原则上不发生域外效力,如要在其他国家受保护,则应根据他国法律的要求提出申请。目前,各国对专利权冲突的法律适用主要有以下几种规则:

(一)专利权的取得和效力,适用专利申请地法

由于专利权具有地域性特征,因此专利权的取得不受申请人的国籍和住所的影响,一律按照专利申请地法。被授予的专利权,也只能在授予国境内有效。申请人要想就同一发明在另一国境内享有权利,必须按另一国的专利法的规定,到其境内办理有关申请手续。可见,一项发明是否符合专利申请条件,是否能被

---

① 参见赵相林主编:《国际私法》,中国政法大学出版社2007年版,第148页。
② 《专利法》第34条规定:"国务院专利行政部门收到发明专利申请后,经初步审查认为符合本法要求的,自申请日起满十八个月,即行公布。国务院专利行政部门可以根据申请人的请求早日公布其申请。"第35条第1款规定:"发明专利申请自申请日起三年内,国务院专利行政部门可以根据申请人随时提出的请求,对其申请进行实质审查;申请人无正当理由逾期不请求实质审查的,该申请即被视为撤回。"
③ 参见霍中祥:《公知公用技术信息的挖掘——谈企业全球化对失效专利信息的利用》,知识产权出版社2014年版,第9页。
④ 参见诸敏刚主编:《海外专利实务手册(美国卷)》,知识产权出版社2013年版,第25页。
⑤ 参见马天旗主编:《国外及我国港澳台专利申请策略》,知识产权出版社2018年版,第161页。
⑥ 《专利法》第42条规定:发明专利权的期限为二十年,实用新型专利权和外观设计专利权的期限为十年,均自申请日起计算。

授予专利权,只能依专利申请地法律来确定。

(二) 专利权的保护,适用专利权原始授予国法

专利权在某一个国家取得,也就获得了这个国家的法律保护。这条冲突规范已被大多数国家采用。1928年《布斯塔曼特法典》第105条规定:"一切财产,不论其种类如何,均依其所在地法。"①第108条规定:"工业产权、著作权以及法律所授予并准许进行某种活动的一切其他经济性的类似权利,均以其正式登记地为其所在地。"②可见,专利权的保护,应适用专利权原始授予国法。

(三) 专利权的创立、内容和消灭,适用实施权利行为地或侵权行为地法

专利权的保护一般取决于专利权实施地法或侵权行为地法。1978年《奥地利联邦国际私法》第34条规定:"无形财产权的创立、内容和消灭,依使用行为或侵权行为发生地国家的法律。"③

(四) 专利权的法律冲突,可依其特点适用不同的准据法

根据专利权的特点,有关涉外专利权的法律冲突可采纳"分割论",适用不同的准据法。例如,有关专利申请日及优先权,适用被申请的国内法;有关是否批准外国人的发明专利权,适用被申请国的法律;专利权的保护范围和保护方法,适用被请求保护该权利国家的法律;有关专利职务发明适用劳动合同准据法;有关专利的转让,适用当事人选择的法律,在当事人没有明示或默示选择法律时,适用与专利权转让有最密切联系国家的法律。

第三节　商标权的法律适用

一、商标权的法律冲突

商标(trade mark)是区别于不同商品的一种专用标记,通常由文字、图形或文字加图形的组合构成。商标权是指商标注册人对其注册的商标所享有的独占使用权,包括商标专用权、商标续展权、商标转让权、商标许可使用权等。商标权与专利权一样,属于工业产权的一种,具有专有性、时间性和地域性特征。

世界上最早的商标法是1809年法国制订的《关于工厂、制造场和作坊的法律》。目前,世界上大多数国家和地区都颁布了商标法。由于各国的社会、历史、文化传统不同,商标权的跨国保护就会产生法律适用上的冲突。纵观各国商标法的规定,商标权的法律冲突主要表现在以下几个方面:

---

① 余先予主编:《冲突法资料选编》,法律出版社1990年版,第312页。
② 同上。
③ 同上书,第157页。

(一)商标权确立的冲突

各国商标法对商标权的确立都有明确的规定,但是对两个以上的申请人对同一种或类似的商品以相同或类似的商标申请注册时,商标权应如何授予,各国立法不同。有的国家采取"注册在先"原则(priority of registration),规定商标权只有通过法定的注册程序"注册在先"才能取得,如法国、日本、意大利、荷兰等国家。有的国家采用"使用在先"的原则(priority of use),即根据对商标的使用先后获得商标权,如挪威、菲律宾等少数国家采用。还有的国家采取"使用与注册互补"原则,即在原则上采用注册在先,但又规定在一定期限内有提出异议的权利,如无人对已注册的商标提出异议,商标注册人即可取得该商标的专有使用权,美国、英国、加拿大、澳大利亚、新西兰、印度等国家采用这一制度。

(二)商标使用规定的冲突

在各国法律中,对注册商标的使用一般分两种情况:一是实际使用,即注册人或经注册人许可的人将商标使用在某一商品上;二是商业使用,即除了实际使用外,还将商标用于广告或展览。一些国家只承认实际使用,而大多数国家将上述两种情况都视为使用。对商标获准后多长时间内必须使用,各国商标法规定不同,这也是产生冲突的一个主要原因。

(三)商标保护期限的冲突

各国对于商标权期限的规定长短不一。有的国家只规定5年,有的规定20年,大多数国家规定为10年。对于保护期限的起算,有的国家规定从申请日起计算,有的国家规定从核准日起计算。此外,大多数国家规定商标注册期满可以续展,续展次数不限。

二、商标权法律适用的基本原则

由于各国商标法在以上几方面的规定存在差异,涉外商标权保护的法律冲突也就在所难免。目前,各国对商标权的法律适用主要有以下几种做法:

(一)商标权的成立、内容和效力适用商标注册地法

这是主张注册在先的国家所采用的法律适用原则。因为商标权的取得以注册或登记在先为原则,商标权就应该适用登记地国的法律。所以,有关商标权的得失、内容、范围和效力等法律适用,均应依注册地法。目前,大多数国家采用这一原则。

(二)商标权的成立、内容和效力适用商标先使用地法

这是主张使用在先的国家所采用的法律适用原则。因为商标注册手续只是从法律上起到申请和告示的作用,而不能决定商标权的归属,他人可以使用在先为由对抗使用在后、注册在先的人,请求撤销注册商标。商标的地域性也要求有关商标权的成立、范围和效力依商标先使用地法。

(三) 商标权的保护适用实施权利行为或侵权行为地法

1978年《奥地利联邦国际私法》第34条规定:"无形财产权的创立、内容和消灭,依使用行为或侵权行为发生地国家的法律。"[①]商标权是无形财产权的一种,可以适用这条冲突规范。

(四) 商标权的保护适用法人中心管理所在地的法律

即以申请商标权的工商企业法人中心管理地的住所地国家之法律来决定商标权。

(五) 商标权法律适用的分割论

根据商标权的自身特点,其法律适用可以采用分割法。例如,有关商标注册申请日及优先权依被申请注册国法;有关是否批准外国人的商标注册适用向其提出申请的国家的法律;有关商标的保护范围和保护方法依被请求保护国法;有关商标的转让,适用当事人选择的法律,当事人没有作出选择的,按照最密切联系原则来确定准据法。

第四节 著作权的法律适用

一、著作权的法律冲突

著作权(copyright)又称为版权,是指文学、艺术和科学作品的创作者依法对这些作品所享有的一种民事权利。著作权包括人身权和财产权。人身权是指与作者本身不可分割的权利,包括发表权、署名权、修改权和保护作品完整权;财产权是指作者对于自己所创作的作品所享有的使用和获得报酬的权利。著作权作为一种特殊的民事权利,各国立法都对其加以保护。但是,各国著作权法对著作权主体和客体的范围规定不尽相同,对著作权行使的限制也宽严不一,这使得著作权的跨国保护存在多方面的法律冲突,主要表现在:

(一) 著作权保护范围的冲突

各国著作权法对于著作权保护范围的规定有所不同,如我国著作权法保护的范围较广,有文字作品、口述作品、音乐、戏剧、曲艺、舞蹈、杂技艺术作品,美术、建筑作品,摄影作品,电影作品和以类似摄制电影的方法创作的作品,工程设计图、产品设计图、地图、示意图等图形作品和模型作品,计算机软件,以及法律、行政法规规定的其他作品。有的国家将计算机软件另外列入商业秘密法、合同法、专利法加以保护,或者采用专门立法来保护。

(二) 著作权取得原则的冲突

对于著作权的取得,有的国家采用"创作主义",作品不论是否发表均享有著

---

① 余先予主编:《冲突法资料选编》,法律出版社1990年版,第157页。

作权,著作权的取得不需要任何手续;有的国家采用"注册主义",作品必须经过注册登记并具有版权标记才能受著作权法保护。

(三)著作权内容限制的冲突

大多数国家著作权法对于著作权内容的行使规定了"合理使用"和"强制许可"制度,但是具体做法不同。例如,英国现行版权法对版权合理使用的情况规定较严,只允许为科研或个人学习目的而使用文字、音乐、绘图或雕塑等艺术作品。因此,在英国,为个人娱乐目的未经作者同意而使用作品也被认为是一种侵权行为。日本著作权法却规定了较宽的强制许可制度,对于版权所有者不明的作品、广播或录制已发表的作品都可以得到强制许可,为印刷供教学使用的课本,可以不经作者同意而复制已经公开的作品,但必须支付报酬。

(四)著作权保护期限的冲突

美国1998年通过的《版权保护期延长法》规定个人作品的版权保护期为作者的有生之年加死后70年,法人作品为首次发表后的95年。① 《联邦德国版权与相关权利法》中规定版权保护期限为作者有生之年加70年,遗著如在作者去世后60至70年间发表的,其保护期为10年,作者不详的作品保护期自发表之日起70年;摄影作品的保护期为发表之日起25年,生前未发表的作品保护期自完成创作之日起25年。②

二、著作权法律适用的基本原则

著作权保护具有严格的地域性,各国著作权法属于国内法,只在本国境内生效,跨国保护著作权有可能产生法律冲突现象,从而涉及法律适用问题。目前,关于著作权法律适用主要有以下几种主张:

(一)著作权的成立、内容和范围,适用最初发表地法

作者的文学、艺术和科学作品通过正式发表,即享有著作人格权,并在社会上产生经济价值和文化价值。因此,发表地与该著作权的联系最为自然和重要。1967年《法国民法典》第2305条规定:"文学、艺术作品的所有权依作品第一次发表地的法律。工业产权依注册或登记地的法律。"③1974年《阿根廷国际私法(草案)》第21条第1款规定:"文学和艺术作品受作品首次发表国的法律支配。外国文学艺术作品的保护期依照其原始国的规定,但不得超过阿根廷准许的期限。"④一般来说,对于同时在数国发表的作品,发表日期不同者,以最先发表日为准;如为同期发表,从顾全大众利益和作者利益的角度出发,依据作品的重要

---

① 参见郑国辉主编:《著作权法学》,中国法制出版社2012年版,第311页。
② 参见赵相林主编:《国际私法》,中国政法大学出版社2007年版,第154页。
③ 韩德培、李双元主编:《国际私法教学参考资料选编》(上),武汉大学出版社1991年版,第126页。
④ 同上书,第198页。

性来决定其主要发表地。

（二）未发表作品的著作权,适用作者的属人法

对于未发表作品的著作权保护的内容、范围等问题,因其缺乏最初发表地的因素,则适用作者的属人法,包括本国法、住所地法或惯常居所地法。因为作者的本国、住所地或惯常居所地一般为其经常创作及完成创作的场所。作品是创作者人格的直接表露,因此作品与作者有密不可分的关系,对于未发表作品的著作权的保护适用作者的属人法比较合适。

（三）著作权的创立、内容和消灭,适用权利实施行为或侵权行为地法

著作权是无形财产权的一种,这种权利的保护在权利实施行为或侵权行为地最能体现其有效性。1978年《奥地利联邦国际私法》第34条规定:"无形财产权的创立、内容和消灭,依使用行为或侵权行为发生地国家的法律。"[1]1996年《列支敦士登关于国际私法的立法》第38条第1款规定:"无形财产权的产生、内容与消灭适用使用或侵害行为实施国法律。"[2]2001年《韩国国际私法》第24条规定:"知识产权的保护,适用该权利遭受侵害的地方的法律。"[3]

（四）著作权的保护,适用被请求保护国法

如1979年《匈牙利国际私法》第19条规定:"著作权依被请求保护的国家的法律。"[4]1987年《瑞士联邦国际私法》第110条第1款规定:"知识产权,适用提起知识产权保护诉讼的国家的法律。"[5]

（五）从著作权合同的角度来确定解决法律冲突的原则

1966年《波兰国际私法》第27条第1款第4项规定:"出版契约,依发行人缔约时住所地法。"[6]也有国家规定,对于利用受著作权保护法保障的作品的合同,依利用人主营业所所在地所依据的法律;有的国家认为可以依当事人意思自治原则或最密切联系原则来确定涉外著作权的准据法。[7]

（六）著作权法律适用的"分割论"

涉外著作权的法律适用应根据著作权的特点来分别适用不同的准据法。例如,有关作品国籍的取得依作品最初刊行国法;有关著作权是否存在,适用作品最初刊行国法或作品来源地法;有关是否和如何保护著作权,依该国缔结或参加的国际公约和所在国法律规定;有关著作权保护的范围、期限和向作者提供保护

---

[1] 余先予主编:《冲突法资料选编》,法律出版社1990年版,第157页。
[2] 余丽萍、张丽珍主编:《国际私法》,华中科技大学出版社2015年版,第191页。
[3] 秦瑞亭主编:《国际私法》(第二版),南开大学出版社2014年版,第289页。
[4] 余先予主编:《冲突法资料选编》,法律出版社1990年版,第91页。
[5] 同上书,第206页。
[6] 同上书,第78页。
[7] 参见黄进主编:《国际私法》,法律出版社1999年版,第398页。

的救济方法,依请求保护国家的法律;有关著作权的转让,适用当事人自愿选择的法律或按最密切联系原则来确定准据法。

第五节 我国涉外知识产权法律制度

为了促进科学技术和文化事业的发展,我国不仅积极参与有关知识产权领域的国际合作,加入了一些国际公约,而且也相继颁布了一系列法律、条例及司法解释,初步形成了知识产权保护法律体系。

一、我国参加的国际条约

我国知识产权保护法律制度随着与国际标准的进一步接轨而臻于完善。近年来,我国积极参加有关国际组织,履行知识产权领域各项国际条约和协定中应尽的义务,在和平共处五项原则基础上,根据平等互利原则与世界各国继续合作,为完善和发展国际知识产权保护制度作出了积极的贡献。

目前,我国主要参加了以下公约:1980 年加入《建立世界知识产权组织公约》;1985 年加入《保护工业产权巴黎公约》;1989 年加入《商标国际注册马德里协定》;1990 年签署了《关于集成电路知识产权的华盛顿公约》;1992 年加入《保护文学艺术作品伯尔尼公约》《世界版权公约》;1993 年加入《保护表演者、录音制品制作者和广播组织罗马公约》《保护录音制品制作者防止未经许可复制其录音制品公约》《专利合作条约》;1994 年加入《商标法条约》《商标注册用商品和服务国际分类尼斯协定》《专利合作条约》;1995 年加入《国际承认用于专利程序的微生物保存布达佩斯条约》;1996 年加入《建立工业品外观设计国际分类洛迦诺协定》《国际专利分类斯特拉斯堡协定》;1999 年加入《国际保护植物新品种公约》;2000 年加入《商标国际注册马德里协定有关议定书》;2001 年加入《与贸易有关的知识产权协定》;2004 年加入《保护非物质文化遗产公约》;2007 年加入《世界知识产权组织版权条约》《世界知识产权组织表演和录音制品条约》《商标法新加坡条约》;2012 年签署了《视听表演北京条约》;2013 年签署了《关于为盲人、视力障碍者或其他印刷品阅读障碍者获得已出版作品提供便利的马拉喀什条约》;等等。①

二、我国对涉外知识产权的法律保护

(一)涉外专利权的法律规定

我国有关涉外专利权方面的立法主要有:1984 年 3 月颁布,经 1992 年 9

---

① 参见《知识产权国际条约汇编(中英文对照)》,http://ipr.mofcom.gov.cn/zhuanti/law/conventions/index.html,2020 年 4 月 25 日访问。

月、2000年8月、2008年12月和2020年10月四次修订施行的《专利法》;2001年6月国务院颁布,经2002年12月和2010年1月两次修订施行的《中华人民共和国专利法实施细则》;1991年3月颁布、2018年11月修订的《专利代理条例》;1993年3月颁布、2017年3月修订的《关于受理台胞专利申请的规定》;等等。

根据以上法律法规的规定,我国有关涉外专利权方面的法律适用主要有以下几项原则。

第一,对于外国人在我国依法取得的专利权,《专利法》规定了有条件的国民待遇原则。《专利法》第18条规定:"在中国没有经常居所或者营业所的外国人、外国企业或者外国其他组织在中国申请专利的,依照其所属国同中国签订的协议或者共同参加的国际条约,或者按照互惠原则,根据本法办理。"可见,外国人在我国申请专利必须满足以下两个条件之一:该国与我国存在条约关系,或该国与我国有互惠。另外,《专利法》第19条第1款规定:"在中国没有经常居所或者营业所的外国人、外国企业或者外国其他组织在中国申请专利和办理其他专利事务的,应当委托依法设立的专利代理机构办理。"

第二,对于将中国的发明或实用新型向国外申请专利,《专利法》第20条规定:"任何单位或者个人将在中国完成的发明或者实用新型向外国申请专利的,应当事先报经国务院专利行政部门进行保密审查。保密审查的程序、期限等按照国务院的规定执行。中国单位或者个人可以根据中华人民共和国参加的有关国际条约提出专利国际申请。申请人提出专利国际申请的,应当遵守前款规定。国务院专利行政部门依照中华人民共和国参加的有关国际条约、本法和国务院有关规定处理专利国际申请。对违反本条第一款规定向外国申请专利的发明或者实用新型,在中国申请专利的,不授予专利权。"

第三,对于外国人在我国申请专利所享有的优先权问题,《专利法》第29条规定:"申请人就同一发明或实用新型在外国第一次提出专利申请之日起十二个月内,或者自同一外观设计在外国第一次提出申请之日起六个月内,又在中国就相同主题提出申请的,依照该外国同中国签订的协议或者共同参加的国际条约,或者依照相互承认优先权的原则,可以享有优先权。申请人自发明或者实用新型在中国第一次提出专利申请之日起十二个月内,又向国务院专利行政部门就相同主题提出专利申请的,可以享有优先权。"

(二)涉外商标权的法律规定

目前,我国调整涉外商标权关系的现行法律、法规主要有:1982年8月颁布,经1993年2月、2001年10月、2013年8月以及2019年4月四次修订施行的《商标法》;2002年8月颁布、2014年4月修订施行的《商标法实施条例》;1995年制定,经2002年9月、2005年9月、2014年5月三次修订施行的《商标评审规则》;1995 年颁布的《关于对外贸易中商标管理的规定》;等等。

根据以上法律和法规,我国在涉外商标权方面的法律适用主要依据以下原则:

第一,关于我国对外国人的商标注册采取的有条件的国民待遇原则,《商标法》第 17 条规定:"外国人或者外国企业在中国申请商标注册的,应当按其所属国和中华人民共和国签订的协议或者共同参加的国际条约办理,或者按对等原则办理。"

第二,关于外国人在我国申请注册商标的资质问题,《商标法》第 18 条第 2 款规定:"外国人或者外国企业在中国申请商标注册和办理其他商标事宜的,应当委托依法设立的商标代理机构办理。"

第三,关于外国人在我国注册商标享受优先权问题,《商标法》第 25 条规定:"商标注册申请人自其商标在外国第一次提出商标注册申请之日起六个月内,又在中国就相同商品以同一商标提出商标注册申请的,依照该外国同中国签订的协议或者共同参加的国际条约,或者按照相互承认优先权的原则,可以享有优先权。依照前款要求优先权的,应当在提出商标注册申请的时候提出书面声明,并且在三个月内提交第一次提出的商标注册申请文件的副本;未提出书面声明或者逾期未提交商标注册申请文件副本的,视为未要求优先权。"

(三)涉外著作权的法律规定

我国现行有关涉外著作权保护的法律、法规主要有:1990 年 9 月颁布,经 2001 年 10 月、2010 年 2 月、2020 年 11 月三次修订施行的《著作权法》;2002 年 8 月国务院颁布,经 2011 年 1 月、2013 年 1 月两次修订施行的《著作权法实施条例》;1992 年 9 月公布施行的《实施国际著作权条约的规定》;1991 年 6 月颁布,经 2011 年 1 月、2013 年 1 月两次修订施行的《计算机软件保护条例》;2004 年 12 月颁布,经 2011 年 1 月、2013 年 12 月两次修订施行的《著作权集体管理条例》;2012 年 12 月颁布、2013 年 1 月实施的《最高人民法院关于审理侵害信息网络传播权民事纠纷案件适用法律若干问题的规定》(法释〔2012〕20 号);等等。

根据以上法律、法规及司法解释,我国在涉外著作权法律适用方面主要依据以下原则:

第一,《著作权法》对涉外著作权保护问题采取了"双国籍国民待遇原则",该原则是指只要作者的国籍或作品的国籍(即其首次发表的国家)是《伯尔尼公约》成员国,则其他成员国就应对该作品给予国民待遇。《著作权法》第 2 条对该原则作出了相关规定:"中国公民、法人或者非法人组织的作品,不论是否发表,依照本法享有著作权。外国人、无国籍人的作品根据其作者所属国或者经常居住地国同中国签订的协议或者共同参加的国际条约享有的著作权,受本法保护。外国人、无国籍人的作品首先在中国境内出版的,依照本法享有著作权。未与中国签订协议或者共同参加国际条约的国家的作者以及无国籍人的作品首次在中国参加的国际条约的成员国出版的,或者在成员国和非成员国同时出版的,受本法保护。"另外,《著作权法实施条例》第 8 条规定:"如果外国人、无国籍人的作品在中国境外首先出版,30 天内在中国境内出版的,也视为同时在中国境内出版,受我国著作权法的保护。"

第二,关于外国人在中国境内的表演、在中国制作发行的录音制品以及外国广播、电视台播放广播、电视节目所涉及的著作权问题,《著作权法实施条例》第 33 条规定:"外国人、无国籍人在中国境内的表演,受著作权法保护。外国人、无国籍人根据中国参加的国际条约对其表演享有的权利,受著作权法保护。"《著作权法实施条例》第 34 条规定:"外国人、无国籍人在中国境内制作、发行的录音制品,受著作权法保护。外国人、无国籍人根据中国参加的国际条约对其制作、发行的录音制品享有的权利,受著作权法保护。"《著作权法实施条例》第 35 条规定:"外国的广播电台、电视台根据中国参加的国际条约对其播放的广播、电视节目享有的权利,受著作权法保护。"

第三,我国公民、法人或者其他组织的作品,不论其在境内或境外是否发表,均为我国作品,受我国著作权法保护。这些作品要想在外国受到法律保护,根据我国已参加的国际公约的规定,可在公约某一成员国首次发表;或者首次在我国发表后 30 天内也在《伯尔尼公约》的成员国发表,被视为同时发表,均可受到所有成员国的保护。

三、我国对知识产权法律适用的规定

通过冲突规范援引准据法来调整具有涉外因素的知识产权关系,是知识产权法律适用中不可或缺的重要手段。《法律适用法》第七章对知识产权的法律适用作出了明确规定,涉及知识产权的内容和归属、知识产权转让和许可使用合同以及知识产权的侵权责任。

(一)知识产权的归属和内容的法律适用

《法律适用法》第 48 条规定:"知识产权的归属和内容,适用被请求保护地法律。"这是一条双边冲突规范,它将范围明确为"知识产权的归属和内容"。从立法技术来看,本条采用概述性规定,将涉及三类知识产权的法律适用问题统一规定在"知识产权"名下,而未区分著作权、专利权、商标权等具体的知识产权类型,以便保持与知识产权有关的法律适用规则的统一性。

(二)知识产权转让和许可使用的法律适用

《法律适用法》第 49 条规定:"当事人可以协议选择知识产权转让和许可使用适用的法律。当事人没有选择的,适用本法对合同的有关规定。"本条侧重于有关知识产权转让合同和许可合同纠纷的法律适用问题。知识产权转让是指知

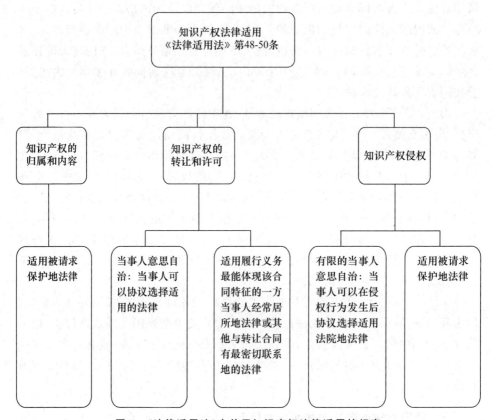

图 4 《法律适用法》中关于知识产权法律适用的规定

识产权出让主体与知识产权受让主体,根据有关法律规定和双方签订的转让合同,将知识产权权利由出让方转移给受让方的法律行为。知识产权许可是指许可方将所涉知识产权授予被许可方按照约定使用的法律行为,如独占许可、排他许可和普通许可。根据本条规定,对具有涉外性质的知识产权的转让和许可协议,当事人可以通过协议选择法律,如果没有选择,适用合同的法律适用规则,即《法律适用法》第 41 条的规定:"当事人可以协议选择合同适用的法律。当事人没有选择的,适用履行义务最能体现该合同特征的一方当事人经常居所地法律或者其他与该合同有最密切联系的法律。"可见,在知识产权转让和许可使用协议中,我国立法既采纳了意思自治原则,又吸收了最密切联系原则,从而弥补意思自治原则的不足,有利于更好地保护当事人的合法利益。

(三) 知识产权侵权责任的法律适用

《法律适用法》第 50 条规定:"知识产权的侵权责任,适用被请求保护地法律,当事人也可以在侵权行为发生后协议选择适用法院地法律。"本条是关于知识产权侵权责任的法律适用。一般认为,知识产权的侵权责任应适用被请求保护地法,因为原告常在侵权所在地起诉,被请求保护地法往往会是法院地法。但是并非所有的被请求保护地法都会是法院地法。所以,本条还规定当事人可以协议选择适用法院地法。这样既可以体现当事人意思自治原则,也可以克服单一适用权利请求地法的缺陷,还可以达到扩大法院地法适用的目的。

[案例讨论与分析]

案例 1　西门子产品生命周期管理软件有限公司与武汉德骼拜尔外科植入物有限公司侵害计算机软件著作权纠纷案[①]

【案情简介】

本案原告为西门子产品生命周期管理软件有限公司(以下简称西门子公司),被告为武汉德骼拜尔外科植入物有限公司。原告西门子公司是产品全生命周期管理领域计算机软件与服务供应商,系涉案的 NX 系列计算机软件作品的作者。涉案软件 NX 软件为系列软件,行业内通称为 UG 软件,由西门子公司在2003 年开发完成。该软件是世界领先的高端计算机软件之一,可以用于 3D 设计、数字仿真检测及辅助制造,为产品开发和制造提供了创新、高效的解决方案,广泛应用于汽车、航空、模具制造等产业,拥有较多的高端客户用户。该公司于2014 年开发、完成前述 NX 系列软件的 NX10 版本。该软件于 2014 年 12 月 9日在美国版权局进行注册登记,注册号为 TXu1-965-012,作品名称为 NX10,作者为西门子公司,版权申请人为西门子公司。

2017 年 8 月 4 日,原告发现被告在网站上发布招聘广告,招聘熟练掌握和使用 NX 软件的模具设计师等信息。原告经调查发现,被告未经原告许可,大量复制、安装并长期使用涉案 NX 计算机软件。原告申请上海市卢湾公证处对此公证证据保全。该公证处受理后采取证据保全措施。原告认为被告行为严重侵犯了原告涉案软件的著作权,因此请求法院判令被告立即停止侵犯原告涉案NX10 软件著作权的行为、赔偿经济损失、支付维权合理费用、承担本案诉讼费用。

【法律问题】

湖北省武汉市中级人民法院对本案是否拥有管辖权?应适用什么法律作为准据法?被告被诉行为是否构成计算机软件商业使用行为及是否构成侵权?

【法院判决】

湖北省武汉市中级人民法院经审理后认为:

---

① 本案是 2018 年武汉知识产权审判庭著作权典型案例,案号为(2017)鄂 01 民初 3999 号。

1. 关于本案的管辖权和法律适用问题

本案属侵犯计算机软件著作权纠纷。原告登记注册地在美国,为外国企业法人实体。因此,原、被告之间发生的本案争议属涉外知识产权民商事争议。本案中,被诉侵权行为地、被告住所地在湖北省武汉市,属于该院管辖范围;本案管辖争议已经湖北省高级人民法院终审裁定,维持了该院对本案的管辖权裁定,该院对本案依法享有管辖权。原告是涉案计算机软件著作权人,登记注册地在美国,虽系境外当事人,但被诉侵权行为发生在中华人民共和国境内,中华人民共和国为原告权利人请求保护其知识产权权利的被请求保护国。因此,本案应适用中华人民共和国的法律进行裁决。

2. 关于原告对涉案 NX10 软件是否享有著作权及应否受《著作权法》保护的问题

NX 软件为 3D 设计、数字仿真检测及辅助制造软件,由 UG 公司于 2003 年开发、完成,并在美国版权局进行了著作权登记。NX 软件为系列软件,涉案 NX10 为其系列软件之一,由原告于 2014 年 12 月开发、完成。根据原告提交的美国版权局软件作品注册官网信息显示,涉案作品为计算机软件作品,注册证上载明的软件著作权人为原告。本案审理过程中,并无相反证据证明该版权作品另有他人。根据《最高人民法院关于审理著作权民事纠纷案件适用法律若干问题的解释》第 7 条的规定,可以认定原告是涉案软件作品的著作权人,依法享有涉案计算机软件著作权。涉案软件开发者为美国西门子公司,所在国为美国,美国与中国为《伯尔尼公约》签字成员国。根据《著作权法》第 2 条第 2 款,涉案计算机软件作品著作权受《著作权法》的法律保护,原告有权提起本案诉讼。

3. 关于被诉行为是否构成计算机软件商业使用行为及是否构成侵权的问题

该院对被告的电脑采取了证据保全措施,并抽查了 21 台电脑,结果显示有 9 台电脑复制、安装有涉案 NX10 软件,占抽查电脑台数的 43%;安装、复制的涉案 NX10 的软件名称、版本均与原告涉案权利软件相同,且无原告权利人的授权许可信息。因此,该被诉软件应认定为原告涉案权利软件的复制品。被告为经营性企业法人,主营业务与本涉案软件有关,结合被告发布的招聘广告信息,被告对涉案软件功能具有需求可能性。被告使用涉案被诉软件复制品的目的具有生产、经营的商业目的,该行为为商业使用行为。本案中,被告为涉案计算机软件终端用户,并无证据证明被告的商业使用行为已获原告授权许可。依照《最高人民法院关于审理著作权民事纠纷案件适用法律若干问题的解释》第 21 条①、《计算机软件保护条例》第 24 条第 1 款第 1 项的规定②,被告对涉案软件复制品的商业使用行为侵犯了原告涉案计算机软件复制权,构成侵权,应承担本案侵权的民事责任。据此,武汉市中级人民法院作出如下判决:(1) 被告武汉德骼拜尔外科植入物有限公司立即停止侵权行为,即删除、卸载其营业场所内办公用计算机电脑终端复制、安装的涉案计算机软件 NX10 的侵权复制品;(2) 被告武汉德骼拜尔外科植入物有限公司赔偿原告西门子公司经济损失人民币 709.5 万元;(3) 被告武汉德骼拜尔外科植入物有限公司给付原告西门子公司合理费用人民币 10.65 万元;(4) 驳回原告西门子公司其他诉讼请求。

【分析评论】

1. 关于本案的管辖权问题

本案为涉外知识产权侵权案件,因《民事诉讼法》并未对涉外侵权案件的管辖作出特别规定,故本案应适用《民事诉讼法》对管辖问题所作的一般规定。级别管辖上,《民事诉讼法》第 18 条规定:"中级人民法院管辖下列第一审民事案件:(一) 重大涉外案件;(二) 在本辖区有重大影响的案件;(三) 最高人民法院确定由中级人民法院管辖的案件。" 2015 年《民诉法解释》第 1 条规定:"民事诉讼法第一条第一项规定的重大涉外案件,包括争议标的额大的案件、案情复杂的案件,或者一方当事人人数众多等具有重大影响的案件。"由于本案的争议标的额高达 900 余万元,因此本案属于重大涉外案件,应由中级人民法院管辖。地域管辖上,《民事诉讼法》第 28 条规定:"因侵权行为提起的诉讼,由侵权行为地或者被告住所地人民法院管辖。"由于本案的侵权行为地和被告住所地均位于武汉,本案应由武汉市的法院管辖。因此,本案由武汉市中级人民法院管辖并无不当。

---

① 《最高人民法院关于审理著作权民事纠纷案件适用法律若干问题的解释》第 21 条规定:计算机软件用户未经许可或者超过许可范围商业使用计算机软件的,依据《著作权法》第 47 条第 1 项、《计算机软件保护条例》第 24 条第 1 项的规定承担民事责任。

② 《计算机软件保护条例》第 24 条规定:除《著作权法》、本条例或者其他法律、行政法规另有规定外,未经软件著作权人许可,有下列侵权行为的,应当根据情况,承担停止侵害、消除影响、赔礼道歉、赔偿损失等民事责任;同时损害社会公共利益的,由著作权行政管理部门责令停止侵权行为,没收违法所得,没收、销毁侵权复制品,可以并处罚款;情节严重的,著作权行政管理部门并可以没收主要用于制作侵权复制品的材料、工具、设备等;触犯刑律的,依照刑法关于侵犯著作权罪、销售侵权复制品罪的规定,依法追究刑事责任:(1) 复制或者部分复制著作权人的软件的;(2) 向公众发行、出租、通过信息网络传播著作权人的软件的;(3) 故意避开或者破坏著作权人为保护其软件著作权而采取的技术措施的;(4) 故意删除或者改变软件权利管理电子信息的;(5) 转让或者许可他人行使著作权人的软件著作权的。有前款第 1 项或者第 2 项行为的,可以并处每件 100 元或者货值金额 5 倍以下的罚款;有前款第 3 项、第 4 项或者第 5 项行为的,可以并处 5 万元以下的罚款。

2. 关于本案的法律适用问题

由于原告西门子公司为外国企业法人实体,本案具有涉外因素,应当首先根据《法律适用法》以确定准据法。《法律适用法》第 50 条规定,知识产权的侵权责任,适用被请求保护地法律,当事人也可以在侵权行为发生后协议选择适用法院地法律。由于本案案涉侵权行为发生在我国境内,我国为原告请求保护其计算机软件著作权的被请求保护国,因此本案将我国法作为准据法亦无不当。

3. 我国《著作权法》第 2 条在涉外著作权保护问题上采取了"双国籍国民待遇原则"

该原则是指,只要作者的国籍或作品的国籍(其首次发表的国家)是《伯尔尼公约》成员国,则其他成员国就应对该作品给予国民待遇。案涉计算机软件作品的首次发表国为美国,而美国与我国均为《伯尔尼公约》的成员国,故原告的计算机软件作品亦受我国《著作权法》的法律保护。明确了这一点后,剩余问题便迎刃而解。

案例 2　彭某与项某侵害著作权纠纷上诉案①

【案情简介】

项某为国家一级美术师,其 2007 年 6 月出版发行了工笔人物画册《彩炫笔歌——项某工笔人物画》,其中收录了美术作品《醉荷》。2014 年 10 月 1 日,人民网发布了题为《心似莲花·胸怀天下——"鬼才田七"欧洲巡回展莫斯科拉开帷幕》的文章,该文章介绍了彭某在莫斯科举办画展的情况,其中展出有一幅美术作品《荷中仙》。11 月 17 日,人民网又发布了题为《心似莲花·胸怀天下——柏林中国文化艺术展倒计时 100 天》的文章,该文章介绍说"绢画《荷中仙》等作品也将亮相柏林",且文章前面附有该作品,并标注"绢画作品《荷中仙》作者:田七"。经比对,《荷中仙》除画幅上部有红色文字外,整个画面的构图、造型、色彩、线条等与《醉荷》完全一致,属于《醉荷》的复制品。项某认为彭某擅自复制《醉荷》,并将复制件展览,侵犯了其对《醉荷》享有的复制权、修改权、保护作品完整权、展览权、信息网络传播权和署名权,便将其告上法庭。

北京市朝阳区人民法院作为一审法院审理该案后,认定彭某涉案行为侵害了项某对美术作品《醉荷》享有的署名权、修改权、复制权、展览权,应当为此承担销毁侵权复制品、公开赔礼道歉、赔偿经济损失十万元的责任。

彭某不服一审判决提起上诉,请求撤销一审判决,改判驳回项某的诉讼请求。彭某的上诉理由为:1. 涉案美术作品《荷中仙》是其于 2008 年临摹天津杨

---

① 本案是北京法院 2017 年度知识产权司法保护十大案例之一,案号为(2015)京知民终字第 1814 号。

柳青画社出版发行的《项某人物线描画稿》中的一幅作品所创作完成的,而非临摹自《彩炫笔歌——项某工笔人物画》中的美术作品《醉荷》,该《项某人物线描画稿》是为广大绘画者临摹、借鉴之用的。该临摹行为并非著作权法意义上的复制行为,故其未侵害项某的复制权;2. 其在临摹作品《荷中仙》中增加了自己的创造性劳动,该作品具有一定的独创性,是一幅新作品;3. 其未将临摹作品《荷中仙》进行著作权法意义上的使用,未侵害项某的著作权;4. 无论该临摹作品《荷中仙》是否能够成为符合具有独创性标准的作品,其都不是一个著作权法意义上的复制件,因此其对于该临摹作品原件的展览,不应受到项某作品复制件展览权的限制;5. 其参加的涉案展览是为纪念中俄建交 65 周年而举办的公益性展览,未对《荷中仙》进行商业性使用。

【法律问题】

本案是否为涉外民事案件?如何适用法律?彭某的涉案临摹行为是否属于著作权法上的复制行为?彭某的涉案行为是否侵害项某的著作权?

【法院判决】

北京知识产权法院为本案的二审法院,其审理本案后,认为:

1. 本案属于涉外民事关系

《法律适用法》第 8 条规定:"涉外民事关系的定性,适用法院地法律。"据此,应当首先根据我国的法律确定本案是否属于涉外民事关系。2015 年《民诉法解释》第 522 条规定:"有下列情形之一,人民法院可以认定为涉外民事案件:(一)当事人一方或者双方是外国人、无国籍人、外国企业或者组织的;(二)当事人一方或者双方的经常居所地在中华人民共和国领域外的;(三)标的物在中华人民共和国领域外的;(三)产生、变更或者消灭民事关系的法律事实发生在中华人民共和国领域外的;(五)可以认定为涉外民事案件的其他情形。"本案的双方当事人均为中国公民,项某主张彭某在俄罗斯联邦莫斯科市、德意志联邦共和国柏林市展览的《荷中仙》系擅自复制其《醉荷》作品,彭某的行为侵犯其复制权、展览权和信息网络传播权。因此,本案产生的侵权民事关系的法律事实发生在俄罗斯莫斯科、德国柏林,依据上述规定,本案属于涉外民事案件。

2. 本案的准据法为我国《著作权法》

《法律适用法》第 50 条规定:"知识产权的侵权责任,适用被请求保护地法律,当事人也可以在侵权行为发生后协议选择适用法院地法律。"本案系侵害著作权纠纷,故除了可以适用被请求保护地法律外,也可以由当事人在侵权行为发生后协议选择适用法院地法律。关于协议选择适用法院地法律,2013 年《法律适用法司法解释(一)》第 8 条规定:"当事人在一审法庭辩论终结前协议选择或者变更选择适用的法律的,人民法院应予准许。各方当事人援引相同国家的法律且未提出法律适用异议的,人民法院可以认定当事人已经就涉外民事关系适用的法律做出了选择。"本案中,项某在一审中虽然没有明确列明其法律适用的选择,但其起诉状所列理由完全系从我国《著作权法》的规定出发;项某在一审法庭辩论时明确依据我国《著作权法》第 22 条的规定,主张上诉人彭某的行为是非法复制,而非临摹。彭某亦是依据我国《著作权法》对其行为进行了辩论,即双方当事人均引用了我国《著作权法》。因此可以认定,双方当事人已经就本案应适用的法律做出了选择,故本案适用我国《著作权法》。

3. 彭某的涉案临摹行为属于《著作权法》上的复制行为

首先,《著作权法》第 10 条第 5 项规定:"复制权,即以印刷、复印、拓印、录音、录像、翻录、翻拍等方式将作品制作一份或者多份的权利。"该条文采列举加"等方式"的立法模式,表明复制权所控制的复制既包括明确列举的印刷、复印、拓印、录音、录像、翻录、翻拍等,也包括上述列举之外的能将作品制作成一份或者多份的其他方式。因此,临摹并没有被排除出复制的范围。其次,复制权所控制的复制是指单纯再现了原作品或者保留了原作品的基本表达,同时又没有增加源自"复制者"的独创性劳动从而形成新的作品的行为。只要符合上述两个条件,即构成复制权所控制的复制。彭某关于"复制应当是指通过一定的技术手段,由普通人即可以较为经济的方式将原作品制作成一份或者多份复制件的行为"的主张没有法律依据,不予支持。

本案中,将彭某的《荷中仙》与项某的《醉荷》相比,两者在画面内容、人物造型、荷叶及花瓣形状、元素布局、构图、线条、色调等美术作品的实质性要素方面均一致,不同之处仅在于尺寸大小不同、人物眼神有稍许不同、色彩深浅略有差异,而尺寸的不同并不影响两者的实质性相同,两者人物眼神及颜色深浅的些许不同过于细微,且为中国传统绘画中因不同绘画者对细节的描绘方式不同而惯常出现的区别,因此彭某的《荷中仙》并未体现出其本人的具有独创性的劳动成果,而仅仅是再现了项某的美术作品《醉荷》的表达,故《荷中仙》实为《醉荷》的复制品,彭某涉案的临摹行为属于对《醉荷》的复制。综上,本院对彭某提出其涉案临摹行为不是《著作权法》意义上的复制行为的主张不予支持。

4. 彭某的涉案行为是否侵害项某的著作权及其应当承担的民事责任

本案中,彭某在以临摹的手段复制项某的涉案美术作品《醉荷》后,将该复制品用于公开展览,该行为未经项某的许可,同时亦未标明临摹自《醉荷》及指明项某的姓名,其行为属于对他人作品进行《著作权法》意义上的使用行为,侵害了项某的署名权、复制权、展览权。中国画中的题款、印章与画面内容紧密结合、遥相呼应,系一幅美术作品不可分割的组成部分,并不因为系文字和画面即可随意分割。彭某在临摹品《荷中仙》中将《醉荷》中的题款和印章删除,在不同的位置又加盖上了不同的印章,在画面上方书写了佛经《心经》,且对画面颜色深浅做了处理,侵害了项某对《醉荷》享有的修改权和保护作品完整权。彭某应对其上述侵权行为承担停止侵权、公开赔礼道歉、赔偿经济损失的法律责任。

彭某主张其参加的涉案展览属于公益性展览,但鉴于其在该展览中公开展出了临摹品《荷中仙》,且经过网络媒体予以报道,客观上会对项某行使自己作品的著作权并据此获得经济利益造成不利影响,故彭某仍应当为此承担相应的民事责任。据此,二审法院判决驳回上诉,维持原判,即:(1)彭某于判决生效之日起十日内销毁涉案侵权复制品《荷中仙》;(2)彭某于判决生效之日起三十日内履行在《法制日报》上刊登致歉函的义务,向项某公开赔礼道歉(致歉函内容须于判决生效后十日内送一审法院审核,逾期不履行,一审法院将在相关媒体上刊登本判决主要内容,所需费用由彭某承担);(3)彭某于判决生效之日起十日内赔偿项某经济损失十万元;(4)驳回项某的其他诉讼请求。

【分析评论】

1. 本案的涉外因素具有典型的知识产权特性。本案为侵犯著作权案件,彭某在临摹了项某的作品《醉荷》后,将涉案临摹品《荷中仙》擅自在俄罗斯联邦莫斯科市、德意志联邦共和国柏林市展览,导致侵犯了项某的展览权。正因彭某侵犯项某展览权的侵权事实发生在境外,本案具有了涉外因素。

2. 本案的法律适用问题一波三折。因本案具有涉外因素,应当首先适用《法律适用法》以确定准据法。《法律适用法》第50条规定:"知识产权的侵权责任,适用被请求保护地法律,当事人也可以在侵权行为发生后协议选择适用法院地法律。"本案中,二审法院并未认定"被请求保护地",相反,因双方当事人均主动适用了我国《著作权法》,二审法院根据2013年《法律适用法司法解释(一)》第8条的规定,认定双方通过默示的方式共同选择了法院地法,即我国《著作权法》。

3. 二审法院判决详细论述了涉案作品《荷中仙》是否构成对原作者美术作品《醉荷》的临摹,并明确阐述了涉案临摹行为属于著作权法上的复制行为,擅自展览临摹件且未署原作者姓名的行为构成侵害原作者的著作权。本案为典型的涉外知识产权侵权案件。

 延伸阅读

1. 朱榄叶、刘晓红主编:《知识产权法律冲突与解决问题研究》,法律出版社2004年版。

2. 王迁:《知识产权法教程》(第六版),中国人民大学出版社2019年版。

3. 徐妮娜:《著作权的国际私法问题研究》,中国社会科学出版社2015年版。

4. 马乐:《国际知识产权贸易中平行进口法律规制研究》,吉林大学 2010 年博士学位论文。

5. 齐爱民、何培育:《涉外知识产权纠纷的法律适用——兼评〈涉外民事关系法律适用法〉相关规定》,载《知识产权》2011 年第 2 期。

6. 吴汉东:《知识产权国际保护制度的变革与发展》,载《法学研究》2005 年第 3 期。

思考题

1. 简述《法律适用法》对知识产权法律适用的基本原则。

2. 试述《法律适用法》对知识产权转让和许可使用法律适用的规定。《法律适用法》第 49 条规定:"当事人可以协议选择知识产权转让和许可使用适用的法律。当事人没有选择的,适用本法对合同的有关规定。"这里的"本法"具体指什么?

3. 如何理解"知识产权的侵权责任,适用被请求保护地法律"中的"被请求保护地"?

4. 互联网时代的网络侵权责任应当如何认定?应适用什么规则?如何理解 ubiquitous infringement?

第三编 国际民商事争议的解决

第十三章 国际民事诉讼

本章提要

国际民事诉讼或涉外民事诉讼是指具有涉外因素的民事诉讼,一般是指当事人中至少有一方为外国人(或者当事人的住所、居所或惯常居所位于外国);诉讼客体是位于外国的物或导致涉外民事关系发生、变更或者消灭的法律事实发生于国外;诉讼中援用的证据具有涉外因素;法院根据冲突规范的指引,需援引某一外国法作为案件的准据法;诉讼过程中会涉及国际司法协助等。这些问题与一般国内民事案件的诉讼程序不同,需要由国际民事诉讼法或涉外民事诉讼法来专门规定。我国《民事诉讼法》第四编"涉外民事诉讼程序的特别规定"就有这方面的具体规定,如第259条规定:"在中华人民共和国领域内进行涉外民事诉讼,适用本编规定。本编没有规定的,适用本法其他有关规定。"可见,国际民事诉讼程序规范是国际私法的规范构成之一。①

主要教学内容

1. 国际民事诉讼的特点和基本原则。
2. 涉外案件管辖权的分配原则。
3. 我国涉外民事诉讼法律制度。

教学目标

1. 了解国际民事诉讼的基本原则。
2. 熟悉我国有关涉外民事诉讼的现行法律和司法解释。

第一节 国际民事诉讼法概述

一、国际民事诉讼法

国际民事诉讼法又称涉外民事诉讼程序法,是指法院在审理涉外民事案件

---

① 参见韩德培主编:《国际私法》,高等教育出版社、北京大学出版社2000年版,第7页。

时,法院和诉讼参与人在诉讼活动中必须遵守的特别程序规范的总称。这些特别规范包括涉外民商事案件的管辖权、外国人的诉讼地位、国际司法协助、外国法院判决的承认和执行、国际商事仲裁基本制度等。

二、国际民事诉讼的法律渊源

国际民事诉讼的法律渊源主要包括国内立法和国际立法。

（一）国内立法

在国际民事诉讼立法与司法实践中,诉讼程序适用法院地法是国家主权原则在一国司法领域的具体体现。国际民事诉讼程序法的主要渊源是国内民事诉讼立法与判例。从各国立法实践来看,主要有以下几种表现形式:

1. 专编或专章式

就是在国内民事诉讼法典中另辟一编或一章加以规定,或者在国际私法典中以专编或专章形式规定。例如,《法国新民事诉讼法典》第一卷第十七编第三章、第二十编第二章、第四卷第六编,《德国民事诉讼法典》第一、二、六、七、八、十编,《秘鲁民法典》第十编第四章[①],中国《民事诉讼法》第四编等,都专门规定了国际民事诉讼程序中的有关问题。有些欧洲国家则在国际私法典中辟出几章几节规定国际民事诉讼法的内容。例如,1987年《瑞士联邦国际私法》在第一章第一节规定了涉外民事案件管辖权的基本原则,在以后各章节中还规定了各类涉外民事案件的管辖权、外国判决的承认与执行等具体内容。

2. 颁布单行法规

一些国家就国际民事诉讼中的某一方面问题,通过颁布单行法规的形式予以确定,例如日本1938年的《外国法院司法协助法》、英国1975年的《域外证据法》、美国1976年的《国家主权豁免法》等。

3. 制定专门的实施规则

例如,我国为了遵守已参加或缔结的国际条约而专门制定的实施规则,包括1986年《最高人民法院、外交部、司法部关于我国法院和外国法院通过外交途径相互委托送达法律文书若干问题的通知》、1987年《最高人民法院关于执行我国加入的〈承认及执行外国仲裁裁决公约〉的通知》,以及1988年《最高人民法院关于执行中外司法协助协定的通知》、2020年《最高人民法院关于依据国际公约和双边司法协助条约办理民商事案件司法文书送达和调查取证司法协助请求的规定》等。

除了上述国内立法以外,英美法系国家主要以判例法的形式规定国际民事诉讼法。在这些国家,判例的编纂往往是由学者完成的。例如,英国学者戴西

---

① 参见刘仁山主编:《国际私法》(第六版),中国法制出版社2019年版,第420页。

(Dicey)、莫里斯(Morris)撰写了《冲突法》；美国学者里斯(Reese)教授主持编撰了1971年《美国第二次冲突法重述》；加拿大学者卡斯特尔(J. G. Castel)撰写了《加拿大冲突法》等。这些书中不仅汇集了大量的涉外民事诉讼程序方面的判例，而且对各类判例所确立的规则进行了系统化的梳理和总结①，从而汇编成为这些国家的法院审理涉外民事案件所依据的法律渊源。

(二)国际立法

国际立法主要是指有关涉外民事诉讼程序方面的国际条约，包括双边条约和多边条约。其中比较有影响的是美洲国家1928年签订的《布斯塔曼特法典》（该法典第四卷专门规定了国际民事诉讼规则）、北欧国家1933年签订的《关于司法判决的承认公约》、欧共体1968年在布鲁塞尔签订的《民商事管辖权和判决执行公约》，以及1988年《卢加诺民商事司法管辖权和判决执行公约》。

目前，以国际组织名义签订的具有普遍性的国际条约是国际立法中最有影响的一部分。这些条约主要有：

1. 海牙国际私法会议通过的有关国际民事诉讼的主要条约，包括1954年《国际民事诉讼程序公约》、1958年《关于承认与执行扶养义务判决的国际公约》、1958年《关于国际有体动产买卖案件协议管辖权公约》、1965年《送达公约》、1965年《协议选择法院公约》、1970年《关于从国外调取民事或商事证据的公约》、1971年《承认与执行外国民商事判决公约》、1973年《扶养义务判决的承认与执行公约》、1980年《国际司法救助公约》、2019年《承认与执行外国民商事判决公约》等。②

2. 联合国制定的有关国际民事诉讼的国际条约，包括1958年《纽约公约》、1961年《维也纳外交关系公约》、1963年《维也纳领事关系公约》以及2004年《国家豁免公约》等。③

三、国际民事诉讼的基本原则

国际民事诉讼的基本原则是指制定和实施国际民事诉讼法规范、处理国际民商事法律争议所必须遵循的基本准则，它贯穿于整个国际民事诉讼法领域，并在各个诉讼阶段对任何诉讼参与人都具有普遍的指导意义。④ 从各国的立法与司法实践来看，一般都认为国家主权原则、国民待遇原则、平等互惠原则和遵守

---

① 参见刘仁山主编：《国际私法》（第六版），中国法制出版社2019年版，第424页。
② 上述条约的具体内容详见于海牙国际私法会议官网，https://www.hcch.net/en/instruments/conventions，2020年4月29日访问。
③ 上述条约的具体内容详见于联合国官网，https://treaties.un.org/Pages/UNTSOnline.aspx?id=2&clang=_en，2020年4月29日访问。
④ 韩德培主编：《国际私法新论》，武汉大学出版社1997年版，第604页。

国际条约和国际惯例原则是各国必须遵守的基本原则。

（一）国家主权原则

在国际民事诉讼中，国家主权原则主要体现在一国具有属地管辖权和属人管辖权。属地意味着国家有权通过立法形式对境内的所有诉讼活动和行为作出规定，国家还可以根据本国的政治、经济和社会利益规定对某些涉外案件行使专属管辖权；属人意味着一国可以根据国籍原则对境外的本国法人或自然人行使管辖权。此外，在以国家作为民事关系特殊主体时，国家及其财产还享有司法豁免权。非经有关国家明确表示放弃，其他国家的法院无权受理以外国国家作为被告的诉讼。

（二）国民待遇原则

国民待遇原则是指，内国给予外国人的待遇和给予本国人的待遇相等，即给予本国人的民事诉讼权利，也同样给予在本国境内的外国人。在国际民事诉讼法领域，国民待遇原则包含两方面内容：其一，外国人在内国境内享受与内国国民同等的诉讼权利、承担同等的诉讼义务，其诉讼权利不因其为外国人而受到限制；其二，外国人在内国境内享受的诉讼权利不能超出内国国民所能享受的权利范围，任何基于所谓"文明世界"的"国际标准"或"最低标准"而要求超出当地国民所享有的权利范围的主张都是不合理的。[①]

（三）平等互惠原则

平等互惠是国民待遇原则在国际民事诉讼法领域的具体体现。各国立法都在平等互惠的前提下，给予对方国民同样的民事诉讼权利，以及给予同样的司法协助，包括承认和执行对方法院的判决和仲裁裁决等。

（四）遵守国际条约和国际惯例原则

国际条约和国际惯例是国际民事诉讼法的重要渊源，各国立法中都将这一渊源纳入本国法的法律渊源。根据"条约必须信守原则"，一国在处理某一涉外民事案件时应优先适用本国参加的国际条约；在国际条约和国内立法没有规定的情况下，应参照国际惯例对有关争议的解决办法，作出合理、公正的判决。

第二节 国际民事管辖权制度

一、国际民事管辖权的一般概念

（一）国际民事管辖权的含义

国际民事管辖权是指一国法院根据本国法或本国缔结或参加的国际条约的

[①] 参见韩德培主编：《国际私法新论》，武汉大学出版社1997年版，第606页。

规定,对某一涉外民事案件享有审判权的一种资格。为了区别于国内管辖权,有的国家将这种管辖权称为"国际管辖权"(international jurisdiction),而将国内民事诉讼法规定的管辖权称为"国内管辖权"(local jurisdiction)。[①]

一般而言,国际民事管辖权主要涉及以下两个问题:其一,某一涉外民事案件应由哪一国(法域)法院管辖;其二,确定管辖权后由该国的哪一级或哪一类型的法院受理。这里的第一个问题是国际民事管辖权所要解决的核心问题,即一国(法域)应根据哪些原则或标准来决定本国(法域)法院是否对某一涉外案件享有管辖权。与国内民事管辖权相比,国际民事管辖权具有以下特点:第一,它是一种具有强制性的司法管辖权,这与国际商事仲裁管辖权有本质上的区别。第二,它是一种具有"国际性"的管辖权。这种国际性表现为国与国之间对涉外民事案件管辖权的分配规则,以及其管辖权的法律依据来自国内法或国际条约中的相关规定。

(二) 国际民事管辖权的类型

由于两大法系法律传统不同,对国际民事管辖权的基本原则和分类标准各不相同,从而形成以下不同类型的国际民事管辖权。

1. 对人诉讼与对物诉讼

英美法系国家对管辖权的基本分类是对人诉讼管辖权和对物诉讼管辖权。对人诉讼管辖权的目的在于解决当事人对于所争执的标的物的权利与利益,例如不履行合同或侵权行为等引起的诉讼。法院对此类案件的判决只涉及双方当事人,因而对这种诉讼管辖权以有关诉讼的传票能否送达被告人为基础;而对物诉讼管辖权的目的在于通过法院的判决确定某一特定财产的权利或当事人的权利,如有关房地产的诉讼、有关身份问题的诉讼以及海商案件的诉讼。对物诉讼的判决的效力不仅涉及双方当事人,还涉及所有与当事人或特定财产有法律关系的其他人。因此,法院对这种诉讼管辖权的依据是以有关当事人的住所或习惯居所在法院国境内或有关标的物在法院国境内为基础。[②]

2. 属地管辖与属人管辖

大陆法系国家对管辖权的基本分类是属地管辖权和属人管辖权。属地管辖权强调一国法院对其领域内的一切人、物以及法律事件和行为都享有管辖权,其基础就是被告人在法院所属国境内设有住所或习惯居所,或者是物之所在地或法律事件和行为发生地在该国领域内;属人管辖权则侧重于诉讼当事人的国籍,其基础就是诉讼当事人中有一方是该法院地国的国民。

---

① 参见〔德〕马丁·沃尔夫:《国际私法》(第二版),李浩培、汤宗舜译,北京大学出版社2009年版,第57页。

② 同上书,第71—83页。

3. 专属管辖与任意管辖

专属管辖权是指,国家对特定范围内的民商事案件无条件地享有专属管辖权,从而排除其他国家法院对这类民商事案件的管辖权。从各国的司法实践来看,一般都在其国内民事诉讼法和参与缔结的国际条约中把那些与国家的公共政策有关的法律关系规定为本国的专属管辖权范围。任意管辖权是指,对于一些与本国的重大政治、经济利益关系不大的民事诉讼案件,可以由其他国家的法院行使管辖权。如因合同纠纷引起的诉讼,既可以由合同履行地,也可以由合同签订地的法院管辖;航空运输中发生的诉讼,可以由运输始发地、目的地或者合同签订地法院管辖。对于任意管辖的案件,原告可依法选择管辖法院。①

4. 强制管辖与协议管辖

强制管辖是指,国家考虑到某些诉讼案件的审理与社会、政治、经济的稳定与发展有重大利益关系,因而在法律上规定这类诉讼由内国法院统一实行管辖,不允许当事人选择管辖或协商予以改变。协议管辖是指,对于某些不影响国家重大政治、经济利益的案件,允许当事人通过协议将一定范围内的国际民商事案件交由某国法院管辖。

(三)国际民事管辖权的意义

国际民事管辖权在国际民事诉讼法中占有十分重要的地位,其意义表现在三个方面:第一,国际民事管辖权的确立是一国法院审理有关案件的前提条件。一国法院只有根据有关国内法或国际条约的规定,对某一涉外案件确立管辖权后才能受理该案,进而依法审理、域外送达、取证,要求他国法院承认和执行该判决。反之,没有管辖权,一国法院就无权受理该案,由此作出的判决也无法得到外国法院的承认和执行,这将使所有程序都变得毫无意义。第二,国际民事管辖权的确立是一国国家主权在国际民事诉讼领域的具体表现。根据国家主权原则,任何主权国家都有属地管辖权和属人管辖权。属地管辖权是指国家有权对其境内的一切人、物和行为行使司法管辖权;而属人管辖权是指国家有权管辖在国外的本国国民。第三,国际民事管辖权的确立直接影响到当事人的权利义务和审判结果。同一涉外民事案件在不同国家法院审理,会因各国法院对案件的定性不同而适用不同的冲突规范,进而导致适用不同的准据法,使审判结果各不相同,从而直接影响到当事人的权利义务。

二、国际民事管辖权的冲突

(一)国际民事管辖权冲突产生的原因

国际民事管辖权产生冲突的原因主要是各国法律传统不同和立法理念差

---

① 参见黄进主编:《国际私法》,法律出版社 1999 年版,第 890 页。

异。在民事诉讼法领域,各国比较一致的做法是,承认外国国家、外国国家元首和外交代表、国际组织及其官员享有司法豁免权,其他规则都由各国根据本国情况制定。国际社会至今还没有制定有关国际民事管辖权方面的统一公约。英美法系国家一般把民事诉讼管辖权分为对人诉讼管辖权和对物诉讼管辖权,并根据"有效控制原则"来确定内国法院是否具有管辖权;而大陆法系国家一般都以有关诉讼当事人是否具有内国国籍、被告在内国是否有住所或习惯居所、有关诉讼标的物是否处在内国等因素来确定内国法院对这些案件是否享有管辖权。

(二)国际民事管辖权冲突的解决途径

坚持"国际协调原则"是解决国际民事案件管辖权冲突的有效途径。例如,在立法方面,内国应尽量减少在本国民事诉讼法中有关专属管辖权的规定;适当增加涉外案件协议管辖的范围;在涉外民事诉讼法律规定中增加双边冲突规范条款,通过冲突规范来确定国际民事管辖权。在司法方面,内国应尊重外国人及外国国家的民事诉讼地位,在司法上充分保证有关当事人通过协议选择管辖法院的权利;根据法律和国际条约的规定,承认该外国法院正在进行或已经终结的诉讼程序的法律效力,坚持一事不再审原则,这可以从司法上避免和消除国际民事案件管辖权的积极冲突。

此外,国际社会也在积极通过双边条约或多边条约来统一国际民事管辖权规则,例如 1952 年布鲁塞尔《关于船舶碰撞中民事管辖权若干规则的国际公约》、1958 年海牙《国际有体动产买卖协议管辖权公约》、1965 年海牙《收养管辖权、法律适用和判决承认公约》、1969 年布鲁塞尔《国际油污损害民事责任公约》、1977 年里约热内卢《统一船舶碰撞中有关民事管辖权、法律选择、判决的承认和执行方面若干规则的公约》、1971 年海牙《关于承认和执行外国民商事判决公约》、1988 年卢加诺《民商事司法管辖权和判决执行公约》等。

目前,比较有影响的是 2005 年海牙《选择法院协议公约》。该公约已于 2015 年生效,我国于 2017 年 9 月 12 日签署该公约。[①]《选择法院协议公约》是国际私法统一化进程中的重要里程碑,体现了各国对于统一国际管辖权和承认与执行问题的迫切需求。《选择法院协议公约》共 34 条,分为五章,涉及公约适用的范围和定义、管辖权、承认和执行、一般条款和最终条款。从公约的内容来看,体现了以下三项基本原则:第一,被选择法院有义务受理案件;第二,被选择法院以外的法院有义务拒绝行使管辖权;第三,被选择法院做出的判决在其他国家应当得到承认和执行。[②]

---

① 参见《驻荷兰大使吴恳代表中国政府签署〈选择法院协议公约〉》,https://www.mfa.gov.cn/web/wjdt_674879/zwbd_674895/t1492319.shtml,2020 年 4 月 24 日访问。

② 参见孙南申、杜涛主编:《当代国际私法研究:21 世纪的中国与国际私法》,上海人民出版社 2006 年版,第 535 页。

三、国际民事管辖权的一般原则

综观各国的立法与司法实践,在国际民事诉讼领域主要根据以下几项原则来确定国际民事案件的管辖权。

(一)属地管辖原则

属地管辖原则又称地域管辖原则,它是国家主权原则在国际民事诉讼领域的体现。它主张一国法院基于领土主权原则,对其所属国境内的一切人、物以及法律事件和法律行为享有管辖权。在具体案件中,有关当事人特别是被告的住所地、居所地、惯常居所地;有关诉讼标的物所在地、被告财产所在地;有关的法律事实包括法律行为和法律事件发生地,如合同签订地、合同履行地、侵权行为发生地、不当得利发生地、无因管理发生地等连结点都是属地管辖权的依据。

(二)属人管辖原则

属人管辖原则同样是国家主权原则在国际民事管辖权问题上的体现。这一原则强调诉讼当事人的国籍,主张一国法院对于涉及本国国民的涉外民事案件都享有管辖权。大陆法系中,以法国为代表的拉丁法系国家一般都采纳属人管辖原则。

(三)专属管辖原则

专属管辖原则是国家主权原则在国际民事管辖权领域的突出表现。它强调一国法院对于那些与国家利益有关的民事案件,如有关国家公共政策或重大的政治经济问题,国家应享有专属管辖权,从而排除其他国家法院对该案的管辖权,或排除当事人协议选择管辖权。无论是大陆法系国家还是英美法系国家,都在本国民事诉讼法中将某些领域的民事案件规定为本国的专属管辖权。

(四)协议管辖原则

协议管辖原则是意思自治原则在国际民事管辖权领域的体现。它主张对那些于国家利益影响不大的国际民事案件,可以由双方当事人协议选择管辖法院。目前,这一原则已被大多数国家采纳。一些国家在立法中都倾向于在一个相当广泛的范围内尊重当事人的意思表示,在不与内国专属管辖权规定相抵触的前提下,双方当事人都可以协议选择管辖法院。

第三节 外国人及外国国家的民事诉讼地位

一、外国自然人与法人的民事诉讼地位

外国人的国际民事诉讼地位是指,外国自然人和法人在某一国境内享有何种诉讼权利、承担哪些诉讼义务,并在多大程度上享有诉讼权利能力和诉讼行为

能力。这里指的外国人还应包括无国籍人、国籍不明者、享有豁免权的外交代表。

在国际私法中,外国人的民事诉讼地位是进行国际民事诉讼的前提条件,各国在立法中都会遵守以下原则。

(一)国民待遇原则

从各国的民事诉讼立法和有关国际条约来看,一般都原则性地规定对外国人的民事诉讼地位给予国民待遇,即一国赋予在本国境内的外国人享有与本国国民同等的诉讼权利。实践中,为了确保本国国民在外国也能享有与外国国民同等的民事诉讼权利,各国往往在给予外国人国民待遇的同时附有对等或互惠条件。

(二)属人法原则

在各国立法中一般都根据属人法原则来确定外国人的民事诉讼行为能力。诉讼行为能力是决定一个人诉讼地位的重要因素,它直接影响一个人诉讼权利的行使。对于外国人能否或在多大程度上以自己的行为有效地行使诉讼权利和承担诉讼义务,各国在民事诉讼法中都有明确的规定。大陆法系国家,如德国、日本等国都规定外国人的民事诉讼行为能力依其本国法(或国籍法);英美法系国家则原则上根据当事人的住所地法来决定其民事诉讼行为能力。[①]

此外,为了保护当事人的利益和保证民商事法律关系的稳定,许多国家在规定属人法的同时,还规定了一个补充条款,即如果依法院地法外国人具有民事诉讼行为能力,即视为有诉讼行为能力。如2017年《日本民事诉讼法》第33条规定:"外国人依据日本法享有诉讼能力者视为有诉讼能力,不受其本国法律约束。"[②]我国的立法与司法实践也采纳这一做法。

(三)对外国人诉讼代理和诉讼费用担保的特别规定

诉讼代理是指诉讼代理人根据法律规定、法院指定或诉讼当事人及其法定代理人的委托,而以当事人本人的名义代为诉讼的一种法律制度。一般有法定代理、指定代理和委托代理。国际民事诉讼中的诉讼代理主要是指委托代理和领事代理。目前,在各国民事诉讼法中都规定了诉讼代理制度,一般都允许国际民事诉讼程序中的外国当事人委托诉讼代理人代为进行诉讼活动。

有关诉讼费用担保制度是指,审理国际民商事案件的法院依据内国诉讼法的规定,要求作为原告的外国人在起诉时提供以后可能判决由其负担的诉讼费用的担保。[③] 实际上,这是一种限制外国人诉讼权利的特殊制度。要求外国人

---

① 参见黄进主编:《国际私法》,法律出版社1999年版,第879页。
② 参见陈刚主编:《比较民事诉讼法》(2006年卷·总第六卷),中国法制出版社2007年版,第288页。
③ 需要说明的是,这里所说的诉讼费用不包括案件受理费,而是指当事人、证人、鉴定人、翻译人员的差旅费、出庭费及其他的诉讼费用。

提供诉讼费用担保,主要是考虑到诉讼成本在审理案件国的负担,防止一方当事人滥用诉讼权利或原告败诉后逃避缴纳诉讼费的义务。

二、外国国家的民事诉讼地位

(一) 国家及其财产的司法豁免权

司法豁免权是指,一个国家及其财产非经该国明确同意不得被他国法院提起诉讼,其财产不得被他国依法扣押或强制执行。这是国家主权原则在国际民事诉讼领域的具体表现。根据国际法规则,国家及其财产所享有的司法豁免权一般包括以下三方面:

1. 司法管辖豁免。它是指非经某一外国国家明确同意,任何国家的法院都不得受理以该外国国家为被告或以该外国国家财产为诉讼标的的案件。

2. 诉讼程序豁免。它是指即使外国国家明确同意放弃司法管辖豁免权而作为被告在一国法院参加诉讼,也享有诉讼程序上的豁免权,即在没有征得该国明确同意之前,不得强迫其出庭作证或提供证据以及实施其他诉讼行为,也不得对该国的国家财产采取诉讼保全等强制措施。

3. 强制执行豁免。一国对某项豁免权的放弃都以明示表示,并且具有严格的针对性。即使国家作为一方当事人参与了某一诉讼程序并被判定为败诉,非经该国明确同意,仍不得根据有关法院的判决对它的财产实行强制执行。

各国在处理有关以国家为主体的涉外案件时都比较慎重,大都通过外交途径,根据互惠、对等和平等协商原则来商讨有关国家的司法豁免权问题,以合理解决有关外国国家的民事诉讼地位。在国际法上,除非有双边或国际条约的规定,一般都原则上承认外国国家的司法豁免权。

(二) 绝对豁免理论与相对豁免理论

在国家司法豁免权问题上存在绝对豁免理论与相对豁免理论(又称限制豁免论)的争论。绝对豁免理论是指,不论国家从事公法上的行为还是私法上的行为,除非该国自愿放弃豁免,否则其他国家都应给予豁免。从20世纪20年代起西方一些国家相继接受了"限制豁免理论"。它们的主要观点是,应该将国家行为区分为"公法行为"和"私法行为",即将国家从事商业活动的行为识别为"私法行为",限制其司法豁免权。美国于1976年10月21日通过了《外国主权豁免法》(The Foreign Sovereign Immunities Act of 1976),首次将"限制豁免理论"以国内立法形式确定下来。英国在1978年7月20日也颁布了《国家豁免法》。之后,加拿大、新加坡、巴基斯坦等国都纷纷制定了类似的法律,进一步肯定了限制豁免理论。[①] 目前,各国对国家司法豁免权理论仍然存在分歧。

---

① 参见黄进:《国家及其财产豁免问题研究》,中国政法大学出版社1987年版,第58—74页。

2004年12月16日,第59届联合国大会上一致通过了《国家豁免公约》。该公约第5条重申了"国家及其财产在另一国法院享有管辖豁免"的一般原则,这表明公约仍然确认国家在"国内法律体系中"扮演着首要角色。但是,第5条同时也规定国家享有的豁免权必须"遵照公约的规定";①第10至17条还规定了8种国家豁免的例外情形②,即公约授权国内法院在某些情况下可以对国家"具体用于或意图用于政府非商业性用途以外目的"的财产采取强制措施。这表明《国家豁免公约》在强调国家在"国内法律体系"中的特殊地位的同时,在有关商业交易、合同等领域又把国家置于与自然人和法人同等的法律地位。《国家豁免公约》的出台将结束各国在国家豁免问题上各自为政的局面,肯定了国家豁免是一项国际法规则,而不仅仅是法院地国出于国际礼让给予外国的特权。在"豁免"与"不豁免"的问题上,《国家豁免公约》肯定了"豁免"是原则,"不豁免"是例外。正如它在绪言中郑重申明的:"国家及其财产的管辖豁免是一项普遍接受的习惯国际法原则",并强调"习惯国际法规则仍然适用于公约没有规定的事项。"无论对缔约国还是非缔约国来说,《国家豁免公约》明确和巩固了国家豁免作为国际习惯法原则的法律地位,对国内立法和司法实践将产生重要的影响。③

我国于2005年9月14日正式签署了《国家豁免公约》,但该公约目前尚未生效。④ 我国《民事诉讼法》《外交特权与豁免条例》和《领事特权与豁免条例》只针对外交豁免作了相应规定,但未涉及国家豁免问题。在理论和实践中,我国均坚持国家及其财产豁免原则。凡国家从事的一切活动,除国家自愿放弃豁免外,享有豁免;在实践中,已把国家本身的活动和国营公司或企业的活动、国家国库财产和国营公司或企业的财产区分开来,国营公司和企业是具有独立法律人格的经济实体,不应享有豁免;在外国国家任意侵犯中国国家及其财产的豁免权的情况下,中国实行对等原则,采取相应的报复措施。⑤

---

① 《国家豁免公约》第5条规定:"一国本身及其财产遵照本公约的规定在另一国法院享有管辖豁免。"参见联合国公约与宣言检索系统,https://www.un.org/zh/documents/treaty/files/A-RES-59-38.shtml,2020年4月27日访问。

② 这8种例外情形分别出现在以下几方面商业交易;雇用合同;人身伤害和财产损失;财产的所有、占有和使用;知识产权和工业产权;参加公司或其他集体机构;国家拥有或经营的船舶;仲裁协定的效果。参见联合国公约与宣言检索系统,https://www.un.org/zh/documents/treaty/files/A-RES-59-38.shtml,2020年4月27日访问。

③ 参见夏林华:《联合国〈国家及其财产管辖豁免公约〉与国际法律秩序》,载《时代法学》2006年第6期;王虎华、罗国强:《〈联合国国家及其财产管辖豁免公约〉规则的性质与适用》,载《政治与法律》2007年第1期。

④ 《国家豁免公约》第30条第1款规定:"公约应自第三十份批准书、接受书、核准书或加入书交存联合国秘书长之日后第三十天生效。"目前已有28个国家签署,21个国家批准该公约。参见联合国公约与宣言检索系统,https://www.un.org/zh/documents/treaty/files/A-RES-59-38.shtml,2020年4月30日访问。

⑤ 参见曾令良、冯洁菡主编:《中国促进国际法治报告(2014年)》,武汉大学出版社2015年版,第393页。

三、国际组织的民事诉讼地位

国际组织是由若干国家基于一定的目的,以国际条约或其他正式法律文件建立起来的一个常设性机构。国际组织作为涉外民事关系的主体必须具备一定的法律人格,以行使权利并承担义务。从国际社会的立法与司法实践来看,国际组织一般都是基于一定的国际条约在有关国家的法院诉讼程序中享有绝对豁免权。这是国际组织作为涉外民事关系主体的特殊性决定的,因为国际组织享有的特权和豁免是基于其行使职能的需要。《专门机构特权和豁免权公约》第5条第16款规定:"授予特权和豁免权不是为会员国代表的个人利益,而是为保障他们能独立执行有关专门机构的职责……"①《联合国宪章》第105条规定,联合国组织在各成员国境内享有达成其宗旨所必需的特权与豁免,联合国各成员国的代表及联合国的职员也同样享有独立行使关于本组织的职务所必需的特权与豁免。② 此外,1965年在华盛顿签订的《关于解决国家和他国国民之间投资争端公约》第20条也明确规定:"中心及其财产和资产享有豁免一切法律诉讼的权利,除非中心放弃这种豁免。"该公约第21条还进一步规定,中心的主席、行政理事会成员、担任调解员或仲裁员的人员或按照第52条第3款任命的委员会成员以及秘书处的官员的雇员在履行其职责时的一切行动,享有豁免法律诉讼的权利,除非中心放弃此种豁免。③《马拉喀什建立世界贸易组织协定》第8条中也有类似规定:"WTO具有法律人格,WTO每一成员均应给予WTO履行其职能所必需的法定资格。WTO每一成员均应给予WTO履行其职能所必需的特权和豁免。"④可见,某一国际组织在多大程度上享有权利(包括民事诉讼权利)和承担义务(包括民事诉讼义务),一般都是由该组织的各成员国在建立有关组织的基本文件或其他有关条约中加以规定。

第四节 我国涉外民事诉讼法律制度

一、我国涉外民事诉讼的法律渊源

我国涉外民事诉讼的法律渊源主要有国内法渊源和国际法渊源两方面。国

---

① 参见国际卫生组织网站,https://apps.who.int/gb/bd/PDF/bd47/CH/convention-ch.pdf,2020年4月27日访问。
② 参见联合国网站,https://www.un.org/zh/sections/un-charter/chapter-xvi/index.html,2020年4月27日访问。
③ 参见中国人大网,http://www.npc.gov.cn/wxzl/gongbao/2000-12/14/content_5002747.htm,2020年4月27日访问。
④ 参见中华人民共和国条约数据库,http://treaty.mfa.gov.cn/tykfiles/20181217/1545037548391.pdf,2020年4月27日访问。

内法渊源表现为国内立法和司法解释两大类。

(一) 国内法渊源

1. 《民事诉讼法》

《民事诉讼法》于1991年4月颁布,并经过2007年10月、2012年8月以及2017年6月三次修订,共计四编二十七章284条,其中第四编为"涉外民事诉讼程序的特别规定",共五章,分别是:"一般原则"(第259—264条)、"管辖"(第265—266条)、"送达、期间"(第267—270条)、"仲裁"(第271—275条)以及"司法协助"(第276—283条)。《民事诉讼法》是目前我国法院审理涉外民商事案件的主要法律渊源。

2. 最高人民法院的司法解释

最高人民法院对民事诉讼法所做出的具有普遍约束力的司法解释、针对具体涉外案件所作出的批复,对我国现阶段涉外民事诉讼制度的完善具有重要意义。这方面的司法解释主要有两类:第一类是最高人民法院颁布的与涉外民事诉讼有关的司法解释,如2020年《最高人民法院关于人民法院受理申请承认外国法院离婚判决案件有关问题的规定》[①]、2020年《管辖规定》[②]等;第二类为最高人民法院或最高人民法院会同有关部门为执行我国缔结或参加的国际条约而制定的执行性规则的规定,如1986年《最高人民法院、外交部、司法部关于我国法院和外国法院通过外交途径相互委托送达法律文书若干问题的通知》、1987年《最高人民法院关于执行我国加入的〈承认及执行外国仲裁裁决公约〉的通知》、2020年《最高人民法院关于依据国际公约和双边司法协助条约办理民商事案件司法文书送达和调查取证司法协助请求的规定》[③]等。

(二) 国际法渊源[④]

国际法渊源主要包括我国参加的国际条约和我国与其他国家签订的双边协定。根据我国法律规定,这类国际条约是涉外民事诉讼程序最主要的国际法渊源。《民事诉讼法》第260条规定:"中华人民共和国缔结或者参加的国际条约同

---

① 1999年12月1日最高人民法院审判委员会第1090次会议通过,根据2020年12月23日最高人民法院审判委员会第1823次会议通过的《最高人民法院关于修改〈最高人民法院关于人民法院民事调解工作若干问题的规定〉等十九件民事诉讼类司法解释的决定》修正,自2021年1月1日起施行。

② 2001年12月25日最高人民法院审判委员会第1203次会议通过,根据2020年12月23日最高人民法院审判委员会第1823次会议通过的《最高人民法院关于修改〈最高人民法院关于人民法院民事调解工作若干问题的规定〉等十九件民事诉讼类司法解释的决定》修正,自2021年1月1日起施行。本次修订中有关涉外民事诉讼程序特别规定的相关条款没有变化。

③ 2013年1月21日最高人民法院审判委员会第1568次会议通过,根据2020年12月23日最高人民法院审判委员会第1823次会议通过的《最高人民法院关于修改〈最高人民法院关于人民法院民事调解工作若干问题的规定〉等十九件民事诉讼类司法解释的决定》修正,自2021年1月1日起施行。

④ 一般认为,有关国际民事诉讼的国际条约最早出现在欧洲,但直至19世纪末期,关于国际民事诉讼的"国际立法"才得到迅速发展。目前,有影响的多边国际条约主要是海牙国际私法会议通过的有关国际民事诉讼的国际条约,以及由联合国制定的有关国际民事诉讼的国际条约。

本法有不同规定的,适用该国际条约的规定,但中华人民共和国声明保留的条款除外。"这一规定体现了我国在国际民事诉讼中遵守"条约必须信守"的国际法原则。

在涉外民事诉讼方面,我国已加入的国际公约有:1986年加入的1958年《纽约公约》,1991年批准加入的1965年海牙《送达公约》,1997年批准加入的1970年《关于从国外调取民事或商事证据的公约》,等等。自1987年与法国谈判缔结我国首个民商事司法协助协定以来,截至2019年7月,我国共签署刑事司法协助条约45项(36项生效)[①],民刑事司法协助条约19项(全部生效)[②],民商事司法协助条约20项(18项生效)[③]。

二、涉外民商事案件的管辖权

我国涉外民事案件的管辖权制度由现行《民事诉讼法》规定。该法第二章是民事案件管辖权的一般规定,而第四编第二十四章则是对涉外民商事案件的管辖权作了一些特别的规定。《民事诉讼法》第259条规定:"在中华人民共和国领域内进行涉外民事诉讼,适用本编规定。本编没有规定的,适用本法其他有关规定。"《海事诉讼法》第2条规定:"在中华人民共和国领域内进行海事诉讼,适用《中华人民共和国民事诉讼法》和本法。本法有规定的,依照其规定。"此外,最高人民法院就有关涉外民事案件管辖权的司法解释以及我国加入的国际条约,也是我国决定涉外案件管辖权的依据和标准。根据以上国际条约、法律和司法解释的规定,我国对国际民事案件管辖权的规定主要在以下几方面。

(一)一般管辖

一般管辖是以地域管辖为原则,以被告所在地作为确定管辖权的标准。《民事诉讼法》第21条规定:"对公民提起的民事诉讼,由被告住所地人民法院管辖;

---

① 与我国签署刑事司法协助条约的45个国家为:爱沙尼亚、奥地利(尚未生效)、保加利亚、比利时、波黑、法国、拉脱维亚、马耳他、葡萄牙、意大利、英国、阿拉伯联合酋长国、巴基斯坦、菲律宾、韩国、马来西亚、日本、斯里兰卡、泰国、亚美尼亚、伊朗(尚未生效)、印度尼西亚、阿根廷、澳大利亚、巴巴多斯(尚未生效)、巴西、秘鲁、哥伦比亚、格林纳达、加拿大、美国、墨西哥、委内瑞拉、新西兰、阿尔及利亚、肯尼亚(尚未生效)、刚果(布)(尚未生效)、纳米比亚、毛里求斯(尚未生效)、摩洛哥(尚未生效)、南非、塞内加尔(尚未生效)、突尼斯、西班牙、厄瓜多尔(尚未生效)。参见外交部官网,https://www.fmprc.gov.cn/web/ziliao_674904/tytj_674911/tyfg_674913/P020190813358427678362.xls,2020年4月28日访问。

② 与我国签署民刑事司法协助条约的19个国家为:波兰、蒙古、罗马尼亚、俄罗斯、土耳其、乌克兰、古巴、白俄罗斯、哈萨克斯坦、埃及、希腊、塞浦路斯、吉尔吉斯、塔吉克斯坦、乌兹别克斯坦、越南、老挝、立陶宛、朝鲜。参见外交部官网,https://www.fmprc.gov.cn/web/ziliao_674904/tytj_674911/tyfg_674913/P020190813358427678362.xls,2020年4月28日访问。

③ 与我国签署民商事司法协助条约的20个国家为:法国、意大利、比利时(尚未生效)、西班牙、保加利亚、泰国、匈牙利、摩洛哥、新加坡、突尼斯、韩国、科威特、巴西、阿尔及利亚、秘鲁、波黑、埃塞俄比亚、阿拉伯联合酋长国、伊朗(尚未生效)、阿根廷。参见外交部官网,https://www.fmprc.gov.cn/web/ziliao_674904/tytj_674911/tyfg_674913/P020190813358427678362.xls,2020年4月28日访问。

被告住所地与经常居住地不一致的,由经常居住地人民法院管辖。对法人或者其他组织提起的民事诉讼,由被告住所地人民法院管辖。同一诉讼的几个被告住所地、经常居住地在两个以上人民法院辖区的,各该人民法院都有管辖权。"此外,《民事诉讼法》第17条规定:"基层人民法院管辖第一审民事案件,但本法另有规定的除外。"第18条规定:"中级人民法院管辖下列第一审民事案件:(一)重大涉外案件;[①](二)在本辖区有重大影响的案件;(三)最高人民法院确定由中级人民法院管辖的案件。"根据《民事诉讼法》第259条的规定,第二章"管辖"中的有关规定也可适用于涉外民事诉讼。

值得一提的是,2001年12月25日通过的《管辖规定》第1条规定:"第一审涉外民商事案件由下列人民法院管辖:(1)国务院批准设立的经济技术开发区人民法院;(2)省会、自治区首府、直辖市所在地的中级人民法院;(3)经济特区、计划单列市中级人民法院;(4)最高人民法院指定的其他中级人民法院;(5)高级人民法院。上述中级人民法院的区域管辖范围由所在地的高级人民法院确定。"第3条规定:"本规定适用于下列案件:(1)涉外合同和侵权纠纷案件;(2)信用证纠纷案件;(3)申请撤销、承认与强制执行国际仲裁裁决的案件;(4)审查有关涉外民商事仲裁条款效力的案件;(5)申请承认和强制执行外国法院民商事判决、裁定的案件。"第4条规定:"发生在与外国接壤的边境省份的边境贸易纠纷案件,涉外房地产案件和涉外知识产权案件,不适用本规定。"第5条规定:"涉及香港、澳门特别行政区和台湾地区当事人的民商事纠纷案件的管辖,参照本规定处理。"第6条规定:"高级人民法院应当对涉外民商事案件的管辖实施监督,凡越权受理涉外民商事案件的,应当通知或者裁定将案件移送有管辖权的人民法院审理。"对涉外案件实行集中管辖,将有利于我国法院加强审判力量,提高审判质量,以完善我国涉外民事诉讼法律制度。

(二)特殊管辖

我国《民事诉讼法》第二章"管辖"中的第二节"地域管辖"规定了特殊管辖、协议管辖和专属管辖等基本原则。有关特殊管辖规则,主要涉及涉外合同、人的身份以及其他一些特殊事项,即除一般管辖以外,当被告不在中华人民共和国境内时,法律规定应根据涉外案件的不同性质分别确定管辖权。

1. 关于合同问题

有些合同案件与特殊地域有联系因而必须确定相应的管辖法院。例如,《民事诉讼法》第24条规定:"因保险合同纠纷提起的诉讼,由被告住所地或者保险标的物所在地人民法院管辖。"第25条规定:"因票据纠纷提起的诉讼,由票据支

---

① 2020年《民诉法解释》第1条规定:"民事诉讼法第十八条第一项规定的重大涉外案件,包括争议标的额大的案件、案情复杂的案件,或者一方当事人人数众多等具有重大影响的案件。"

付地或者被告住所地人民法院管辖。"第 27 条规定:"因铁路、公路、水上、航空运输和联合运输合同纠纷提起的诉讼,由运输始发地、目的地或者被告住所地人民法院管辖。"

此外,《民事诉讼法》第 265 条对涉外案件的地域管辖也作了补充规定:"因合同纠纷或者其他财产权益纠纷,对在中华人民共和国领域内没有住所的被告提起的诉讼,如果合同在中华人民共和国领域内签订或者履行,或者诉讼标的物在中华人民共和国领域内,或者被告在中华人民共和国领域内有可供扣押的财产,或者被告在中华人民共和国领域内设有代表机构,可以由合同签订地、合同履行地、诉讼标的物所在地、可供扣押财产所在地、侵权行为地或者代表机构住所地人民法院管辖。"此外,2005 年最高人民法院印发的《第二次全国涉外商事海事审判工作会议纪要》第 3 条指出:"一方当事人以外国当事人为被告向人民法院提起诉讼,该外国当事人在我国境内设有来料加工、来样加工、来件装配或者补偿贸易企业(简称'三来一补'企业)的,应认定其在我国境内有可供扣押的财产,该'三来一补'企业所在地有涉外商事案件管辖权的人民法院可以对纠纷行使管辖权。"该纪要第 5 条指出:"中外合资经营企业合同、中外合作经营企业合同,合资、合作企业的注册登记地为合同履行地;涉及转让在我国境内依法设立的中外合资经营企业、中外合作经营企业、外商独资企业股份的合同,上述外商投资企业的注册登记地为合同履行地。根据《中华人民共和国民事诉讼法》的规定,合同履行地的人民法院对上述合同纠纷享有管辖权。"

《海事诉讼法》第 6 条第 2 款对海事诉讼的地域管辖作了如下特别规定:(1)因海事侵权行为提起的诉讼,除依照《民事诉讼法》第 29 条至第 31 条[①]的规定以外,还可以由船籍港所在地海事法院管辖;(2)因海上运输合同纠纷提起的诉讼,除依照《民事诉讼法》第 28 条[②]的规定以外,还可以由转运港所在地海事法院管辖;(3)因海船租用合同纠纷提起的诉讼,由交船港、还船港、船籍港所在地、被告住所地海事法院管辖;(4)因海上保赔合同纠纷提起的诉讼,由保赔标的物所在地、事故发生地、被告住所地海事法院管辖;(5)因海船的船员劳务合

[①] 《海事诉讼法》中提及的《民事诉讼法》为 1991 年《民事诉讼法》。自 2000 年 7 月 1 日《海事诉讼法》施行以来,《民事诉讼法》经过了 2007 年 10 月、2012 年 8 月以及 2017 年 6 月三次修订,相应条文的序号发生了变化,而《海事诉讼法》一直未进行相应的调整。1991 年《民事诉讼法》"第 29 条至第 31 条"为现行《民事诉讼法》(2017 年修订)的第 28 条至第 30 条。现行《民事诉讼法》第 28 条规定:"因侵权行为提起的诉讼,由侵权行为地或者被告住所地人民法院管辖。"第 29 条规定:"因铁路、公路、水上和航空事故请求损害赔偿提起的诉讼,由事故发生地或者车辆、船舶最先到达地、航空器最先降落地或者被告住所地人民法院管辖。"第 30 条规定:"因船舶碰撞或者其他海损事故请求损害赔偿提起的诉讼,由碰撞发生地、碰撞船舶最先到达地、加害船舶被扣留地或者被告住所地人民法院管辖。"

[②] 1991 年《民事诉讼法》第 28 条为现行《民事诉讼法》(2017 年修订)的第 27 条。现行《民事诉讼法》第 27 条规定:"因铁路、公路、水上、航空运输和联合运输合同纠纷提起的诉讼,由运输始发地、目的地或者被告住所地人民法院管辖。"

同纠纷提起的诉讼,由原告住所地、合同签订地、船员登船港或者离船港所在地、被告住所地海事法院管辖;(6)因海事担保纠纷提起的诉讼,由担保物所在地、被告住所地海事法院管辖;因船舶抵押纠纷提起的诉讼,还可以由船籍港所在地海事法院管辖;(7)因海船的船舶所有权、占有权、使用权、优先权纠纷提起的诉讼,由船舶所在地、船籍港所在地、被告住所地海事法院管辖。

2. 关于人的身份问题

根据《民事诉讼法》第22条的规定,对不在中华人民共和国领域内居住的人提起的有关身份关系的诉讼,由原告住所地人民法院管辖;原告住所地与经常居住地不一致的,由原告经常居住地人民法院管辖。① 《民诉法解释》②对该问题又作了具体明确的规定:"在国内结婚并定居国外的华侨,如定居国法院以离婚诉讼须由婚姻缔结地法院管辖为由不予受理,当事人向人民法院提出离婚诉讼的,由婚姻缔结地或者一方在国内的最后居住地人民法院管辖。""在国外结婚并定居国外的华侨,如定居国法院以离婚诉讼须由国籍国所属法院管辖为由不予受理,当事人向人民法院提出离婚诉讼的,由一方原住所地或在国内的最后居住地人民法院管辖。""中国公民一方居住在国外,一方居住在国内,不论哪一方向人民法院提起离婚诉讼,国内一方住所地人民法院都有权管辖。国外一方在居住国法院起诉,国内一方向人民法院起诉的,受诉人民法院有权管辖。""中国公民双方在国外但未定居,一方向人民法院起诉离婚的,应由原告或者被告原住所地的人民法院管辖。"③

3. 关于其他特殊事项的规定

我国《民事诉讼法》第23—32条还对一些特殊的民事案件的管辖问题作了规定,即当这些特殊民事案件中的被告不在我国境内,有关地方的人民法院同样具有管辖权。例如,因合同纠纷提起的诉讼,可以由合同履行地人民法院管辖;因保险合同纠纷提起的诉讼,可以由保险标的物所在地的人民法院管辖;因票据纠纷提起的诉讼,可以由票据支付地的人民法院管辖;因公司设立、确认股东资格、分配利润、解散等纠纷提起的诉讼,由公司住所地的人民法院管辖;因铁路、公路、水上、航空运输和联合运输合同纠纷提起的诉讼,可以由运输始发地或目的地人民法院管辖;因侵权行为提起的诉讼,可以由侵权行为地的人民法院管

---

① 《民事诉讼法》第22条规定:"下列民事诉讼,由原告住所地人民法院管辖;原告住所地与经常居住地不一致的,由原告经常居住地人民法院管辖:(一)对不在中华人民共和国领域内居住的人提起的有关身份关系的诉讼;(二)对下落不明或者宣告失踪的人提起的有关身份关系的诉讼;(三)对被采取强制性教育措施的人提起的诉讼;(四)对被监禁的人提起的诉讼。"

② 2014年12月18日最高人民法院审判委员会第1636次会议通过,根据2020年12月23日最高人民法院审判委员会第1823次会议通过的《最高人民法院关于修改〈最高人民法院关于人民法院民事调解工作若干问题的规定〉等十九件民事诉讼类司法解释的决定》修正,自2021年1月1日起施行。

③ 参见2020年《民诉法解释》第13—16条。

辖;因铁路、公路、水上和航空事故请求损害赔偿提起的诉讼,由事故发生地或者车辆、船舶最先到达地、航空器最先降落地的人民法院管辖;因海难救助费用提起的诉讼,可以由救助地或者被救助船舶最先到达地的人民法院管辖;因共同海损提起的诉讼,可以由船舶最先到达地、共同海损理算地或者航程终止地的人民法院管辖。

上述各类纠纷,若具有涉外因素,即使争议双方当事人均为外国人,只要其中涉及有关管辖权的联系因素在我国境内或发生于我国境内,那么与联系因素有关的我国法院就享有对该案的管辖权。

(三) 专属管辖

我国《民事诉讼法》第33条对下列诉讼规定了专属管辖:(1) 因不动产纠纷提起的诉讼,由不动产所在地人民法院专属管辖;(2) 因港口作业发生纠纷提起的诉讼,由港口所在地人民法院专属管辖;(3) 因继承遗产纠纷提起的诉讼,由被继承人死亡时住所地或者主要遗产所在地人民法院专属管辖。《民事诉讼法》第266条又规定:"因在中华人民共和国履行中外合资经营企业合同、中外合作经营企业合同、中外合作勘探开发自然资源合同发生纠纷提起的诉讼,由中华人民共和国人民法院管辖。"此外,《海事诉讼法》第7条对一些海事案件也规定了专属管辖:(1) 因沿海港口作业纠纷提起的诉讼,由港口所在地海事法院管辖;(2) 因船舶排放、泄漏、倾倒油类或者其他有害物质,海上生产、作业或者拆船、修船作业造成海域污染损害提起的诉讼,由污染发生地、损害结果地或者采取预防污染措施地海事法院管辖;(3) 因在中华人民共和国领域和有管辖权的海域履行的海洋勘探开发合同纠纷提起的诉讼,由合同履行地海事法院管辖。

(四) 协议管辖

《民事诉讼法》第34条明确规定了协议管辖的内容:"合同或者其他财产权益纠纷的当事人可以书面协议选择被告住所地、合同履行地、合同签订地、原告住所地、标的物所在地等与争议有实际联系的地点的人民法院管辖,但不得违反本法对级别管辖和专属管辖的规定。"根据这条规定,协议管辖必须符合以下条件:(1) 协议的范围,只能是合同或涉及财产权益的纠纷;(2) 选择的法院,只能是与争议有实际联系的地点的法院作为管辖法院,例如被告住所地、合同履行地、合同签订地、原告住所地、标的物所在地等;(3) 协议的形式,只能采用书面形式;(4) 如果当事人选择中国法院管辖,则不得违反专属管辖和级别管辖的规定。

《民诉法解释》第531条对协议管辖作了进一步的规定:"涉外合同或者其他财产权益纠纷的当事人,可以书面协议选择被告住所地、合同履行地、合同签订地、原告住所地、标的物所在地、侵权行为地等与争议有实际联系地点的外国法院管辖。根据民事诉讼法第三十三条和第六十六条规定,属于中华人民共和国法院专属管辖的案件,当事人不得协议选择外国法院管辖,但协议选择仲裁的除外。"

（五）推定管辖

《民事诉讼法》第127条第2款规定:"当事人未提出管辖异议,并应诉答辩的,视为受诉人民法院有管辖权,但违反级别管辖和专属管辖规定的除外。"这一规定表明我国在民事诉讼领域采纳推定管辖的做法。当涉外案件中的一方当事人向我国法院提起诉讼,而另一方当事人进行实体答辩,并没有就法院的管辖权提出异议时,可以推定双方当事人(特别是被告)承认我国法院管辖权,由此推定我国法院对该案享有管辖权。

（六）不方便法院

《民事诉讼法》中并未专门规定"不方便法院"制度,该制度规定在司法解释中。《民诉法解释》第532条规定,涉外民事案件同时符合下列6种情形时,人民法院可以裁定驳回原告的起诉,告知其向更方便的外国法院提起诉讼:(1)被告提出案件应由更方便外国法院管辖的请求,或者提出管辖异议;(2)当事人之间不存在选择中华人民共和国法院管辖的协议;(3)案件不属于中华人民共和国法院专属管辖;(4)案件不涉及中华人民共和国国家、公民、法人或者其他组织的利益;(5)案件争议的主要事实不是发生在中华人民共和国境内,且案件不适用中华人民共和国法律,人民法院审理案件在认定事实和适用法律方面存在重大困难;(6)外国法院对案件享有管辖权,且审理该案件更加方便。2005年最高人民法院的《第二次全国涉外商事海事审判工作会议纪要》第11条指出:"我国法院在审理涉外商事纠纷案件过程中,如发现案件存在不方便管辖的因素,可以根据'不方便法院原则'裁定驳回原告的起诉。'不方便法院原则'的适用应符合下列条件:(1)被告提出适用'不方便法院原则'的请求,或者提出管辖异议而受诉法院认为可以考虑适用'不方便法院原则';(2)受理案件的我国法院对案件享有管辖权;(3)当事人之间不存在选择我国法院管辖的协议;(4)案件不属于我国法院专属管辖;(5)案件不涉及我国公民、法人或者其他组织的利益;(6)案件争议发生的主要事实不在我国境内且不适用我国法律,我国法院若受理案件在认定事实和适用法律方面存在重大困难;(7)外国法院对案件享有管辖权且审理该案件更加方便。"

（七）平行管辖

与"不方便法院"一样,我国《民事诉讼法》中并没有专门规定平行管辖问题,相关规定亦出现在司法解释中。《民诉法解释》第533条规定:"中华人民共和国人民法院和外国法院都有管辖权的案件,一方当事人向外国法院起诉,而另一方当事人向中华人民共和国人民法院起诉的,人民法院可予受理。判决后,外国法院申请或者当事人请求人民法院承认和执行外国法院对本案作出的判决、裁定的,不予准许;但双方共同参加或者签订的国际条约另有规定的除外。外国法院判决、裁定已经被人民法院承认,当事人就同一争议向人民法院起诉的,人民法院不予受理。"《民诉法解释》第15条又规定:"中国公民一方居住在国外,一方居住在国内,不论哪一方向人民法院提起离婚诉讼,国内一方住所地的人民法院都有权管辖。国外一方在居住国法院起诉,国内一方向人民法院起诉的,受诉人民法院有权管辖。"2005年最高人民法院的《第二次全国涉外商事海事审判工作会议纪要》第10条指出:"我国法院和外国法院都享有管辖权的涉外商事纠纷案件,一方当事人向外国法院起诉且被受理后又就同一争议向我国法院提起诉讼,或者对方当事人就同一争议向我国法院提起诉讼的,外国法院是否已经受理案件或者作出判决,不影响我国法院行使管辖权,但是否受理,由我国法院根据案件具体情况决定。外国法院判决已经被我国法院承认和执行的,人民法院不应受理。我国缔结或者参加的国际条约另有规定的,按规定办理。"第12条指出:"涉外商事纠纷案件的当事人协议约定外国法院对其争议享有非排他性管辖权时,可以认定该协议并没有排除其他国家有管辖权法院的管辖权。如果一方当事人向我国法院提起诉讼,我国法院依照《中华人民共和国民事诉讼法》的有关规定对案件享有管辖权的,可以受理。"在发生平行诉讼的情况下,我国法院对某些案件仍然采取积极的态度来行使管辖权。

三、外国人和外国国家的民事诉讼地位

(一) 外国人的民事诉讼地位

有关外国人民事诉讼地位的法律,主要规定在我国《民事诉讼法》《民法典》以及相关的司法解释中。《民事诉讼法》第5条规定:"外国人、无国籍人、外国企业和组织在人民法院起诉、应诉,同中华人民共和国公民、法人和其他组织有同等的诉讼权利义务。外国法院对中华人民共和国公民、法人和其他组织的民事诉讼权利加以限制的,中华人民共和国人民法院对该国公民、企业和组织的民事诉讼权利,实行对等原则。"除了国内法的规定外,有关外国人民事诉讼地位的国际条约和双边协定也是内国必须遵守的。我国《民事诉讼法》第261条也作了如下规定:"对享有外交特权与豁免的外国人、外国组织或者国际组织提起的民事诉讼,应当依照中华人民共和国有关法律和中华人民共和国缔结或者参加的国际条约的规定办理。"

在诉讼代理问题上,我国的法律规定与其他国家的规定基本相同。例如,《民事诉讼法》第263条规定:"外国人、无国籍人、外国企业和组织在人民法院起诉、应诉,需要委托律师代理诉讼的,必须委托中华人民共和国的律师。"第264条规定:"在中华人民共和国领域内没有住所的外国人、无国籍人、外国企业和组织委托中华人民共和国律师或者其他人代理诉讼,从中华人民共和国领域外寄

交或者托交的授权委托书,应当经所在国公证机关证明,并经中华人民共和国驻该国使领馆认证,或者履行中华人民共和国与该所在国订立的有关条约中规定的证明手续后,才具有效力。"

(二) 外国国家的民事诉讼地位

有关外国国家的民事诉讼地位在我国《民事诉讼法》中只有原则性的规定,《民事诉讼法》第261条规定:"对享有外交特权与豁免的外国人、外国组织或者国际组织提起的民事诉讼,应当依照中华人民共和国有关法律和中华人民共和国缔结或者参加的国际条约的规定办理。"我国参加的1961年《维也纳外交关系公约》和1963年《维也纳领事关系公约》,以及我国与其他国家签订的领事协定,都对外交代表和领事官员的民事诉讼豁免事项作了规定。此外,1986年第六届全国人民代表大会常务委员会第十七次会议通过的《外交特权与豁免条例》对外国国家在中国的民事诉讼地位作了明确的规定。该条例第14条规定:"外交代表享有刑事管辖豁免。外交代表享有民事管辖豁免和行政管辖豁免,但下列各项除外:(一)外交代表以私人身份进行的遗产继承的诉讼;(二)外交代表违反第二十五条第三项规定在中国境内从事公务范围以外的职业或者商业活动的诉讼。外交代表免受强制执行,但对前款所列情况,强制执行对其人身和寓所不构成侵犯的,不在此限。外交代表没有以证人身份作证的义务。"

四、国际司法协助

我国《民事诉讼法》第二十七章"司法协助"从第276条到第283条规定了我国法院与外国法院进行司法协助的原则、途径、程序等事项,涉及有关涉外送达、调查取证、判决的承认与执行以及仲裁裁决的承认与执行等。

(一) 我国法院在域外的送达

若涉外案件中的一方当事人在我国境内无住所,就会产生诉讼文书的域外送达问题。我国《民事诉讼法》第267条规定了8种送达方式,最高人民法院的一系列司法解释又作了进一步的说明。① 在司法实践中,我国法院的具体做法是:

1. 如果受送达人所在国与我国缔结或参加了有关国际条约,按条约规定的方式送达。这是指各国规定的中央机关的送达。我国在实践中根据1992年《最

---

① 这些司法解释主要有:1986年《最高人民法院、外交部、司法部关于我国法院和外国法院通过外交途径相互委托送达法律文书若干问题的通知》、1992年《最高人民法院、外交部、司法部关于执行〈关于向国外送达民事或商事司法文书和司法外文书公约〉有关程序的通知》、1992年《司法部、最高人民法院、外交部关于印发〈关于执行海牙送达公约的实施办法〉的通知》、2020年《最高人民法院关于涉外民事或商事案件司法文书送达问题若干规定》、2020年《最高人民法院关于依据国际公约和双边司法协助条约办理民商事案件司法文书送达和调查取证司法协助请求的规定》、2020年《民诉法解释》等。

高人民法院、外交部、司法部关于执行〈关于向国外送达民事或商事司法文书和司法外文书公约〉有关程序的通知》的要求来操作。该通知第4条规定:"我国法院若请求公约成员国向该国公民或第三国公民或无国籍人送达民事或商事司法文书,有关中级人民法院或专门人民法院应将请求书和所送司法文书送有关高级人民法院转最高人民法院,由最高人民法院送司法部转送给该国指定的中央机关;必要时,也可由最高人民法院送我国驻该国使馆转送给该国指定的中央机关。"

2. 通过外交途径送达。1986年8月14日发布的《最高人民法院、外交部、司法部关于我国法院和外国法院通过外交途径相互委托送达法律文书若干问题的通知》对外交送达的途径作了具体的规定。该通知第4条规定,我国法院通过外交途径向国外当事人送达法律文书,应按下列程序和要求办理:(1)要求送达的法律文书须经省、自治区、直辖市高级人民法院审查,由外交部领事司负责转递。(2)须准确注明受送达人姓名、性别、年龄、国籍及其在国外的详细外文地址,并将该案的基本情况函告外交部领事司,以便转递。(3)须附有送达委托书。如对方法院名称不明,可委托当事人所在地区主管法院。委托书和所送法律文书还须附有该国文字或该国同意使用的第三国文字译本。如该国对委托书及法律文书有公证、认证等特殊要求,将由外交部领事司逐案通知。

3. 委托我国驻外使、领馆送达。1965年海牙《送达公约》规定了这一方式。1992年《最高人民法院、外交部、司法部关于执行〈关于向国外送达民事或商事司法文书和司法外文书公约〉有关程序的通知》对此也作了说明。该通知第5条规定:"我国法院欲向在公约成员国的中国公民送达民事或商事司法文书,可委托我国驻该国的使、领馆代为送达。委托书和所送司法文书应由有关中级人民法院或专门人民法院送有关高级人民法院转最高人民法院,由最高人民法院径送或经司法部转送我国驻该国使、领馆送达给当事人。送达证明按原途径退有关法院。"

4. 通过受送达人委托的有权代其接受送达的诉讼代理人送达。

5. 通过受送达人在中华人民共和国领域内设立的代表机构或者有权接受送达的分支机构、业务代办人送达。

6. 邮寄送达。受送达人所在国的法律允许邮寄送达的,可以邮寄送达,自邮寄之日起满三个月,送达回证没有退回,但根据各种情况足以认定已经送达的,期间届满之日视为送达。

7. 电讯送达。采用传真、电子邮件等能够确认受送达人收悉的方式送达。

8. 公告送达。不能用上述方式送达的,公告送达,自公告之日起满三个月,即视为送达。

此外,《最高人民法院关于涉外民事或商事案件司法文书送达问题若干规定》①是对以上 8 种送达方式的必要补充,也进一步完善了我国现阶段涉外送达方面的法律制度。

(二) 外国法院在我国境内的送达

外国法院在我国境内送达司法文书,必须依据国际条约和我国《民事诉讼法》的有关规定。在实践中主要有以下 4 种方式,即外交代表或领事送达、指定中央机关送达、外交途径送达、依照外国与我国缔约或参加的司法协助条约的规定送达。

1. 外交代表或领事送达,即由一国法院将需要在我国送达的司法文书委托给其在我国的外交代表或领事代表代为送达。这种方式被国际社会普遍认可和采用。我国加入了 1965 年海牙《送达公约》,该公约第 8 条对这一送达方式作了具体规定。②

2. 指定中央机关送达。1965 年海牙《送达公约》规定了这种送达方式。该公约规定,各缔约国可以指定一个中央机关,负责接受来自其他缔约国的送达请求书,并予以传递。依照 1992 年《最高人民法院、外交部、司法部关于执行〈关于向国外送达民事或商事司法文书和司法外文书公约〉有关程序的通知》,我国指定司法部为中央机关和有权接收外国通过领事途径转递文书的机关。公约成员国的驻华使领馆转交该国法院或其他机关送达请求的、依文书发出国法律有权的主管当局或司法助理人员送交送达请求的,先递交司法部,再由司法部递交最高人民法院,最后由最高人民法院递交有关的人民法院送达给当事人。

3. 外交途径送达。外交途径送达是指外国法院将其送达请求经过其本国外交机关,由其外交机关请求我国的外交机关给予协助送达的方式。我国《民事诉讼法》第 277 条规定,与我国没有条约关系的国家,其司法文书的送达可以通过外交途径进行。1986 年《最高人民法院、外交部、司法部关于我国法院和外国法院通过外交途径相互委托送达法律文书若干问题的通知》也作了具体规定。该通知第 1 条规定,凡已同我国建交国家的法院,通过外交途径委托我国法院向我国公民或法人以及在华的第三国或无国籍当事人送达法律文书,除该国同我

---

① 2006 年 7 月 17 日最高人民法院审判委员会第 1394 次会议通过,根据 2020 年 12 月 23 日最高人民法院审判委员会第 1823 次会议通过的《最高人民法院关于修改〈最高人民法院关于人民法院民事调解工作若干问题的规定〉等十九件民事诉讼类司法解释的决定》修正,自 2021 年 1 月 1 日起施行。

② 1965 年海牙《送达公约》第 8 条规定:"每一缔约国都有权通过其外交人员或领事代表机关将司法文书直接送达在国外的人员,但不得采取任何强制措施。每个国家都可以声明反对在其境内行使上款规定的权利,除非文件是向制作文件的国家的本国公民送达。"我国在参加该公约时提出了声明,对第 8 条第 2 款作了保留,所以只有在文书送达给文书发出国国民时,才能采取该条第 1 款规定的方式在我国境内送达。此外,我国《民事诉讼法》第 277 条第 2 款规定:"外国驻中华人民共和国的使领馆可以向该国公民送达文书和调查取证,但不得违反中华人民共和国的法律,并不得采取强制措施。"

国已订有协议的按协议处理外,一般根据互惠原则按下列程序和要求办理:(1)由该国驻华使馆将法律文书交外交部领事司转递给有关高级人民法院,再由该高级人民法院指定有关中级人民法院送达给当事人。当事人在所附送达回证上签字后,中级人民法院将送达回证退给高级人民法院,再通过外交部领事司转退给对方;如未附送达回证,则由有关中级人民法院出具送达证明交有关高级人民法院,再通过外交部领事司转给对方。(2)委托送达法律文书须用委托书。委托书和所送法律文书须附有中文译本。(3)法律文书的内容有损我国主权和安全的,予以驳回;如受送达人享有外交特权和豁免,一般不予送达;不属于我国法院职权范围或因地址不明或其他原因不能送达的,由有关高级人民法院提出处理意见或注明妨碍送达的原因,由外交部领事司向对方说明理由,予以退回。

4. 依照外国与我国缔结或参加的司法协助条约的规定送达。我国《民事诉讼法》第279条规定:"人民法院提供司法协助,依照中华人民共和国法律规定的程序进行。外国法院请求采用特殊方式的,也可以按照其请求的特殊方式进行,但请求采用的特殊方式不得违反中华人民共和国法律。"

五、法院判决的承认与执行

对法院判决的承认与执行问题,涉及外国法院判决在我国境内的承认与执行、我国法院判决在国外的承认与执行、承认与执行所依据的条件、拒绝承认与执行的理由等。

(一)外国法院判决在我国的承认与执行

《民事诉讼法》第281条规定:"外国法院作出的发生法律效力的判决、裁定,需要中华人民共和国人民法院承认和执行的,可以由当事人直接向中华人民共和国有管辖权的中级人民法院申请承认和执行,也可以由外国法院依照该国与中华人民共和国缔结或者参加的国际条约的规定,或者按照互惠原则,请求人民法院承认和执行。"《民事诉讼法》第282条规定:"人民法院对申请或者请求承认和执行的外国法院作出的发生法律效力的判决、裁定,依照中华人民共和国缔结或者参加的国际条约,或者按照互惠原则进行审查后,认为不违反中华人民共和国法律的基本原则或者国家主权、安全、社会公共利益的,裁定承认其效力,需要执行的,发出执行令,依照本法的有关规定执行。违反中华人民共和国法律的基本原则或者国家主权、安全、社会公共利益的,不予承认和执行。"按照上述条款的规定,有权提出承认与执行申请的主体有两个,即当事人或外国法院。两者都可以向我国有管辖权的中级人民法院请求承认和执行外国法院的判决;而人民法院接受申请的条件主要是互惠原则和公共秩序原则。

此外,在承认与执行的程序方面,我国法院目前所采用的是类似于法国和德国等大陆法系国家所规定的执行令程序。① 我国法院在收到有关承认与执行外国法院判决的书面请求后,依据现行《民事诉讼法》的有关规定进行审查,认为不违反我国法律的基本原则或者国家主权、安全、社会公共利益的,裁定承认其效力;需要执行的,发给执行令,由执行机关依照我国民事诉讼法的有关规定予以强制执行。

(二) 我国法院判决在国外的承认与执行

《民事诉讼法》第 280 条第 1 款规定:"人民法院作出的发生法律效力的判决、裁定,如果被执行人或者其财产不在中华人民共和国领域内,当事人请求执行的,可以由当事人直接向有管辖权的外国法院申请承认和执行,也可以由人民法院依照中华人民共和国缔结或者参加的国际条约的规定,或者按照互惠原则,请求外国法院承认和执行。"从申请的主体来看,当事人和法院都可以提出请求。至于申请执行的条件,主要是判决或裁定必须是已经发生了法律效力;被执行人或者其财产不在我国境内;两国存在司法协助协定或共同参加了有关国际公约。

(三) 判决承认与执行应遵守的互惠原则

根据我国《民事诉讼法》的有关规定以及我国与其他国家签订的司法协助协定,无论是外国法院判决在我国的承认与执行,还是我国法院判决在国外的承认与执行,我国都坚持以互惠关系为条件,并且是先审查是否存在互惠关系,然后再决定是否承认与执行。

所谓互惠原则,有时又称相互原则或相互主义,一般被理解为对拒绝承认和执行我国法院判决的国家的判决,我国也不给予承认和执行。从外国法院判决的承认和执行的一般制度来看,因为大多数国家均采用有条件地承认和执行外国法院判决的制度,所以相互主义意味着要求发出判决的国家同承认国规定的条件相一致来承认和执行承认国法院判决。② 理论上认为,互惠原则作为承认外国法院判决的条件,与其他条件并无关系。③ 外国承认和执行我国法院判决的条件比我国承认该外国的判决的条件严格时,我国并不因此变更增加我国规定的条件。相反,外国规定的承认条件比我国规定的条件宽大时,我国也不降低已有的条件。如果某外国无条件地承认我国法院的判决,我国也并不因此无条件地承认该外国的判决,而是按照《民事诉讼法》第 282 条规定的条件来判断。即使某外国以实质再审查制度来判断是否承认我国法院判决,我国也并不以实质再审查制度来判断是否承认该外国的判决。④

---

① 参见韩德培主编:《国际私法新论》(下),武汉大学出版社 2009 年版,第 629 页。
② 参见〔日〕小林秀之:《国际取引纷争》,弘文堂 1995 年版,第 186 页。
③ 参见〔日〕江川英文:《外国判决的承认》,载《法学协会杂志》第 50 卷 11 号。
④ 参见李旺:《国际私法新论》,人民法院出版社 2001 年版,第 545 页。

在司法实践中,只有外国规定的条件与我国《民事诉讼法》第282条规定的条件相同或宽大时,才能承认和执行外国法院的判决。如果外国承认和执行我国法院判决的条件比我国规定的严格,我国可以拒绝承认和执行该外国法院的判决。对于实行实质再审查制度的国家,我国可以以无互惠关系为由拒绝承认和执行该外国的判决。①

[案例讨论与分析]

案例1 海湾发展集团有限公司申请承认新加坡共和国高等法庭S139/2012号民事判决案②

【案情简介】

2012年2月,海湾发展集团有限公司(以下简称海湾公司)向新加坡共和国高等法庭起诉陈通考、陈秀丹,案号为S139/2012。该案诉讼期间,新加坡共和国高等法庭应海湾公司的申请,通过SUM5477/2012/D传票传唤陈通考、陈秀丹,定于2013年2月1日开庭审理。海湾公司出席听审,陈通考、陈秀丹缺席,新加坡共和国高等法庭于2013年2月1日庭令如下:"1.准予陈通考、陈秀丹答辩,但是必须在2013年2月15日下午4点之前按照海湾公司的要求提供金额达250万英镑(或同等金额的新加坡元)的银行担保,如果不能满足要求,那么作出不利于陈通考、陈秀丹的判决,判决金额即250万英镑(或同等金额的新加坡元),并按照法律规定自2012年2月23日起开始计息直至款项支付完毕。须支付给海湾公司的诉讼费用(包括已付款项)定在11000新加坡元。2.陈通考、陈秀丹不得以无法获得适当的银行担保为由来拖延时间。如果确实无法获得银行担保,陈通考、陈秀丹应在2013年2月15日下午4点之前向法院支付250万英镑(或同等金额的新加坡元)以示服从。3.如果满足要求,那么将准予陈通考、陈秀丹进行答辩并承担诉讼费用。"2013年2月15日,新加坡共和国高等法庭就S139/2012号案件作出判决,鉴于陈通考、陈秀丹未履行上述庭令的义务,该法庭宣判陈通考、陈秀丹须支付海湾公司:(1)250万英镑(或同等金额的新加坡元);(2)依据民法法令计算从2012年2月23日至付款日的利息;(3)定为11000新加坡元的诉讼费用(包括已付款项)。该案判决生效后,申请人依照新加坡共和国法律申请执行,新加坡共和国高等法庭裁定强制执行被申请人在新加坡共和国境内的资产,执行到位款项为348948.865新加坡元,但之后因被申

---

① 德国、日本亦基本拒绝对原实行实质再审查制度的法国的判决的承认和执行。参见李玉泉主编:《国际民事诉讼与国际商事仲裁》,武汉大学出版社1994年版,第228页。
② 海湾发展集团有限公司申请承认新加坡共和国高等法庭S139/2012号民事判决案,案号为(2017)浙03协外认7号。

请人在新加坡共和国境内没有其他财产而终结。

因被申请人陈通考、陈秀丹是中华人民共和国公民,在中华人民共和国境内有财产,2017年3月,申请人海湾公司向浙江省温州市中院申请承认新加坡共和国高等法庭所作的案号为S139/2012的判决。针对该申请,被申请人陈秀丹发表了如下答辩意见:第一,涉案民事判决S139/2012违反了《中华人民共和国民事诉讼法》关于诉讼权利平等原则的规定,不应予以承认和执行。该案中,陈秀丹、陈通考需要在答辩庭令作出的短短几日内提供相当于诉请金额250万英镑的巨额担保,否则将无法答辩应诉,因此丧失了举证、质证、参与庭审的权利,而直接被判败诉。该答辩令完全违反了《中华人民共和国民事诉讼法》第8条规定的诉讼权利平等的原则,违反了中华人民共和国法律的基本原则或者国家主权、安全、社会公共利益的,应不予承认和执行。第二,涉案S139/2012判决书过于简单,案件审查过于粗糙,侵害了中国公民的基本权益。该判决书中未写明法庭认定及判决的法律依据。陈通考、陈秀丹要对海湾公司承担保证责任的条件尚未成就,新加坡共和国高等法庭直接以海湾公司起诉的金额进行判决,没有根据现有证据对案件进行任何实体审查,使得民事判决S139/2012内容与事实情况严重不符,严重侵害了中国公民的合法权益。海湾公司提供的开庭传票无论是形式还是内容,均与相应案号不一致,对该开庭传票的真实性存疑。被申请人陈通考没有陈述意见。

【法律问题】

新加坡共和国高等法庭S139/2012号民事判决是否存在违反中华人民共和国法律的基本原则或者国家主权、安全、社会公共利益的情形?

【法院判决】

浙江省温州市中级人民法院经审查后,对于海湾公司提出的关于承认新加坡共和国高等法庭于2013年2月15日作出的S139/2012号民事判决的效力请求,予以支持,理由如下:其一,该民事判决确定给付的部分款项在新加坡共和国已经予以执行,可以确定该判决在新加坡共和国已经生效。其二,该案系缺席判决,但陈通考、陈秀丹已经得到合法传唤。新加坡共和国高等法庭根据陈通考、陈秀丹要求撤销律师亲自出席等行为,于2013年2月1日作出要求陈通考、陈秀丹提供担保才能答辩的庭令,不违反新加坡共和国民事诉讼法有关法庭规则的规定。陈通考、陈秀丹在该案审理中已经得到正当程序权利。其三,该案也不存在违反中华人民共和国法律的基本原则或者国家主权、安全、社会公共利益的情形。

【分析评论】

1.《民事诉讼法》第281条和第282条规定了我国法院承认和执行外国法

院判决的基本程序和条件:(1) 依照中国与外国共同参加的国际公约,或双方签订的司法协助条约办理;(2) 在尚未缔结前述公约或虽缔结司法协助条约但缺少相互承认和执行法院判决内容的情形下,将"互惠原则"作为承认和执行外国法院判决的前提;(3) 外国法院判决须已经发生法律效力;(4) 承认和执行该判决不会违反中国法的基本原则或者国家主权、安全、社会公共利益。

2. 我国虽然于 2017 年 9 月 12 日签署了《选择法院协议公约》,但目前尚未批准。在双边条约方面,虽然我国和新加坡之间签署了民商事司法协助条约,但该条约并未规定外国法院判决承认和执行的制度。幸运的是,两国在司法实践中实现了民商事判决承认和执行的互惠关系。2014 年 1 月,新加坡高等法院首次承认并执行了苏州市中级人民法院对于"昆山捷安特公司诉新加坡雅柯斯公司一案"的判决①,近三年之后,南京市中级人民法院基于"互惠原则"投桃报李,在高尔集团诉省纺集团案中承认并执行了新加坡法院商事判决。②

3. 本案是温州市中级人民法院按照互惠原则,承认并执行新加坡法院判决的又一判例。新加坡法院根据《新加坡共和国民事诉讼法》中的法庭规则,作出缺席判决,在诉讼过程中已保障了被申请人陈通考、陈秀丹的正当程序权利。同时,承认该生效判决并不违反中国法的基本原则或者国家主权、安全、社会公共利益。因此,承认案涉新加坡法院的判决符合我国《民事诉讼法》的规定。

案例 2　尚德电力控股有限公司诉尚德电力投资有限公司企业借贷纠纷管辖权异议案③

【案情简介】

原告尚德电力控股有限公司(以下简称尚德控股公司)因与被告尚德电力投资有限公司(以下简称尚德投资公司)发生企业借贷纠纷,向上海市第一中级人民法院提起诉讼,要求被告尚德投资公司支付欠款 13 690 234.84 美元及相应利息,其依据的主要事实为:原告尚德控股公司应被告尚德投资公司的请求为被告子公司扬州尚德太阳能电力有限公司(以下简称扬州尚德公司)增资事宜向被告提供拆借款,向被告尚德投资公司汇款 13 690 234.84 美元。被告尚德投资公司将其收到的原告尚德控股公司提供的汇款作为增资款的一部分汇入扬州尚德公司。因被告尚德投资公司未能偿还上述借款,致涉讼。

被告尚德投资公司在答辩期内对本案管辖权提出异议,认为一审法院对本

---

① Giant Light Metal Technology (Kunshan) Co Ltd v. Aksa Far East Pte Ltd,(2014)SGHC16.
② 高尔集团股份有限公司(Kolmar Group AG)与江苏省纺织工业(集团)进出口有限公司申请承认和执行外国法院民事判决纠纷案,案号为(2016)苏 01 协外认 3 号。
③ 尚德电力控股有限公司诉尚德电力投资有限公司企业借贷纠纷管辖权异议案,一审案号为(2014)沪一中民四(商)初字第 S17 号,二审案号为(2015)沪高民二(商)终字第 S7 号。

案无管辖权或不方便管辖,要求驳回原告尚德控股公司的起诉,其理由是:本案系企业借贷纠纷,双方当事人未约定由中国法院管辖,也未选择适用中国法律,发生争议的主要事实在境外,相关的证据材料也需要在境外收集,甚至案件的执行结果涉及多个境外企业,且关联案件已在新加坡法院起诉和审理。

原告尚德控股公司对此认为:第一,虽然原、被告的注册地均位于中国境外,但本案所涉借款事件发生时,原告的主要经营地和管理总部均在中国,案件涉及在中国企业的利益。第二,系争借款的指令是在中国境内发出的,故借款的主要事实发生在中国境内,与本案相关的所有证据几乎都在中国境内形成,且在原告将借款转账汇至被告账户的同一日,被告即将该借款作为增资款投入了上海子公司,故借款的实际使用亦发生在中国境内。第三,本案所涉人员多具有中国国籍且长期居住在国内,借款的档案在无锡,故中国法院审理本案更加方便,在认定事实上不存在困难。第四,本案如果由新加坡法院管辖,将面临难以执行的困境。因此,原告认为本案不满足"不方便法院原则"的适用条件,请求驳回被告的管辖异议。

【法律问题】

上海市第一中级人民法院对本案是否具有管辖权?该院可以根据"不方便法院原则"拒绝管辖吗?

【法院判决】

上海市第一中级人民法院经审理后认为,其对于审理本案借款纠纷为不方便法院,尚德控股公司起诉不符合《民事诉讼法》第2条规定的便于当事人进行诉讼和便于人民法院行使审判权的两便原则,因而最终裁定驳回了原告尚德控股公司的起诉。具体理由如下:首先,系争借款关系的主要履行事实均发生在中国境外,且双方就本案准据法的确定无法达成一致意见,本案纠纷将适用香港法律或新加坡法律,如继续审理将在认定事实和适用法律方面存在重大困难。其次,双方均为外国企业,根据系争借款的汇付情况,香港法院或新加坡法院对双方争议有管辖权,且审理更加方便。最后,双方未约定纠纷由中国法院管辖,且尚德投资公司在本案中已经提出适用"不方便法院原则"的请求。

上海市高级人民法院作为本案的二审法院,在审理本案后认为:鉴于本案系企业借贷纠纷,不属中国法院专属管辖,当事人之间也不存在选择中国法院管辖的协议,且尚德投资公司已经提出适用"不方便法院原则"的请求,故本案的主要争议在于案件是否存在《民诉法解释》第532条第4项、第5项、第6项所列的情形,即:(1)关于本案是否涉及中国国家、公民、法人或其他组织的利益。二审法院认为,本案双方当事人虽然为境外注册公司,但双方的实际经营活动和办公场所均位于中国境内,双方的多名董事和工作人员也居住于境内,系争借款也是用于中国境内子公司的增资,且尚德投资公司可供执行的财产亦在中国境内,因此本案争议并非与中国国家、公民、法人或其他组织的利益无涉,一审法院将本案当事人作为普通的外国企业对待,而未能充分考虑其作为离岸公司注册地和实际经营地相分离的特点,不予赞同。(2)关于中国法院审理本案是否在认定事实和适用法律方面存在重大困难。二审法院认为,本案双方当事人的实际经营地和办事机构均位于中国,尚德控股公司的付款指令是在无锡作出,银行完成划款后是向双方在无锡的办公地进行通知,借款亦是用于尚德投资公司在境内的增资,因此本案争议的主要事实并非与中国无涉,一审法院仅凭系争借款通过境外银行汇付即认定本案的主要履行事实均发生在境外,有失偏颇。本案系争合同与中国有着十分密切的联系,故在当事人未对合同争议适用法律作出选择的情况下,应根据《法律适用法》的相关规定确定本案准据法。一审法院认为本案应适用外国法并认定本案在认定事实和适用法律方面存在重大困难,依据不足。(3)关于外国法院审理本案是否更加方便。二审法院认为,本案双方当事人的实际经营地均位于中国境内,双方多名董事和有关的业务经办人员也居住于中国境内,中国法院审理案件在文书送达、证据获取、证人出庭作证等方面并不存在"非便利性"因素。需特别指出的是,"判决能否得到执行"是适用"不方便法院原则"的重要考虑因素。本案中,尚德投资公司可供执行财产在中国境内并被采取保全措施,由中国法院审理案件最有利于判决的执行。相反,若由新加坡法院审理本案,由于中国与新加坡签订的双边司法协助条约并不包括判决的相互承认和执行,即使尚德控股公司获得胜诉判决,其合法权益也难以得到有效维护,因此新加坡法院并非审理本案的"更方便法院"。一审法院以自身是不方便法院为由拒绝对本案纠纷行使管辖权依据不足,难以支持。据此,二审法院最终裁定撤销了一审的裁定,并指定一审法院管辖本案。

【分析评论】

1. 司法管辖权是国家司法主权的重要组成部分,一国法院不能拒绝行使或者轻易放弃行使管辖权。在涉外民事诉讼中,不方便法院原则是根据国内法和国际条约的规定,对于涉外案件享有管辖权的情况下,考虑案件审理中诸多不方便因素,由其他国家法院审理更加方便,而拒绝行使管辖权。我国《民诉法解释》第 532 条确立了该原则。然而,在司法实践中,出现较多滥用该条规定的情形。本案通过纠正原审法院关于该原则的认识,明确了不方便法院原则适用的基本条件。

2.《民诉法解释》第 532 条对适用不方便法院原则规定了 6 个条件,其中"被告提出案件应由更方便外国法院管辖的请求,或者提出管辖异议""当事人之间不存在选择中华人民共和国法院管辖的协议""案件不属于我国法院专属管辖"三个条件易于审查,难点在于审查"案件不涉及我国国家、公民、法人或者其他组织的利益""人民法院审理案件在认定事实和适用法律方面存在重大困难"以及"外国法院审理本案更加方便"这三个条件。

3. 在审查案件是否涉及"我国国家、公民、法人或者其他组织的利益"时,要根据具体案情全面分析。本案中,一审法院仅因为涉案公司的注册地以及借款关系的主要履行事实地均在国外,便认为本案不涉及我国国家、公民、法人或其他组织的利益,过于片面。二审法院全面分析了本案当事人的实际经营地、公司财产所在地、董事的国籍及经常居住地,以及当事人可供执行的财产所在地,发现这些连结点均位于我国境内,更重要的是,系争借款用于我国境内子公司的增资。可见,该案涉及我国法人的利益。

4. 在判断"关于外国法院审理本案是否更加方便"时,二审法院不仅考虑到文书送达、证据获取、证人出庭作证等方面,而且将"判决能否得到执行"作为适用"不方便法院原则"的重要考虑因素,实质性地维护了当事人的合法权利。实践中,我国法院在认定不方便法院时通常考虑的因素有:(1) 原告选择该法院起诉的理由;(2) 被告到该法院应诉是否方便;(3) 争议行为或交易的发生地位于何处;(4) 证据可否取得;(5) 适用法律的查明是否方便;(6) 可否完成对所有当事人的送达;(7) 判决可否执行;(8) 语言交流是否方便;(9) 本院案件积压的情况等。①

案例3　国泰世华商业银行股份有限公司诉高某保证合同纠纷案②

【案情简介】

原告国泰世华银行诉被告高某保证合同纠纷一案,被告高某在答辩期内提出管辖权异议,理由为:1. 高某与国泰世华银行系保证合同关系,在国泰世华银行提供的保证书上双方已约定涉讼时适用中国台湾地区"法律"为准据法,并由台湾地方"法院"为管辖法院。2. 本案不属于中华人民共和国人民法院专属管辖范畴,双方当事人没有协议由中华人民共和国人民法院管辖的约定,本案亦不涉及中华人民共和国国家及其他公民、法人或组织的利益,且由中国台湾地区地方"法院"管辖更为方便,故请求驳回原告起诉,告知原告向中国台湾地区地方"法院"提起诉讼。

【法律问题】

涉案协议管辖条款是否有效?是否具有排他性?本案是否适用不方便法院原则?

---

① 参见曾令良、冯洁菡主编:《中国促进国际法治报告(2014年)》,武汉大学出版社2015年版,第394页。
② 国泰世华商业银行股份有限公司诉高某保证合同纠纷案,一审案号为(2016)沪02民初4号之一,二审案号为(2016)沪民辖终99号。

【法院判决】

一审法院经审查后认为：首先，根据原告国泰世华银行提供的证据，被告高某通过保证书为案外人公司向国泰世华银行提供连带责任保证。保证书明确约定："因本保证书涉讼时，合意以中国台湾—地方'法院'为第一审管辖'法院'。"双方合意由中国台湾的地方"法院"管辖涉案纠纷的意思表示清楚。其次，本案当事人之间不存在选择人民法院管辖的协议，案件不属于人民法院专属管辖；除管辖权异议申请人高某外，原告系台湾银行，主债务人系外国公司，本案不涉及国家和我国其他公民、法人或其他组织的利益；本案相关金融衍生品交易主合同系原告国泰世华银行的业务之一，保证合同关系中保证事实的查明和责任认定必须以主债务事实查明为前提条件，而本案法律关系实际联系地均在中国台湾地区，各方当事人已明确约定以中国台湾地区有关规定作为准据法，本案金融衍生品交易主合同及保证合同的履行情况、损失确定由中国台湾"法院"依照台湾地区有关规定审理更为方便。综上，被告高某提出双方已作管辖权约定及应由更方便的中国台湾"法院"管辖的请求有事实和法律依据，法院予以支持。原告国泰世华银行应根据保证书约定，向与本案有实际联系的中国台湾地区"法院"提起诉讼。据此，裁定驳回原告国泰世华银行的起诉。

一审裁定后，原告不服，提起上诉。

国泰世华银行上诉称，涉案保证书约定，因本保证书涉讼时，合意以中国台湾地方"法院"为第一审管辖法院，存在空白待协商部分，表明双方未就协议管辖的法院达成一致，属于约定不明。即使"台湾地方'法院'"的表述属于约定了管辖法院，但中国台湾地区有多个地方"法院"，上述管辖条款也能确定由哪一个地方法院作为第一审法院，因此上述管辖条款不具有确定性和排他性，不能排除其他法院依法行使管辖权。被上诉人高某的户籍地位于上海市政立路，本案涉及中华人民共和国公民利益，不适用不方便法院原则。根据民事诉讼法关于地域管辖和级别管辖的规定，一审法院依法对本案享有管辖权。

被上诉人高某答辩称，"中国台湾地方'法院'为第一审管辖法院"应理解或解释为中国台湾地区有管辖权的地方"法院"作为第一审法院。本案中，在台湾地区有实际联系地点的"法院"为本案上诉人的住所地所在地法院，即中国台湾地区"台北地方'法院'"，故本案之台湾地区有管辖权的地方法院系中国台湾地区"台北地方'法院'"，涉案管辖条款应为明确有效。即使存在两个以上与争议有实际联系地点的法院，上诉人亦可在台湾地区多个"法院"中择一起诉。根据管辖条款约定，本案也不应该由台湾地区以外的法院管辖。不方便法院原则的适用条件是被告提出案件应由更方便外国法院管辖的请求，或者提出管辖异议，并非基于法院对案件有管辖权。本案被上诉人虽系中国公民，但不方便法院原则适用条件之一"案件不涉及中华人民共和国国家、公民、法人或者其他组织的利益",应作限缩性解释为不涉及国家和中国其他公民、法人或者其他组织的利益,不应包括案件的原、被告。本案上诉人为中国台湾地区企业,涉案保证书以台湾地区所用之繁体字制作,且以中国台湾地区有关规定为准据法,主债权及其保证债权的履行地均在台湾地区,以台湾地区"法院"作为管辖法院,审理该案件更加方便。故本案适用不方便法院原则并无不当。

二审法院经审查认为,本案系保证合同纠纷。《民诉法解释》第551条规定,人民法院审理涉及我国香港、澳门特别行政区和台湾地区的民事诉讼案件,可以参照适用涉外民事诉讼程序的特别规定。本案上诉人住所地在中国台湾地区,且本案为管辖权纠纷,属于程序问题,一审法院对本案纠纷是否享有管辖权,应适用法院地法,即可以参照适用民事诉讼法涉外民事诉讼程序的特别规定进行审查。

本案的争议焦点为涉案协议管辖条款是否有效、是否具有排他性以及本案是否适用不方便法院原则。

首先,《民诉法解释》第531条规定,涉外合同或者其他财产权益纠纷的当事人,可以书面协议选择被告住所地、合同履行地、合同签订地、原告住所地、标的物所在地、侵权行为地等与争议有实际联系地点的外国法院管辖。根据《民事诉讼法》第33条和第266条规定,属于中华人民共和国法院专属管辖的案件,当事人不得协议选择外国法院管辖,但协议选择仲裁的除外。本案涉案保证书约定,因本保证书涉讼时,合意以中国台湾地方"法院"为第一审管辖法院。本案上诉人住所地在中国台湾地区,与争议有实际联系,且本案不属于中国大陆法院专属管辖,故上述管辖协议应予认可。

其次,人民法院对主合同纠纷或者担保合同纠纷享有管辖权,原告以主债务人和担保人为共同被告向人民法院提起诉讼的,人民法院可以对主合同纠纷和担保合同纠纷一并管辖。但主合同或者担保合同当事人订有仲裁协议或者管辖协议,约定纠纷由仲裁机构仲裁或者外国法院排他性管辖的,人民法院对订有此类协议的主合同纠纷或者担保合同纠纷不享有管辖权。关于排他性管辖,我国法律没有明确规定。2005年海牙《选择法院协议公约》第3条对排他性选择法院协议作了如下规定:(1)排他性选择法院协议是指由双方或多方当事人根据第3款要求而订立的协议,其指定某一缔约国法院或者某一缔约国的一个或者多个具体法院处理因某一特定法律关系而产生或者可能产生的争议,从而排除任何其他法院的管辖。(2)指定某一缔约国法院或者某一缔约国的一个或者多个具体法院的选择法院协议应当被视为是排他性的,除非当事人另有明确规定。(3)排他性选择法院协议必须以书面形式或者任何其他交流形式订立或者证明,只要该形式能提供随后参阅可资利用的信息。(4)作为合同一部分的排他性选择法院协议应当被作为独立于合同其他条款的协议。排他性选择法院协议的效力不能仅因合同无效而受到质疑。参照公约规定,选择管辖法院条款是否具有排他性关键在于看协议用词是否明确。涉案保证书明确"因本保证书涉讼时,合意以中国台湾地方'法院'为第一审管辖法院",而本案当事人未另作明确规定,应认定为属于排他性管辖协议,即排除了内地法院的管辖权。至于协议管辖条款没有具体约定纠纷由中国台湾地区的哪一个地方"法院"管辖,当事人可以根据中国台湾地区的规定向中国台湾地区某一"法院"起诉,同样具有确定性。上诉人以协议选择的法院约定不明和不具有排他性为由主张该管辖条款无效,缺乏事实和法律依据。

最后,《民诉法解释》第532条关于不方便法院原则规定的适用前提是我国法院对案件本身享有管辖权,本案被上诉人为中华人民共和国公民,案件涉及中华人民共和国公民利益,且中国内地法院对本案不享有管辖权,故本案不适用不方便法院原则。一审法院此条裁定理由不当,本院予以纠正。据此,二审法院认定我国内地法院对本案不享有管辖权,一审法院裁定驳回上诉人的起诉,并无不当,应予维持,最终裁定:驳回上诉,维持原裁定。

【分析评论】

1. 关于审查涉外管辖协议效力是适用法院地法还是适用协议选择的准据法的问题。根据国际司法惯例和我国司法实践,涉外管辖协议的效力应依据法院地法进行审查。我国最高人民法院历年来的裁判案例亦明确,管辖争议属于程序问题,应适用法院地法律,不应适用当事人协议选择的准据法。例如,在(2009)民申字第1095号玛尔斯合作有限公司、阿德尔伯特·F.雅默瑞与海尔集团电器产业有限公司债务及保证纠纷管辖权异议案中,最高人民法院明确指出:"本案为涉外管辖权纠纷,属于程序问题,青岛中院对本案纠纷是否享有管辖权,应适用法院地法即中华人民共和国民事诉讼法进行审查。再审申请人玛尔斯公司、雅默瑞认为本案纠纷应适用担保函约定的英国法是错误的。当事人在协议中约定适用的法律,仅指实体法,而不应该包括程序法和冲突法。"此外,在(2011)民提字第301号上海衍六国际货物运输代理有限公司与长荣海运股份有限公司海上货物运输合同纠纷案、(2015)民申字第471号徐志明与张义华股权转让合同纠纷管辖权异议案等案件中,最高人民法院一再重申了该原则。本案为涉及中国台湾地区的协议管辖问题,故依法可以参照适用《民事诉讼法》涉外民事诉讼程序的特别规定进行审查。

2. 关于涉外管辖协议选择的法院是否必须确定到特定国家或法域内某一法院的问题。国际民事案件诉讼管辖权所要解决的核心问题为某一特定的国际民商事案件究竟由哪一个国家或法域行使管辖权。至于在确定了特定国家或法域管辖后,案件应该由该国或法域内的哪一级别或类型法院,或哪一个地方的法院来审理的问题,则是一个国内管辖权的再分配问题,完全属于该国或法域内的民事诉讼法所要解决的问题。因此,涉外管辖协议选择的法院只确定到特定国家或法域即可,并非必须确定到特定国家或法域内某一法院。在(2015)民申字第 471 号徐志明与张义华股权转让合同纠纷管辖权异议案中,最高人民法院明确指出:"涉案股权转让合同第 7 条约定:'协议已经签订,双方不得反悔,如违约则可向蒙古国法院起诉,并有权申请查封 RICHFORTUNE 相关财产'。该管辖条款约定的管辖法院即蒙古国法院系合同签订地、股权转让义务的履行地法院,与本案争议有实际联系。至于双方当事人没有具体约定纠纷由蒙古国哪一个法院管辖,当事人可以根据蒙古国法律的规定向该国某一具体法院起诉,同样具有确定性。徐志明以协议选择的法院不唯一为由主张该管辖条款无效,缺乏事实和法律依据。"本案上诉人住所地在中国台湾地区,与争议有实际联系,且本案不属于中国大陆地区法院专属管辖,因此本案关于"因本保证书涉讼时,合意以中国台湾地方'法院'为第一审管辖法院"的管辖协议应予认可。

3. 管辖协议可分为排他性管辖协议和非排他性管辖协议。排他性管辖协议也称专属的管辖协议,于此情形,当事人不得向协议选择法院以外的法院起诉。如果当事人约定既可以向协议管辖法院起诉,也可向有法定管辖权的法院起诉的,即为非排他性管辖协议。当管辖协议究竟是排他性的抑或非排他性的难以判断时,该当如何解释?学说多倾向于非排他性解释,实务上多倾向于排他性解释。《选择法院协议公约》第 3 条(b)项规定,选择管辖协议约定法院具有排他性,但当事人明确表示不具有排他性的除外。从我国审判实践看,如果协议没有明确表明为非排他性的,应推定解释为排他性协议,这体现了支持协议管辖的司法政策。当事人在管辖协议中使用了"可""有权"等用词的,应当解释为由被选择的法院行使排他性管辖权。本案涉保证书约定,因本保证书涉讼时,合意以"台湾地方法院"为第一审管辖法院。当事人未另作明确规定,应认定为属于排他性管辖协议,即排除了内地法院的管辖权。

4. 2005 年《第二次全国涉外商事海事审判工作会议纪要》第 11 条规定,我国法院在审理涉外商事纠纷案件过程中,如发现案件存在不方便管辖的因素,可以根据不方便法院原则裁定驳回原告的起诉;不方便法院原则的适用条件之一为受理案件的我国法院对案件享有管辖权。《民诉法解释》第 532 条虽然对适用不方便法院原则的条件作了明确规定,但在司法实践中应当注意:第一,本条适用的前提是我国法院对案件本身享有管辖权;第二,本条规定的条件必须同时满足,我国法院才可以拒绝行使管辖权,不能滥用本条规定。本案被上诉人为中华人民共和国公民,案件涉及中华人民共和国公民利益,且我国内地法院对本案不享有管辖权,故本案不适用不方便法院原则。

延伸阅读

1. 杜涛:《国际私法原理》(第二版),复旦大学出版社2018年版。
2. 刘晓红、周祺:《协议管辖制度中的实际联系原则与不方便法院原则——兼及我国协议管辖制度之检视》,载《法学》2014年第12期。
3. 林燕萍:《我国涉外送达法律制度的完善》,载《法学》2007年第10期。
4. 彭奕:《不方便法院原则在我国的发展历程与立法完善——兼评2015年〈民事诉讼法司法解释〉第532条》,载《南京大学法律评论》2016年第2期。

 思考题

1. 如何理解平行诉讼?各国如何协调平行诉讼问题?
2. 当事人协议选择的管辖法院能否以不方便法院原则为由拒绝管辖?
3. 如何理解协议管辖中的实际联系地?
4. 如何理解"互惠原则"?举例说明我国在司法实践中适用"互惠原则"的案例。

第十四章　国际商事仲裁

> **本章提要**
>
> 跨国民商事争议解决方法多种多样。国际商事仲裁就是其中的方法之一。与司法诉讼不同，仲裁有其特殊性：通过仲裁方式解决争议需要当事人合意；启动仲裁程序需要当事人之间存在有效的仲裁协议；可以仲裁的争议应当具有可仲裁性；仲裁程序与诉讼程序不完全相同；仲裁裁决需要跨国承认和执行时，所依据的法律和审查的范围也具有特殊性。

> **主要教学内容**
>
> 1. 仲裁的类型与特点。
> 2. 仲裁协议有效的要件。
> 3. 仲裁协议的效力范围。
> 4. 基本仲裁程序。
> 5. 仲裁的法律适用。

> **教学目标**
>
> 1. 掌握仲裁作为跨国民商事争议解决方式的特点、种类。
> 2. 把握仲裁协议有效的要件，并能够进行实证分析。
> 3. 熟悉我国《仲裁法》和《纽约公约》的相关规定。

国际私法是调整国际民商事关系、协调和处理国际民商事争议的法律部门。其中，冲突法解决法律冲突和法律适用，而国际商事仲裁和国际民事诉讼一样，是解决国际民商事争议的一种途径和方法，侧重于跨国商事纠纷的解决。

第一节　国际商事仲裁的特点与类型

仲裁是与诉讼平行的一种争议解决方式，从广义上说，属于非诉讼争议解决方式的一种。不过，由于其历史悠久，在谈到替代性争议解决方式（Alternative Dispute Resolution，ADR）时，一般从狭义上理解，认为仲裁、诉讼和替代性争议解决方式都是解决民事纠纷的方式之一。

一、国际商事仲裁的概念与历史发展

国际商事仲裁(International Commercial Arbitration)是一种争议或纠纷的解决方式,指跨国商业关系的当事人依据合同中的仲裁条款,或者单独达成的仲裁协议,自愿地将他们之间的商业纠纷提交第三方,由其按照一定程序审理,做出有法律约束力的裁判的非司法争议解决方式。

作为解决民商事纠纷的争议处理方式,仲裁的历史可追溯到公元前621年。古希腊城邦之间发生争议,常常用仲裁方式解决。公元前5世纪,古罗马《十二铜表法》中对仲裁就有记录。[①] 中世纪,在意大利半岛城邦兴起的时代,各城邦的商人和手工业者都建立了行业协会。那时,因为法律的落后和缺失,所以呼唤复兴罗马法。当商人之间的贸易产生纠纷时,法官因为没有成文商业立法,或者成文立法难以满足商业需要,法官又不了解商业交易习惯,很难作出符合商业交易公平理念的裁判。于是,商人们寻求通过行业协会进行有公信力的同行居间评判,做出"裁判",输的一方自觉履行裁判意见。久而久之,这成为现代商事仲裁的雏形。一部分懂商业交易习惯的人演变成专门的"仲裁员"。同时,基于不得反悔的法律原则,法院也开始转而支持仲裁裁判的法律效力。1697年,英国率先颁布了第一个仲裁法案。此后,商事仲裁裁决越来越多地被欧洲各国司法制度认可,成为可以直接申请强制执行的裁判文书。

随着跨国经贸活动的发展,跨国经贸纠纷也越来越多。通过在一国法院诉讼取得的判决需要在另一国执行,就需要经过另一国法院的审查和认可。由于不同国家的法律制度、法律观念不同,法院常常会基于国家主权、管辖权争议、公共秩序考量等因素而拒绝承认和执行。由于仲裁的性质是"民间"裁判,一般不会触及国家主权和司法管辖权,仲裁的纠纷类型又是私人之间的商业纠纷,极少与公共秩序关联。商事仲裁裁决的跨国承认和执行相对一国法院判决而言,更容易得到他国法院的认可。因此,跨国商事仲裁成为深受企业和个人欢迎的跨国商业纠纷解决方式。1958年《纽约公约》出台后,迅速得到各国响应。到目前为止,已经有162个国家批准和加入了该公约。[②] 这也为仲裁方式解决国际商业纠纷提供了巨大支持。目前,大约70%以上的跨国商业纠纷是通过仲裁方式解决的。

我国自1995年《仲裁法》颁布以来,商事仲裁有了迅猛发展。全国成立了二百多家仲裁机构,每年处理经济案件二十多万件。

[①] 参见刘晓红、袁发强主编:《国际商事仲裁》,北京大学出版社2010年版,第23—24页。
[②] 2020年2月3日,塞舌尔正式批准加入《纽约公约》,成为第162个公约成员国。

二、国际商事仲裁的特点

国际商事仲裁的特点可以从两个层次分析：一是仲裁与诉讼的比较；二是国际商事仲裁与国内仲裁的比较。

就仲裁与诉讼两种不同争议解决方式而言，仲裁具有如下特点：

（1）仲裁属于私权救济方式，而诉讼属于公权救济方式。诉讼是国家公权力机关行使司法权的方式，不需要双方当事人都同意，只要一方当事人向国家司法机关提起，就可以启动。仲裁则需要双方当事人同意，并且不通过公权力机关实现。有人将仲裁看作为"准司法"性质，这是不恰当的。

（2）管辖依据不同。诉讼中法院管辖权的依据来源于国家法律规定，诉讼管辖的范围是宽泛的。仲裁中仲裁庭的管辖权来源于当事人的约定，超出约定范围的争议不得仲裁。

（3）处理争议的人员不同。诉讼由法院的专职法官办理，不能由当事人选择。仲裁则一般由当事人各自选择的仲裁员以及共同选定的首席仲裁员组建仲裁庭审理。仲裁员不是专职的。

（4）审理程序不同。诉讼依照民事诉讼法律规定的诉讼程序进行；仲裁则按照当事人选择的仲裁规则以及仲裁地的仲裁法律审理。诉讼可以上诉，仲裁则实行"一裁终局"，原则上不能上诉。

（5）保密性不同。诉讼案件原则上公开，除非涉及法律规定的不能公开审理的情形，如涉及国家机密、个人隐私等。法院的裁判文书原则上公开，可以查询。仲裁原则上不公开审理，也不公开裁判文书。

总体上看，相对于民事诉讼而言，仲裁具有专业性、保密性和一裁终局的特点。

相对于国内仲裁而言，国际商事仲裁又有所不同：

第一，"国际性"具有多层含义：一是双方当事人可能并非源自同一国家，或者国籍不同，或者住所不同；二是即使双方当事人是同一国家的，但仲裁在另一国家进行。因此，国际性表现为当事人之间法律关系具有跨国因素或仲裁具有跨国因素。

第二，"商事"的含义是广泛的，即一切可以通过仲裁方式解决的经济纠纷。有的国家采用了列举的方式对什么是"商事"交易关系进行界定。有的国家立法规定则比较笼统，具体留给司法实践决定。我国1995年《仲裁法》采取了界定加排除的模式。该法第2条规定："平等主体的公民、法人和其他组织之间发生的合同纠纷和其他财产权益纠纷，可以仲裁。"同时，第3条规定："下列纠纷不能仲裁：（一）婚姻、收养、监护、扶养、继承纠纷；（二）依法应当由行政机关处理的行政争议。"

三、国际商事仲裁的类型

按照不同的标准,可以将仲裁划分为不同的类型:

(一)临时仲裁和机构仲裁

临时仲裁(ad hoc arbitration)是指当事人在仲裁协议中约定,将他们之间的争议提交双方推荐的仲裁员临时组成仲裁庭,负责审理他们之间的争议,仲裁庭在审理终结并作出裁决后即行解散的一种仲裁方式。临时仲裁是仲裁的初始形态,并一直保留至今。

机构仲裁(institutional arbitration)是指当事人协议选择一个常设的仲裁机构,将他们之间的争议提交该机构审理的一种仲裁方式。常设仲裁机构可以是根据国内法,由行业协会或者商会组建,也可以是根据国际公约成立。这种仲裁机构有固定的办公场所、仲裁规则和秘书处,在案件审理完毕后仍然一直存在。机构仲裁是仲裁发展到一定阶段后出现的仲裁方式,有助于减少当事人在仲裁协议谈判时的分歧和时间、精力成本。

(二)依法仲裁和友好仲裁

依法仲裁(arbitration in law)是指仲裁庭严格依照法律规定进行审理,作出裁判。仲裁庭所依据的法律可以是当事人协议选择的法律,也可以是在当事人没有选择时,由仲裁庭根据国际私法确定的准据法。

友好仲裁(amiable arbitration)是指仲裁庭根据当事人在仲裁协议中的特别约定,不严格依照法律规定,而是根据公平、善意原则解决当事人之间的争议。能否进行友好仲裁,取决于两个条件:一是当事人之间的协议明确授权仲裁庭;二是仲裁地的法律允许进行友好仲裁。

我国 1995 年《仲裁法》中没有规定友好仲裁形式。所以,在我国只能依法仲裁。

第二节 国际商事仲裁协议

仲裁协议是仲裁能够进行的前提,是仲裁庭能够管辖争议的依据,是国际商事仲裁的基石。法院在决定是否支持承认和执行仲裁裁决时,首先需要审查的就是当事人之间是否存在仲裁协议,以及仲裁协议是否有效等事项。

一、仲裁协议的概念和形式

仲裁协议(arbitration agreement)是指商业关系的当事人在平等、自愿的基础上,同意将他们之间已经发生或未来可能发生的争议,提交第三方仲裁解决的一种协议。

为了能够证明当事人达成了仲裁的合意,仲裁协议应当以一定的客观形式表现出来。各国仲裁法和有关国际公约都要求仲裁协议应当是"书面的"(written)。对于书面形式,应当持广义立场,既包括传统的纸质书面形式,也包括现代可记录、可下载复制的电子数据形式。传统的纸质书面形式包括往来书信、书面合同、电报和电传等;现代电子数据方式包括电子邮件、电子商务通信系统、微信、QQ 等。

仲裁协议有两种形式:一是当事人合同中的仲裁条款;二是单独订立的仲裁协议。

当事人在订立合同时,除了约定双方的交易内容和权利义务外,还可能就合同的解释和履行中可能产生的争议订立仲裁条款(the arbitration clause),事先约定将未来可能发生的合同争议提交仲裁方式解决。仲裁条款是仲裁协议中最常见、最普遍的表现形式。

除此之外,当事人也可能单独订立仲裁协议(the arbitration agreement),约定将已发生的合同争议提交仲裁。这种单独的仲裁协议一般是事先未在合同中约定仲裁条款,但在争议发生后协商达成的。如果是在争议发生前单独达成的,常常被看作合同的附件、补充或修改,成为合同中的仲裁条款。

二、仲裁协议的内容与合法性

一项仲裁协议或仲裁条款需要满足法律规定的要件才能具有法律效力。这包括形式要件和实质要件。形式要件是指仲裁协议表现形式方面的要求。一般说来,订立仲裁协议的形式要件与订立合同差不多。实质要件则主要表现为以下两个方面:

(1) 约定的可仲裁事项应当具有可仲裁性,即当事人约定可以提交仲裁的争议或纠纷应当是法律规定可以由仲裁方式解决的。例如,与人的身份有关的民事契约不能仲裁。这些包括扶养协议、监护协议、离婚协议等。不同国家对"商事争议"的理解不同,可仲裁事项的范围也不完全相同。例如,对于知识产权方面的争议,在有些国家属于行政争议,因而不允许仲裁,而在另外一些国家则可以。可仲裁性决定了仲裁协议是否有效,仲裁庭能否受理,以及能否被法院承认和执行。

(2) 约定的仲裁事项应当明确、具体,具有可操作性。例如,有的仲裁条款只是约定"将来发生争议提交仲裁",却没有规定在哪里仲裁,如何产生仲裁员和仲裁庭,也没有选择具体的仲裁机构。这种仲裁协议在有些国家被视为不产生法律效力,而在另外一些国家可能被看作有瑕疵,仍然有效,但需要补充完善,否则不具有可执行性。

一般说来,一个有效的仲裁条款应当约定仲裁的范围、仲裁的类型、仲裁地、所适用的仲裁规则等事项。

三、仲裁协议的法律效力

由于仲裁协议总是附着于一定的交易合同,因此不论其表现为合同中的仲裁条款,还是单独的仲裁协议,都从属于一定的交易合同。那么,当交易合同无效时,仲裁协议是否也无效呢？如果按照合同法理论看,似乎如此。不过,在仲裁法中,仲裁协议的法律效力应当单独考察。这也被称为仲裁条款独立性理论。

仲裁条款独立性理论,也被称为仲裁条款自治性理论,或者仲裁条款分割性理论,其含义为,仲裁条款与主合同是可分割的。主合同无效,仲裁条款不一定也无效,仲裁条款虽然附着于主合同中,但其效力应当单独考察。仲裁条款和主合同是两个可分离或者独立的契约。仲裁条款的效力问题具有相对独立性,仲裁条款不因主合同无效而当然无效。这是因为,当事人订立主合同与仲裁条款的目的和功能不同。仲裁条款的功能是为了解决当事人之间的争议。即使合同无效,当事人之间的争议也可以通过仲裁方式解决。

当然,主合同无效,仲裁条款也不一定就有效。如果仲裁条款约定的争议事项不具有可仲裁性、仲裁协议不是当事人的真实意思表示、当事人不具备签约行为能力、仲裁协议形式不符合法律规定的要求等,也会被认定为无效。

有效的仲裁协议具有以下几个方面的法律意义：

1. 对当事人具有约束力

一份有效的仲裁协议对其当事人具有法律约束力。这表现为：当事人不得就仲裁协议范围内的争议向法院提起诉讼,而只能通过仲裁方式解决；一方当事人向法院起诉时,另一方可以他们之间存在有效仲裁协议为由,请求法院驳回其起诉；通过仲裁作出的裁决,即使当事人不服,也应当主动履行；不主动履行,另一方当事人可以申请法院强制执行该仲裁裁决。

例如,我国1995年《仲裁法》第5条规定："当事人达成仲裁协议,一方向人民法院起诉的,人民法院不予受理,但仲裁协议无效的除外。"我国2017年修正后的《民事诉讼法》第271条第1款规定："涉外经济贸易、运输和海事中发生的纠纷,当事人在合同中订有仲裁条款或者事后达成书面仲裁协议,提交中华人民共和国涉外仲裁机构或者其他仲裁机构仲裁的,当事人不得向人民法院起诉。"

2. 对仲裁机构和仲裁员的效力

没有仲裁协议,仲裁机构或临时仲裁的仲裁庭不得受理仲裁案件。如果当事人在仲裁协议中已经约定了明确的仲裁机构,或者在临时仲裁中指明了具体的仲裁员,那么指明的仲裁机构和仲裁员不得拒绝受理仲裁申请。虽然仲裁机构本身并没有参与仲裁协议的订立,但作为常设仲裁机构,其存在就是一种同意。对于临时仲裁中选定的仲裁员,也不得无故拒绝。当然,因为身体疾病或其他不能胜任仲裁工作的原因除外。此外,有效仲裁协议是仲裁机构或仲裁员行使案件管辖权的依据。由于仲裁协议无效,法院可以撤销仲裁机构或仲裁庭的裁决书,或拒绝执行仲裁裁决。

我国1995年《仲裁法》第4条规定:"当事人采用仲裁方式解决纠纷,应当双方自愿,达成仲裁协议。没有仲裁协议,一方申请仲裁的,仲裁委员会不予受理。"另外,依照该法第58条的规定,如果当事人有证据证明裁决是在无仲裁协议的情形下作出的,当事人可以向仲裁机构所在地的中级人民法院申请撤销该仲裁裁决。依照《民事诉讼法》第274条的规定,没有仲裁协议,或仲裁协议无效时,当事人还可以申请法院对已经作出的裁决不予执行。

3. 对法院的效力

对法院的效力表现为三个方面:一是在争议发生后,法院不得受理一方当事人的诉讼请求,不得审理仲裁范围内的案件。二是应当支持基于有效仲裁协议作出的仲裁裁决。不服的一方当事人以仲裁协议无效为由申请撤销仲裁裁决时,法院应拒绝支持其请求。三是在当事人不主动履行裁决义务时,法院还应在另一方当事人请求下,强制执行仲裁裁决。

我国2017年《民事诉讼法》第271条第2款规定:"当事人在合同中没有订有仲裁条款或者事后没有达成书面仲裁协议的,可以向人民法院起诉。"可见,如果存在有效仲裁协议,法院不能审理应当由仲裁解决的争议或纠纷。1995年《仲裁法》第62条规定:"当事人应当履行裁决。一方当事人不履行的,另一方当事人可以依照民事诉讼法的有关规定向人民法院申请执行。受申请的人民法院应当执行。"

第三节 国际商事仲裁程序

国际商事仲裁程序是进行仲裁活动的程序。正如诉讼要遵守诉讼程序法一样,仲裁也需要遵守仲裁法。仲裁法就是规范仲裁活动的程序法。与诉讼不同的是,仲裁活动还需要按照一定的仲裁规则进行。仲裁规则是由仲裁机构制定或采纳的进行具体仲裁活动的程序性规则。

一、主要的国际商事仲裁机构

如前所言,仲裁包括临时仲裁和机构仲裁两种。临时仲裁主要保留在海事海商、行业协会仲裁方面。目前,国际性的常设仲裁机构主要有国际商会仲裁院、伦敦国际仲裁院、斯德哥尔摩商会仲裁院、美国仲裁协会、新加坡国际仲裁中心、香港国际仲裁中心、中国国际经济贸易仲裁委员会、中国海事仲裁委员会等。

（一）国际商会仲裁院

国际商会仲裁院（The International Court of Arbitration of International Chamber of Commerce, ICC）成立于1922年，是附属于国际商会的一个全球性常设仲裁机构，总部位于法国的巴黎。该仲裁院在国际商事仲裁领域具有很高的影响力。

（二）伦敦国际仲裁院

伦敦国际仲裁院（London Court of International Arbitration, LCIA）成立于1892年。当时叫伦敦仲裁厅（London Chamber of Arbitration），1903年改名为伦敦仲裁院。1975年与皇家特许仲裁员协会合并，1981年改名为"伦敦国际仲裁院"。它由伦敦市政府、伦敦工商协会和皇家特许仲裁员协会三家组成的联合委员会管理，既受理当事人选定该机构的仲裁，也为在伦敦进行的临时仲裁提供服务。

（三）斯德哥尔摩商会仲裁院

斯德哥尔摩商会仲裁院（The Arbitration Institute of the Stockholm Chamber of Commerce, AISCC）是在斯德哥尔摩商会下设立的一个瑞典全国性的仲裁机构，成立于1917年。该仲裁机构虽然每年受理的案件数量不多，但由于瑞典政治上的中立性，其公正性在国际上享有很高声誉。

（四）美国仲裁协会

美国仲裁协会（Amercan Arbitration Association, AAA）成立于1926年，由美国仲裁社团、美国仲裁基金会和其他一些工商团体组成，总部位于纽约。该协会是一个民间的、非营利性的机构，受理来源于美国国内和国际的商事争议。

（五）新加坡国际仲裁中心

新加坡国际仲裁中心（Singapore International Arbitration Centre, SIAC）成立于1991年。虽然成立时间不长，但由于其普通法系国家背景，以及东西方航运中心地位，现在越来越多的跨国商业纠纷选择在新加坡国际仲裁中心进行仲裁。为了与香港国际仲裁中心竞争，新加坡国际仲裁中心积极推进仲裁规则的更新与修改完善，兼采临时仲裁的优点，发展势头良好。

（六）香港国际仲裁中心

香港国际仲裁中心（Hongkong International Arbitration Centre, HKIAC）成立于1985年，是一个民间非盈利的中立机构。中心由理事会领导，仲裁业务活动通过理事会管理委员会进行管理，是亚洲著名的仲裁机构。该中心对于本土和国际仲裁案件实行一套统一的仲裁规则。

（七）中国国际经济贸易仲裁委员会

中国国际经济贸易仲裁委员会（China International Economy and Trade Arbitration Commission, CIETAC）是中国国际经济贸易促进委员会下设的一

个民间性常设仲裁机构,也被称为"中国国际商会仲裁院"(The Court of Arbitration of China Chamber of International Commerce,CCOIC)。该仲裁机构成立于1954年,受理了大量外商来华投资争议和我国对外贸易纠纷,是我国在国际上有影响力的国际性仲裁机构。

(八)中国海事仲裁委员会

中国海事仲裁委员会(China Maritime Arbitration Commission,CMAC)也是中国国际经济贸易促进委员会下属的一个国际性仲裁机构,成立于1959年。该仲裁机构具有专业性,主要受理海事海商纠纷。近年来,该仲裁机构拓展业务,也开始受理航空运输纠纷。

上述这些常设仲裁机构都是处理平等主体之间发生的商事纠纷案件的。除此之外,还有专门处理投资者与投资东道国政府之间投资争议的专门仲裁组织。著名的有解决投资争端国际中心。解决投资争端国际中心(International Centre for the Settlement of Investment Dispute,ICSID)是世界银行(即国际复兴开发银行)下的一个独立机构。该中心成立于1966年10月,是根据1965年《解决国家与他国国民间投资争议的公约》(即《华盛顿公约》)而设立的一个专门处理国际投资争议的全球性常设仲裁机构,总部位于美国华盛顿。该中心受理的案件具有特殊性:仲裁当事人的主体一方为外国投资者,包括自然人和法人;另一方则为投资东道国政府,而不是平等主体的投资伙伴或另外的法人和自然人。争议或纠纷也不是一般的合同和侵权纠纷,而是因为投资东道国政府的政策对投资活动的影响。因此,一般不将此类仲裁视为商事仲裁,而是借用仲裁机制处理。当然,也有一些商事仲裁机构表明可以受理此类案件。不过,他国国民与投资东道国政府之间的争议选择普通商事仲裁机构解决的案件数量不多。一国政府一般不会同意在普通仲裁机构仲裁。

二、仲裁规则

一般说来,仲裁法作为一个国家的立法,主要规定可仲裁的事项范围、仲裁机构的设立和运作、仲裁员资格、仲裁基本程序、仲裁裁决的撤销和不予执行等事项。相对于具体的仲裁过程而言,仲裁法只是规定了一些原则和基本程序制度,不会涉及具体操作程序。这是因为,仲裁是双方当事人意思自治的产物,当事人本身也可以就具体程序性事项进行约定。出于尊重当事人意思自治的考量,各国立法一般不会介入太深。不过,商事交易的当事人在签订合同时的主要目标是建立交易关系,实现交易目的,因此也不太可能在合同或者仲裁协议中订立过于详细的仲裁审理程序。实践中的做法是,当事人会选择适用某一个仲裁规则,或者只选择仲裁机构,明确表示按照该仲裁机构的仲裁规则开展仲裁活动。

仲裁规则不是法律,它是仲裁活动的程序性操作规范和行为准则。制定仲裁规则的主体往往是常设仲裁机构。当事人选择了某一仲裁规则,就意味着当事人围绕仲裁程序达成了"合意",成为当事人之间的"法"。当事人及其代理人以及仲裁庭在开展仲裁时应当遵守,否则会影响到仲裁裁决的效力,例如被一方当事人向法院申请撤销或不予执行。因此,仲裁规则实际上起到了合同条款或者说仲裁条款的作用。

学术机构或者国际组织也可能会起草示范性的"仲裁规则",推荐给仲裁机构或临时仲裁的仲裁庭采用。下面介绍几个有影响力的仲裁规则。

(一)1976年《联合国国际贸易法委员会仲裁规则》(UNCITRAL Arbitration Rules)

该规则于1976年由联合国第31次大会正式通过,对许多国家仲裁立法和仲裁机构仲裁规则的修订产生了巨大影响。为了适应新的形势,2010年修订版就国家与私人间的投资争议仲裁、多方仲裁、第三人加入仲裁程序、仲裁员的指定、仲裁员责任的豁免、仲裁费用的控制等问题作出了特别规定。规则对各国并不具有普遍的约束力,仅供合同双方当事人自愿以书面方式约定。

(二)国际商会仲裁院2017年仲裁规则

国际商会仲裁院最新的仲裁规则为2017年仲裁规则。规则中增加了有关多方合同、多方当事人参与仲裁、仲裁调解、紧急仲裁员等方面的新内容。同时,为了提高审理效率、减少当事人支出,还就裁决作出的时限进行了规定。

(三)伦敦国际仲裁院2014年仲裁规则

伦敦国际仲裁院2014年版的仲裁规则围绕简化程序、提高仲裁程序效率、多方当事人参与仲裁、紧急仲裁员等事项进行了新的规定,特别是就仲裁代理人道德进行了指引性规范,这是其一大特色。

(四)美国仲裁协会2013年仲裁规则

美国仲裁协会2013年版的仲裁规则主要修改和新增了以下两个方面内容:一是就临时仲裁庭的组建(紧急仲裁)作出了规定,二是对于第三方资助仲裁所引起的信息披露进行了规范。

此外,新加坡国际仲裁中心2016年仲裁规则和中国国际经济贸易仲裁委员会2015年仲裁规则也都在保全措施、小额仲裁程序、当事人信息披露和仲裁员回避等事项方面有所跟进和修订。

三、仲裁程序

仲裁程序是指从案件当事人提起仲裁,到仲裁裁决得到执行期间,仲裁机构、仲裁庭和仲裁员、申请人和被申请人、证人、代理人、鉴定人等参与仲裁活动所必须遵守的程序和规则。

相较于民事诉讼程序,仲裁程序有以下特点:

一是仲裁实行一裁终局制度。当事人不能就仲裁裁决的实体问题上诉。这包括事实认定、法律适用和裁决结果在内。当事人不服仲裁裁决、向法院申请撤销时的理由只能是对仲裁协议的效力、仲裁员回避、仲裁程序等方面。

二是仲裁审理一般不公开,不允许旁听和不公开裁决文书。如果要公开,需征得双方当事人同意。

三是仲裁审理的氛围相对宽松,没有法院诉讼那么严肃。仲裁庭更愿意在宽松的氛围中听取双方当事人意见。

具体而言,仲裁的基本程序如下:

(一) 申请

国际商事争议的一方当事人在争议不能解决时,依据双方之间达成的仲裁协议,向约定的仲裁机构提出仲裁申请。与诉讼不同的是,仲裁申请一定要以仲裁协议的存在为前提,在仲裁申请书中不仅要写明仲裁请求的事实依据和附上有关证据,还要注明仲裁协议的内容,提交载明约定仲裁的合同或者单独的仲裁协议书。与诉讼中的原被告称谓不同,提出仲裁请求的一方被称为仲裁申请人,被请求的一方为被申请人。

(二) 受理

仲裁机构在决定是否受理仲裁请求时,一般会审查是否存在有效的仲裁协议、仲裁请求是否具有可仲裁性。不过,这种审查只是初步的表面审查,实质性审查由仲裁庭裁判。有的仲裁机构还要求申请人预交仲裁费用,以此作为启动仲裁程序的条件。仲裁机构决定受理后,会向申请人发出受理通知,将受理通知连同申请人的仲裁申请书、证据材料等一并寄送被申请人,以便被申请人答辩和选择仲裁员。

(三) 答辩与反请求

答辩是被申请人对仲裁申请的抗辩。答辩内容包括是否存在有效仲裁协议、仲裁请求是否在仲裁协议约定的范围内、事实和请求是否成立等。被申请人是否在规定时间内作出书面答辩不影响案件程序继续进行。有时候,被申请人会选择当庭答辩。

反请求如同诉讼中的反诉一样。被申请人可以在答辩时提出仲裁反请求。仲裁庭秘书会将反请求寄送申请人,以便申请人对反请求作出答辩。

(四) 保全措施

如同在诉讼中一样,仲裁中也可能会遇到被申请人转移资产、隐匿和销毁证据的可能情形。因此,申请人需要申请财产保全或证据保全。不同国家的仲裁立法规定不同,采取保全措施的主体也不一样。在有些国家,仲裁庭自身就可以决定是否采取保全措施;而在另外一些国家,保全措施只能由法院作出。这时,当事人可能会在申请仲裁的同时,向法院或者仲裁庭申请采取保全措施。在需要由法院作出保全决定的国家,当事人还可以向仲裁庭提出申请,由仲裁庭转交法院决定。不过,趋势是越来越多的国家转而支持由仲裁庭作出决定,这样可以提高保全措施的效率。

(五) 仲裁庭组成

仲裁庭一般由三名仲裁员组成。如果是标的额小的简单案件,也可能采取由独任仲裁员一人组成仲裁庭的情况。这取决于当事人之间的约定。如果当事人明确在仲裁协议中要求组成三人仲裁庭,那么仲裁机构不能因为标的额小或案件简单就自行建立独任仲裁庭。

仲裁中,双方当事人可以各选择一名仲裁员,双方共同选择一名仲裁员为首席仲裁员。实践中,双方当事人往往很难就首席仲裁员人选达成一致,这样的话,就需要仲裁机构代为指定一名仲裁员为首席仲裁员。在临时仲裁中,由于不存在常设仲裁机构,往往由仲裁地的法院代为指定首席仲裁员。

仲裁员不能与某一方当事人或其代理人存在利害关系,这往往成为另一方当事人申请仲裁员回避的理由。如果仲裁员不主动披露与当事人之间的关系,可能会导致另一方当事人申请撤销仲裁裁决。

(六) 开庭审理

仲裁开庭和诉讼一样,也会采取事实查明和辩论的环节安排。较为明显的不同是,仲裁更加尊重当事人陈述意见的权利,充分给予当事人发表自己意见的机会。这一点是保障仲裁裁决能够被法院承认和执行的前提。如果仲裁庭没有给予双方当事人平等、充分的陈述机会,可能会被认为违反"正当程序"(due process),导致裁决不被承认和执行。与诉讼不同之处还在于,仲裁开庭的气氛比较平和,仲裁庭也有意营造一种不同于法院威严的审理环境。仲裁庭和双方当事人在座位安排上没有上下之分,仲裁员发言也语气平和。

(七) 裁决作出

仲裁裁决意见的作出实行少数服从多数的原则,而不是法院诉讼中的审判长负责制。如果两位边裁能够达成一致,那么即使首席仲裁员的意见不同,也会按照多数意见裁决。只有在两位边裁意见不一致时,首席仲裁员的裁决意见才能起到关键作用。

仲裁裁决书一般要求仲裁员签名,而不是由仲裁机构盖章。这也是与诉讼的不同之处。

第四节 国际商事仲裁的法律适用

由于国际商事仲裁的跨国性或者说涉外性,仲裁的法律适用成为一个重要的问题。与诉讼不同的是,仲裁中不仅涉及案件实体问题的处理需要考虑法律适用,而且仲裁协议本身的效力和仲裁程序都会面临法律适用的考量。

一、国际商事仲裁协议的法律适用

国际商事仲裁协议的涉外因素表现为:(1)签订仲裁协议的当事人不在同一国家内,或者国籍不同,或者住所不同。如果是法人,则可能是两个公司的主营业地不在同一国家内。(2)当事人选择的仲裁地在另一国家。

仲裁协议的法律适用是指根据哪个国家的法律判断仲裁协议的效力。对于仲裁条款而言,能否直接根据当事人在合同中协议的准据法判断仲裁条款的效力呢?如果是单独的仲裁协议,又该依据什么法律呢?这就是讨论仲裁协议法律适用的意义所在。

虽然有仲裁协议独立性理论,但就仲裁协议的法律适用而言,多数学者仍然认为,如果当事人在主合同中约定了法律适用,那么仲裁条款也应当适用当事人协议选择的法律,即在法律适用问题上,适用主合同的准据法。英国的司法实践就是如此。① 当然,也有观点反对,认为基于仲裁条款独立性理论,不应当然地将当事人在主合同中选择适用的准据法视为仲裁条款的准据法。这种看法虽然在逻辑上有一定道理,但在实践中,当事人很少单独为仲裁条款另行约定单独的法律适用条款。如果坚持这一看法,那么当事人意思自治原则就难以体现。这可算是推论当事人默示地选择了主合同的准据法。我国 2010 年《法律适用法》第 18 条对仲裁协议的法律适用进行了专门规定:"当事人可以协议选择仲裁协议适用的法律。当事人没有选择的,适用仲裁机构所在地法律或者仲裁地法律。"从上述规定看,我国是认可仲裁协议的当事人意思自治选择法律的效力的。不明确的是,当事人在主合同中选择的法律是否可以被视为当事人为仲裁协议选择的法律。

2005 年 12 月,最高人民法院印发的《第二次全国涉外商事海事审判工作会议纪要》第 58 条指出,当事人在合同中约定的适用于解决合同争议的准据法,不能用来确定涉外仲裁条款效力。可见,我国司法实践倾向于主合同的准据法不能作为仲裁协议的准据法。《法律适用法司法解释(一)》第 14 条的解释是:"当事人没有选择涉外仲裁协议适用的法律,也没有约定仲裁机构或者仲裁地,或者

---

① 参见丁伟主编:《国际私法学》(第三版),上海人民出版社、北京大学出版社 2013 年版,第 446 页。

约定不明的,人民法院可以适用中华人民共和国法律认定该仲裁协议的效力。"这个司法解释似乎沿袭了上述审判会议纪要的立场。

至于当事人订立仲裁协议的行为能力,则不具有特殊性,应适用有关行为能力的冲突规范。

二、国际商事仲裁程序的法律适用

仲裁程序应当遵守仲裁地的法律,即所谓"场所支配行为"。仲裁地的法律既包括仲裁地的仲裁法,也包括仲裁地有关仲裁的诉讼程序法。之所以需要遵守仲裁地的法律,是因为对仲裁的司法审查一般由仲裁地的法院受理。如果仲裁活动违反了仲裁地的法律,则可能导致仲裁裁决被撤销。因此,如果当事人明确约定了仲裁地,那么仲裁程序就应该遵守仲裁地法。

如果当事人只是约定了仲裁机构,没有明确约定仲裁地,则一般认为仲裁机构所在地就是仲裁地,应当适用仲裁机构所在地法。如果仲裁协议既约定了仲裁机构,又约定了仲裁地,那么仲裁地法优先。

1985年,联合国国际贸易法委员会通过了《国际商事仲裁示范法》(UNCITRAL Model Law on International Commercial Arbitration)。该示范法虽然不直接具有法律效力,但对各国仲裁法产生了巨大影响。很多国家的仲裁法据此进行了修改。该示范法第19条规定,在不违背本法规定的情形下,当事人可以自由约定仲裁庭进行仲裁时应当遵循的程序。在当事人未明确约定时,仲裁庭可以自由裁量,按照仲裁庭认为合适的方式进行仲裁。

受此影响,出现了"仲裁非本地化理论"。该理论认为,国际商事仲裁程序不需要也不应该受制于某个国家仲裁法的制约。在当今社会,当事人对仲裁地的选择并不是考虑到该地方的仲裁法律,而是对当事人参与仲裁活动是否方便等其他因素。另外,网络在线仲裁也使得仲裁地难以判断,或者说仲裁地"落空"。要求仲裁活动必须遵守仲裁地的法律规定,会阻碍仲裁裁决的跨国承认和执行。目前,有些国家的立法与司法实践已经有所松动。例如,2011年修改后的《法国民事诉讼法典》对仲裁裁决的撤销部分进行了修改,不再要求在法国进行的仲裁一定要严格遵守法国的仲裁程序法。这极大地支持了国际商会仲裁的发展。[①]

当然,仲裁非本地化目前还不是各国司法实践的主流态度。毕竟,法院保有对仲裁裁决进行司法审查的权利。仲裁地的法院不可能完全不执行本国的强制性法律规定。同时,按照1958年《纽约公约》规定,一国法院在承认和执行外国仲裁裁决时,也会考虑到仲裁程序是否违反了仲裁地的法律,以此作为判断是否

---

① 参见张美红:《法国国际商事仲裁程序完全"非内国化"模式及我国的选择》,载《社会科学家》2014年第9期。

符合承认和执行的条件之一。完全采纳非本地化理论,可能对《纽约公约》下仲裁裁决被广泛承认和执行产生障碍。

三、国际商事仲裁实体争议的法律适用

国际商事仲裁实体争议的法律适用,是指仲裁庭对于当事人之间商事纠纷适用什么实体法裁判的问题。一般来说,根据当事人意思自治原则,如果当事人在合同中协议选择了准据法,仲裁庭都会适用当事人选择的法律。

在当事人没有选择法律适用时,仲裁庭的实际做法与法院有所不同。法院会严格适用法院地的国际私法规则,根据冲突规范确定准据法。仲裁庭则不然。各国立法一般没有明文规定,要求在本地发生的仲裁必须适用仲裁地的国际私法规则。这种规则常常被看作"法院的法",即适用冲突规则的义务主体是法院。实践中,仲裁庭的仲裁员可能来自不同国家,往往会根据国际私法的原则或一般理念选择案件应当适用的法律,例如按照最密切联系原则确定案件的准据法。当然,仲裁庭依照仲裁地的国际私法规则推导出应当适用的准据法也是可以的。此外,仲裁庭还可能直接适用与商业交易有关的国际条约,如《联合国国际货物销售合同公约》,或者国际贸易惯例如国际信用证统一惯例等。有些争议因具有行业特点,因此,仲裁庭还会考虑到行业交易习惯。

[案例讨论与分析]

案例1　原告闽东丛贸船舶实业有限公司与被告瓦锡兰瑞士有限公司船舶物料和备品供应合同纠纷案①

【案情简介】

原告闽东丛贸船舶实业有限公司与被告瓦锡兰瑞士有限公司船舶物料和备品供应合同纠纷一案中,被告瓦锡兰瑞士有限公司在提交答辩状期间对该案管辖权提出异议,认为厦门海事法院对该案没有管辖权,其理由如下:1. 原被告之间签订的三份船用发动机供货合同第7.5条为仲裁条款。该条款明确载明:牵涉本合同或执行的各类争议,应通过友好协商解决。假如无法解决,那么可以根据瑞典国际经济贸易仲裁委员会的《暂行程序规则》提交该委员会仲裁。仲裁应在斯德哥尔摩进行,仲裁委员会的决定应为最终性质,对双方均有约束力,任何一方不得向法院或其他主管当局上诉修改其裁决。仲裁费用应由败诉方承担。2. 从本案仲裁条款的内容来看,当事人并未约定确认仲裁条款效力的准据法,但明确约定了仲裁地为瑞典斯德哥尔摩,因此瑞典法律应作为确认本仲裁条款

---

① 参见厦门海事法院(2014)厦海法初字第21-2号裁定书。

效力的准据法。3. 根据瑞典仲裁法律,本案仲裁条款是合法有效的:(1) 根据瑞典仲裁法律的有关规定,只要当事方之间存在确定的法律关系和仲裁意图,仲裁协议即告成立,而不论当事人是否约定了具体的仲裁规则或仲裁机构,或者约定的机构名称是否完整或正确。此外,瑞典法对仲裁协议本身的具体形式也没有任何要求,仲裁协议通过书面或者口头等方式达成均可。因此,本案仲裁条款合法有效。(2) 本案仲裁协议是有效的,并可以为斯德哥尔摩商会仲裁院(以下简称 SCC)所接受。虽然仲裁条款中约定的"瑞典国际经济贸易仲裁委员会"这一机构名称并不准确,但仲裁条款中明确约定了仲裁地点为瑞典斯德哥尔摩,而瑞典唯一一个处理国际仲裁的机构是 SCC,SCC 并不严格要求仲裁协议中准确写出其全部名称,其可以接受本案仲裁条款的措辞,从而受理本案仲裁。综上,根据瑞典仲裁法律的规定,本案仲裁条款是合法有效的。因此,厦门海事法院对本案没有管辖权,请求法院依法驳回原告起诉。

【法律问题】

(1) 仲裁条款的效力;(2) 仲裁条款效力的法律适用。

【法院判决】

厦门海事法院经审理认为,本案立案案由为船舶物料和备品供应合同纠纷。原告为中国法人,被告为瑞士法人,故本案为主体涉外的船舶物料和备品供应合同纠纷。原、被告双方之间的船用发动机供货合同含有仲裁条款,被告据此认为本院对本案没有管辖权。依照我国《仲裁法》第 5 条的规定,当事人达成仲裁协议,一方向人民法院起诉的,人民法院不予受理,但仲裁协议无效的除外。本案的焦点在于案涉合同中的仲裁条款是否有效。依照《最高人民法院关于适用〈中华人民共和国仲裁法〉若干问题的解释》第 16 条的规定:对涉外仲裁协议的效力审查,适用当事人约定的法律;当事人没有约定适用的法律但约定了仲裁地的,适用仲裁地法律;没有约定适用的法律也没有约定仲裁地或者仲裁地约定不明的,适用法院地法律。在管辖权异议听证中,原、被告双方均同意以瑞典法律作为审查案涉仲裁条款效力的准据法,可视为双方就准据法达成了一致约定,故应根据瑞典法律审查案涉仲裁条款的效力。

关于瑞典法的查明,依照《法律适用法》第 10 条第 1 款的规定,外国法可由人民法院、仲裁机构或者行政机关查明。当事人选择适用外国法律的,应当提供该国法律。被告提供了《瑞典仲裁法》中英文文本及瑞典维格律师事务所出具的瑞典法律意见以证明瑞典法律的内容。原告对瑞典仲裁法文本并无异议。

《瑞典仲裁法》第 1 条规定:"当事人得以和解解决的事项的争议,可以通过协议提交给一名或数名仲裁员予以解决。此种协议可用于因协议中特定的法律关系引起的将来争议。争议可以涉及特定事实存在与否。除解释合同外,填补合同空白的问题也可以提交仲裁。仲裁员可就当事人之间在竞争法具有民法效力的问题上作出裁决。"

本案案涉仲裁条款中明确约定了牵涉合同或执行的各类争议在协商不成的情况下均应提交仲裁。当事人之间的法律关系和仲裁意图清晰明确，符合瑞典上述法律的规定，因此，本案仲裁条款合法有效。虽然案涉仲裁条款约定的仲裁机构及其规则并不存在，但根据瑞典法律，仲裁协议中未载明准确的仲裁机构名称或仲裁规则并不影响仲裁协议本身的效力及导致仲裁协议无效或无法执行。双方当事人仍可达成一致提交 SCC 或其他仲裁机构仲裁，或者依照《瑞典仲裁法》的相关规定组成仲裁庭进行仲裁。综上，本案仲裁条款合法有效。

厦门海事法院依照《民事诉讼法》第 154 条第 3 款、《最高人民法院关于适用〈中华人民共和国民事诉讼法〉若干问题的意见》第 139 条第 1 款、《仲裁法》第 5 条的规定，裁定驳回原告闽东丛贸船舶实业有限公司的起诉。

【分析与讨论】
1. 仲裁协议或仲裁条款应当具备哪些内容？
2. 判断仲裁协议的法律效力应当适用什么法？
3. 当事人是否可以协议选择仲裁协议的法律适用？
4. 合同中当事人协议选择的法律是否可以适用到仲裁条款？

案例 2　CBP v. CBS 案[①]

新加坡高等法院在 CBP v. CBS 申请撤销仲裁裁决一案中作出裁决，认定新加坡海事仲裁院（SCMA）独任仲裁员拒绝 CBP 申请证人参加听证的做法剥夺了当事人合理申辩案件的权利，据此所作出的仲裁裁决违反自然正义。该仲裁裁决应当予以撤销。

【案情简介】
CBP 作为买方与新加坡的卖方 A 签订货物买卖合同，由 CBP 向 A 购买一批煤炭。卖方 A 在完成合同约定的交货义务后将应收账款转让给新加坡的 CBS 银行，并告知 CBP 相关的应付账款应当支付给 CBS 银行。然而，CBP 认为，收到的煤炭存在 5000 吨的短量，而且由于煤炭价格下跌，其应当依照更为便宜的价格支付货款。买卖双方于 2015 年 12 月就此开会协商讨论。买方 CBP 称，双方在会上达成口头和解协议，卖方同意将货物的单价由每吨 74 美元降到 61 美元，但是卖方并未兑现自己的承诺。CBS 银行则否认卖方同意按照新的价格履行合同。随后 CBS 依照货物买卖合同中的仲裁条款提起仲裁，仲裁适用新加坡海事仲裁院 2015 年第 3 版的仲裁规则，并由独任仲裁员审理。

[①] [2020]SGHC23.

买方 CBP 提出管辖权异议,认为其与 CBS 银行之间不存在仲裁协议。作为初步问题,独任仲裁员认定依照合同条款和新加坡法律,应收账款的转让包括仲裁条款在内整个协议的转让,因此仲裁庭对本案有管辖权。

CBP 在提交答辩意见和反诉请求时就向仲裁庭提交了一份包括七名证人的清单。尽管 CBP 一再坚持,但是仲裁庭最终还是没有同意证人参加听证的申请。仲裁员于 2018 年 11 月作出最终仲裁裁决,认定卖方已经依照合同约定完成交货义务,不存在货物短量问题。双方虽然在 2015 年 12 月开会,但是认定存在价格调整的口头协议依据不足,据此支持了 CBS 银行的全部请求。CBP 向法院申请撤销该仲裁裁决,理由是仲裁员在作出仲裁裁决时违反自然正义,CBP 的权利因此遭受损害。

【法律问题】

仲裁庭拒绝 CBP 要求证人出庭作证的请求是否构成违反程序正义(自然正义)?

【法院判决】

法院认为,新加坡法下,是否构成违反自然正义关键在于四点:(1) 被违反的自然正义规则为何?(2) 如何被违反?(3) 此种违反与裁决作出之间的因果关系?(4) 此种违反如何损害当事人的权利?

关于第 1 点和第 2 点,法院将论述集中在仲裁庭是否给予买方 CBP 申辩案件的充分机会上。按照 SCMA 仲裁规则第 28 条第 1 款的规定,除非当事人一致同意书面审或无须举行听证,仲裁庭应当为证人(包括专家证人)出示证据,或当事人作口头陈词举行听证。法院认为,只有在所有当事方一致同意不提交口头证据或盘问任何证人的情况下,仲裁庭才可以仅就口头陈词举行听证。在法院看来,该款与仲裁员是否有权限制一方当事人可以提交的证据没有任何关系。其所针对的仅仅是口头听证应不应当举行的问题。至于听证的内容,这取决于当事方如何约定。如果按照 CBS 银行对该条款的理解,仲裁庭有权决定不听取证人的证言,则此种解释将导致在 SCMA 规则下,仲裁员的权力比其他仲裁机构(如 LMAA)仲裁员的权力更大。

关于限制目击证人的权力,法院认为,仲裁庭可能有限制证人口头证言的默示权力,这一权力源于仲裁庭控制仲裁程序进行的权力。但是,仲裁员并没有以效率之名拒绝所有证人的绝对权力。效率只是仲裁员应当考量的因素之一,但是并非首要和优先的考量因素。除非仲裁庭有实质性理由认定所有证人是不相关或多余的,不应以效率或节省费用为由拒绝证人。本案中,买方 CBP 很重要的一个抗辩点是买卖双方就他们之间的所有争议已经达成口头和解协议。在此情况下,即便 CBP 未明确申请这些证人参加听证的必要性,仲裁员所作的决定也是依据不足。仲裁员如此行事的结果是 CBP 提交关键性抗辩意见的公平机会权利被剥夺。据此,法院认定仲裁员违反了每一方当事人都应当享有公正听证和申辩案件的公平机会这一自然正义规则。

关于第 3 点,违反自然正义规则与仲裁裁决作出之间的关系。在拒绝了买方 CBP 的所有证人后,仲裁员以没有依据为由驳回了 CBP 所提出的买卖双方在 2015 年 12 月就全部货物达成降价协议的抗辩意见。然而,如果仲裁员允许买方申请证人参加听证,证人可能可以就该口头协议的存在和内容提供证据,据此可能对 CBS 银行的主张提出部分抗辩。因此,法院认定违反公正听证规则与仲裁裁决作出之间存在直接联系。

关于第 4 点,法院认为,尽管银行的主张有文件证据支持,但是如果仲裁员认定买卖双方之间存在口头协议,此种主张的强度将会相应减弱,出现不同的结果。据此,法院撤销该仲裁裁决。

【分析与讨论】
1. 如何理解仲裁程序的正当性?
2. 本案中,申请证人出庭与当事人的抗辩权是什么关系?
3. 如何理解《纽约公约》中"由于其他不属于被申请人负责的原因未能陈述意见"的规定?

延伸阅读

1. 宋连斌主编:《仲裁理论与实务》,湖南大学出版社 2005 年版。
2. 〔英〕艾伦·雷德芬、马丁·亨特等:《国际商事仲裁法律与实践》(第四版),林一飞、宋连斌译,北京大学出版社 2005 年版。
3. 刘晓红:《国际商事仲裁协议的法理与实证》,商务印书馆 2005 年版。

思考题

1. 1958 年《纽约公约》是如何界定"外国仲裁裁决"的?
2. 如何理解仲裁协议的独立性?
3. 简述我国撤销仲裁裁决的条件。

第十五章　国际商事调解

本章提要

在国际商事纠纷的处理中,调解是一种重要的替代性争议解决方式。与国际民事诉讼和国际商事仲裁相比,国际商事调解因其制度特色时常有着更好的解纷实效,但也因其结果效力的差异而存在独立规范的必要。在当代国际社会,国际商事调解已为各个国家和地区所普遍认可,也有着丰富的国际实践价值。更为重要的是,进入21世纪以来,独特的国际商事调解法律体系已经逐渐形成,国际商事调解已经成为解决国际商事纠纷的新秀。中国历来崇尚"以和为贵"的解纷理念,也与国际商事调解的制度本意不谋而合。有鉴于此,中国在紧跟、对标国际最高标准的同时,也在国际商事调解制度国际化和法制化的进程中扮演着参与者和支持者的重要角色。

主要教学内容

1. 基本概念:国际商事调解;国际商事调解协议;国际商事和解协议。
2. 基本知识:国际商事调解的优点;国际商事调解的规范体系;国际商事调解的运行规则;国际商事和解协议的执行机制;中国国际商事调解制度。

教学目标

1. 从国际商事调解规范体系入手,把握"国际商事调解"的认定标准。
2. 对比国际民事诉讼与国际商事仲裁两种解纷方式,理解国际商事调解方式的优点与不足。
3. 了解国际商事调解方式的运行程序以及调解员的权利与义务。
4. 结合2019年《新加坡公约》的内容,掌握执行国际商事和解协议的机制意义与实现路径。
5. 全面认识中国国际商事调解制度的特点与类型,并就未来之发展趋势予以展望。

第一节　国际商事调解概述

一、国际商事调解的定义

国际商事调解是指,在一项跨国性的商事争议发生后,争议当事人共同指定或委托第三方作为调解者,通过第三方调解者居中协调、疏导,最终争议当事人自愿达成和解协议的争议解决方式。从这种争议解决方式的称谓可以看出,"国际""商事""调解"是三个关键词:"国际"区别于纯粹一国国内的商事调解,意义在于适用国际法律渊源之不同;"商事"一词不仅指出了争议的性质,更大的意义在于强调非商事纠纷的不可适用性;"调解"是这种解纷方式的核心,此处的主要目的是区别于国际民事诉讼和国际商事仲裁。

(一)"调解"的含义

与诉讼、仲裁两种解纷方式不同,"调解"含义的界定是复杂而困难的。有学者经过研究后指出,调解的定义会因不同的侧重点而所有差异,在不同国家和地区的法律规定中类型不一。即便在英文术语的表述中,调解对应的单词也有两个:"mediation"和"conciliation",在关于这两个术语是否具有相同意义的问题上国内外学者存在争议。① 虽然争议不小,但须注意的是此处讨论的是国际商事调解中"调解"的含义,故首先应当遵循一个基本的国际化立场,既要反映调解的本质特点,也要强调调解在国际法语境下的个性。

在此等立场下,考察现有的国际法律文件是一个较好的路径。2018 年修订的联合国贸易法委员会《国际商事调解示范法》第 1 条第 3 款规定:"在本法中,'调解'指当事人请求一名或者多名第三人('调解人')协助其设法友好解决合同关系或者其他法律关系所产生的或者与之相关的争议的过程,而不论此种过程以调解或者类似含义的措辞称谓。调解人无权将解决争议的办法强加于当事人。"②2019 年《新加坡公约》第 2 条第 3 款规定:"'调解'不论使用何种称谓或者进行过程以何为依据,指由一名或者几名第三人('调解人')协助,在其无权对争议当事人强加解决办法的情况下,当事人设法友好解决其争议的过程。"通过比对这两个最新的国际规范文本,可以得出一个结论:国际商事调解中的"调解"是一个非常宽泛的概念,但凡争议当事人自愿邀请中立第三人帮忙解决纠纷的方式均属其中,不论"调解"的具体称谓如何,也不论调解者的数量与性质。区别于和解、诉讼、仲裁等争议解决方式,调解具有以下特点:

---

① 参见尹力:《调解含义界说》,载《贵州师范大学学报(社会科学版)》2004 年第 4 期。
② 关于 2002 年联合国贸易法委员会《国际商事调解示范法》、2018 年修订后的中文案文以及其他资料,可登录联合国贸易法委员会官方中文网站查询:https://uncitral.un.org/zh/homepage。

1. 调解是全面贯彻争议当事人意思自治原则的解纷方式

在整个调解过程中,调解的启动、调解者的选择、调解程序的进行、调解结果的内容确定等事项,其决定权完全归属于争议各方,调解者只能提出建议或意见,无权在实体或程序问题上加以强制实施。相比之下,仲裁虽然也以当事人自愿为基础,但只要确定合法有效的仲裁协议,当事人便不能单方改变仲裁方式,也必须接受仲裁裁决的约束。但在调解中,即便当事人存在调解合意,之后也可以随时无理由终止调解,在最终的和解协议作出前当事人也可以随时反悔。可见,调解中当事人意思自治原则的贯彻比仲裁更强,体现为完全的自主性。[①] 还有学者将当事人的意思自治扩张到了是否履行和解协议的阶段,其主要理由是,由于和解协议本身并不具有所谓的法律既判力,因此当事人对于是否履行和解协议、是否申请司法确认等程序具有相当大的自主权和选择权。[②]

2. 调解是由中立第三方介入的解纷方式

调解必须是在中立第三方的介入下开展的,如果争议当事人之间的谈判仅在彼此间进行,或者虽有第三方,但其并不介入当事人争议解决的过程,那么只能称其为和解而非调解。需要注意的是,调解中第三方的性质呈现出多元化特点,可以由相关机构或适格的非机构主体来承担。在不同国家和地区的机构调解中,法院、行政机关、民间组织等均可作为调解第三方。相比之下,诉讼和仲裁虽然也是第三方介入纠纷的解决方式,但前者的主体仅为一国的司法机关,而后者则为民间机构所承担。

3. 调解是融合法律规则和当事人意愿的解纷方式

毋庸多言,国际民事诉讼需要以法律规则为基本准绳,国际商事仲裁中虽存在友好仲裁等适用当事人意定规则的方式,但多数仲裁裁决仍以确定之法律规则为标准。相较而言,调解中的当事人有权按照自身的真实意愿开展谈判、磋商和议定和解协议,而无须过多顾及法律规则的约束,这是调解方式的魅力所在。但以当事人意愿为主导不意味着法律规则的完全抛弃,在判断和解协议的有效性和执行性等问题上,仍需要以相关的法律规定作为底线。

4. 调解是以争议当事人之间达成和解协议为成功结果的解纷方式

调解的启动取决于争议当事人的合意,调解的结果则有成功与失败两种,调解成功意味着当事人就全部或部分争议事项达成了一致意见并签订了和解协议。一般认为,和解协议并不具有既判力和强制执行性,其必须依赖一国的司法权力进行救济。这一特点是传统意义上调解与诉讼、仲裁的本质不同,也是调解

---

① 参见黄进主编:《国际私法》(第二版),法律出版社 2005 年版,第 591—592 页。
② 参见王刚:《论民商事调解的当事人意思自治原则》,载黄进、肖永平、刘仁山主编:《中国国际私法与比较法年刊》(2015·第十八卷),法律出版社 2016 年版,第 212—214 页。

长期不被重视的短板所在。不过在当代,各国均力图通过国内立法和国际协同消弭此种不足,2019 年《新加坡公约》的落地便是疏通这一短板的重要条约。

(二)"国际"的标准

如前所述,认定一项调解是否具有国际性的意义在于适用法律渊源的差异,而这种差异最终可能影响到和解协议的执行标准与依据,因而尤为关键。在认定国际性的具体标准方面,国际商事调解与国际商事仲裁具有非常明显的共性,但也有其个性之处,主要有两种认定方式:

1. 以实质性连接因素为认定标准

这种标准主要以国际私法中跨国性或涉外性的判断标准为参考,强调争议法律关系所涉连接因素的跨域性。如 2018 年联合国贸易法委员会《国际商事调解示范法》第 3 条第 2 款将一项调解的国际性具体认定为阶梯式的两个层次:一是达成进行调解的约定时,各方当事人的营业地在不同国家;二是即便各方当事人的营业地在相同国家,但假如商业关系中相当一部分义务的履行不在该国,或者存在其他与争议事项有最密切联系的国家,也可以予以认定。①

2. 以当事人的意思自治为认定标准

这种标准无疑是国际商事调解的特色,即是否具有国际性由调解的当事方予以决定。例如 2018 年联合国贸易法委员会《国际商事调解示范法》第 3 条第 4 款规定:"当事人约定调解是国际调解或者约定适用本节的,本节还适用于商事调解。"有学者认为,如此规定的主旨在于强调调解中当事人的意思自治是无处不在的,以使调解尽可能地区别于其他争议解决程序。② 这种标准在践行时也会存在困难,尤其是在当事人约定为国际商事调解,但此种约定不为相关国家和地区立法所认可的场合。

(三)"商事"的标准

国际商事调解中关于"商事"标准的认定,既要考虑到各个国家与地区不同的认识,也要求同存异,体现国际法上的一般规则。从现有国际规范文本来看,其主要存在三种不同的界定方式:

1. 列举式

这种方式首先强调"商事"标准的宽泛性,再通过举例方式予以呈现,其目的在于尽可能地扩张"商事"的范畴。例如 2018 年联合国贸易法委员会《国际商事调解示范法》第 1 条第 1 款的注解:"对'商事'一词应作广义解释,以涵盖由于一切商业性质关系而发生的事项,无论这种关系是否属于合同关系。商业性质关

---

① 对于当事人营业地的认定可能出现的法律冲突问题,2018 年《国际商事调解示范法》第 3 条第 3 款规定:"在第 2 款中:(a)一方当事人有不止一个营业地的,与调解约定关系最密切的营业地为营业地;(b)一方当事人无营业地的,以其惯常居住地为准。"

② 参见黄进主编:《国际商事争议解决机制研究》,武汉大学出版社 2010 年版,第 217 页。

系包括但不限于下列交易:供应或者交换货物或者服务的任何贸易交易;销售协议;商业代表或者代理;保理;租赁;工程建造;咨询;工程技术;发放许可;投资;融资;银行业务;保险;开发协议或特许权;合营企业和其他形式的工业或者商业合作;航空、海路、铁路或公路客货运载。"

2. 排除式

这种方式是公约适用的一般模式,即通过排除方式明示哪些事项不属于"商事"的范畴。例如2018年联合国贸易法委员会《国际商事调解示范法》第16条第2款规定:"本节不适用于以下和解协议:(a)为解决其中一方当事人(消费者)为个人、家庭或者家居目的进行交易所产生的争议而订立的协议;(b)与家庭法、继承法或者就业法有关的协议。"

3. 保留式

这也是国际公约的惯常规范,在此处体现为允许缔约国对某些公约认为属于"商事"的事项进行保留,以最大限度实现公约认可的公因数。例如2019年《新加坡公约》第8条第1款(a)项规定:"对于其为一方当事人的和解协议,或者对于任何政府机构或者代表政府机构行事的任何人为一方当事人的和解协议,在声明规定的限度内,本公约不适用。"

二、国际商事调解的分类

根据我国学界的通说,国际商事调解的分类主要是以第三方调解者的性质与类型进行判定,主要分为两个层次进行:

(一)机构调解与临时调解

国际商事调解既可在某一机构进行,也可以由当事人直接授权个人进行,前者为机构调解,后者为临时调解。① 需要说明的是,根据之前对于国际商事调解概念的介绍可知,现有的国际规范体系并不刻意区分机构调解与临时调解,而是采取笼统包含的确认方式,以期减少对调解形式的干预。但在各国国内立法中,机构调解与临时调解的适用程序会有差异,如我国现行《民事诉讼法》中"确认调解协议案件"的范围就被限定于机构调解,不包括临时调解。②

(二)法院调解、行政机关调解与民间机构调解

在机构调解的体系中,鉴于调解机构性质的差别,可以分为司法机关调解、行政机关调解与民间机构调解。在调解方式为各国广泛认同的背景下,各国国内法中普遍出现不同性质机构的调解方式,我国国内的商事调解体系即为典型,

---

① 参见黄进、宋连斌:《国际民商事争议解决机制的几个重要问题》,载《政法论坛(中国政法大学学报)》2009年第4期。

② 2017年《民事诉讼法》第194条规定:"申请司法确认调解协议,由双方当事人依照人民调解法等法律,自调解协议生效之日起三十日内,共同向调解组织所在地基层人民法院提出。"

后文将会详述。其中,民间机构调解的主体最为多样,主要可以分为三类:一是专业的商事调解机构,如英国的有效争议解决中心(The Centre for Effective Dispute Resolution,CEDR)、美国的公共资源争议解决机构(Center for Public Resources Institute for Dispute Resolution,CPR)、新加坡国际调解中心(Singapore International Mediation Centre,SIMC)、我国的香港和解中心、中国国际贸易促进委员会/中国国际商会调解中心、一带一路国际商事调解中心、上海经贸商事调解中心等。二是仲裁机构附设的调解机构,在国际上有影响力的仲裁机构包括国际商会仲裁院、伦敦国际仲裁院、斯德哥尔摩商会仲裁院等,都提供调解服务。美国仲裁协会(American Arbitration Association,AAA)处理国内的仲裁、调解案件,其国际分部国际纠纷解决中心(The International Centre for Disputes Resolution,ICDR)也同时处理仲裁和调解案件。[①] 我国的一些商事仲裁机构,如中国国际经济贸易仲裁委员会、上海国际经济贸易仲裁委员会、华南国际经济贸易仲裁委员会、北京仲裁委员会等也都提供调解服务,不少仲裁委员会还专设有调解中心。三是其他社会机构,这些社会机构因国家、行业和经济发展的不同而种类众多,如行业协会、商会、社会团体、自治组织等,在我国之典型为人民调解委员会。但需要指出的是,现今国际商事调解着重于专门化的商事调解,显著的例证是《国际商事调解示范法》和《新加坡公约》均将司法程序或仲裁程序中促成和解的案件排除在外。

三、国际商事调解的优点

国际商事调解为何会在当代异军突起,获得国际社会的广泛接受?这一问题必须从两个方面进行回答:第一,调解这种源于东方社会的解纷方式,引发了现代西方社会接受 ADR 机制、注重法治与关系的相互包容以及成本效益观,使得社会主体对调解这种 ADR 方式有了主观上的需求;[②]第二,任何一种争议解决方式均有其优劣,调解与诉讼、仲裁以及其他 ADR 方式相较,亦有其优势和特点,因而能够获得国际商事争议的当事人的青睐。这些优点主要体现在以下几个方面:

(一)弱对抗

调解不同于诉讼、仲裁等带有对抗性色彩的纠纷解决方式,它可以给争议双方提供一个交流的平台,帮助双方寻求利益契合点、维护双方长远合作、化干戈为玉帛。在国际商事交往中,商事主体通常不希望一起纠纷的处理影响到双方

---

① 参见齐树洁、李叶丹:《商事调解的域外发展及其借鉴意义》,载《中国海商法年刊》2011 年第 2 期。

② 参见尹力:《现代商事调解兴起探源》,载黄进、肖永平、刘仁山主编:《中国国际私法与比较法年刊》(2004·第七卷),法律出版社 2005 年版,第 463—466 页。

的长期合作,更不希望影响到自身的商誉和在行业内的声誉,因此调解的弱对抗性可以有效处理商事争议解决与商事关系维护之间的矛盾。同时,弱对抗性也减少了当事人对于最终达成的和解协议的抗拒心态,有助于和解协议的自愿履行。

（二）灵活性

调解是始终贯彻争议当事人自愿意思的解纷方式,因而解决纠纷的地点、时间、程序、时限等选择上均有赖于争议当事人的安排,这使得当事人在争议解决过程中的主动性和能动性得到最大程度的彰显。虽然国际上的专业调解机构都制定了专门的调解规则,但在调解程序的设定问题上,均以争议当事人的意愿为首要原则。

（三）保密性

调解的保密性与仲裁有相同之处,即调解过程是保密的,除非当事人另有约定,调解不公开进行。调解的参与人除了法定和约定的情形外,对于调解的一切事项负有保密义务。但由于调解更强调当事人协商的特点,因此其保密义务涉及的信息范围较仲裁更广,包括当事方的让步方案等,并且调解过程一般不作笔录。

（四）专业性

作为一种第三人介入式的解纷方式,调解的成功有赖于高度专业性的调解员。在国际商事争议的处理中,专业性的强调是每个解纷方式必不可少的,调解也不例外。但调解中的专业性有其特色,调解员不仅仅要掌握法学、经济学等专业知识,还需要有一定的心理学知识并接受专业调解技能技巧培训。这种多元并举的专业性要求,保证了调解员可以根据案件情形选择最合适的调解方式。

（五）兼容性

与诉讼、仲裁之间的排他性不同,调解是一种兼容性极强的解纷方式。当事人可以随时启动、终止调解程序,转而寻求诉讼或仲裁程序的救济,彼此之间不会产生冲突与矛盾。同时,即便进入了诉讼或仲裁程序,也不妨碍调解方式的介入和穿插,这便是为何诉调结合、仲调结合会被世界各国广泛接受的原因。

（六）低成本

国际商事主体总是倾向于以低成本换取高效率,因而解纷成本也是国际商事主体选择解纷方式的重要考量因素。就此而言,调解低成本的优势主要来自两个方面:一是费用上的低成本,虽然专门的调解中心一般均要收取案件管理费和调解员的调解费,但与国际商事仲裁相比,要低廉得多;二是时间上的低成本,基于调解灵活、简便的特点,其程序的启动和运行更加迅捷,与国际民事诉讼相较,调解中当事人的"等待成本"更少。

四、国际商事调解的规范体系

在 21 世纪之前,国际商事调解的规范体系主要以各个国家和地区的国内立法为主导,在国际法层面则多为不具有法律约束力的调解示范法和示范性调解规则,表现为碎片化的态势。但进入 21 世纪后,随着支持国际商事调解共识的逐步达成,上述态势逐渐改观,国际立法出现了条约化、统一化的趋势。

（一）国际商事调解条约

2014 年 7 月,联合国贸易法委员会第 47 次会议接受美国政府提议,决定拟定一部旨在鼓励通过调解方式解决商事争议的公约,这便是 2019 年《新加坡公约》的肇端。公约由联合国贸易法委员会第二工作组起草,最终文本在联合国贸易法委员会第 51 届会议上通过,并于 2018 年 12 月 20 日在第 73 届联合国大会上获得批准,2019 年 8 月 7 日开放签署。《新加坡公约》填补了国际商事调解领域中全球性公约的空白,确立了关于援用和解协议的权利以及执行和解协议的统一法律框架。截至 2020 年 4 月,已有包括中国在内的 52 个国家签署了《新加坡公约》,新加坡、斐济和卡塔尔已经完成公约的批准与交存手续,公约于 2020 年 9 月 12 日生效。① 为践行《新加坡公约》之义务,2020 年 2 月 4 日新加坡专门通过了《新加坡调解公约法》,并且修订了 2017 年的《调解法》。

（二）国际商事调解示范法

2002 年 11 月,联合国第 52 次全体会议通过了联合国贸易法委员会《国际商事调解示范法》。该示范法虽然不具有法律约束力,但由于其对商事调解的功能倡导和制度引导,对世界各国和地区的调解立法起到了很好的示例性作用,也为后续《新加坡公约》的顺利达成奠定了共识性的基础。2018 年,联合国贸易法委员会在《新加坡公约》通过的同时,也重新修订了《国际商事调解示范法》。

（三）国内商事调解立法

随着调解这种方式的全球化推广,各国国内的立法也逐渐关注、重视调解制度,在立法模式上主要有三种:其一是在民事诉讼立法的改革过程中强化调解的作用,但并不专门针对调解进行立法,其典型为美国、英国和法国;其二是在本国或地区的仲裁法中规定调解的内容,这是比较普遍的做法,如加拿大、澳大利亚、印度、中国香港、美国某些州的仲裁法等;② 其三为单行立法式,德国、爱尔兰、意大利、新加坡等国家专门针对调解形式进行了立法,我国 2010 年颁布的《人民调解法》也属其中,还有欧盟 2008 年发布的《关于民商事调解某些方面的指令》。③

---

① 《新加坡公约》第 14 条第 1 款规定:"本公约应于第三份批准书、接受书、核准书或者加入书交存后六个月生效。"
② 参见尹力:《中国调解机制研究》,知识产权出版社 2009 年版,第 148—151 页。
③ 中文译文可参见王珺、董海洲、宋连斌译:《欧洲议会和欧盟理事会 2008 年 5 月 21 日第 2008/52/EC 号关于民商事调解某些方面的指令》,载《北京仲裁》2009 年第 1 期。

(四) 国际商事调解规则

在国际商事调解的实践中,各种提供调解服务的机构都会制定自身的调解规则,这些机构受理的调解案件将按照各自的调解规则进行。这些国际商事调解规则并非法律,但对于践行、推动整个国际商事调解制度而言,国际商事调解规则往往具有试验性和引领性的作用。其中,最值得注意的是1980年联合国第35次全体会议上通过的贸易法委员会《调解规则》,该调解规则不仅为各国调解机构制定自身的调解规则提供了范本,也是联合国贸易法委员会开启国际商事调解法制化道路的第一步。[①]

第二节 国际商事调解的运行规则

所谓国际商事调解的运行规则,主要是指专门从事国际商事调解的机构制定的调解规则。如前所述,国际商事调解规则并非法律规则,但其是保障国际商事调解程序成功运行的关键性因素。更为重要的是,运行规则是否符合国际条约或相关国家国内调解法律的强制性规定,以及调解当事人、调解员和其他参与人是否存在违反调解规则之情形,将直接影响最终和解协议的执行。因此,运行规则是国际商事调解得以立足的根本,主要涉及调解员和调解程序两个方面。

一、国际商事调解员

国际商事调解员是指在国际商事调解程序中,经由争议当事人选定或调解机构指定,以其专业性知识进行居中疏导、建议,最终可能促成争议当事人达成和解协议的人。与国际商事仲裁的仲裁员相比,调解员虽然对于争议的解决仅有建议性的权利,但其是国际商事调解成功与否的关键。因此,各类国际商事调解机构往往对调解员的遴选精益求精,相应的调解规则也确定了调解员应当承担的义务和责任。

(一) 调解员的资格

调解员的资格决定了调解机构遴选调解员的基本要求,也是确保国际商事调解合法公正的基础。不过与仲裁员资格不同的是,由于各国国内调解立法的不完善,因此对于调解员的最低资格的要求或是缺乏法律规定,或是没有明确的标准。[②] 因此,调解机构只能依据自身的定位进行规定,这使得调解员资格的具体要求更加多样化。

---

① 关于1980年联合国贸易法委员会《调解规则》以及其他资料,可登录联合国贸易法委员会官方中文网站查询:https://uncitral.un.org/zh/homepage。

② 如我国2010年《人民调解法》第14条第1款规定:"人民调解员应当由公道正派、热心人民调解工作,并具有一定文化水平、政策水平和法律知识的成年公民担任。"

以 2008 年中国国际贸易促进委员会/中国国际商会调解中心制定的《调解员聘任管理办法》为例,其首先将调解员的资格区分为基本条件和特别条件,在基本条件方面列举了 6 项要求:"1. 符合《调解员守则》规定的条件,有良好的政治、业务素质,能认真执行法律、法规,维护国家和社会公共利益,维护当事人的合法权益;2. 能自觉遵守《调解规则》、《调解员守则》和本办法;3. 品行端正、公道正派、认真勤勉、注重效率;4. 具有大学本科以上(含本科)或同等学历,具备必要的法律知识和专业知识;5. 身体健康、精力充沛,能保证其为调解工作所必需的时间和精力;6、年龄在 70 岁以下,但健康状况良好,有丰富经验的人士可适当放宽。"除此以外,该办法还针对不同行业、不同专业领域人士担任调解员应具备的条件进行了分类规定。[①]

(二) 调解员的选定

调解员的选定是启动调解程序后的重要一环。一般情形下,调解机构会向当事人提供调解员名册以供选择,但多数调解机构允许当事人在调解员名册以外选择调解员。在调解员选定的程序中,调解员人数的确定和指定程序的设置是两个核心问题。

1. 调解员的人数

在国际商事仲裁的实践中,由于仲裁庭拥有裁决权利,因此仲裁员人数的确定往往是以单数的多数人为主,独任仲裁仅适用于简单案件的处理。但国际商事调解则刚刚相反,调解员作用的差异和当事人成本节约的原则,使得单一调解员的选定成为了常态。如 1980 年联合国贸易法委员会《调解规则》第 3 条规定:"除非双方当事人协议应有两名或三名调解员,否则调解员应为一人。凡调解员在一名以上者,一般说来,他们应该共同地进行工作。"

2. 调解员的指定

调解员指定的规则与仲裁员指定的规则有不少相同之处,都可以细分为当事人共同指定、机构指定和对指定调解员的指定异议。例如,在新加坡国际商事调解中心《调解规则》第 4 条中,第 1 款是当事人共同指定的规定:"各方当事人可共同提名一名调解员,经 SIMC 确认后为其进行调解。该提名可以从 SIMC 的调解员名册或其他名册中选择。"第 2 款是机构指定的规定:"如果各方当事人在调解开始后的十天内无法就提名调解员一事达成协议,调解员将由 SIMC 从

---

① 2008 年《调解员聘任管理办法》第 2 条规定:"不同行业、不同专业领域人士担任调解员应具备的条件:(一)从事法律、经济贸易教学或研究工作:1. 直接从事法律、经济贸易教学或研究工作;2. 具有中、高级职称。(二)从事经济贸易实务工作:1. 熟悉相关法律、法规,精通所从事的行业规范、专业知识;2. 具有中、高级职称或同等专业水平。(三)离、退休法官:1. 长期从事民商事审判工作,经验丰富的离、退休法官;2. 曾任审判员满五年。(四)从事律师工作:1. 具有同行公认的较高的业务水平和丰富的办案经验;2. 担任律师满五年。(五)从事立法、执法或其他法律事务工作:1. 具有丰富的理论、实践经验及较高的办案技能;2. 从事立法、执法或其他法律事务工作满五年。"

其 SIMC 调解员名册中指定。若 SIMC 的调解员名册中没有合适的调解员,SIMC 也可以从其合作机构的名册中指定调解员。"第 7 款则规定了当事人对调解员的指定异议:"若任何一方当事人对该调解员的指定提出有根据的反对,其应尽快以书面方式通知 SIMC 和所有其他当事人,SIMC 可在接获该反对通知后的五个工作日内指定另一名调解员。"①

(三)调解员的行为规范

调解员一经选定,即成为独立的第三方介入当事人之间的争议,在整个调解过程中发挥着重要的作用。在机构调解中,调解员需要接受调解机构的培训和管理,在调解过程中遵守相应的行为规范。调解员行为规范的确立是保证调解公正性的必须要素,如果调解员违反了相应的行为规范,那么其将会受到解聘等处罚措施,还有可能导致和解协议的无效和无法执行。

1. 介入义务

介入义务主要是指调解员主动履行联系、协调、建议等职责,这是一种作为义务,也是调解的本质要求。具体而言,1980 年联合国贸易法委员会《调解规则》第 7 条规定了调解员的 4 项任务:"(1)调解员应独立而公正地协助双方当事人争取争端的友好解决。(2)调解员应在客观、公平和公正原则的指导下,尤其应考虑到双方当事人的权利和义务、有关行业的惯例和争端的具体情况,包括在双方当事人之间以前的任何商业习惯做法。(3)调解员可按照他认为适当的方式进行调解程序。应考虑案件的情况,双方当事人可能表示的愿望(包括一方当事人要求调解员听取口头陈述的愿望)和迅速解决争端的需要。(4)调解员可在调解程序的任何阶段提出争端解决办法的建议。这项建议无需以书面提出,也无需附有其理由说明。"

2. 中立义务

调解员作为中立的第三方,必然要求其在介入争议的前后不偏不倚,这是确保调解公正的前提,也是当事人选择调解、信任调解员的核心要件。不过,正如有些学者指出的,调解员是否履行中立义务在实践中存在很多困惑之处,应当将中立和当事人意思自治、谈判实力的均衡等因素结合起来考虑。② 在规则层面,中立义务的判定主要通过调解员履行披露义务的方式来实施。例如,2018 年联合国贸易法委员会《国际商事调解示范法》第 6 条第 5 款规定:"可能被指定为调解员的人,应在与此指定有关的洽谈中披露可能对其公正性和独立性产生正当怀疑的任何情形。调解员应自其被指定之时起,并在整个调解程序期间,毫无迟

---

① 新加坡国际商事调解中心《调解规则》以及其他资料,可登录新加坡国际商事调解中心官方网站查询:http://simc.com.sg。
② 参见王钢:《国际商事调解规则研究》,中国社会科学出版社 2019 年版,第 108—110 页。

延地向各方当事人披露任何此种情形,除非此种情形已由其告知各方当事人。"

3. 保密义务

保密义务其实并非调解员之专有,而是一切参与调解程序、了解调解信息的主体均应负担的义务。对于保密义务,有学者将其区分为对外和对内两种形式。其中,对外保密义务包括调解员不得将调解程序中获得的信息向外界透露,以及不得将信息在其他程序中作为证据采用两个方面;对内保密义务则是指未经一方当事人同意,调解员不得将该方当事人的信息透露给另一方当事人。[①] 不过,调解员的保密义务在国际规范文件中规定得比较抽象和笼统。如2018年联合国贸易法委员会《国际商事调解示范法》第9条规定:"除非当事人另有约定,与调解程序有关的一切信息均应保密,但按照法律要求或者为了履行或者执行和解协议而披露信息除外。"但一些重要的国际商事调解机构对保密义务往往有更为细化的规定,如新加坡国际商事调解中心的《调解规则》延伸规定了3项保密义务:"一是除非适用法律另有要求外,在调解时所做出的一切通讯,包括任何披露的信息及就任何拟定的解决方案所发表的观点,皆不得在任何司法、仲裁或类似的程序中使用;二是除非适用法律另有要求,或除非所有当事人及调解员另有书面约定外,调解员不可在任何司法、仲裁或类似的程序中就根据本规则进行的调解的任何内容作证;三是除因记录和解协议所需,调解过程中一律不作誊本或正式记录。"

4. 回避义务

调解员的回避义务主要是指其不得参与调解终止后的相关程序,原因在于调解员已经在前置的调解程序中获知了争议双方的相关信息,因而其根源在于保密义务的延伸。例如,1980年联合国贸易法委员会《调解规则》第19条规定:"双方当事人和调解员应保证调解员在调解程序主题的争端的任何仲裁或司法程序中不得担仲裁员或一方当事人的代表或律师。双方当事人也应保证在上述任何程序中不把调解员作为证人。"

二、国际商事调解程序

相较于国际商事仲裁程序而言,国际商事调解程序无论从规范对象还是规范内容都难以相提并论。这一方面是因为在调解程序中当事人拥有决定性的主导权利,另一方面是因为调解更加注重最终达成和解协议的结果,因而在程序性事项上尽力地避免设置障碍。除却上述调解员的选定程序外,以下依顺序介绍国际商事调解程序的三个主要阶段:

[①] 参见王钢:《论调解员的保密义务》,载黄进、肖永平、刘仁山主编:《中国国际私法与比较法年刊》(2009·第十二卷),北京大学出版社2009年版,第396—401页。

(一) 调解程序的启动

在机构调解程序的启动方面,确定调解机构享有管辖权是首要因素。实践中,这种管辖权的确定主要有两种方式:一是争议当事人之间存在在先的调解协议;二是在不存在在先调解协议的情况下,如争议一方当事人向调解机构申请调解,那么调解机构会征询另一方的调解意愿,如另一方拒绝或在一定时间内不予答复,则视为拒绝调解。当然,在确定调解管辖权的同时或之后,申请人或当事人还应向调解机构提交相应的申请表等资料。

(二) 调解程序的进行

调解程序的进行主要是指在调解启动之后,调解机构可以为争议当事人提供的服务范围和内容。以新加坡国际商事调解中心《调解规则》为例,其在第6条第1款中明确列出了调解程序进行过程中的服务事项:"SIMC 将与各方当事人协商后决定调解地点,并可能作出下列事项以促进各方当事人在调解时达成完全的解决方案:a. 指定合适的调解员;b. 协助各方当事人订立调解协议;c. 安排适合的调解地点与时间;d. 组织任何相关的信息与文件交换;e. 提供行政与后勤支持;以及 f. 提供案件管理服务。"也有一些调解机构对调解程序的时限进行规定,如中国国际贸易促进委员会/中国国际商会调解中心《调解规则》第23条规定:"当事人可以约定调解期限。调解员经商当事人同意后,也可以共同确定调解期限。当事人未约定且调解员亦未与当事人确定调解期限的,调解员应当自接受选定或者指定后的30日内完成调解,当事人同意延期的除外。"[①]

(三) 调解程序的终止

比对不同调解机构的调解规则可以看出,调解程序的终止事项主要有五种:一是争议当事人达成全部或部分的和解协议;二是争议任何一方当事人宣布退出调解程序;三是调解员与当事人充分协商后,认为调解已无必要或无意义而终止调解程序;四是除非当事人另有约定,调解程序超过当事人约定或调解规则设定的调解期限;五是当事人欠付调解机构费用超过一定期限。

第三节 国际商事调解中的协议

在国际商事调解中,不论是调解程序的启动还是调解成功的结果,均需要依据争议当事人之间的协议确定,调解机构或调解员无权对上述事项作出决定。因此,国际商事调解中的协议,主要是指调解协议与和解协议两种。

---

① 中国国际贸易促进委员会/中国国际商会调解中心《调解规则》以及其他资料,可登录中心官方网站查询:https://adr.ccpit.org。

一、国际商事调解协议

(一) 调解协议的含义与类型

在我国,对于调解协议的内涵存在两种观点:一种观点将调解协议理解为调解方式的"原因",也即当事人愿意选择调解方式的协议。持这种观点的多为国际法学者,主要原因是对标联合国贸易法委员会制定的《示范法》《调解规则》以及国际商事调解机构的通行做法,将调解协议与和解协议予以区分;[①] 另一种观点将调解协议理解为调解方式的"结果",即当事人经过调解后达成的争议解决方案。持这种观点的多为国内法的学者,主要理由是与我国现行法律中的措辞相一致。[②] 上述两种观点均有合理之处,不过是视角和依据之差异。但鉴于本章主要讨论的是国际商事调解,以及后面要重点介绍的《新加坡公约》之措辞,因而此处调解协议的内涵采用第一种观点。国际商事调解中的调解协议是指争议当事人在争议发生前或者发生后,以书面方式自愿将可能或已经发生的商事争议提交给独立的第三方开展调解的协议。

在国际商事实践中,调解协议主要有两种表现类型:一种是在国际商事合同中双方当事人约定的调解条款,其主要针对在商事争议发生之前当事人就未来可能产生的争议,约定以调解作为争议解决的方式。这种方式是比较常见的做法,除了调解合意外,当事人还会就调解事项、调解机构、调解规则、调解地点等内容进行约定。另一种是在国际商事争议发生后,争议双方在磋商过程中达成调解意愿,愿意将争议事项提交给第三方调解的协议。在这种调解协议中,当事人往往会指定独立的调解机构。为了调解协议的规范化,1980年联合国贸易法委员会《调解规则》专门制定了调解条款的格式:如果发生由于本合同所引起或与本合同有关的争端,而双方当事人愿意通过调解寻求争端的友好解决时,调解应按照目前生效的贸易法委会《调解规则》进行。

(二) 调解协议的效力

调解协议的效力主要包括以下几个方面:首先,对于争议当事人而言,应当依据调解协议的约定将争议提交于议定的第三方开展调解,但这并不妨碍当事人随时退出调解程序,寻求其他的解纷方式。其次,对于调解机构而言,调解协议中明确由本机构调解是取得调解管辖权的依据。如调解协议中未指定调解机构或指定其他调解机构调解,那么本调解机构必须进一步向当事人寻求明确的指定意向。最后,对于其他争议解决方式而言,由于调解方式的兼容性,因此调

[①] 参见黄进主编:《国际商事争议解决机制研究》,武汉大学出版社2010年版,第230页。
[②] 如我国2010年《人民调解法》第28条规定:"经人民调解委员会调解达成调解协议的,可以制作调解协议书。当事人认为无需制作调解协议书的,可以采取口头协议方式,人民调解员应当记录协议内容。"

解协议并没有排除诉讼或仲裁的管辖权。

当争议发生后,一方当事人可否直接跳过调解程序,向有管辖权的法院或仲裁机构提出请求?又或者在调解程序未终止前,同时向有管辖权的法院或仲裁机构提出请求?回答这些问题的根本均在于调解协议是否具有强制执行力和排他力,因而需要寻求国际调解规范的解答。1980年联合国贸易法委员会《调解规则》第16条规定:"关于调解程序主题的争端,双方当事人应保证在调解程序期间不提出任何仲裁或司法程序。只有一方当事人认为仲裁或司法程序是维护其权利所必需者,他才可以提出这种程序。"2018年联合国贸易法委员会《国际商事调解示范法》第14条也规定:"当事人同意调解并明确承诺不在具体规定的期限内或者具体规定的事件发生前对现有或者未来争议提起仲裁程序或者司法程序的,仲裁庭或者法院应承认此种承诺的效力,直至所作承诺的条件实现为止,但一方当事人认为维护其权利需要提起程序的除外。提起此种程序,其本身不应视为对调解约定的放弃或者调解程序的终止。"因此,从现有的国际规范文本来看,似乎在一定程度上支持了调解协议的排他效力。不过必须提示的是,这种排他效力与仲裁的排他效力不可等同,其至多只是一种延缓作用而已,并且各国国内立法承认者不多,实践中也较难操作。

另一个值得延伸探讨的问题是:调解程序对于当事人的诉讼时效产生何种影响?这一问题的解决方案对于商事调解的接受度影响很大,因而在联合国贸易法委员会《国际商事调解示范法》的制定和修订过程中均有讨论。不过各国的立法差异过大,最终达成的折中性方案是采取了"时效中止说",且只形成了一条对拟采取时效中止国家的建议条款:"1. 在调解程序开始时,关于调解标的事项的诉讼时效期限即告中止;2. 调解程序未达成和解协议而终止的,时效期限自调解未达成和解协议而终止之时起恢复计算。"即便对于这种仅仅出现在文本注脚中的方案,至今仍存在两种不同观点:反对说的主要依据是,时效期限问题在技术上十分复杂,难以纳入对这一问题做法不同的国家程序法制度之中。由于各方当事人可以通过其他途径保护其权利(例如,通过商定延长时效期限,或为中断时效期限的计算而启动仲裁程序或法院程序),这一条文是不必要的;赞成说则认为,如果没有这样一个条文,有些法律制度会将调解程序的启动当作时效期限的中断,而如果调解尝试未取得成功,又必须重新从第一天开始计算时效期。事实上,我国的司法实践就是采取"时效中断说"的。①

---

① 2020年《最高人民法院关于审理民事案件适用诉讼时效制度若干问题的规定》第12条规定:"权利人向人民调解委员会以及其他依法有权解决相关民事纠纷的国家机关、事业单位、社会团体等社会组织提出保护相应民事权利的请求,诉讼时效从提出请求之日起中断。"

二、国际商事和解协议

国际商事和解协议(Settlement Agreement)一般是指国际商事争议的当事人经过调解程序,在中立第三方的促成下,自愿达成的争议解决方案。这种解决方案的达成实质是对争议当事人实体权利与诉讼权利的处分,因而其意味着当事人之间的争议已经以新的权利义务安排替代。

(一) 和解协议的有效要件

和解协议这一概念由两个关键词组成:"协议"意味着其本质上的契约性,故和解协议应当首先符合协议有效的一般要件;"和解"代表着这种协议的特殊性,即协议是由特定争议解决程序主导下产生的权利义务再安排,因而需要符合特别的有效要件。基于上述两个维度,国际商事和解协议的有效性通常考量以下因素:

1. 当事人行为能力适格

这一因素是法律行为有效的当然要件,也即达成和解协议的争议当事人在签署和解协议时应当具备适格的行为能力。不过在国际商事调解中,争议当事人多是由公司等组织体来担任,因而行为能力的判定问题不如自然人那么复杂。

2. 和解意思表示真实

这也是法律行为有效的必要条件,和解协议的当事人对于自身权利的处分必须基于真实的认识和决策。如果在和解协议的磋商和议定过程中,出现欺诈、胁迫、重大误解、显失公平等情形的,那么将会导致和解协议产生无效或可撤销的法律后果。

3. 和解协议不得违反公序良俗

公序良俗是各国规制法律行为效力的底线,也因为各国政治、宗教、风俗、法律之差异而不同。国际商事和解协议中的公序良俗问题主要来自于两个方面:一是和解协议的内容不得损害国家或第三人的利益;二是和解协议所规范的事项必须是国际条约或国内立法允许以调解方式介入之事项,称为和解协议事项的"可调解性"。

4. 调解程序合法

由于和解协议必须经过调解程序的特点,因此调解程序的合法性也是和解协议有效的要件。在具体的案件中,合法性既可以指称某些国家调解立法中的程序性规定,也可以在立法缺失的情形下以调解机构的调解规则作为依据。囿于调解方式的特殊性,实践中程序违法的判定多来源于调解员违反行为规范,尤其是因调解员不实披露导致的公正性受损之情形。

5. 和解协议的形式

在国际商事调解实践中,和解协议均是以书面形式作成的。但究竟何为书面形式,一般采取宽泛的界定方式。例如,2018年联合国贸易法委员会《国际商事调解示范法》第16条第6款规定:"和解协议的内容以任何形式记录下来即为'书面形式'。电子通信所含信息可调取以备日后查用的,该电子通信即满足了和解协议的书面形式要求。"

(二) 和解协议的法律效果

和解协议一旦有效达成,其在当事人之间产生一定的法律效力实属当然。但有争议的地方在于,这种法律效力是否具有如同判决或仲裁裁决的既判力?在这一问题的回答上,各国立法有两种不同的模式:

第一种模式是仅仅认可和解协议的契约效力,即和解协议一旦达成,在协议当事人之间就形成合同法上的约束力,当事人如果违背和解协议即构成违约。但在当事人违背和解协议时,守约一方不能直接向法院请求强制执行和解协议的内容,而必须基于和解协议向有管辖权的法院提起诉讼或向仲裁机构提起仲裁。这种做法乃当今各国立法之主流,其强调了和解协议与诉讼判决、仲裁裁决的本质区别,但明显打击了当事人运用调解方式的积极性。[①] 不过采取这一立法模式的国家也认识到调解方式的重要性,因而往往会采取民事诉讼中的特别程序或鼓励调解与仲裁相结合等方式,便利调解协议强制执行性的"转化"。

第二种立法模式较为激进,以德国和爱尔兰调解法为代表,直接赋予调解协议以强制执行的效力,或曰"既判力"。[②] 从支持调解方式的角度,这种做法当然值得肯定,但必须注意到这种立法模式对既有民事诉讼既判力体系的冲击。事实上,即便采取第二种立法模式的国家,调解协议的强制执行也必须接受法院的审查,因而与民事判决的强制执行效力还是有所差异的。

三、国际商事和解协议的执行机制

(一) 国际商事和解协议执行机制概述

当一项国际商事和解协议有效成立后,如和解协议的一方当事人拒绝履行或未按照和解协议确定的内容履行义务时,另一方当事人将向相关国家或地区的法院寻求执行和解协议的救济,这些救济措施可以统称为国际商事和解协议执行机制。如前所述,各个国家和地区在商事调解的立法水平上差异较大,对于执行和解协议的立法模式也不尽相同,因而执行机制上的缺失与不统一成为制约国际商事调解制度发展的瓶颈。不过,这种困境在21世纪初得到了相当的改

---

① 如我国2010年《人民调解法》第31条规定:"经人民调解委员会调解达成的调解协议,具有法律约束力,当事人应当按照约定履行。人民调解委员会应当对调解协议的履行情况进行监督,督促当事人履行约定的义务。"第32条规定:"经人民调解委员会调解达成调解协议后,当事人之间就调解协议的履行或者调解协议的内容发生争议的,一方当事人可以向人民法院提起诉讼。"

② 参见王钢:《国际商事调解规则研究》,中国社会科学出版社2019年版,第192页。

观,2018年联合国贸易法委员会修订《国际商事调解示范法》的最大亮点是增加了第 3 节"国际商事和解协议"的内容,目的在于引导各国的国内立法制定统一、迅捷的国际商事和解协议执行机制。2019 年《新加坡公约》的生效则将这一机制正式纳入到国际法的层面,这一公约的未来发展值得持续关注和研究。

1.《新加坡公约》概况

在《新加坡公约》通过之前,经常提到使用调解方式的挑战是跨境执行调解产生的和解协议缺乏一个高效和统一的框架。在联合国贸易法委员会层面,虽然已经制定了国际商事调解方面的示范规则和示范法,但这些法律文件显然缺乏拘束力,而且对和解协议的执行机制也基本没有涉及。因此,通过一部可为不同法律、社会和经济制度国家所接受的关于调解所产生的国际和解协议的公约,将补充现行国际调解法律框架,并将有助于发展和谐的国际经济关系,这便是制定《新加坡公约》的初衷。

在《新加坡公约》的序言中,阐明了国际商事调解机制对于当代国际经贸争议解决和秩序维护的重要意义。主要分为四个方面,即:公约当事方"认识到调解作为一种商事争议解决办法对于国际贸易的价值,争议当事人借此办法请求第三人协助其设法友好解决争议;注意到国际和国内商业实务越来越多地使用调解替代诉讼;考虑到使用调解办法产生显著益处,例如减少因争议导致终止商业关系的情形,便利商业当事人管理国际交易,并节省国家司法行政费用;深信就调解所产生的国际和解协议确立一种可为法律、社会和经济制度不同的国家接受的框架,将有助于发展和谐的国际经济关系"。显然,支持国际商事调解方式的运用是公约的首要目的,但其在加强国际司法合作方面的价值也值得称道。《新加坡公约》正是仿效 1958 年《纽约公约》的模式,为执行调解所产生的国际和解协议并允许当事人援用此类协议提供了一个统一、高效的框架,确保当事人达成的和解协议依据精简程序具有约束力和可执行性。

《新加坡公约》的结构并不复杂,除序言外,共计 16 个条文。按照文本顺序可以分为三部分:第一部分是公约的适用对象,即适用于公约的"和解协议"的范围,主要包括第 1 条(适用范围)和第 2 条(定义);第二部分是执行和解协议的具体条件和程序,这是公约的核心内容,包括第 3 条(一般原则)、第 4 条(对依赖于和解协议的要求)、第 5 条(拒绝准予救济的理由)、第 6 条(并行申请或者请求)、第 7 条(其他法律或者条约);第三部分是公约的生效与效力等程序性内容,总共 9 个条文。

2.《新加坡公约》国际商事和解协议执行机制的特点

《新加坡公约》的通过与生效标志着国际商事和解协议的国际执行制度已经形成,其通过简化、统一缔约国国内执行国际商事和解协议的具体制度,促使符合公约规定的国际商事和解协议得到高效执行。前已述及,《新加坡公约》是在借鉴 1958 年《纽约公约》成功经验基础上的产物,因而其国际执行机制与《纽约公约》有不少共同之处。同时,《新加坡公约》所建立的国际商事和解协议执行机制也存在自身的特点:

第一,《纽约公约》的全称为《承认及执行外国仲裁裁决公约》,这意味着《纽约公约》的适用对象是"外国仲裁裁决"而非"国际商事仲裁裁决",因而《纽约公约》为仲裁裁决的"国籍"判定提供了裁决作出地和非内国裁决两项判断标准。[①] 相比之下,《新加坡公约》所针对的对象是"国际商事和解协议",至于和解协议的作出地、调解机构的所在地等因素则在所不问。这种方式意味着和解协议并不具有"国籍",即便在缔约国国内作成或者由缔约国的调解机构作成的和解协议,只要满足《新加坡公约》的适用要件,也应当一体适用《新加坡公约》。

第二,正是基于上述不同定位,虽然《纽约公约》与《新加坡公约》均不要求仲裁裁决或和解协议的当事人具有缔约国的国籍或住所,但由于《纽约公约》强调仲裁裁决的"国籍",因此其赋予了缔约国提出"互惠保留"的权利。[②] 但《新加坡公约》对"国际商事和解协议"的"国籍"并无限制,也就不存在协议作出地的限制,因而其没有互惠保留条款,这意味着《新加坡公约》在适用范围上较《纽约公约》更加广泛。

第三,《新加坡公约》在执行机制的措辞上并没有使用《纽约公约》中的"承认与执行",而是使用了当事人向执行地主管机关"寻求救济"和执行地主管机关"准予救济"的提法。《新加坡公约》不再使用"承认"的提法,主要是因为很多国家认为,"承认"一词在不同法域有不同的含义,所以它不是一个严谨的法律术语。"承认"只是对授权行为或者特定状态的主观确认,唯有"执行"才使权益落到实处。[③]

(二) 国际商事和解协议的范围

由于《新加坡公约》聚焦于国际商事和解协议的执行,因此公约适用的前提是确定国际商事和解协议的范围,主要涉及公约第 1 条、第 2 条和第 8 条。

1. 国际商事和解协议的认定

《新加坡公约》第 1 条第 1 款前段规定:"本公约适用于调解所产生的、当事人为解决商事争议而以书面形式订立的协议(和解协议)。"基于这一适用范围,

---

[①] 1958 年《纽约公约》第 1 条第 1 款规定:"仲裁裁决,因自然人或法人间之争议而产生且在声明承认及执行地所在国以外之国家领土内作成者,其承认及执行适用本公约。本公约对于仲裁裁决经声明承认及执行地所在国认为非内国裁决者,亦适用之。"

[②] 1958 年《纽约公约》第 1 条第 3 款前段规定:"任何国家得于签署、批准或加入本公约时,或于本公约第十条通知推广适用时,本交互原则声明该国适用本公约,以承认及执行在另一缔约国领土内作成之裁决为限。"

[③] 参见温先涛:《〈新加坡公约〉与中国商事调解——与〈纽约公约〉〈选择法院协议公约〉相比较》,载《中国法律评论》2019 年第 1 期。

该公约接下去对三项条件进行了细化：

（1）国际性。《新加坡公约》第 1 条提出了两项标准："本公约适用于调解所产生的、当事人为解决商事争议而以书面形式订立的协议（'和解协议'），该协议在订立时由于以下原因而具有国际性：(a) 和解协议至少有两方当事人在不同国家设有营业地；或者 (b) 和解协议各方当事人设有营业地的国家不是：（一）和解协议所规定的相当一部分义务履行地所在国；或者（二）与和解协议所涉事项关系最密切的国家。"从这两项标准中可以看出，公约对于和解协议国际性的认定主要采取的是实质性连接因素标准，并且在时间标准上限定为和解协议订立时。鉴于当事人营业地在认定中的关键作用，《新加坡公约》考虑到了营业地认定可能出现的积极冲突和消极冲突，在第 2 条第 1 款中分别作出了解决方案："(a) 一方当事人有不止一个营业地的，相关营业地是与和解协议所解决的争议关系最密切的营业地，同时考虑到订立和解协议时已为各方当事人知道或者预期的情形；(b) 一方当事人无营业地的，以其惯常居住地为准。"

（2）和解协议的形式。《新加坡公约》强调和解协议的书面形式，但同时在第 2 条第 2 款中对于书面形式的具体表现方式进行了宽泛的认定："和解协议的内容以任何形式记录下来即为'书面形式'。电子通信所含信息可调取以备日后查用的，该电子通信即满足了和解协议的书面形式要求。"

（3）调解的定义。《新加坡公约》一方面认为和解协议必须是基于第三方介入调解而产生的，另一方面也考虑到调解定义的不确定性，因而在第 2 条第 3 款中也采取了宽泛认定的方式："'调解'不论使用何种称谓或者进行过程以何为依据，指由一名或者几名第三人（'调解员'）协助，在其无权对争议当事人强加解决办法的情况下，当事人设法友好解决其争议的过程。"

2. 排除范围

《新加坡公约》在第 1 条中还对于公约的排除事项进行了明确，主要包括两个方面：

（1）基于公约主要规范平等商事主体之间国际争议的立场，因而第 2 款排除了两类事项："(a) 为解决其中一方当事人（消费者）为个人、家庭或者家居目的进行交易所产生的争议而订立的协议；(b) 与家庭法、继承法或者就业法有关的协议。"

（2）为了避免与现有和未来的其他公约可能发生重叠，因而将诉讼或仲裁程序中达成的和解协议事项排除在外，这些公约包括 1958 年《纽约公约》、2005 年海牙《法院选择协定公约》以及 2019 年海牙《承认与执行外国民商判决公约》。《新加坡公约》第 1 条第 3 款规定："本公约不适用于：(a) 以下和解协议：经由法院批准或者系在法院相关程序过程中订立的协议；和可在该法院所在国作为判决执行的协议；(b) 已记录在案并可作为仲裁裁决执行的协议。"

3. 保留

《新加坡公约》仅仅允许缔约国在批准或加入公约时提出两项保留:

(1) 第 8 条第 1 款(a)项规定:"对于其为一方当事人的和解协议,或者对于任何政府机构或者代表政府机构行事的任何人为一方当事人的和解协议,在声明规定的限度内,本公约不适用。"这一保留比较类似于《纽约公约》的"商事保留",主要目的是允许缔约国将自身与外国投资者之间的投资争议排除在公约之外。[①]

(2) 第 8 条第 1 款(b)项规定:"本公约适用,唯需和解协议当事人已同意适用本公约。"这项保留事项涉及公约能否自动适用,以及当事人能否以意思自治形式排除公约适用的问题。从该项规定的内容可以看出,《新加坡公约》采取了无当事人约定则自动适用的基本原则,不过缔约国可以依据该项条款作出保留。但关于当事人可否意思自治排除公约适用的问题,公约起草工作组认为,即使公约中没有明确规定,和解协议当事人仍然能够排除适用公约,这样的条款尊重当事人的意思自治。[②]

(三) 执行国际商事和解协议的条件

一项国际商事和解协议如果满足《新加坡公约》的要求,那么它在公约缔约国国内的执行将受到公约制度的保障。《新加坡公约》在执行条件的具体规定上参考了 1958 年《纽约公约》的模式,贯彻了直接、统一、高效的原则:

1. 直接执行的方式

《新加坡公约》第 3 条第 1 款规定:"本公约每一当事方应按照本国程序规则并根据本公约规定的条件执行和解协议。"这一规定说明两点:一是符合公约的和解协议的执行仅由接受申请的缔约国进行,无须接受和解协议作出地国家的先行审查;二是执行和解协议的准据法,应当依据执行地国家本国的程序性规则进行,但不得违反公约的规定。考虑到和解协议在本国和非执行地国家已经获得解决的抗辩理由,因而第 3 条第 2 款中规定:"如果就一方当事人声称已由和解协议解决的事项发生争议,公约当事方应允许该当事人按照本国程序规则并根据本公约规定的条件援用和解协议,以证明该事项已得到解决。"

2. 执行的程序

《新加坡公约》第 4 条第 1 款规定了申请救济的当事人应当提供的资料:(1) 由各方当事人签署的和解协议;(2) 显示和解协议产生于调解的证据。对

[①] 1958 年《纽约公约》第 1 条第 3 款后段规定:"任何国家亦得声明,该国唯于争议起于法律关系,不论其为契约性质与否,而依提出声明国家之国内法认为系属商事关系者,始适用本公约。"

[②] 参见孙巍编著:《〈联合国关于调解所产生的国际和解协议公约〉立法背景及条文释义》,法律出版社 2018 年版,第 91 页。

于第 2 种证据的提交,《新加坡公约》进行了举例:(1) 调解员在和解协议上的签名;(2) 调解员签署的表明进行了调解的文件;(3) 调解过程管理机构的证明;(4) 在没有前 3 项的情况下,可为主管机关接受的其他任何证据。此外,《新加坡公约》还对于电子通信方式、翻译译本等方面进行了规定。①

3. 拒绝执行的理由

与《纽约公约》的精神相同,《新加坡公约》在缔约国拒绝执行和解协议的问题上也严格限定了理由,将其区分为被申请人举证事项和法院依职权认定事项两大类。在被申请人举证的事项方面,《新加坡公约》第 5 条第 1 款主要列举了 5 类事项:(1) 和解协议当事人无行为能力;(2) 和解协议依据其准据法无效;(3) 和解协议的条款无约束力或不具有终局性;(4) 和解协议中的义务已被履行、无法理解,或者准予救济将与和解协议的其他条款相悖;(5) 调解员违反相关的行为规范,或者未履行如实披露义务。② 其中,关于以上所述的第 4 项和第 5 项是公约规定的特别情形,尤其是规定调解员未予披露是拒绝执行的理由,彰显了公约对于调解员中立性的特别强调。③ 至于法院依职权认定的事项,《新加坡公约》列出了公共秩序和争议的可调解性两个事项。④

4. 与其他程序的关系

《新加坡公约》所规定的执行程序并非唯一的、排他性的程序,其有赖于和解协议当事人的选择,因而在与其他程序的关系问题上采取了开放的立场:一方面,在并行程序的处理问题上,公约采取了允许程序并行的基本立场。所谓并行

---

① 《新加坡公约》第 4 条第 2 款规定:"符合下列条件的,即为在电子通信方面满足了和解协议应由当事人签署或者在适用情况下应由调解员签署的要求:(a) 使用了一种方法来识别当事人或者调解员的身份并表明当事人或者调解员关于电子通信所含信息的意图;并且(b) 所使用的这种方法:(一) 从各种情况来看,包括根据任何相关的约定,对于生成或者传递电子通信所要达到的目的既是适当的,也是可靠的;或者(二) 其本身或者结合进一步证据,事实上被证明具备前述(a)项中所说明的功能。"第 3 款规定:"和解协议不是以寻求救济所在公约当事方正式语文拟订的,主管机关可请求提供此种语文的和解协议译本。"第 4 款规定:"主管机关可要求提供任何必要文件,以核实本公约的要求已得到遵守。"

② 《新加坡公约》第 5 条第 1 款规定:"根据第 4 条寻求救济所在公约当事方的主管机关可根据寻求救济所针对当事人的请求拒绝准予救济,唯需该当事人向主管机关提供以下证明:(a) 和解协议一方当事人处于某种无行为能力状况;(b) 所寻求依赖的和解协议:(一) 根据当事人有效约定的和解协议管辖法律,或者在没有就此指明任何法律的情况下,根据在第 4 条下寻求救济所在公约当事方主管机关认为应予适用的法律,无效、失效或者无法履行;(二) 根据和解协议条款,不具约束力或者不是终局的;或者(三) 随后被修改;(c) 和解协议中的义务:(一) 已经履行;或者(二) 不清楚或者无法理解;(d) 准予救济将有悖和解协议条款;(e) 调解员严重违反适用于调解员或者调解的准则,若非此种违反,该当事人本不会订立和解协议;或者(f) 调解员未向各方当事人披露可能对调解员公正性或者独立性产生正当怀疑的情形,并且此种未予披露对一方当事人有实质性影响或者不当影响,若非此种未予披露,该当事人本不会订立和解协议。"

③ 参见赵平:《论多元化纠纷解决机制下的〈新加坡公约〉》,载《经贸法律评论》2019 年第 6 期。

④ 《新加坡公约》第 5 条第 2 款规定:"根据第 4 条寻求救济所在公约当事方主管机关如果作出以下认定,也可拒绝准予救济:(a) 准予救济将违反公约该当事方的公共政策;或者(b) 根据公约该当事方的法律,争议事项无法以调解方式解决。"

程序,是指与和解协议的执行程序并列,且可能对其产生影响的司法程序或仲裁程序。例如,在某一法域进行关于和解协议的诉讼或仲裁程序,而在另一法域进行和解协议的执行程序。①《新加坡公约》第 6 条规定:"如果已经向法院、仲裁庭或者其他任何主管机关提出了与一项和解协议有关的申请或者请求,而该申请或者请求可能影响到根据第 4 条正在寻求的救济,寻求此种救济所在公约当事方的主管机关可在其认为适当的情况下暂停作出决定,并可应一方当事人的请求下令另一方当事人适当具保。"另一方面,公约充分尊重和解协议当事人对于执行程序的选择性权利,尤其是在存在较公约更加便捷的国内或国际条约规定程序的情况下。因此,《新加坡公约》第 7 条规定:"本公约不应剥夺任何利害关系人可依寻求依赖和解协议所在公约当事方的法律或者条约所许可的方式,在其许可限度内,援用该和解协议的任何权利。"

第四节　中国国际商事调解制度

一、中国国际商事调解制度概述

国际商事调解对于中国而言,是一个既熟悉而又陌生的名词。以中国争议解决方式的发展历史为视角,可以将"国际商事调解"分为三个阶段:"调解"自古以来即是中国解决民间纠纷的重要方式,其与中国人厌讼的基本心态相互耦合,成为妥善解决纠纷、保持社会稳定的利器,也被作为"东方经验"向西方国家推广。"商事调解"形成于民国时期,1912 年上海总商会成立后,向当时的司法、农工商部正式呈请设立商会公断处。1913 年 1 月 28 日两部拟定的《商事公断处章程》公布,标志着商会调解机制的正式形成。② 从此,中国的商事调解制度逐步演化、壮大至今。相比之下,虽然改革开放之后中国也有不少国际商事调解的实践,但制度构建层面的"国际商事调解"则尚显滞后。因此,今日所介绍的中国国际商事调解制度实为中国的商事调解制度。经过 40 余年的发展,中国的商事调解制度形成了如下特点:

(一)法院主导的机构调解模式

中国之所以没有形成独立的商事调解体系,根本原因在于对调解制度的功能定位。调解对于当代中国而言,不仅仅是一种解决具体纠纷的方式,更是维护社会公共秩序、提升国家治理水平、体现中国制度优势的重要组成部分,因此全

---

① 参见孙巍编著:《〈联合国关于调解所产生的国际和解协议公约〉立法背景及条文释义》,法律出版社 2018 年版,第 79 页。
② 参见赵婷:《民国初年商事调解机制评析——以〈商事公断章程〉为例》,载《江西财经大学学报》2008 年第 1 期。

方位、全覆盖贯彻调解这种多元纠纷解决方式成为应由之路。① 在这样一种顶层设计之下,全社会所有具备争议解决职能或功能的机构均需要将调解方式充分运用,因而便形成了以机构为分类标准的调解模式。也正是由于这种机构调解模式的建立,导致了门类众多的机构一般均可同时处理商事和非商事的争议,因此再区分出商事调解也就没有意义了。

依照机构调解模式,中国的调解体系可以分为人民法院调解、行政调解和民间机构调解,民间调解机构中主要包括仲裁机构、人民调解委员会和其他专门调解机构。从商事调解的角度,人民法院、仲裁机构和专门调解机构调解是三种主要方式,也是本节其后介绍的重点。另外,需要注意的是,中国的机构调解是以人民法院为主导展开的,这种主导性的出现不仅在于人民法院代表国家行使司法权力,更加重要的原因是,经调解所产生的和解协议主要是由人民法院依法确认并赋予其既判力和执行力。

(二) 形式多样的调解立法模式

中国现行的调解立法采取了以单行立法、专章专节立法为主,以在有关单行法中列入调解规定为辅的立法模式。2010年出台的《人民调解法》是单行立法的代表,其以规范人民调解活动为主旨;2017年修订后的《民事诉讼法》延续了此前专章专节规范司法调解程序的做法,该法第八章规定了民事诉讼中的调解规则,第十五章第六节规定了"确认调解协议案件"的特别程序;与此同时,《仲裁法》《消费者权益保护法》《台湾同胞投资保护法》等单行法中,也都列入了涉及调解的法律条文。但是,现有的立法模式也存在一定的不足,最大的问题在于缺乏一部调解的基本法律,因而导致了商事调解无法准确地进行立法定位。

(三) 多层次的立法效力体系

中国国内的调解立法体系由五个层次组成:一是由全国人大及其常委会制定的法律,主要包括《人民调解法》《民事诉讼法》《仲裁法》等;二是由国务院制定的行政法规,如《台湾同胞投资保护法实施细则》等;三是地方性法规,如《上海市消费者权益保护条例》《上海市优化营商环境条例》《中国(上海)自由贸易试验区条例》等;四是部门规章和地方政府规章,前者如司法部《人民调解工作若干规定》、原国家工商行政管理总局《工商行政管理部门处理消费者投诉办法》等,后者如《中国(上海)自由贸易试验区管理办法》等;五是最高人民法院发布的司法

---

① 中华人民共和国成立后,诞生于浙江诸暨的"枫桥经验"就是一个典型例证。"枫桥经验"源于1963年毛泽东主席的肯定性指示,核心内涵经过几个不同时期的演变逐渐确立,即坚持中国共产党的群众路线不动摇,在解决社会矛盾、完善社会治理方面坚持法治方式、法治思维,坚决相信群众、依靠群众。2013年,在推广"枫桥经验"50周年纪念大会上,习近平总书记作出重要批示:"要充分认识到枫桥经验的重大意义,发扬优良传统,适应时代要求,创新群众工作方法,善于运用法治思维和法治方式解决涉及群众切身利益的矛盾和问题,把'枫桥经验'坚持好、发展好、把党的群众路线坚持好、贯彻好。"参见朱志华、周长康主编:《"枫桥经验"的时代之音》,浙江工商大学出版社2019年版,第157—161页。

解释,主要有《最高人民法院关于人民法院民事调解工作若干问题的规定》[①]《最高人民法院关于人民调解协议司法确认程序的若干规定》和《民诉法解释》[②]。

(四) 迈向国际化的调解立法渊源

中国在参与国际社会交往过程中一贯以来重视调解方式,因此在梳理了中国国内调解立法的体系后,应当注意到中国国际商事调解的国际法渊源来自以下两个方面:一是在双边条约层面,中国在对外经贸交往的过程中已经与众多国家签署了双边投资贸易协定,其中多数条约中存在以调解方式解决各类国际经济争议的内容;二是在多边条约层面,中国一直是联合国贸易法委员会的积极参与者,也是《新加坡公约》的重要推动者和倡导者。因此,有理由相信,随着2019年8月7日中国签署《新加坡公约》以及未来可预见的批准程序,明日的中国必将诞生独立化、法治化、国际化的国际商事调解制度。

二、人民法院调解

如前所述,中国现有的调解制度采取的是法院主导的机构调解模式。因此,根据《民事诉讼法》的规定,人民法院对于调解制度的运用主要可以分为诉讼调解和诉前调解两种方式:

(一) 诉讼调解

诉讼调解是指人民法院审理民商事纠纷案件时,双方当事人在自愿接受调解的前提下,在查明事实、分清是非的基础上,由人民法院审判人员主持,双方当事人自愿协商、互谅互让,以达成和解协议方式解决纠纷的审结方式。这种方式是我国民事诉讼法一贯坚持的原则和优秀经验,现有的法律依据主要来自《民事诉讼法》第八章、《最高人民法院关于人民法院民事调解工作若干问题的规定》和《民诉法解释》。

诉讼调解与国际商事调解相关的问题主要是三个方面:第一,适用诉讼调解的争议范围。现行《民诉法解释》第143条规定:"适用特别程序、督促程序、公示催告程序的案件,婚姻等身份关系确认案件以及其他根据案件性质不能进行调解的案件,不得调解。"从这一规定可知,涉及国际商事争议的案件一般均得适用诉讼调解程序。第二,诉讼调解的结果。根据《民事诉讼法》的规定,诉讼调解达

[①] 2004年8月18日最高人民法院审判委员会第1321次会议通过,根据2008年12月16日公布的《最高人民法院关于调整司法解释等文件中引用〈中华人民共和国民事诉讼法〉条文序号的决定》第一次修正,根据2020年12月23日最高人民法院审判委员会第1823次会议通过的《最高人民法院关于修改〈最高人民法院关于人民法院民事调解工作若干问题的规定〉等十九件民事诉讼类司法解释的决定》第二次修正。

[②] 2014年12月18日最高人民法院审判委员会第1636次会议通过,根据2020年12月23日最高人民法院审判委员会第1823次会议通过的《最高人民法院关于修改〈最高人民法院关于人民法院民事调解工作若干问题的规定〉等十九件民事诉讼类司法解释的决定》修正。

成协议的,人民法院应当制作调解书。① 调解书经双方当事人签收后,即具有法律效力,此处的法律效力是指既判力,即任何一方当事人不履行调解书义务的,另一方有权申请强制执行。如调解不成或调解书送达前一方当事人反悔的,人民法院应当及时判决。第三,结合《新加坡公约》的规定来看,中国人民法院诉讼调解形成的调解书,不属于公约适用的范围。

(二) 诉前调解

诉前调解一般是指人民法院在正式立案之前,借助某些第三方力量介入纠纷,从而尽量避免纠纷进入诉讼阶段的调解方式。之所以采取这种调解方式,原因主要在于"诉讼爆炸"的现实使得人民法院必须主动对接其他的解纷组织和机构,共同致力于社会矛盾的治理。2015年年底,中共中央、国务院下发了《关于完善矛盾纠纷多元化解机制的意见》,其中首次明确了人民法院在多元化纠纷解决机制中的地位与作用:法院要发挥司法在矛盾纠纷多元化解机制中的引领、推动和保障作用,建立健全诉讼与非诉讼相衔接的矛盾纠纷解决机制,加强与行政机关、仲裁机构、人民调解组织、商事调解组织、行政调解组织或者其他具有调解职能的组织的协调配合,推动在程序安排、效力确认、法律指导等方面的有机衔接。随后,最高人民法院下发《关于人民法院进一步深化多元化纠纷解决机制改革的意见》等一系列文件,这标志着包括调解在内的多元纠纷解决机制的司法径路进入到了"快车道"。

从人民法院的角度,诉前调解依据"走出去"和"引进来"两种方向,可以分为委托调解和附设调解两种形式。前者是指法院立案前将案件委托给法院外社会组织的诉前调解模式,后者是指社会力量进驻法院,在法院受理案件前,主动参与对纠纷的调处,避免纠纷的进一步恶化。② 不过这两种方式调解成功后的法律效果是一致的,由于其不属于法院的诉讼调解,因此出具的和解协议如要获得调解书同等的效力,则必须按照《民事诉讼法》中"确认调解协议的案件"一节完成司法确认程序。③

---

① 也存在特殊情况下不制作调解书的情形,2017年《民事诉讼法》第98条规定:"下列案件调解达成协议,人民法院可以不制作调解书:(一)调解和好的离婚案件;(二)调解维持收养关系的案件;(三)能够即时履行的案件;(四)其他不需要制作调解书的案件。对不需要制作调解书的协议,应当记入笔录,由双方当事人、审判人员、书记员签名或者盖章后,即具有法律效力。"

② 唐力、毋爱斌:《法院附设诉前调解的实践与模式选择——司法ADR在中国的兴起》,载《学海》2012年第4期。

③ 2017年《民事诉讼法》中"确认调解协议的案件"主要有两个条文,第194条规定:"申请司法确认调解协议,由双方当事人依照人民调解法等法律,自调解协议生效之日起三十日内,共同向调解组织所在地基层人民法院提出。"第195条规定:"人民法院受理申请后,经审查,符合法律规定的,裁定调解协议有效,一方当事人拒绝履行或者未全部履行的,对方当事人可以向人民法院申请执行;不符合法律规定的,裁定驳回申请,当事人可以通过调解方式变更原调解协议或者达成新的调解协议,也可以向人民法院提起诉讼。"

相比而言,诉前调解这一形式对于国际商事调解而言更加重要。一方面,这种方式虽然也是在法院主导之下,但其本质上仍为民间机构之调解,因而属于《新加坡公约》适用之范畴;另一方面,这种方式又称为诉调对接方式,具有相当之开放性和包容性,也是我国国内商事和解协议获得执行力的捷径。不过,依据2011年《最高人民法院关于人民调解协议司法确认程序的若干规定》第7条之规定,人民法院在以下情形下不予确认调解协议的效力:(1)违反法律、行政法规强制性规定的;(2)侵害国家利益、社会公共利益的;(3)侵害案外人合法权益的;(4)损害社会公序良俗的;(5)内容不明确,无法确认的;(6)其他不能进行司法确认的情形。

三、仲裁机构调解

在中国,广义的仲裁与调解相结合包括先调解后仲裁、仲裁中的调解,狭义的仅指仲裁中的调解。① 作为与调解同为诉讼外纠纷解决方式的仲裁,实践中通过多种形式实现仲调结合的目标:

(一) 仲裁中调解

2017年《仲裁法》第51条规定:"仲裁庭在作出裁决前,可以先行调解。当事人自愿调解的,仲裁庭应当调解。调解不成的,应当及时作出裁决。调解达成协议的,仲裁庭应当制作调解书或者根据协议的结果制作裁决书。调解书与裁决书具有同等法律效力。"仲裁中调解有利于仲裁程序的柔性化处理,因而我国仲裁机构的仲裁规则中均规定了仲裁中调解的相应规则,而调解书与仲裁裁决书同等效力的规定也赋予了和解协议一定程度上的执行力。不过,也正是因为这种同等效力的规定,作成的仲裁调解书不属于《新加坡公约》适用的范围。

(二) 先调解后仲裁

在混合型 ADR 模式下,调仲结合的典型方式是以仲裁裁决书的对接形式实现国际商事和解协议的执行力。这种方式在近年来越来越受到欢迎和重视,因而得到了中国国际商事调解机构和国际商事仲裁机构的共同支持。

国际商事调解机构的做法是在调解条款中增设调仲结合的内容,如上海经贸商事调解中心制定的示范条款中载明:"(一)凡因本合同引起的或与本合同有关的任何争议,各方均同意提交上海经贸商事调解中心进行调解;(二)调解不成的,可提交[仲裁机构名称]仲裁;(三)经调解成功的,双方愿意/不愿意将和解协议或调解书提交[有管辖权的人民法院]按照相关程序出具民事调解书。"②

---

① 参见郭玉军:《替代性纠纷解决机制在中国的现状及未来发展趋势》,载韩德培、余先予、黄进主编:《中国国际私法与比较法年刊》(2003·第六卷),法律出版社2003年版,第59页。
② 上海经贸商事调解中心《调解规则》以及其他资料,可登录上海经贸商事调解中心官方网站查询:http://www.scmc.org.cn。

国际商事仲裁机构的做法则是在仲裁规则中确认此种调仲结合的程序,如2012年中国国际经济贸易仲裁委员会《仲裁规则》第45条第10项规定:"当事人在仲裁程序开始之前自行达成或经调解达成和解协议的,可以依据由仲裁委员会仲裁的仲裁协议及其和解协议,请求仲裁委员会组成仲裁庭,按照和解协议的内容作出仲裁裁决。除非当事人另有约定,仲裁委员会主任指定一名独任仲裁员组成仲裁庭,按照仲裁庭认为适当的程序进行审理并作出裁决。具体程序和期限,不受本规则其他条款关于程序和期限的限制。"①

四、专门调解机构调解

在倡导多元化争议解决机制的大背景下,中国具备调解条件和职能的机构有很多,实践中也存在行业协会、商会、律师、公证等多种社会组织和职业参与商事调解的情形。但从法律赋权和商事调解国际化的维度观之,最值得介绍的是人民调解和商事调解机构调解这两种方式:

(一) 人民调解

人民调解是一项具有深厚中华民族传统的法律制度,自中华人民共和国成立以来一直是解决民间纠纷的重要方式。2010年《人民调解法》的出台标志着人民调解制度达到了法制化的最高水平,该法共计6章35条。关于人民调解的含义,《人民调解法》第2条规定:"本法所称人民调解,是指人民调解委员会通过说服、疏导等方法,促使当事人在平等协商基础上自愿达成调解协议,解决民间纠纷的活动。"另依据该法之规定,人民调解委员会是依法设立的调解民间纠纷的群众性组织,主要设立在村民委员会、居民委员会,企业事业单位、乡镇、街道以及社会团体或者其他组织根据需要也可以设立人民调解委员会。

从国际商事调解的视角来看,我国的人民调解制度在某些方面似乎与国际惯例不符,如人民调解不收取任何费用的规定。不过,由于《人民调解法》规定人民调解委员会的工作范围为"民间纠纷",其并没有排除涉外性质的商事纠纷,因此人民调解委员会应当属于中国国内处理国际商事纠纷的机构之一。更为重要的是,人民调解委员会是中国现行国内立法中唯一赋权的法定调解机构,经其调解达成的和解协议与《民事诉讼法》中的司法确认程序可以实现无障碍的衔接。②

---

① 中国国际经济贸易仲裁委员会《仲裁规则》以及其他资料,可登录中国国际经济贸易仲裁委员会官方网站查询:http://cn.cietac.org。

② 2010年《人民调解法》第33条规定:"经人民调解委员会调解达成调解协议后,双方当事人认为有必要的,可以自调解协议生效之日起三十日内共同向人民法院申请司法确认,人民法院应当及时对调解协议进行审查,依法确认调解协议的效力。人民法院依法确认调解协议有效,一方当事人拒绝履行或者未全部履行的,对方当事人可以向人民法院申请强制执行。人民法院依法确认调解协议无效的,当事人可以通过人民调解方式变更原调解协议或者达成新的调解协议,也可以向人民法院提起诉讼。"

(二) 商事调解机构调解

中国专门从事商事调解的机构起步较晚,但 21 世纪以来,随着深度嵌入国际经贸交往以及"一带一路"战略的提出,出现了上海经贸商事调解中心、一带一路国际商事调解中心等众多专业化、专门化的商事调解机构。其中,中国国际贸易促进委员会/中国国际商会调解中心是成立时间最早、规模最大、影响最广泛的中国商事调解机构。该中心成立于 1987 年,原名北京调解中心,截至 2019 年 12 月,已在全国各省、市、自治区及一些重要城市设立分会调解中心共 52 家,形成了庞大的调解网络。

依据中国国际贸易促进委员会/中国国际商会调解中心 2012 年《调解规则》第 2 条的规定,中心受理案件的范围为"国内外平等主体的自然人、法人和其他组织之间发生的民商事争议及其他特殊主体之间约定的特别争议"。鉴于这一中心对标国际最高标准的定位,在规则层面除了《调解规则》外,中心还制定了《调解员聘任管理规定》《调解员培训管理规定》《调解员守则》《调解员行为考察规定》等规范性文件,确保调解过程公平中立。该中心的国际化还体现在跨国合作的联合调解领域,早在 1987 年,贸促会总会调解中心(原北京调解中心)就与设在德国汉堡的"北京—汉堡调解中心"签了合作协议,同时制定了《北京—汉堡调解规则》,供双方共同调解涉及中德当事人的案件。[①] 截至 2019 年,该中心已与意大利、美国、英国、加拿大、马来西亚、新加坡、韩国、日本、中国香港、中国澳门等多个国家和地区的 21 个相关机构签署了合作协议,建立了合作关系。

[案例讨论与分析]

案例　国际商事和解协议执行案[②]

【案情简介】

甲公司与乙公司的营业地均位于新加坡,某日甲乙两家公司在新加坡签署一份《设备采购合同》,约定由甲公司向乙公司提供成套设备,双方约定该合同的履行地为乙公司位于德国的项目现场。其后,两家公司对《设备采购合同》的履行顺序产生争议,甲公司拒绝先履行交付成套设备的义务,乙公司则拒绝先行支付货款。纠纷发生后,甲乙两公司经过磋商,同意将该纠纷提交新加坡国际调解中心并按照该中心之《调解规则》开展调解。经过数月的调解程序,甲乙两公司

---

① 1987 年《北京—汉堡调解规则》的内容,可查阅黄进、何其生、萧凯编:《国际私法:案例与资料》,法律出版社 2004 年版,第 1152—1155 页。

② 国际商事调解因其保密性,因而实务有价值的案例较少。但《新加坡公约》生效后国际商事和解协议的执行问题应当得到重视,故此处案例为编者所假设,意在模拟《新加坡公约》之运行规则并探讨未来对我国之影响与价值。

在调解员的主持、协调下达成最终的和解协议,即甲公司在协议签订后 7 日内将成套设备在德国完成交付义务,而乙公司在收到成套设备后 3 日内将全部货款汇入甲公司在德国开立的账户。和解协议签署后,甲公司依约完成了成套设备的交付工作,但乙公司却无故拒绝履行其后的付款义务。后甲公司通过了解,发现乙公司在中国存在可供执行的财产,于是甲公司依据《新加坡公约》向可供执行财产所在地的中国法院提出申请,请求中国法院确认和解协议的效力并据此启动强制执行程序(注:假设《新加坡公约》已对中国生效)。中国法院受理该案后,乙公司提出了众多抗辩意见,认为中国法院应当驳回甲公司的执行申请。

【法律问题】

1. 本案签署和解协议的当事人营业地位于同一国家即新加坡,这种情况下和解协议是否具有国际性?能否适用《新加坡公约》?

2. 甲公司作为申请人,依据《新加坡公约》应当向中国法院提交何种文件?

3. 乙公司作为被申请人,依据《新加坡公约》可以向中国法院提出的抗辩理由有哪些?

【分析评论】

本案虽为一个虚构案件,但折射出国际商事调解制度在未来国际商事争议解决中的重要地位。这种重要地位的呈现,很大程度上取决于《新加坡公约》的功能发挥和实践效果。对于中国而言,虽然当前仅为《新加坡公约》的签字国,但提前对于公约生效后的效果进行研判和路演,显然有利于中国商事调解制度的国际化进程。对于本案件中列出的 3 个焦点问题,可以依据《新加坡公约》的内容作出如下分析:

1. 每一个国际条约均有其自身独立的适用范围,《新加坡公约》也不例外,公约第 1 条就明确规定了适用范围。本案中出现的情况是,达成国际商事和解协议的当事人营业地均位于同一国家时,这种和解协议还是否具有国际性?诚然,《新加坡公约》在很大程度上借鉴 1958 年《纽约公约》的做法,对于商事和解协议"国际性"的认定采取了实质性的认定标准。如《新加坡公约》第 1 条(a)项规定,"和解协议至少有两方当事人在不同国家设有营业地",按照这种标准进行判定,本案所涉的和解协议似不具有国际性。但与此同时,《新加坡公约》为了尽力扩张公约的可适用性,也对上述营业地标准提出了一些例外规则。如《新加坡公约》第 1 条第 1 款(b)项规定:"和解协议各方当事人设有营业地的国家不是:(一) 和解协议所规定的相当一部分义务履行地所在国;或者(二) 与和解协议所涉事项关系最密切的国家。"本案所涉和解协议的情形符合第 1 条第 1 款(b)项的规定,即和解协议的当事人在签订协议时虽在同一国家(新加坡)设有营业地,但纵观和解协议的约定,无论是出卖人交付义务的履行地,抑或买受人付款义务的履行地,均位于其他国家(德国)。因此,基于和解协议具体内容的分析,可以认为案涉商事和解协议符合《新加坡公约》规定的国际性标准。

2. 对于符合《新加坡公约》适用范围的国际商事和解协议,申请人应当采取何种适格方式提出申请,涉及《新加坡公约》第 4 条的规定。

首先,公约第 4 条第 1 款规定了申请救济的当事人应当提供的资料:(1) 由各方当事人签署的和解协议;(2) 显示和解协议产生于调解的证据。对于第 2 种证据的提交,公约进行了举例:(1) 调解员在和解协议上的签名;(2) 调解员签署的表明进行了调解的文件;(3) 调解过程管理机构的证明;(4) 在没有前 3 项的情况下,可为主管机关接受的其他任何证据。

其次,《新加坡公约》考虑到电子和其他通信手段的因素,在第 4 条第 2 款中作出了特别的规定:"符合下列条件的,即为在电子通信方面满足了和解协议应由当事人签署或者在适用情况下应由调解员签署的要求:(a) 使用了一种方法来识别当事人或者调解员的身份并表明当事人或者调解员关于电子通信所含信息的意图;并且(b) 所使用的这种方法:(一) 从各种情况来看,包括根据任何相关的约定,对于生成或者传递电子通信所要达到的目的既是适当的,也是可靠的;或者(二) 其本身或者结合进一步证据,事实上被证明具备前述(a)项中所说明的功能。"

最后,《新加坡公约》在第 4 条中还充分平衡了被申请国主管机关的权利。一方面,公约肯定被申请国家有提出合理要求的权利,例如第 3 款规定:"和解协议不是以寻求救济所在公约当事方正式语文拟订的,主管机关可请求提供此种语文的和解协议译本。"再如第 4 款规定:"主管机关可要求提供任何必要文件,以核实本公约的要求已得到遵守。"另一方面,公约也一再重申效率原则对践行公约的重要性,如第 5 款规定:"主管机关审议救济请求应当从速行事。"由于本案假设向中国适格之法院提出申请,因此上述规定实际也就是中国为落实《新加坡公约》而进行国内立法的空间与尺度。

3. 针对申请人的申请,从《新加坡公约》缔约国主管机关的审查事项来看,所谓拒绝准予救济的理由主要来自公约第 5 条的规定。这一规定在分类方式上完全照搬了 1958 年《纽约公约》的两分式做法,即将其首先区分为被申请人举证事项和法院依职权认定事项两种。

在被申请人举证的事项方面,《新加坡公约》第 5 条第 1 款主要列举了 5 类事项:(1) 和解协议当事人无行为能力;(2) 和解协议依据其准据法无效;(3) 和解协议的条款无约束力或不具有终局性;(4) 和解协议中的义务已被履行、无法理解,或者准予救济将与和解协议的其他条款相悖;(5) 调解员违反相关的行为规范,或者未履行如实披露义务。

在主管机关依职权认定事项方面,《新加坡公约》第 5 条第 2 款规定:"根据

第 4 条寻求救济所在公约当事方主管机关如果作出以下认定,也可拒绝准予救济:(a)准予救济将违反公约该当事方的公共政策;或者(b)根据公约该当事方的法律,争议事项无法以调解方式解决。"

延伸阅读

1. 黄进主编:《国际商事争议解决机制研究》,武汉大学出版社 2010 年版。
2. 王钢:《国际商事调解规则研究》,中国社会科学出版社 2019 年版。
3. 尹力:《国际商事调解法律问题研究》,武汉大学出版社 2007 年版。
4. 黄进、宋连斌:《国际民商事争议解决机制的几个重要问题》,载《政法论坛(中国政法大学学报)》2009 年第 4 期。
5. 刘晓红:《构建中国本土化 ADR 制度的思考》,载《河北法学》2007 年第 2 期。
6. 温先涛:《〈新加坡公约〉与中国商事调解——与〈纽约公约〉〈选择法院协议公约〉相比较》,载《中国法律评论》2019 年第 1 期。

思考题

1. 与国际民事诉讼相比,国际商事调解的功能与优势有哪些?
2. 与国际商事仲裁相比,国际商事调解在含义界定、分类方式、规则运行以及法律效力等方面有何联系与差别?
3. 国际商事调解协议与国际商事和解协议有何不同?两者所产生的法律效力有何差异?
4. 《新加坡公约》的内容是什么?假如该公约对我国产生效力,那么我国现有的调解法律体系、民事诉讼法律体系等应当作出何种调整?

第十六章 国际司法合作

本章提要

管辖权、法律适用、判决/裁决的承认与执行是国际私法的三大主要问题。本章主要介绍三大问题的最后一个环节:法院判决或仲裁裁决如何在境外/国外得到承认与执行。国际司法合作建立在各国平等、互惠的基础上,遵守国际条约,扩大双边和多边合作是加强国际司法合作的基本方法。

主要教学内容

1. 国际司法合作的意义和作用。
2. 判决/裁决承认与执行的基本条件。
3. 国际司法协助的主要国际条约。

教学目标

1. 了解国际司法协助的主要内容和基本条件。
2. 掌握法院判决或仲裁裁决在境外/国外得到承认与执行的方法和途径。
3. 熟悉我国参加的国际司法合作的主要国际条约。

国际私法的核心问题之一是一国法院的判决或仲裁裁决能够得到另一个国家的承认与执行。这就需要各国在平等、互惠的基础上进行国际司法合作。近年来,最高人民法院与140多个国家和地区的最高司法机关及18个国际组织、区域性组织建立了友好交往关系,与36个国家最高司法机关和2个国际组织签署了合作协议,加强与联合国国际法院、各国最高法院及世界贸易组织、世界知识产权组织、世界银行等重要国际组织开展国际司法交流合作。[①] 一般而言,司法协助并不包括仲裁裁决的承认与执行,因为仲裁并不是一种司法行为。考虑到各国仲裁立法中都规定仲裁裁决的强制执行需通过法院按司法程序来实现,所以我们把仲裁裁决的承认与执行问题也放在本章中论述。

---

① 参见《2018年最高人民法院工作报告》。

第一节 国际司法协助

一、国际司法协助的概念

国际私法上的国际司法协助主要是指国际民事领域的司法协助(International Judicial Assistance in Civil Matters,一般简称为司法协助),即在国际民事诉讼中一国法院接受另一国法院或有关当事人的请求,代为履行某种诉讼行为或者提供某些司法方面的协助,如送达诉讼文书、传讯证人、提取证据以及承认与执行外国法院判决和仲裁裁决等。

从各国的国内立法和国际条约来看,对司法协助的概念存在两种不同的主张。一种认为,司法协助是指国与国之间进行的送达文书、代为询问当事人和证人以及收集证据等行为,这种被称为狭义的司法协助;另一种认为,除上述内容外,还应包括外国法院判决和仲裁裁决的承认与执行,这是一种广义的司法协助。英美法系国家大都持狭义的观点;[1]而大陆法系国家,如法国、意大利、匈牙利等国持广义的观点。[2]

在我国,理论上对司法协助也存在狭义和广义两种观点。但权威的观点倾向于采纳广义的观点。[3] 我国《民事诉讼法》第四编第二十七章"司法协助"对此有专门规定,其内容包括送达文书、调查取证、法院判决和仲裁裁决的承认与执行。在司法实践中,我国与外国签订的司法协助协定也大都包括广义的司法协助内容。

二、国际司法协助的实施与拒绝

国际司法协助的实施,涉及请求方和被请求方两个不同国家如何将司法协助的具体行为付诸实施。目前,各国国内立法与有关国际条约对这一问题没有统一的规定。从各国的民事诉讼法及相关的国际条约来看,主要通过以下几种方式进行司法协助,如外交途径、领事渠道、指定机构、中央机关等。1965年海牙《送达公约》首先提出"中央机关"这个送达方式,这个概念是整个公约的核心内容。根据《送达公约》的要求,每一缔约国均应指定一个中央机关,负责接收来自其他缔约国的送达请求书,并自行送达该文书或安排经由一适当机关使之得

---

[1] 在这些国家里通常使用"service"和"evidence abroad"来表示司法协助。参见刘仁山主编:《国际私法》,中国法制出版社2019年版,第472页。
[2] 参见韩德培主编:《国际私法》,武汉大学出版社1989年版,第434页。
[3] 例如,由韩德培教授主编的统编教材《国际私法》持广义的司法协助观点;司法部法学教材《国际私法》也采纳相同的观点;《民事诉讼法》中的规定也作广义理解。

以送达。缔约国也可以根据自己的选择,指定该中央机关负责发出向其他缔约国进行送达的请求。① 这一制度避免了外交途径转递请求手续的烦琐,从而便利了各国间司法协助请求的转递。②

国际司法协助的拒绝,是指各国基于某种理由在国内立法与国际条约中规定了可以拒绝给予司法协助的若干理由。一般认为,被请求国在遇到下列情况之一时,可以拒绝执行外国法院的有关委托:(1) 委托的送达违背内国法或有关国际条约所规定的必要程序;(2) 对于外国法院委托的文件的真实性存有疑问;(3) 委托履行的行为,根据被请求国的法律,不属于内国司法机关的职权范围;(4) 委托履行的行为是被请求国法律所明文禁止的诉讼行为;(5) 委托履行的行为与履行地国家的主权和安全不相容;(6) 委托履行的行为显然违背被请求国的公共秩序或公共政策;(7) 两国间不存在互惠关系;(8) 亚非法律协商委员会《关于国外送达民、商事案件中诉讼文书和调查取证司法协助的双边条约的范本草案》第9条还把"委托的执行可能侵害有关当事人的基本权利,或者委托涉及不应泄露的机密情报"作为拒绝执行委托的理由。③

三、域外送达与域外调查取证

(一) 域外送达

域外送达是司法协助中一项很重要的活动,它是指一国法院根据国际条约或本国法律或互惠原则将司法文书和司法外文书送交给位于外国的诉讼当事人或其他诉讼参与人的行为。只有合法而有效地送达司法文书,法院才能行使司法审判权。对受送达人来说,只有在收到诉讼文书并获悉诉讼文书的内容之后,才能确定自己如何行使诉讼权利、承担诉讼义务。

一般而言,送达有两种情形:一是为外国诉讼在本国境内送达;二是为内国诉讼在外国送达。在实践中,为建立和完善域外送达制度,各国在国内法中就内国司法文书的域外送达和外国司法文书在内国的送达都有明确的规定。在双边和多边国际条约中也对域外送达有专门规定。目前,比较有影响的有关司法文书送达的国际条约主要有1954年海牙《国际民事诉讼程序公约》和1965年海牙《送达公约》。

司法文书域外送达的方式有直接送达和间接送达两种。前者指由内国法院根据内国法律或国际条约的相关规定通过一定的方式直接送达;后者指由内国法院依据内国法律和国际条约的有关规定通过一定的途径委托外国的中央机关

---

① 参见中国政府法制信息网,http://www.chinalaw.gov.cn/Department/content/2018-12/25/362_182392.html,2020年4月27日访问。
② 参见刘仁山主编:《国际私法》,中国法制出版社2019年版,第481页。
③ 参见黄进主编:《国际私法》,法律出版社1999年版,第915—916页。

代为送达,即通过国际司法协助的途径所进行的送达。

直接送达有以下 5 种:

1. 外交或领事机构送达,即由内国法院将需要在国外送达的司法文书委托给其本国驻该外国的外交代表或领事代表代为送达。这种方式已得到国际社会的普遍认可和采用。1963 年《维也纳领事关系公约》第 5 条①、1954 年海牙《国际民事诉讼程序公约》第 6 条②、1965 年海牙《送达公约》第 8 条③都规定了这种送达方式。

2. 邮寄送达,即国内法院通过邮寄方式直接将司法文书寄给国外的诉讼当事人或其他诉讼参与人。上述几个国际公约也都规定了这种送达方式。目前,美国、法国等国都认可了这一方式,但德国、瑞士、挪威等国则明确表示反对这一做法。我国在 1991 年批准加入海牙《送达公约》时,也声明外国诉讼文书在我国的送达不得采用邮寄方式。④

3. 个人送达,即内国法院将司法文书委托给具有一定身份的个人代为送达。如有关当事人的诉讼代理人、当事人指定的人、与当事人关系密切的人等。英美法系国家允许采纳这种送达方式。

4. 公告送达,即内国法院将需要送达的司法文书以张贴公告或登报方式通知有关当事人或其他诉讼参与人。自公告之日起,在一定期限届满后就视作已送达。各国民事诉讼法中大都规定了这种方式。

5. 以当事人协商方式送达。这种方式主要在英美法系国家采纳。例如,在英国,合同当事人可以在签订合同时约定某种送达方式。⑤

间接送达是指通过有关国际司法协助途径,经有关国家中央机构参与的一种特别程序,一般涉及有关国家提出请求、接受国是否接受该请求、如何执行并通知有关执行情况、以及请求拒绝的理由等问题。根据 1965 年海牙《送达公约》

---

① 1963 年《维也纳领事关系公约》第 5 条规定:"领事职务包括:……(十)依现行国际协定之规定或于无此种国际协定时,以符合接受国法律规章之任何其他方式,转送司法书状与司法以外文件或执行嘱托调查书或代派遣国法院调查证据之委托书……"参见国务院侨办公室官网,http://www.gqb.gov.cn/node2/node3/node5/node9/node111/userobject7ai1419.html,2020 年 4 月 27 日访问。

② 1954 年海牙《国际民事诉讼程序公约》第 6 条规定:"第 1 条至第 5 条之规定,不妨碍行使下列权限:……(三)各国有权通过外交官或领事对居住在外国的本国公民直接送达……"参见杨荣新选编:《民事诉讼法学参考资料》,中央广播电视大学出版社 1995 年版,第 272 页。

③ 1965 年海牙《送达公约》第 8 条规定:"每一缔约国均有权直接通过其外交或领事代表机构向身在国外的人完成司法文书的送达,但不得采用任何强制措施。任何国家均可声明其对在其境内进行此种送达的异议,除非该文书须送达给文书发出国国民。"

④ 《全国人大常委会关于批准加入〈关于向国外送达民事或商事司法文书和司法外文书公约〉的决定》规定:"第七届全国人民代表大会常务委员会第十八次会议决定:批准加入 1965 年 11 月 15 日订于海牙的《关于向国外送达民事或商事司法文书和司法外文书公约》,同时:……三、反对采用公约第 10 条所规定的方式在中华人民共和国境内进行送达……"另外,1965 年海牙《送达公约》第 10 条规定:"如送达目的地国不表异议,本公约不妨碍:(一)通过邮寄途径直接向身在国外的人送交司法文书的自由……"

⑤ 参见刘仁山主编:《国际私法》,中国法制出版社 2019 年版,第 483 页。

和各国的实践,一国执行另一国的请求,主要有两种方式:其一,由被请求国法院按照本国法律对国内类似的文书所规定的方式送达;其二,按照请求国所要求的特殊方式送达。当被请求国执行了请求国的请求后,以送达回证或送达证明书形式来通知请求国的执行情况。[①]

(二) 域外调查取证

域外调查取证是指受案法院在征得有关国家的同意下,在法院国境外提取诉讼证据的行为。它可以是直接提取证据,或通过司法协助途径,以请求书的方式,委托有关国家的主管机关进行取证。

域外调查取证是诉讼过程中的一项必经程序。由于法院的调查取证行为是国家司法主权的体现,具有属地性,因此域外调查取证未经有关外国的同意,是不能在该国境内实施的。为了协调各国不同的取证制度以便于域外取证,国际社会通过努力,缔结了大量的双边条约和多边条约。较有影响的多边条约有1954年海牙《国际民事诉讼程序公约》(该公约第二章是关于司法协助委托的专门规定)和1970年海牙《关于从国外调取民事或商事证据的公约》。

根据有关国内法和国际条约的规定,域外调查取证包括以下内容:(1)询问诉讼当事人、证人、鉴定人或其他诉讼参与人;(2)提取与民事诉讼程序有关的书证、物证和视听资料;(3)对事实或书证的真实性进行调查;(4)对与案件有关的现场、物品进行勘查和检验等。

第二节 外国法院判决的承认与执行

国际民事诉讼中法院判决的承认与执行,是国际民事诉讼程序的最后阶段。它是指一国法院依据其国内立法或有关国际条约的规定,承认外国法院对涉外民事案件所作的判决在本国境内具有法律效力,或强制执行其判决的内容。可见,承认与执行是国际民事诉讼程序中的重要组成部分。

一般而言,任何国家法院的判决原则上只能在本国境内生效,而没有域外效力,这是国际社会公认的。但基于国与国之间的交往与礼让,作为例外情况,各国在一定条件下相互承认外国法院判决在其内国具有与内国法院判决同等的法律效力,并在必要时按内国的有关法律规定予以强制执行。可见,如果没有主权国家的明确承认,外国法院的判决就不会具有域外效力,而外国的任何机关或个人都不可能在其他国家领域内强制执行其所属国法院作出的任何判决。

在法律层面上,承认与执行外国法院判决是两个既有联系又有区别的法律行为。承认外国法院判决是指,内国法院允许该外国法院判决在确认当事人权

[①] 参见赵相林主编:《国际私法》,中国政法大学出版社2007年版,第381页。

利义务方面具有与本国法院判决同等的效力。执行外国法院判决是指,一方当事人不自动履行判决所规定的义务,内国法院以执行本国法院判决同样的强制措施来强制执行外国法院的判决。可见,承认是执行外国法院判决的前提条件,执行是承认外国法院判决的结果,两者具有相互联系。

一、承认与执行外国法院判决的依据

(一) 国内立法

承认和执行外国法院判决的条件和程序,通常由各国国内法加以规定。由于各国立法的理论依据各不相同,如国际礼让说、既得权说、债务说、一事不再理说、特别法说和互惠说等,因此在立法形式上存在很大差别。例如:

(1) 规定在本国民事诉讼法中。这是以法国、德国、日本等为代表的大陆法系国家的做法,我国也采用这种做法。

(2) 采取专门发布执行令。英国、美国(部分州)、新西兰等国采取颁布专门的外国法院判决执行令的形式。例如,英国法院目前主要根据判决作出国的不同而分别采用登记程序或重新审理程序来承认与执行外国法院判决。

(3) 规定在内国的国际私法典中,例如瑞士、匈牙利以及前东欧一些国家的做法。

(4) 美国的混合方式。美国联邦和州采用两套法律制度,且各州的法律自成体系。因此,在司法实践中美国州法院将本国其他州的法院判决也视为"外国的"判决,要依据本州的法律来决定执行与否。所以,对外国法院判决的承认与执行,也基本上按照各州的法律规定处理。

(二) 国际立法

在国际立法方面,自从1869年法国和瑞士缔结了世界上第一个相互承认与执行对方法院判决的双边条约以后,国际社会为了谋求制定统一的承认与执行外国法院判决的国际条约作出了不懈的努力,尤其是在双边条约和地区性多边条约方面,各国进行了积极的合作。

在多边国际条约方面,比较有影响的是1928年拉丁美洲国家间签订的《布斯塔曼特法典》,1968年欧共体国家签订的《关于民商事裁判管辖权及判决执行的公约》(也被称为《布鲁塞尔公约》),该公约在2001年被欧盟《布鲁塞尔条例》所替代,2015年1月10日《布鲁塞尔条例》最新修订版正式适用。1988年,欧共体与欧洲自由贸易区(EFTA)成员国之间签订了《关于民商事案件管辖权及判决执行的公约》(即《卢加诺公约》),除了缔约国不同,内容与《布鲁塞尔公约》几乎一致。1971年海牙国际私法会议通过了《民商事案件外国判决的承认与执行公约》,该公约制定后,参加国很少,影响不大。之后海牙国际私法会议重启"判决项目",并于2019年2月制定了《承认与执行外国民商事判决公约》,于2019

年 7 月开放签署。海牙国际私法会议还在一些专门领域制定了公约,比如 1973 年《抚养义务判决的承认与执行公约》和 2005 年《协议选择法院公约》。

此外,在一些专业性国际条约中明确规定承认和执行外国法院判决的条款。例如,在 1969 年签订的《国际油污损害民事责任公约》中规定了承认和执行条款。该公约第 10 条规定,对有管辖权的法院所作出的判决,除下列情况外,各缔约国应该予以承认:(1) 判决是以欺骗取得的;(2) 未给被告人以合理的通知和陈述其立场的机会。1970 年的《国际铁路货物运输合同公约》第 58 条规定,凡有关案件经一个缔约国法院作出判决后,就应在其他缔约国得到执行。目前,国际社会所存在的几百个国际司法协助条约中,绝大多数都对外国法院判决的承认与执行问题作了规定。我国同法国、波兰、俄罗斯等国签订的双边司法协助协定中也都规定了这些内容。

二、承认与执行外国法院判决的条件

无论是国内立法还是国际立法,在规定承认与执行外国法院判决的同时,还规定了承认与执行应遵守的条件。通常,各国都将以下几项理由作为承认与执行外国法院判决的条件:

1. 作出判决的法院对该案具有合格的管辖权。这是国际社会普遍公认的一个承认与执行外国法院判决的条件。至于如何确定管辖权,各国立法差异很大。

2. 作出判决的法院地国与执行国存在互惠关系。互惠关系是两国司法协助的基础,也是承认与执行程序中必不可少的一个条件。各国法律大都规定了这一条件。

3. 作出判决的法院在诉讼程序上体现了公正性。诉讼程序的公正性主要是指,作为败诉一方的当事人是否适当地行使了辩护权,是否给予足够的时间应诉,是否合法地收到相关的诉讼文书,等等。如果在有关诉讼程序中败诉一方当事人基于除其本身失误以外的原因而未能适当地行使辩护权,就可以认为该有关的诉讼程序不具备应有的公正性,从而内国法院可以以此为由拒绝承认与执行该外国法院判决。

4. 作出的判决应是确定的判决,即该判决应该是已经发生法律效力的判决。所谓"确定的判决",应该定义为,由一国法院或有审判权的其他机关按照其内国法所规定的程序,对诉讼案件中的程序问题和实体问题所作的具有约束力而且是已经发生法律效力的判决或裁定。[①]

5. 作出的判决应是合法的判决。这一条件是指,有关的外国法院判决是基

---

① 参见谢石松:《论对外国法院判决的承认与执行》,载《中国社会科学》1990 年第 5 期。

于合法手段而获取的,如以欺诈手段获得的外国法院判决便不能在内国境内得到承认与执行。对于欺诈行为如何进行识别,各国法律一般都没有作出明确的规定。大多数国家都倾向于以内国法来进行识别。

6. 作出的判决不得违反有关国家的公共秩序。外国法院判决的承认与执行不能与内国的公共秩序相抵触,这是国际社会普遍公认的一个承认与执行外国法院判决的条件。各国立法和有关国际条约都对此作了明确的规定。这是因为,各国从维护国家主权出发,为了保护本国重大的政治与经济利益,维护内国的基本政策、道德与法律的基本观念和基本原则,使它们不至于因为外国法院判决在内国的承认与执行而受到威胁和动摇。

三、承认与执行外国法院判决的程序

从各国立法来看,承认和执行外国法院判决时都遵循本国法的规定。一般有以下几个程序。

(一)提出请求

如果一项外国法院判决需要在内国境内发生法律效力,那么该外国必须首先向内国有关法院提出承认与执行的请求。大多数国家的法律规定应由利害关系人提出请求,也有一些国家的法律规定外国法院和有关利害关系人都可以向内国法院提出请求。

关于提出请求的形式与期限问题,各国立法规定不一。对于形式问题,大多数国家没有明确规定某种形式,如采用口头形式还是书面形式。我国法律规定,外国判决在我国的承认和执行应采用书面形式提出请求。

此外,根据各国立法和各有关国际条约的规定,请求承认与执行外国法院判决时必须附上与此有关的各种文件或它们的副本。同时,请求人所提出的请求书及有关文件一般需要用被请求国的官方文字写成,或者附上用该国文字翻译的经核证无误的译本。有些国家还要求请求书及有关文书必须经过公证或认证。

(二)执行程序

请求提出后,内国法院应按照什么样的程序来承认与执行该有关的外国法院判决,这完全是一个国内法上的问题。各国法院按照内国民事诉讼法上所规定的程序来承认与执行有关的外国法院判决。按执行程序的方式来分,主要有以下三类:

1. 执行令程序

对申请人提出的申请,由执行地法院颁布执行令予以执行。法国、德国和俄罗斯等国采用这种形式。通常而言,这些国家在受理了当事人或其他利害关系人提出的承认与执行某一外国法院判决的请求以后,先对该外国法院判决进行

审查,如果符合内国法所规定的有关条件,由该内国法院作出一个判决,发给执行令,从而赋予该外国法院判决与内国法院判决同等的法律效力,并按照执行内国法院判决的程序予以执行。

2. 登记程序

这是英国特有的制度。根据英国 1868 年《判决延伸法》、1920 年《司法行政法》、1933 年《外国判决(相互执行)法》和 1982 年《民事管辖权与判决法》以及 1968 年在布鲁塞尔订立的《关于民商事件管辖权及判决执行的公约》,有管辖权的英国法院对于英联邦国家和欧共体各国法院所作出的判决适用登记程序。英国法院在收到有关利害关系人提交的执行申请书以后,一般只要查明有关外国法院判决符合英国法所规定的条件,就可以予以登记并交付执行。[1]

登记程序不但适用于外国法院作出的金钱给付判决,也适用于有关离婚及分居等判决。目前,与英国签订双边协定的国家,如法国、德国、比利时、意大利、奥地利等国,作出的有关民事判决,只要符合上述英国法的规定,便可以采用登记形式在英国执行。

3. 重新起诉程序

这一程序比较严格,即需要执行的外国判决必须在执行地国法院重新起诉,由执行地法院作出新的判决。英国除上述存在互惠的国家可以采用登记程序以外,对其他国家提出的承认和执行请求,则采用重新起诉程序。因为根据英国法官的理解,英国法院所执行的是本国法院的判决,而不再是外国法院的判决。此外,美国是联邦制国家,执行外国的判决一般被视为州法所调整的范围,由各州的民事诉讼法规定。有些州将执行外国的判决与执行外州的判决一样,采用重新起诉程序。

第三节 国际商事仲裁裁决的承认与执行

虽然国际商事仲裁裁决的自愿履行率比较高,但仍然会发生败诉的一方当事人不主动履行仲裁裁决的现象,胜诉的一方当事人不得不请求法院强制执行仲裁裁决。被申请的法院往往是被执行人(败诉一方)所在地国或者被执行人财产所在地国的法院。如果仲裁地和法院地在同一国家,那么法院会将该裁决视为国内仲裁裁决,按照本国的国内法执行;如果仲裁地和法院不在同一国家,那么对于执行法院来说,仲裁裁决会被看作为在外国作出的裁决。两种情形下,法院执行的法律依据、审核的条件、申请和执行的程序等都不完全相同。

"承认"和"执行"这两个词汇常常连在一起使用,但法律含义不完全相同。

---

[1] 参见李双元主编:《国际私法》(第二版),北京大学出版社 2007 年版,第 478 页。

与诉讼存在有确认之诉、给付之诉的划分一样,仲裁裁决也可能有单纯的确认裁决。例如,当事人请求仲裁庭裁决合同有效、裁决其对货物拥有所有权等。这样的裁决作出后,并不需要另一方当事人作出什么行为去履行,而是在另一方当事人仍然拒绝认可合同效力或者仍然否定所有权时,当事人申请法院确认该裁决在法院地国的法律效力。"执行"往往需要败诉的一方当事人作出某种行为,以实现裁决的裁判结果,如赔偿一定数额的金钱、交付货物等。对于这类裁决而言,既需要申请法院认可仲裁裁决的效力,同时也需要法院强制败诉方履行裁决义务。因此,"承认"是执行裁决的前提,但也存在单独请求"承认"裁决的情形。

一、内国裁决与外国裁决的划分

当法院在收到一方当事人请求承认和执行某仲裁裁决时,首先需要考察的是,该裁决是内国裁决还是外国裁决。这是因为,对于内外裁决的不同定性,决定了审查的法律依据不同,从而审查的具体标准也不完全一样。

一般说来,各国对于在本国国内作出的裁决,或者由本国仲裁机构作出的裁决审查宽松一些,而对于在外国作出的裁决审查严一些。这主要基于以下两个方面的原因:一是在本国进行的仲裁活动,是在遵守本国仲裁法律的背景下进行的。仲裁争议的可仲裁性、是否存在仲裁协议、仲裁程序是否符合法律规定等事项已经经过考验。比如,败诉的一方当事人没有申请法院撤销裁决,或者申请后被法院驳回。二是在法院看来,在本国进行的仲裁活动是节约司法资源、减轻法院负担的一种方法。认可和执行裁决是对本国仲裁活动支持的表现。

至于在外国作出的裁决和由外国仲裁机构作出的裁决,法院会考虑到司法主权因素,认为本没有义务予以支持和认可,只是基于国际条约的义务而提供司法协助。因此,法院在审查时,还会考虑本国主权、安全和公共秩序等。这是划分内国裁决和外国裁决的法律意义。

不过,实践中区分内国裁决还是外国裁决并不容易。1958年《纽约公约》以裁决是否在执行地法院所在国作出作为判断内国裁决和外国裁决的标准。这就引发了仲裁地与裁决作出地关系的讨论。

首先,就仲裁地而言,是仲裁活动的具体开庭地点,还是裁决作出地点?在实践中,具体开庭地点可能会有所变动。例如,为了更好地了解案件事实,方便当事人举证,仲裁庭可能会将具体开庭地点改到案件事实的发生地(现场),或者多数证人、关键证人所在地。总体说来,一般不将具体开庭地点视为仲裁地。如果当事人约定了仲裁地,那么以约定的仲裁地为准,裁决被视为是在仲裁地作出的。在当事人没有约定时,仲裁机构所在地被看作为仲裁地。如果既约定了仲裁地,又约定了仲裁机构,以约定的仲裁地为准。如果是临时仲裁没有约定仲裁地,那么裁决作出地被看作为仲裁地。这样做,目的是为了方便确定仲裁程序的准据法,也是为了方便确定对裁决享有监督权的管辖法院。

其次,一些国际性仲裁机构可能会在几个国家设立分支机构或办事处。在这种情形下,如果仲裁是在分支机构或办事处所在国作出的,如何确定裁决的作出地呢?不同国家的实践不同。有的将其仍视为是在仲裁机构总部所在地国作出的,有的则根据具体情况认定其是在分支机构所在国作出的。

二、1958 年《纽约公约》的规定

按照 1958 年《纽约公约》第 1 条的规定,在执行地法院所在国以外的国家作出的仲裁裁决被视为公约项下的"外国裁决"(或者说"国外裁决",foreign award);或者说,虽然在法院地所在国内作出,但被法院地所在国视为外国裁决的,也是公约项下的"外国裁决"。[①] 因此,是否属于外国裁决,取决于法院地国如何看待该裁决。

《纽约公约》要求各缔约国对于申请承认和执行外国仲裁裁决不得要求比对于国内仲裁裁决更苛刻的条件或过多的费用。[②]

《纽约公约》规定,当事人申请承认和执行外国仲裁裁决的程序依照被申请国法律规定。[③] 当事人在申请承认和执行时,应当提交经认证的裁决正本或者正式证明的副本,以及仲裁协议。不需要证明裁决是否存在不予执行的事由。被申请人如果反对执行,必须证明存在公约中列举的拒绝执行公约的理由之一。这样就是将举证责任施与被申请人,体现了《纽约公约》强调执行的倾向。

《纽约公约》在第 5 条中列举了执行法院可以拒绝执行仲裁裁决的理由。法院只有在被申请人能够举证证明存在公约所列事由之一时,才能裁定拒绝执行。这些事由如下:

(1) 仲裁协议的当事人无行为能力,或者根据仲裁协议所选择的准据法,或者根据作出裁决国家的法律,该仲裁协议无效;

(2) 被执行人未得到关于指定仲裁员或进行仲裁程序的适当通知,或由于其他原因不能到庭陈述意见;

(3) 裁决的事项超出了仲裁协议约定的范围;

(4) 仲裁庭的组成或仲裁程序与当事人的协议不符,或在双方当事人无此协议时,与仲裁地的法律不符;

---

① Article I of the New York Convention: This Convention shall apply to the recognition and enforcement of arbitral awards made in the territory of a State other than the State where the recognition and enforcement of such awards are sought, and arising out of differences between persons, whether physical or legal. It shall also apply to arbitral awards not considered as domestic awards in the State where their recognition and enforcement are sought.

② 参见 1958 年《纽约公约》第 3 条。

③ 参见 1958 年《纽约公约》第 4 条。

(5) 仲裁裁决尚未发生约束力,或者仲裁裁决已被仲裁地国有关当局撤销或不予执行;

(6) 争议事项不具有可仲裁性,或者裁决违反执行地公共政策。

从上述规定看,法院在审查是否执行时,主要审查程序性事项,看是否存在违反正当程序的情形,而不是对案件的裁判内容进行实质性审查。这样才能保证仲裁裁决的"一裁终局"。

当然,如果仲裁裁决的内容与执行地国家的公共政策相违背,法院可以通过公共秩序保留制度拒绝执行该裁决。例如,裁决的事项在执行地国家被认为不具有可仲裁性、裁决的内容违背执行地国法律的基本原则或者强制性规定等。不过,从《纽约公约》实施以来的情况看,各国普遍重视公约的实施效果,很少动用公共秩序保留制度拒绝执行。

三、我国承认和执行国际商事仲裁裁决的有关规定

由于内国裁决与外国裁决的划分,我国承认与执行仲裁裁决也可以分为两类:一是承认和执行在外国作出的国际商事仲裁裁决;二是承认和执行在我国作出的国际商事仲裁裁决。对于这样两类裁决,我国立法规定了不同的法律依据和条件。

(一) 国内作出的涉外商事仲裁裁决

在我国境内作出的国际商事仲裁裁决也被称为"涉外商事仲裁裁决"。这主要是指我国国内仲裁机构作出的涉外仲裁裁决,因为我国仲裁法只允许机构仲裁,尚未开放临时仲裁。从立法与实践看,我国目前已有的200多家仲裁机构都可以受理涉外商事仲裁案件。另外,我国虽然已经开始试点在上海允许国外仲裁机构设立分支机构[①],但对于境外仲裁机构在我国境内仲裁作出的裁决,仍然视为国外仲裁裁决。

对于我国境内仲裁机构作出的涉外仲裁裁决的承认和执行,《民事诉讼法》和《仲裁法》均有相关规定。我国《仲裁法》第62条规定:"当事人应当履行裁决。一方当事人不履行的,另一方当事人可以依照民事诉讼法的有关规定向人民法院申请执行。受申请的人民法院应当执行。"这是一条原则性规定,包括了国内仲裁裁决和涉外仲裁裁决。2017年《民事诉讼法》第26章专门就仲裁设专章作出了规定,其中第273条规定:"经中华人民共和国涉外仲裁机构裁决的,当事人

---

① 2019年11月,上海市司法局发布了《境外仲裁机构在中国(上海)自由贸易试验区临港新片区设立业务机构管理办法》。该办法规定,自2020年1月1日起,符合规定条件的在外国和我国香港特别行政区、澳门特别行政区、台湾地区合法成立的不以营利为目的的仲裁机构以及我国加入的国际组织设立的开展仲裁业务的机构,可向上海市司法局提出申请在上海自贸区临港新片区登记设立业务机构,开展相关涉外仲裁业务。

不得向人民法院起诉。一方当事人不履行仲裁裁决的,对方当事人可以向被申请人住所地或者财产所在地的中级人民法院申请执行。"从该规定可以看出,我国受理涉外仲裁裁决执行的法院是被申请人住所地或财产所在地的人民法院,而且是中级人民法院。这与法院处理涉外民商事案件的审级保持了一致。

对于涉外仲裁裁决,我国法院在审查是否执行时,主要依据是《民事诉讼法》第274条。该条规定了不予执行的几种情形:

对中华人民共和国涉外仲裁机构作出的裁决,被申请人提出证据证明仲裁裁决有下列情形之一的,经人民法院组成合议庭审查核实,裁定不予执行:

(1) 当事人在合同中没有订有仲裁条款或者事后没有达成书面仲裁协议的;

(2) 被申请人没有得到指定仲裁员或者进行仲裁程序的通知,或者由于其他不属于被申请人负责的原因未能陈述意见的;

(3) 仲裁庭的组成或者仲裁的程序与仲裁规则不符的;

(4) 裁决的事项不属于仲裁协议的范围或者仲裁机构无权仲裁的。

人民法院认定执行该裁决违背社会公共利益的,裁定不予执行。

从上述规定可以看出,我国对于涉外仲裁裁决的执行审查与1958年《纽约公约》的规定相似。

(二) 外国仲裁裁决的执行

外国仲裁裁决在我国境内申请承认和执行的问题,《民事诉讼法》第283条有明确规定:"国外仲裁机构的裁决,需要中华人民共和国人民法院承认和执行的,应当由当事人直接向被执行人住所地或者其财产所在地的中级人民法院申请,人民法院应当依照中华人民共和国缔结或者参加的国际条约,或者按照互惠原则办理。"可见,承认和执行国外仲裁裁决的依据是我国参加的国际条约,或者互惠原则。

我国早已加入1958年《纽约公约》。因此,凡在其他成员国境内作出的裁决,我国都将根据《纽约公约》的规定,审查是否符合执行的条件。如果符合,则裁定予以执行。对于不在《纽约公约》缔约国境内作出的仲裁裁决,则考察我国与该国之间是否存在互惠关系,即该国是否承认和执行我国仲裁裁决,以确定我国执行的态度。如果存在互惠关系,那么我国也对等承认和执行在对方国家境内作出的裁决。

需要说明的是,我国《民事诉讼法》中只提到了国外仲裁机构的裁决,没有规定国外作出的临时仲裁裁决如何执行。《民诉法解释》通过司法解释,将临时仲裁裁决的承认和执行也包括进去。该解释第545条规定:"对临时仲裁庭在中华人民共和国领域外作出的仲裁裁决,一方当事人向人民法院申请承认和执行的,人民法院应当依照民事诉讼法第二百八十三条规定处理。"也就是说,该条规定将《民事诉讼法》第283条扩展适用于国外临时仲裁裁决。

(三) 我国区际仲裁裁决的承认和执行

我国区际仲裁裁决的承认与执行是一个国家内不同法域之间仲裁裁决的承认与执行。因此,既不能依照《纽约公约》将港澳台地区的仲裁裁决看作为外国裁决,也不能简单当作国内裁决,而是需要通过区际司法合作的方式,通过法域间的协议就承认与执行的条件和程序作出规范。

1. 内地与香港特别行政区之间的裁决执行

在1997年中国政府对香港恢复行使主权前,香港和内地之间裁决的执行是依据《纽约公约》的。英国《1975年仲裁法》规定,将《纽约公约》扩大适用于香港地区。1999年,内地与香港特别行政区签订了《关于内地与香港特别行政区相互执行仲裁裁决的安排》。最高人民法院以司法解释的形式公布了该"安排",将其内容转化为最高人民法院的司法解释,对于内地法院具有直接的约束力。香港特别行政区则通过立法会的形式将《关于内地与香港特别行政区相互执行仲裁裁决的安排》转变成特别行政区的法律,对香港地区的法院产生法律效力。

(1) 管辖法院

依据《关于内地与香港特别行政区相互执行仲裁裁决的安排》,内地承认和执行香港地区仲裁裁决的法院为被申请人住所地或者财产所在地的中级人民法院;在香港则为香港特别行政区高等法院。如果被申请人同时在香港和内地均有财产,申请人不得同时分别向内地和香港法院申请执行,只能是在一地法院执行不足以清偿其债务时,才能向另一法院申请执行。两地法院执行的总和不得超过裁决数额。

(2) 申请文件

《关于内地与香港特别行政区相互执行仲裁裁决的安排》规定,申请人向有关法院申请执行仲裁裁决时,应当提交以下文书:(a) 执行申请书;(b) 仲裁裁决书;(c) 仲裁协议。同时,该"安排"还对执行申请书的主要内容作出了规定。

(3) 申请期限

申请人向有关法院申请执行的期限依照执行地的法律规定。例如,在内地申请执行,应当依照《民事诉讼法》规定的两年时效,在仲裁裁决发生法律效力后两年内申请执行。

(4) 不予执行的情形

依照该"安排",对于申请人提出的执行申请,被申请人只有在接到通知后,能够举证证明存在下列情形之一者,法院方可裁定不予执行:

(a) 依当事人的属人法,仲裁协议的当事人属于某种无行为能力者;

(b) 仲裁协议依约定的准据法无效,或者在当事人无约定时依仲裁裁决地法为无效者;

(c) 被申请人未接到指派仲裁员的适当通知,或者因其他非自身原因未能陈述意见者;

(d) 裁决所处理的争议不在仲裁协议约定的仲裁范围内,或者超出范围者;但未超出的部分仍然应当执行;

(e) 仲裁庭的组成或者仲裁程序与当事人之间的协议不符,或者在当事人没有协议约定、但与仲裁地的法律规定不符者;

(f) 裁决对当事人尚无约束力,或者业经仲裁地法院撤销,或按仲裁地法律停止执行者;

(g) 执行会违反内地社会公共利益,或者违反香港特别行政区的公共政策者。

从以上规定内容看,基本与《纽约公约》规定的条件相同。

2. 内地与澳门特别行政区之间裁决的执行

1999年澳门回归前,葡萄牙虽然是《纽约公约》的成员国,但并未将该公约延伸适用到澳门。回归以后,我国将《纽约公约》在互惠保留前提下扩展适用于澳门特别行政区,澳门和其他国家之间的商事裁决得以按照《纽约公约》承认和执行。至于内地和澳门之间的裁决相互承认和执行则是在2007年签署了双边安排之后才得以解决。2007年12月,最高人民法院发布了《关于内地与澳门特别行政区相互认可和执行仲裁裁决的安排》,从2008年1月1日起施行。这是两地之间执行仲裁裁决的主要法律依据。

在地域管辖方面,《关于内地与澳门特别行政区相互认可和执行仲裁裁决的安排》与内地和香港的安排相同。都是规定为被申请人住所地法院或财产所在地法院管辖。就级别管辖而言,内地为中级人民法院,澳门则区分认可和执行:认可裁决的法院为中级法院,有权执行的法院为初级法院。申请文件的种类、形式也与对香港安排相同。不予认可或执行的条件也基本一样。

3. 大陆与台湾地区仲裁裁决的相互执行

1998年1月15日,最高人民法院发布了《关于人民法院认可台湾地区有关民事判决的规定》。实践中,对于台湾地区的仲裁裁决,比照台湾地区"法院"的民事判决。2009年3月,最高人民法院发布了《关于人民法院认可台湾地区有关"法院"民事判决的补充规定》。该规定已于2009年5月14日起开始实施。在该补充规定的第2条,将台湾地区作出的仲裁裁决与民事裁定、调解书、支付令等一并规定,适用《关于人民法院认可台湾地区有关民事判决的规定》。

按照该规定,申请执行台湾地区仲裁裁决的期限为裁决生效后一年内。受理的法院同样为被申请人住所地或财产所在地的中级法院。2004年7月23日,厦门市中级人民法院受理并执行了第一起认可和执行台湾地区仲裁裁决的案件。①

台湾地区在1992年7月颁布了"台湾地区与大陆地区人民关系条例"。该"条例"第76条规定:"在大陆地区做成之民事确定裁判、民事仲裁判断,不违背台湾地区公共秩序及善良风俗者,得声请'法院'裁定认可。""前项经'法院'裁定认可之裁判或判断,以给付内容为者,得为执行名义。"可见,大陆地区的仲裁裁决可以依据该"条例"向台湾的"法院"申请执行。2003年6月,台湾地区台中市"法院"首次裁定认可执行了中国国际经济贸易仲裁委员会作出的仲裁裁决。②

[案例讨论与分析]

案例1 仇易申请承认美国判决案③

【案例简介】

申请人仇易与张俊宁于1990年在山东省东营市登记结婚。1996年7月张俊宁到美国参加国际学术交流会滞留未归,张俊宁于2001年向美国伊利诺伊州库克县巡回法庭提起离婚诉讼。该法庭受理此案后,向仇易公告送达了传票,并通知仇易应诉。2001年4月19日,该法庭作出了婚姻关系解除的判决。该法庭书记员Dorothy Brown于2006年6月20日证明该判决已在美国生效,其内容为:"A. 此前呈请人张俊宁与答辩人仇易存在的婚姻关系解除。B. 呈请人按照每月100美元的标准支付抚养费,直至其子年满18周岁。C. 在对答辩人作出其出庭审理的判决以前,法庭保留对监护权、婚姻财产处置、债务分配、照料子女和探视以及其他有关费用进行裁决的权利。D. 法庭保留强制执行的权利。"2006年9月20日,申请人仇易向东营市中级人民法院提出申请,要求对美国伊利诺伊州库克县巡回法庭的离婚判决予以承认。

【争议问题】

外国法院的公告送达是否违反程序正义的要求?

【法院判决】

根据《最高人民法院关于中国公民申请承认外国法院离婚判决程序问题的规定》第12条的规定,经过对该条款规定不予承认的五项条款逐一审查,认为美国伊利诺伊州库克县巡回法庭作出的解除仇易与张俊宁婚姻关系的判决不存在不予承认的情形,同我国《婚姻法》第32条的规定并不相抵触。法院决定对美国伊利诺伊州库克县巡回法庭第01D02671号判决解除仇易与张俊宁婚姻关系的

---

① 裁决由台湾地区中华仲裁协会就申请人和华(海外)置地有限公司与被申请人凯歌(厦门)高尔夫球俱乐部有限公司债券债务纠纷案作出。
② 申请人国腾电子(江苏)有限公司与被申请人台湾坤福营造股份有限公司工程合同违约纠纷案。
③ 东营市中级人民法院(2006)东民二初字第76号。

法律效力予以承认。

【分析评论】

第一，承认和执行外国法院判决的条件包括外国法院是否有合格的管辖权、是否是生效的判决、当事人是否经过合法传唤、诉讼程序是否公正等。在本案中，根据美国关于离婚案件管辖的有关规定，该离婚案呈请人张俊宁自 1996 年开始在美国伊利诺伊州居住。依照美国法律规定，伊利诺伊州库克县巡回法庭对该离婚案有管辖权。该法庭书记员 Dorothy Brown 于 2006 年 6 月 20 日证明该判决真实有效，因而可以确认美国伊利诺伊州库克县巡回法庭所作出的离婚判决是在美国已生效的法院判决。该判决书载明，"通过公告应视为答辩人已收到传票"，仇易也向我国法院提交了该法庭的公告复印件，可以认定该法庭是在经过合法传唤申请人仇易的情况下作出离婚判决的。2001 年 4 月 19 日美国伊利诺伊州库克县巡回法庭作出离婚判决前，没有证据证明申请人仇易与张俊宁曾向我国或其他国家的法院提出过离婚诉讼。申请人要求我国人民法院对判决离婚的法律效力予以承认并不存在违反我国法律的基本原则或危害我国国家主权、安全和社会公共利益的问题。

第二，特别需要指出的是，在本案中，美国法院以公告送达的方式向我国被告送达了文书。依据《最高人民法院关于中国公民申请承认外国法院离婚判决程序问题的规定》第 12 条第 3 款的规定，如果判决是在被告缺席且未得到合法传唤情况下作出的，外国法院的离婚判决不予承认。在本案中，被告虽然缺席美国的离婚诉讼，但其是美国判决承认与执行的申请人，且向中国法院证明了美国法院已经对其进行了合法传唤，且对方当事人未对该判决提起诉讼或者申请复审。因此，可以认为美国法院的诉讼程序符合程序正义。

案例 2　刘利申请承认美国判决案[①]

【案例简介】

被申请人陶莉与申请人刘利于 2013 年 9 月 22 日在美国签订《股权转让协议》一份，约定陶莉将其持有的在美国加利福尼亚州注册登记的某公司 50% 股权转让给刘利。刘利先后在 2013 年 9 月 22 日、9 月 25 日向被申请人付款 12.5 万美元。被申请人童武系被申请人陶莉的丈夫，申请人刘利提交的童武银行账户信息显示其银行账户在 2013 年 9 月 14 日至 10 月 16 日期间有 12.5 万美元的进账。后申请人刘利以两被申请人利用虚假股权转让事由获取其 12.5 万美元钱款为由，在 2014 年 7 月 17 日向美国加利福尼亚州洛杉矶县高等法院提起诉讼。

2014 年 10 月 7 日，美国 Rolan 送达公司就被申请人陶莉、童武在美国境内

---

① （2015）鄂武汉中民商外初字第 00026 号。

的个人信息、联系地址等出具调查报告。申请人刘利在美国的委托律师按调查报告所载两被申请人地址邮寄送达诉讼资料未果。2015年1月8日,美国加利福尼亚州洛杉矶县高等法院法官William D. Stewart作出公告命令,决定该案相关传票、通知通过在《圣盖博谷论坛》(San Gabriel Valley Tribune)上刊登公告方式送达。该送达公告随后于2015年1月15日、1月22日、1月29日和2月5日连续四次在《圣盖博谷论坛》上刊登。

2015年7月24日,加利福尼亚州洛杉矶县高等法院法官William D. Stewart作出缺席判决。该法庭认为两被申请人已按程序收到传票,而未出庭回应申请人之起诉,构成缺席。因此,法庭就本案所涉事项判决被申请人陶莉和童武连带偿还申请人刘利12.5万美元并承担判决前利息20818美元(自2013年9月25日至2015年5月25日,按日息34.24美元计算),且应支付费用1674美元,判决金额共计147492美元。申请人刘利在美国的委托律师在判决当日就上述判决办理了判决登记通知手续。

【法律问题】

该美国法院判决能否在中国得到承认和执行?

【法院判决】

经审查,上述判决中已明确记载该案判决系缺席判决,且申请人已向本院提交了对被申请人进行调查、法院准许公告送达命令、报纸刊登的送达公告等证明文件,可以确定美国加利福尼亚州洛杉矶县高等法院已对两被申请人进行了合法传唤,故对两被申请人的该项辩称理由不予支持。

对两被申请人主张的有关《股权转让协议》真实、合法、有效,不应当向申请人返还股权转让价款的辩称主张,因本案属于司法协助案件,并不涉及对双方实体权利义务关系的审查,在相关美国法院已就此作出判决的情况下,对被申请人的该项辩称主张本院亦不予以支持。

因此,对申请人提出承认和执行美国法院判决的请求,本院予以支持。对申请人主张的2015年5月25日美国法院判决日至执行终结前的逾期利息,不属于申请承认和执行外国法院判决的范畴,本案中不予支持。

【分析评论】

第一,对于承认和执行外国法院判决的案件,首先需要确定管辖权问题。我国《民事诉讼法》第281条规定:"外国法院作出的发生法律效力的判决、裁定,需要中华人民共和国人民法院承认和执行的,可以由当事人直接向中华人民共和国有管辖权的中级人民法院申请承认和执行,也可以由外国法院依照该国与中华人民共和国缔结或者参加的国际条约的规定,或者按照互惠原则,请求人民法院承认和执行。"第282条规定:"人民法院对申请或者请求承认和执行的外国法院作出的发生法律效力的判决、裁定,依照中华人民共和国缔结或者参加的国际条约,或者按照互惠原则进行审查后,认为不违反中华人民共和国法律的基本原则或者国家主权、安全、社会公共利益的,裁定承认其效力,需要执行的,发出执行令,依照本法的有关规定执行。违反中华人民共和国法律的基本原则或者国家主权、安全、社会公共利益的,不予承认和执行。"本案中,被申请人陶莉、童武在湖北省武汉市内拥有房产,故武汉市中级人民法院作为被申请人财产所在地和经常居住地法院,对本案依法享有管辖权。

第二,关于承认和执行外国法院判决的前提,需要存在条约或者互惠关系。申请人刘利在向法院递交申请承认和执行申请书时,已向法院提交经证明无误的美国加利福尼亚州洛杉矶县高等法院作出的编号 EC062608 判决副本及中文译本,符合申请承认和执行外国法院判决的形式要件。因美国同我国之间并未缔结也未共同参加相互承认和执行民事判决的国际条约,申请人的申请应否予以支持应依据互惠关系原则进行审查。经审查,申请人提交的证据已证实美国有承认和执行我国法院民事判决的先例存在,可以认定双方之间存在相互承认和执行民事判决的互惠关系。同时,上述美国加利福尼亚州洛杉矶县高等法院判决系对申请人与被申请人之间有关股权转让的合同关系作出,承认该民事判决并不违反我国法律的基本原则或者国家主权、安全、社会公共利益。

需要特别指出的是,互惠原则通常有事实互惠与法律互惠的区分,事实互惠一般指外国法院判决在我国法院得到承认和执行的前提是该外国法院所在国已有承认和执行我国法院判决的先例,否则拒绝予以承认和执行;而法律互惠则将外国法院承认和执行我国法院判决的条件与我国法院承认和执行外国法院判决的条件相比较,如果在同样的情况下该外国法院承认和执行我国法院判决的条件与我国法律规定的条件相一致或更宽松,则我国法院就承认和执行该外国法院判决。① 本案体现的是事实互惠的做法。

2015 年 6 月发布的《最高人民法院为"一带一路"建设提供司法服务和保障的若干意见》明确指出,"要在沿线一些国家尚未与我国缔结司法协助协定的情况下,根据国际司法合作交流意向、对方国家承诺将给予我国司法互惠等情况,可以考虑由我国法院先行给予对方国家当事人司法协助,积极促成形成互惠关系"。这就意味着,我国未来将采用较为宽松的"法律互惠"。

中国法院一般不对外国法院判决中的实体内容进行审查,仅针对程序和形式问题予以审查。本案中,法院对于两被申请人主张的有关《股权转让协议》真实、合法、有效,不应当向申请人返还股权转让价款的辩称主张,指出因本案属于司法协助案件,并不涉及对双方实体权利义务关系的审查,在相关美国法院已就

---

① 参见李旺:《国际民事诉讼法》,清华大学出版社 2003 年版,第 137 页。

此作出判决的情况下,对被申请人的该项辩称主张不予支持。

案例3 "昂佛化品"合资有限责任公司申请承认并执行白俄罗斯工商会国际仲裁院仲裁裁决案

【案情简介】

申请人:"昂佛化品"合资有限责任公司(以下简称昂佛化品),住所地:白俄罗斯共和国明斯克市泊别迪特雷大街×号×××室。

被申请人:河南浩丰化工有限公司(以下简称浩丰化工),住所地:中国河南郑州市经三路32号财富广场×号楼××层。

2008年8月25日,昂佛化品与浩丰化工签订了0825-2008号合同。该合同约定,浩丰化工向昂佛化品出售食用正磷酸。昂佛化品在合同规定的时间内支付了货款,而浩丰化工并没有按照合同约定向昂佛化品移交全套装船单据,也未在指定地点交货。昂佛化品认为浩丰化工在较长时间内没能履行合同规定的义务,于2008年12月5日向浩丰化工寄出了关于废除合同的235号通知书。

2008年12月24日,昂佛化品根据本案合同中的仲裁条款,向白俄罗斯工商会国际仲裁院提交了仲裁申请书。2009年1月5日,白俄罗斯工商会国际仲裁院受理该案,并随后将仲裁通知书与仲裁申请书以及附件材料通过快递寄给浩丰化工,并于2009年3月9日被签收,但浩丰化工并未出庭。最终,仲裁院作出了有利于申请人昂佛化品的仲裁裁决。

收到仲裁裁决后,昂佛化品依据该仲裁裁决向郑州中院申请承认和执行上述仲裁裁决。

浩丰化工在一审中辩称,因白俄罗斯工商会国际仲裁院在整个仲裁过程中从未通知浩丰化工参加仲裁活动,完全剥夺了浩丰化工对案件提出意见的权利,该机构作出的仲裁裁决因程序违法而无效,此情形完全符合《纽约公约》所规定的拒绝承认和执行的情形,因此应当裁定驳回昂佛化品的申请。

【法院观点】

郑州中院驳回了昂佛化品的申请,理由如下:

首先,昂佛化品向法院出具的关于白俄罗斯工商会国际仲裁院向浩丰化工送达文件的证据,应当经过公证认证。2001年发布的《最高人民法院关于民事诉讼证据的若干规定》第11条第1款规定:"当事人向人民法院提供的证据系在中华人民共和国领域外形成的,该证据应当经所在国公证机关予以证明,并经中华人民共和国驻该国使领馆予以认证,或者履行中华人民共和国与该所在国订立的有关条约中规定的证明手续。"由于白俄罗斯工商会国际仲裁院既不属于法院也不属于白俄罗斯的机关,因此不应适用《中华人民共和国和白俄罗斯共和国关于民事和刑事司法协助的条约》第四章第28条关于"缔约一方法院或其他主管机关制作或证明的文书,只要经过有关主管机关正式盖章即为有效,就可在缔约另一方法院或其他主管机关使用,无需认证"的规定。

其次,白俄罗斯工商会国际仲裁院不应当通过邮寄方式向浩丰化工送达文件。即使将白俄罗斯工商会国际仲裁院视为法院或国家主管机关,白俄罗斯工商会国际仲裁院在仲裁过程中的送达行为也应当适用我国加入的海牙《送达公约》,而我国在加入该公约时明确表明不承认外国司法机关通过邮寄途径直接向我国境内当事人送达司法文书,且在《中华人民共和国和白俄罗斯共和国关于民事和刑事司法协助的条约》中,也没有表明白俄罗斯的司法机关可以通过邮寄方式直接向我国境内当事人送达司法文书,而是规定应该经双方的中央机关联系,通过相互提供司法协助的方式进行。

因此,白俄罗斯工商会国际仲裁院通过邮寄方式向浩丰化工送达的行为,不具有法律效力,构成《纽约公约》第5条第1款第(乙)项所规定的可以拒绝承认和执行的情形,即"请求承认和执行裁决中的被诉人,没有给他有关指定仲裁员或者进行仲裁程序的适当通知,或者由于其他情况而不能对案件提出意见"。

河南高院在是否应当对仲裁裁决进行承认与执行方面,与郑州中院持相同观点。

河南高院认为,昂佛化品申请执行的仲裁裁决过程中的送达行为应当适用海牙《送达公约》,而我国在加入该公约时明确表明不承认外国司法机关通过邮寄途径直接向我国境内当事人送达司法文书,且《中华人民共和国和白俄罗斯共和国关于民事和刑事司法协助的条约》中,并没有表明白俄罗斯的司法机关可以通过邮寄方式直接向我国境内当事人送达司法文书,而是规定应该经双方的中央机关联系,通过相互提供司法协助的方式进行。因此,白俄罗斯工商会国际仲裁院通过邮寄方式向浩丰化工送达的行为,不具有法律效力。据此,河南高院认定,涉案仲裁裁决并未合法送达给我国相应的当事人,昂佛化品没有合法证据证明白俄罗斯工商会国际仲裁院给予浩丰化工有关指定仲裁员或者进行仲裁程序的适当通知。仲裁院的上述做法显然有悖于公平正义的仲裁精神,由此导致了程序上的严重不公。本案完全符合《纽约公约》第5条第1款第(乙)项所规定的不予承认和执行的条件,因此,对于该仲裁裁决应当不予承认和执行。

最高人民法院认为:

关于本案所涉仲裁裁决是否存在《纽约公约》第5条第1款第(乙)项的不予承认及执行事由,即仲裁被申请人是否未被给予指定仲裁员或者进行仲裁程序的适当通知的问题。仲裁程序中的送达,应当依照当事人约定或约定适用的仲裁规则确定是否构成适当通知,不应适用海牙《送达公约》或《中华人民共和国和白俄罗斯共和国关于民事和刑事司法协助的条约》的规定。根据《白俄罗斯工商会国际仲裁院规程》第二十章的规定,申请书、答辩书、通知书、裁决书等仲裁院关于案件所作的决定,应以回执挂号信邮寄或者凭收据向收件人送交。邮寄到收件人常住地、企业住所或邮寄地址,则被视为已接收,除非双方另有约定。因此,白俄罗斯工商会国际仲裁院通过邮寄方式向仲裁被申请人住所地送达,不违反当事人约定及仲裁规则的规定。

关于邮寄方面的证据,昂佛化品提供了从仲裁案卷中复印的快递公司邮件底单及回执,并加盖白俄罗斯工商会国际仲裁院公章及附具该院主席的签名。因该两份证据是在我国境外形成的,根据 2001 年《最高人民法院关于民事诉讼证据的若干规定》第 11 条的规定,可以由受理法院确定合理的期限,由申请人办理公证认证或通过司法协助途径办理相应的证明手续,以证明上述证据与仲裁案卷中的留存件相符。

综上,《纽约公约》第 5 条第 1 款规定的拒绝承认和执行事由的举证责任在被申请人,现有证据尚不足以证明被申请人浩丰化工未被给予适当通知,浩丰化工主张的该项拒绝理由不能成立。如涉案仲裁裁决不存在其他不予承认和执行的情形,应裁定予以承认和执行。

延伸阅读

1. 黄志慧:《我国判决承认与执行中互惠原则实施的困境与出路》,载《政法论坛》2018 年第 6 期。

2. 何其生:《〈海牙判决公约〉与国家相关判决的承认与执行》,载《环球法律评论》2020 年第 3 期。

思考题

1. 国际司法协助的实施条件和主要途径是什么?
2. 简述外国法院的判决在我国承认和执行的条件。
3. 国际商事仲裁中的送达程序有什么特点?
4. 依照《纽约公约》,在哪些情况下可以不承认和执行外国仲裁裁决?
5. 从以上案例中回答以下问题:
(1) 案中的郑州中院和河南高院是如何理解仲裁中的送达程序的?
(2) 最高人民法院为什么将举证责任分配给被申请人?
(3) 案中的送达为什么不应适用海牙《送达公约》或《中华人民共和国和白俄罗斯共和国关于民事和刑事司法协助的条约》的规定?